■2025年度中学受験

女子学院中学校

10年間(＋3年間HP掲載)スーパー過去問

●収録内容一覧

入試問題と解説・解答の収録内容

2024年度(令和６年度)	算数・社会・理科・国語 実物解答用紙DL
2023年度(令和５年度)	算数・社会・理科・国語 実物解答用紙DL
2022年度(令和４年度)	算数・社会・理科・国語 実物解答用紙DL
2021年度(令和３年度)	算数・社会・理科・国語
2020年度(令和２年度)	算数・社会・理科・国語
2019年度(平成31年度)	算数・社会・理科・国語
2018年度(平成30年度)	算数・社会・理科・国語
平成29年度	算数・社会・理科・国語
平成28年度	算数・社会・理科・国語
平成27年度	算数・社会・理科・国語
平成26～24年度(HP掲載) 「カコ過去問」 （ユーザー名）koe （パスワード）w8ga5a1o	問題・解答用紙・解説解答DL ◇著作権の都合により国語と一部の問題を削除しております。 ◇一部解答のみ（解説なし）となります。 ◇９月下旬までに全校アップロード予定です。 ◇掲載期限以降は予告なく削除される場合があります。

～本書ご利用上の注意～　以下の点について，あらかじめご了承ください。

★別冊解答用紙は巻末にございます。実物解答用紙は，弊社サイトの各校商品情報ページより，一部または全部をダウンロードできます。
★編集の都合上，学校実施のすべての試験を掲載していない場合がございます。
★当問題集のバックナンバーは，弊社には在庫がございません（ネット書店などに一部在庫あり）。

合格を勝ち取るための『スーパー過去問』の使い方

本書に掲載されている過去問をご覧になって，「難しそう」と感じたかもしれません。でも，多くの受験生が同じように感じているはずです。なぜなら，中学入試で出題される問題は，小学校で習う内容よりも高度なものが多く，たくさんの知識や解き方のコツを身につけることも必要だからです。ですから，初めて本書に取り組むさいには，点数を気にしすぎないようにしましょう。本番でしっかり点数を取れることが大事なのです。

過去問で重要なのは「まちがえること」です。自分の弱点を知るために，過去問に取り組むのです。当然，まちがえた問題をそのままにしておいては意味がありません。

本書には，長年にわたって中学入試にたずさわっているスタッフによるていねいな解説がついています。まちがえた問題はしっかりと解説を読み，できるようになるまで何度も解き直しをしてください。理解できていないと感じた分野については，参考書や資料集などを活用し，改めて整理しておきましょう。

このページも参考にしてみましょう！

◆どの年度から解こうかな　「入試問題と解説・解答の収録内容一覧」

本書のはじめには収録内容が掲載されていますので，収録年度や収録されている入試回などを確認できます。

※著作権上の都合によって掲載できない問題が収録されている場合は，最新年度の問題の前に，ピンク色の紙を差しこんでご案内しています。

◆学校の情報を知ろう!!「学校紹介ページ」

このページのあとに，各学校の基本情報などを掲載しています。問題を解くのに疲れたら息ぬきに読んで，志望校合格への気持ちを新たにし，再び過去問に挑戦してみるのもよいでしょう。なお，最新の情報につきましては，学校のホームページなどでご確認ください。

◆入試に向けてどんな対策をしよう？「出題傾向＆対策」

「学校紹介ページ」に続いて，「出題傾向＆対策」ページがあります。過去にどのような分野の問題が出題され，どのように対策すればよいかをアドバイスしていますので，参考にしてください。

◇別冊「入試問題解答用紙編」

本書の巻末には，ぬき取って使える別冊の解答用紙が収録してあります。解答用紙が非公表の場合などを除き，（注）が記載されたページの指定倍率にしたがって拡大コピーをとれば，実際の入試問題とほぼ同じ解答欄の大きさで，何度でも過去問に取り組むことができます。このように，入試本番に近い条件で練習できるのも，本書の強みです。また，データが公表されている学校は別冊の１ページ目に過去の「入試結果表」を掲載しています。合格に必要な得点の目安として活用してください。

本書がみなさんの志望校合格の助けとなることを，心より願っています。

株式会社　声の教育社　編集部

女子学院中学校

所在地	〒102-0082 東京都千代田区一番町22-10
電　話	03-3263-1711
ホームページ	https://www.joshigakuin.ed.jp/
交通案内	地下鉄有楽町線「麹町駅」より徒歩3分/半蔵門線「半蔵門駅」より徒歩6分 JR中央線・地下鉄各線「市ケ谷駅」より徒歩8～10分

くわしい情報は
ホームページへ

トピックス

★例年，グループ面接は，先生2人・生徒5人で行われる。
★文化祭は例年，10月の連休の土曜と月曜（祝日）に実施（昨年度は予約制）。

創立年 明治3年 ｜ 女子校 ｜ 高校募集 なし

応募状況

年度	募集数	応募数	受験数	合格数	倍率
2024	240名	708名	642名	283名	2.3倍
2023	240名	700名	645名	275名	2.3倍
2022	240名	769名	709名	276名	2.6倍
2021	240名	723名	664名	274名	2.4倍
2020	240名	798名	746名	274名	2.7倍
2019	240名	794名	743名	281名	2.6倍

入試情報（参考：昨年度）

・出願期間：①出願情報入力（インターネット）
　2023年12月20日～2024年１月15日
　②書類郵送
　2024年１月10日～15日　※消印有効
・入学試験：2024年２月１日　午前８時30分より
・選抜方法：筆記試験（国語・算数・社会・理科）
　面接（本人のみ・グループ面接）
　小学校長の報告書
・合格発表：2024年２月２日　午前11時〔HP〕
　校内掲示は，２日午後１時～３時，３日午前10時～午後３時。
　（合格者は，２月３日午後３時までにHP上の入学金決済サイトで入学金を振込み，入学手続きを済ませること。）

説明会等日程（参考：昨年度）

・学校説明会：11月に３回，小５・６生の受験生の保護者１名を対象に実施。
・学校見学会：７月に１回，小４・５・６生の受験生１名とその保護者１名を対象に実施。約１時間校内を見学していただきます。
※学校説明会・学校見学会は予約制です。

本校の特色

・教育方針：知的水準の高い教育をめざすとともに，キリスト教を根底において，豊かな人間性を育てることに力を注いでいます。
・カリキュラム：中高一貫教育のもと，週５日制約30時間のカリキュラムを実施し，各教科とも中高６年間で完成するように効率のよい授業を行っています。中高ともに，学力を培うため，科目によってはクラス分割授業を設け，高校では一部に選択制を取り入れています。
・英語教育：授業時間数は各学年とも週５時間となっています。そのうち１時間は，外国人教師による英会話指導にあてられます。
・宗教教育：毎朝の礼拝，授業として行われる聖書学習，修養会などの宗教行事のほか，日曜日に教会に出席することが勧められています。

2023年度の主な大学合格実績

＜国公立大学・大学校＞
東京大，京都大，東京工業大，一橋大，東北大，北海道大，筑波大，東京外国語大，千葉大，横浜国立大，東京医科歯科大，東京農工大，お茶の水女子大，防衛医科大，東京都立大

＜私立大学＞
慶應義塾大，早稲田大，上智大，東京理科大，明治大，青山学院大，立教大，中央大，法政大，学習院大，津田塾大，東京女子大，日本女子大，東京慈恵会医科大，順天堂大，昭和大，日本医科大，東京医科大

編集部注―本書の内容は2024年2月現在のものであり，変更されている場合があります。正確な情報は，学校のホームページ等で必ずご確認ください。

算数 出題傾向＆対策

◆基本データ（2024年度）

試験時間／満点	40分／100点
問題構成	・大問数…７題 計算・応用小問１題（５問） ／応用問題６題 ・小問数…15問
解答形式	解答らんには必要な単位などが印刷されている。また，応用問題では式や求め方を書く設問もある。
実際の問題用紙	Ｂ４サイズ
実際の解答用紙	問題用紙に書きこむ形式

◆過去10年間の出題率トップ５

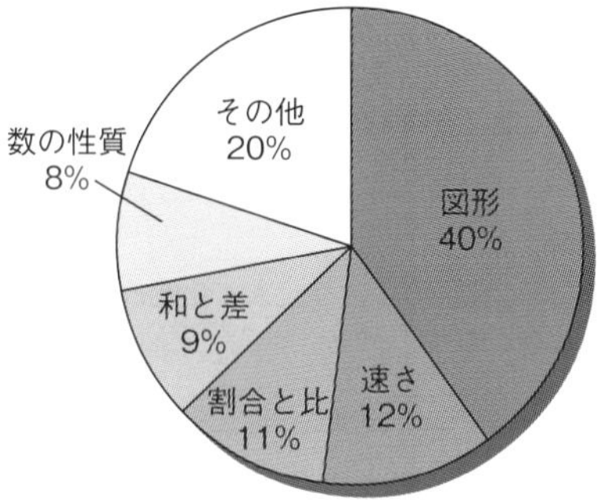

※　配点（推定ふくむ）をもとに算出

◆近年の出題内容

		【 2024年度 】			【 2023年度 】
大問	1	逆算，角度，相似，面積，図形と規則，過不足算	大問	1	逆算，濃度，数の性質，角度，表面積，体積
	2	調べ		2	平面図形－長さ，面積
	3	立体図形－体積，表面積		3	周期算
	4	速さ		4	グラフ－図形上の点の移動，面積
	5	調べ		5	周期算，整数の性質
	6	平面図形－面積		6	図形の移動，場合の数
	7	流水算，速さと比		7	正比例

◆出題傾向と内容

制限時間と出題の質・量を考えると**やや多い分量**といえるでしょう。内容的には，さまざまな計算問題と応用問題を組み合わせた標準的な出題といえそうです。

数の性質では約数や倍数，規則性では周期算などが取り上げられています。これらの分野は，中学・高校での勉強につながるものが多く，近年は有名校を中心に出題が増えています。

図形は面積，角度，立体の表面積・体積，展開図と投影図，面積比と長さ，水の深さと体積の変化などがよく出題されています。

比では百分率・割合などが一行問題として取り上げられるほか，他の応用問題を解く過程で比の知識が必要とされています。

全体として，各分野の基礎的な計算問題から応用問題までをカバーした標準的な出題といえますが，それぞれ思考力を要するもの（融合問題）がくふうして出される傾向にあります。

◆対策～合格点を取るには？～

出題のねらいは解き方の正確さを求めることにあるようですから，全問題に手をつけるよりも，とりかかった問題は確実に正解するよう心がけてください。また，**まずは全問題に軽く目を通し，すぐにできそうなものから先にとりかかるようにしましょう。**

図形の展開図，比，縮尺などは，ふだんの学習で立体を見取り図や展開図にしたり，自分なりの図をかく練習をしてみるとよいでしょう。

また，グラフや図表を取り入れて文章題と組み合わせた高度な応用問題も見られますから，これらにも十分に慣れておいてください。問題集の解答・解説を見て答え合わせをするときも，**答えだけでなく，そこにいたる道すじが合っているかどうかを検討する**ことをおすすめします。

算数 出題分野分析表

分野		2024	2023	2022	2021	2020	2019	2018	2017	2016	2015
計算	四則計算・逆算	○	○	○	○	○	◎	○	○	○	○
	計算のくふう										
	単位の計算										
和と差	和差算・分配算								○		
	消去算								○		
	つるかめ算			○	○	○			○		
	平均とのべ									○	
	過不足算・差集め算	○					○	◎			
	集まり						○				○
	年齢算										
割合と比	割合と比					○					
	正比例と反比例		○								
	還元算・相当算						○				
	比の性質				○						○
	倍数算										
	売買損益				○			○	○		
	濃度		○					●			○
	仕事算			○				○		○	
	ニュートン算				○						
速さ	速さ	○		○	○	○				○	
	旅人算					○					○
	通過算								○		
	流水算	○				○		○			
	時計算						○		○		
	速さと比	○			○						
図形	角度・面積・長さ	●	●	◎	●	●	●	●	●	●	◎
	辺の比と面積の比・相似	○		○		○			○		◎
	体積・表面積	○	◎					○			
	水の深さと体積			○	○				○	○	◎
	展開図			○	○		○				
	構成・分割			○							
	図形・点の移動		○			○	○				
表とグラフ				○	○	○			○		
数の性質	約数と倍数				○						○
	N進数										
	約束記号・文字式			○			○				
	整数・小数・分数の性質		◎	◎		○		●		○	
規則性	植木算										
	周期算		○		○	○		◎		○	
	数列										
	方陣算										
	図形と規則	○									
場合の数			○								
調べ・推理・条件の整理		◎		○	○	○	○				
その他											

※ ○印はその分野の問題が１題，◎印は２題，●印は３題以上出題されたことをしめします。

社会 出題傾向＆対策

◆基本データ(2024年度)

試験時間／満点	40分／100点
問題構成	・大問数…４題 ・小問数…33問
解答形式	記号の選択・正誤・配列・用語記入・短文記述などバラエティに富んでいる。また，「語句はできるだけ漢字で書きなさい」と指示されている。選択式は複数選択のものもある。
実際の問題用紙	Ｂ４サイズ
実際の解答用紙	Ｂ４サイズ

◆過去10年間の分野別出題率

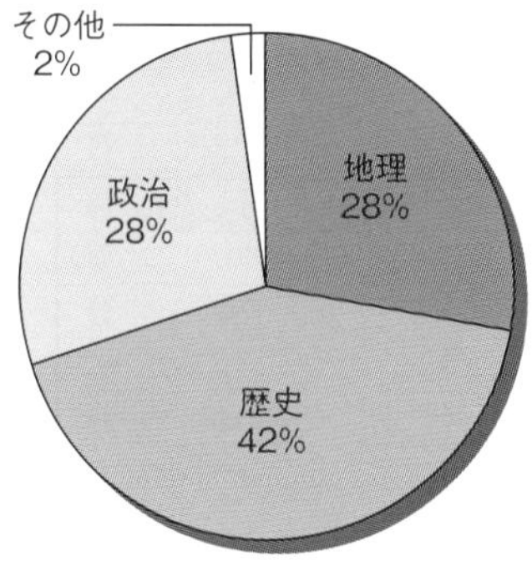

※　配点(推定ふくむ)をもとに算出

◆近年の出題内容

【 2024年度 】			【 2023年度 】		
大問	Ⅰ	〔歴史〕古代から近世までの水利を題材にした問題	大問	Ⅰ	〔総合〕西陣織を題材にした問題
	Ⅱ	〔総合〕近代水道を題材にした問題		Ⅱ	〔総合〕失業を題材にした問題
	Ⅲ	〔総合〕日本の水資源を題材にした問題		Ⅲ	〔総合〕雇用対策を題材にした問題
	Ⅳ	〔総合〕SDGsを題材にした問題			

◆出題傾向と内容

試験時間にくらべて問題数が多いうえに，文章も長めのものがよく見られるので，手際よくこなしていく必要があります。また，分野を問わず，資料から読み取れる内容やさまざまな物事についての理由を１行程度の短文で説明する問題が毎年出題されています。

日本地理は表やグラフ，地図を読み取らせて気温と雨量，産業や貿易の状況を問うものや，日本各地の自然条件(気候・土地の状況)と産業(農業・工業など)の結びつきを追う問題が主流です。

日本歴史は各時代の社会制度・政治などについて，その時代に関係することがらを集中的に問うものが多いようです。また，政治と法律に関する文章を読ませて，その要旨に合っている文を選ばせるといった出題形式も見られます。年代順・経済史などもよく出されています。

政治では，三権のしくみや地方自治などのほか，国際社会の動きや環境問題などの時事問題が，大問として本格的に取り上げられることもあります。

◆対策～合格点を取るには？～

各分野とも資料をもとにした出題が多くなっており，**単なる知識の量ではなく，思考力・理解力が必要**といってよいでしょう。

地理では，分布図・グラフ・統計などについては，基本的なものをおさえると同時に，最近の産業動向をつかんでおく意味で，『日本のすがた』のような統計資料を一読するとよいでしょう。さらに，日本の主要な貿易相手国とその輸出入品も確認しておきましょう(そのさい，地図帳で位置を確認するのも忘れずに)。

歴史では，重要な事件の年代，起こった原因，外国からの影響などについて，正しい歴史の流れをつかむようにしてください。

政治では，三権分立・地方自治・選挙など，日本国憲法にもとづく民主政治の基本的なあり方を正しく理解するとともに，時事問題に対する勉強も必要です。

社会 出題分野分析表

分野		年度	2024	2023	2022	2021	2020	2019	2018	2017	2016	2015
日本の地理		地図の見方	○		○		○	○		○	○	
		国土・自然・気候	○	○	○	○			○		○	○
		資源	○									
		農林水産業	○			○	○	○	○	○	○	○
		工業		○					○			
		交通・通信・貿易			○	○	○				○	
		人口・生活・文化	○					○			○	
		各地方の特色	○				○		○			
		地理総合						★		★	★	★
世界の地理			○									
日本の歴史	時代	原始～古代	○	○	○	○	○	○	○	○	○	○
		中世～近世	○	○	○	○	○	○	○	○	○	○
		近代～現代	○	○	○	○	○	○	○	○	○	○
	テーマ	政治・法律史										
		産業・経済史										
		文化・宗教史										
		外交・戦争史								○		
		歴史総合	★					★	★	★	★	★
世界の歴史							○				○	
政治		憲法	○	○	○	○	○	○		○		○
		国会・内閣・裁判所		○	○	○	○	○	★	○	○	○
		地方自治	○		○						○	
		経済				○						
		生活と福祉		○								
		国際関係・国際政治	○		○		★			○		○
		政治総合	○			★				★	★	★
環境問題							○	★				
時事問題												
世界遺産												○
複数分野総合			★	★	★	★	★		★	★	★	★

※　原始～古代…平安時代以前，中世～近世…鎌倉時代～江戸時代，近代～現代…明治時代以降

※　★印は大問の中心となる分野をしめします。

理科 出題傾向＆対策

◆基本データ(2024年度)

試験時間／満点	40分／100点
問題構成	・大問数…４題 ・小問数…30問
解答形式	記号の選択と用語・計算結果の記入がほとんどだが，１行程度の短文記述や作図問題も出題されている。記号選択問題では，答えが複数ある場合はすべて答える必要がある。
実際の問題用紙	Ｂ４サイズ
実際の解答用紙	Ｂ４サイズ

◆過去10年間の分野別出題率

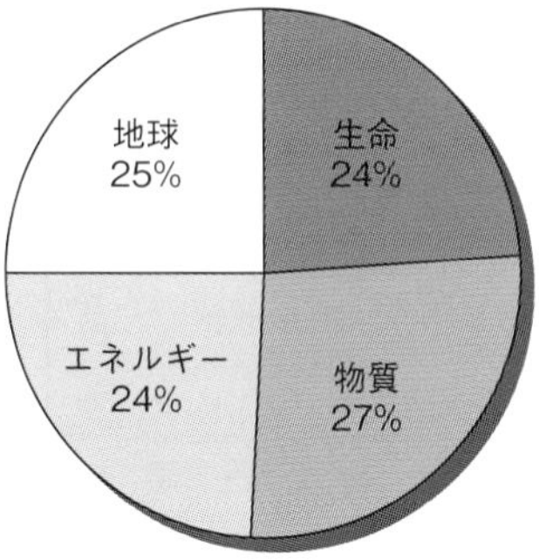

※ 配点(推定ふくむ)をもとに算出

◆近年の出題内容

	【 2024年度 】	【 2023年度 】
大問 Ⅰ	〔地球〕 月	〔地球〕 太陽系の惑星の動き
大問 Ⅱ	〔生命〕 植物の育て方，まわりの環境	〔生命〕 食物連鎖，小笠原諸島の生態系
大問 Ⅲ	〔物質〕 気体，水溶液	〔物質〕 物質の性質
大問 Ⅳ	〔エネルギー〕 ものの浮き沈み	〔エネルギー〕 電流について

◆出題傾向と内容

問題量が多いうえに，単なる暗記が通用しない手ごわい問題がそろっています。実験や観察に関する問題の比重が高く，大半の問題には実験の図や表，グラフがそえられており，その読み取りができなければ解答が得られないようになっています。

「物質」における溶液の量的関係，「エネルギー」における力のつり合い，電気などでは実験問題がよく出されていますが，これらは基本的な原理・性質の理解が十分でなければ歯が立たないものです。また，分野を問わず計算問題もあり，論理的な思考力がなければ正答が得られないようになっています。

出題範囲はほぼ全分野が対象となっており，似たような問題がくり返されないのが本校・理科の特色です。そのなかで比較的出題されやすいのは動植物，物質の性質，天体です。「エネルギー」からの出題では，力のつり合い(ふりこ，てこ，輪軸)や電流，物体の運動など，問題の対象はさまざまです。

◆対策～合格点を取るには？～

例年出題の多い実験・観察問題の対策についてですが，本校の問題には**教科書を中心にした学習が有効**といえます。教科書には，実験・観察の例が豊富に取り上げられています。まず教科書をよく読み，実験の目的や方法を知り，そしてどういう結果が出て何が考察されたのかを理解しておくことです。

また，化学反応や物理実験などを深く理解するためには，**学校での授業をまじめに受けることはもちろんとして，過去の入試問題にアタックしてみることも大切**です。いくつもの問題にあたるうちに，たとえ見慣れない問題にぶつかった場合でも応用がきくようになりますし，知識を再確認する意味でも役立つはずです。また，論理的思考力を働かせるようにするには，ノートに自分の考察を書きとめてみたり，知っていることを要領よくまとめてみたりする勉強も効果的といえるでしょう。さらに，出題分野が広範囲で一定していないので，手をぬいた分野のないように心がけてください。

理科 出題分野分析表

分野		2024	2023	2022	2021	2020	2019	2018	2017	2016	2015
生命	植物	★	○	★		○		★	○		★
	動物		○		★		★		○		
	人体					○					
	生物と環境		★						★	★	
	季節と生物										
	生命総合					★					
物質	物質のすがた		○						○		○
	気体の性質	○				○	○	○		○	
	水溶液の性質	★	○		★		○	★	○		○
	ものの溶け方		○			○		○			○
	金属の性質										
	ものの燃え方			★			○			★	
	物質総合		★			★	★		★		
エネルギー	てこ・滑車・輪軸						★				
	ばねののび方					★					
	ふりこ・物体の運動			★					★		
	浮力と密度・圧力	★									★
	光の進み方										
	ものの温まり方										
	音の伝わり方										
	電気回路		★					★		★	
	磁石・電磁石				★						
	エネルギー総合										
地球	地球・月・太陽系	★	★		○	★		○	★	○	★
	星と星座			★							
	風・雲と天候				○						
	気温・地温・湿度			○			★				
	流水のはたらき・地層と岩石							○	○		
	火山・地震									○	
	地球総合				★			★			
実験器具											○
観察											
環境問題								○			
時事問題											
複数分野総合											★

※ ★印は大問の中心となる分野をしめします。

国語 出題傾向＆対策

◆基本データ(2024年度)

試験時間／満点	40分／100点
問題構成	・大問数…３題 文章読解題２題／知識問題１題 ・小問数…26問
解答形式	記号選択と適語の記入，記述問題からなる。記述問題には，字数制限のあるものとないものがある。
実際の問題用紙	Ａ４サイズ，小冊子形式
実際の解答用紙	Ｂ４サイズ

◆過去10年間の分野別出題率

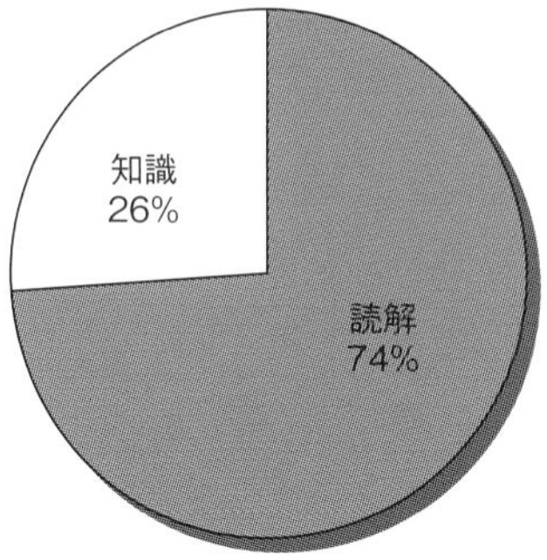

※　配点(推定ふくむ)をもとに算出

◆近年の出題内容

【 2024年度 】			【 2023年度 】		
大問	一	〔随筆〕篠田桃紅「水田の写真に」(『その日の墨』所収)(約1100字)	大問	一	〔随筆〕野田祥代『夜，寝る前に読みたい宇宙の話』(約4100字)
	二	〔随筆〕大竹伸朗「斑模様の遠近法」(『見えない音，聴こえない絵』所収)(約2600字)		二	〔随筆〕ブレイディみかこ『他者の靴を履く―アナーキック・エンパシーのすすめ』(約3500字)
	三	〔知識〕漢字の書き取り		三	〔知識〕漢字の書き取り

◆出題傾向と内容

読解問題の出典は説明文・論説文と随筆文が多いものの，小説・物語文，紀行文など，さまざまなタイプの文章が題材として使われています。設問の大半は，文章読解，文中の適語ぬき出し，指示語，文脈の整序や把握，心情理解など，題材となる文章に即したものとなっています。また，文法・語句などに関するものは，本文と関連して問われることが多くなっているのが特ちょうです。

漢字や熟語に関する問題はさまざまなタイプのものがいろいろな形(読解問題の設問に組みこまれたり独立問題として出されたりしている)で取り上げられていますが，いずれも基本的なものに限られます。

解答方法が選択式・記入式のどちらであっても，設問は本文のち密な読解を前提としているのが注意すべきところです。なお，文章表現力そのものをズバリ問うようなものは出題されていません。

◆対策～合格点を取るには？～

読解問題に重点がおかれた出題なので，**正確な読解力をつけることが大切**です。その対策としては，以下に示す読解のための簡単な指針を参考にしながら，それぞれの典型的な文章を選んで精読してみることをおすすめします。

まず，説明文・論説文などの文章は，筋道を立てて読んでいくことが肝要です。そのためには，各段落の内容と段落どうしのつながりを検討しながら読み進めることが，最大の手がかりとなります。また，各段落どうしのつながりをみるためには，接続詞が重要な意味を持ちます。

次に，小説・物語文，随筆・紀行文などの文章では，登場人物の整理，心情・性格の理解，人物どうしが織りなす内容の展開，主題の正確なはあくといった点が課題となります。また，語句を解釈する問題であっても，文学的な表現にたくされた情景・心情に対する深く共感的な理解が求められます。したがって，日ごろの読書と読解問題への取り組みでは，これらに留意しましょう。

国語 出題分野分析表

分野		年度	2024	2023	2022	2021	2020	2019	2018	2017	2016	2015
読解	文章の種類	説明文・論説文			★	★	★	★	★	★	★	★
		小説・物語・伝記										
		随筆・紀行・日記	★	★	★	★	★	★	★		★	
		会話・戯曲										
		詩										★
		短歌・俳句						○				
	内容の分類	主題・要旨	○		○			○	○	○		○
		内容理解	○	○	○	○	○	○	○	○	○	○
		文脈・段落構成				○						
		指示語・接続語	○	○	○	○	○	○	○	○		○
		その他	○	○	○	○	○	○	○	○	○	○
知識	漢字	漢字の読み							○		○	○
		漢字の書き取り	★	★	★	★	★	★	○	○	★	★
		部首・画数・筆順										
	語句	語句の意味	○	○	○	○	○	○	○	○	○	○
		かなづかい										
		熟語	○		○	○				○		
		慣用句・ことわざ	○		○	○		○	○	○	○	○
	文法	文の組み立て										
		品詞・用法			○							
		敬語			○							
	形式・技法											
	文学作品の知識											
	その他				○							
	知識総合											
表現	作文											
	短文記述											
	その他											
放送問題												

※　★印は大問の中心となる分野をしめします。

2025 年度 中学受験用

女子学院中学校 10 年間スーパー過去問

をご購入の皆様へ

お詫び

本書、女子学院中学校の入試問題につきまして、誠に申し訳ございませんが、以下の問題は著作権上の都合により掲載することができません。設問と解説、解答は掲載してございますので、ご必要とされる方は原典をご参照くださいますよう、お願い申し上げます。

記

2021 年度　国語　一　の問題文

株式会社　声の教育社

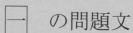

2024年度 女子学院中学校

【算　数】（40分）〈満点：100点〉

＜注意＞　円周率は3.14として計算しなさい。

1　□にあてはまる数を入れなさい。

(1)　$18.7+\left\{13.4\times\left(\frac{1}{20}+\square\right)-2\frac{1}{3}\right\}\div2\frac{6}{11}=20.24$

(2)　下の図１のように，円周を10等分する点をとりました。点Ｏは円の中心，三角形ABCは正三角形です。

角㋐は□度

角㋑は□度

角㋒は□度

図１

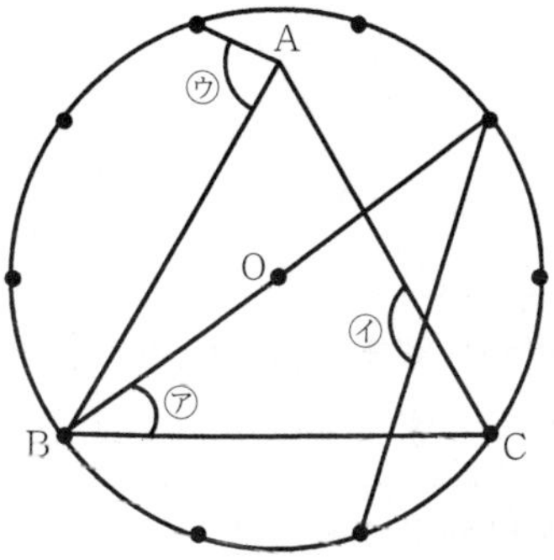

図２

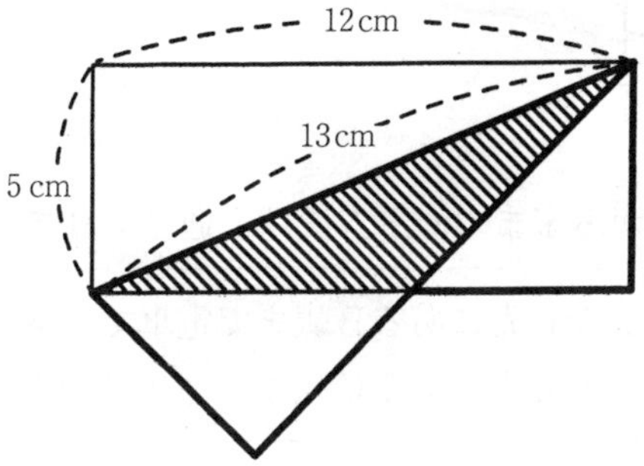

(3)　上の図２のように，長方形の紙を対角線を折り目として折りました。

▨の部分の面積は□cm^2です。

(4)　図３のように，棒を使って正三角形と正方形を作ります。

①　100個目の正方形を作り終えたとき，使った棒は□本です。

②　棒が1000本あるとき，正三角形は□個，正方形は□個まで作ることができます。

図３

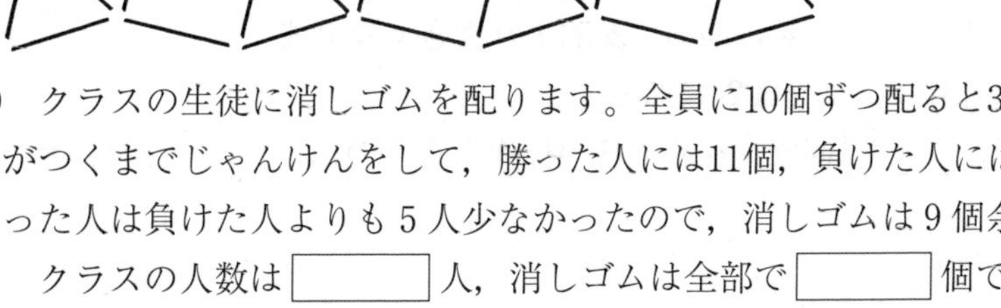

(5)　クラスの生徒に消しゴムを配ります。全員に10個ずつ配ると32個足りないので，先生と勝敗がつくまでじゃんけんをして，勝った人には11個，負けた人には７個配ることにしました。勝った人は負けた人よりも５人少なかったので，消しゴムは９個余りました。

クラスの人数は□人，消しゴムは全部で□個です。

2，**3** について□にあてはまる数を入れ，〔　〕内はいずれかを○で囲みなさい。

2　1個430円のケーキと1個180円のクッキーを買います。ケーキは必ず箱に入れ，箱は1箱20円で2個まで入れることができます。ケーキとクッキーを合わせて19個買ったとき，箱代を含めた代金の合計は6290円でした。買ったケーキの個数は〔偶数，奇数〕で，□個です。

3　図のように，縦2cm，横1cmの長方形3個を合わせた図形を，直線ABのまわりに1回転させて立体を作ります。

この立体の体積は□cm^3，表面積は□cm^2です。

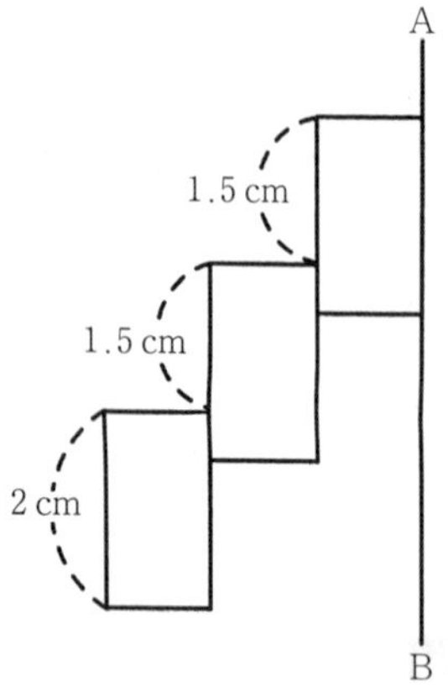

4　はじめさんがA駅から家まで帰る方法は2通りあります。

方法1：A駅から20km先にあるB駅まで電車で行き，B駅から家までは自転車で行く
方法2：A駅から18km先にあるC駅までバスで行き，C駅から家までは歩いて行く

電車は時速75km，バスは時速40kmで進み，はじめさんが自転車で進む速さは，歩く速さよりも毎分116m速いです。方法1と方法2のかかる時間はどちらも同じで，はじめさんが電車に乗る時間と自転車に乗る時間も同じです。また，B駅から家までと，C駅から家までの道のりは合わせて3263mです。

C駅から家までの道のりは何mですか。(式も書きなさい。)

5，**6**，**7** について□にあてはまる数を入れなさい。

5　ある数を2倍する操作をA，ある数から1を引く操作をBとします。はじめの数を1として，A，Bの操作を何回か行います。

(1)　操作をA→A→B→B→Aの順に行うと，数は□になります。

(2)　Aの操作だけを□回行うと，数は初めて2024より大きくなります。

(3)　できるだけ少ない回数の操作で，数を2024にします。

このとき，操作の回数は□回で，初めてBの操作を行うのは□回目です。

国語 出題分野分析表

分野			2024	2023	2022	2021	2020	2019	2018	2017	2016	2015
読	文章の種類	説明文・論説文			★	★	★	★	★	★	★	★
		小説・物語・伝記										
		随筆・紀行・日記	★	★	★	★	★	★	★		★	
		会話・戯曲										
		詩										★
		短歌・俳句						○				
解	内容の分類	主題・要旨	○		○			○	○	○		○
		内容理解	○	○	○	○	○	○	○	○	○	○
		文脈・段落構成				○						
		指示語・接続語	○	○	○	○	○	○	○	○		○
		その他	○	○	○	○	○	○	○	○	○	○
知	漢字	漢字の読み							○		○	○
		漢字の書き取り	★	★	★	★	★	★	○	○	★	★
		部首・画数・筆順										
	語句	語句の意味	○	○	○	○	○	○	○	○	○	○
		かなづかい										
		熟語	○		○	○				○		
		慣用句・ことわざ	○		○	○		○	○	○	○	○
	文法	文の組み立て										
		品詞・用法			○							
		敬語			○							
識	形式・技法											
	文学作品の知識											
	その他				○							
	知識総合											
表現	作文											
	短文記述											
	その他											
放送問題												

※ ★印は大問の中心となる分野をしめします。

カコを追いかけ
ミライをつかめ

2025年度 中学受験用

女子学院中学校 10年間スーパー過去問

をご購入の皆様へ

お詫び

本書、女子学院中学校の入試問題につきまして、誠に申し訳ございませんが、以下の問題は著作権上の都合により掲載することができません。設問と解説、解答は掲載してございますので、ご必要とされる方は原典をご参照くださいますよう、お願い申し上げます。

記

2021年度　国語　一　の問題文

以上

株式会社　声の教育社　編集部

2，**3** について □ にあてはまる数を入れ，〔　〕内はいずれかを○で囲みなさい。

2　1個430円のケーキと1個180円のクッキーを買います。ケーキは必ず箱に入れ，箱は1箱20円で2個まで入れることができます。ケーキとクッキーを合わせて19個買ったとき，箱代を含めた代金の合計は6290円でした。買ったケーキの個数は〔偶数，奇数〕で，□個です。

3　図のように，縦2cm，横1cmの長方形3個を合わせた図形を，直線ABのまわりに1回転させて立体を作ります。

この立体の体積は □ cm^3，表面積は □ cm^2 です。

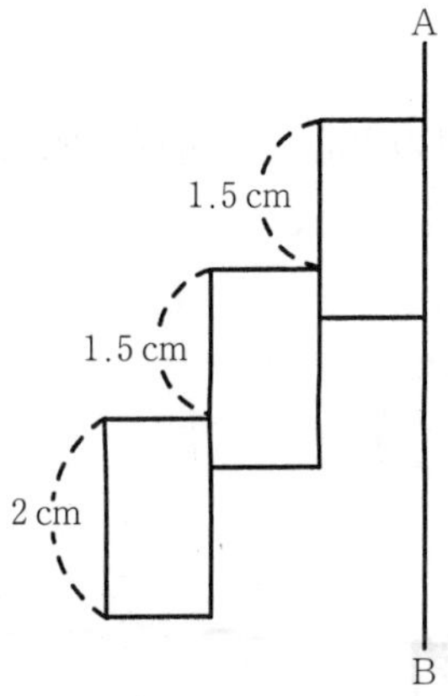

4　はじめさんがA駅から家まで帰る方法は2通りあります。

方法1：A駅から20km先にあるB駅まで電車で行き，B駅から家までは自転車で行く
方法2：A駅から18km先にあるC駅までバスで行き，C駅から家までは歩いて行く

電車は時速75km，バスは時速40kmで進み，はじめさんが自転車で進む速さは，歩く速さよりも毎分116m速いです。方法1と方法2のかかる時間はどちらも同じで，はじめさんが電車に乗る時間と自転車に乗る時間も同じです。また，B駅から家までと，C駅から家までの道のりは合わせて3263mです。

C駅から家までの道のりは何mですか。（式も書きなさい。）

5，**6**，**7** について □ にあてはまる数を入れなさい。

5　ある数を2倍する操作をA，ある数から1を引く操作をBとします。はじめの数を1として，A，Bの操作を何回か行います。

(1)　操作をA→A→B→B→Aの順に行うと，数は □ になります。

(2)　Aの操作だけを □ 回行うと，数は初めて2024より大きくなります。

(3)　できるだけ少ない回数の操作で，数を2024にします。

このとき，操作の回数は □ 回で，初めてBの操作を行うのは □ 回目です。

2024年度 女子学院中学校

【算　数】 (40分) 〈満点：100点〉

＜注意＞　円周率は3.14として計算しなさい。

1　□にあてはまる数を入れなさい。

(1)　$18.7+\left\{13.4\times\left(\frac{1}{20}+\square\right)-2\frac{1}{3}\right\}\div 2\frac{6}{11}=20.24$

(2)　下の図1のように，円周を10等分する点をとりました。点Oは円の中心，三角形ABCは正三角形です。

角㋐は□度

角㋑は□度

角㋒は□度

図1

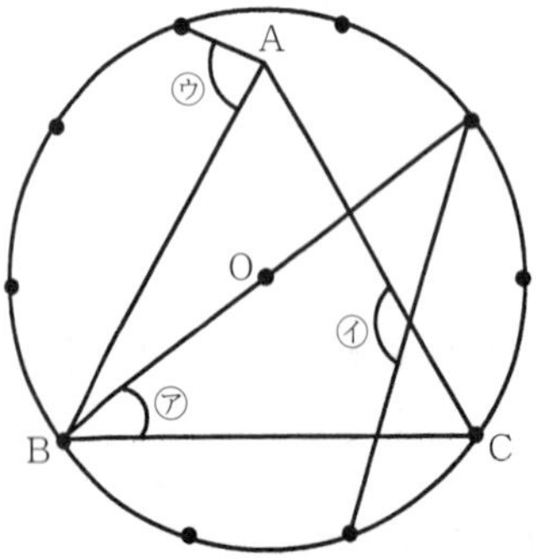

図2

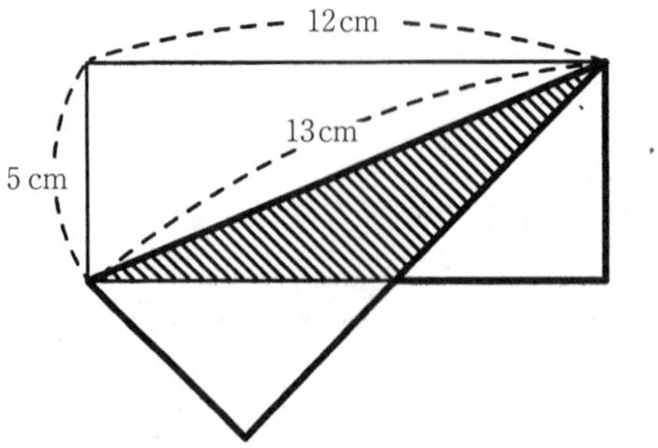

(3)　上の図2のように，長方形の紙を対角線を折り目として折りました。

▧の部分の面積は□cm²です。

(4)　図3のように，棒を使って正三角形と正方形を作ります。

①　100個目の正方形を作り終えたとき，使った棒は□本です。

②　棒が1000本あるとき，正三角形は□個，正方形は□個まで作ることができます。

図3

(5)　クラスの生徒に消しゴムを配ります。全員に10個ずつ配ると32個足りないので，先生と勝敗がつくまでじゃんけんをして，勝った人には11個，負けた人には7個配ることにしました。勝った人は負けた人よりも5人少なかったので，消しゴムは9個余りました。

クラスの人数は□人，消しゴムは全部で□個です。

6　大きさの異なる２種類の正方形と円を図のように組み合わせました。
小さい正方形１つの面積は８cm^2，大きい正方形１つの面積は25cm^2です。
▨の八角形の面積は□cm^2です。

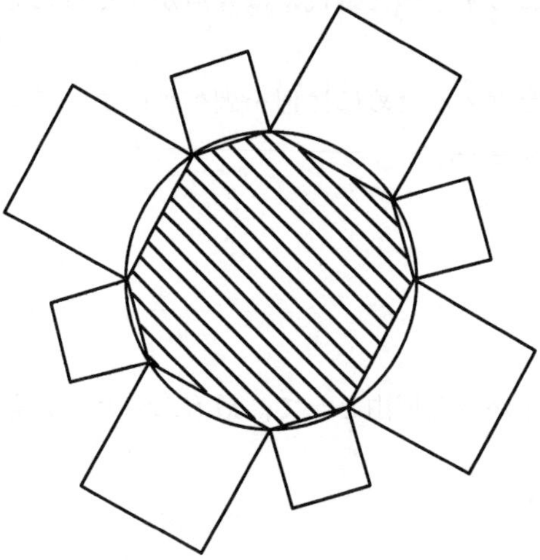

7　一定の速さで流れる川の上流にＡ地点，下流にＢ地点があり，２つの船Ｊ，ＧがＡ地点とＢ地点の間を往復するとき，次の①～③のことが分かっています。

ただし，流れのないところで２つの船の進む速さはそれぞれ一定で，どちらの船もＡ地点，Ｂ地点に着くとすぐ折り返します。

①　２つの船が同時にＡ地点を出発し，Ｊが初めてＢ地点に着いたとき，ＧはＢ地点の1920ｍ手前にいます。

②　２つの船が同時にＢ地点を出発し，Ｊが初めてＡ地点に着いたとき，ＧはＡ地点の2400ｍ手前にいます。

③　２つの船が同時にＡ地点を出発すると，出発してから27分後にＢ地点から960ｍ離《はな》れた地点で初めてすれ違《ちが》います。

(1)　船Ｊの下りと上りの速さの比を最も簡単な整数の比で表すと，□：□です。

(2)　船Ｇの下りの速さは分速□ｍ，川の流れの速さは分速□ｍで，Ａ地点とＢ地点は□ｍ離れています。

(3)　船ＪがＡ地点，船ＧがＢ地点を同時に出発するとき，１回目にすれ違うのは□分後，２回目にすれ違うのは□分後です。

【社　会】（40分）〈満点：100点〉

（語句はできるだけ漢字で書きなさい。）

水について問いに答えなさい。

I　問1　縄《じょう》文時代の遺跡《せき》からは井《い》戸は見つかっておらず，縄文時代には井戸がつくられていなかったと考えられています。

(1)　縄文時代の人が井戸をつくらなかった理由を考えるためには何を調べればよいですか。最もふさわしいものを1つ選び，記号で答えなさい。

ア　縄文時代の遺跡周辺の地形がわかる地図

イ　縄文時代に使用されていた大工道具

ウ　縄文時代の遺跡の海抜《ばつ》(海面からの高さ)

エ　縄文時代の平均気温と降水量の変化

(2)　(1)で選んだものからわかる，井戸をつくらなかった理由として，最もふさわしいものを1つ選び，記号で答えなさい。

ア　水は重く，くみ上げるのが大変だったから。

イ　井戸をつくる技術が不足していたから。

ウ　気候が安定していたから。

エ　井戸をつくらなくても水が得られる場所に住んでいたから。

問2　次の事がらを古い順に記号で並べかえなさい。

ア　博多では宋《そう》の影響を受けたと考えられる，底部に結桶《ゆいおけ》(木を曲げてつくった桶)を使用した井戸が現れた。

イ　茶の湯が流行し始め，茶人の中には名水が出る所に屋敷《しき》を建てる者が現れた。

ウ　大路には側溝《こう》(排《はい》水路)がつくられ，城下町の大路沿いにある武家屋敷に井戸が設置された。

エ　増え始めた環濠《かんごう》集落では，直径2～3メートルの井戸が見られるようになった。

問3　飛鳥時代の政治の中心地である飛鳥京の遺跡から，斉明《さいめい》天皇(天智天皇の母)がつくったと言われる運河が見つかっています。斉明天皇や天智天皇の頃のできごとを2つ選び，記号で答えなさい。

ア　金貨が発行され流通した。

イ　中臣(藤原)鎌足が大臣の位についた。

ウ　日本書紀がつくられた。

エ　東北の蝦夷《えみし》に兵を派遣《けん》した。

オ　律令《りょう》が整備され，国ごとに役所が置かれた。

問4　飲料水の入手について

(1)　政治の中心地となった次の3つの都市のうち，最も飲料水が得にくかったのはどこだと考えられますか。1つ選び記号で答えなさい。

ア　奈良時代の平城京

イ　平安時代の平安京

ウ　鎌倉時代の鎌倉

(2)　(1)の都市を選んだ理由を述べなさい。

問5　室町時代について

⑴　村のようすとしてあてはまるものを2つ選び，記号で答えなさい。

ア　備中《びっちゅう》ぐわや千歯こきなどの農具の使用が広まり，新田開発も進んだ。

イ　戦乱が続く中で田畑の荒廃《はい》に直面した農民たちは，生活のきまりをつくり，自分たちの手で村を治めた。

ウ　戸籍《せき》に登録された農民は割り当てられた土地を耕していたが，豪《ごう》族や大寺院のもとへ逃げ出す人もいた。

エ　大きなききんが何度もあり，幕府に年貢《ぐ》引き下げを求める百姓《しょう》一揆《き》が各地で起こった。

オ　大名同士の争いが続いた京都の南部では，村に住む武士と農民が大名の軍を引きあげさせた。

⑵　室町時代の事がらを2つ選び，記号で答えなさい。

ア　雪舟は明《みん》から帰国後，各地を旅して，風景の水墨画を数多くえがいた。

イ　西まわり航路や東まわり航路がひらかれ，特産品の売買が広がった。

ウ　有田焼や薩摩焼などの陶《とう》器がつくり出され，各地で用いられるようになった。

エ　石や砂を用いて水の流れを表現する石庭がつくられるようになった。

オ　各地に阿弥陀《あみだ》堂がつくられるようになり，貴族や皇族が武士を従えて熊野もうでをおこなった。

問6　都市ではある時期から，し尿《にょう》を垂れ流さず，くみ取り式に変わっていきました。いつ頃，どのような背景で変化したかについて述べた文として，最もふさわしいものを1つ選び，記号で答えなさい。

ア　平安時代に街の見た目をきれいに保ち，悪臭《しゅう》を防ぐ観点から，し尿の処理に規則をもうけるようになった。

イ　鎌倉時代に各地に陶器が広く流通するようになり，し尿を大きな壺《つぼ》に溜《た》めておくようになった。

ウ　室町時代に，し尿が農業の肥料として使われ，捨てずに活用されるようになった。

エ　江戸時代に城下町に人口が集中するようになり，幕府や藩《はん》が住宅密集地に公衆便所を設置するようになった。

問7　次のページの資料1と資料2は室町時代，資料3は江戸時代の農業用水に関するものです。（いずれも資料の内容を一部改変してあります。）

⑴　資料1の下線部は，灰にして何に使われましたか。

⑵　資料2について

①　川が流れる方向は**ア**，**イ**のどちらですか。記号で答えなさい。

②　**A**の集落と**B**の集落のどちらが水を得るのに有利だったと考えられますか。記号で答えなさい。

問8　用水の管理権を持っていたのはどのような立場の人だったと考えられますか。

①資料1の時代　②資料3の時代　それぞれについて1つずつ選び，記号で答えなさい。

ア　幕府の役人　　イ　領地を持つ貴族　　ウ　村人たち　　エ　天皇

資料1　1348年に現在の兵庫県にあった荘《しょう》園（貴族の領地）の代官（管理人）が，隣《となり》の土地の代官と結んだ契《けい》約書

「用水を分けてもらう見返りとして草木を提供してきましたが，提供できなくなったので，荘園の土地の一部（約1.5ヘクタール）をそちらの荘園に譲《ゆず》ります。ただし用水が止められてしまった場合には，その土地は返してもらいます。　代官　僧頼尊」

資料2　桂《かつら》川の両岸にあった集落の水争いに際して室町幕府に提出された，川と用水路を示す絵図（○と●は集落をさします）

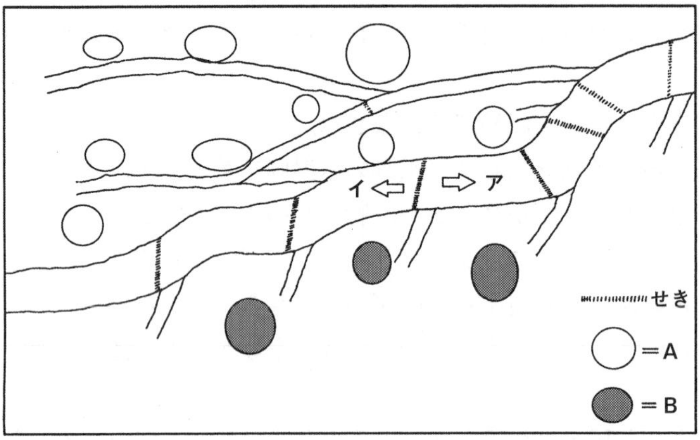

（資料1と資料2は「東寺百合文書」による）

資料3　江戸時代に，伊予（愛媛県）の庄《しょう》屋（村役人）が心構えを記した書物（『庄屋手鏡』）の一部

「他村と共同で利用している用水や土地に関しては，前々からのしきたりを守り，しきたりを記録しておくこと。…水争いが起こったときは，訴訟《そしょう》の経過を初めから詳《くわ》しく記録しておくこと。」（小野武夫 編『近世地方経済史料』第七巻　吉川弘文館　1969年より）

Ⅱ　問1　日本における近代水道は，1887年の横浜を第1号として，その後1898年までに，函《はこ》館，長崎，大阪，広島でもつくられました。

(1)　これら5つの都市で起こった次の事がらを，古い順に記号で並べかえなさい。

ア　函館の五稜郭《ごりょうかく》に立てこもって戦っていた旧幕府軍が降伏した。

イ　広島藩が廃止され，新たに広島県が置かれた。

ウ　横浜に上陸したアメリカの使節との間で，日米和親条約が結ばれた。

エ　長崎港で新たにアメリカとの貿易が許可された。

オ　大阪放送局がラジオ放送を開始した。

(2)　日本とアメリカに関わる次の事がらを，古い順に記号で並べかえなさい。

ア　アメリカの仲介により，日本とロシアが講和条約を結んだ。

イ　サンフランシスコ平和条約の締《てい》結と同時に，日本はアメリカと安全保障条約を結んだ。

ウ　アメリカで始まった世界恐慌《きょうこう》は，日本にも深刻な影響をもたらし，軍の方針に変化を与えた。

エ　日本のフランス領インドシナへの進出に対し，アメリカは対日石油輸出禁止に踏み切った。

オ　石油危機後，アメリカとの貿易摩擦《まさつ》が深刻化した。

問2　近代水道創設のきっかけの一つは，汚《お》染された水を介して広がる伝染病が流行したことにあります。世界的に認められる研究を行った日本の学者について述べた文として，正しいものを1つ選び，記号で答えなさい。

ア　志賀潔《きよし》はインフルエンザの治療《りょう》法を発見した。

イ　野口英世は結核菌《かくきん》の研究で世界的に認められた。

ウ　北里柴《しば》三郎は破傷風の治療方法を発見した。

エ　森鷗《おう》外は狂《きょう》犬病の研究所を創設し，教育活動にも貢献《こうけん》した。

問3　東京における近代水道の構想は，明治政府に雇《やと》われたオランダ人技術者が意見書を提出したことに始まります。

(1)　明治政府が近代化のために行った政策について述べた文として，まちがっているものを1つ選び，記号で答えなさい。

ア　明治天皇を始めとする政府の中心人物が欧米へ視察に行った。

イ　西洋の学問を学ばせるために，留学生を海外に派遣した。

ウ　西洋の制度を取り入れて，近代的な軍隊をつくった。

エ　欧米の機械を導入した工場を設立した。

(2)　オランダと日本との関わりについて述べた文として，正しいものを1つ選び，記号で答えなさい。

ア　戦国時代，オランダはポルトガルやスペインよりも早い時期から日本での貿易を始めた。

イ　オランダはキリスト教を伝えるため，イエズス会の宣教師を日本に派遣した。

ウ　東アジアでのロシアの勢力拡大を恐れたオランダは，20世紀の初めに日本と軍事同盟を結んだ。

エ　アジア太平洋戦争中，日本は東南アジアにあったオランダの植民地を占《せん》領した。

問4　東京では，上水道と下水道の両方を同時に整備することが難しく，上水道整備が優先されました。上水道整備が優先された理由として，ふさわしくないと考えられるものを1つ選び，記号で答えなさい。

ア　上水はすぐ人の口に入るものなので，下水より影《えい》響が大きいから。

イ　上水は一度整備すれば，維《い》持費用がかからないから。

ウ　上水は火事が起こった際の，水道消火栓《せん》としても利用できるから。

エ　上水は利用料金をとることに理解が得やすいから。

問5　現在の水道について述べた文として，まちがっているものを2つ選び，記号で答えなさい。

ア　家庭の蛇《じゃ》口から出てくる上水は，川や湖からとった水を浄《じょう》化してつくられている。

イ　上水の水質は，安全基準が法律で定められている。

ウ　上下水道とも，その整備・運営・管理は一括《いっかつ》して環境省が担っている。

エ　生活排水は，下水処理場(水再生センター)で浄化された後，河川《せん》に流されている。

オ　上水の水質は，浄水場で検査されるが，下水については検査されることはない。

カ　震《しん》災が起きた際，下水道管につながるマンホールは，トイレの代わりとして使われる。

問6　高度経済成長期以降，都市部で地下水の減少が進みました。その一方で，大雨の後，処理しきれない雨水によって土地や建物が浸《しん》水する現象が起きやすくなっています。この2つの現象の共通の原因を考えた上で，改善策を1つ答えなさい。

問7　現在の東京都の一般《ぱん》家庭のくらしについて述べた文として，正しいものを2つ選び，記号で答えなさい。

ア　使用される水道水のほとんどは，都内を水源としている。

イ　家庭から出る下水のほとんどは，都内で処理されている。

ウ　使用される電力のほとんどは，都内で発電されている。

エ　家庭から出る可燃ごみのほとんどは，都内で焼却《きゃく》されている。

Ⅲ　問1　(1)　阿《あ》蘇《そ》山付近を水源とする，九州最大の河川の名前をひらがなで答えなさい。

(2)　(1)の流域の4県を次から選び，水源から河口に向けて順に記号で並べかえなさい。

ア　福岡　　イ　長崎　　ウ　佐賀　　エ　熊本　　オ　宮崎　　カ　大分

問2　九州に関わる次の事がらを，古い順に記号で並べかえなさい。

ア　外国軍勢の再度の来襲《しゅう》に備え，幕府は博多湾《わん》の海岸線に石を積み上げて防壁《へき》を築いた。

イ　九州に巨大な城を築き，そこを拠《きょ》点として二度にわたって朝鮮に向けて兵を出した。

ウ　九州一帯の政治のほか，外交に当たる地方官庁が，瓦《かわら》をふいた大陸風の建物として整備された。

エ　鹿児島の町の一部が焼失する被《ひ》害も出た外国との戦争をきっかけに，外国の科学技術導入の動きが起こった。

問3　沖縄県は，水不足に悩まされることが多いため，水を確保するさまざまな工夫をしてきました。沖縄県の水について述べた文として，まちがっているものを1つ選び，記号で答えなさい。

ア　屋根の上に給水タンクを設置し，利用してきた。

イ　海水を飲み水にする施《し》設がつくられた。

ウ　地下水をせき止めて，水をためる地下ダムがつくられた。

エ　農業用水は，ため池に依《い》存してきた。

オ　山間部にダムをつくって水を確保している。

問4　沖縄には，海洋深層水の研究が行われている施設があります。海洋深層水の利用法や加工品として，ふさわしくないものをすべて選び，記号で答えなさい。

ア　食用の塩　　イ　製鉄所の冷却水　　ウ　飲料水

エ　化粧《しょう》水　　オ　水洗トイレの水

問5　右の表は，全国の用途《と》別の水使用量（淡《たん》水のみ）を表しています。A・Bにふさわしいものをそれぞれ選び，記号で答えなさい。

ア　工業用水

イ　生活用水

ウ　農業用水

用途	1980年	1990年	2000年	2010年	2019年
A	580	586	572	544	533
B	152	145	134	117	103
C	128	158	164	154	148
計	860	889	870	815	785

（単位　億m^3/年
日本国勢図会 2023/24より作成）

問6　右の表は，ため池の数が多い上位５県のため池の数を表しています。上位５県にあてはまる県の組み合わせを，ア〜オから１つ選び，記号で答えなさい。

順位	県名	ため池の箇《か》所数
1位	A県	22,047
2位	B県	18,155
3位	C県	12,269
4位	D県	9,373
5位	E県	7,702
全国計		152,151

（令和４年12月 農林水産省 HP 資料より作成）

ア　A　広島　B　長野　C　山梨　D　香川　E　奈良

イ　A　香川　B　徳島　C　岡山　D　愛知　E　和歌山

ウ　A　岡山　B　香川　C　新潟　D　岩手　E　福島

エ　A　兵庫　B　広島　C　香川　D　岡山　E　山口

オ　A　山口　B　香川　C　鳥取　D　愛媛　E　福井

問7　ため池についての文として，まちがっているものを１つ選び，記号で答えなさい。

ア　東京都のため池の数は，全国の中でも少ない方に入る。

イ　ため池は，戦後，日照り対策として急速に数が増えた。

ウ　ため池の水は，主に農業用に使用されている。

エ　ため池は，野生生物が生息する場ともなっている。

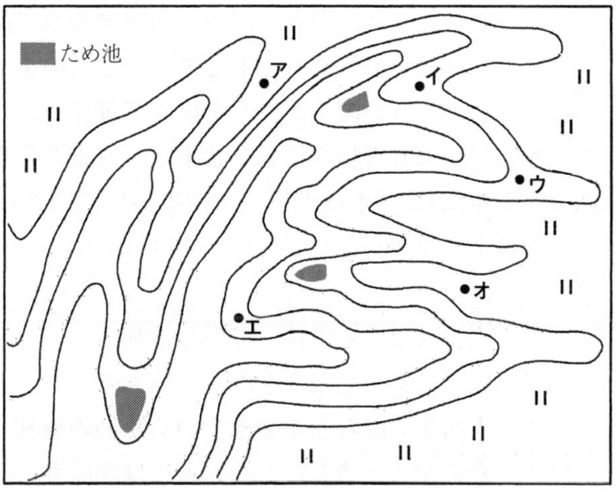

問8　ため池は，大雨や地震《しん》などによって決壊《かい》し，浸水被害が出ることがあります。右の地形図で，いずれのため池が決壊しても被害を受けないと考えられる場所を**ア〜オ**からすべて選び，記号で答えなさい。

問9　日本では飲み水として，水道水以外にもミネラルウォーターが広く生産・販《はん》売されています。

(1)　右の表は，ミネラルウォーターの生産が多い都道府県と生産の割合を表しています。（　）にあてはまるものを１つ選び，記号で答えなさい。

順位	都道府県名	生産の割合（%）
1位	（　　）	35.4
2位	静岡	12.1
3位	鳥取	9.4
4位	長野	7.3
5位	岐阜	6.3

（2022年　日本ミネラルウォーター協会資料より作成）

ア　滋賀　　イ　奈良　　ウ　山梨

エ　三重　　オ　北海道

(2)　なぜ(1)で選んだ場所で生産が多いと考えましたか。「自然環境面」と「費用面」の理由をそれぞれ１つずつ答えなさい。

問10　水力発電について述べた文として，正しいものを２つ選び，記号で答えなさい。

ア　夜間は発電できないので，安定性に課題が大きい。

イ　発電所を建てられる場所が限られる。

ウ　将来なくなるおそれのある化石燃料を使用しており，持続可能性が低い。

エ　事故が起きた場合，大規模な環境汚染を引き起こすことがある。

オ　日本では，水力発電によってまかなわれているエネルギーは，全体の10%以下である。

カ　川の水を汚すことから，再生可能エネルギーにはふくまれない。

Ⅳ　2015年，(　　)の国連本部で「国連持続可能な開発サミット」が開催され，「持続可能な開発のための2030アジェンダ(計画)」が採択《たく》されました。そのなかに盛り込まれたSDGsには17の目標があり，目標6は，「安全な水とトイレを世界中に」です。人々が安心して水を利用できる未来をつくることが各国の目標となっています。

問1　(　)に都市名を書きなさい。

問2　下線部を実現するために，ふさわしくないものを2つ選び，記号で答えなさい。

ア　すべての人々が安全な飲料水を利用でき，適切な下水施設を使えるようにする。

イ　水道料金の値上がりを防ぐために，民間の大企業が国全体の水道施設を効率的に管理する。

ウ　現地に合った技術を用いて，給水設備やトイレを設置するODAを実施する。

エ　山地，森林，湿《しっ》地，河川，湖を含む水に関連する生態《たい》系の保護を行う。

オ　学校教育や保健所を通して，衛生習慣を普《ふ》及する。

カ　それぞれの国ごとに水を国内で確保し，使用を国内に限る。

キ　川への有害物の投棄《き》を禁止し，有害な化学物質が流れ出る量を最小限に抑《おさ》える。

問3　下線部は，「水は人権」と国際的に認識されるようになったことを意味します。人権は，どのような権利としてとらえるべきですか。あてはまらないものを2つ選び，記号で答えなさい。

ア　生まれながらに持っている権利

イ　国家によって侵害されない権利

ウ　人間が人間らしく生きていくための権利

エ　その国の国籍を持たない人には保障されない権利

オ　憲法に明記されることで保障される権利

カ　現在だけでなく，将来にわたって保障されるべき権利

問4　次の文のうち，正しいものを2つ選び，記号で答えなさい。

ア　途《と》上国では，水汲《く》みは子どもや女性の仕事とされているため，子どもの教育と女性の社会進出の機会が奪《うば》われている。

イ　河川の上流地域は，量に関係なく水を汲み上げる権利を持っていると国際的に決められている。

ウ　国連は将来に向かって世界人口が減少すると予測しており，水の消費量は世界的に安定していく。

エ　日本では，人口密度の低い地域においては，水道料金は下がりやすい。

オ　気候《こう》変動が進むと，干ばつにより水不足が進行し，死亡率を引き上げる危険性がある。

問5　水は，国民の共有資源として管理するという考え方があります。その考え方に合うものを2つ選び，記号で答えなさい。

ア　石油と同様に，水はもうけるための投資の対象である。

イ　先進国の企業が，途上国の水源地を買収する。

ウ　行政だけに任せるのではなく，住民も参加して，水道事業の内容を決める。

エ　人口減少の自治体は，近隣《りん》の自治体と共同で水道事業を維《い》持する。

オ　水が不足した時には水道料金が上がり，使用できる家庭が限られるため，断水すること

はない。

問６　次のうち，水資源を一番必要とするのはどれですか。１つ選び，記号で答えなさい。また，それが水資源を必要とする最大の理由を具体的に説明しなさい。

ア　浴槽《そう》に湯をはり，15分間のシャワー使用

イ　小麦200グラムの生産

ウ　ホースによる庭への１時間の水まき

エ　ステーキ用の牛肉200グラムの生産

問７　京都では2007年，鴨《かも》川の環境を守るために京都府鴨川条例が制定されました。これに関して述べた文として，まちがっているものを２つ選び，記号で答えなさい。

ア　条例は，市民からの意見公募《ぼ》(パブリックコメント)を経て制定された。

イ　条例は，府議会で話し合われ，決定された。

ウ　条例の制定は，国会の承認を経て認められた。

エ　条例は，京都府により執《しっ》行(実施)された。

オ　条例が制定され，川辺の環境保護に取り組んできた市民の会に知事が解散を命じた。

問８　経済規模がさまざまな国を挙《あ》げ，一人あたりのGDPと水の使用量の関係を図に表すとしたら，どのような分布になると考えられますか。横軸《じく》は一人あたりのGDP，縦軸は一人あたりの年間の工業用水と生活用水の使用量とします。各国のデータを点で表した図として，最も適当なものを１つ選び，記号で答えなさい。GDP(国内総生産)は，GNPのように各国の経済規模を表すものです。

ア

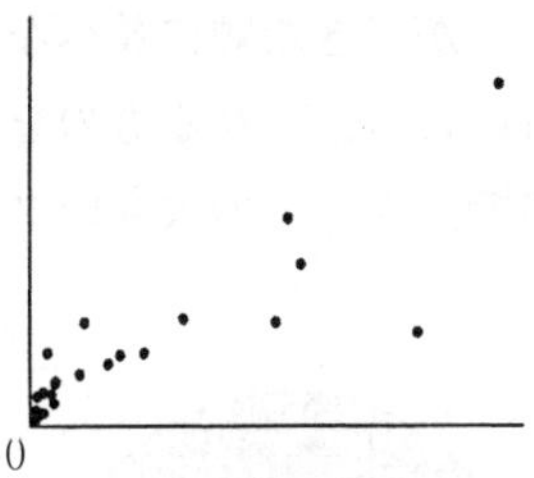

イ

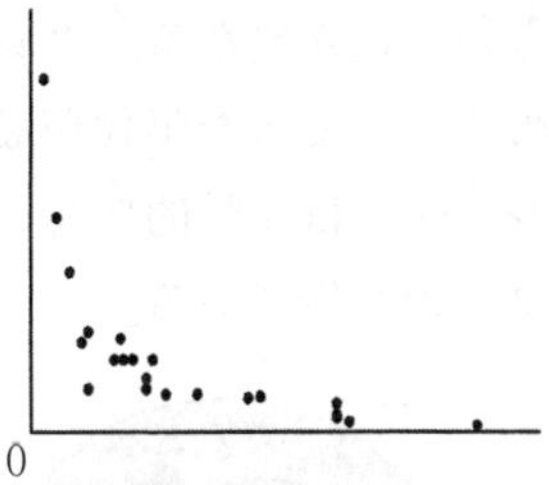

ウ

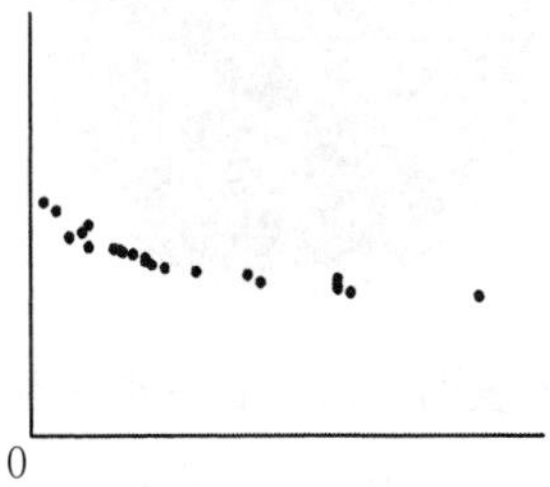

エ

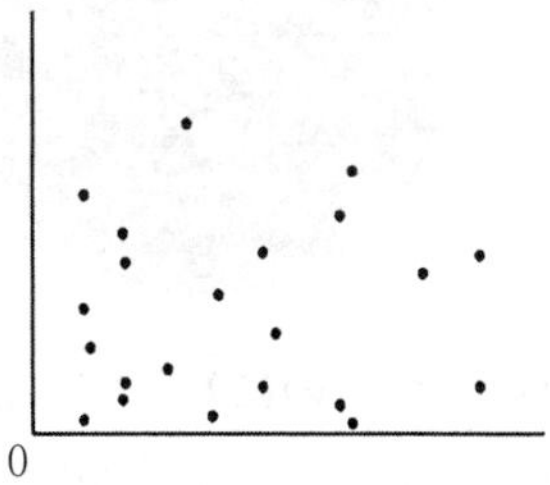

【理　科】（40分）〈満点：100点〉

（選択肢《たくし》の問題の答えが複数ある場合は，すべて答えなさい。）

Ⅰ　地球の衛星である「月」に関する以下の問いに答えよ。

1　月の表面には，図1の写真のような円形のくぼ地である大小の「クレーター」が多数見られる。

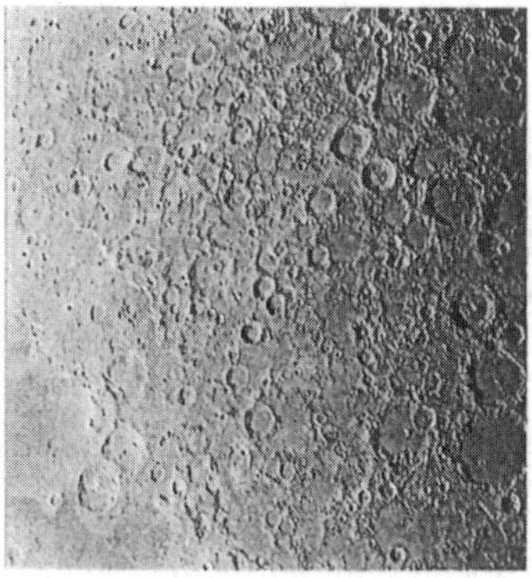

（国立天文台）

図1

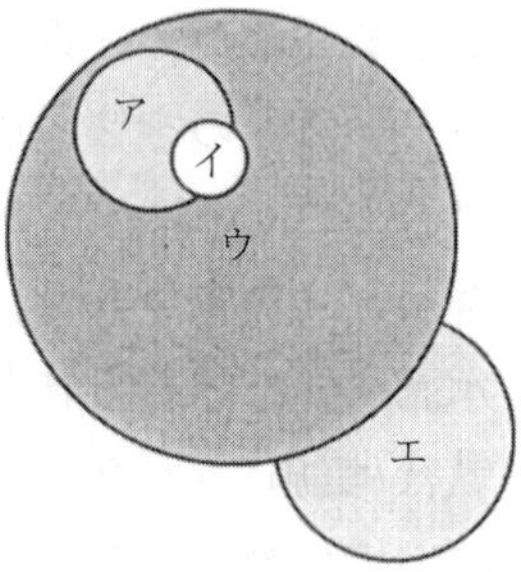

図2

⑴　月のクレーターのでき方として最もふさわしいものを次のア～エから選びなさい。

ア　岩石や氷からなる天体の衝《しょう》突によってできた。

イ　水によって地表がけずられてできた。

ウ　大地震《しん》により土地がかん没《ぼつ》してできた。

エ　かつて存在した湖が干上がってできた。

⑵　図2のア～エのクレーターはできた年代が異なる。クレーターができた順に並べなさい。

⑶　次のア～エの大きいクレーターのうち，できた年代が最も古いと考えられるものを選びなさい。ただし，これらの大きいクレーターは比較的新しいもので，ウ，エの大きいクレーターの半径はア，イの大きいクレーターの2倍である。

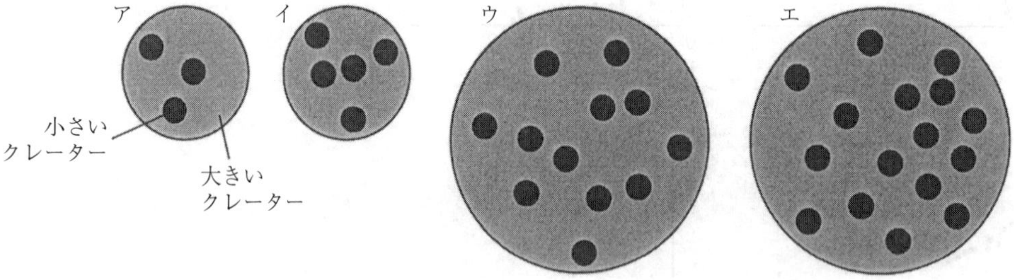

⑷　月の表面に多数のクレーターが見られるのに対して，地球の表面にはクレーターがほとんど見られない。地球の表面(陸地)に，①クレーターができにくい理由，②できたとしても見られなくなってしまう理由をそれぞれ述べなさい。

2　図３は１年間における太陽，地球，月の位置関係を示したものである。

(1)　東京で夏至の日と秋分の日に満月だったときの月の位置を図３のア～タからそれぞれ選びなさい。

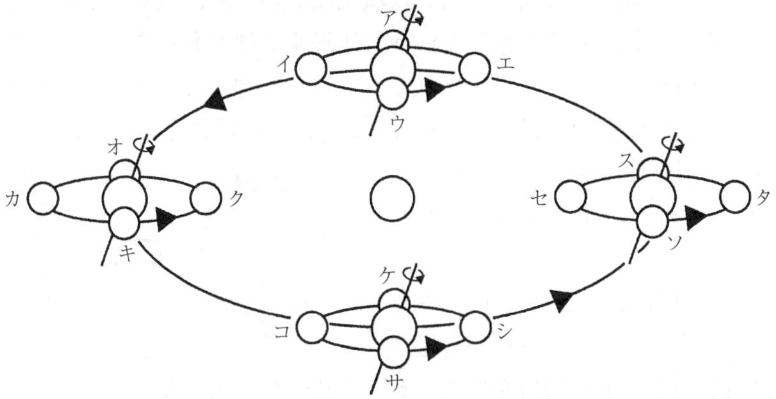

図３

(2)　図４は地球から望遠鏡で見た満月と半月の写真である。次の文中の［A］に入る記号を図４中のア～エから選び，［B］に入る語句を20字程度で述べなさい。

クレーターの輪かくが最もくっきり見えるのは，［　A　］のあたりである。なぜなら，クレーターに［　B　］ためである。

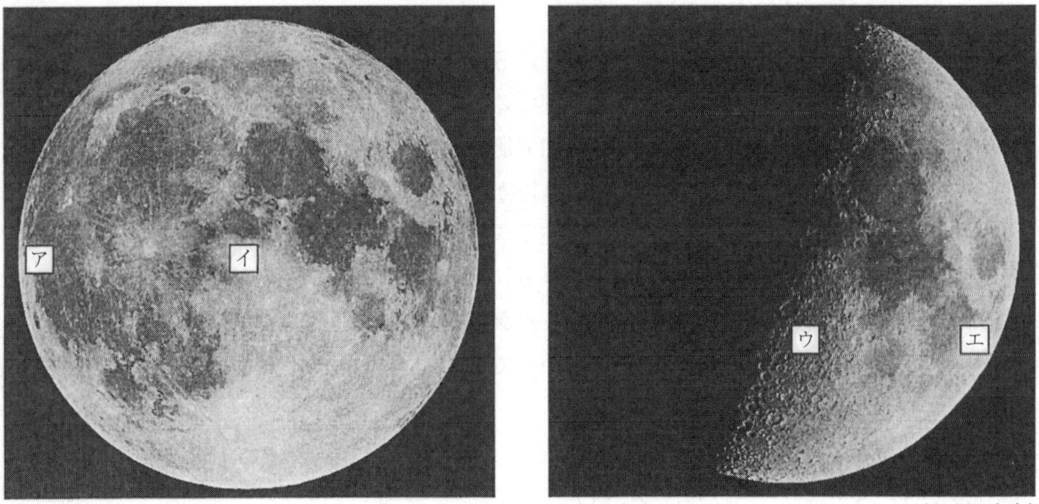

(国立天文台)

図４

(3)　月の大きさ(直径)は3500kmである。５円玉を目から55cm離《はな》して月を見ると，月と５円玉の穴(直径５mm)は同じ大きさに見えた。月までの距離《きょり》は何kmですか。

Ⅱ　1　以下の問いに答えよ。

(1)　種が発芽するのに必要なものを次のア～オから3つ選びなさい。

ア　土の中の養分　　イ　水　　ウ　空気　　エ　適切な温度　　オ　光

(2)　一部の植物の種は，十分に成熟して発芽に適した環《かん》境においても，数ヶ月から数年発芽しないことがある。このような種の状態を休眠《みん》という。休眠する種があることで同じ植物からつくられた種でも発芽の時期にばらつきが生まれる。これは植物にとってどんな利点となるか，次の文中の[A]に入る語句を10字以内で述べ，[B]に入る言葉を答えなさい。

発芽後に[　　A　　]場合でも，発芽の時期にばらつきがあることで[　B　]する可能性が低くなる。

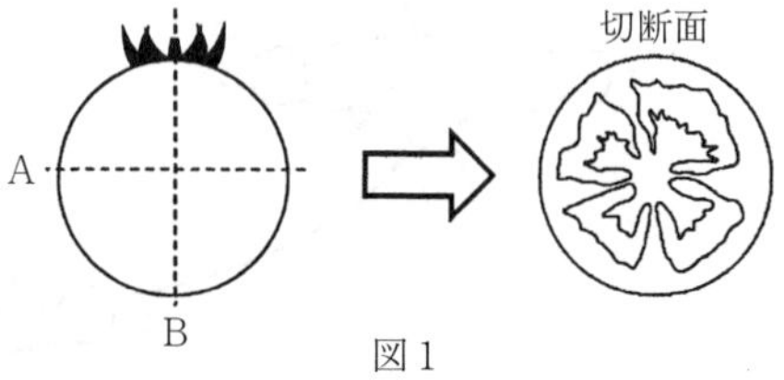

図1

(3)　図1のようなトマトの切断面が見られるのはトマトをどの向きで切ったときか，次のア～ウから選びなさい。また，解答用紙のトマトの切断面に種(●)を6つかき入れなさい。

ア　Aで切ったとき

イ　Bで切ったとき

ウ　Aで切ってもBで切っても同じ

(4)　トマトを鉢《はち》で育てるとき，育て方としてふさわしいものを次のア～クから選びなさい。

ア　日照時間の長い夏に種をまく。

イ　種はできる限り密にまく。

ウ　鉢の下からもれる程度の水を1日に5回与える。

エ　直射日光が当たらないところで育てる。

オ　ある程度の大きさになったら追加で肥料を与える。

カ　ある程度の大きさになったら水はけが良いように浅い鉢に植えかえる。

キ　ある程度の大きさになったら支柱をつけて支える。

ク　ある程度の大きさになったら大きさに余裕《ゆう》のある鉢に植えかえる。

(5)　キャベツは葉が何層にも重なり合った葉球をつくる(図2)。キャベツの葉の形は外側から内側に向かってどのようになっているか，次のア～エから選びなさい。

図2

ア

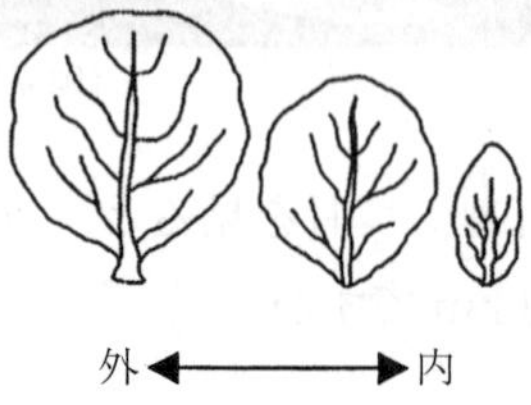

イ

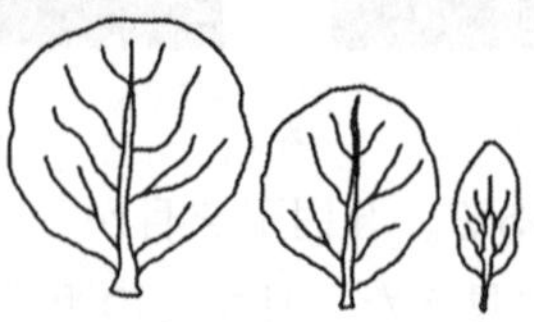

ウ

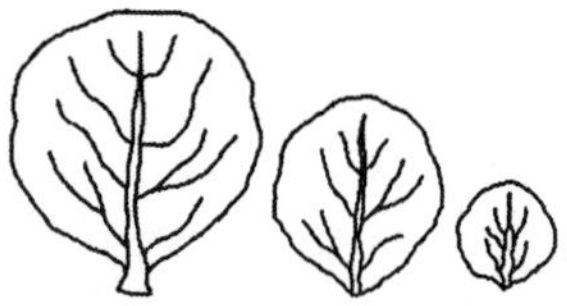

エ

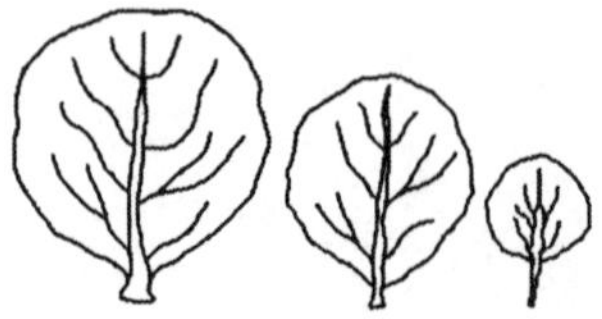

2　Ｊ子さんの家の近くにある大きな公園の北端には，樹齢《れい》100年のイチョウ(高さ約 28m)の並木があります。Ｊ子さんは，その並木の北側に，並木に沿って高さ 200m のビルが３つ建つことを知りました。

(1)　ビルが建つことは，地上の環境にどのような変化をもたらし，それがイチョウにどのような被《ひ》害を与えるか。考えられることを１つ答えなさい。

(2)　Ｊ子さんは友達のＧ子さんとイチョウ並木を見に行きました。以下は，そのときの会話です。［Ａ］～［Ｃ］に入る言葉を答えなさい。

Ｊ子：そう言えば，このイチョウの周りの立ち入り禁止のロープは何のためにあるのかしら。

Ｇ子：人が地面を踏《ふ》みしめることで，土壌《じょう》の中の［　Ａ　］がなくなってしまうのを防ぐためよ。［　Ａ　］が多いと土壌は水や［　Ｂ　］を多く含《ふく》むことができるのよ。

Ｊ子：どうして［　Ｂ　］を多く含む方がよいの？

Ｇ子：それは，根も［　Ｃ　］をしていて［　Ｂ　］中の酸素を必要とするからよ。３つのビルは地下５階まであるそうよ。地下水の流れにも影響《えいきょう》が出そうね。

Ｊ子さんは建物が地下に与える影響について調べたところ，地下に建物をつくったことで地下水の流れが変化してしまう「地下水流動阻《そ》害」という問題を見つけました。

(3)　図３のように，Ａ地点側からＢ地点側に向かって地下水の流れがある所で，建物(　)を建てたところ，Ａ地点とＢ地点にあった樹木はやがて，どちらも枯《か》れた。なぜＡ地点の樹木は枯れたのか，その理由を答えなさい。

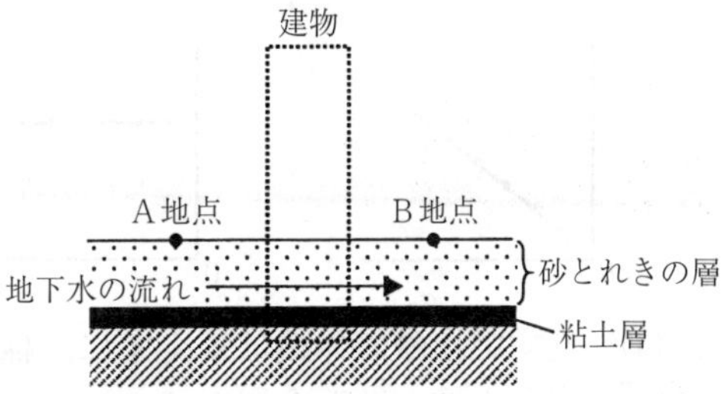

図３

Ⅲ　1　次の気体Ａ～Ｅに関する以下の問いに答えよ。

Ａ　酸素　　　　Ｂ　塩化水素　　Ｃ　水素

Ｄ　アンモニア　Ｅ　二酸化炭素

(1)　次の①～③にあてはまる気体を，Ａ～Ｅから選びなさい。

①　空気中でどんな物質を燃やしたときでも，燃やした前後で量が変わる気体

②　においがある気体

③　水溶《よう》液を赤色リトマス紙につけると青色に変える気体

(2)　Ａ～Ｅの気体がそれぞれ入っているびんがある。二酸化炭素がどれに入っているかを調べる方法とその結果を合わせて答えなさい。

(3)　二酸化炭素は水よりも水酸化ナトリウム水溶液に多く溶《と》ける。このことと原因が最も似ている現象を次のア～エから選びなさい。

ア　ミョウバンは，水温を上げた方が水に多く溶ける。

イ　室温では，同量の水にミョウバンより食塩の方が多く溶ける。

ウ　鉄は，水には溶けないが塩酸には溶ける。

エ　二酸化炭素は，水温を下げた方が水に多く溶ける。

2　うすい塩酸 5 cm^3 に液Ａを１滴加えた後，ピペットを使ってうすいアンモニア水を 0.5 cm^3 ずつ加え，液の色が青色に変わったときのアンモニア水の体積を調べた。

(1) 液Aは何か，次のア～エから選びなさい。

ア　紫《むらさき》キャベツ液　　イ　BTB液

ウ　ヨウ素液　　エ　水酸化ナトリウム水溶液

(2) ピペットの使い方として正しいものを次のア～エから選びなさい。

ア　ピペットを使うときにはゴム球の部分だけを持つ。

イ　ピペットの先をとりたい液に入れてゴム球を押して，ゴム球への力をゆるめ，液をゆっくり吸い上げる。

ウ　必要な量をはかりとれたら，ゴム球への力を少しゆるめて別の容器まで移動し，ゴム球を押して液を容器に注ぐ。

エ　ピペットを使い終わったら，ゴム球を下にして立てて置くか，バットなどに横向きに置く。

(3) 様々な体積のうすい塩酸を用意して上と同じ実験を行った。うすい塩酸の体積を横軸《じく》，色が変わったときのアンモニア水の体積を縦軸にしたときのグラフを次のア～エから選びなさい。

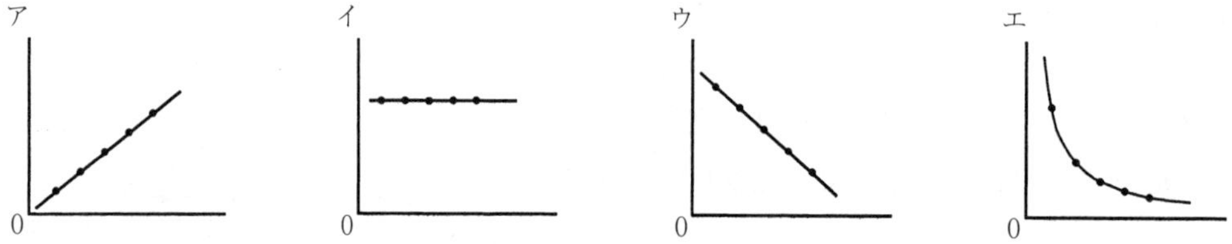

(4) うすい塩酸の体積は変えずに，様々な濃《こ》さのアンモニア水を用意して上と同じ実験を行った。アンモニア水の濃さを横軸，色が変わったときのアンモニア水の体積を縦軸にしたときのグラフを(3)のア～エから選びなさい。

(5) うすい塩酸にうすいアンモニア水を加えた液を蒸発皿にとって加熱すると，白色の固体が残る。そこで，うすい塩酸30cm^{3}を入れたA～Eの5つのビーカーに，異なる体積のうすいアンモニア水を加え，この液を加熱した。加えたアンモニア水の体積と加熱後に残った固体の重さは次の表のようになった。

	A	B	C	D	E
うすいアンモニア水の体積〔cm^3〕	0	10	20	30	40
残った固体の重さ〔g〕	ア	0.75	イ	1.80	1.80

①　表のア，イにあてはまる固体の重さは何gですか。

②　うすい塩酸10cm^{3}で白色の固体を最大量つくるには，うすいアンモニア水を少なくとも何cm^{3}加えたらよいですか。

Ⅳ　ある物体が液体に浮《う》くか沈《しず》むかは，物体と液体の1cm^{3}あたりの重さの関係により決まる。液体の1cm^{3}あたりの重さより，物体の1cm^{3}あたりの重さが小さいと浮き，大きいと沈む。

1　表1の4つの球a～dが，ある液体に浮くか沈むかを調べた。この液体の体積は500cm^{3}で，重さは700gであった。

表1

球	a	b	c	d
重さ〔g〕	10	60	73	120
体積〔cm^3〕	20	40	50	100

(1)　この液体に浮いた球をa～dから選びなさい。

(2)　この液体に粉末Xを溶かすと，浮き沈みの結果も変化する。すべての球を浮かせるには粉末Xを少なくとも何gより多く溶かせばよいか求めなさい。ただし，粉末Xを溶かしても液体の体積は変わらないものとする。

2　水は温度を変化させると体積は変化するが，重さは変わらない。表2は水の温度と1 cm^3 あたりの重さの関係をまとめたものである。

表2

温度	1 cm^3 あたりの重さ
20℃	0.998 g
40℃	0.992 g
80℃	0.972 g

表3

物体		A	B	C	D
体積		10 cm^3	12 cm^3	10 cm^3	12 cm^3
水の温度	20℃	浮く	浮く	浮く	浮く
	40℃	浮く	浮く	沈む	沈む
	80℃	沈む	沈む	沈む	沈む

(1)　4つの物体A～Dが20℃，40℃，80℃の水に浮くか沈むかを調べた。表3はその結果をまとめたものである。ただし，AとB，CとDはそれぞれ同じ材質である。

①　Cの重さは何gより大きく何g未満と考えられますか。

②　A～Dを重い順に並べなさい。

(2)　10℃以下の水では，温度と1gあたりの体積の関係は右図のようになる。10℃の水にある物体を入れた。この物体の1gあたりの体積は温度によって変化せず，6℃の水1gあたりの体積と同じである。水の温度を10℃から0℃までゆっくり下げていったときの物体の様子として正しいと考えられるものを次のア～カから選びなさい。

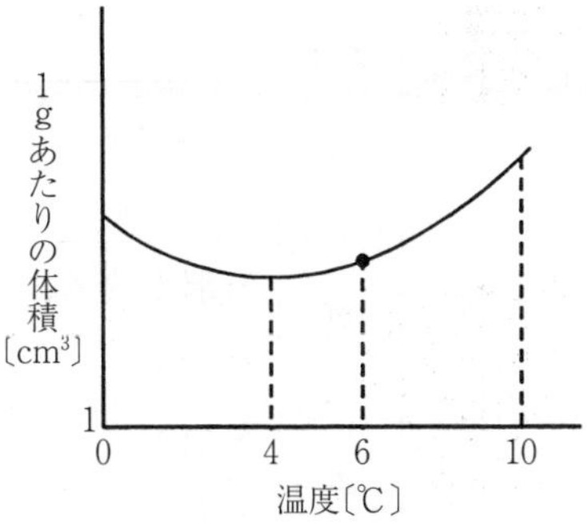

ア　浮いたままである。　　イ　沈んだままである。

ウ　はじめは浮いていたが，途中で沈む。

エ　はじめは沈んでいたが，途中で浮く。

オ　はじめは浮いていたが，一度沈み，再び浮く。

カ　はじめは沈んでいたが，一度浮き，再び沈む。

(3)　ある湖で気温 −10℃がしばらく続き，湖の表面だけが凍《こお》っていた。次の①～③の温度はおよそ何℃だと考えられるか，下のア～ウから選びなさい。

①　氷の表面

②　氷のすぐ下にある水

③　湖底付近の水

ア　4℃　　イ　0℃　　ウ　−10℃

3　空気中でも，液体中と同じ原理で浮き沈みが起こる。熱気球(右図)はバーナーの炎《ほのお》をつけたり消したりして，上昇させたり降下させたりすることができる。

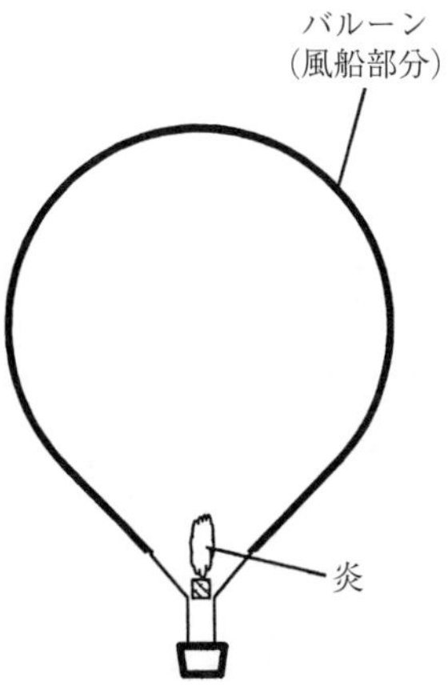

(1)　熱気球が上昇するときのバルーン内の空気の様子として正しいものを次のア～エから選びなさい。

ア　熱せられた空気がバルーンの中央部を通って上部に移動し，

バルーンに沿って下部へ向かい，バーナーの炎で再び熱せられて，中央部を通って上部に移動するような対流が発生する。

イ　熱せられた空気がバルーンに沿って上部に移動し，バルーンの中央部を通って下部へ向かい，バーナーの炎で再び熱せられて，バルーンに沿って上部に移動するような対流が発生する。

ウ　バルーンの下部の空気が熱せられ，その熱が徐々に上部の空気まで伝わっていく。

エ　熱せられた空気がバルーンの上部にたまっていき，バルーンの下部の空気を追い出す。

(2)　バルーンの上部には開閉ができる穴がついている。バーナーの炎を消した後，この穴を開くと，熱気球をよりはやく降下させることができる。その説明として正しいものを次のア～エから選びなさい。

ア　上部の穴からあつい空気が逃げ，バルーンがしぼむから。

イ　上部の穴からあつい空気が逃げ，バルーンの下部から冷たい空気が入ってくるから。

ウ　上部の穴から冷たい空気が入ってきて，バルーンが膨《ふく》らむから。

エ　上部の穴から冷たい空気が入ってきて，バルーンの下部からあつい空気を追い出すから。

(3)　同じ気球でも，乗ることができる人数は季節によって異なる。人数をより増やすことのできる季節とその理由として正しいものを次のア～エから選びなさい。

	季節	理由
ア	夏	気温が高く，バルーン内外の空気の1 m^3 あたりの重さの差が，より小さくなるから。
イ	夏	気温が高く，バルーン内外の空気の1 m^3 あたりの重さの差が，より大きくなるから。
ウ	冬	気温が低く，バルーン内外の空気の1 m^3 あたりの重さの差が，より小さくなるから。
エ	冬	気温が低く，バルーン内外の空気の1 m^3 あたりの重さの差が，より大きくなるから。

れまでたどってきた経験は無意味ではなく、独自の遠近感はその経験があって生まれたものだということ。

ウ　子供のころに描いていた絵と今描いている絵は異なるものであったとしても、すべての絵が経験となって積み重なり、自分の目には遠近感が感じられたのだということ。

エ　失敗と思われていた絵からでももう一度塗り直して始めることによって、その失敗が生かされ、かつてあこがれたのと同じ遠近感のある絵にたどり着けたということ。

三

次のカタカナを漢字に直しなさい。

1　バスと電車がヘイコウして走る。

2　目でアイズを送る。

3　カテイと仕事を両立する。

4　米ダワラをかつぐ。

5　飛行機をソウジュウする。

6　シオドキを待って行動する。

感じた距離は、マンガの写し絵からしかたどり着くことのできない「斑模様の遠近法」だったと⑨腑《ふ》に落ちた。

二〇〇八年二月

（大竹伸朗『見えない音、聴こえない絵』より「斑模様の遠近法」）

問一　——①「『形』そのものとは別に、そこに『感じ』といった感覚がふと意識の中に入り込んだ」とありますが、ここでの「感じ」と最も近いものを次から選びなさい。

ア　内容を映し出していて心に響《ひび》く感じ
イ　全体からなんとなく受ける独特の感じ
ウ　自分の目で見た時にだけわかる感じ
エ　周囲の人々から受ける抵抗《ていこう》しがたい感じ

問二　——②「一目置かれていた」とありますが、「一目置く」の意味として最も適切なものを次から選びなさい。

ア　抜きんでた能力がある人を羨《うらや》む
イ　相手の力を認めて気を遣《つか》う
ウ　最も秀でている人を称賛《しょうさん》する
エ　優《すぐ》れている相手に敬意を払う

問三　——③とありますが、「友達の絵」と「自分の絵」を比較し、「形」と「雰囲気」について違いがわかるようにそれぞれ説明しなさい。

問四　——④「それらはショッキングな出来事として心に焼き付いた」とありますが、「それら」としてあてはまらないものを次から選びなさい。

ア　少年なのに新聞配達という仕事をしていること
イ　新聞を雑に放り投げるという配達の仕方をしていること
ウ　自転車を乱暴に扱《あつか》って路上に投げ出したりすること
エ　少年が無地のバスケット・シューズを履いていること

問五　——⑤「上履き入れに描いた絵」とはどういう絵ですか。最も適切なものを次から選びなさい。

ア　女の子の上履き入れにもとから描いてあった絵
イ　女の子が自分自身の上履き入れに描いた絵
ウ　筆者である「自分」が「自分」の上履き入れに描いた絵
エ　筆者である「自分」が女の子の上履き入れに描いた絵

問六　——⑥「とんでもない異物に出会ったようなショックを受けた」とありますが、どういう点に「ショックを受けた」のですか。三十字以内で説明しなさい。

問七　——⑦「近くて遠い『距離』があることを感じた」とありますが、どういうことですか。最も適切なものを次から選びなさい。

ア　賞を取るような絵はすぐに描けると思っていたのに、実際は簡単には描けず、厳しい世界だと感じた。
イ　賞を取った絵をすぐそばで見ていながら、自分の絵との違いがわからず、とまどいを感じた。
ウ　その絵の作者は同じ地域で育った小学生であるのに、大人びた絵を描いており、敗北感を感じた。
エ　その絵は自分の目の前にあるが、自分には描くことのできない絵であって、とうていかなわないと感じた。

問八　——⑧とありますが、「□旗を掲げる」が「降参する」という意味になるように、空欄にあてはまる漢字一字を答えなさい。

問九　——⑨とありますが、筆者が「腑に落ちた」ことはどのようなことか、最も適切なものを次から選びなさい。

ア　自分なりの遠近感を持たせることのできた絵は、単なる偶然《ぐうぜん》によって生み出されたものであり、意図的に作り出そうとしても作り出せないものであるということ。
イ　遠近感のある絵を前に自分の絵は劣《おと》っていると思ったが、こ重なった時は言葉にしがたい快感を覚えた。

「マンガ」と図工の時間の「絵」の間には、何か両者を隔《へだ》てるものが横たわっていることを薄々《うすうす》感じ始めていた時期、「絵の賞」とは一体何なのか、不思議に思っていた。

各学校が選んだ優秀作品を区の図画工作コンクールに定期的に応募《おうぼ》するといった仕組みだったのだろう、ある日の図工の時間、区主催の図工作品展示会場をクラス全員で訪れた。

展示会場は公民館のような建物内の一室が穴開きパネルで仕切られ、ところどころ台が置かれた場所で、そこに段掛けの水彩画や粘土等の立体物が学年の賞別に並んでいた。

選ばれた作品の右下には、筆文字で賞名の書き込まれた細長い金色の折紙が貼られ、一般の大人がそれら一点一点に見入り話している光景に、「絵」には教室以外の世界があることを初めて知った。

そんな中、同年代の見知らぬ生徒の水彩風景画を目にした時、⑥とんでもない異物に出会ったようなショックを受けた。絵のところどころが出っぱっているような違和《いわ》感を感じた。

画面四方の近景には大きな木の幹と葉っぱが描き込まれ、樹々の隙《すき》間《ま》から遠景の街並が見え隠れしていた。会場でその絵を見ながら思い浮かべる自分の絵は、少ない色数がペロッと塗《ぬ》られただけのニセモノにしか思えず情けなくなった。

賞というものに結びつく絵には明らかにマンガ写し絵とは異なる大人の世界があり、自分とパネルの間にも目の前の遠近法の風景に似た⑦近くて遠い「距離《きょり》」があることを感じた。

マンガ以外にどんなものをどうやって描いたら自分の絵が目の前のパネル上に並ぶのか一生懸命考えてみたが、それまで学校からはコンクール用に一度も推薦《すいせん》されたことがないことに初めて気づいただけだった。

当時は余裕のありそうな家の女子はクラシックピアノを習うという風習があったためか、絵画コンクール会場の受賞作品には洋間に置かれたピカピカの黒いピアノのイメージがダブった。自宅六畳間《ろくじょうま》のコタツにデンと乗った趣味《しゅみ》を疑う朱色のデコラ板上のマンガの写し絵は潔《いさぎよ》く⑧□旗を掲げていた。

その後一度だけ、コンクールの応募メンバーに選ばれ「花瓶と花」を描いた水彩画を提出したが、あっさり落選。しばらくたってから、金色の箔《はく》押し文字で参加賞と捺《お》された蜜柑《みかん》色の消しゴム付鉛筆一本を放課後に先生から受け取った。手元のねぎらい鉛筆を眺《なが》めるうち、記憶の中の眩《まぶ》しい遠近法が浮かび、かえって貰《もら》わない方がよかったと落ち込んだ気分になった。

中学に通い出した頃には興味を持ち始めた油絵具やカラーインクを使って、好きなミュージシャンやファッション雑誌の中の写真を元に相変わらず絵を描いていた。それは中学生版マンガ写し絵だった。部屋の壁にどんな絵が掛かっていたらカッコイイか、そんなことばかり考えながら絵を描いていた。

高価な専門用紙やキャンヴァスなどは頻繁《ひんぱん》に買うわけにはいかず、失敗した絵は、画用液で薄く溶いた何かしらの一色を何度も塗り重ねて均一にし、再びその上に違《ちが》う絵を描いた。

ある時、画面全体に塗り始めた青色の透明液の膜《まく》を通して、絵の全体を眺めた。

絵の表面に目をこらすと、元絵のさまざまな色に同一の青が重なり、予期せぬ新たな色がいっせいに浮き上がっているように見えた。斑《まだら》模様の絵の中にはさまざまな距離が一瞬で生まれたようにも思え、その距離は小学校の頃見た水彩風景画の中の出っぱり具合を引き寄せた。

絵はどの地点から何度でもスタートしていいのだ、また、失敗地点は新たなスタートラインにも成りうると思った。あの日絵の中にふと最も適切なものを次から選びなさい。

ア　あの時の味にかなり近いものがある

イ　あの時の味と比較《ひかく》することはできない

ウ　あの時の味とは全く違っている

エ　あの時の味の方がはるかに良い

オ　あの時の味よりずっと優《すぐ》れている

問十　――⑩「あのへん」とはどこのことか、説明しなさい。

問十一　太線部☆「この田んぼで穫れるお米は、きっとおいしい、と思った」「『この田んぼはきっとおいしいお米が……』と真先に思ったのだ」とありますが、筆者がこのように思ったのはなぜか、説明しなさい。

二

次の文章を読んで後の問いに答えなさい。※本文中の〈　〉内の注は出題者による。

小学校低学年の頃、誰でも一度はするようにお気に入りのマンガ写しに夢中になった。

そのうち、写し遊びは主人公の顔を描いてから切り抜いて別紙に貼《は》ったり、ペンとインクでオリジナルの野球や探偵《たんてい》物マンガを描いたりすることに変化していった。

学校のマンガ写しの得意な生徒グループにも潜《もぐ》り込《こ》み、時々誰かの家に集まって流行りのマンガ頁《ページ》の写しっこをよくした。

そんなことを繰り返していたある日、①「形」そのものとは別に、そこに「感じ」といった感覚がふと意識の中に入り込んだ。

②一目置かれていた一人の友達の描く形は、確かに比率が正確だということはわかるが、内心自分の絵の方がよりマンガの雰囲気《ふんいき》に近いと思った。③形と雰囲気には、必ずしも常に合体するわけではない微《び》妙《みょう》な関係がある、そんなことを感じた。あえて言葉を探すなら、形を覆う体温といった感覚だった。オリジナルに近い形に仕上がったとしても機械的な線の痕跡《こんせき》で終わることもあれば、若干《じゃっかん》歪《いびつ》な形でもオリジナルの感じに近く血の通う温かい雰囲気に仕上がるものもある、そんなことを感じた。

ヒョンなことから、マンガ写しは紙上から実用品へと移動していった。

海の向こうには子供用品にも無地のモノがあることを知ったのは当時放映中だったテレビ番組「名犬ラッシー」だった。その中では飼い主の男の子がいつも無地のバスケット・シューズを履《は》いていた。新聞少年である男の子が配達先の玄関目がけ遥《はる》か遠くから芝生越しに八つ折りの新聞をまったくブッキラボウに放り投げ、スタンドのない自転車から降りる時は傷つくことなどおかまいなしに路上に投げ出し、大人と同じ無地のバスケット・シューズを当たり前に履いている。④それらはショッキングな出来事として心に焼き付いた。子供用既製品《きせいひん》といえば、何かしら柄模様《がらもよう》が強制的に付いていた時代、ブラウン管〈ここではテレビのこと〉から唐突《とうとつ》に投げかけられた「無地」の発見と素っ気なく乾いた光景は、自分の中の「マンガ」に対する意識にもかなりの影響《えいきょう》を与えた。

あまりに子供っぽすぎるキャラクター付き上履き入れや下敷《したじ》きを毎日学校へ持ち運ぶ屈辱《くつじょく》感は、カイロ用ベンジンやハサミを駆使《くし》してそれらを剝《は》ぎ取って「無地」にし、マジックインキで好きなマンガを自分なりに配置して描くという呆気《あっけ》ない方法で一気に解消した。

ある日、クラスの女の子が⑤上履き入れに描いた絵を下敷きに描いて欲しいと言ってきた。それをきっかけに休み時間、希望の品を手に並ぶ列が席前にでき、「ニュアンス」や「雰囲気」というものは他人にも伝わることを知った。稀《まれ》に正確な「形」の上に「感じ」がうまく

ウ　ここはもともと狭い谷あいの村里だったのだろう。
エ　ここはもともと狭い谷あいの村里ではなかっただろう。

問二　――②「一望千里」のように、「一」を使った四字熟語を以下に挙げました。解答欄《らん》の空欄に適切な漢字を入れて、読みと意味にあうように完成させなさい。

1　一ジッセンシュウ　（とても待ち遠しいこと）
2　一シンフラン　（一つのことに集中して取り組むこと）
3　シンキ一テン　（何かがきっかけとなって気持ちが前向きになること）

問三　――③「手作りのステンドグラス」とは、何のどのような様子を表現しているか、説明しなさい。

問四　――④「赤い屋根の家は、まさに『田守りの舎』とでも名付けたいたたずまいである」とありますが、どのような様子ですか。最も適切なものを次から選びなさい。

ア　美しく広がる田んぼに対して家が遠慮がちに寄り添っている様子
イ　ロマンチックな赤い屋根の家が素朴《そぼく》な田んぼを引き立てている様子
ウ　赤い屋根の家と田んぼが一枚の絵のように調和している様子
エ　落ち着いたたたずまいの家が真新しい田んぼと対比されている様子

問五　――⑤とありますが、

Ⅰ　「空から見れば、それはお伽話の世界のことのように、地上的な現実を超えさせてしまう」とはどういうことだと考えられますか。最も適切なものを次から選びなさい。

ア　現実には人々が具体的な相談を行っているだろうが、空からではその様子をうかがえず、何を相談しているのかおぼろげにしか内容がわからないということ。
イ　実際にはそこに住んでいる人々が現実的なやりとりをさまざまに行っているはずだが、空から見るとまるでそんなことは感じられず、幻想《げんそう》的な世界に見えるということ。
ウ　現実として田植え前の人々は深刻な様子であるが、空という大きな視点から見るととたんにささいなことに思われて、現実を超越《ちょうえつ》した視野を獲得《かくとく》できるということ。
エ　実際の人々は田植え前に緊張感をもって生活しているが、空から見ると穏《おだ》やかな光景が広がっており、その二重写しの光景がいかにも物語的な世界を生み出しているということ。

Ⅱ　本文中の波線部**ア**〜**エ**の中から、ここでの「お伽話の世界のこと」にあたるものを一つ選びなさい。

問六　――⑥「人々の心がいちばん明るくひらく」とありますが、どういう心情か、説明しなさい。

問七　――⑦「よそ目」とありますが、ここではどういう人の視点か、最も適切なものを次から選びなさい。

ア　疎開してきたために、田植えの作業には関わらない人
イ　疎開してきたために、その地域で仲間はずれになっている人
ウ　疎開してきたために、すぐそこを離《はな》れることになっている人
エ　疎開してきたために、初めて間近で田植えの様子を見た人

問八　――⑧「いちぶしじゅう」の意味として正しいものを次から選びなさい。

ア　ある物事の始めと終わり部分の詳《くわ》しい事情
イ　ある物事の始めから終わりまでの中で一部の事情
ウ　ある物事の始めから終わりまでのおおよその事情
エ　ある物事の始めから終わりまで全ての詳しい事情

問九　――⑨「あの時の味には及ぶべくもない」とはどういうことか、

2024年度 女子学院中学校

【国　語】〈四〇分〉〈満点：一〇〇点〉

句読点は字数に入れること。

一　次の文章を読んで後の問いに答えなさい。※本文中の〈　〉内の注は出題者による。

青森のある水田を、空から写した写真を見ていて、☆この田んぼで穫《と》れるお米は、きっとおいしい、と思った。

だいいち田んぼ自体が手作りの感じである。それも相当不器用な手で、一つ一つ組み、並べ、継《つ》いでいったような按配《あんばい》で、あじわいがある。

①ここはもともと狭《せま》い谷あいの村里ではなかったかと思う。平地というものはいくばくもないところを、少しずつ拓《ひら》いて田んぼにしていったのではないかと思われる。木立《こだち》や茂《しげ》みを残したりして、あまり自然に逆らわず遠慮《えんりょ》がちなところがいい。

だから区劃《くかく》〈区画〉は入り組んで、②一望千里とはいかないが、ガラス絵のようにロマンチックでさえある。この③手作りのステンドグラスに囲まれて、④赤い屋根の家は、まさに「田守《たも》りの舎《や》」とでも名付けたいたたずまいである。こんもりとした木立に寄り添《そ》われて、田んぼと一体の親密な絵になっている。

田んぼはお田植え前で、きれいな水が張られているらしく、ア東北の空の色を映して紫色に緊張《きんちょう》している。一つ一つの田が、それぞれの色合いの水を湛《たた》えているように見えるのは、それぞれ水の深浅《しんせん》によるのか、底の泥のたちによるのか、水も手作りの趣《おもむ》きなのである。

赤い屋根の下にも、お田植え前の緊張があるであろう。人々は、家々を行き交《か》い、相談事もしているであろう。⑤空から見れば、それはお伽話《とぎばなし》の世界のことのように、地上的な現実を超《こ》えさせてしまう。

この田んぼを眺《なが》めていると、近頃は、田植えも機械化されているということを忘れさせられる。イ一束一束、ひとびとが心を籠《こ》めて苗を植えつけるに違《ちが》いないと、思われてくる。

私は戦争末期に東北地方に疎開《そかい》していたが、雪の多い、冬の長いその地方で、夏前の季節、⑥人々の心がいちばん明るくひらくのを知った。ウ人々がいそいそと、お田植えの準備をしている様子は、我々よそ者の入る場のない所であるが、⑦よそ目にも、楽しい張りに満ちた作業に見えた。

収穫《しゅうかく》までの⑧いちぶしじゅうを、とにかく、すぐ近い所にいて知ることが出来た年、貰《もら》って食べたお米の味は今も忘れることができない。何というコクのあるごはんであったであろう。あまく、しっかりした味わい、その後東京住まいで、どんな有名な銘柄《めいがら》のお米を食べても、⑨あの時の味には及ぶべくもない。

あのあたりの田んぼも、継ぎ足し継ぎ足しの田んぼだった。エ曲りくねった畦《あぜ》道を、私も朝夕歩いた。やはり山裾《すそ》の小さな村だったのだ。

だからこの写真を見て、☆「この田んぼはきっとおいしいお米が……」と真先に思ったのだ。

もし飛行機で⑩あのへんを飛んだら、深い色をたたえた田んぼが見えるであろうか。

（篠田桃紅『その日の墨』より「水田の写真に」）

問一　――①「ここはもともと狭い谷あいの村里ではなかったかと思う」とありますが、同じ意味になるものを次から選びなさい。

ア　ここはもともと狭い谷あいの村里だったはずなのに。

イ　ここはもともと狭い谷あいの村里であったはずがない。

2024年度

女子学院中学校 ▶解説と解答

算　数　(40分)＜満点：100点＞

解　答

[1] (1) $\frac{5}{12}$　(2) **角㋐**…36度，**角㋑**…132度，**角㋒**…84度　(3) $17\frac{29}{48}\text{cm}^2$　(4) ① 701本 ② **正三角形**…286個，**正方形**…142個　(5) **クラスの人数**…31人，**消しゴム**…278個

[2] 奇数，11個　[3] **体積**…56.52cm^3，**表面積**…150.72cm^2　[4] 335m　[5] (1) 4　(2) 11回　(3) **操作の回数**…13回，**初めてBの操作を行う**…8回目　[6] 73cm^2

[7] (1) 5：4　(2) **船Gの下りの速さ**…分速320m，**川の流れの速さ**…分速40m，**A地点とB地点**…9600m　(3) **1回目**…15分後，**2回目**…47分後

解　説

[1] 逆算，角度，相似，面積，図形と規則，過不足算

(1) $18.7+\left\{13.4\times\left(\frac{1}{20}+\square\right)-2\frac{1}{3}\right\}\div2\frac{6}{11}=20.24$より，$\left\{13.4\times\left(\frac{1}{20}+\square\right)-2\frac{1}{3}\right\}\div2\frac{6}{11}=20.24-18.7=1.54$，$13.4\times\left(\frac{1}{20}+\square\right)-2\frac{1}{3}=1.54\times2\frac{6}{11}=\frac{154}{100}\times\frac{28}{11}=\frac{98}{25}$，$13.4\times\left(\frac{1}{20}+\square\right)=\frac{98}{25}+2\frac{1}{3}=\frac{98}{25}+\frac{7}{3}=\frac{294}{75}+\frac{175}{75}=\frac{469}{75}$，$\frac{1}{20}+\square=\frac{469}{75}\div13.4=\frac{469}{75}\div\frac{134}{10}=\frac{469}{75}\times\frac{10}{134}=\frac{7}{15}$　よって，$\square=\frac{7}{15}-\frac{1}{20}=\frac{28}{60}-\frac{3}{60}=\frac{25}{60}=\frac{5}{12}$

(2) 右の図1で，三角形OBCは二等辺三角形で，角BOCの大きさは，360÷10×3＝108(度)である。よって，角㋐は，(180－108)÷2＝36(度)とわかる。次に，三角形ODEは三角形OBCと合同なので，角Eの大きさは角㋐と同じ36度になる。すると，三角形BEFの内角と外角の関係より，角GFCの大きさは，36＋36＝72(度)であり，角Cの大きさは60度なので，三角形GFCの内角と外角の関係から，角㋑は，72＋60＝132(度)と求められる。さらに，三角形OHBと三角形OBCは合同だから，BHとBCの長さは等しく，BCとBAの長さも等しいから，BHとBAの長さは等しくなる。つまり，三角形HBAは二等辺三角形である。また，角OBHの大きさは角㋐と同じ36度なので，角ABHの大きさは，角OBH＋角㋐－角ABC＝36＋36－60＝12(度)となる。したがって，角㋒は，(180－12)÷2＝84(度)とわかる。

図1

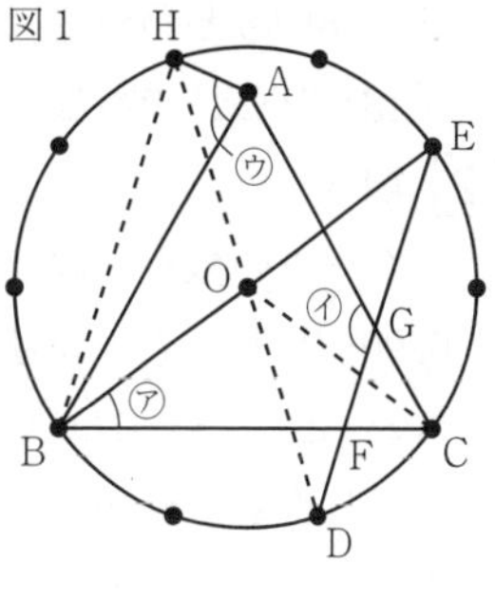

図2

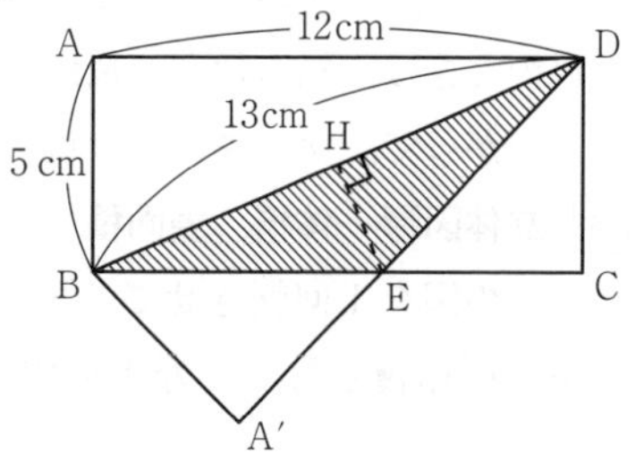

(3) 右の図2で，三角形DA′Bと三角形BCDは合同なので，角EBDと角EDBの大きさは等しい。すると，三角形EBDは二等辺三角形だから，点EからBDに垂直な直線EHを引くと，

点Hは辺BDの真ん中の点となり，BHの長さは，$13\div2=\frac{13}{2}$(cm)とわかる。また，三角形BHEと三角形BCDは相似で，その相似比は，BH：BC＝$\frac{13}{2}$：12＝13：24だから，HE＝$5\times\frac{13}{24}=\frac{65}{24}$(cm)となる。したがって，斜線《しゃせん》部分の面積は，$13\times\frac{65}{24}\div2=\frac{845}{48}=17\frac{29}{48}$(cm^2)である。

⑷　①　正三角形２個と正方形１個を１組とすると，100個目の正方形を作り終えるのは，100組目まで作り終えたときになる。１組目を作り終えたとき，使った棒は８本である。ここから，１組増やすごとに使う棒は７本ずつ増えていくから，100組目を作り終えたとき，使った棒は，８＋７×(100－１)＝701(本)となる。　②　棒が1000本あるとき，１組目を作り終えると残りの棒は，1000－８＝992(本)になる。すると，992÷７＝141余り５より，142組目を作り終えると棒が５本残る。この後，正三角形を２個作ると棒は，５－４＝１(本)残るから，正三角形は，２×142＋２＝286(個)，正方形は142個まで作ることができる。

⑸　勝った人に11個，負けた人に７個配るときのようすは，右の図３のようになる。ここから，勝った人には１個減らして10個，負けた人には１個増やして８個配ることにかえると，右の図４のように表せる。図３と図４の太線で囲まれた部分の合計個数は同じだから，図４の配り方は図３よりも，(８－７)×５＝５(個)多く配ることになる。すると，図４の場合は，９－５＝４(個)余ることがわかる。さらに，全員に10個ずつ配るときのようすは右上の図５のように表すこともできるので，図４と図５を比べると，配る個数の差は，４＋32＝36(個)になる。そこで，(10－８)×(負けた人の数)＝36(個)より，負けた人の数は，36÷２＝18(人)とわかる。したがって，勝った人の数は，18－５＝13(人)だから，クラスの人数は，13＋18＝31(人)である。また，消しゴムは全部で，10×31－32＝278(個)ある。

図３

勝った人	11，11，…，11	
負けた人	７，７，…，７	７，７，７，７，７ → ９個余る

図４

勝った人	10，10，…，10	
負けた人	８，８，…，８	８，８，８，８，８ → ４個余る

図５

勝った人	10，10，…，10	
負けた人	10，10，…，10	10，10，10，10，10 → 32個不足

2　調べ

ケーキの数を○個，クッキーの数を△個，箱の数を□個とすると，430×○＋180×△＋20×□＝6290(円)となり，等号の両側を10で割ると，43×○＋18×△＋２×□＝629になる。この式で，(18×△)と(２×□)は偶数《ぐうすう》であり，629は奇数《きすう》だから，(43×○)は奇数になる。よって，ケーキの数(○)は奇数とわかる。次に，○＋△＝19であることに注意して，○，△，□の組み合わせを調べると，右の表のようになる(○が２増えるごとに△は２ずつ減り，□は25ずつ減る)。この表で，○＝１，３，５，７，９のときは，箱の数がケーキの数より多いので，条件に合わない。また，○＝11のときは，箱の数が６個だから，ケーキを，２×６＝12(個)まで入れることができて条件に合う。したがって，ケーキの数は11個と決まる。

○	1	3	5	7	9	11
△	18	16	14	12	10	8
□	131	106	81	56	31	6

3　立体図形—体積，表面積

下の図を１回転させてできる立体の体積は，底面の半径が，１×３＝３(cm)で，高さが２cmの円柱の体積と等しくなるので，３×３×3.14×２＝18×3.14＝56.52(cm^3)となる。次に，１回転させてできる立体を，真上と真下から見ると，どちらも半径3cmの円に見えるので，その面積の和は，$3\times3\times3.14\times2=18\times3.14$(cm^2)になる。また，太線㋐と㋑が1回転してできる曲面の面積は，どちらも底面の半径が1cmで，高さが1.5cmの円柱の側面積と等しいので，その和は，$(1\times2\times3.14)\times1.5\times2=6\times3.14$(cm^2)である。同様に考えると，太線㋒と㋓が1回転してできる曲面の面積は，どちらも底面の半径が2cmで，高さが1.5cmの円柱の側面積と等しいので，その和は，$(2\times2\times3.14)\times1.5\times2=12\times3.14$(cm^2)，太線㋔が1回転してできる曲面の面積は，底面の半径が3cmで，高さが2cmの円柱の側面積と等しいので，$(3\times2\times3.14)\times2=12\times3.14$(cm^2)である。したがって，1回転させてできる立体の表面積は，$18\times3.14+6\times3.14+12\times3.14+12\times3.14=48\times3.14=150.72$(cm^2)とわかる。

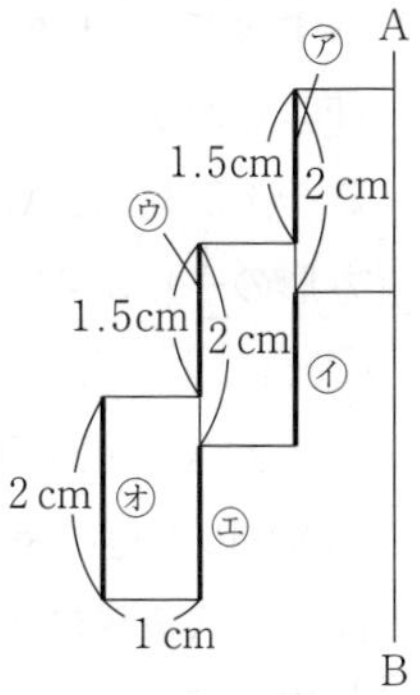

4 速さ

A駅からB駅まで電車に乗る時間は，$20\div75\times60=16$(分)で，B駅から家まで自転車に乗る時間は，電車に乗る時間と同じ16分だから，方法1でかかる時間は，$16+16=32$(分)である。また，A駅からC駅までバスに乗る時間は，$18\div40\times60=27$(分)で，方法1と方法2にかかる時間は同じだから，C駅から家まで歩く時間は，$32-27=5$(分)とわかる。そこで，歩く速さを分速□mとすると，C駅から家までの道のりは(□×5)mと表せる。さらに，自転車の速さは分速(□＋116)mなので，B駅から家までの道のりは，(□＋116)×16＝□×16＋1856(m)となる。これらの道のりの合計が3263mだから，□×5＋□×16＋1856＝3263より，□×21＝3263－1856＝1407，□＝1407÷21＝67とわかる。したがって，C駅から家までの道のりは，$67\times5=335$(m)と求められる。

5 調べ

(1) A→A→B→B→Aの順に行うと，1→2→4→3→2→4のように数が変化する。

(2) Aだけを行うと，1→2→4→8→16→32→64→128→256→512→1024→2048→…のように数が変化するので，初めて2024より大きくなるのは，Aだけを11回行ったときである。

(3) 2024を2で割っていくと，$2024\div2=1012$，$1012\div2=506$，$506\div2=253$となるので，AまたはBを何回か行って，{253，506，1012}のいずれかにした後に，Aだけを行って2024にすればよい。ここで，(2)の数の変化に注目すると，①256からBを3回行って253にする方法と，②128からBを1回行って127，Aを1回行って254，Bを1回行って253にする方法が考えられる。①の場合は253にするまでに，$8+3=11$(回)の操作が必要になり，②の場合は253にするまでに，$7+1+1+1=10$(回)の操作が必要になる。すると，②の方が少ない回数で253になり，そこからAを3回行って2024にすることができる。したがって，できるだけ少ない回数で2024にするとき，操作の回数は，$10+3=13$(回)，初めてBを行うのは，$7+1=8$(回目)とわかる。

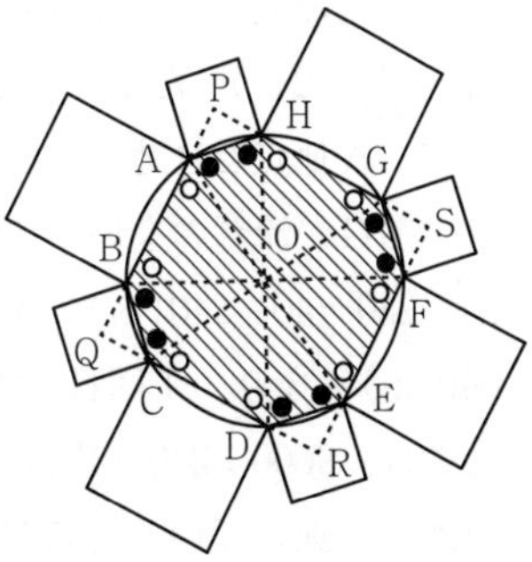

6 平面図形―面積

右の図で，円の中心をOとすると，三角形OAB，OCD，OEF，OGHは合同な二等辺三角形である。また，三角形OBC，ODE，OFG，OHAも合同な二等辺三角形だから，同じ印をつけた角の大きさはそれぞれ等しくなる。すると，斜線部分の八角形の内角はすべて(○＋●)で等しいから，外角もすべて等しくなり，1つの外角の大きさは，360÷8＝45(度)とわかる。そこで，図のようにAB，CD，EF，GHをのばして交わる点をP，Q，R，Sとすると，三角形PAH，QCB，RED，SGFはいずれも直角二等辺三角形になり，その面積は小さい正方形の$\frac{1}{4}$だから，$8\times\frac{1}{4}=2$ (cm^2)となる。また，これらの直角二等辺三角形の等しい辺の長さを□cmとすると，□×□÷2＝2 (cm^2)なので，□×□＝2×2より，□＝2 (cm)とわかる。さらに，大きい正方形の面積は25cm^2だから，その1辺の長さは5cmである。したがって，正方形PQRSの1辺の長さは，5＋2×2＝9 (cm)になり，その面積は，9×9＝81(cm^2)だから，斜線部分の八角形の面積は，81－2×4＝73(cm^2)と求められる。

7 流水算，速さと比

(1) 問題文中の①と③をグラフに表すと下の図1，②をグラフに表すと下の図2のようになる。図1と図2のかげの部分に注目すると，船Jと船Gがどちらも下るときと，船Jと船Gがどちらも上るときでは，1分間に広がる距離《きょり》は同じになる。すると，アとウの時間の比は，広がった距離の比と等しく，1920：2400＝4：5となる。したがって，船JがAB間を下る時間と上る時間の比が4：5だから，船Jの下りと上りの速さの比は，$\frac{1}{4}:\frac{1}{5}=5:4$とわかる。

図1

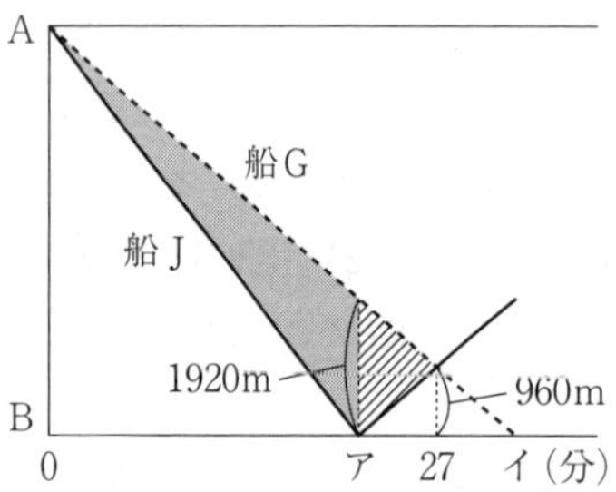

図2

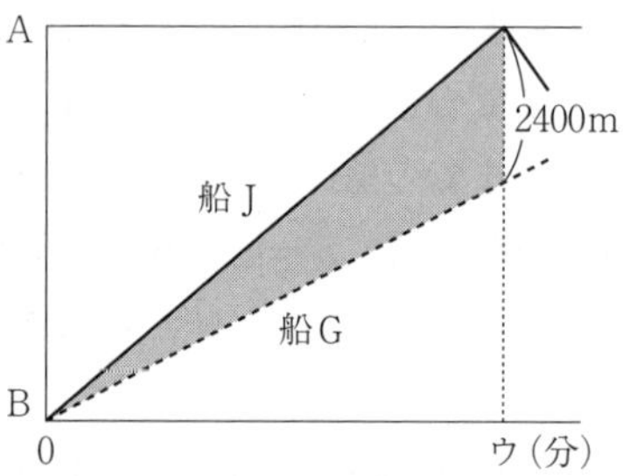

(2) 図1の斜線部分に注目すると，船Jが960m上る間に船Gは，1920－960＝960(m)下るから，船Jの上りと船Gの下りの速さの比は，960：960＝1：1になる。そこで，船JがB地点からA地点まで上る時間(ウ)と，船GがA地点からB地点まで下る時間(イ)は等しいことがわかるから，ア＝$\boxed{4}$，ウ＝$\boxed{5}$とすると，イ＝$\boxed{5}$になる。また，アから27分までの時間と，27分からイまでの時間の比は1：1だから，アとイのちょうど真ん中の時間が27分(＝$\boxed{4.5}$)となる。したがって，図1で船Gが960m下るのにかかる時間は，$\boxed{5}-\boxed{4.5}=\boxed{0.5}$で，$\boxed{0.5}=27\times\frac{0.5}{4.5}=3$ (分)だから，船Gの下りの速さは分速，960÷3＝320(m)である。ここから，船Jの上りの速さも分速320mとわかり，船Jの下りと上りの速さの比は5：4なので，船Jの下りの速さは分速，$320\times\frac{5}{4}=400$(m)となる。よって，川の流れの速さは分速，(400－320)÷2＝40(m)と求められる。さらに，アの時間は，$\boxed{4}=27\times\frac{4}{4.5}=24$(分)だから，船JはA地点からB地点まで分速400mで24分下ったことになる。したがって，A地点とB地点は，400×24=9600(m)離《はな》れている。

(3) 船Gが流れのないところで進む速さは分速，320－40＝280(m)だから，船Gの上りの速さは分速，280－40＝240(m)である。そこで，船Jの下りと船Gの上りの速さの和は分速，400＋240＝640(m)になり，1回目にすれ違《ちが》うのは，9600÷640＝15(分)後とわかる。また，船GがA地点に着くのは，9600÷240＝40(分)後だから，このとき船JはB地点で折り返してから，320×(40－24)＝5120(m)進んでいる。この後は船Jと船Gが1分間に，320＋320＝640(m)ずつ近づくので，2回目にすれ違うのは40分後からさらに，(9600－5120)÷640＝7(分)後となる。これは出発してから，40＋7＝47(分)後である。

社 会　(40分)＜満点：100点＞

解答

Ⅰ **問1** (1) ア　(2) エ　**問2** エ→ア→イ→ウ　**問3** イ，エ　**問4** (1) ウ　(2) (例) 飲み水を確保できるだけの大きな川や湖がないから。　**問5** (1) イ，オ　(2) ア，エ　**問6** ウ　**問7** (1) 肥料　(2) ① イ　② A　**問8** ① イ　② ウ
Ⅱ **問1** (1) ウ→エ→ア→イ→オ　(2) ア→ウ→エ→イ→オ　**問2** ウ　**問3** (1) ア　(2) エ　**問4** イ　**問5** ウ，オ　**問6** (例) 地下に水がしみこむアスファルトで舗装する。(地下に調整池をつくる。)　**問7** イ，エ　Ⅲ **問1** (1) ちくご　(2) エ→カ→ア→ウ　**問2** ウ→ア→イ→エ　**問3** エ　**問4** イ，オ　**問5** A ウ　B ア　**問6** エ　**問7** イ　**問8** ウ，エ　**問9** (1) ウ　(2) **自然環境面**…(例) 富士山や南アルプスなどの高い山々に囲まれ，豊富な湧き水が得られるから。　**費用面**…(例) 首都圏にあり，大消費地への輸送コストが抑えられるから。　**問10** イ，オ　Ⅳ **問1** ニューヨーク　**問2** イ，カ　**問3** エ，オ　**問4** ア，オ　**問5** ウ，エ　**問6** **記号**…エ　**理由**…(例) 牛を育てるのはもとより，えさとなる牧草や穀物を育てるためにも水が必要だから。　**問7** ウ，オ　**問8** ア

解説

Ⅰ 縄文時代から江戸時代までの水利を題材とした問題

問1 (1) 人々の生活には飲料用の水が不可欠であるため，水を得るための井戸がつくられていないということは，他の手段で水を得ていたと推測できる。水を簡単に得る手段として，自然に水を得られる湧《わ》き水や河川のそばに集落をつくることが考えられるため，遺跡《いせき》周辺の地形を調べ，近くに水を得られる場所があったかどうかを調べるとよい(ア…○)。なお，発掘《はっくつ》された大工道具だけでは，技術不足によりつくれなかったのか，つくる必要がなかったのかは判断が難しい(イ…×)。海抜や気候を調べても，周囲の地形がわからなければ生活に使用するための十分な水が得られたかどうかはわからない(ウ，エ…×)。　(2) 井戸をつくらなくても生活を営むことができたということは，井戸がなくても水を得られていたからと考えられる(エ…○)。

問2 アは鎌倉時代(日宋貿易による宋の影響《えいきょう》)，イは室町時代(茶の湯の流行)，ウは戦国時代～江戸時代(城下町の武家屋敷《やしき》)，エは弥生時代(環濠《かんごう》集落の増加)のことなので，年代の古い順にエ→ア→イ→ウとなる。

問3 中臣鎌足《なかとみのかまたり》は，645年に中大兄《なかのおおえの》皇子(後の天智天皇)とともに蘇我氏を滅《ほろ》ぼし，大化の改新を行った人物で，亡くなる直前に天智天皇から藤原の姓《せい》と内大臣の位を与《あた》えられた(イ…○)。天智天皇の母である斉明《さいめい》天皇が政治を行っていたとき，阿倍比羅夫《あべのひらふ》が東北の蝦夷《えみし》を征服《せいふく》するために派遣《はけん》された(エ…○)。なお，金貨が流通したのは安土・桃山時代以降(ア…×)，『日本書紀』の編さんは奈良時代の720年(ウ…×)，律令が整備されたのは，701年に文武天皇のもとで大宝律令が制定され

て以降(オ…×)のことである。

問4　(1)，(2)　平城京には佐保川が流れ，周囲にため池もある。また，平安京は桂《かつら》川と鴨《かも》川にはさまれている。一方で，平地の少ない鎌倉は山と海に囲まれたせまい場所であり，大きな川や湖もなかったため，飲み水を得ることが平城京や平安京に比べると難しかったと考えられる。

問5　(1)　室町時代，戦乱が続く中で農民たちは惣《そう》(惣村)と呼ばれる自治組織をつくり，寄合を開いて村のおきてを決めるなどの自治を行った(イ…○)。1485年に始まった山城国の一揆《いっき》では，山城国(現在の京都府南部)の国人(地元の武士)や農民たちによって，内紛を起こした守護大名の畠山《はたけやま》氏が追放され，8年間の自治が行われた(オ…○)。なお，備中ぐわや千歯こきなどの農具の使用が広まり，新田開発がさかんに行われたのは江戸時代(ア…×)，戸籍《こせき》に登録された農民に土地(口分田)が支給されていたのは奈良時代(ウ…×)，年貢《ねんぐ》の引き下げを求める百姓一揆が起こったのは江戸時代(エ…×)である。　(2)　雪舟は，室町時代の東山文化を代表する水墨《すいぼく》画家である(ア…○)。室町時代には，水を使わずに石や砂で自然の風景を表現した枯山水《かれさんすい》と呼ばれる石庭がつくられた(エ…○)。なお，西廻《まわ》り航路と東廻り航路が整備され，日本海側の特産物が大阪や江戸に運ばれるようになったのは江戸時代のことである(イ…×)。有田焼と薩摩《さつま》焼は，安土・桃山時代に豊臣秀吉が行った朝鮮出兵のさい，朝鮮半島から連れてこられた陶工によってつくられるようになった(ウ…×)。浄土信仰の広まりにより阿弥陀《あみだ》堂が各地につくられたり，貴族や上皇・法皇が中心となって熊野もうでがさかんに行われたりしたのは平安時代後期から鎌倉時代初めにかけてのことである(オ…×)。

問6　室町時代に二毛作が全国で行われるようになり，土地がやせないようにし尿《にょう》を肥料として使うようになると，し尿を捨てずに回収できる汲《く》み取り式に変化した(ウ…○)。なお，アについて，平安時代にはし尿処理についての規則はなく，庶民《しょみん》が路地で用を足す様子が絵巻物にも描かれている。イについて，陶器が流通したから汲み取り式に変わったわけではない。エについて，江戸時代の長屋には共同便所があったが，し尿の管理は長屋の大家が行っていた。

問7　(1)　室町時代には，草や木を燃やしてできた草木灰が肥料として全国で使われるようになった。資料1では，用水を分けてもらう見返りとして肥料の材料になる草木を提供していたと考えられる。　(2)　①　川から引かれている用水路の取水口は，ふつう「せき」の手前に設けられるため，資料2の川が流れる方向はイとわかる。　②　川の上流から取水した方がより多くの水を得られるので，Aの集落の方が水を得るのに有利だったと考えられる。

問8　①　資料1から，荘園《しょうえん》の領主である貴族や寺社が，代官を任命して荘園を管理させていることがわかるので，用水の管理権は領地を持つ貴族にあると考えられる。　②　資料3は，庄屋《しょうや》(名主《なぬし》，村役人)が村人たちの心構えを記した書物であり，他村との共同利用の用水に関しては前々からのしきたりによるとしていることが読み取れる。村どうしのしきたりは村人たちによってつくられたものであるので，用水の管理権は村人たちにあると考えられる。

Ⅱ　近代水道を題材とした問題

問1　(1)　アは1869年(戊辰《ぼしん》戦争末期の五稜郭《ごりょうかく》の戦いで旧幕府軍が降伏)，イは1871年(廃藩《はいはん》置県の実施《じっし》)，ウは1854年(日米和親条約の締結《ていけつ》)，エは1858年(日米修好通商条約の締結)，オは1925年(ラジオ放送の開始)のことなので，年代の古い順にウ→エ→ア→イ→オとなる。　(2)　アは1905年(ポーツマス条約の締結)，イは1951年(サンフランシスコ平和条約と日米安全保障条約の締結)，ウは1929年(世界恐慌《きょうこう》の始まり)，エは1941年(アメリカによる対日石油輸出禁止)，オは1973年(第一次石油危機)のことなので，年代の古い順にア→ウ→エ→イ→オとなる。

問2　北里柴《しば》三郎は細菌《さいきん》学者で，ドイツに留学して破傷風の血清療法《りょうほう》を発見した(ウ…○)。なお，志賀潔《きよし》は赤痢《せきり》菌を発見した細菌学者(ア…×)，野口英世は黄熱病研究で知られる細菌学者である(イ…×)。森鷗外は陸軍軍医総監を務めた医師で，『舞姫』や『高瀬舟』を書いた作家として知られる(エ…×)。

問3　⑴　明治時代初め，欧米の視察と幕末に結ばれた不平等条約改正の準備交渉《こうしょう》のため，岩倉使節団が派遣されたが，明治天皇は同行していない(ア…×)。　⑵　アジア太平洋戦争中，日本はオランダ領であった東インド(インドネシア)を占領《せんりょう》した(エ…○)。なお，戦国時代にはポルトガル人やスペイン人との間で南蛮《なんばん》貿易が行われていたが，オランダとの貿易は1609年に平戸に商館が設置されて以降に行われた(ア…×)。イエズス会はキリスト教のカトリックの修道会であり，カトリックを信仰する国の保護のもとで海外布教を行った。オランダはキリスト教のプロテスタントを信仰する国である(イ…×)。1902年，ロシアの南下に備えて日本と軍事同盟を結んだのはイギリスである(ウ…×)。

問4　上水道を整備した後も，水質を保つための点検や修繕《しゅうぜん》，配水管の交換などの維持《いじ》費がかかる(イ…×)。

問5　上下水道の整備・運営・管理は，地方自治体の仕事である(ウ…×)。下水に有害物質が流されると環境汚染《かんきょうおせん》につながるので，下水の水質を検査することが義務づけられている(オ…×)。

問6　高度経済成長期以降，都市部では，道路がアスファルトで舗装《ほそう》されたり，田畑や森林が住宅地や商業用地に利用されたりしたため，土地の保水力が低下した。保水力が低下すると，地下水が減少したり，大雨が降ったときに雨水が地面にしみこまずに洪水《こうずい》や浸水の被害が大きくなったりする。したがって，水を通しやすいアスファルトで道路を舗装する，地下に調整池をつくるなどの工夫をするとよい。

問7　家庭から出る下水の処理や可燃ごみの焼却《しょうきゃく》処分は，いずれも東京都内で行われる(イ，エ…○)。

Ⅲ　日本各地の水資源を題材とした問題

問1　⑴　熊本県の阿蘇《あそ》山を水源とする九州最大の河川は筑後《ちくご》川である。　⑵　筑後川は，熊本県，大分県，福岡県，佐賀県の４県を流れ，有明海に注ぐ。よって，通る順はエ→カ→ア→ウとなる。

問2　アは鎌倉時代(元軍の襲来《しゅうらい》)，イは安土・桃山時代(豊臣秀吉の朝鮮侵略)，ウは奈良時代(律令制度における大宰府《だざいふ》の整備)，エは江戸時代(薩英戦争)のことなので，年代の古い順にウ→ア→イ→エとなる。

問3　沖縄県の農業用水は，ため池のほか，用水路などのかんがい設備やダムなどによりまかなわれてきた(エ…×)。

問4　海洋深層水とは太陽の光が届かない深いところにある海水のことで，表層の海水に比べてさまざまなミネラルがふくまれている。製鉄所の冷却水や水洗トイレの水は，海水や再生水で間に合うので，取水コストの高い海洋深層水を使用する必要はない(イ，オ…×)。

問5　**A**　全国で最も多く使われる水は，節水や再利用が難しい農業用水である。　**B**　工業用水はかつて生活用水よりも使用量が多かったが，海水や再処理水の利用が進み，生活用水よりも使用量が少なくなった。

問6　ため池は梅雨や台風の時期に降った雨水をたくわえて，主に農業用水として利用するためのかんがい設備であり，一年を通して降水量の少ない瀬戸内海沿岸の地域で多くみられる。よって，５県全てが瀬戸内海に面しているエが正しい。

問7　明治時代以降，欧米の進んだ技術が取り入れられたことで用水路やダムがつくられるようになり，ため池の数は増えなくなった。戦後，水田の減少や農地の宅地化により，ため池は減少傾向《けいこう》にある(イ…×)。

問8　ため池が決壊《けっかい》したとき，水が集まる谷は水害の危険性が高く，尾根は被害を受けにくい。地形図に表した場合，谷は等高線が低い方から高い方へと入りこみ，尾根は等高線が高い方から低い方へと張り出す。したがって，田(Ⅱ)のある高さを最も低い場所と見たとき，尾根に位置するウと，ため池よりも高い位置にあるエは被害を受けにくいと考えられる。

問9　(1)　ミネラルウォーターの生産量は，山梨県が全国一位である。　(2)　自然環境面では，静岡県との境の富士山のほか，南アルプス(赤石山脈)や八ケ岳などの山々に囲まれ，自然の湧き水を豊富に得られるという利点がある。費用面では，山梨県は東京などの大消費地に近い首都圏《けん》に位置し，製品の輸送費用を安く抑《おさ》えることができる利点がある。

問10　水力発電は土地の高低差を利用して，水が流れ落ちるときに生じるエネルギーを使って電力を生産するため，山間部など限られた場所にしか発電所を建てることができない(イ…○)。日本の発電電力量の約８割を火力発電が占《し》めており，水力発電の割合は約９％に過ぎない(2021年)(オ…○)。なお，アは太陽光発電，ウは火力発電，エは原子力発電について述べた文である。カについて，再生可能なエネルギーとは，自然界に存在する現象をくり返し利用するエネルギーをいい，水力発電もふくまれる。

Ⅳ　SDGsの目標６を題材とした問題

問１　国際連合の本部は，アメリカのニューヨークに置かれている。2015年の国連サミットで，2030年までに達成すべき17の目標からなるSDGs(持続可能な開発目標)が採択《さいたく》された。

問２　人々の生活に必要不可欠な水道設備は，利益を求める民間企業《きぎょう》よりも行政が管理した方が，水道料金の値上がりを防ぐことができる(イ…×)。全ての国が国内に十分な水源を持っているとは限らず，必要なときには国境を越《こ》えて適切に協力し合い，水資源を統合的に管理する必要がある(カ…×)。

問３　人権は，人種・民族・国籍を問わず，だれにでも等しく保障されなければならない(エ…×)。人権は，生まれながらに持っている権利であるため，憲法に明記されることで初めて保障されるものではない(オ…×)。

問４　発展途上国では，水汲みは子どもや女性の仕事とされ，子どもが学校に行く時間が奪《うば》われているほか，女性の社会進出の妨《さまた》げとなっている(ア…○)。干ばつによる水不足が進むと，農作物の不作による食糧《しょくりょう》難で栄養失調の子どもが増加するなどして，死亡率が高くなる可能性がある(オ…○)。なお，河川の上流地域が大量に水を汲み上げてしまうと，下流地域で水が不足するため，量に関係なく上流地域に水を汲み上げる権利を認める国際ルールはない(イ…×)。国際連合の予測では，世界人口は2030年までに85億人に達し，2050年には97億人に達するとされている(ウ…×)。人口密度が高い地域の方が水道設備にかかる費用を多くの家庭で分担できるほか，水源から各家庭まで水道水を効率よく届けられるので，日本では人口密度が低い地域ほど水道料金が上がりやすい(エ…×)。

問5　水は国民の共有資源なので，行政ばかりではなく，住民も水道事業に関心を持つべきである(ウ…○)。水源や水の供給において，地方自治体間で水資源の環境に格差があるので，水道事業は必要に応じて隣接自治体と協力する必要がある(エ…○)。なお，アのもうけるための投資やイの企業による買収，オの水道料金が上がることにより使用できる家庭が限られるという状況は，水を共有資源とする考え方に反する。

問6　ステーキ用の牛肉を生産するためには，牛の飼育に必要な水に加えて，牛のえさになる牧草や穀物の栽培《さいばい》にも水が必要となるので，大量の水資源が使われることになる(エ…○)。

問7　条例は法律の範囲内で，地方自治体が独自に定めることができるので，国会の承認は必要ない(ウ…×)。知事が，これまで環境保護に取り組んできた市民の会に解散命令を出すことは考えにくい(オ…×)。

問8　一般に，一人あたりのGDP(国内総生産)は工業化が進むほど高くなるので，一人あたりのGDPが増えるほど一人あたりの年間の工業用水と生活用水の使用量が増える傾向が読み取れるアのグラフが当てはまる。

理　科　(40分)＜満点：100点＞

解　答

Ⅰ **1** (1) ア　(2) エ，ウ，ア，イ　(3) イ　(4) ①（例） いん石が大気中で燃えつきるから。　②（例） 雨や風などで風化，侵食されるから。　**2** (1) **夏至**…カ　**秋分**…サ　(2) **A** ウ　**B**（例） 太陽の光が真横から当たり，かげができる　(3) 385000km　Ⅱ **1** (1) イ，ウ，エ　(2) **A**（例） 周囲の環境が変化した　**B** 絶滅　(3) **切り方**…ア　**図**…(例) 右の図　(4) オ，キ，ク　(5) ウ

2 (1)（例） 空気の流れが複雑な風を発生させ，枝が折られたり倒されたりする。　(2) **A** すき間　**B** 空気　**C** 呼吸　(3)（例） 建物で流れにくくなった水がA地点にたまるようになり，樹木の根がくさったから。

Ⅲ **1** (1) ① A　② B，D　③ D　(2)（例） 石灰水を入れてよくふると，石灰水が白くにごる。　(3) ウ　**2** (1) イ　(2) ウ　(3) ア　(4) エ　(5) ① **ア** 0g　**イ** 1.50g　② 8cm^3　Ⅳ **1** (1) a，d　(2) 50g　**2** (1) ① 9.92(gより大きく)9.98(g未満)　② D，B，C，A　(2) カ　(3) ① ウ　② イ　③ ア　**3** (1) エ　(2) イ　(3) エ

解　説

Ⅰ 月のクレーターと見え方についての問題

1 (1) クレーターは月などの天体の表面に見られる大小の丸いくぼみで，過去に岩石や氷からなるいん石が衝突《しょうとつ》してできた地形が多い。　(2) あるクレーターにいん石などが衝突すると，そ

のクレーターに重なるように新しいクレーターができる。そのため，重なりの下にあるクレーターの方が古く，図２のクレーターはエ，ウ，ア，イの順にできたとわかる。　(3)　それぞれの場所でいん石の衝突の可能性が等しいとすると，小さいクレーターが多いクレーターほど古いクレーターだといえる。ここで，アとイの大きいクレーターの面積を１とすると，ウとエの大きいクレーターの面積は，２×２＝４となり，それぞれのクレーターにある小さいクレーターの個数は，面積１あたり，アが３個，イが５個，ウが，12÷４＝３(個)，エが，16÷４＝４(個)である。よって，イが最も古いと考えられる。　(4)　①　月には大気(空気)がないが，地球は大気でおおわれている。そのため，地球に飛び込《こ》んできたいん石は空気との摩擦《まさつ》で燃えつきてしまうことが多く，いん石が地面に衝突してクレーターができることがほとんどない。　②　地球でクレーターができたとしても，長い年月の間に雨や風などで風化，侵食《しんしょく》されて消えてしまう。また，プレートの運動や火山活動，地震《じしん》などの大地の変化により，衝突のあとが残りにくい。

2　(1)　地軸《ちじく》の北極側が太陽の方に傾《かたむ》いていることから，夏至の日の地球は，図３の左側にある。満月は月が地球をはさんで太陽と反対側にあるときに見られるので，夏至の日の満月の位置はカとわかる。また，秋分の日の地球は夏至の日の地球から３か月後の図３の手前側にあるので，秋分の日の満月の位置はサとなる。　(2)　クレーターのふちはまわりよりも高くなっているので，太陽の光が横から当たると，内側に影《かげ》ができるため観察しやすくなる。さらに，半月のときは，太陽の光が横から当たる場所が中央付近になるため，地球から近く，よりくぼみが観察しやすい。　(3)　５円玉の穴の直径と５円玉の穴までの距離《きょり》の比は，月の直径と月までの距離の比と等しくなるので，月までの距離は，$3500\times\frac{55\times10}{5}=385000$(km)と求められる。

Ⅱ　種子の発芽と成長，トマト・キャベツ，建物と樹木の成長の関係についての問題

1　(1)　一般《いっぱん》に，種が発芽するのに必要な条件は，水，空気，適切な温度である。植物の成長には，発芽の条件のほかに，土の中の養分や光が必要である。　(2)　短期的に周囲が植物の成長に不適切な環境《かんきょう》になり，そのときに発芽したものが成長できなかった場合でも，発芽の時期にばらつきがあれば，環境がもとに戻《もど》ったころに発芽できるため絶滅《ぜつめつ》する可能性が低くなる。　(3)　トマトのような植物では，果実はめしべの下部にある子房《しぼう》が成長してできる。そのため，トマトの果実では，茎《くき》とつながっているところ(へた)から果実の下部にかけてもともと胚珠《はいしゅ》がついていた部分(胎《たい》座《ざ》)があり，そのまわりにゼリー状の組織や，解答の図のように種が見られる。よって，図１の切断面はＡで切ったときに見られるとわかる。　(4)　トマトの種を植える時期は４月下旬《げじゅん》から５月上旬で，１つの鉢《はち》にゆとりをもって種を３～４粒《つぶ》まくようにする。発芽後，ある程度の大きさになったら，大きさに余裕《よゆう》のある深めの鉢に植えかえ，支柱をつけて茎を支え，追加で肥料を与《あた》える。日当たりの良いところで育て，水やりは１日１回，朝にたっぷり行う。　(5)　キャベツの葉は丸い葉身の部分と，そこから茎まで伸《の》びる葉柄《ようへい》からなり，外側の葉ほど葉柄が長く，内側の葉は葉柄が短い。また，葉身の形は，外側の葉も内側の葉も同じように丸いが，内側に行くほど大きさが小さい。よって，ウが適切である。

2　(1)　周囲に高層ビルが建つと，風の流れがさえぎられる一方で，ビルの脇《わき》を通り抜《ぬ》ける風の強さは強くなる。この空気の流れが複雑な風を発生させ，木や枝が折られたり倒《たお》されたりする危険性がある。　(2)　植物は根も呼吸をしているため，酸素を必要とする。もし，地面が踏《ふ》み固められてしまうと，土の中にすき間がなくなってしまうため，土が空気や水を含《ふく》むことができずイチョウ

の木が枯《か》れてしまうことがある。　(3)　A地点からB地点に向かう地下水の流れが建物によって止められると，粘土《ねんど》層は水を通しにくいため，A地点の地下に水がたまる。その結果，水が多すぎて，樹木の根がくさって枯れてしまったと考えられる。

Ⅲ 気体の性質，塩酸とアンモニア水の反応についての問題

1　(1)　①　燃焼とは，物質が酸素と激しく結びつくときに熱や光を発する現象のことをいう。そのため，ものが燃える前後ではまわりの酸素の量は必ず減少する。また，炭素を含む物質を燃やすと二酸化炭素が発生し，水素を含む物質を燃やしたときには水が発生する。しかし，炭素や水素を含まない物質の燃焼では二酸化炭素や水素の量は変化しない。また，塩化水素やアンモニアが燃焼によってつくられることはない。　②　塩化水素やアンモニアには鼻をさすようなにおいがある。③　赤色リトマス紙につけたときにリトマス紙を青色に変えるのはアルカリ性の水溶液《すいようえき》である。アンモニアは非常に水に溶《と》けやすく，水に溶けると水溶液がアルカリ性を示すため，アンモニアがあてはまる。なお，酸素と水素はほとんど水に溶けず，塩化水素を溶かした塩酸と二酸化炭素を溶かした炭酸水は酸性を示す。　(2)　二酸化炭素を石灰水に通すと，石灰水が白くにごる。そのため，それぞれのびんに石灰水を入れてよくふったときの，石灰水の色の変化を調べればよい。　(3)　二酸化炭素を水酸化ナトリウム水溶液に溶かすと，もとの物質とは別の物質ができ，もとの状態には戻らない。鉄が塩酸に溶けるときも同様に，塩化鉄と水素ができ，もとの状態に戻らない。ア，イ，エはそれぞれの物質が水と混ざっただけであり，もとの物質は変化していない。

2　(1)　酸性の塩酸にアルカリ性のアンモニア水を加えていったときに液の色が青色に変わったことから，液Aは酸性のときに黄色，中性のときに緑色，アルカリ性のときに青色に変わるBTB液である。なお，紫《むらさき》キャベツ液を用いると，液の色は，赤色から紫色，緑色(黄色)と変化し，ヨウ素液や水酸化ナトリウム水溶液では液の色に変化は見られない。　(2)　ピペット(こまごめピペット)を使うときは，ガラスの部分を小指と薬指で軽くにぎるようにもち，親指と人差し指でゴム球を押《お》したままピペットの先を液面につけ，ゴム球への力をゆるめて液体を吸い上げる。その後，ゴム球を押していた力をゆるめて別の容器まで移動し，ゴム球を押して液を容器にそそぐ。ピペットを使い終わったら，ゴム球を外してガラス管の中を流水で洗い，先を下に向けてピペット立てに立てておく。　(3)　うすい塩酸とアンモニア水は一定の割合で中和するので，うすい塩酸の体積と，色が変わったときまでに加えたアンモニア水の体積は比例する。よって，グラフはアのようになる。　(4)　うすい塩酸の体積を変えないとき，アンモニア水の濃《こ》さが2倍，3倍，…になると，色が変わったときのアンモニア水の体積は$\frac{1}{2}$倍，$\frac{1}{3}$倍，…になる。よって，アンモニア水の濃さと，色が変わったときまでに加えたアンモニア水の体積は反比例の関係にあるので，エのグラフが適切である。　(5)　①　**ア**　Aのビーカーはうすい塩酸が30cm³入っているだけなので，加熱すると溶けていた塩化水素が空気中に逃《に》げていき何も残らない。　**イ**　表から，うすい塩酸30cm³と過不足なく反応するうすいアンモニア水は，$10\times\frac{1.80}{0.75}=24(cm^3)$で，このとき白い固体が1.80g生じる。よって，うすい塩酸30cm³にうすいアンモニア水20cm³を加えたCでは，$0.75\times\frac{20}{10}=1.50(g)$の固体が残る。　②　うすい塩酸30cm³と過不足なく反応するうすいアンモニア水は24cm³なので，うすい塩酸10cm³と過不足なく反応し，白色の固体を最大量つくるのに必要なうすいアンモニア水の体積は，$24\times\frac{10}{30}=8\ (cm^3)$である。

Ⅳ ものの浮《う》き沈《しず》み，熱気球についての問題

1 (1) それぞれの球1 cm^3あたりの重さは，aが，10÷20＝0.5(g)，bが，60÷40＝1.5(g)，cが，73÷50＝1.46(g)，dが，120÷100＝1.2(g)である。球を入れた液体1 cm^3あたりの重さは，700÷500＝1.4(g)なので，これよりも1 cm^3あたりの重さが軽いaとdはこの液体に浮き，bとcは沈む。　(2) 1 cm^3あたりの重さが1.5gと最も重いbが沈むのは，液体の重さが1 cm^3あたり1.5gより重くなったときである。このとき，液体500 cm^3の重さを，1.5×500＝750(g)より大きくすればよいので，750−700＝50(g)の粉末Xを溶かせばよい。

2 (1) ① Cは20℃の水には浮き，40℃の水には沈むので，20℃の水10 cm^3よりは軽く，40℃の水10 cm^3より重い。よって，その重さは，0.992×10＝9.92(g)より大きく，0.998×10＝9.98(g)よりは小さい。　② 同じ材質でできているAとB，CとDでは，それぞれ体積が大きいB，Dの方が重く，体積が等しいAとC，BとDでは，それぞれ，より沈みやすいC，Dの方が重い。よって，Dが最も重く，Aが最も軽いことがわかる。また，①と同様に考えると，物体Bは，40℃の水に浮くため，0.992×12＝11.904(g)よりは軽く，80℃の水に沈むので，0.972×12＝11.664(g)よりは重い。よって，CよりBの方が重いので，重い順にD，B，C，Aとなる。　(2) 水1gあたりの体積が小さくなると，水1 cm^3あたりの重さは重くなる。すると，水温が10℃のときは，物体の重さが同じ体積の水より重いので沈み，水温が6℃より小さくなると同じ体積の水より軽くなるので浮き上がる。しかし，ある一定のところで，水1 cm^3あたりの重さが物体1 cm^3の重さより軽くなるので，物体は再び沈む。　(3) ① 氷の表面は，空気に冷やされて気温とほぼ同じ−10℃になっている。　② 水がこおるときの温度は0℃なので，氷のすぐ下にある水の温度は0℃に近くなっている。　③ 問題文中のグラフから，水1 cm^3の重さは4℃のときに最も重くなる。すると，4℃まで下がった水が湖底にたまるので，湖底付近の水温は4℃になっている。

3 (1) 熱気球では，バーナーで温められて，同じ体積で比べたときの重さが周りの空気より軽くなった空気が少しずつバルーン上部にたまっていき，バルーン内の冷たく重い空気を追い出すことで，全体の重さが同じ体積の空気より軽くなり，上昇《じょうしょう》する。　(2) バルーン上部の穴を開くことで，たまっていたあつく軽い空気を逃《に》がし，バルーンの下から冷たく重い空気を入れることで熱気球全体の重さを重くしてやれば，バルーン内の空気が自然に冷えるのを待つよりはやく降下することができる。　(3) バルーン内外の空気1 m^3あたりの重さの差が大きいほど，浮かぼうとする力が大きくなるので，気温の低い冬の方が気球に乗ることができる人数を増やすことができる。

国語　(40分) ＜満点：100点＞

解答

一 **問1** ウ　**問2** 1 (一)日千秋　2 (一)心不乱　3 心機(一)転　**問3** (例) あまり自然に逆らわず，狭い谷あいを少しずつ拓いて作った青森の水田の，区画が入り組んでガラス絵のようにロマンチックであるようす。　**問4** ウ　**問5** Ⅰ イ　Ⅱ イ　**問6** (例) 長く寒い冬が終わり，暖かな陽光に喜びと感謝を感じつつ，豊かな収穫を楽しみに田植えの準備にいそしむ，明るい希望にうき立つ心情。　**問7** ア　**問8** エ　**問9** エ

問10　（例）　筆者が戦争末期に疎開していた，東北地方にある山裾の小さな村。　**問11**　（例）　手作りの感じがする写真の田んぼは，筆者が忘れられないほどおいしいお米を頂いた，東北地方の疎開先の村にあった継ぎ足し継ぎ足しの田んぼと似ていたため，そこでも同じように人々が心をこめて米作りにいそしんでいるだろうと想像できたから。　二　**問1**　イ　**問2**　エ

問3　（例）　（友達の絵は）比率が正確で形はオリジナルに近いが，機械的な雰囲気だった。／（自分の絵は）形は若干いびつだが，オリジナルに近い温かな雰囲気があった。　**問4**　ア

問5　ウ　**問6**　（例）　遠近法で風景の中の距離感を表現し，大人の世界を感じさせた点。

問7　エ　**問8**　白　**問9**　イ　三　下記を参照のこと。

●漢字の書き取り

三　1　並行　2　合図　3　家庭　4　俵　5　操縦　6　潮時

解説

一　**出典：篠田桃紅《しのだとうこう》「水田の写真に」（『その日の墨《すみ》』所収）**。青森のある水田の写真を見た筆者は，疎開《そかい》していた東北地方の農村を思い出させるその田でも，おいしいお米が穫《と》れるのだろうと思う。

問1　「青森のある水田」の写真を見た筆者が，戦争末期，疎開していた「山裾《やますそ》の小さな村」にあった「継《つ》ぎ足し継ぎ足しの田んぼ」を思い出していることをおさえる。「手作りの感じ」がする写真の田んぼを見た筆者は，自らが暮らした村の記憶《きおく》に重ね，その田んぼがある「村里」のようすを推測したものと考えられるので，「ここはもともと狭《せま》い谷あいの村里だったのだろう」としたウが正しい。

問2　1　「一日千秋」は，ひじょうに待ち遠しいようす。「一日三秋」ともいう。　2　「一心不乱」は，一つのことに心を集中させるようす。　3　「心機一転」は，何かをきっかけに，気持ちを良い方向に切りかえること。

問3　直前にある「この」とは，「あまり自然に逆らわず」，「狭い谷あい」を少しずつ切り拓《ひら》いていったがゆえに，入り組んだ「区劃《くかく》」となった田んぼの，「ガラス絵のようにロマンチック」なようすを指す。なお，「ステンドグラス」は，色ガラスを組み合わせて模様などを描《えが》き出した板ガラスのこと。

問4　続く部分で筆者は，赤い屋根の家が「『田守《たも》りの舎《や》』とでも名付けたいたたずまいである」ことについて，「こんもりとした木立に寄り添《そ》われて，田んぼと一体の親密な絵になっている」と評している。これは，赤い屋根の家と田んぼとがとてもなじんでいるようすを表しているので，「調和している」としたウが選べる。

問5　Ⅰ　田んぼを空から写した写真を眺《なが》めていると，「近頃は，田植えも機械化されている」にもかかわらず，あたかも人々が心をこめて手ずから苗を植えているかのように思われる，と続く段落で筆者は語っている。実際には現実的なやり取りが人々の間で交わされているはずだが，空から見るとそうは思えず，「お伽話《とぎばなし》の世界のことように」見えるのだから，「幻想《げんそう》的な世界」としたイがふさわしい。　Ⅱ　波線部ア，ウ，エは実際に筆者が目にしたり，経験したりしたことがらだが，イは「一束一束～苗を植えつけるに違《ちが》いないと，思われてくる」とされており，筆者が想像した内容である。

問6　「雪の多い，冬の長い」東北地方では，「夏前」の陽光のありがたみが暖かい地方以上に強く

感じられるはずである。太陽のもと，これからすくすくと育って豊かな恵《めぐ》みをもたらしてくれる苗を田んぼに植える作業は，楽しみや希望に満ちあふれ，人々の心を明るく浮《う》き立たせるものと考えられる。

問７　「山裾の小さな村」で人々が田植えの準備をしているようすは，筆者のような「よそ者の入る場のない所」だが「楽しい張りに満ちた作業に見えた」のだから，ここでの「よそ目」とは，「田植えの作業には関わらない人」の視点を指しているものとわかる。

問８　「いちぶしじゅう(一部始終)」は，ものごとの最初から最後までのくわしい事情をいう。「お田植えの準備」から「収穫《しゅうかく》まで」，筆者は「すぐ近い所にいて知ることが出来た」というのである。

問９　疎開していた「山裾の小さな村」で「貰《もら》って食べたお米」の「あまく，しっかりした」コクのある味わいは，筆者にとって「忘れることができない」ほど素晴《すば》らしいものだったため，東京に来てから「どんな有名な銘柄《めいがら》のお米を食べても」まったくかなわなかったのである。よって，エが合う。

問10　問１でもみたように，「青森のある水田を，空から写した写真」を見た筆者は，自身が戦争末期に疎開していた東北地方の「山裾の小さな村」を懐《なつ》かしく思い起こしている。「あのへん」とは，この村あたりを指している点をおさえてまとめる。

問11　戦争末期に東北地方へと疎開した経験のある筆者は，長い冬の後，夏前の陽光のもと，喜びや希望に満ちて楽しそうに田植えにはげむ人々が作ったお米が最高においしかったことを思い返している。そこと同じように，いくばくもない平地を「少しずつ拓いて」作りあげたのだろう，味わいのある田んぼを写した写真の場所でも，人々が心をこめておいしいお米を作っているにちがいないと想像したのである。

二　出典：大竹伸朗《おおたけしんろう》「斑《まだら》模様の遠近法」(『見えない音，聴《き》こえない絵』所収)。小中学生時代を通じ，マンガの写し絵を描き続けてきた筆者が，自分なりの遠近法を身につけるまでを回想している。

問１　マンガの写し遊びを繰《く》り返していたある日，「『形』そのものとは別に，そこに『感じ』といった感覚がふと意識の中に入り込《こ》んだ」としたうえで，筆者は形の「比率が正確」な友達の描く絵に比べ，自分の絵のほうがより「マンガの雰囲気《ふんいき》」をとらえていたことに気づいた経験を取り上げている。つまり，ここでいう「感じ」とは，正確性とは別の，写した絵からどことなく立ちのぼる“原作らしさ(雰囲気・世界観)”を指しているものと考えられるので，イが合う。

問２　「一目置く」は，“自分よりも優《すぐ》れた能力を持つ相手に敬意を払《はら》い，一歩ゆずる”という意味。

問３　前後で，筆者と友達の描いた絵の違いについて説明されている。「友達の絵」は，「比率が正確」で形自体はオリジナルに近かったとはいえ単なる「機械的な線の痕跡《こんせき》」でしかなかった一方，「自分の絵」は「若干《じゃっかん》歪《いびつ》な形でもオリジナルの感じに近く血の通う温かい雰囲気」に仕上がっていたと，筆者は述べている。

問４　当時のテレビ番組「名犬ラッシー」に描き出されていた，海外では子ども用品にも「無地」のモノがあることや「素っ気なく乾《かわ》いた光景」が，自分のマンガに対する意識に大きな影響《えいきょう》を与《あた》えたと，筆者は続く部分で語っている。よって，「ショッキングな出来事として」筆者の「心に焼き付いた」ものとしては，アがあてはまらない。

問５　「名犬ラッシー」を見て海外の文化にふれ，子どもっぽい柄《がら》模様がついた既製《きせい》品を学校へ持っていくことがいやになった筆者は，自分の上履《うわば》き入れについていたキャラクターを取り去り，自分の好きな絵をかわりに描いたと言っている。よって，ウがあてはまる。

問6　区主催《しゅさい》の図工作品展示会場を訪《おとず》れたさい，同年代の見知らぬ生徒の水彩《すいさい》風景画を目にした筆者はその「絵のところどころが出っぱっているような違和《いわ》感」を覚えている。これは「遠近法」を使って距離《きょり》感を出していたためで，自分の「マンガ写し絵」の平板な印象とは違い，賞をとる絵にふさわしく大人の世界を感じさせた点に筆者はショックを受けたのである。

問7　賞をとった，遠近法を使って大人の世界を感じさせる絵と，ニセモノにしか思えない自分の絵との間に，筆者は「距離」を感じている。パネルの絵は確かに目の前にあるのに，そこに用いられた技法は，今の自分の力量からはおよびもつかないほど遠くの領域にあると思えたのだから，エがよい。

問8　絵画コンクールで受賞するような洗練された作品の前では，自分の描く「マンガの写し絵」など単に野暮ったいだけで，かなうはずなどなかったと筆者は思っている。よって，“降参する”という意味の「白旗を掲《かか》げる」がよい。

問9　油絵具やカラーインクを使って，雑誌などの写真を元に相変わらず絵を描いていたものの「専門用紙やキャンヴァスなど」は高価で「頻繁《ひんぱん》に買うわけには」いかなかったため，失敗した絵の上に「画用液で薄《うす》く溶《と》いた何かしらの一色を何度も塗《ぬ》り重ねて均一にし，再びその上に違う絵を描」くということを，中学生になった筆者が繰り返していた点をおさえる。そんな「ある時，画面全体に塗り始めた青色の透明《とうめい》液の膜《まく》を通して，絵の全体を眺《なが》めた」筆者は，「元絵のさまざまな色に同一の青が重なり，予期せぬ新たな色がいっせいに浮き上がっている」，つまり「さまざまな距離」が描き出されていることに気づいたのである。小学生時代には遠近法を用いた絵を前にとうていかなわないと感じたが，「マンガの写し絵」の経験はむだではなく，その経験があったからこそ独自の遠近法の発見にたどり着けたと筆者は思っているのだから，イが合う。

三　漢字の書き取り

1　並んで進むこと。　**2**　前もって決めていた，知らせるための方法。　**3**　生活をともにする家族の集まり。　**4**　音読みは「ヒョウ」で，「土俵」などの熟語がある。　**5**　思うとおりに乗り物や機械などを動かすこと。　**6**　あることをするのに一番よいとき。

Dr.福井の
入試に勝つ！ 脳とからだのウルトラ科学

寝る直前の30分が勝負！

みんなは，寝る前の30分間をどうやって過ごしているかな？　おそらく，その日の勉強が終わって，くつろいでいることだろう。たとえばテレビを見たりゲームをしたり――。ところが，脳の働きから見ると，それは効率的な勉強方法ではないんだ！

実は，キミたちが眠っている間に，脳は強力な接着剤を使って海馬《かいば》（脳の，知識をためる倉庫みたいな部分）に知識をくっつけているんだ。忘れないようにするためにね。もちろん，昼間に覚えたことも少しくっつけるが，やはり夜――それも“寝る前”に覚えたことを海馬にたくさんくっつける。寝ている間は外からの情報が入ってこないので，それだけ覚えたことが定着しやすい。

もうわかるね。寝る前の30分間は，とにかく勉強しまくること！　そうすれば，効率よく覚えられて，知識量がグーンと増えるってわけ。

では，その30分間に何を勉強すべきか？　気をつけたいのは，初めて取り組む問題はダメだし，予習もダメ。そんなことをしても，たった30分間ではたいした量は覚えられない。

寝る前の30分間は，とにかく「復習」だ。ベストなのは，少し忘れかかったところを復習すること。たとえば，前日の勉強でなかなか解けなかった問題や，１週間前に勉強したところとかね。一度勉強したところだから，短い時間で多くのことをスムーズに覚えられる。そして，30分間の勉強が終わったら，さっさとふとんに入ろう！

ちなみに，寝る前に覚えると忘れにくいことを初めて発表したのは，アメリカのジェンキンスとダレンバッハという２人の学者だ。

Dr.福井（福井《ふくい》一成《かずしげ》）…医学博士。開成中・高から東大・文Ⅱに入学後，再受験して翌年東大・理Ⅲに合格。同大医学部卒。さまざまな勉強法や脳科学に関する著書多数。

2023年度　女子学院中学校

【算　数】（40分）〈満点：100点〉

1　(1)，(2)，(4)，(5)は□にあてはまる数を入れなさい。

(1)　$\left\{\left(4.5-\frac{1}{4}\right)\div0.75-1\frac{2}{15}\right\}\times\left(40.375-35\frac{5}{12}\right)\div\left(\square-\frac{11}{45}\right)=2023$

(2)　□％の食塩水と□％の食塩水の重さの比を３：２にして混ぜ合わせると，11.8％の食塩水になり，１：３にして混ぜ合わせると，９％の食塩水になります。

(3)　下の□には数を，□には漢字を１文字ずつ入れなさい。

例：□4□　□以□下

①　小数第２位を四捨五入して５になる数の範《はん》囲は□□□で□□□です。

②　ある整数を0.4で割った商の一の位を四捨五入すると5000になり，同じ整数を６で割った商の小数第１位を四捨五入すると334になります。このような整数をすべてあげると□です。

(4)　右の図は正方形ABCDと正三角形AEDとひし形BFGCを組み合わせた図形です。

角㋐は□度

角㋑は□度

角㋒は□度

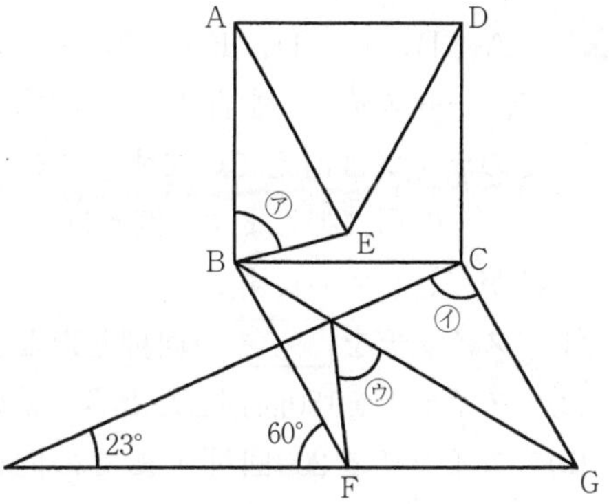

(5)　図のように，１辺の長さが１cmの立方体を積んで立体を作ります。

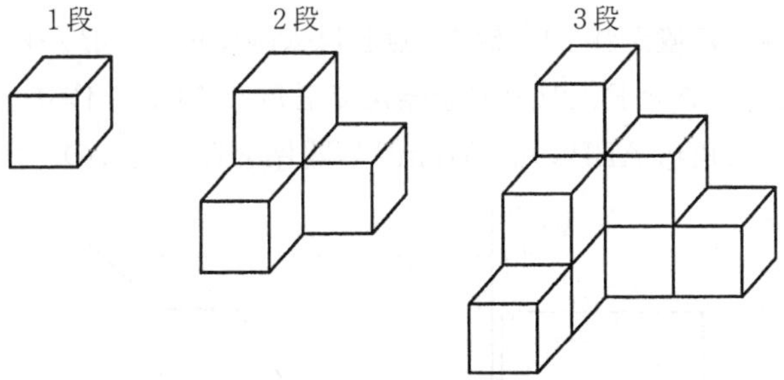

上から
１段目１個
２段目３個
３段目５個

３段積んだときの立体の表面積は□cm^2，体積は□cm^3です。同じ方法で立方体を10段積んだときの表面積は□cm^2，体積は□cm^3です。

2(1)，**3**，**4** について □ にあてはまるものを入れなさい。

2　大きさの異なる3つの正方形が図1のように置かれています。

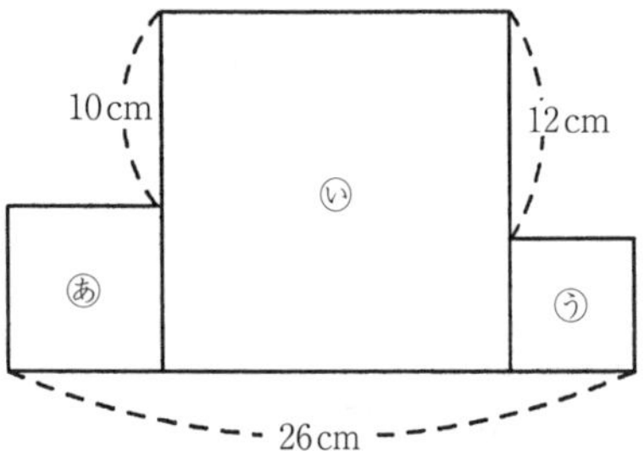

図1

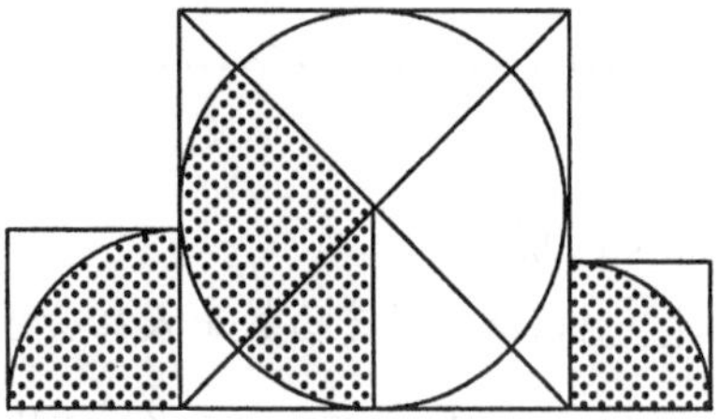
図2

(1)　正方形(あ)，(い)，(う)の1辺の長さは，それぞれ □ cm，□ cm，□ cm です。

(2)　図2のように，図1に直線や円をかき入れました。▩ の部分の面積の和を求めなさい。ただし，円周率は3.14として計算しなさい。（式も書きなさい。）

3　A，B，C，D，Eの5つのランプがあります。それぞれのランプにはスイッチがついていて，一度スイッチを押すとランプは点灯し，もう一度押すとランプは消えます。はじめ，すべてのランプは消えています。このスイッチをA→B→C→D→E→D→C→B→A→B→C→……の順に押します。例えば，10回目に押したスイッチはBで，そのときBとEのランプだけが点灯しています。

(1)　スイッチを □ 回押したとき，消えていたCのランプは10回目の点灯をします。

(2)　スイッチを150回押したとき，点灯しているランプをすべてあげると □ です。

(3)　スイッチを200回押すまでの間に，点灯しているランプがBとCだけになるのは全部で □ 回あります。

4　直角三角形と正方形が図のように直線上に置かれています。点Pは太線に沿ってBからGまで毎秒1cmの速さで進みます。このとき，AとP，BとPを結んで三角形ABPを作ります。下のグラフは点Pが進んだ時間（秒）と，三角形ABPの面積（cm^2）の関係を表したものです。

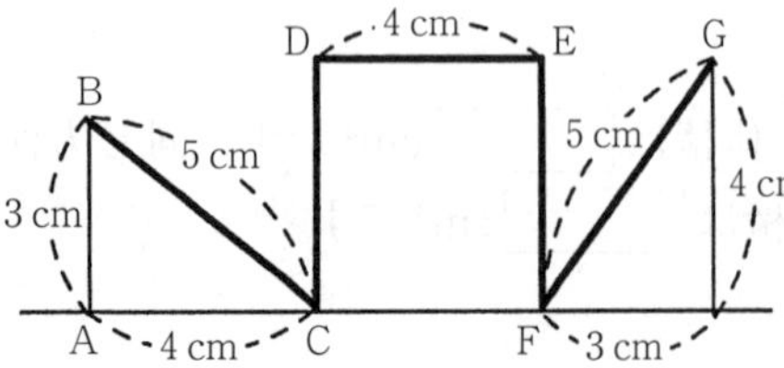

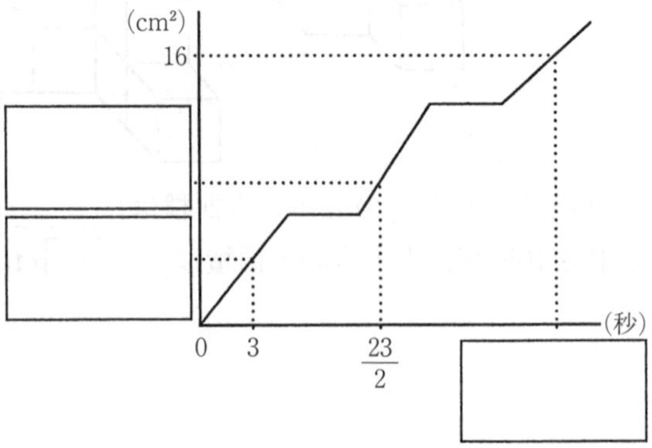

5，**6**(1)(2)，**7** について □ にあてはまる数を入れなさい。

5 2023枚の折り紙をＪ，Ｇの２人で分けるのに，同じ枚数ずつＪ，Ｇ，Ｇ，Ｊ，Ｊ，Ｇ，Ｇ，Ｊ，Ｊ…の順に取っていき，最後にその枚数が取れなかった場合も順番通りの人が残りをすべて取ることにします。例えば，20枚ずつだとＪは1020枚，Ｇは1003枚で，30枚ずつだとＪは1003枚，Ｇは1020枚もらえます。

(1) 23枚ずつ取ると，Ｊは □ 枚もらえます。

(2) [あ] 枚ずつだとＪは1023枚もらえます。ただし [あ] は素数です。

6 図１のマス目のアの位置に，図２のようにさいころを置き，イの位置までマス目に沿って右または下に転がします。

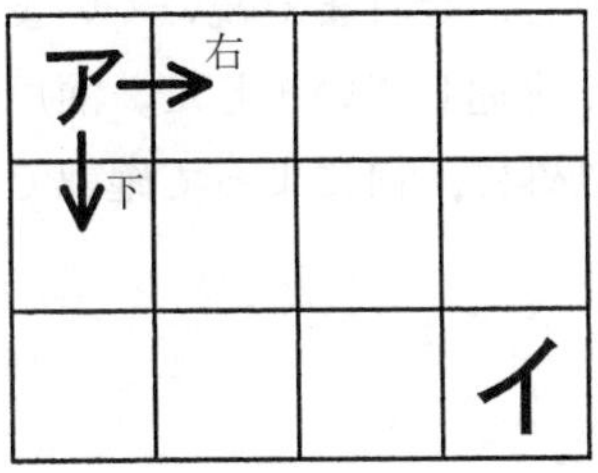

図１

図２

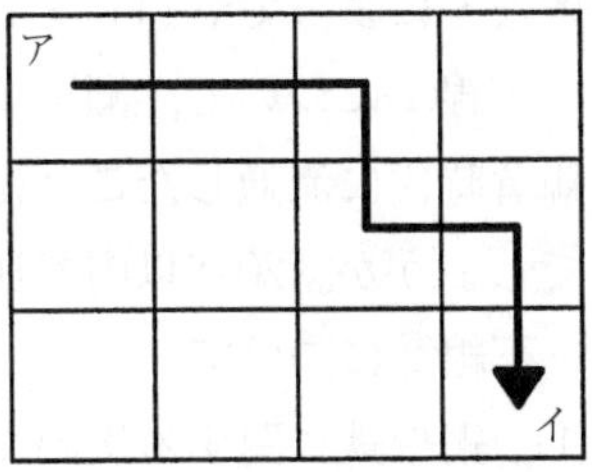

図３

(1) さいころの転がし方は全部で □ 通りです。

(2) 図３のように転がすとき，さいころの上の面に現れる６つの目の和は □ です。ただし，さいころの向かい合う面の目の和は７です。

(3) さいころの上の面に現れる目の和が，(2)と同じになる他の転がし方を１つ，右の図に図３のようにかきこみなさい。

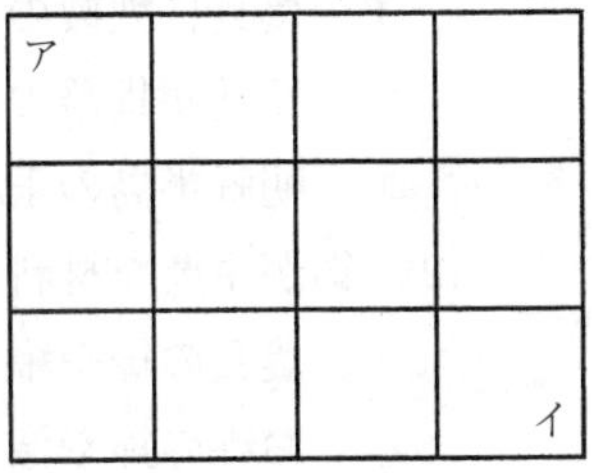

7 １日に６分０秒の割合で遅れる時計Ａと，１日に一定の割合で速く進む時計Ｂがあります。

(1) 時計Ａは月曜日の18時00分に □ 時 □ 分 □ 秒を示しましたが，同じ週の土曜日の10時40分に正しい時刻を示しました。

(2) 月曜日の18時00分に時計Ａは18時10分を示し，翌日の火曜日の８時00分に時計Ｂは７時50分を示しました。時計Ｂは１日に □ 分 □ 秒の割合で速く進むので，同じ週の水曜日の20時00分に２つの時計は同じ □ 時 □ 分 □ 秒を示しました。

【社　会】（40分）〈満点：100点〉

（語句はできるだけ漢字で書きなさい。）

Ⅰ　西陣《じん》織の起源は，①焼き物や②金属細工とともに，養蚕と絹織物の技術がもたらされた③5～6世紀にさかのぼります。④平城京が栄えた奈良時代を経て，⑤平安京に遷《せん》都後，朝廷《てい》の管理のもとで高級な絹織物作りが発達しました。⑥藤原氏など貴族の屋敷《しき》が立ち並んだ京には職人が集まる町もつくられました。やがて職人たちは自ら工房《ぼう》を立ち上げ，⑦室町時代には⑧座と呼ばれる組織を発展させました。15世紀後半に起こった⑨応仁の乱で町は壊滅《かいめつ》してしまいましたが，避《ひ》難していた職人たちが西軍の陣地であった地域に戻《もど》り，織物業を復活させました。⑩江戸時代，先に⑪染《せん》色した糸を用いて布を織る高級織物の産地となった西陣は，大変栄えました。桐生《きりゅう》など⑫北関東でも絹織物業が盛《さか》んになりました。西陣織は明治初期には原料の入手困難などによって衰《すい》退しましたが，その後⑬伝統産業として復興し，今日まで続いています。

問1　下線①について，瀬戸《せと》焼は日常の器として鎌倉時代には広く流通していました。瀬戸焼が鎌倉時代に流通したことは，文字の史料に記されている内容以外に，何によって確認できるでしょうか。20字以内で述べなさい。

問2　下線②について

⑴　銅や鉄に関する次の文を，古い順に記号で並べかえなさい。

ア　大王の名が刻まれた鉄剣《けん》がつくられた。

イ　農具に鉄製の刃《は》が使用され始めた。

ウ　朝廷が貨幣《へい》の発行を始めた。

エ　朝鮮半島の王から朝廷に，金銅の仏像が初めてもたらされた。

⑵　銅が主要な材料として使われることはないものを2つ選び，記号で答えなさい。

ア　農具の鎌《かま》や鍬《くわ》

イ　お寺の鐘《かね》や像

ウ　電気や信号を送る電線ケーブル

エ　鋳《ちゅう》造される貨幣

オ　茶器や花器

カ　飛行機の機体

問3　下線③の頃の東アジアについて述べた文として，正しいものを2つ選び，記号で答えなさい。

ア　分裂《れつ》していた中国を，隋《ずい》が統一した。

イ　日本は当時，百余りの小国に分かれ，複数の国が中国に使者を送っていた。

ウ　隋が成立したことで，朝鮮半島の国々も初めて統一された。

エ　中国や朝鮮半島からの渡《と》来人の中には，日本で外交や記録を担当する者もいた。

問4　下線④に武蔵《むさし》国から税を運ぶためにかかる日数は，古代の史料には「のぼり29日　下り15日」と記されています。武蔵国から平城京に税を運ぶ通常の経路として，もっともふさわしいと考えられるものを1つ選び，記号で答えなさい。（地名は現在のものです。）

ア　東京湾から船で太平洋に出て，大阪湾から陸路で平城京へ

イ　利根川から船で太平洋に出て，伊勢湾に入り，上陸して東海道沿いに平城京へ

ウ　陸路で群馬，長野，岐阜と進み，福井から琵琶湖の北東岸へ移動して，平城京へ

エ　神奈川，静岡，愛知と太平洋岸の地域を陸路で進み，三重を通って平城京へ

問５　下線④の朝廷が手に入れていた塩について述べた文として，ふさわしいものを２つ選び，記号で答えなさい。

ア　中国地方の山間部で取れる岩塩を削《けず》り取って，製塩していた。

イ　税の調として，生産地から成年男性によって平城京に運ばれた。

ウ　若狭《わかさ》湾や志摩《しま》半島などの沿岸で，海水を煮《に》つめる手法で作られていた。

エ　国営の複数の荘《しょう》園内で，専門の職人を集めて生産された。

問６　下線⑤とその周辺で起こった次のできごとを，古い順に記号で並べかえなさい。

ア　関白になった豊臣秀吉の権威《い》を示す，豪《ごう》華な屋敷が建てられた。

イ　足利義政が東山に障子《しょうじ》やふすまを用いた書斎《さい》を建てた。

ウ　承久の乱によって，幕府は朝廷に対して優位な立場となった。

エ　唐に渡《わた》って仏教を学んだ最澄が，比叡《えい》山に寺を築いた。

オ　平清盛が太政大臣となり，政治権力を握《にぎ》った。

問７　下線⑥は10世紀後半から11世紀半ばに摂政・関白として，世襲《しゅう》(特定の地位や職が子孫に受け継《つ》がれること)で政治を運営しました。藤原氏が世襲で政治を行うことができた理由を述べた文として，もっともふさわしいものを１つ選び，記号で答えなさい。

ア　地方政治について摂政・関白が細かく指示を出し，全国一律のしくみで政治が行われており，混乱が起こりにくかったため。

イ　それまで各地で起きていた武士の反乱がおさまり，地方が安定していたため。

ウ　中国や朝鮮半島など東アジアの国々との外交で，新しい状況《きょう》への対応をせまられることが少なかったため。

エ　土地の支配力を強めた寺院勢力が力を伸《の》ばして朝廷に対抗《こう》しており，貴族が力を合わせて政治を行う必要があったため。

問８　下線⑦には，商人たちの自治が行われる都市が発展しました。次のＡ，Ｂにあてはまる都市を，右の地図中の記号で答えなさい。

Ａ　戦乱で一時中断していた祇園《ぎおん》祭を，裕《ゆう》福な商工業者たちが中心となって復活させた。

Ｂ　貿易の拠《きょ》点として発展し，16世紀半ばには町の人々が武士をおさえて自治を行ったが，やがて織田信長の支配下に置かれた。

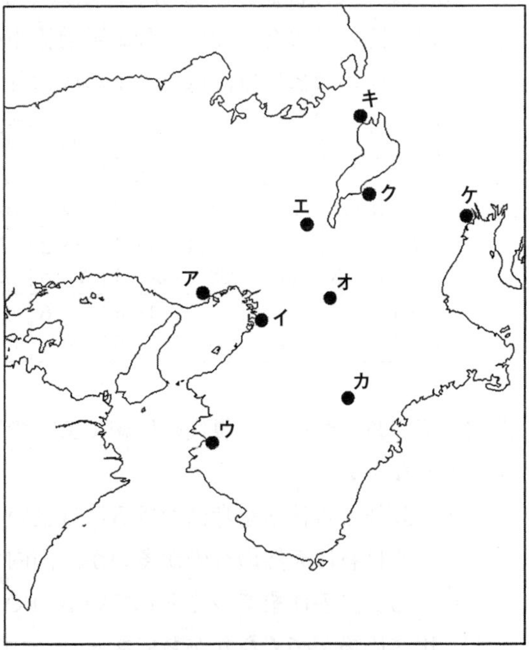

問９　下線⑧の廃《はい》止など，織田信長の経済政策によって急速に発展した城下町の位置を，右の地図中の記号で答えなさい。

問10　下線⑨以降の変化について述べた文として，正しいものを２つ選び，記号で答えなさい。

ア　室町幕府の将軍が，地方への支配を強めた。

イ　村の人々が団結して領主に対抗する動きが拡大した。

ウ　金閣に象徴《ちょう》される，華《はな》やかな文化が開花した。

エ　戦いによって周りの大名を従える大名が登場した。

オ　寺院や貴族の荘園が一層広がった。

問11　下線⑩の社会の変化について述べた文として，まちがっているものを２つ選び，記号で答えなさい。

ア　様々な職業が生まれ，互《たが》いに取引することで経済活動が活発になった。

イ　米の値段は常に安定していたため，年貢米を収入とする幕府の財政も安定していた。

ウ　町人文化が発展し，町人を読み手とする文学作品が登場した。

エ　江戸や大阪では，大名を上回る財力を持つ町人も現れた。

オ　経済発展によって貧しい民衆が減り，江戸時代後半には一揆《き》や打ちこわしが減少した。

問12　下線⑪について，藍《あい》染めでは，染料の原料として藍のどの部分を使用しますか。

問13　下線⑫について

(1)　2020年時点の北関東工業地域(群馬県・栃木県・茨城県)の特徴について，まちがっているものを１つ選び，記号で答えなさい。

ア　原料の輸入に便利な海沿いには，製鉄所が立地している場所がある。

イ　江戸時代から発達したせんい工業が，現在も，工業生産額に占める割合がもっとも高い。

ウ　北関東工業地域全体の工業生産額は，京葉工業地域の工業生産額を上回っている。

エ　太平洋ベルトに位置する他の工業地帯・地域と比べて，食料品工業の工業生産額の割合が高い。

(2)　次の表は群馬県前橋市・鳥取県米《よな》子《ご》市・東京都大島町の月ごとおよび１年間の平均気温・降水量の合計です。群馬県前橋市にあてはまるものを選び，記号で答えなさい。なお，上の段の数値は気温(℃)，下の段は降水量(mm)を表しています。

	1月	2月	3月	4月	5月	6月	7月	8月	9月	10月	11月	12月	年
ア	4.7 151.7	5.1 117.5	8.2 128.2	13.2 106.3	18.2 119.1	21.8 169.5	26.2 227.2	27.3 128.4	23.0 214.3	17.5 131.1	12.2 118.1	7.1 145.9	15.4 1757.2
イ	7.5 137.3	7.8 146.0	10.4 238.4	14.4 247.4	18.2 256.5	21.0 328.8	24.6 255.9	26.0 191.7	23.4 341.3	18.9 405.2	14.5 192.8	10.0 117.6	16.4 2858.9
ウ	3.7 29.7	4.5 26.5	7.9 58.3	13.4 74.8	18.6 99.4	22.1 147.8	25.8 202.1	26.8 195.6	22.9 204.3	17.1 142.2	11.2 43.0	6.1 23.8	15.0 1247.4

(統計は1991～2020年の平均　気象庁資料より作成)

問14　下線⑬について，現代の伝統工芸品の特色としてあてはまらないものを２つ選び，記号で答えなさい。

ア　製作する技術を身につけるには長い年月が必要なため，若い後継《けい》者が少ない。

イ　原材料は天然のものが多いが，国内で自給できなくなり，輸入に頼《たよ》るものもある。

ウ　おもに手作業でつくられているので，生産に時間がかかり，機械で大量につくる製品に比べ価格が高くなりがちである。

エ　伝統工芸品は貴族文化の中で発展したため，日常生活においてあまり使用されていない。

オ　生産量が多くないため，海外にはほとんど輸出されていない。

Ⅱ　日本で失業が①社会問題として認識されるようになったのは，②明治時代以降です。それまでは③職や地位が親から子へ受け継がれていました。1890年代以降，製糸業や紡《ぼう》績業を中心に④工業化が進むと，⑤工場でやとわれて働く労働者が増えました。⑥製糸工場の労働者の多くは，若い女性でした。⑦重化学工業分野が発展すると男性労働者もさらに増加しました。加えて，大学卒業後，企業で事務の仕事をする労働者も現れ，⑧職業が多様化しました。企業にやとわれる形で働く人の増加により，失業に追い込まれる人も増えました。

問1　下線①に関連して，労務作業が義務付けられている懲《ちょう》役刑《けい》と，義務とはなっていない禁錮《こ》刑の区別を廃止し，拘《こう》禁刑として統一する刑法の改正が2022年に成立しました。この改正に関して述べた文として，まちがっているものを2つ選び，記号で答えなさい。

ア　再犯防止のためには，刑務作業だけでなく立ち直りのための教育が必要である。

イ　出所後の生活場所を提供して，仕事に就くことを支援《えん》することは，再犯防止に役立つ。

ウ　刑務所を出た後に再び罪を犯す人の割合が減少している。

エ　刑事裁判では，禁錮刑が選択されることは非常に少なく，懲役刑と区別することの意義が薄《うす》れた。

オ　受刑者に65歳以上の高齢《れい》者の占める割合が減少している。

問2　下線②について

(1)　明治時代の制度について述べた文として，正しいものを2つ選び，記号で答えなさい。

ア　廃藩置県により，大名は知事となって県を治めた。

イ　北海道から沖縄に至る全国で，廃藩置県によって藩が一斉《せい》に廃止された。

ウ　義務教育の制度ができるとすぐに，ほとんどの児童が小学校に通うようになった。

エ　徴兵令が出されたが，徴兵された者はわずかで，引き続き各地の士族たちが政府の兵士となった。

オ　大日本帝国憲法の制定より前に，電信の技術や郵便制度などが導入された。

カ　政府が国会開設を約束したことがきっかけになり，自由民権運動が始まった。

キ　大日本帝国憲法では天皇が軍隊を率いるとされていた。

(2)　戦争について述べた文として，正しいものを2つ選び，記号で答えなさい。

ア　日清戦争の結果，日本は当時の1年間の国家収入を上回る賠償《ばいしょう》金を得た。

イ　日清戦争後，イギリスは日英同盟を結び，日露戦争では日本と共に戦った。

ウ　日露戦争は満州と樺《から》太をどちらの勢力の下に置くかをめぐって起こった。

エ　日露戦争の結果，ロシアは韓国(朝鮮)が日本の勢力の下にあることを認めた。

オ　日露戦争直後，日本では労働組合をつくる権利が認められた。

問3　下線③に関連して

(1)　現在，日本国憲法で世襲と定められている地位を答えなさい。

(2)　職業や地位を世襲することについて，日本国憲法で定められているもっとも関係の深い国民の権利は何ですか。憲法に書かれていることばで答えなさい。

(3)　選挙の選出方法は，どのような議会を構成するかに影響《きょう》を与えます。たとえば，ア～エの選出方法で定数100人を選ぶ選挙を行ったとし，投票用紙には1人あるいは1つの政党名しか書けないこととします。A～Cにもっともなりやすい選出方法をア～エから1つずつ選び，記号で答えなさい。(同じ記号をくり返し使ってもかまいません。)

A　落選者に投じられた票が一番多くなる。

B　世襲議員(父母，祖父母など親族に国会議員がいる候補者)であることが当選に影響を与えにくい。

C　議席をほぼ二分する2つの政党が議会を占《し》める。

ア　政党に投票し得票数に応じて100議席を配分する

イ　1つの選挙区から1人を選出する

ウ　1つの選挙区から3人～5人を選出する

エ　1つの選挙区から50人を選出する

問4　下線④で発展した自動車産業について

(1)　下のグラフから，日本の100人当たりの自動車保有台数の変化を表したものを1つ選び，記号で答えなさい。

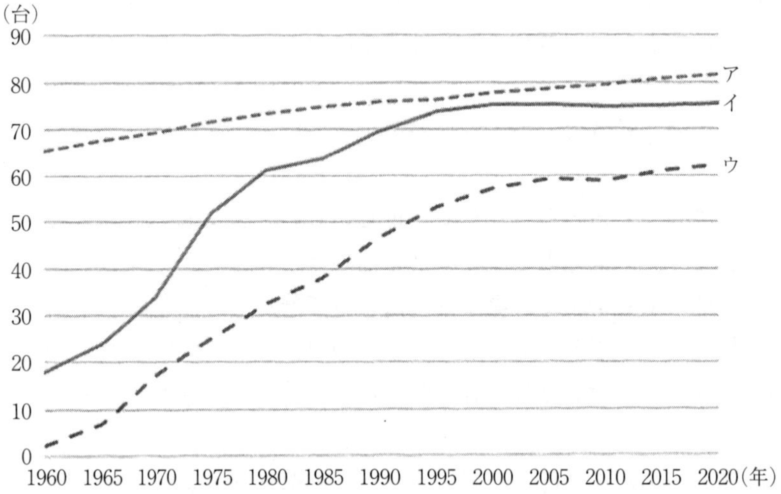

(日本国勢図会 2022/23より作成)

(2)　自動車産業について述べた文として，正しいものを1つ選び，記号で答えなさい。

ア　自動車工場は，同じ敷地内で細かい部品も含《ふく》め，すべての部品を組み立てる必要があるので広大な敷地面積となっている。

イ　2019年，日本の自動車の生産台数は世界第1位である。

ウ　現在，日本国内で生産された自動車の8割は海外に輸出されている。

エ　2019年の時点で，日本の自動車会社が生産する自動車の台数は，国内よりも海外工場で生産する台数の方が多い。

問5　下線⑤について，下のグラフは日本の大工場と中小工場の割合を示したものです。

A　働く人の数　　B　工業生産額　　C　工場の数

にあてはまるものを，グラフからそれぞれ選び，記号で答えなさい。

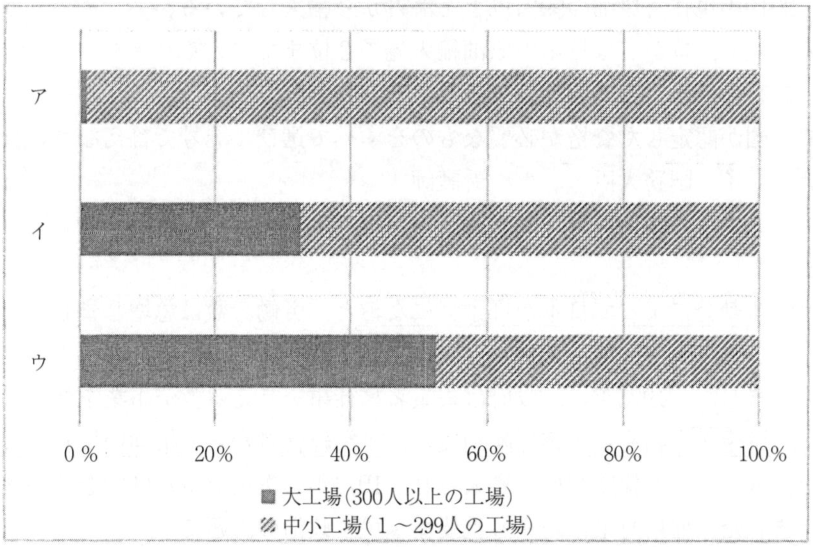

(日本国勢図会 2022/23より作成)

問6　下線⑤について，A～Cの現在の工場分布図をそれぞれ選び，記号で答えなさい。

A　IC工場　　B　自動車工場　　C　石油化学コンビナート

ア　　イ　　ウ

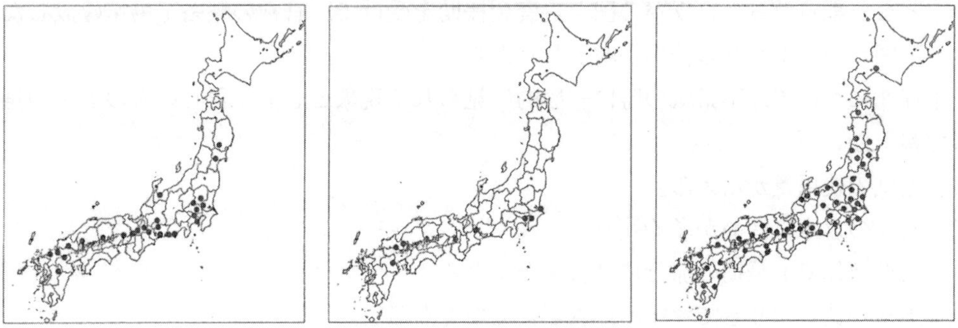

(日本国勢図会 2022/23より作成)

問7　下線⑥に関して，戦前の政府は，男性に比べ女性の失業を重大な問題とせず，職を失ったのに失業者とみなされていない女性も多くいました。政府が女性の失業を問題にしなかった理由を，考えて答えなさい。

問8　下線⑦に関して

(1)　戦後の日本の製鉄について述べた文として，まちがっているものを1つ選び，記号で答えなさい。

ア　鉄鉱石の産地の近くで，製鉄が行われていた場所がある。

イ　現在，原料の鉄鉱石の7割を海外からの輸入に頼っている。

ウ　製鉄には，鉄鉱石だけではなく石炭も使われている。

エ　製鉄所で鉄をつくるためには，大量の水や電気が必要である。

(2)　石油について述べた文として，まちがっているものを1つ選び，記号で答えなさい。

ア　製油所では，原油からガソリンや灯油などの石油製品をつくっている。

イ　騒《そう》音を防ぐため，製油所のまわりに緑地帯をつくる工夫をしている。

ウ　日本は，2019年現在，原油の99％以上を海外から輸入している。

エ　2019年の時点で，ロシアは日本の原油輸入先の３位までに入る。

オ　石油は，燃料のほか，工業製品の原料としても使われている。

問９　下線⑧の中で，国が認定した資格が必要なものをすべて選び，記号で答えなさい。

ア　衆議院議員　　イ　国務大臣　　ウ　看護師

エ　市長　　オ　弁護士　　カ　社長

Ⅲ　①第一次世界大戦の勃《ぼっ》発によって日本が好景気になると，労働者数は急増しました。1920年代に入ると一転して②景気は悪化し，1930～31年に恐慌《きょうこう》が発生して企業が倒《とう》産すると，③多くの労働者が失業しました。1925年に，政府は失業者に仕事を与える救済事業を始めました。一方，④失業者に給付金を支給する失業保険制度は，企業経営者からの根強い反対によって実現しませんでした。戦後，失業保険制度が導入され，1974年に失業対策だけでなく⑤雇《こ》用保険制度へと改められました。雇用対策は現在も重要な⑥民主政治の課題です。

問１　下線①の理由として，正しいものを２つ選び，記号で答えなさい。

ア　参戦国から船など軍需《じゅ》品の注文が増加したから。

イ　ヨーロッパから日本への工業製品の輸出が増加し，日本の競争力が高まったから。

ウ　好景気となったアメリカへ，自動車などの工業製品の輸出が増加したから。

エ　ともに戦ったヨーロッパの国から資金援助を受けて，官営の製糸工場を建設したから。

オ　中国への工業製品の輸出が増加したから。

問２　下線②について，不景気の時に一般的に見られる現象として，正しいものを２つ選び，記号で答えなさい。

ア　電気の使用量が増える。

イ　会社の倉庫に商品が多く残る。

ウ　大型連休でも長期の旅行には行かなくなる。

エ　土地が値上がりしてマイホームが買えなくなる。

オ　家やビルの建設が盛んになる。

カ　企業が翌年納める法人税が多くなる。

問３　下線③に関して

(1)　1929年～1932年の，日やとい労働者とそれ以外(常勤)の労働者の失業率(％)の変化を表すグラフを選び，記号で答えなさい。

ア

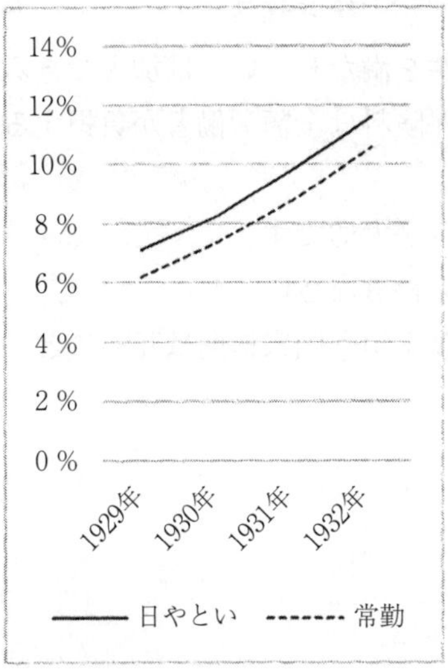

イ

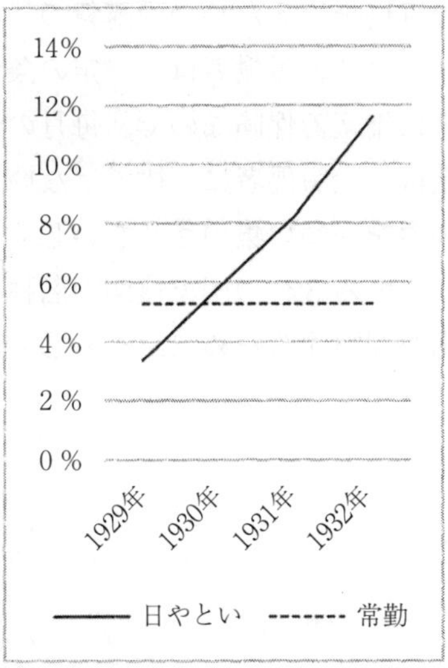

ウ

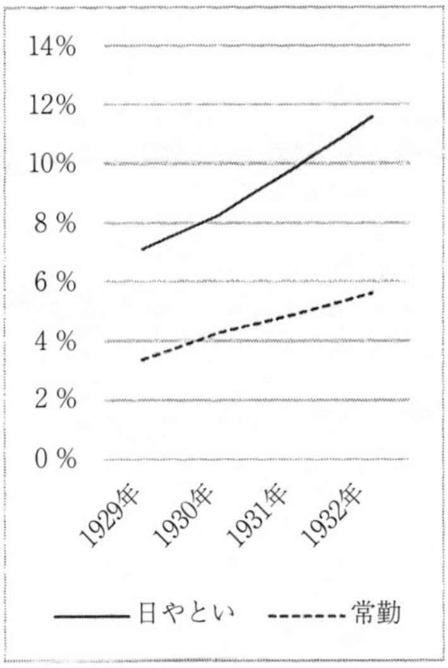

エ

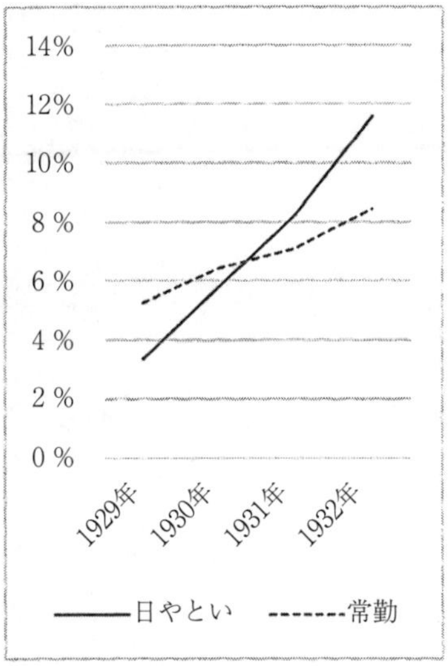

(労働運動史料委員会 編『日本労働運動史料　第10巻』1959年をもとに作成)

(2) (1)で選んだグラフについて，なぜそのような変化になるのか考えて述べなさい。

問４　下線④について，経営者が制度に反対した主張として，もっともふさわしくないと考えられるものを１つ選び，記号で答えなさい。

ア　国が労働者に権利を与えると，労働者から経営者への要求が増えて，経営者と労働者との関係が悪くなる。

イ　失業しても生活が保障されていれば，厳しい労働条件で働く人がいなくなる。

ウ　企業が給付金の一部を負担することになれば，企業の利益が減少して，産業が衰退する。

エ　日本の労働者の労働条件は欧《おう》米と比べて良いにもかかわらず給付金を支給することで，国家の財政が悪化する。

オ　労働者が国に頼るようになり，怠《なま》け者になる。

問５　下線⑤の現在の内容として，まちがっているものを２つ選び，記号で答えなさい。

ア　この制度に加入するかどうかは，それぞれの企業の判断で決定する。

イ　失業中に，新たな資格を取るための受講料の一部が支給される。

ウ　アルバイトやパートタイム労働者は，一定の条件を満たしていれば加入できる。

エ　仕事を失ったときに備える保険なので，毎月の保険料は全額労働者が負担する。

オ　失業者への給付金は，全労働者に一律ではない。

問６　下線⑥では，国の権力を一つに集中させないしくみが大切です。

⑴　そのしくみを担《にな》っている３つの国家機関の名称《しょう》を書きなさい。

⑵　国民の権利と自由を保障するために，そのしくみを担う国家機関は互いにどうすることが必要ですか。

【理　科】（40分）〈満点：100点〉

（選択肢《たくし》の問題の答が複数ある場合は，すべて答えなさい。）

Ｉ　太陽系には８個の惑《わく》星があり，それぞれが自転しながら太陽を中心とした円を描《えが》いて公転している。

1　水星は，自転周期59日，公転周期88日で，それぞれ右図の矢印の向きに運動している。以下の問いには，自転周期が60日，公転周期が90日であるとして答えること。

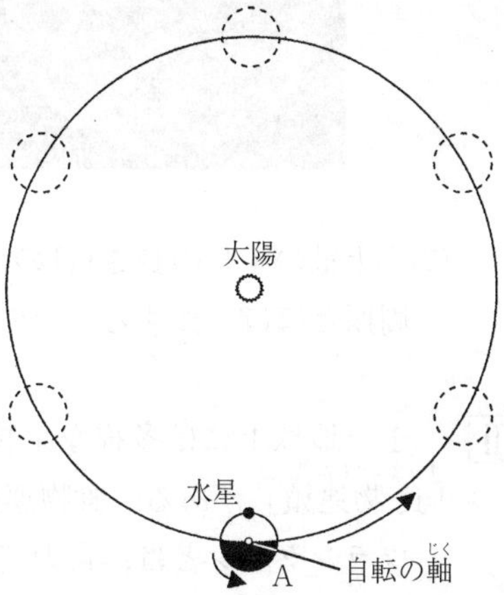

(1)　水星が図中のAにあるときから45日後の水星の位置を解答欄《らん》の ◌ から選び，太陽光が当たっていないところをぬりつぶしなさい。さらに，このときのAの●で示した地点の位置を●で示しなさい。

(2)　(1)で●で示した地点における太陽の見え方を次のア～エから選びなさい。

ア　地平線から昇《のぼ》ってくるところ
イ　最も高く昇っているところ
ウ　地平線に沈《しず》むところ
エ　沈んでいて見えない

(3)　水星の１日(日の出から次の日の出まで)の間に，水星は公転を何回しますか。

2　金星は，自転周期243日，公転周期225日で，それぞれ右図の矢印の向きに運動している。以下の問いには，自転周期と公転周期がともに230日であるとして答えること。

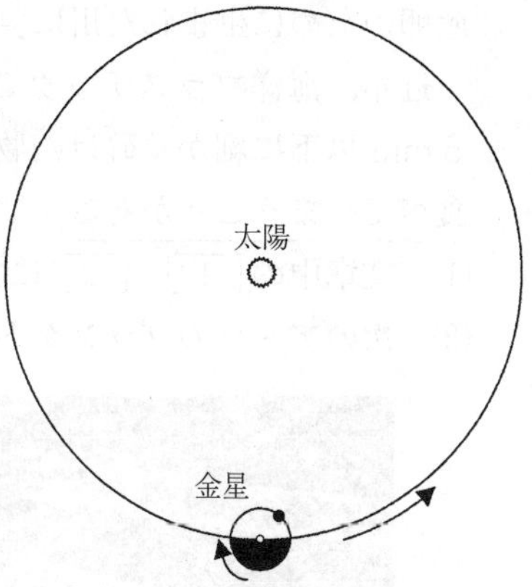

(1)　金星の１日の長さ(日の出から次の日の出まで)は何日ですか。

(2)　仮に金星の自転の向きが実際と逆向きだったとすると，図中の●で示した地点では，どのようなことが起こると考えられるか。次のア～オから選びなさい。

ア　１日の長さが実際より短くなる。
イ　１日の長さは実際と変わらないが，太陽が見えている時間が実際より長くなる。
ウ　１日の長さは実際と変わらないが，太陽が見えている時間が実際より短くなる。
エ　太陽が沈まなくなる。
オ　太陽が一度沈むと，昇ってこなくなる。

3　土星の自転周期は10.5時間，公転周期は11.9年で，自転と公転の向きは同じである。

(1)　水星の自転周期は正確に計測できていたが，土星の自転周期を正確に計測することができたのは最近のことである。土星の自転周期を正確に計測するのが難しい理由を，次のページの水星と土星の写真から考えて述べなさい。

水星

土星

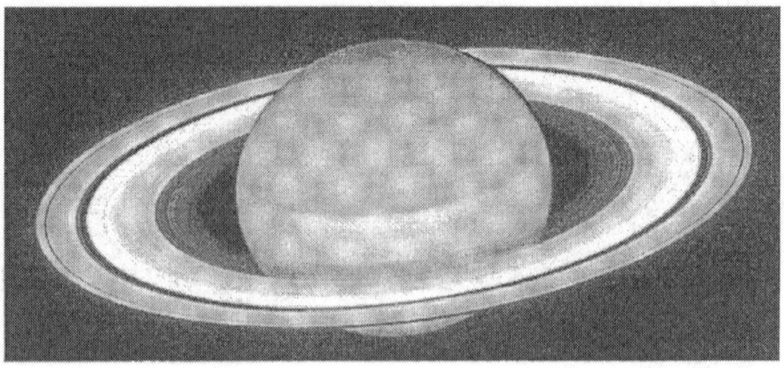

(NASA　HP より)

(2)　土星の１日の長さ(日の出から次の日の出まで)はおよそ10.5時間で，水星と異なり，自転周期とほぼ一致《ち》する。その理由を述べなさい。

Ⅱ　1　地球上には多様な生物がいる。生物と生物の間には様々な関係があるが，その１つに「食物連鎖《しょくもつれんさ》」がある。食物連鎖は陸上だけでなく，水中でもみられる。

プランクトンとは，自力で長い距離《きょり》を泳ぐことのできない，水中を漂《ただよ》う生物のことである。植物プランクトンは光合成によって養分をつくり出す。光合成とは光エネルギーを使って養分をつくり出すはたらきである。すべての生物は養分から生きるためのエネルギーを得ている。水中では植物プランクトンを動物プランクトンが食べ，動物プランクトンを小さな魚が食べる，食物連鎖の関係がみられる。水中の食物連鎖が陸上の食物連鎖につながることもある。例えば，産卵のために生まれた川に戻《もど》ってくる［　1　］などの魚をヒグマが食べることがある。

近年，海洋プラスチックごみの増加が問題になっている。海洋プラスチックごみのうち，5 mm 以下に細かく砕《くだ》けた物を［　2　］といい，<u>動物プランクトンや小さな魚が［　2　］を食べてしまうことがある。</u>

(1)　文章中の［1］，［2］にあてはまる言葉を答えなさい。

(2)　次のア～ウのプランクトンの名前を答えなさい。

ア

イ

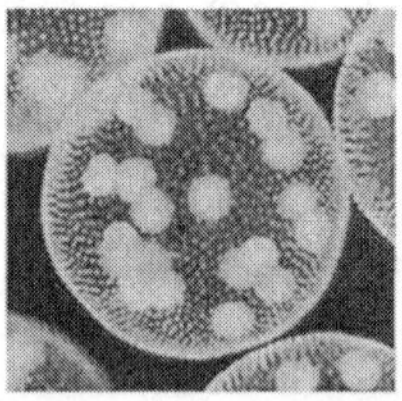

ウ

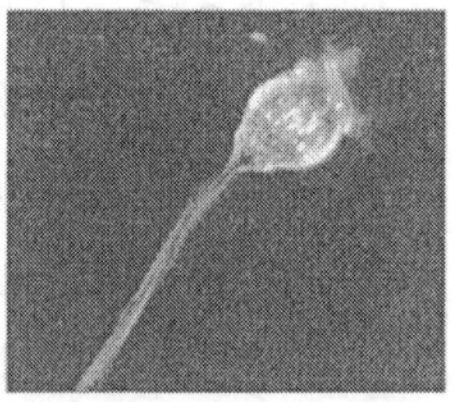

(NHK for School　ミクロワールドより)

(3)　(2)のア～ウから植物プランクトンを選びなさい。

(4)　次のア～ケの生物を海の食物連鎖の関係になるように４つ選んで，食われるものから順に並べなさい。

ア　イカ	イ　メダカ	ウ　ワカメ
エ　オキアミ	オ　ケイソウ	カ　フナ
キ　イワシ	ク　カエル	ケ　ザリガニ

(5)　文中の下線部について，［2］を食べた動物プランクトンが受ける影響《えいきょう》を１つ挙げなさい。

2　小笠原諸島は，図１のように東京23区から南におよそ1000～1400 km 離《はな》れた場所に位置している。約30の島々からなる小笠原諸島は海底火山の噴《ふん》火によって形成され，大陸や他の島と一度も陸続きになったことがなく，豊かなサンゴ礁《しょう》や多様なウミドリがみられる。住民がいるのは父島と母島に限られ，外部からの交通手段は船のみである。2011年には豊かで独特な自然の価値が認められ，世界自然遺産に登録された。

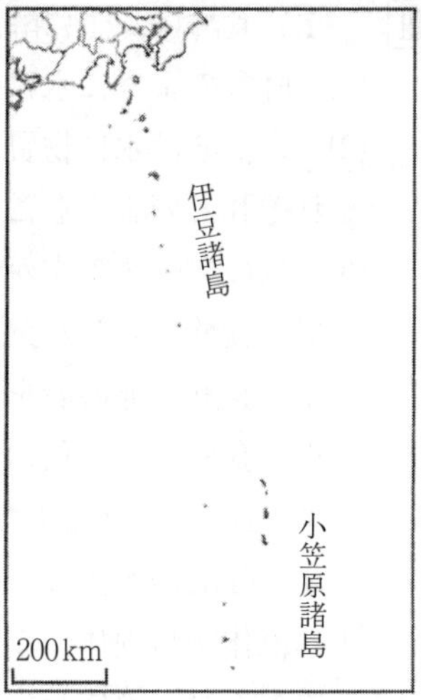

図1

小笠原諸島では第二次世界大戦中に放牧されていたヤギが野生化した。野生化したヤギ(ノヤギ)の増加により自然環境が大きな影響を受けた。

(1) ノヤギの増加によって起こったこととしてあてはまらないものを，次のア～エから1つ選びなさい。

ア　ノヤギを食べる大型動物が増えた。
イ　ウミドリの巣が，ふみ荒《あら》されて減った。
ウ　草が減って，地面がむき出しになった。
エ　土壌《じょう》が流出し，サンゴが減った。

父島では1970年代から，母島では1980年代から，本来，日本にいない北アメリカ原産の動物(動物A)がみられるようになった。動物Aの胃を複数調べてみると，【クモ類・バッタ類・カミキリムシ類・チョウ類】だけが含《ふく》まれていた。

(2) 図2は父島における「食う食われるの関係」を示したものである。動物Aは図2の①～⑤のどれにあてはまるか選びなさい。

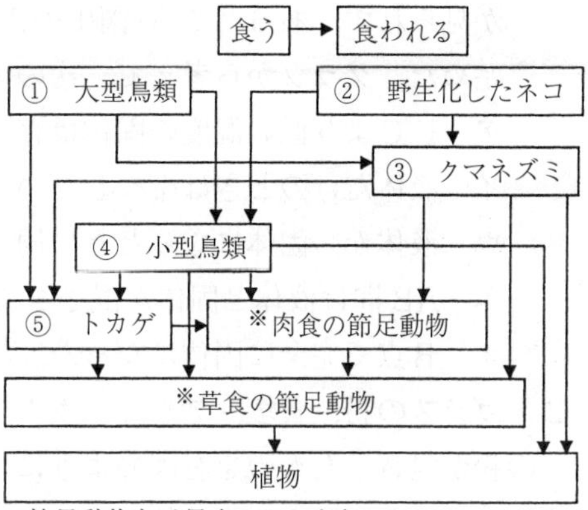

※節足動物とは昆虫やクモなど，あしに節がある動物のこと
(戸田光彦 2014を改変)
図2

(3) 動物Aが北アメリカから父島に入ってきた経路として考えられるものを次のア～エから選びなさい。

ア　風に乗って飛んできた。
イ　ペットや観賞の目的で持ち込まれた。
ウ　コンテナにまぎれて運ばれた。
エ　海流に流されてきた。

母島では1980年代から1990年代にかけて，動物Aの影響で草食性の昆《こん》虫であるカミキリムシ類の数が図3のように大きく変化していた。

(4) 動物Aの特徴《ちょう》として考えられるものを次のア～ウから選びなさい。

ア　昼行性である。
イ　夜行性である。
ウ　昼も夜も活動する。

(5) 夜行性のカミキリムシ類が図3のように変化した原因を考えて述べなさい。

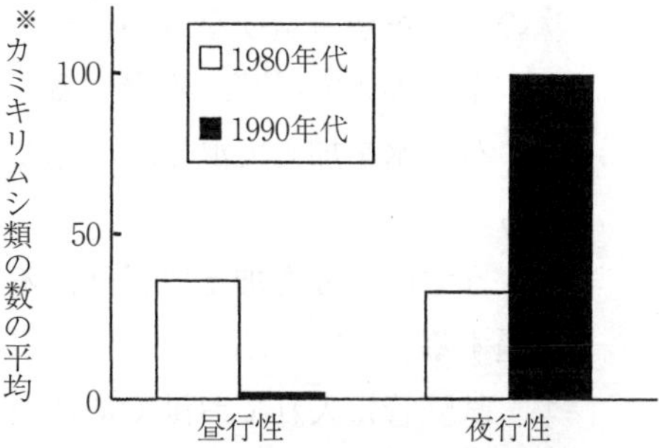

※数回にわたって同じ地点，期間，方法で採集したカミキリムシ類の数の平均
(槇原寛ほか 2004より作成)
図3

Ⅲ　1　食酢《す》は，主に酢《さく》酸という液体が水に溶《と》けた水溶《よう》液である。

(1)　酢酸のように水に溶ける液体の物質を1つ答えなさい。

(2)　水溶液は水に物質が溶けたものであるが，固体や液体の物質が水に溶けないときには，それぞれどのようなことが観察されるか，答えなさい。

(3)　次のア～オの文から正しいものを選びなさい。

ア　食酢にさびた銅板を入れても変化がない。

イ　食酢に卵の殻《から》を入れると泡《あわ》を出して溶ける。

ウ　食酢に生の魚の切り身を入れると白くなって固まる。

エ　BTB液を加えた酢酸の水溶液にうすい塩酸を加えていっても，色は変化しない。

オ　酢酸の水溶液を加熱すると白い粉が残る。

(4)　液体から固体になる温度は，水は0℃，酢酸は17℃であるが，液体を冷やし続けて固体になるまでの温度変化のグラフは水も酢酸も同じような形になる。液体の酢酸を冷蔵庫の中で静かに冷やし続け，冷やした時間と酢酸の温度との関係を調べたところ，右のグラフのようになった。このとき，17℃を下回ったのに固体が見られず，あるところ(図中のA点)で一気にこおり始めた。グラフから考えて，次のア～オから間違《ちが》っているものを選びなさい。

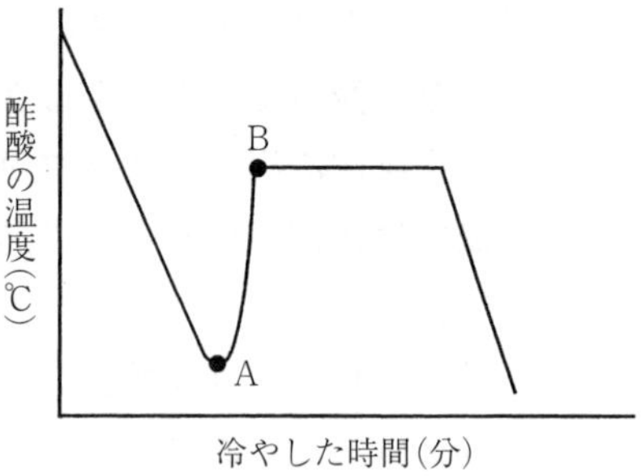

ア　17℃より低い温度の固体は存在しない。

イ　液体だけのときは冷やしていくと温度が下がる。

ウ　液体から固体になるときに周りに熱を出す。

エ　AB間は液体と固体が混ざっている。

オ　B点で完全に固体になった。

2　ガラスの粉，食塩，アルミニウムの粉が混ざったものを右図のようにして分けた。図中の白い粉C，D，Eはそれぞれ異なる1種類の物質であった。

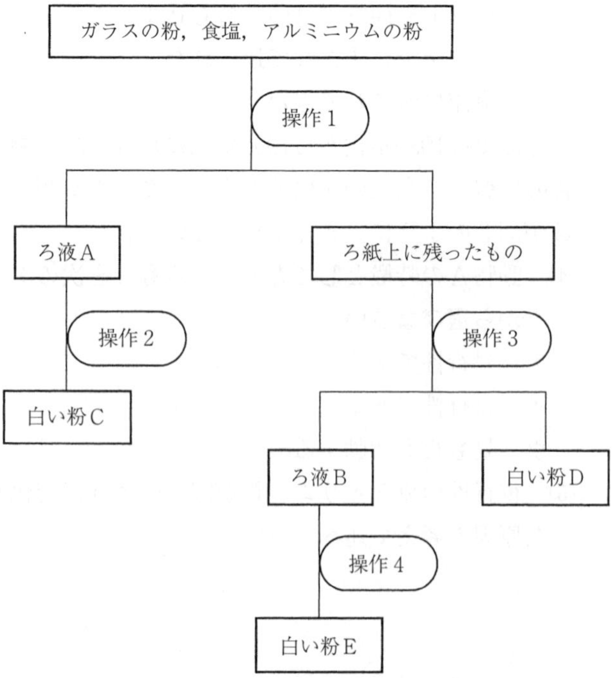

(1)　操作1～3にあてはまるものを次のア～キから選びなさい。

ア　水を加えて混ぜ，ろ過する。

イ　石灰水を加えて混ぜ，ろ過する。

ウ　うすい塩酸を加えて混ぜ，ろ過する。

エ　試験管に入れてお湯であたためる。

オ　蒸発皿に入れて加熱する。

カ　冷蔵庫で冷やす。

キ　小さな結晶をつるし，1時間放置する。

(2)　白い粉C，Dはそれぞれ何か，次のア～ウから選びなさい。あてはまるものがないときは×を書きなさい。

ア　ガラス　　イ　食塩

ウ　アルミニウム

(3)　白い粉Eについて，正しいものを次のア～オから選びなさい。

ア　水に溶ける。　　　　　　　　　イ　水に溶けない。

ウ　泡を出しながら塩酸に溶ける。　エ　泡を出さずに塩酸に溶ける。

オ　塩酸に溶けない。

(4)　実験前のガラスの粉，食塩，アルミニウムの粉が混ざったものの重さは全部で12.0gであった。ろ液Aをしばらく放置したところ，1.0gの白い粉Cが沈殿《ちんでん》し，20gの水溶液が残っていた。操作3，4で得られた白い粉Dの重さは3.5g，白い粉Eの重さは9.9gであった。実験前に含まれていたアルミニウムの重さは全体の何%か，小数第1位を四捨五入して整数で答えなさい。ただし，この実験は20℃で行い，白い粉Cは20℃の水100gに38g溶けるものとする。

Ⅳ　1　同じ電池，電球を使って右図のような回路を作ったところ，2つの電球は同じ明るさで，電球に流れる電流の向きも同じであった。以下の問いには，電球は電流が強すぎてこわれることはないものとして答えること。

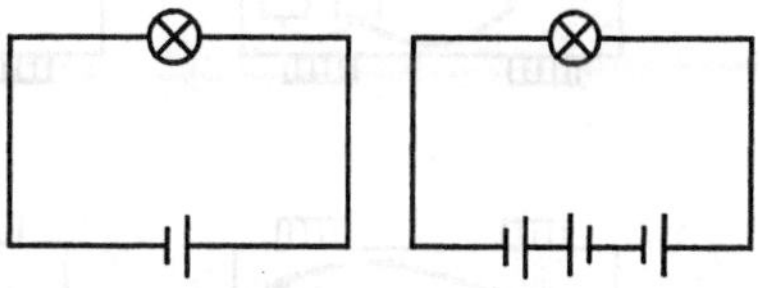

(1)　次のア～オの回路について，電球Aをソケットから取り外したとき，電球Bがつくものを選び，明るい順に並べなさい。ただし，同じ明るさのものは(　)でくくること。
例：アイ(ウエ)オ

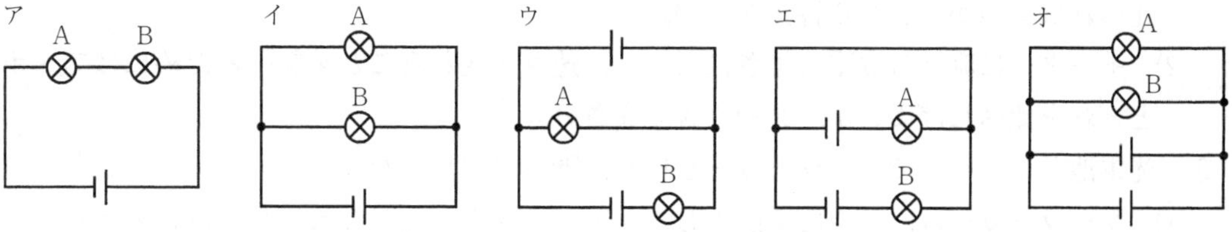

(2)　右図のA，B，1～8は端《たん》子(導線をつなぐところ)を表している。1と2の間には図のように電池1個がつながれている。3と4，5と6，7と8の間には下のア～コのいずれかがそれぞれつながれている。使った電池は1と2の間の電池も含め，全部で4個である。

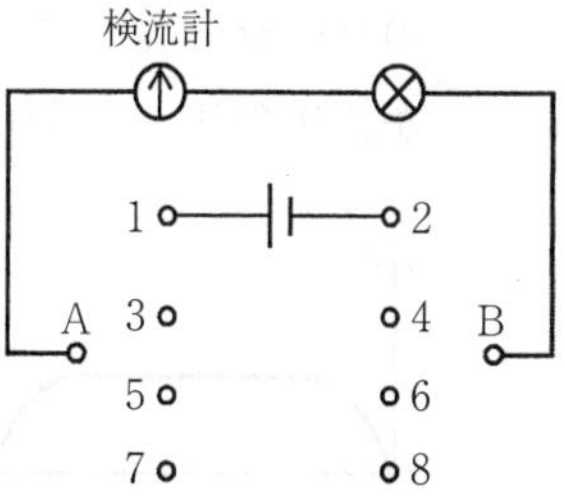

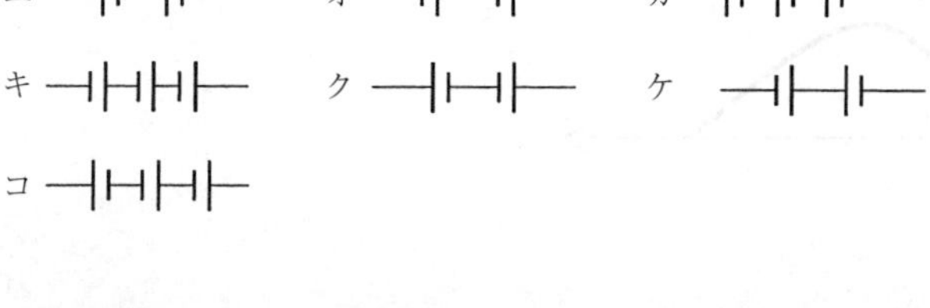

Aと1，２とBを導線でつなぐと検流計に右向きの電流が流れ，電球はついた。このときの電球の明るさを基準の明るさとする。下の表のように，つなぎ方を変えて検流計に流れる電流の向きと電球の明るさを調べた。

つなぎ方	結果
Aと3，4と7，8とBを導線でつなぐ	検流計に右向きの電流が流れ，電球は基準と同じ明るさでついた
Aと1，2と7，8とBを導線でつなぐ	検流計に電流が流れず，電球もつかなかった

① Aと1，２と3，４と5，６と7，８とBをつないだときの検流計に流れる電流の向きと電球の明るさを下から選び記号で答えなさい。

・検流計に流れる電流の向き　【ア　右　　イ　左　　ウ　流れない】

・電球の明るさ　【ア　基準より明るい　　イ　基準と同じ
ウ　基準より暗い　　エ　つかない】

② 電球が最も明るくなるつなぎ方になるように，解答欄の□に端子の番号を書きなさい。

2　次のア～オのように，電池，モーター，プロペラ，軽い導線でプロペラカーを作った。

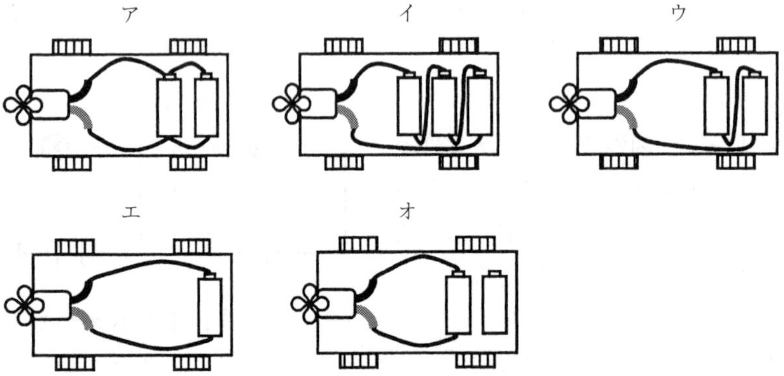

(1) プロペラカーの重さによって，速さが変わることを調べるためにはア～オのどれとどれを比べればよいか，２通り答えなさい。

(2) モーターに流れる電流の強さによって，速さが変わることを調べるためにはア～オのどれとどれを比べればよいか，２通り答えなさい。

3　光電池とモーターでソーラーカーを作り，野外で走らせた。

(1) ソーラーカーは，日なたで静止した状態からスタートした後，日かげに入った。このときのソーラーカーについて，横軸《じく》を時間，たて軸を速さとするグラフをかくとどのようになるか。次のア～エから最も適切なものを選びなさい。

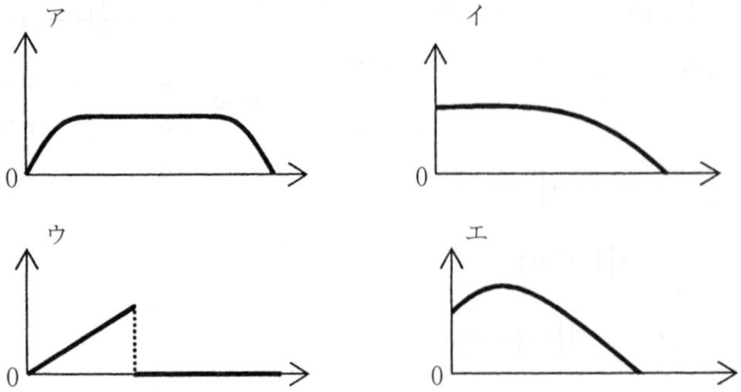

⑵　実験中，右図のように太陽の光が光電池に当たっていた。このときの１秒間に光電池に当たる光の量を100とすると，この光電池の設置角度を０°にしたときの１秒間に光電池に当たる光の量を答えなさい。

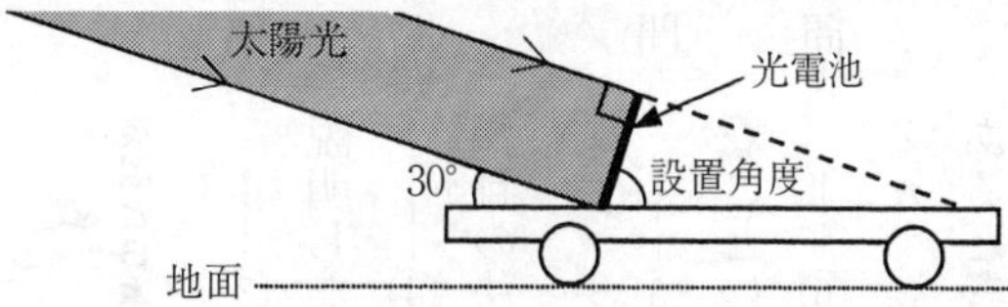

⑶　年間を通して発電量が大きくなるようなソーラーパネルの設置角度は，東京では35°である。北海道ではどのような設置角度にするのがよいか。次のア～ウから選びなさい。

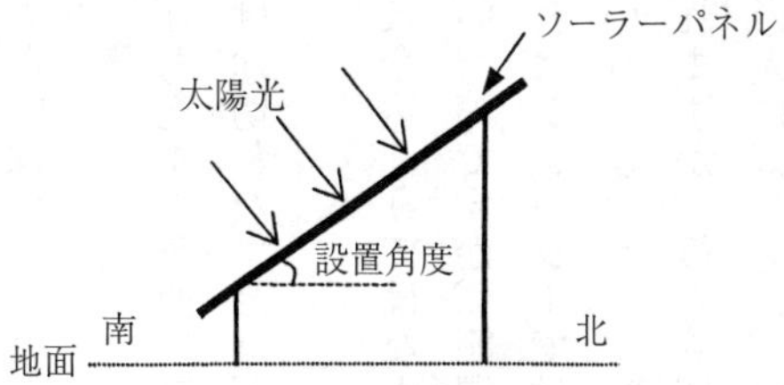

ア　35°より小さい

イ　35°

ウ　35°より大きい

かもしれないことに責任の重さを感じた。

問二　――②「わたしを起点として」とありますが、ウィルス感染をめぐって「わたし」が思い浮かべた人々を左の図のように表しました。A～Cにあてはまる人物を、文中の語を用いて書きなさい。（⟶で示したのは、そこから関わる人のことである。）

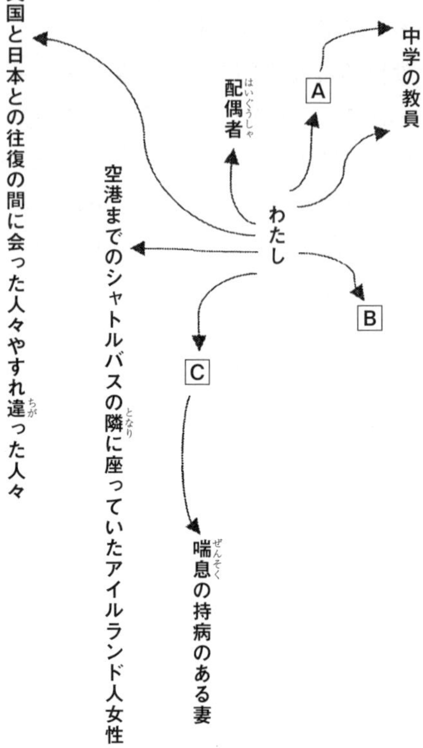

問三　――③「巨大な蜘蛛《くも》の巣」とはどのようなものの比喩《ひゆ》ですか、説明しなさい。

問四　――④「とりあえず、新型コロナ感染版の『人間分子の関係、網目《あみめ》の法則』は途切《とぎ》れた」とはどういうことですか、説明しなさい。

問五　――⑤「実は全然そうではなかった」とありますが、どのようなことに気づいたのですか、簡潔《かんけつ》に答えなさい。

問六　――⑥「これはシンパシーではなく、エンパシーである」とあるが、ここでいう「エンパシー」とはどのような心のはたらきであると考えられますか、最も適切なものを次から選びなさい。

ア　弱い立場の人に寄りそい、同情の気持ちで手を差しのべようとする心のはたらき
イ　自分とは違う存在に対して思いを巡《めぐ》らして、ともに生きようとする心のはたらき
ウ　生まれや育ちに関係なく、誰《だれ》に対しても平等で公平に接しようとする心のはたらき
エ　同じ体験をした人だけが共有できる仲間意識を大事にしようとする心のはたらき

問七　――⑦「いつもと違う貌《かお》を見せ始めていた」とありますが、街の人々はどのように変化しましたか、説明しなさい。

三　次のカタカナを漢字に直しなさい。

1　ヨウショウのころの夢。
2　鳥の世話を妹にユダねる。
3　とうもろこしをユニュウする。
4　ドウソウ会に呼ばれる。
5　カクシン的な発明。
6　痛みがオサまる。

合いは、敵だから見捨てるとか、味方だから援助《えんじょ》するとかいう性質のものではない。⑥これはシンパシーではなく、エンパシーである。実際、今回の新型コロナウィルス感染で他者に対する感覚が鋭《するど》くなったと思っている人は多いはずだ。

例えば、わたしは現在、自宅が改修工事中につき、仮住まいの身なのだが、毎週木曜日の夜に家の前に出て「※キー・ワーカーへの感謝の拍手《はくしゅ》」をするうちに、だんだん近所の人々と顔見知りになってきた。近所の高齢《こうれい》者や基礎疾患《きそしっかん》のある人々の家に食材を届けるボランティア・グループも結成され、一人暮らしや夫婦だけで生活している高齢者、障害者のいる家庭などに定期的に電話を入れ、何か切れている生活必需《ひつじゅ》品がないか聞いたり、雑談したりするサービスも行っている。車を運転しないわたしは、食品の調達や配達では役に立たないので、後者のほうに参加している。担当する家庭に電話して定期的に高齢者と話をしていると、これまで知らなかった人たちの知らなかった生活事情が見えてくる。戦前や戦中に生まれた世代に愛されている紅茶のティーバッグのブランドとかビスケットの種類とかがわかるようになった。そうなってくると、携帯《けいたい》電話の向こうにいる高齢者の背後に、無数の似たような状況にある高齢者たちの姿が見えてくる。いま、カスタードクリーム・ビスケットを食べたいのにスーパーに買いに行けないお年寄りが英国に何人ぐらいいるのだろうと思いを巡《めぐ》らすようになるのだ。

そんなある日、深夜に近所で大きな叫《さけ》び声がした。ガラスの割れる音がそれに続いた。わたしと配偶者は思わず外に出た。わが家が仮住まいしているエリアはミドルクラス〈中流階級〉の新興住宅地で、半世紀も前から同じ家族が住んでいてみんな互《たが》いをよく知っている公営住宅地とはわけが違う。だが、それでも、わたしたちが外に出ると、向かいの家も、隣の家も、住人たちが前庭に出て来ていた。とりあえず、配偶者と隣家の若い父親、向かいの家の中年男性が3人で叫び声がした家の様子を見に行くことになった。結局、外に出られなくてストレスを溜《た》めたティーン〈十代の若者〉の兄弟喧嘩《げんか》だったことがわかり、怪《け》我《が》をした息子を母親が緊急《きんきゅう》外来に連れて行くことになったが、彼らには病院に着けて行くマスクがなかったので、配偶者が家に戻ってきてマスクを数枚、持って行った。

なんとなくよそよそしく気取っていたストリートが、非日常な状況の中で⑦いつもと違う貌《かお》を見せ始めていた。

人々は、コロナ禍《か》をともに経験することで、「聞いたことを聞かなかったことにはできない」気分になっている。

（ブレイディみかこ『他者の靴を履く』）

※出題者注　キー・ワーカー…人々の生活に不可欠な仕事をする人。エッセンシャルワーカー。

問一　――①「とても面倒くさいことになったと思った」とありますが、どのようなことを感じたのですか、最も適切なものを次から選びなさい。

ア　まだコロナ感染者が少なかった時期なので、コロナ感染よりも、だれにも相談できないまま、親しい人や弱い立場にいる人の安全を守らなければならないことをたいへんだと感じた。

イ　まだコロナ感染者が少なかった時期なので、コロナ感染よりも、そのことが人に知られてしまい、地域の人々から仲間外れにされてしまうだろうことをおそろしく感じた。

ウ　まだコロナ感染者が少なかった時期なので、コロナ感染よりも、自分と関わる人にどのような影響《えいきょう》があるか一つ一つ考えなければならなくなったことを負担に感じた。

エ　まだコロナ感染者が少なかった時期なので、コロナ感染よりも、知らずに出歩いたことで自分が街で感染を広めてしまったんでいる人がいると思うと、その人数はどこまでも増えていく。②わたしを起点として、目に見えない③巨大な蜘蛛《くも》の巣が背後に広がったような感覚をおぼえた。

なぜか思い出したのは、吉野源三郎〈一八九九～一九八一〉の『君たちはどう生きるか』（岩波文庫）で主人公コペル君が唱えた「人間分子の関係、網目《あみめ》の法則」だった。コペル君は粉ミルクを一つの例として、オーストラリアの牛から搾乳《さくにゅう》されたミルクが、遠い日本に住む自分の口に入るまでのプロセスを想像し、牛と自分の間には「牛の世話をする人」や「汽船から荷をおろす人」など、きりがないほど大勢の人間が存在していて、粉ミルクの生産と流通、消費を通して繋《つな》がっているのだと気づく。そして「人間分子は、みんな、見たことも会ったこともない大勢の人と、知らないうちに、網のようにつながっている」と考える。

この「網目の法則」は、マルクス〈一八一八～一八八三〉が『資本論』の「第一章　商品」で書いた資本主義社会の商品論のサマリー〈要約したもの〉のようなものとして知られているが、この法則と似たようなことがウィルス感染についても言えるなあ、と考えていたところで検査の結果が出た。わりと早かった。あの頃は、検査を受ける人はレア〈めずらしいこと〉だったのである。

結果は陰性《いんせい》だったが、わたしのような健康きわまりない人間の場合にはふつうの風邪《かぜ》のほうがコロナよりもよっぽどきついのか、熱が下がらずしばらくは大変な目にあった。しかし、④とりあえず、新型コロナ感染版の「人間分子の関係、網目の法則」は途切《とぎ》れた。病気になることより、網目がどんどん拡大《かくだい》していくことのほうが面倒くさいと思っていたので、イモと牛乳を届けたおばあちゃんや水道業者や東京で会った人々みんなに感染させたかもと心配する必要がなくなったことが何よりもわたしを安堵《あんど》させた。

ちなみに、金子文子〈一九〇三～一九二六〉もコペル君のマルクス的気づきと同じようなことを『何が私をこうさせたか』（岩波文庫）に書いている。彼女は、その「ぞろぞろとつながっている」チェーンの中で搾取《さくしゅ》〈利益を不当に取り上げること〉されている人間がいることを考察していた。子どもの頃に暮らした山梨の山間の小さな村の様子を観察し、彼女はこう書いた。「私の考えでは、村で養蚕ができるなら、百姓はその糸を紡《つむ》いで仕事着にも絹物の着物を着て行けばいい。何も町の商人から木綿《もめん》の田舎縞《じま》や帯を買う必要がない。繭《まゆ》や炭を都会に売るからこそそれよりも遥《はる》かにわるい木綿やカンザシを買わされて、その交換《こうかん》上のアヤで田舎の金を都会にとられて行くのだ」。

コペル君は粉ミルクという商品から、金子文子は繭という原料から、逆の方向からそれぞれ資本主義社会における経済活動のチェーンを想像したわけだが、この「ぞろぞろと続く目に見えない大勢の人々とのつながり」は、ふだんの生活ではあまり想起することはない。自分自身や自分の生活は他者のそれとは切り離《はな》されたものであり、消費や生産も単独の行為《こうい》として考えがちだ。

１９３７年に出版された『君たちはどう生きるか』のコペル君や、１９２６年に獄中《ごくちゅう》死した金子文子がマルクス的に経済を通して不可視〈目に見えないこと〉の人々との繋がりを理解したとすれば、２０２０年のわたしたちは新型コロナウィルスを通してそのことを実感として捉《とら》えるようになったのではないだろうか。

わたしたちは孤立《こりつ》しているように見えて、⑤実は全然そうではなかったのである。

（略）

新型コロナウィルスによって立ち現れている人道主義とは、相手が誰《だれ》かで「区別はしない」。なぜなら、感染症は人種の違い、貧富の差、思想の違いとは関係なく、誰でもかかるものだからだ。災害時の助け渡って知恵を継承《けいしょう》することで、失敗と成功をくり返し、工夫するたびに進歩してきた生き物なのであり、もはや誰《だれ》も人間の進歩を止めることはできなくなったということ。

問七　――⑦「明日の自分のために極《きわ》めて大切だ、と知っておいたほうがよいものです」とありますが、なぜそう言えるのですか、最も適切なものを次から選びなさい。

ア　経験や記録というものは、自分が無視されたり、排除《はいじょ》されそうになったりしたときに我が身を守るのに役立つから。

イ　たくさんの経験をし、その記録を積み上げることのくり返しによって、明日の自分がより良いものになるから。

ウ　経験や記録を重んじ、これを守り伝える意識が共有されていかないと、人は手にした英知をすぐ失ってしまうから。

エ　現代の私たちが手にしている科学の発展は、過去の人々の経験や記録なしでは到達《とうたつ》することができないものだから。

問八　――⑧「一緒に前に進みましょう」、⑨「共に前に進もうとしました」とありますが、「一緒に／共に前に進む」とはどういうことですか、説明しなさい。

二

次の文章を読んで後の問いに答えなさい。※本文中の〈　〉内の注は出題者による。

実は、わたしは英国で最も早い時期に新型コロナのPCR検査を受けた住民の一人だった。

2020年2月初頭に日本へ行き、1週間ほど東京で仕事をして英国に戻ったら、数日後に発熱と咳《せき》の症状《しょうじょう》が出た。「以下の国々からの便で英国に入国する方で、到着《とうちゃく》後14日以内に発熱や咳などの症状が出た人は、NHS〈国民保健サービス〉に電話をしてください」という貼《は》り紙が空港のあちこちにあったのを覚えていた。そこに記された国のリストにはしっかりJAPANが入っていた。だから指示に従い、わたしはNHSに電話した。

その頃、まだ英国でのコロナ感染者の数は一桁《けた》だった。が、わがブライトン〈英国の都市〉には不気味な予兆があった。アジアに旅をして帰国した男性が英国人で最初の感染者となり、市内で感染が広がっていたからだ。しかも、その感染者の一人の職場をわたしは日本に行く前週に訪れていた。（中略）

検査の結果が出るまで、いろいろなことを考えた。自分がコロナに感染していたとしても、14日間家で寝ていればいいというだけで、特に恐怖《きょうふ》感はない。

それより、①とても面倒《めんどう》くさいことになったと思った。

その面倒くささこそが感染よりも不運なことに思えた。まだ学校が休校になる前だったので、息子の中学の教員に事情を説明して、検査結果が出るまで彼を休ませねばならない。日本に行っていた間に息子の世話をするため仕事を休んでもらった配偶者《はいぐうしゃ》にも、また2週間も自主隔離《かくり》してもらわねばならず、さすがにこれには彼も憤《いきどお》るだろう。

けれども何より気になったのは、日本に行く前、感染者の職場に行ったときに、帰りにジャガイモや牛乳を買って届けた近所のおばあちゃんのことだった。それでなくとも体が弱い彼女に感染させた可能性があるからだ。水道工事のために家に出入りしていた業者のことも思い出した。確か、以前、彼の妻には喘息《ぜんそく》の持病があると言っていたような気がする。そういえば、ブライトンからヒースロー空港までのシャトルバスで隣《となり》に座っていたアイルランド人の気さくな女性は妊娠《にんしん》中だった。英国と日本を往復した間に会った人々やすれ違《ちが》った人々が次々と思い出された。そして彼らの一人一人に家族があって、同僚《どうりょう》がいて、電車で隣に乗り合わせる人がいて、ショップのレジで前に並ふだん座っているその椅子《いす》も、灯《あか》りも、部屋も、この本も、平和な朝がやってくることも、たくさんの知恵のリレーに支えられているといえます。

そういう目で、もう一度まわりを一つひとつ見渡《わた》してみてほしいのです。

360度どこを見ても、あなたの暮らしの中にあたりまえは何ひとつないはずです。

（野田祥代『夜、寝る前に読みたい宇宙の話』）

問一 ——①「いっぽう、人間は大さわぎです」とありますが、皆既《かいき》日食に対して、人間の反応が他の生き物たちと違《ちが》うのはなぜですか、理由を説明しなさい。

問二 ——②「私の背中に手を置いてくれたのを覚えています」とありますが、それはなぜだと考えられますか、最も適切なものを次から選びなさい。

ア 人々がみな大さわぎしている中、一人涙《なみだ》を流していることを見知らぬ人に気付かれてしまったのがはずかしかったから。

イ 「生かされている」という感覚を理解してくれる人がいるということが、涙が出るほどうれしかったから。

ウ 同じ場所に身を置いて神秘的な体験を共有したことで、婦人との間に強い仲間意識が生まれていたから。

エ 強く心を動かされて涙を流している自分を、優しく気づかってくれる人がいたということに心が温かくなったから。

問三 ——③「生活の役に立てていました」とありますが、「役に立つ」とはここでは具体的にどういうことですか。次の三つについて、空欄《くうらん》にあてはまる語句を、解答欄の字数以内で書きなさい。

B、Cについては本文中の語を用いること。

・毎日の日の出入りや月の満ち欠けは、時計や（　A　）のような役割があった。

・いつも同じ方角にある星から、（　B　）がわかった。

・日の出直前に見えるおおいぬ座の「シリウス」から、ナイル川の氾濫《はんらん》に注意すべき時期と（　C　）時期がわかった。

問四 ——④「絶対にこうはなっていない」の「こう」とはどのようなことですか、次の空欄にあてはまる語を答えなさい。

日常的に（　）を用いて（　）な暮らしを送っていること。

問五 ——⑤「すごい」の意味としてあてはまらないものを次から一つ選びなさい。

ア すばらしい　イ 恐《おそ》ろしい

ウ かなり多くの　エ 偉大《いだい》な

問六 ——⑥「人は恐竜と違って『知らぬが仏』ではなくなってきている」とはどういうことですか、最も適切なものを次から選びなさい。

ア 人間は、先人たちが積み重ねてきた経験や記録にもとづいて物事の理解を深めてきたのであり、科学的な知識を持たないまま生きていた恐竜とは異なり、予測される危機に対して何もしないではいられなくなったということ。

イ 人間は、自分たちの生きている世界の仕組みを知ってしまった唯一《ゆいいつ》の生き物であり、知ってしまった以上は、そのすべてを明らかにするために、過去から続いてきた知恵のリレーを途絶《とだ》えさせることはできなくなってしまったということ。

ウ 人間は、ふだんの生活の中で知恵を活用することによって生き延びてきたのであり、それは高度な知能が発達していくために必要なことであったが、本能のままに生きる動物と異なり、心の平穏《へいおん》がもたらされなくなってしまったということ。

エ 人間は、あっけなく滅《ほろ》んでしまった恐竜と違って、何代にも天文の世界ではこんな知恵のリレーがありました。

高さ600㎞の宇宙空間に浮かぶハッブル宇宙望遠鏡の名前になった、エドウィン・ハッブルといえば、銀河系の外にも宇宙が広がっていること、ほかの銀河が私たちからどんどん遠ざかっていることを見つけた天文学者です。

彼の発見は20世紀の大発見でした。

というのも、この発見より前は、私たちのいるこの銀河系こそが宇宙のすべてで、宇宙は動かず、始まりも終わりもない、と考える人が多かったからです。

それが「宇宙は広大で無常である」と知ってびっくり仰天《ぎょうてん》、人間の宇宙観はこの発見をきっかけにガラッと変わり始めました。

でも、世の中のあらゆる成果と同様、この大発見もハッブル一人のがんばりだけで実現したものではありませんでした。

何年も前の観測データ（記録）を貴重品として保管していた人や、自分のデータを惜《お》しまず公開したスライファーという研究者の存在があり、発見には「過去のデータ」が重要な役目を果たしたのです。

ハッブルが使った「天体の距離《きょり》を測る方法」も、先にリービットというものすごく根気強い研究者がいて、彼女が発見していたものでした。

加えて、「大きくて性能の良い望遠鏡」は、ハッブルが自由に使うことができる状態になっていました。

ハッブルの大発見は、みんなが少しずつリレーした知恵や工夫が、満《まん》を持《じ》して花開いたものだったのです。

天文学には「データベース天文学」という研究方法があります。

これは、過去のデータをきちんと管理して誰《だれ》でも使える状態にしておくことで、別のデータと組み合わせたり、誰かの発見を確認（検証）したりする研究方法のことです。

たとえば、宇宙に向けてパシャリと撮影《さつえい》した写真（データ）には、無数の星や銀河が写っています。それは宇宙のある瞬間、ある場所を写した唯一無二《ゆいいつむに》の記録です。そこには最初の研究目的とは違う、大発見につながる思いがけない現象や、地球の危機を救う〝何か〟が写っているかもしれません。

でも、ただ放っておくと、貴重で膨大《ぼうだい》なデータは使い捨てになってしまいます。そうならないためにも、「データベース天文学」は華々《はなばな》しくこそありませんが、とても重要な研究方法なのです。

最近では、研究成果やデータを人類のために公開する「オープンサイエンス」という世界的な動きもあります。これはいわば、世界中で知識や情報や成果を共有して⑧一緒に前に進みましょう、という流れです。

その流れは、2020年、世界が新型コロナウイルス感染症（COVID-19）で右往左往し始めたときにも見られました。

ウイルスの脅威《きょうい》によって、私たちは日々の何気ない暮らしだけでなく生命の危機にも直面してゴールの見えない状況に置かれました。そんな中、いち早く感染症に関係する研究データを国際的に共有しよう、という動きがあったのです。

研究者というものは、ふだんはじっくりと慎重《しんちょう》に時間をかけて結果を磨《みが》き上げていくものです。信頼できるデータかということも厳しく調べて、論文などで成果を世に出すまでは研究データを公開しないことが多いのです。

でも、人間のピンチを前にして、もたもたしているうちに消える命をなんとしても救うのだと、彼らは所属機関や国境や民族を超え、情報を共有して疫病《えきびょう》と戦い、⑨共に前に進もうとしました。

私たち人間は迷信の時代を抜《ぬ》け出そうと、たった今も模索《もさく》とチャレンジを続けているところなのです。

間社会の運勢と結びつけられることもありました（現代の星占いは、このあたりから生まれたようです）。

空に尾を引く彗星《すいせい》（ほうき星）や日食など、突然《とつぜん》起こる空のできごとは、不吉の前触《まえぶ》れとも考えられました。

今ほど、迷信と科学がはっきり分かれていなかった時代です。

古代の人たちにとって、空のできごとは今と比べものにならないほど神秘的でおごそかな現象として見えていたことでしょう。

ひるがえって現代の私たちは、日食がどうして起こるのかを科学的に知るようになりました。

太陽の位置を知らなくても時刻がわかるし、カーナビを使えば旅先で困ることも減ったし、わからないことはスマホやパソコンで検索《けんさく》すればあっという間にいろんな知識を教えてくれます。

考えたらすごいことです。

人に与えられた命の時間はせいぜい１００年足らず。あなたひとりや、私ひとりの力では④絶対にこうはなっていないのです。

人間がスペシャルなのは、ひとつには自分たちの⑤すごい知恵《ちえ》（英《えい》知《ち》）を世代を超《こ》えてリレーしているところです。

知恵のリレーの横には、必ず「記録（データ）」があります。

たとえば新しいスマホやテレビドラマ、コンビニのお弁当メニューでも、何でもいきなり完成品はできませんよね。

たくさんのテストを重ねて、失敗するたびに工夫し、その経験や記録をもとにして、人は少しずつ前へと進んできたのです。

その結果として、この日常があって、ここが岩の惑星の上だということを知り、⑥人は恐竜と違って「知らぬが仏」ではなくなってきているのです。

ふだんの生活ではあまり気にしないものですが、経験や記録というのは、⑦明日の自分のために極《きわ》めて大切だ、と知っておいたほうがよいものです。というのも、この世界では人類の英知を無視したり排除《はいじょ》したりということが、いとも簡単に起きてしまうからです。

たとえば、5世紀のアレクサンドリアにヒュパティアという学者がいました。とても聡明《そうめい》な人で、数学者、天文学者、教師として多くの人たちから尊敬を集めました。

でも同時に、彼女の科学的で学術的な考え方や態度は、妬《ねた》みも生んでしまったようです。やがて信仰や思想がはずれていると追いつめられ、ついには暴徒におそわれてしまいました。とても残虐《ざんぎゃく》でむごい最期《さいご》だったと伝えられます。

近世のイタリアでは、地球や太陽が宇宙の中心ではない、と言ったブルーノという修道士が、教会の教えに背《そむ》いたという理由で火あぶりの刑《けい》になりました。

こうしたすぐれた知恵のもち主が、大勢の人の考えに合わないとか、権力をもった人の気に食わないという理由で消されてしまい、彼らがつなぐはずだった知恵のリレーは、その価値を理解できない人たちによって断ち切られてしまったのです。

英知そのものでもある書物を次の世代にリレーできない、ということもよく起きました。秦《しん》の始皇帝《しこうてい》が行った焚書《ふんしょ》（書物を焼いてしまうこと）もそのひとつです。

同じ時代の古代アレクサンドリアでは、図書館にせっせと書物を集めていました。でもその図書館も数百年後には壊《こわ》されてしまいました。ようやく手にした英知を、私たちは時代の流れの中に何度も落としたりなくしたりしてきたのです。

知恵をリレーするためには、あなたや私を含むたくさんの人がその価値を知って、意識的に管理したり保管したりする「空気」が必要なのです。もちろんこれは天文学にかぎった話ではありません。

2023年度

女子学院中学校

【国　語】（四〇分）〈満点：一〇〇点〉

句読点は字数に入れること。

一　次の文章を読んで後の問いに答えなさい。

1999年夏、私はハンガリーの草原に座っていました。

皆既日食《かいきにっしょく》に合わせて開催《かいさい》された、若手研究会に参加させてもらったのです。

「日食」は、太陽の手前を月が横切って日光をさえぎる天体現象です。中でもすっぽりと太陽をかくしてしまう皆既日食は、昼の明るい空が完全な闇夜《やみよ》に変わる、珍《めずら》しいイベントです。

私も知識はありましたが、わかった気になっていたのかもしれません。

それは初めて体験する、幻想《げんそう》的で、日常とは異質の風景でした。

まず、太陽に変化を感じない頃から肌寒《はださむ》くなります。

じっとしていても汗《あせ》ばむほどの真夏だったのに、いつの間にか冷たい風が吹き始めて少し薄暗《うすぐら》くなってきました。

異変を感じたのか、馬が何頭もヒヒーンといななき、鳥や蝶《ちょう》が忙《いそが》しそうに低空飛行していきます。

そして、さらにあたりが暗くなって、ついに太陽の光が消えた瞬《しゅん》間《かん》——。

夏の昼は闇になり、360度の地平線は朝焼け色に染まって、空には星がいくつもキラキラ輝《かがや》き始めました。

馬はもう声も出さずに、じっとしています。

暗くて鳥や蝶の姿は見えませんが、気配が消えています。

①いっぽう、人間は大さわぎです。

各国から集まった人たちからは歓声《かんせい》が上がり、ある人は口笛を吹き、ある人はカメラのシャッターを切り、カップルは抱《だ》き合っていました。

でも人間も、もし数分後には月が通り過ぎて再び太陽が顔を出すことを知らなければ、本当にびっくりするだろうし、世にも恐《おそ》ろしいことが起きたと感じることでしょう。

淡々《たんたん》と進む宇宙のできごとを前に、その時の私の感情が喜《き》怒《ど》哀楽《あいらく》のどれだったかは、実はうまく表現ができません。

ただ、ひとすじの光が月の裏側からこぼれ出た瞬間に、夜は昼になり、夏が戻《もど》り、馬が声を上げ、蝶が舞《ま》い、鳥の姿が見えて、私はとっさに「生かされている」と感じたのです。近くにいたご婦人が私を見て、

「あら、あなた泣いているの」

と②私の背中に手を置いてくれたのを覚えています。

古代の人たちは、天を注意深く観察して③生活の役に立てていました。

もちろん、時計もGPSもない時代です。

日の出入りや月の満ち欠けは、時間が流れていることを教えてくれました。

いつも同じ方角にある星は、旅をする人に進む道はどっちかを教えました。

古代エジプトの人たちは、おおいぬ座の「シリウス」という星が日の出直前に見えると、もうすぐナイル川が氾濫《はんらん》する季節だ、ということを知りました。彼らは自然災害から身を守って、種まきのための栄養たっぷりの土がやってくるタイミングを星に教えてもらったのです。

星座の星たちとは天でのふるまいが違《ちが》う惑星《わくせい》は、うつろいやすい人

2023年度

女子学院中学校

▶解説と解答

算 数 (40分)＜満点：100点＞

解 答

[1] (1) $\frac{23}{90}$ (2) 15%，7％ (3) ① 4.95以上，5.05未満 ② 2001 (4) **角㋐**…75度，**角㋑**…97度，**角㋒**…53度 (5) **3段**…34cm²，9cm³／**10段**…258cm²，100cm³ [2] (1) ㋐…6cm，㋑…16cm，㋒…4cm (2) 116.18cm² [3] (1) 75回 (2) A，B，C，E (3) 12回 [4] (上から順に) $9\frac{3}{4}$，$3\frac{3}{5}$，$21\frac{4}{9}$ [5] (1) 1011枚 (2) 31枚 [6] (1) 10通り (2) 22 (3) (例) 右の図 [7] (1) 18時28分10秒 (2) 5分00秒，19時57分30秒

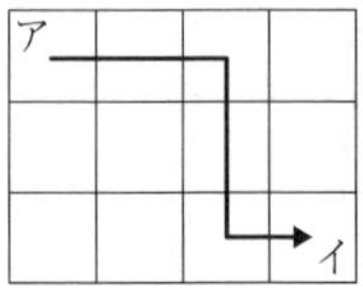

解 説

[1] 逆算，濃度《のうど》，数の性質，角度，表面積，体積

(1) $\left\{\left(4.5-\frac{1}{4}\right)\div 0.75-1\frac{2}{15}\right\}\times\left(40.375-35\frac{5}{12}\right)=\left\{\left(\frac{9}{2}-\frac{1}{4}\right)\div\frac{3}{4}-\frac{17}{15}\right\}\times\left(40\frac{3}{8}-35\frac{5}{12}\right)=\left\{\left(\frac{18}{4}-\frac{1}{4}\right)\times\frac{4}{3}-\frac{17}{15}\right\}\times\left(40\frac{9}{24}-35\frac{10}{24}\right)=\left(\frac{17}{4}\times\frac{4}{3}-\frac{17}{15}\right)\times\left(39\frac{33}{24}-35\frac{10}{24}\right)=\left(\frac{17}{3}-\frac{17}{15}\right)\times 4\frac{23}{24}=\left(\frac{85}{15}-\frac{17}{15}\right)\times\frac{119}{24}=\frac{68}{15}\times\frac{119}{24}=\frac{2023}{90}$より，$\frac{2023}{90}\div\left(\square-\frac{11}{45}\right)=2023$，$\square-\frac{11}{45}=\frac{2023}{90}\div 2023=\frac{2023}{90}\times\frac{1}{2023}=\frac{1}{90}$ よって，$\square=\frac{1}{90}+\frac{11}{45}=\frac{1}{90}+\frac{22}{90}=\frac{23}{90}$

(2) 2つの食塩水を順にA，Bとすると，それぞれの混ぜ方は右の図1のア，イのように表せる。アの混ぜ方でできた食塩水には食塩が，500×0.118＝59(g)ふくまれる。また，図1のようにイの混ぜ方のAとBをそれぞれ3倍して，Aの食塩水の重さをアにそろえると，できた食塩水に食塩は，1200×0.09＝108(g)ふくまれる。これらの差から，Bの食塩水，900－200＝700(g)にふくまれる食塩の重さが，108－59＝49(g)とわかる。よって，Bの食塩水の濃度は，49÷700×100＝7(%)である。すると，Bの食塩水200gにふくまれる食塩は，200×0.07＝14(g)だから，Aの食塩水300gにふくまれる食塩は，59－14＝45(g)となり，Aの食塩水の濃度は，45÷300×100＝15(%)と求められる。

図1

A300g＋B200g→ 500g(11.8%)…ア
A100g＋B300g→ 400g(9％) …イ
A300g＋B900g→1200g(9％) …イ×3

(3) ① 小数第2位を四捨五入して5になる数は，4.95以上5.05未満である。 ② 一の位を四捨五入して5000になる数は，4995以上5005未満だから，0.4で割る前の整数は，4995×0.4＝1998以上，5005×0.4＝2002未満となる。また，小数第1位を四捨五入して334になる数は，333.5以上334.5未満だから，6で割る前の整数は，333.5×6＝2001以上，334.5×6＝2007未満となる。よって，条件に合う整数は2001以上2002未満の数だから，2001のみとわかる。

(4)　右の図2で，角BADは90度，角EADは60度だから，角BAEは，90－60＝30(度)である。また，三角形ABEは二等辺三角形なので，角㋐は，(180－30)÷2＝75(度)と求められる。次に，BFとCGは平行なので，角CGFは角BFPと同じ60度になる。よって，三角形CPGに注目すると，角㋑は，180－60－23＝97(度)となる。さらに，四角形BFGCはひし形で，BGを対称《たいしょう》の軸《じく》として線対称な図形だから，角QFGは角㋑と同じ97度になり，角QGFは，60÷2＝30(度)となる。したがって，角㋒は，180－97－30＝53(度)と求められる。

図2

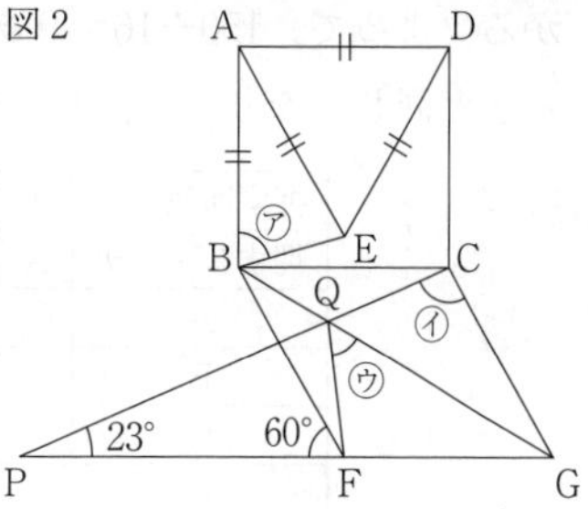

(5)　3段積んだとき，前・後・左・右からは1辺1cmの正方形が，1＋2＋3＝6(個)ずつ，上・下からは1辺1cmの正方形が5個ずつ見える。よって，外から見える1辺1cmの正方形の数は，6×4＋5×2＝34(個)で，1辺1cmの正方形の面積は1cm^2だから，表面積は34cm^2である。また，立方体は全部で，1＋3＋5＝9(個)積まれており，1辺1cmの立方体の体積は1cm^3なので，体積は9cm^3となる。次に，10段積んだとき，前・後・左・右からは正方形が，1＋2＋3＋…＋10＝(1＋10)×10÷2＝55(個)ずつ見える。また，上・下から見える正方形の数は，一番下の段に積まれている立方体の数と等しいので，1＋2×(10－1)＝19(個)ずつとわかる。よって，外から見える正方形の数は，55×4＋19×2＝258(個)だから，表面積は258cm^2となる。さらに，このとき積まれている立方体の数は，1＋3＋5＋…＋19＝(1＋19)×10÷2＝100(個)だから，体積は100cm^3である。

2　平面図形―長さ，面積

(1)　右の図で，太線部分の長さは，EB＋BC＋CF＝GB＋BC＋CH＝26(cm)となるので，AB，BC，CDの長さの和は，10＋26＋12＝48(cm)とわかる。よって，(い)の1辺の長さは，48÷3＝16(cm)と求められる。また，(あ)の1辺の長さは，EB＝16－10＝6(cm)，(う)の1辺の長さは，CF＝16－12＝4(cm)となる。

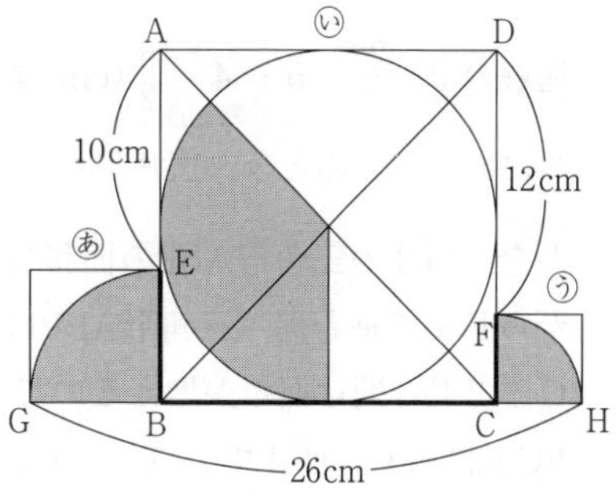

(2)　(あ)，(う)にかかれたおうぎ形の面積はそれぞれ，$6\times6\times3.14\times\frac{1}{4}=9\times3.14$($cm^2$)，$4\times4\times3.14\times\frac{1}{4}=4\times3.14$($cm^2$)である。また，(い)にかかれた円の半径は，16÷2＝8(cm)で，かげをつけたおうぎ形の中心角は，90＋90÷2＝135(度)だから，おうぎ形の面積は，$8\times8\times3.14\times\frac{135}{360}=24\times3.14$($cm^2$)となる。よって，かげをつけた部分の面積の和は，9×3.14＋4×3.14＋24×3.14＝37×3.14＝116.18(cm^2)と求められる。

3　周期算

(1)　スイッチの押《お》し方は{A，B，C，D，E，D，C，B}の8回を，この順番でくり返している。この8回を1周期とすると，周期の中にCは2回ふくまれている。また，Cを2回押すと1回点灯して1回消えるから，Cが10回目の点灯をするのは，周期を9回くり返した後，さらにA，B，Cと押したときである。よって，8×9＋3＝75(回)押したときとわかる。

(2)　ランプの点灯のようすを調べると，下の表のようになる(○は点灯を表す)。この表から，16回押すとランプはすべて消えて，17回押すと1回押したときと同じようにAだけが点灯することがわかる。よって，150÷16＝9あまり6より，150回押したときに点灯しているランプは，6回押したときと同じになり，A，B，C，Eである。

押す回数	1	2	3	4	5	6	7	8	9	10	11	12	13	14	15	16
押すスイッチ	A	B	C	D	E	D	C	B	A	B	C	D	E	D	C	B
A	○	○	○	○	○	○	○	○								
B		○	○	○	○	○	○			○	○	○	○	○	○	
C			○	○	○	○					○	○	○	○		
D				○	○							○	○			
E					○	○	○	○	○	○	○	○				

(3)　表より，16回押す間にBとCだけが点灯するのは，14回目の1回だけである。よって，200÷16＝12あまり8より，最後の8回でBとCだけが点灯することはないから，200回押すまでの間にBとCだけが点灯することは12回ある。

4　グラフ―図形上の点の移動，面積

右の図1のように，□にあてはまる数をア，イ，ウとする。まず，3秒後に点PはBから，1×3＝3(cm)進んだところにあるので，3秒後のようすは下の図2のようになる。図2で，三角形ABCの面積は，4×3÷2＝6(cm^2)で，三角形ABPと三角形ABCの面積の比は，BP：BC＝3：5だから，図2の三角形ABPの面積は，$6\times\frac{3}{5}=\frac{18}{5}=3\frac{3}{5}$($cm^2$)(…ア)と求められる。次に，$\frac{23}{2}$秒後までに点Pは，$1\times\frac{23}{2}=\frac{23}{2}$(cm)進むので，$\frac{23}{2}-5-4=\frac{5}{2}$(cm)より，下の図3のように，$\frac{23}{2}$秒後に点PはDから$\frac{5}{2}$cm進んだところにある。このとき，三角形ABPの底辺をABとみたときの高さは，AC＋DP＝$4+\frac{5}{2}=\frac{13}{2}$(cm)だから，図3の三角形ABPの面積は，$3\times\frac{13}{2}\div2=\frac{39}{4}=9\frac{3}{4}$($cm^2$)(…イ)となる。さらに，点PがEからFまで進む間，三角形ABPは底辺と高さが一定なので，面積も一定となる。その後，FからGまで進む間は面積が増えるので，三角形ABPが16cm^2となるとき，下の図4のように，点Pは辺FG上にある。図4で，点PからFHと垂直な直線PQを引くと，3×AQ÷2＝16(cm^2)となるので，AQ＝$16\times2\div3=\frac{32}{3}$(cm)であり，FQ＝$\frac{32}{3}-4\times2=\frac{8}{3}$(cm)とわかる。また，三角形FPQと三角形FGHは相似なので，FP：FG＝FQ：FH＝$\frac{8}{3}$：3＝8：9より，FP＝$5\times\frac{8}{9}=\frac{40}{9}$(cm)となる。したがって，図4のようになるのは，点PがBから，$5+4\times3+\frac{40}{9}=\frac{193}{9}$(cm)進んだときだから，$\frac{193}{9}\div1=\frac{193}{9}=21\frac{4}{9}$(秒後)(…ウ)である。

図1

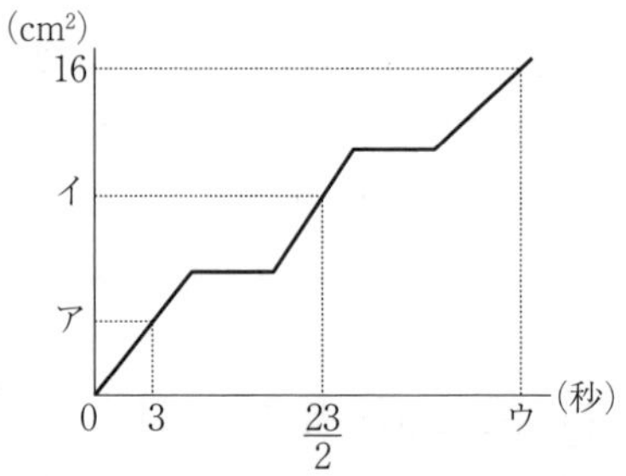

図2

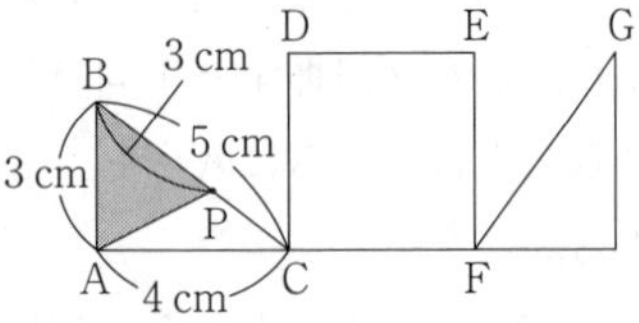

図3

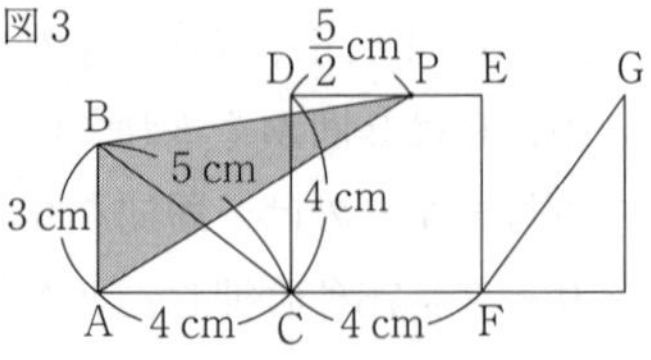

図4

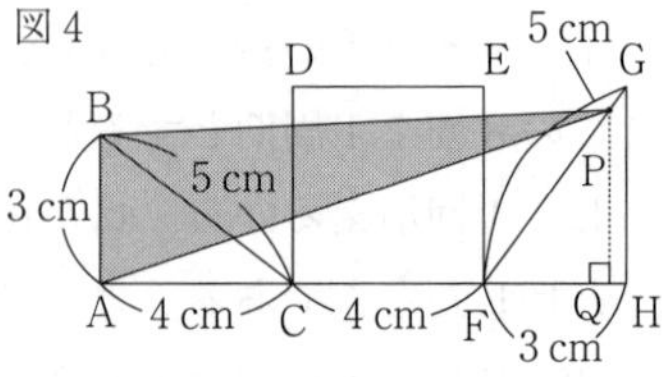

5　周期算，整数の性質

(1)　2023÷23＝87あまり22より，23枚ずつ87回取った後，最後の88回目は22枚取ることになる。また，取る順番は{J，G，G，J}のくり返しとなっているので，88÷4＝22より，JとGが取る回数はどちらも，2×22＝44(回)になり，最後に22枚取るのはJである。よって，Jがもらう枚数は，23×(44－1)＋22＝1011(枚)とわかる。

(2)　Jが1023枚もらうとき，Gがもらう枚数は，2023－1023＝1000(枚)であり，Jの方が，1023－1000＝23(枚)多くなる。すると，{J，G，G，J}の順に□枚ずつ取ることを何回かくり返した後に，㋐「Jだけが23枚取る」か，㋑「Jが□枚，Gが(□－23)枚取る」かのどちらかである。まず㋐の場合，Gは□枚ずつ合計1000枚もらったから，1回に取る枚数は1000の約数のうち，最後に残る23枚以上の素数となる。ただし，1000の約数のうち，23以上の素数はないから，㋐の場合は条件に合わない。次に㋑の場合，Jは□枚ずつ合計1023枚もらったから，1回に取る枚数は1023の約数のうち，23枚より多い素数である。したがって，1023を素数の積で表すと，1023＝3×11×31となるので，条件に合う枚数は31枚だけとわかる。

6　図形の移動，場合の数

(1)　さいころは右または下に転がすので，各マス目までの転がし方の数を順に計算して書き入れていくと，右の図①のようになる。よって，アからイまでの転がし方は全部で，6＋4＝10(通り)ある。

図①

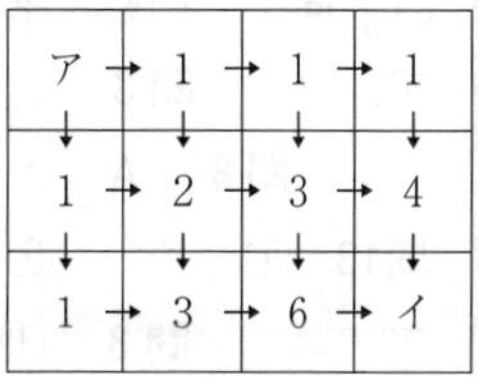

(2)　問題文中の図3のように転がすとき，各マス目でのさいころの目を，中央に上の面の目，前・後・左・右に横の面の目を書いた図で表すと，下の図②のようになる。図②より，上の面に現れる6つの目の和は，2＋4＋5＋6＋3＋2＝22と求められる。

(3)　下の図③のように転がすと，上の面に現れる目は図②と同じだから，目の和も同じになる。このほかに，たとえば下の図④のように転がす場合も，目の和は同じになる。

図②

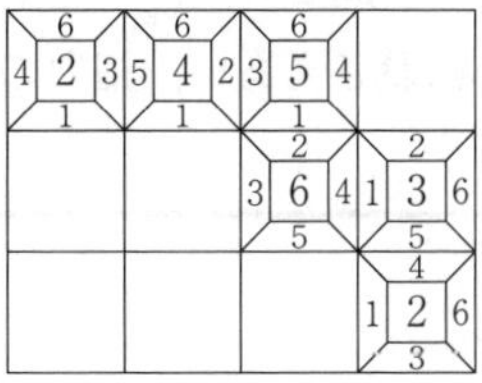

図③

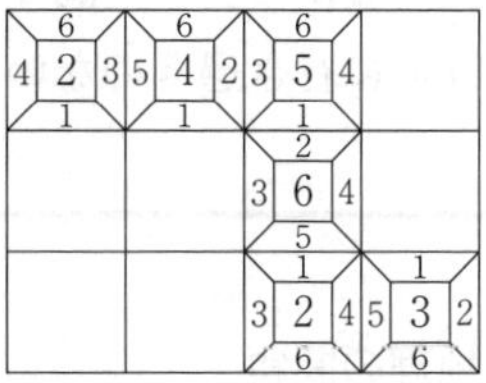

図④

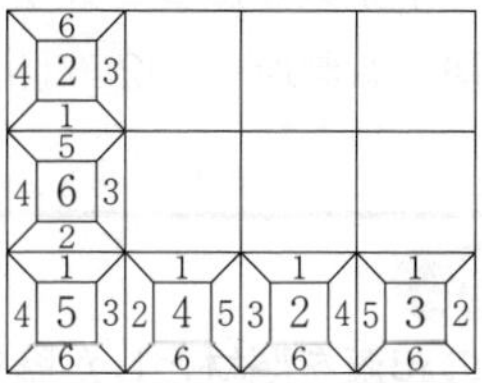

7　正比例

(1)　月曜日の18時00分から土曜日の10時40分までの時間は，(24時00分－18時00分)＋24時間×4＋10時間40分＝112時間40分であり，40分＝$\frac{40}{60}$時間＝$\frac{2}{3}$時間より，$112\frac{2}{3}$時間となる。また，時計Aは24時間で6分遅《おく》れるので，1時間に遅れる時間は，6÷24＝$\frac{1}{4}$(分)であり，$112\frac{2}{3}$時間では，$\frac{1}{4}$×$112\frac{2}{3}$＝$28\frac{1}{6}$(分)遅れることになる。60×$\frac{1}{6}$＝10(秒)より，これは28分10秒なので，月曜日の18時00分に時計Aが示した時刻は，正しい時刻よりも28分10秒進んだ時刻となり，18時00分＋28分10秒＝18時28分10秒とわかる。

(2)　月曜日の18時00分から水曜日の20時00分までの時間は，(24時00分－18時00分)＋24時間＋20時間＝50時間なので，この間に時計Aは，$\frac{1}{4}$×50＝$12\frac{1}{2}$(分)遅れる。また，時計Aは月曜日の18時00

分に正しい時刻よりも10分進んだ時刻を示していたので，水曜日の20時00分には，正しい時刻よりも，$12\frac{1}{2}-10=2\frac{1}{2}$(分)遅い時刻を示すことになる。$\frac{1}{2}\times60=30$(秒)より，これは2分30秒遅い時刻だから，水曜日の20時00分に2つの時計が示した時刻は，20時00分－2分30秒＝19時57分30秒とわかる。さらに，時計Bは火曜日の8時00分に正しい時刻よりも，8時00分－7時50分＝10分遅い時刻を示し，水曜日の20時00分に正しい時刻よりも$2\frac{1}{2}$分遅い時刻を示したから，この間に，$10-2\frac{1}{2}=7\frac{1}{2}$(分)速く進んだとわかる。火曜日の8時00分から水曜日の20時00分までは，(24時00分－8時00分)＋20時間＝36時間あるので，時計Bは36時間で$7\frac{1}{2}$分速く進み，1日(24時間)では，$7\frac{1}{2}\times\frac{24}{36}=5$(分)速く進む。

社 会　(40分)＜満点：100点＞

解 答

Ⅰ 問1 (例) 鎌倉時代の遺跡から発掘された出土品。 問2 (1) イ→ア→エ→ウ (2) ア，カ 問3 ア，エ 問4 エ 問5 イ，ウ 問6 エ→オ→ウ→イ→ア 問7 ウ 問8 A エ B イ 問9 ク 問10 イ，エ 問11 イ，オ 問12 葉 問13 (1) イ (2) ウ 問14 エ，オ Ⅱ 問1 ウ，オ 問2 (1) オ，キ (2) ア，エ 問3 (1) 天皇 (2) 職業選択の自由 (3) A イ B ア C イ 問4 (1) ウ (2) エ 問5 A イ B ウ C ア 問6 A ウ B ア C イ 問7 (例) 女性の働ける場所が少なかったうえ，結婚して家庭に入るのが当然という考え方が一般的だったから。 問8 (1) イ (2) エ 問9 ウ，オ Ⅲ 問1 ア，オ 問2 イ，ウ 問3 (1) ウ (2) (例) 日やとい労働者は常勤の労働者より立場が弱く，不景気の影響をより強く受けるから。 問4 エ 問5 ア，エ 問6 (1) 国会，内閣，裁判所 (2) (例) 互いに行き過ぎのないようにおさえあい，権力の乱用を防ぐこと。

解 説

Ⅰ 西陣《にしじん》織の起源を題材とした歴史と地理の問題

問1 瀬戸焼だけでなく，縄文・弥生土器や埴輪《はにわ》などの焼き物は，遺跡などから破片などが出土するので，それをもとに研究を進めることができる。また，出土した地層や場所から，その時代を特定することもできる。

問2 (1) アは古墳時代の5世紀ごろ，イは弥生時代，ウは飛鳥時代，エは古墳時代の6世紀ごろのできごとなので，古い順にイ→ア→エ→ウとなる。 (2) 農具の鎌《かま》や鍬《くわ》はおもに鉄で，飛行機の機体はおもにアルミニウムや炭素せんい，チタンなどでつくられる。

問3 5～6世紀は，日本では古墳時代後半にあたる。この間の589年には，隋が中国を統一した。また，この時期には中国や朝鮮半島から渡来人が多く移住し，なかには外交や記録だけでなく朝廷で深く政治にかかわる者もいた。

問4 律令制度のもとで各地は五畿七道に分けられ，(七道)駅路とよばれる陸路で都と各地が結ばれた。武蔵《むさし》国は現在の東京都・埼玉県と神奈川県の一部にあたり，七道のうちの東海道にふくまれていた。したがって，ここから税を平城京(奈良県)まで運ぶのには，現在も東海道とよばれる，太平洋岸の地域を通るのが通常の経路と考えられる。

問5　日本では岩塩はとれないので，海水から塩をつくっていた。沿岸部で海水を煮《に》つめてつくられた塩は土器に入れられ，特産物を納める税である調の１つとして，納税義務を課された成年男性が都まで歩いて運んだ。

問6　アは安土桃山時代，イは室町時代，ウは鎌倉時代，エは平安時代初め，オは平安時代末のできごとなので，古い順にエ→オ→ウ→イ→アとなる。

問7　ア，イ　都で摂関《せっかん》政治が行われているころ，地方では国司が大きな権力をふるうようになり，国司の横暴を農民が訴《うった》えるというようなことも起こった。また，10世紀半ばごろからは地方で武士の反乱が起こるようになり，これを鎮圧《ちんあつ》したのも武士であったことから，朝廷における武士の存在が大きなものとなっていった。　ウ　９世紀末の894年に遣唐使が廃止されたこともあり，10～11世紀には外交関係や国際情勢の変化が国内政治に目立った影響《えいきょう》を与《あた》えることはなかった。そのため，国内の政治でも変化をせまられることがなく，世襲《せしゅう》によって安定した政治を進めることができたのだと考えられる。　エ　藤原氏は権力を握《にぎ》る過程で，立場をおびやかしそうな貴族を次々と排斥《はいせき》していった。

問8　**A**　エの京都にある八坂神社で平安時代に始まった祇園《ぎおん》祭は，京都を主戦場とした応仁の乱(1467～77年)で一時中断された。しかし，1500年に町衆とよばれる裕福な商工業者たちの力で復活をとげ，現在にいたる。　**B**　イの堺(大阪府)は古くから港町として発展し，戦国時代には国内有数の鉄砲の産地として栄えた。戦国時代には会合《えごう》衆とよばれる裕福な商工業者による自治も行われたが，16世紀後半に織田信長の支配下に置かれた。

問9　織田信長は1576年，全国統一の拠点《きょてん》として，琵琶湖東岸にあるクの安土《あづち》で築城を始めた。翌77年，信長は安土城の城下町に楽市令を出し，特権を得て利益を独占していた座(商工業者の同業組合)を禁止したり，関所を廃止したりして，経済の活性化をはかった。

問10　ア　室町幕府の第８代将軍足利義政の後継《こうけい》者争いをきっかけの１つとして始まった応仁の乱の結果，将軍の権威《けんい》は失われ，各地で戦国大名が勢力争いをするようになった。　イ　室町時代には農村で惣《そう》とよばれる自治組織が発達し，村の人々が領主に抵抗《ていこう》して一揆《いっき》を起こすこともあった。　ウ　室町時代前半の14世紀末～15世紀初めごろには，室町幕府の第３代将軍足利義満が京都北山につくった金閣に代表される，華やかな北山文化が栄えた。　エ　応仁の乱のあと，身分の下の者が身分の上の者を実力で倒《たお》して上に立つという，下剋上《げこくじょう》の風潮が広がった。そして，戦いに勝って支配地域を広げる戦国大名が各地に現れた。　オ　戦国大名は領有した場所を直接支配し，土地を家臣に分け与えるなどした。これによって，荘園制は大きくくずれていった。

問11　江戸時代の米の値段は，その年の収穫高の影響を大きく受けたため，安定していなかった。特に，ききんのときには米の値段が急激に上がった。また，農村には，田を持たない貧しい百姓もおり，ききんがたびたび起こった江戸時代後半には，農村で百姓一揆，都市で打ちこわしがひんぱんに発生した。

問12　藍染《あいぞ》めでは，藍の葉の部分を発酵《はっこう》させて青い色素を取り出し，それを染料として使用する。江戸時代には，阿波藩(徳島県)でさかんにつくられた。

問13 (1) 北関東では，かつて養蚕業と製糸・絹織物業がさかんだった。しかし，現在の北関東工業地域は，輸送用機械を中心とする機械工業が，工業生産額で最も大きな割合を占《し》めている。なお，アについて，茨城県の太平洋沿岸には，石油化学コンビナートや製鉄所が立地している。この地域は鹿島臨海工業地域とよばれ，北関東工業地域と区別することもある。　(2) 群馬県前橋市は，夏に比べて冬の降水量が少ない太平洋側の気候に属している。また，内陸に位置しているため，年間降水量が比較《ひかく》的少ない。なお，アは鳥取県米子市，イは東京都大島町。

問14 経済産業大臣によって指定される伝統的工芸品の条件のなかには，おもに日常生活で使用するものであることという項目がある。また，おもに手作業でつくられるので生産量は多くないが，海外で高い評価を受け，輸出されているものもある。

Ⅱ 失業を題材とした問題

問1 アやイのように，犯罪歴がある人の社会復帰を支援し，再犯を防止するための取り組みは続けられているが，刑法犯における再犯者の割合は増加傾向《けいこう》にある。また，高齢化の進行にともない，犯罪者・受刑者に占める高齢者の割合も増加している。

問2 (1) ア 「廃藩置県」ではなく「版籍奉還」が正しい。1869年の版籍奉還のさいには，それまでの大名が引き続き知藩事としてその藩を治めたが，1871年の廃藩置県では藩が廃止されて府県とされ，中央政府から派遣された府知事・県令が政治を行った。　イ 明治時代初めまで沖縄にあった琉球《りゅうきゅう》王国は，廃藩置県の翌年の1872年に琉球藩とされ，1879年に沖縄県とされた。　ウ 1872年に学制が出され，子どもを学校に行かせるという理念が示されたが，授業料などが有料だったことや，農家にとって子どもも重要な働き手であったことなどから，当初の就学率は低く，20世紀初めごろにようやく100％近くになった。　エ 1873年に徴兵《ちょうへい》令が出されると，満20歳以上の男子には原則として兵役の義務が課され，士族だけでなく平民からも徴兵が行われた。そして，1877年の西南戦争のように，明治政府に対する士族の反乱を，一般兵をふくむ政府軍が鎮圧《ちんあつ》するということも起こった。　オ 大日本帝国憲法は，1889年に発布された。電信は1869年に東京・横浜間で初めて開通し，郵便制度は1871年に東京・京都・大阪間で始められた。　カ 自由民権運動は，板垣退助らが1874年に民撰議院設立の建白書を出したことで，本格的に始まった。これをおさえきれなくなった明治政府は1881年，10年後の国会開設を約束した。　キ 大日本帝国憲法では，主権者とされた天皇に絶大な権限が与えられ，陸海軍を率いる権限である統帥《とうすい》権は天皇が持っていた。　(2) ア 日清戦争(1894～95年)の講和条約である下関条約で，日本は清(中国)から約3億1千万円の賠償《ばいしょう》金を得た(遼東《リャオトン》半島の返還と引きかえに，のちに約5千万円増額)。一方，日清戦争前の1年間の国家収入(歳入)は約1億円にも満たなかった。　イ 日本はイギリスと1902年に日英同盟を結び，1904年に日露戦争が始まったが，イギリスは戦争に参加しなかった。　ウ 日露戦争は，満州(中国東北部)や朝鮮半島をめぐる対立がきっかけとなって起こった。樺太《からふと》(サハリン)は，1875年の千島・樺太交換条約で，全島がロシア領となっていた。　エ 日露戦争の講和条約であるポーツマス条約で，日本は韓国(朝鮮)における日本の優越権をロシアに認めさせたので，この文は正しいといえる。　オ 日本では，日清戦争のころから社会運動や労働組合の結成がさかんになったが，政府はこれらを弾圧した。労働組合をつくる権利(団結権)が憲法や法律によって正式に認められたのは，太平洋戦争後のことである。

問3 (1) 日本国憲法は第2条で，「皇位は，世襲のものであって，国会の議決した皇室典範《てんぱん》の定めるところにより，これを継承する」とし，天皇は世襲であると定めている。　⑵　日本国憲法第22条には職業選択《せんたく》の自由が明記されているので，子どもは親の職業や地位を世襲するかしないかを，自由に選べる。　⑶　**A**　１つの選挙区から１人を選出する方法を，小選挙区制という。この方法の場合，最も多くの票数を獲得《かくとく》した候補者が当選となるが，それ以外のすべての候補者は落選となるため，落選者に投じられた票が一番多くなる。なお，このような票を死票という。
B　世襲議員は，ある地域で長く支持された議員から政治地盤などを受け継いだ議員であることが一般的である。こうした議員が支持基盤《きばん》のある選挙区から立候補すれば，一定の得票が期待できる。一方，政党に投票し，得票数に応じて議席を配分するという比例代表制の場合，世襲議員であるという個人の事情は，当選に影響を与えにくくなると考えられる。　**C**　小選挙区制の場合，候補者を多く立てられる大政党が有利なため，議席をほぼ二分する二大政党制になりやすい。

問４　⑴　日本では，高度経済成長期の1960年代から自動車が普及《ふきゅう》し始め，乗用車はカラーテレビ，クーラー(エアコン)とともに「３Ｃ(新三種の神器)」に数えられた。その後も保有台数は増え続けたが，交通機関が発達している都市部の保有台数がそれほど多くないことなどもあり，2019年の100人あたりの自動車保有台数は約62台となっている。統計資料は『日本国勢図会』2022／23年版による(以下同じ)。　⑵　ア　自動車部品のうち，車体などの大きな部品は自動車工場で組み立てられるが，各部を構成する細かい部品は，多くの関連工場で組み立てられるのが一般的である。
イ　2019年の日本の自動車生産台数は，中国，アメリカ合衆国につぐ世界第３位であった。　ウ，エ　2021年には，国内で生産された約785万台の自動車のうち，約５割にあたる382万台が輸出された。また，この年には，日本の自動車メーカーが約1646万台の自動車を海外で生産した。

問５　日本では，工場の数の約99％を，働く人の約３分の２を中小工場が占めているが，工業生産額は大工場が半分以上を占めており，中小工場の生産性や，そこで働く人の賃金をいかに上げていくかが課題となっている。

問６　**A**　IC(半導体)工場は，高速道路のインターチェンジや空港の周辺などを中心として，全国各地に広く分布している。　**B**　自動車工場は，神奈川県・静岡県・愛知県・広島県といった太平洋ベルト中の県や，北関東の県などに分布している。　**C**　石油化学コンビナートは，原材料の輸入と製品の輸出に便利な沿岸部に立地しており，太平洋ベルトに集中している。

問７　戦前の日本では，女性の社会進出がそれほど進んでおらず働く場が限られていたうえ，社会的な地位も低かった。また，女性は結婚して家庭に入るのが当たり前と考えられていたため，職を失うことがそれほど深刻な問題としてとらえられていなかったのだと考えられる。

問８　⑴　2020年時点で，日本は鉄鉱石をすべて海外からの輸入にたよっている。　⑵　日本は，原油の多くを中東の国々にたよっており，2019年の輸入先では，サウジアラビア・アラブ首長国連邦・クウェート・カタール・ロシアの順に輸入量が多かった。

問９　看護師や弁護士など，特に人々の命や人権に深くかかわる職業になるためには，試験を受けて国家資格を取得する必要がある。

Ⅲ　労働者と失業を題材とした問題

問１　ア　第一次世界大戦(1914～18年)のさいに起こった大戦景気のきっかけとして，正しい。
イ　第一次世界大戦でヨーロッパは主戦場となったため，産業や貿易が停滞《ていたい》した。　ウ「自動車」ではなく「生糸」が正しい。　エ　製糸工場をふくむ官営工場は，1870年代にいくつも建設されたが，1880年代になると民営化へと方針が転換《てんかん》された。　オ　第一次世界大戦が始まると，日本はヨーロッパ諸国がぬけた中国などの市場に入りこみ，輸出をのばした。よって，正しい。

問2　不景気になると製品が売れなくなるので，生産者は在庫をかかえることになる。また，消費者は収入が減るので，節約志向が高まってお金を使わないようになる。

問3　(1)，(2)　日やとい労働者は不景気の影響を受けやすく，社会全体で仕事が減るとすぐに職を失いかねない。これに比べると，常勤の失業率はもともと日やとい労働者より低く，上昇の幅《はば》もゆるやかになる。

問4　1925年ごろの日本の労働者の労働条件は決してよいものとはいえず，欧米のほうが進んでいたと考えられる。このころには労働条件の改善を求めて労働運動などの社会運動がたびたび起こったため，1925年には治安維持法が制定された。

問5　雇用《こよう》保険制度は政府が行う保険事業の1つで，労働者を雇用する事業には，原則として強制的に適用される。その費用は，事業主と労働者が納める保険料のほか，国庫からも支出される。

問6　(1)，(2)　権力が個人や1つの機関に集中すると，独裁(専制)政治になりやすく，国民の自由や権利が侵害されるおそれがある。そこで日本では，法律をつくる権限である立法権を国会に，法律に従って政治を行う権限である行政権を内閣に，裁判を行う権限である司法権を裁判所に与え，互《たが》いにおさえあって行き過ぎを防ぐという三権分立のしくみを取り入れている。

理　科　(40分)＜満点：100点＞

解　答

I　**1**　(1)　右の図　　(2)　ウ　　(3)　2回　　**2**　(1)　115日　(2)　エ　　**3**　(1)　(例)　表面に目印となるものが見られないから。　(2)　(例)　自転周期に比べて公転周期が非常に長いから。

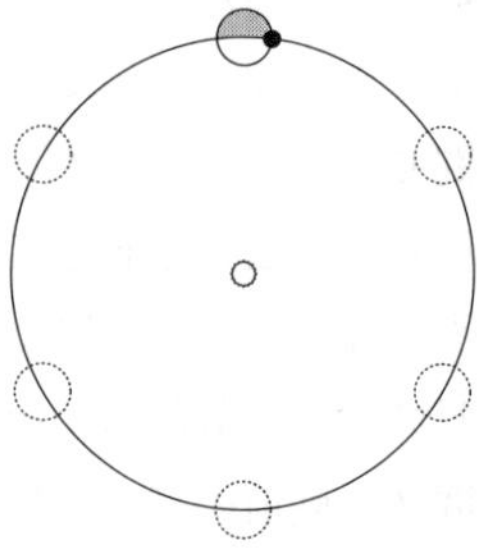

II　**1**　(1)　**1**　サケ　　**2**　マイクロプラスチック　　(2)　**ア**　アオミドロ　　**イ**　ボルボックス　　**ウ**　ツリガネムシ　　(3)　ア，イ　(4)　オ，エ，キ，ア　　(5)　(例)　栄養がとれず，個体数が減る。　**2**　(1)　ア　　(2)　⑤　　(3)　イ，ウ　　(4)　ア　　(5)　(例)　昼行性のカミキリムシ類が減ることで，えさやすみかを得られやすくなったから。

III　**1**　(1)　(例)　アルコール　　(2)　**固体**…(例)　水に浮くものと沈むものがある。　**液体**…(例)　水と分離して2つの層になる。　(3)　イ，ウ，エ　　(4)　ア，オ　　**2**　(1)　**1**　ア　　**2**　オ　**3**　ウ　　(2)　**C**　イ　　**D**　ア　　(3)　ア，エ　　(4)　17%

IV　**1**　(1)　ウ(イエオ)　(2)　①　**向き**…ア　　**明るさ**…ア　　②　(例)　(左から)3，4，8，7　　**2**　(1)　アとエ，エとオ　　(2)　アとウ，ウとオ　　**3**　(1)　ア　　(2)　50　　(3)　ウ

解　説

I　**太陽系の惑星《わくせい》の動きについての問題**

1　(1)　ここでは，水星の自転周期は60日なので，45日間で，$360\times\frac{45}{60}=270$(度)自転する。また，

公転周期は90日なので，45日間で，$360\times\frac{45}{90}=180$(度)公転する。このことから，解答の図のようになる。　⑵ ⑴で描《えが》いた図で，●で示した地点から見たとき，太陽は西(右)の方にある。水星の自転の向きは地球と同じ反時計回り(西から東の向き)なので，太陽は西の地平線に沈《しず》むところである。　⑶ Aの位置のとき，●で示した地点では太陽が南中している(つまり正午)。そして，⑴より，水星がAの位置から180度公転すると日の入りを迎《むか》える。よって，水星は$\frac{1}{2}$だけ公転すると，$\frac{1}{4}$日経過することがわかるので，水星の1日の間に，水星は，$\frac{1}{2}\times 4=2$(回)公転する。

2 ⑴ 金星が反時計回りに180度公転するのに，230÷2＝115(日)かかるが，その間に金星は時計回りに180度自転するため，はじめの位置で太陽が南中していた地点では，115日後に再び太陽が南中する。つまり，金星の1日の長さは115日である。　⑵ 金星の自転の向きが反時計回りだとすると，金星は115日かけて180度公転する間に，反時計回りに180度自転し，つねに同じ面を太陽に向けることになる。そのため，●で示した地点では太陽が沈まなくなる。

3 ⑴ 土星は表面がガスでおおわれており，岩石でできた惑星(水星など)とはちがって観測の目印となるもの(表面の地形，模様など)がないなどの理由から，正確な自転周期を計測することができなかった。近年になり，土星内部の振動《しんどう》が環《わ》に現れるという現象を利用することで，正確な自転周期が明らかになった。　⑵ 土星の公転周期は約29年であり，土星が約10.5時間で1回自転する間に公転する角度はごくわずかである。よって，土星上のある地点では，太陽が南中してから1回自転しても再び太陽がほぼ南中する。このように，土星の1日の長さと土星の自転周期はほぼ一《いっ》致《ち》する。

Ⅱ 海の食物連鎖《れんさ》，小笠原《おがさわら》諸島の生態系についての問題

1 ⑴ 1 サケ(やマス)は，海を回遊しながら成長したあと，産卵のために生まれた川に戻《もど》ってくる。川をさかのぼるのは秋から冬にかけてだが，このころはヒグマが冬眠《とうみん》のために栄養を蓄《たくわ》える時期にあたり，サケをさかんに捕《と》らえて食べる。　2 海に漂《ただよ》うプラスチックが劣化《れっか》して砕《くだ》けていき，5mm以下の小さな破片《はへん》となったものをマイクロプラスチックと呼ぶ。　⑵ アは緑色の管のような形のアオミドロ，イは丸い体の中に緑色の粒《つぶ》がいくつかあるボルボックス，ウは釣鐘《つりがね》状の体と一部が螺旋《らせん》になった柄《え》を持つツリガネムシである。　⑶ アオミドロとボルボックスは葉緑体を持っており，光合成を行う植物プランクトンである。ツリガネムシには葉緑体がない。
⑷ ア～ケのうち海にすむ生物はア，ウ，エ，オ，キである。このうち4つを選んで，はじめの文章中にある「水中では植物プランクトンを～」の一文をふまえて並べると，オ(ケイソウ)→エ(オキアミ)→キ(イワシ)→ア(イカ)とするのが適切である。　⑸ 動物プランクトンや小さな魚がマイクロプラスチックをえさと間違《まちが》えて取り込《こ》んでも栄養とはならないため，栄養の摂取《せっしゅ》が不十分になる。それだけでなく，体内に蓄積《ちくせき》されていくこともあるため，体の機能に支障をきたす。すると，やがてそれらの生物の個体数の減少につながる。

2 ⑴ 小笠原諸島には野生化したノヤギの天敵となる動物が存在しなかったため，ノヤギが自然環境《かんきょう》を破壊《はかい》するほど増加した。なお，イ，ウ，エは発生した影響《えいきょう》の実例である。　⑵ 動物Aの胃には肉食の節足動物(クモ類)と草食の節足動物(バッタ類，カミキリムシ類，チョウ類)だけしか含《ふく》まれていなかった。図2において，これらだけを食べるのは⑤のトカゲである。　⑶ トカゲが風や海流に乗って侵入《しんにゅう》してくることはふつう考えられない。外国から生物が侵入するきっか

けは大抵《たいてい》の場合，ペットなどとして持ち込まれたり，貨物(コンテナ)にまぎれ込んだりするケース，つまり人間活動による。　(4)　図3によると，カミキリムシ類は，1980年代には昼行性も夜行性も同数ぐらいだったが，1990年代には昼行性は激減し，夜行性が非常に増えている。よって，昼行性のカミキリムシ類は動物Aに食べられたと考えてよいので，動物Aは昼行性だといえる。　(5)　昼行性のカミキリムシ類が激減したことで，そのぶん夜行性のカミキリムシ類にとってはえさやすみかが得られやすくなった。しかも昼行性の動物Aに食べられにくいのだから，夜行性のカミキリムシ類が増加しやすい環境になったと考えられる。

Ⅲ　物質の性質についての問題

1　(1)　水に溶《と》ける液体には酢酸《さくさん》のほかに，アルコール(メタノール，エタノール)や過酸化水素などがある。　(2)　水に溶けない固体を水に入れると，水より重い(密度が大きい)物質は水に沈み，水より軽い(密度が小さい)物質は水に浮《う》く。粉状のものの場合は水と粉が混ざって，にごって見えることがある。また，水に溶けない液体(たとえば油)を水に入れると，水と分離《ぶんり》して2つの層に分かれる。　(3)　アについて，さびた銅板を食酢《す》に入れると，表面のさびが溶ける。使い古された十円玉を食酢につけると新品のようにピカピカになることからもわかる。オについて，酢酸の水溶《すいよう》液《えき》を加熱すると，水とともに酢酸も空気中に逃《に》げていくため，何も残らない。　(4)　グラフで，液体の酢酸は過冷却《れいきゃく》という現象により，いったん液体から固体になる温度(凝固《ぎょうこ》点という)の17℃を下回るが，A点でこおり始める。その後，液体から固体になるときには熱を発するので，凝固点の17℃(B点)まで上昇《じょうしょう》し，その後は17℃で一定になる。そして，すべてがこおり終える(固体になる)と，再び温度が下がっていく。A点からB点をへて再び温度が下がり始めるまでの間は，液体と固体が混ざった状態となっている。

2　(1)，(2)　操作1では，水を加えて混ぜ，ろ過している。その結果，ろ液Aには食塩だけが溶け，ろ紙上にガラスの粉とアルミニウムの粉が残る。操作2では，ろ液Aが食塩水なので，これを蒸発皿に入れて加熱し，食塩を白い粉Cとして取り出している。操作3では，うすい塩酸を加えて混ぜ，ろ過している。アルミニウムの粉はうすい塩酸と反応して塩化アルミニウムという別の物質に変化し，これはろ液Bに溶けている。一方，ろ紙上には溶けなかったガラスの粉が残り，これが白い粉Dとなる。　(3)　ろ液Bから取り出せる白い粉Eの塩化アルミニウムは，もともとろ液に溶けていたことからもわかるように水に溶け，水溶液である塩酸にも溶ける。ただし，塩酸と反応はしないので，泡《あわ》は発生しない。　(4)　沈殿《ちんでん》を生じている水溶液は飽和《ほうわ》している。よって，20℃で20gの食塩水には食塩が，$20\times\frac{38}{38+100}=5.50\cdots$より，5.5g溶けているので，はじめの混合物中の食塩は，1.0+5.5=6.5(g)となる。また，ガラス(白い粉D)の重さは3.5gだから，混合物中のアルミニウムは，12.0−(3.5+6.5)=2.0(g)だったとわかるので，その割合は，2.0÷12.0×100=16.6…より，17%になる。

Ⅳ　電流についての問題

1　(1)　電球Aをソケットから取り外すと，アでは，回路が途《と》切れて電球Bは消える。イでは，2個の電球が並列つなぎになっているので，電球Bはつく。ウでは，電球Bが2個の電池の直列つなぎにつながる回路となるので，イの回路より明るくつく。エでは，電球Bが1個の電池につながる回路になり，イの回路と同じ明るさでつく。オでは，電球Bが2個の電池の並列つなぎにつながる回路となるため，イの回路と同じ明るさでつく。　(2)　表の下の方の結果より，7と8の間にはウまたはコがつながれていると考えられる。ところが，コの場合，この時点で電池が４個使われており，そのため３と４の間，５と６の間は導線だけ(両方ともア)となる。すると，表の上の結果とは合わなくなる(明るさは基準と同じだが，検流計には左向きの電流が流れる)ので，ふさわしくない。よって，７と８の間はウと決まり，表の上の方の結果から考えて，３と４の間はエ，５と６の間はアとなる。　① 指定のつなぎ方をすると，＋極が検流計側に向いた電池が３個，電球側に向いた電池が１個，合計４個の電池が直列つなぎとなる。よって，検流計に流れる電流は右向きとなり，電球は基準(電池１個と電球１個をつないだときの明るさ)より明るくつく。　② 全ての電池の＋極が検流計側を向くような直列つなぎにすればよいので，Ａと１，２と３，４と８，７とＢを導線でつなぐとよい。なお，Ａと１，２と８，７と３，４とＢを導線でつないでもよい。

2 (1) モーターに流れる電流の強さは同じで，プロペラカーに乗せている電池の個数が異なるような組み合わせを探す。　(2) プロペラカーに乗せている電池の個数は同じで，モーターに流れる電流の強さが異なるような組み合わせで比べる。

3 (1) ソーラーカーが走り始めるときは，加速しながら少しずつ速さが速くなっていき，やがて速さが一定になる。また，日かげに入って発電量が減ったときでも，いきなり完全に止まることはなく，走っていた勢いで少しの間走り続け，しだいに減速してやがて停止する。したがって，アのグラフが適切である。　(2) 光電池の設置角度を０度にするということは，光電池をソーラーカーの台上に置くということである。ここで，図において，設置角度と書かれている角を含む三角形に着目すると，これは30度，60度，90度の直角三角形(正三角形を半分にしたもの)とわかる。この直角三角形では最も短い辺が最も長い辺の半分の長さとなっている。よって，ソーラーカーの台上では100の光の量を受ける部分の面積が２倍に広がるため，ここに置いた光電池に当たる光の量は半分の50になる。　(3) 北海道は東京よりも緯度《いど》が高いので，同じ日の東京よりも南中高度が低くなる。したがって，低くなるぶんだけソーラーパネルの設置角度を大きくするとよい。

国　語　(40分)＜満点：100点＞

解　答

一 **問１** (例) おびえるほかの生き物たちとは違い，人間は日食の起こるしくみを知っていて，数分後には月が通り過ぎて再び太陽が顔を出すとわかっているため，安心して非日常の風景を楽しめるから。　**問２** エ　**問３** (例) **Ａ** カレンダー　**Ｂ** 旅人たちは進むべき方向　**Ｃ** 肥えた土に種をまける　**問４** (例) (日常的に)英知(を用いて)快適(な暮らしを送っていること。)　**問５** イ　**問６** ア　**問７** ウ　**問８** (例) 所属機関や国境や民族を超え，世界中で知識や情報や成果を共有して模索とチャレンジを続け，人類の英知をリレーしていくこと。　**二** **問１** ウ　**問２** **Ａ** 息子　**Ｂ** 近所のおばあちゃん　**Ｃ** 水道工事の業者　**問３** (例) 自分が直接的・間接的に新型コロナを感染させた可能性のある人々のつながり。　**問４** (例) PCR検査の結果が陰性だったことで，自分が家族や近所の人などの顔見知りの人から，網目のようにつながった見ず知らずの人々にいたるまでの大勢の人々に，新型コロナを感染させたかもしれないと心配する必要がなくなったこと。　**問５** (例) 自分自身や自分の生活は，見知らぬ大勢の人々とつながっているということ。　**問6**　イ　**問7**　(例)　交流がなかった近所の人々と，コロナ禍をともに経験することで顔見知りになり，互いの生活に思いをめぐらし，助け合うように変化した。　**三**　下記を参照のこと。

●漢字の書き取り

三　1　幼少　2　委(ねる)　3　輸入　4　同窓　5　革新　6　治(まる)

解　説

一　**出典は野田祥代《のださちよ》の『夜，寝《ね》る前に読みたい宇宙の話』による。**筆者は，現代の私たちの暮らしが多くの知恵《ちえ》のリレーに支えられているとして，その価値を知り，管理や保管をする必要性を指摘《してき》している。

問1　二つ後の段落で，「人間も，もし数分後には月が通り過ぎて再び太陽が顔を出すことを知らなければ，本当にびっくりするだろうし，世にも恐《おそ》ろしいことが起きたと感じる」だろうと述べられていることをおさえる。つまり，「日食」にさいし「異変を感じた」動物たちはおびえ，警戒《けいかい》するが，そのしくみを知っている人間は安心して珍《めずら》しい光景を楽しむことができる，というのである。

問2　「日食」という「淡々《たんたん》と進む宇宙のできごと」を前に心を動かされている筆者の背中に，「ご婦人」はそっと「手を置いてくれ」ている。このようすからは，自分によりそい，いたわるような「ご婦人」の行為《こうい》に筆者が温かさを感じていることがうかがえるので，エがふさわしい。なお，筆者が「生かされている」と感じたことを「ご婦人」が「理解してくれ」たかどうかはわからないので，イは誤り。また，「ご婦人」の優しさに温かいものを感じた筆者が，彼女との間に「強い仲間意識」を抱《いだ》いているようすは書かれていないので，ウも合わない。

問3　続く部分で，古代の人々が「天」をどのように「生活の役に立てて」いたかが説明されている。　**A**　日の出入りや月の満ち欠けは，「時間が流れていること」を教えてくれたと述べられているので，時計やカレンダー(こよみ)の役割をはたしていたものと考えられる。　**B**　いつも同じ方角にある星からは，旅をする人が進むべき道を教わったと説明されている。　**C**　おおいぬ座の「シリウス」からは，ナイル川が氾濫《はんらん》し，種まきをするのにふさわしい栄養たっぷりの土が流れてくる時期がわかったと述べられている。よって，「肥《こ》えた土に種がまける」時期がわかった，などとするのがよい。

問4　「こう」とあるので，前の部分に注目する。人間はせいぜい100年足らずの寿命《じゅみょう》しか与《あた》えられていないのだから，一人の力だけではさまざまな現象を科学的に知ることができたり，便利な生活には欠かせないスマホやパソコンなどをつくり出したりする技術は決して生まれなかった，と述べられている。つまり，日常的に「英知」(知恵，科学の力)を用いて「快適」(便利)な暮らしを送ることは，多くの人々の力なしでは達成できなかったのだといえる。

問5　世代を超《こ》えて伝えられてきた「すごい知恵(英知)」によって，人間は快適な暮らしを送ることができているのだから，「恐ろしい」知恵としたイがあてはまらない。

問6　「知らぬが仏」は，知らなければ気楽でいられるが，知るとおだやかではいられないこと。経験や記録をもとに人間が営んできた「知恵のリレー」の結果，「科学」の発展した今がある，と述べられていることをおさえる。原始的な時代に生きた恐竜《きょうりゅう》とは異なり，知恵を持った人間は，今後起きるであろうできごとに何らかの手段を講じなければならないのだから，アがよい。なお，次の段落で，「この世界では人類の英知を無視したり排除《はいじょ》したりということが，いとも簡単に起きてしまう」と述べられているので，イは誤り。

問7　前半の最後の段落で，「知恵をリレーするためには〜たくさんの人がその価値を知って，意識的に管理したり保管したりする『空気』が必要」だと述べられていることをおさえる。つまり，多くの人たちに「経験や記録」の積み重ねである「知恵のリレー」の価値が受け入れられ，共有されることで，それを「無視したり排除したりということ」を防ぐことができるので，筆者は「経験や記録」の重要性を知っておいたほうがよい，と述べている。よって，ウが正しい。

問8　ぼう線⑥の直前の一文で，「たくさんのテストを重ねて，失敗するたびに工夫《くふう》し，その経験や記録をもとにして，人は少しずつ前へと進んできた」と述べられていることをおさえる。ぼう線⑧，⑨の直前の部分にも注目すると，「一緒《いっしょ》に／共に前に進む」とは，「所属機関や国境や民族を超え」，「世界中で知識や情報や成果を共有」しながら人々が「模索《もさく》とチャレンジ」を繰り返し，「知恵のリレー」を続けていくことにあたるといえる。

二　出典はブレイディみかこの『他者の靴《くつ》を履《は》く―アナーキック・エンパシーのすすめ』による。新型コロナウィルスを通して，人々は自分や自分の生活が大勢の人々とつながっていると実感し，自分と違《ちが》う存在に対して思いをめぐらすようになった，と述べられている。

問1　続く三つの段落に，筆者が「とても面倒《めんどう》くさい」と感じたことについて具体的に書かれている。まだコロナ感染《かんせん》者が少なかった時期に発熱や咳《せき》の症状《しょうじょう》が出た筆者は，PCR検査の結果が出るまで息子《むすこ》や配偶者《はいぐうしゃ》に学校や仕事を休んでもらうことや，会ったりすれ違ったりした数多くの人々に感染させたかもしれないことを考えて負担を感じたのだから，ウが合う。

問2　新型コロナウィルス感染をめぐり筆者が思い浮《う》かべたことは，前の部分に書かれている。

A　「息子の中学の教員に事情を説明して，検査結果が出るまで彼《かれ》を休ませねばならない」とあることから，筆者は「息子」を通じて「中学の教員」とつながっていることがわかる。　**B**　筆者が直接かかわった人で図に示されていないのは「近所のおばあちゃん」である。　**C**　「喘息《ぜんそく》の持病」のある妻を持つ人で，筆者に接触《せっしょく》したことがあるのは，「水道工事のために家に出入りしていた業者」（水道業者）である。

問3　直前の二つの段落で，筆者は自分が新型コロナ陽性だった場合，自分と直接接触して感染した可能性のある人々や，その家族・同僚《どうりょう》，外出時にすれ違った人々など，間接的に感染を広げる可能性のある人々を思い浮かべている。その影響《えいきょう》のおよぶつながりの範囲《はんい》が「巨大《きょだい》な蜘蛛《くも》の巣」にたとえられている。

問4　「人間分子の関係，網目《あみめ》の法則」は，少し前の「粉ミルク」の例で説明されている。「オーストラリアの牛から搾乳《さくにゅう》されたミルクが，遠い日本に住む自分の口に入るまでのプロセス」には，きりがないほど大勢の人間（人間分子）がかかわり，網のようにつながっている。つまり，「新型コロナ感染版の『人間分子の関係，網目の法則』」が「途切《とぎ》れた」とは，PCR検査で「陰性《いんせい》」の結果を受けた筆者が，自分と直接的・間接的にかかわり，網のようにつながっている大勢の人に感染させたかもしれないと心配する必要がなくなったことを言っている。

問5　「そう」は，直前の「孤立《こりつ》している」という部分を指す。ふだんの生活のなかで，見知らぬ大勢の人々とのつながりを意識することはあまりないが，新型コロナウィルスを通して，我々は自分自身や自分の生活とそうした人々とのつながりを実感としてとらえるようになった，というのである。

問6　「エンパシー」は“自己移入”つまり，相手の立場に立ち，その考えや思いを理解しようとすることをいう。“共感”や“同情”を表す「シンパシー」とは意味が異なる。直前の内容，および後にある具体例から，「エンパシー」とは，人種や思想の違い，貧富の差で区別することなく，相手に対して思いをめぐらして助け合おうとする心のはたらきをいうのだとわかる。よって，イがふさわしい。なお，「弱い立場」に同情するとしたアはあてはまらない。さらに，「誰《だれ》に対しても平等で公平に接し」たり「仲間意識を大事に」したりするだけにはとどまらないので，ウ，エも合わない。

問7　前の部分で，新型コロナウィルスによって立ち現れた人道主義の例として，筆者の街の人々の変化があげられている。交流のなかった近所の人々と，コロナ禍《か》をともに経験することで顔見知りになり，互《たが》いの生活に思いをめぐらし，助け合うようになったことが書かれている。

三 漢字の書き取り

1　おさなく，年のいかないようす。　**2**　音読みは「イ」で，「委任」などの熟語がある。
3　ほかの国から品物などを買い入れること。　**4**　同じ学校で，または同じ先生について学んだこと。　**5**　古い考えややり方を改めて新しくすること。　**6**　音読みは「チ」「ジ」で，「全治」「退治」などの熟語がある。訓読みにはほかに「なお(る・す)」がある。

Dr.福井の
入試に勝つ！脳とからだのウルトラ科学

記憶に残る“ウロ覚え勉強法”とは？

人間の脳には，ミスしたところが記憶に残りやすい性質がある。順調にいっているときの記憶はあまり残らないが，まちがえて「しまった！」と思うと，その部分がよく記憶されるんだ（これは，脳のヘントウタイという部分の働きによる）。その証拠に，おそらくキミたちも「あの問題を解けたから点数がよかった」ことよりも，「あの問題をまちがえたから点数が悪かった」ことのほうをよく覚えているんじゃないかな？

この脳のしくみを利用したのが“ウロ覚え勉強法”だ。もっと細かく紹介すると，テキストの内容を一生懸命覚え，知識を万全にしてから問題に取り組むのではなく，テキストにざっと目を通した程度（つまりウロ覚えの状態）で問題に取りかかる。もちろんかなりまちがえると思うが，それを気にすることはない。まちがえた部分はよく記憶に残るのだから……。言いかえると，まちがえながら知識量を増やしていくのが“ウロ覚え勉強法”なのである。

ここで，ポイントが２つある。１つは，ヘントウタイを働かせて記憶力を上げるために，まちがえたときは「あ～っ！」とわざとらしく驚くこと。オーバーすぎるかな……と思うぐらいでちょうどよい。

もう１つのポイントは，まちがえたところをそのままにせず，ここできちんと見直すこと（残念ながら，驚くだけでは覚えられない）。問題の解説を読んで理解するのはもちろんだが，必ずテキストから見直すようにする。そうすれば，記憶力が上がったところで足りない知識をしっかり身につけられるし，さらにその部分がどのように出題されるかもわかってくる。頭の中の知識を実戦で役立てられるようにするわけだ。

Dr.福井（福井《ふくい》一成《かずしげ》）…医学博士。開成中・高から東大・文Ⅱに入学後，再受験して翌年東大・理Ⅲに合格。同大医学部卒。さまざまな勉強法や脳科学に関する著書多数。

Memo

2022年度　女子学院中学校

〔電　話〕 (03) 3263－１７１１
〔所在地〕 〒102－0082　東京都千代田区一番町22―10
〔交　通〕 JR中央線・東京メトロ南北線・都営新宿線―「市ケ谷駅」より徒歩８分
東京メトロ有楽町線―「麴町駅」より徒歩３分

【算　数】（40分）〈満点：100点〉

＜注意＞　円周率は3.14として計算しなさい。

1　次の□にあてはまる数を入れなさい。

(1)　$5\frac{2}{3}\div0.85\times\frac{37}{4}\times\frac{17}{25}-\left(\frac{13}{15}+5.25\right)=$□

(2)　0.125の逆数は□で，2.25の逆数は□です。

(3)　図１のように，中心角90°のおうぎ形の中に正三角形ABCと点Oを中心とする半円があります。

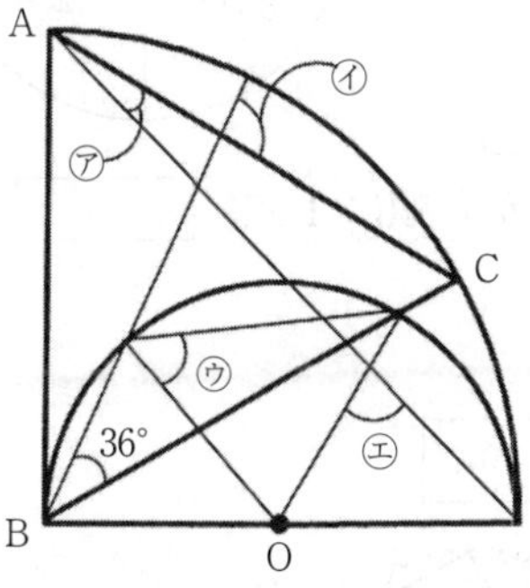

図１

角㋐は□度
角㋑は□度
角㋒は□度
角㋓は□度

(4)　右の図２のように，点Oを中心とする円の中に，１辺の長さが５cmの正方形が２つあります。影《かげ》をつけた部分の面積は□cm^2です。

(5)　右の図３の四角形ABCDは正方形で，同じ印のついているところは同じ長さを表します。影をつけた部分の面積は□cm^2です。

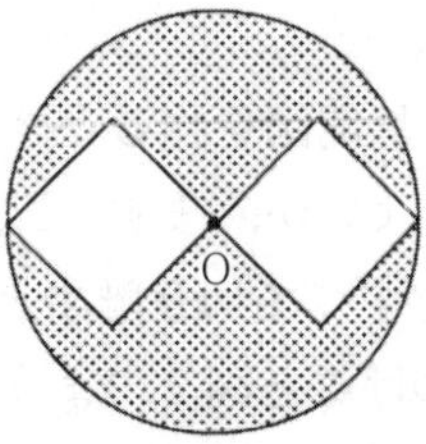

図２

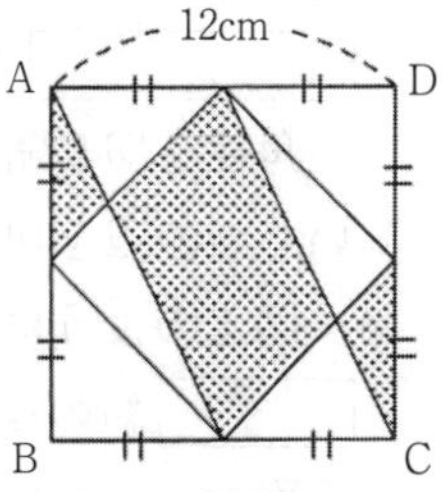

図３

(6)　Ｊ子さんの家から駅までは1995ｍあり，Ｊ子さんは家から駅に向かって，父は駅から家に向かって11時に同時に歩き始めました。Ｊ子さんは途《と》中の公園まで分速□ｍで４分間歩き，公園で５分間遊んでから，それまでより毎分７ｍ速い速さで駅に向かいました。父は途中の店まで分速80ｍで□分間歩き，店に３分間立ち寄ってから，分速75ｍで家に向かいました。２人は11時19分に出会い，その10分16秒後に父は家に着きました。

2，**3**，**4**の各問いについて□にあてはまるものを入れなさい。

2　A，Bを整数として，A以上B未満の素数の個数を A★B で表すとします。

(1)　10★50＝□

(2)　(20★A)×(A★B)×(B★50)＝9 となるA，Bの組のうちAとBの和が最も大きくなるのは A＝□，B＝□ のときです。

3　図のような的に矢を3回射って，そのうち高い2回の点数の平均を最終得点とするゲームがあります。J子，G子，K子がこのゲームをしたところ，次のようになりました。

・的を外した人はいませんでした。
・3回のうち2回以上同じ点数を取った人はいませんでした。
・K子の1回目の点数は1点でした。
・3人それぞれの最も低い点数は，すべて異なっていました。
・最終得点は，J子の方がG子よりも1点高くなりました。
・3人の最終得点の平均は4点でした。

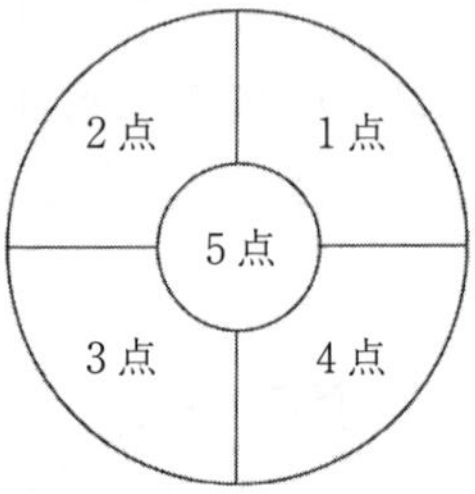

J子の最終得点は□点，K子の3回の点数は低い方から順に1点，□点，□点でした。

4　J子さんは正八角柱(底面が正八角形である角柱)を辺にそって切り開いて展開図を作ろうとしましたが，誤って右の図のように長方形Ⓐだけ切り離《はな》してしまいました。正しい展開図にするには長方形Ⓐの辺をどこにつけたらよいですか。辺「あ」～「ふ」の中からすべて答えると□です。

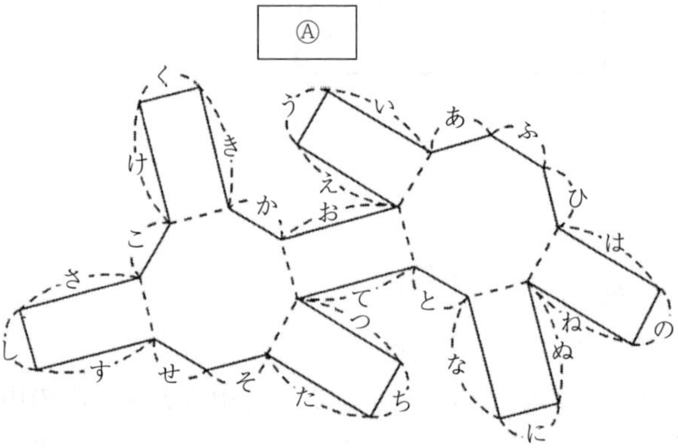

角柱を切り開いて展開図を作るとき，いくつの辺を切ればよいか，まず，三角柱の場合について考えてみます。

図1のように面をすべて切り離すと，すべての面の辺の数の和は□です。そのうち□組の辺をつけると図2のような展開図ができます。立体の1つの辺を切るごとに，他の面とついていない辺が2つできるので，三角柱の場合は展開図を作るときに切る辺の数は□です。同じように考えると八角柱の場合は切る辺の数は□で，三十角柱の場合は切る辺の数は□です。

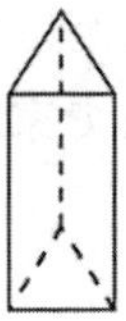

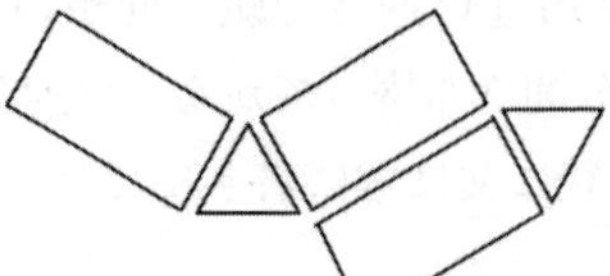

図1

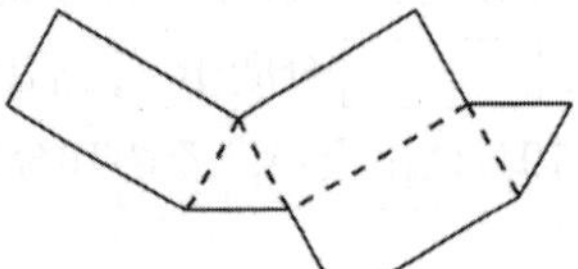

図2

5 正四角柱(底面が正方形である角柱)の形をしたふたのない容器3つを図1のように組み合わせた水そうがあります。この水そうを上から見ると図2のようになり，㋐の部分の真上から一定の割合で水を注ぎました。グラフは，水を注ぎ始めてからの時間(分)と㋐の部分の水面の高さ(cm)の関係を表しています。グラフのDが表す時間の後は，水そうの底から毎分0.8Lの割合で排《はい》水しました。ただし，図2で同じ印のついているところは同じ長さを表し，3つの容器の厚みは考えません。

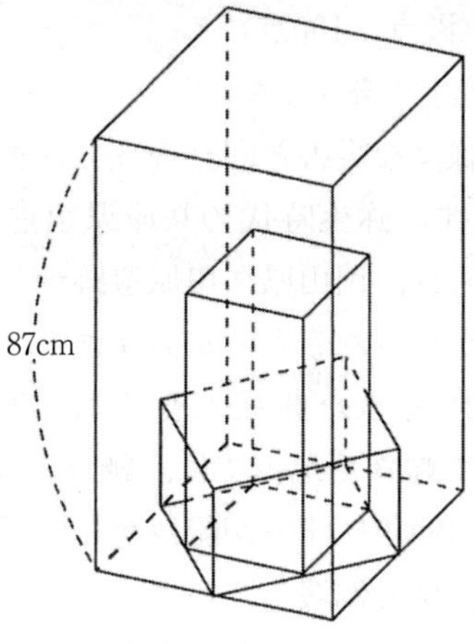

図1

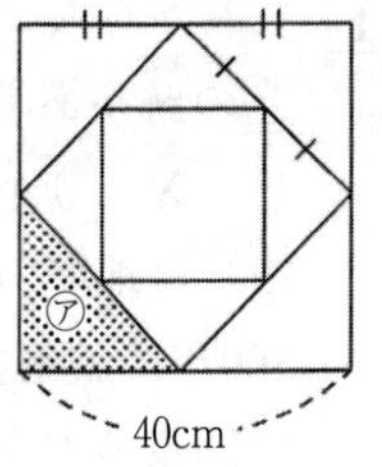

図2

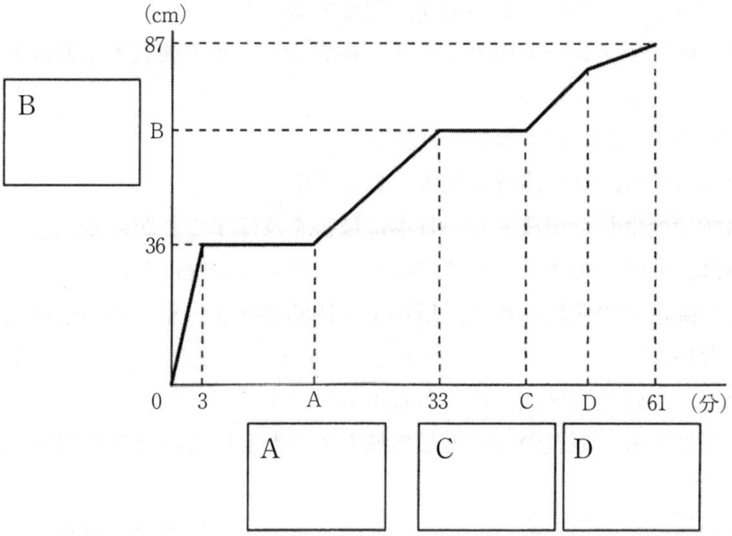

(1) 水は毎分何Lの割合で注がれていたか求めなさい。(式も書きなさい。)

(2) グラフのA，B，C，Dにあてはまる数を□に入れなさい。

6 次の□にあてはまる数を入れなさい。

A，B，Cの3台の機械は，それぞれ常に一定の速さで作業をします。BとCの作業の速さの比は5：4です。

ある日，A，B，Cで別々に，それぞれ同じ量の作業をしました。3台同時に作業を始め，Bが$\frac{1}{4}$を終えた6分後にAが$\frac{1}{4}$を終えて，Aが$\frac{2}{3}$を終えた12分後にCが$\frac{2}{3}$を終えました。作業にかかった時間は，Aが□時間□分，Bが□時間□分でした。

次の日，前日に3台で行ったすべての量の作業をA，Bの2台でしました。2台同時に作業を始めてから，□時間□分□秒ですべての作業が終わりました。

【社　会】（40分）〈満点：100点〉

（語句はできるだけ漢字で書きなさい。）

Ⅰ　昔から人々は様々な災害と向き合ってきました。日本各地の遺跡《せき》には①地震《しん》や津《つ》波，洪《こう》水などの跡《あと》があります。弥生時代の兵庫県塩壺《つぼ》遺跡の竪《たて》穴住居跡には，大地震によってできた（　X　）が見られ，岡山県久田原《くたばら》遺跡からは洪水の様子が伝わります。②各地の古墳《ふん》には，墳《きゅう》丘に地震の跡が見られるものがあります。史料にも，多くの自然災害の記録が残されており，869年に③陸奥《むつ》国で起きた貞観《じょうがん》地震では，津波が川をさかのぼったと書かれています。1293年に関東地方南部で起きた地震では，鎌倉の建長寺をはじめ多数の神社仏閣が倒壊《とうかい》しました。④室町時代には1498年に津波が紀伊から房総の海岸を襲《おそ》い，1596年の慶《けい》長伏見《ふしみ》地震では⑤豊臣秀吉が建てた伏見城も倒壊しています。⑥江戸時代も大規模な災害がしばしば起こりました。1657年の⑦明暦《れき》の大火では江戸の市街の６割が焼失しました。1783年の⑧浅間山噴《ふん》火では関東甲信越一帯に火山灰が降り，冷害が起こりました。

問１　下線①について，まちがっているものを３つ選び，記号で答えなさい。

ア　日本列島の周辺には，断層やプレート境界があり，世界でも有数の地震多発地帯となっている。

イ　太平洋側では津波が発生するが，日本海側では発生しない。

ウ　海底が震源の地震が起きても，常に津波が発生するとは限らない。

エ　何千キロも離《はな》れた場所で発生した津波でも，日本に被《ひ》害を及《およ》ぼすことがある。

オ　大地震が発生した時は，湾の一番奥にいれば津波がやってくる心配はない。

カ　１時間に50ミリ以上の降水量の発生件数は，1976年～1985年と2011年～2020年を比べると増減の変化はあまりない。

キ　土石流や地すべりなど，土砂災害警戒区域のある市町村は全国で６割を超《こ》える。

問２　文中の（X）の内容にあてはまる，地震の痕《こん》跡として最もふさわしいものを１つ選び，記号で答えなさい。

ア　表面の土と，その下の層の土の色の違《ちが》い　　イ　直径１メートルほどの丸い穴

ウ　10センチ以上の床《ゆか》面の段差　　エ　地面の一部に付いた焼け焦《こ》げ

問３　下線②についての次の文章から考えられることとして，ふさわしいものを２つ選び，記号で答えなさい。

> 各地の古墳には女性の首長が単独で埋葬《まいそう》されている例が見られる。前方後円墳に埋葬された首長のうち，女性は３割～５割を占《し》めていたという研究もある。棺《ひつぎ》には男性の首長と同じような鏡や玉が入れられていた。鏡や玉はまじないに使用したと考えられている。５世紀の巨《きょ》大な古墳には女性首長の埋葬例は見当たらず，女性首長の棺によろいやかぶとを納めた例もない。はにわには男女をかたどった様々な形のものがある。（国立歴史民俗《ぞく》博物館『性差（ジェンダー）の日本史』2020年 図録より）

ア　女性の首長が政治を行っていた地域がある。

イ　まじないは女性のみが担当した。

ウ　女性の首長は，常に男性の首長の補佐《ほさ》役として政治に関わった。

エ　儀《ぎ》式やまつりの場から，女性は排《はい》除されていた。

オ　軍事力による政治の主導が必要となった時には，男性首長が選ばれた。

問4　下線③に関して

(1)　次の文を古い順に記号で並べかえなさい。

ア　現在の宮城県にあたる地域に国分寺が建てられた。

イ　中尊寺が建てられた。

ウ　源頼朝が奥《おう》州（東北）を支配下に置いた。

エ　桓武《かんむ》天皇が派遣《けん》した軍が蝦夷《えみし》をおさえ，北上川流域を支配下に置いた。

(2)　陸奥国には現在の岩手県が含《ふく》まれます。岩手県について述べた文として，まちがっているものを2つ選び，記号で答えなさい。

ア　面積は，北海道に次いで第2位である。

イ　太平洋側では，寒流の親潮《しお》の上を通る夏のやませの影響《えいきょう》で，冷害が起こることがある。

ウ　リアス海岸が広がっており，漁港に適した地形になっている。

エ　青森県との県境に十和田湖が位置している。

オ　日本最深の湖である田沢湖は，県の中部に位置している。

問5　下線④について，次の文を古い順に記号で並べかえなさい。

ア　徳政を要求する一揆《き》が連続して起こるようになった。

イ　武田信玄《しんげん》が甲斐《かい》を支配した。

ウ　足利義満の支援《えん》を受けた世阿弥《ぜあみ》が能で活躍《やく》した。

エ　足利尊氏《たかうじ》が征夷《せいい》大将軍となった。

問6　下線⑤に関して述べた文として，正しいものを2つ選び，記号で答えなさい。

ア　二度にわたって朝鮮《せん》半島への出兵を命じた。

イ　将軍を京都から追放し，室町幕府を滅《ほろ》ぼした。

ウ　貿易の相手を中国とオランダに限定した。

エ　統一した基準で全国的な検地を行った。

オ　琵琶《びわ》湖のほとりに城を築き，城下町では商人が自由に営業することを認めた。

問7　下線⑥の人々の生活に関して述べた文として，まちがっているものを1つ選び，記号で答えなさい。

ア　村では，年貢《ぐ》の納入や犯罪防止のために連帯責任を負う五人組が組織された。

イ　村では，稲《いね》の刈《か》り取りに千歯こきが使われるようになり，農作業が早くなった。

ウ　都市では貧しい住民が中心となって打ちこわしを行うことがあった。

エ　ききんが起こると，百姓《しょう》一揆の件数が増えた。

問8　下線⑦からの復興や防災対策として，幕府がとった政策とは考えられないものを3つ選び，記号で答えなさい。

ア　町を再建する際，幅《はば》の広い道路や広場をつくる。

イ　消火に当たる人員を増やすため，幕府が消火部隊を設置する。

ウ　火元となりやすい大きな寺を江戸城の濠《ほり》（堀）の内側に移転させ監《かん》視する。

エ　家を失った被災者に粥《かゆ》を提供する。

オ　火災に強い町とするため，隅《すみ》田川にかかる橋を撤《てっ》去する。

カ　米の値段が下がるのを防ぐため，大火の直後に幕府が米を買い占める。

キ　新たに家を造る際，わらぶきの屋根にしないように命じる。

問9　下線⑧で大きな被害を受けた上野《こうずけ》国吾妻《あがつま》郡鎌原《かんばら》村は幕府が直接支配する領地でした。

(1)　鎌原村の復興のために，幕府は耕地の再開発費用を負担しました。そして，近隣《りん》の有力な百姓を工事の責任者に任命し，鎌原村の生存者や近隣の村の人々を工事の労働者として雇《やと》いました。この復興策の利点とは言えないものを2つ選び，記号で答えなさい。

ア　災害で職を失った人が収入を得られる。

イ　工事の労働力を近場で確保できる。

ウ　幕府の負担する再開発費用がごくわずかですむ。

エ　土木工事の専門的な知識を持った人々だけで工事を行える。

オ　被災地の状況をよく理解した復興対策がたてられる。

(2)　幕府は，石見《いわみ》や佐渡《さど》島も直接支配しました。その理由として最もふさわしいものを1つ選び，記号で答えなさい。

ア　鉱山があるから　　　　イ　交通の要所であるから

ウ　貿易の拠《きょ》点だから　　エ　防衛の重要な拠点だから

II　たび重なる洪水への対策は，①各地方で行われてきました。例えば②濃尾《のうび》平野では多数の輪中がつくられ，富士川やその上流の③甲府盆《ぼん》地では，しばしば洪水が発生し，堤《てい》防をつくる工事が繰《く》り返されました。日本は④自然災害が多いですが，自然は私たちに多くの恵《めぐ》みも与《あた》えてくれています。⑤火山の周辺には多くの温泉が存在し，火山灰は，長い年月の間に土となり，多くの農作物を育《はぐく》んでいます。河川は徐《じょ》々に山を削《けず》り，その土砂で平野をつくりました。幾多《いくた》の災害を超えて，私たちの今の生活の土台がつくられたとも言えます。私たちは，⑥自然災害の被害を最小限にとどめながら，自然と共に生きることを考えていく必要があります。

問1　下線①に関して，地方公共団体が行っていることとして正しいものを2つ選び，記号で答えなさい。

ア　警察庁を設置して，犯罪者を逮捕《たいほ》し，治安の維《い》持を図る。

イ　地方裁判所を設置し，不正行為《い》を行った裁判官をやめさせる。

ウ　その地方にだけ適用される特別の法律を立案し，国会に提出する。

エ　地方銀行を設置し，紙幣《へい》を発行する。

オ　水道局を設置し，水道水を供給する。

カ　保健所を設置し，感染症《しょう》の拡大防止に努める。

問2　下線②に関して述べた文として，正しいものを2つ選び，記号で答えなさい。

ア　輪中がつくられたのは現在の愛知県内のみである。

イ　濃尾平野では，洪水対策のために以前は合流していた複数の大河川を分離《り》させる工事が行われた。

ウ　輪中は洪水に強いので，戦後，大きな被害を出した伊勢《いせ》湾台風の後，急速に数が増えた。

エ　輪中の土地の多くは周囲の川の水面よりも低く湿《しめ》った土地なので，農業は稲作しか行われていない。

オ　輪中には，食料や避《ひ》難のための舟《ふね》が備えられた水屋がつくられてきた。

問3　下の地図は，下線③の地形図です。

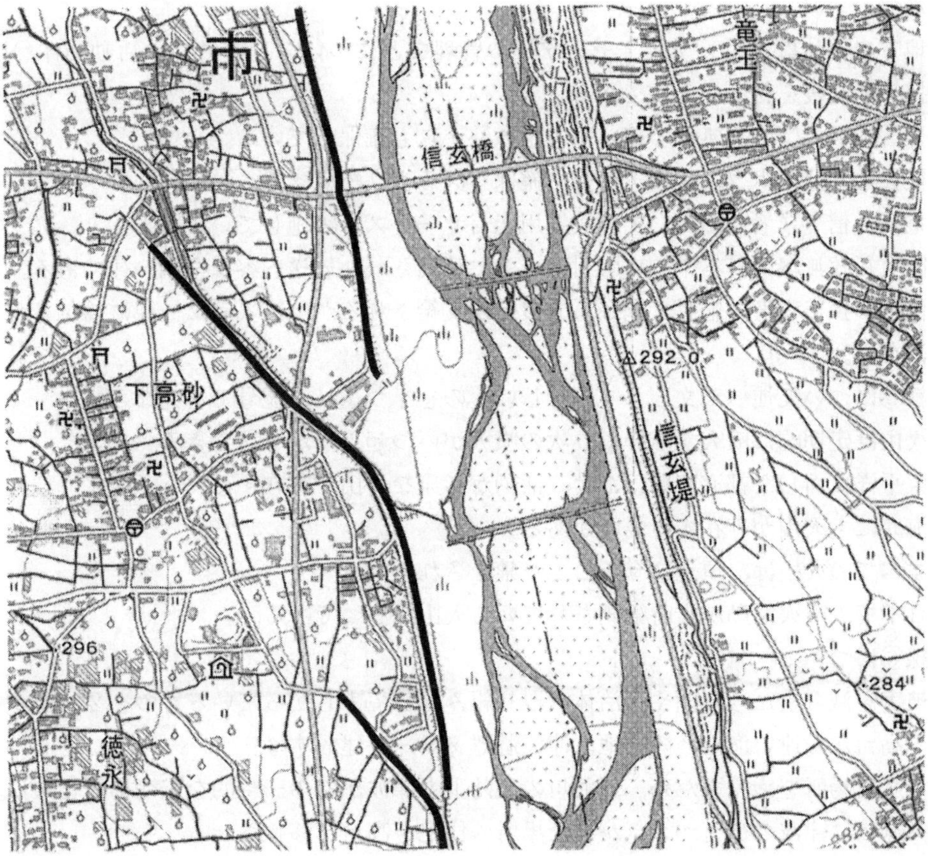

国土地理院　電子国土Webより作成

(1)　地図中に見られる堤防(━━)を，このような形に築いた目的を，２つ考えて答えなさい。

(2)　地図の地域に関する説明としてふさわしくないものを１つ選び，記号で答えなさい。

ア　川は北から南へと流れている。

イ　この地形図の範《はん》囲には，農地と住宅地が混在している。

ウ　「下高砂《しもたかすな》」付近には，寺や神社，郵便局がある。

エ　川の水を引いて，河川敷《じき》が水田として利用されている。

オ　「信玄堤《づつみ》」より東側は，川の西側より土地が低く，おもに水田として利用されている。

問4　下線④に関する行政のかかわりとして，まちがっているものを２つ選び，記号で答えなさい。

ア　緊《きん》急地震速報は，気象庁が発表する。

イ　消防組織は国の消防庁が一括《かつ》管理しているため，すべての都道府県にあるわけではない。

ウ　大規模災害が発生した際には，都道府県知事が直接，自衛隊に災害派遣の命令を下す。

エ　内閣府に，防災行政を担当する大臣がいる。

オ　被害を最小限にとどめ，迅《じん》速に回復させる国土強靭《じん》化対策の費用は，現在，国の予算に組み込《こ》まれている。

問5　下線④で被災した人たちへの支援に関する説明として，まちがっているものを２つ選び，記号で答えなさい。

ア　東日本大震災では，GDP（国内総生産）上位国からのみ，人的，物的，金銭的支援がよせられた。

イ　地方自治体はボランティアセンターの管理などについて，非営利の活動団体（NPO）と連携《けい》して支援を行うことができる。

ウ　豪《ごう》雪地域では，雪処理の担い手を地域外からも確保している。

エ　被災地では，ボランティアの安全確保を図るよう配慮《りょ》する。

オ　電気通信事業者と協力して，災害用伝言サービスを実施《し》している。

カ　防災行政無線は日本中の市町村すべてに整備され，放送内容は全国一律である。

キ　住宅の損害程度に応じて国から支援金が支給されるが，被災者に一律に給付されるわけではない。

問６　下線⑤について述べた文として，正しいものを１つ選び，記号で答えなさい。

ア　火山は定期的に噴火するので，次の噴火がいつ起きるか予想できる。

イ　太平洋に面した都道府県にだけ，活動が活発な火山が存在する。

ウ　海底にも火山が存在する場所がある。

エ　すべての火山は，頂上に登ることが禁止されている。

オ　日本で，噴火活動が常時観測されている火山は５つである。

問７　下線⑥について

(1)　被害を減らすための国や自治体の取り組みとしてまちがっているものを２つ選びなさい。

ア　高台から遠い海沿いの低地に津波避難タワーを建設する。

イ　避難場所を増やすため，大河川の堤防上も津波からの一時的な避難場所とする。

ウ　過去に津波の被害が大きかった場所の住宅を高台に移転させる。

エ　大きな災害があった場所に「自然災害伝承碑《ひ》」を建て，地形図にも地図記号を記載《さい》する。

オ　警戒《かい》レベルが最高（レベル５）の緊急安全確保が発令されてから，避難誘導を開始する。

(2)　被害を減らすための個人の取り組みとして，ふさわしくないものを２つ選び，記号で答えなさい。

ア　避難訓練はいろいろな状況を考えて何種類も行う。

イ　非常食は，１週間分程度は常に用意しておく。

ウ　ハザードマップで，現在いる地域の特性を知っておく。

エ　大きな揺れが来たらすぐ車で逃《に》げられるように，タクシーを呼ぶ方法を確認しておく。

オ　豪《ごう》雨の時の避難場所として，地下街への入り口を探しておく。

カ　公共交通機関が利用できない場合の帰宅経路や受け入れ施設を確認しておく。

Ⅲ　原胤昭《たねあき》は，1876年に女子学院の前身の一つ，原女学校を創設しました。原は女学校の経営を２年ほどで人に譲《ゆず》り，その後，政府による①自由民権運動への弾《だん》圧を批判したために投獄《ごく》されました。この経験をきっかけに受刑《けい》者のために働く決意をし，釈《しゃく》放後，1884年に教誨《かい》師（服役中の人々に精神的な助言をする人）となりました。

当時，政府は受刑者を北海道へ送って鉱山の採掘や②道路建設を進めていました。教誨師として北海道に渡った原は，受刑者たちの悲惨《さん》な状況を目の当たりにし，待遇《ぐう》改善を訴《うった》えました。

③政府も原の意見を一部受け入れました。1897年に原は刑期を終えて出所した人を保護する寄宿舎を設立し，出所した人と共に生活し，身元引受人（保証人）となって就職をあっせんする事業を始めました。④1923年に⑤関東大震災が起きた時，自分の家が焼けても，世話をした人たちを守りました。原は⑥太平洋戦争中に亡くなるまで，⑦秩序を守ることを優先した政府とは異なり，⑧人権保障を通じて安全な社会の実現をめざす人でした。

問１　下線①の頃の出来事を，古い順に並べかえなさい。

ア　西郷隆盛らが西南戦争を起こした。

イ　政府は10年後に国会を開設することを約束した。

ウ　大日本帝国憲法が発布された。

エ　徴《ちょう》兵制度や学校制度が定められた。

問２　下線②について，右の図のような環《かん》状交差点（ラウンドアバウト）の通行ルールが2014年に導入されました。信号機のある交差点に比べて，環状交差点の特徴としてふさわしくないものを３つ選び，記号で答えなさい。

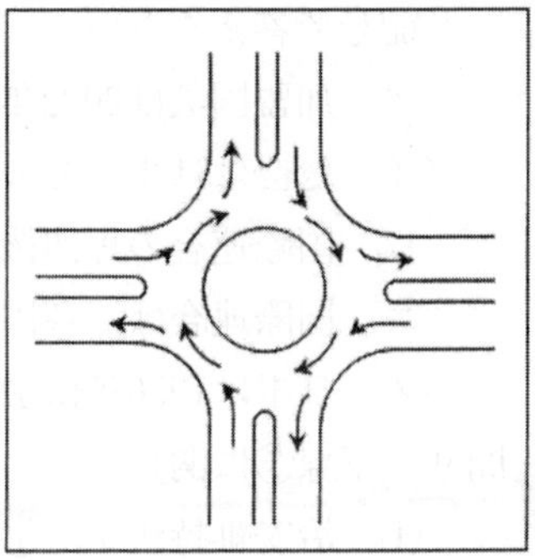

ア　出入口が何か所もある交差点でも円滑《かつ》に対応できる。

イ　１日１万台以上通行する交通量の多い交差点に適している。

ウ　より大きな用地が必要となる。

エ　正面衝《しょう》突など大事故が起こりやすい。

オ　災害に強い交差点である。

カ　維持管理費が少なくて済む。

キ　一般的に，二酸化炭素の削《さく》減効果は小さい。

ク　地域の景観の維持に役立つ。

問３　下線③は，1880年代の外交上の問題解決につながるとの考えが背景にありました。当時の事情にふれて，政府が囚《しゅう》人の待遇を改善したねらいとして考えられることを説明しなさい。

問４　下線④に関して，1920年代の日本社会のようすについて述べた文を１つ選び，記号で答えなさい。

ア　新聞や雑誌が発行されるようになり，ざんぎり頭や洋装がもてはやされた。

イ　綿織物などをつくる民間の工場が増える一方，政府は官営八幡製鉄所を建設した。

ウ　農村の中学校や高等学校を卒業した若者が集団で上京し，大都会の工場や会社に就職した。

エ　多くの人々が日本から満州に移住して農業を営んだり，会社を経営したりするようになった。

オ　都会ではデパートに買い物に行く人々が現れる一方，農村では生活に苦しむ小作人も多くいた。

問５　下線⑤に関して，震災直後の混乱と社会不安の中で命を奪《うば》われる人も少なくありませんでした。とりわけどのような人々が多く犠牲《ぎせい》となったか答えなさい。

問６　下線⑤からの復興をめざす中で再建された小学校は，避難所以外にも地域社会の中心としての役割を果たすようになりました。次の(1)(2)に対応して，体育館としても使える講堂はどのような役割を担うようになったか，具体的に答えなさい。

(1) 都市での人口増加

(2) 国民の政治参加要求の高まり

問7　下線⑥の戦争中や戦争直後，台風による水害でも各地で多くの犠牲者が出ました。その理由としてまちがっているものを1つ選び，記号で答えなさい。

ア　軍需《じゅ》産業の必要から森林の伐《ばっ》採が進み，植林も遅《おく》れていたため。

イ　戦争の被害により，気象観測を行いデータを送ることが困難だったため。

ウ　資材が不足し，十分な水害対策が行われなかったため。

エ　政府や軍部が気象情報を重視せず，天気図が作成されなかったため。

問8　下線⑥の後に設立された国際連合について述べた文としてまちがっているものを2つ選び，記号で答えなさい。

ア　加盟国数は2022年1月現在で，約50ヵ国である。

イ　総会にはすべての加盟国が参加し，一国一票ずつ投票権を持っている。

ウ　国際連合の専門機関が予防接種の普及を進めたことで，天然痘《とう》が撲滅《ぼくめつ》された。

エ　国際連合は，各国政府だけでなくNGOとも協力して，様々な活動を行っている。

オ　日本は1956年に加盟した後，国際連合で採択《たく》された条約をすべて批准《じゅん》している。

問9　下線⑦に関して

(1) 治安維持法が，①制定された時期　②廃《はい》止された時期を，それぞれ下の(**あ**)～(**き**)から選び，記号で答えなさい。

1894	**日清戦争の開戦**
	(あ)
1914	**第一次世界大戦のぼっ発**
	(い)
1928	**初の男子普通選挙の実施**
	(う)
1931	**満州事変のぼっ発**
	(え)
1937	**日中戦争の開始**
	(お)
1945	**第二次世界大戦の終結**
	(か)
1951	**サンフランシスコ平和条約の締《てい》結**
	(き)
1964	**東京オリンピック・パラリンピックの開催**

(2) 人やものが日本へ入国する際に行われることとして，まちがっているものを1つ選び，記号で答えなさい。

ア　伝染病感染者が国内に感染を広げることを防ぐため，発熱の有無や体調を調べる。

イ　働くために入国する外国籍《せき》の人が，有効なパスポート(旅券)とビザ(査証)を持っているかを確認する。

ウ　国内の人々の健康に害を及ぼすことのないよう，輸入された食品の残留農薬などを検査する。

エ　政府を批判する活動をした日本人が日本に入国することのないよう，思想や言動を審《しん》査する。

オ　絶滅のおそれのある野生動物が違《い》法に取引されることのないよう，取り締《し》まりが行われる。

問10　下線⑧に関して，自由な表現活動が他の人の権利を脅《おびや》かす事例があります。そのような事例ではないものを１つ選び，記号で答えなさい。

ア　外国にルーツをもつ人を侮辱《ぶじょく》する言動やうその情報が広まり，偏《へん》見が広がる。

イ　多くの人の目にふれる形で，他人に知られたくない個人の情報が公開される。

ウ　著名人に対する誹謗《ひぼう》中傷が，インターネット上で集中的に寄せられる。

エ　要職にある政治家の差別的発言が報道され，辞任に追い込まれる。

オ　犯罪の加害者やその家族などの個人情報が公開され，更《こう》生や立ち直りが難しくなる。

【理　科】（40分）〈満点：100点〉

（選択肢《たくし》の問題の答が複数ある場合は，すべて答えなさい。）

Ⅰ　1　図1は，冬に東京で，南に足を向けて寝《ね》そべって夜空を見たときの様子を示したものである。オリオン座の星Aを中心として6つの1等星（星B～G）を結んでできる大きな六角形を見ることができる。これを「冬のダイヤモンド（大六角形）」という。

図2は，東京のある年の2月10日の星Aと冬のダイヤモンドのうち3つの星の高度の変化を示したものである。高度とは地平線とその星との間の角度で，0°（地平線）～90°（天頂：観測者の真上の点）の値をとり，星の移動とともに変化していく。

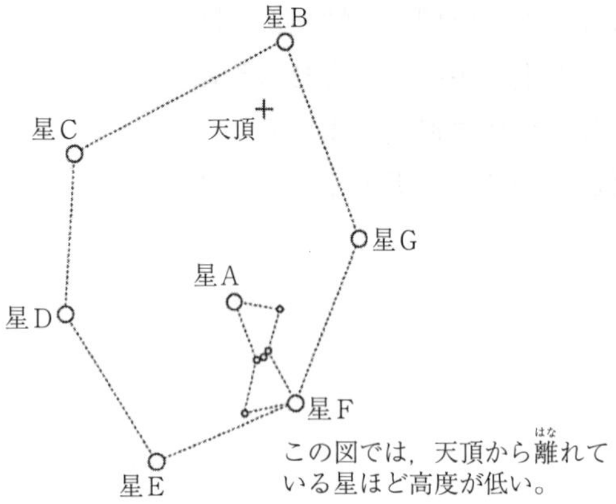

この図では，天頂から離《はな》れている星ほど高度が低い。

図1

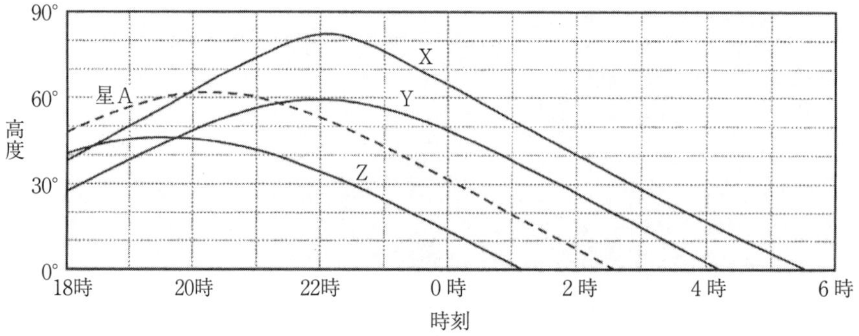

図2

(1)　図1の星A～Gから，「冬の大三角」をつくる星を選びなさい。

(2)　星Bと星Fはほぼ同時に，それぞれ高度が最も高くなる。このとき，星Fの高度が46°，星Fと星Bの間の角度が54.5°であった。このときの星Bの高度を求めなさい。

(3)　図2のX～Zは，図1の星B～Gのどの星の高度の変化を示したものか，それぞれ選びなさい。

(4)　次の①～③にあてはまる星を図1の星A～Gから選びなさい。

①　高度が最も高くなる時刻が一番早い星　　②　最も北寄りの位置で地平線に沈《しず》む星

③　高度が最も高くなってから地平線に沈むまでの時間が一番長い星

(5)　次の①～③の文の正誤の組み合わせとして正しいものを下のア～クから選びなさい。

①　星Bと星Fは，ほぼ同時に地平線に沈む。

②　星Eが地平線に沈んだあと，次に沈むのは星Fである。

③　星Aが地平線に沈む位置と最も近い位置で沈むのは星Dである。

	ア	イ	ウ	エ	オ	カ	キ	ク
①	正	正	正	正	誤	誤	誤	誤
②	正	正	誤	誤	正	正	誤	誤
③	正	誤	正	誤	正	誤	正	誤

(6)　図２の日から１ヶ月後の星Ａの高度の変化を解答欄《らん》に図示しなさい。

(7)　図３は，図２と同じ日の星Ｈ，Ｉの高度の変化を示したものである。星Ｉの見え方(動き)を星Ｈの名前を使って30字以内で説明しなさい。

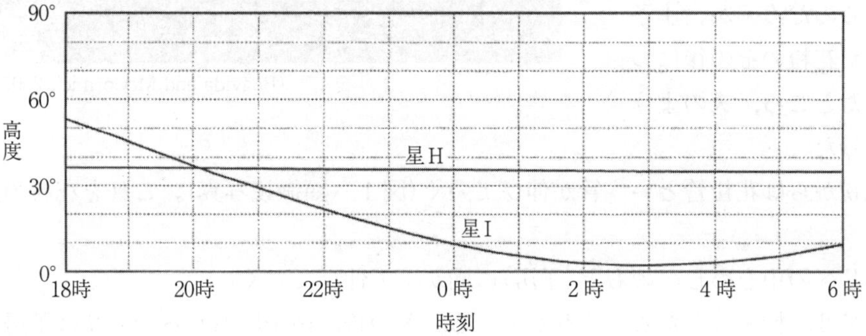

図３

2　右の表は，日本の５つの都市における1991年～2020年までの30年間の「１月」における５つの気象データの平均値をまとめたものである。表の①～④は次のイ～オのいずれかのものである。

	札幌《さっぽろ》市	新潟《にいがた》市	千代田《ちよだ》区	福岡《ふくおか》市	那覇《なは》市
雲量	8.2	9.0	4.3	7.4	7.7
①	90.4	56.4	192.6	104.1	93.1
②	29.1	22.7	2.8	6.3	0
③	108.4	180.9	59.7	74.4	101.6
④	16.7	0.2	0	0	0

気象庁HP「過去の気象データ検索」より作成

ア　雲量…空全体を雲が占《し》める割合。０～10までの11段階で表す。

イ　日照時間(時間)…直射日光が雲などにさえぎられずに地表を照射した時間の１ヶ月間の合計

ウ　降水量(mm)…降水量の１ヶ月間の合計

エ　雪日数(日)…雪が降った日の日数

オ　真冬日の日数(日)…最高気温が０℃未満の日の日数

(1)　表の①，②にあてはまる気象データを上のイ～オから選びなさい。

(2)　上のア～ウのうち，千代田区における「７月」の数値が１月のものより大きくなるものを選びなさい。

II

1　次の問いに答えなさい。

(1)　次の①～④にあてはまる植物を下のア～ウから選びなさい。あてはまる植物がない場合は×をかきなさい。

①　育てるときに支柱が必要ない。

②　これら３種類の中で，最も種子が大きい。

③　めしべのもとより上にがくがついている。

④　花びら同士がつながっている。

ア　アサガオ　　イ　アブラナ　　ウ　ヘチマ

(2)　アサガオ，アブラナ，ヘチマの花のつくりの共通点を1つあげなさい。

(3)　次の文章中の ① ～ ③ にあてはまる言葉を答えなさい。

めしべの先に花粉がつくことを受粉と言う。受粉するとめしべのもとが ① になる。 ① の中には ② ができる。植物には，めばなとおばなを持つものがある。そのような植物の場合，受粉を行った後，おばなは ③ 。

2　受粉した後，花粉にはどのような変化が起こるのだろうか。J子さんは受粉した花粉のその後について本で調べたところ，次のようなことが分かった。

図1

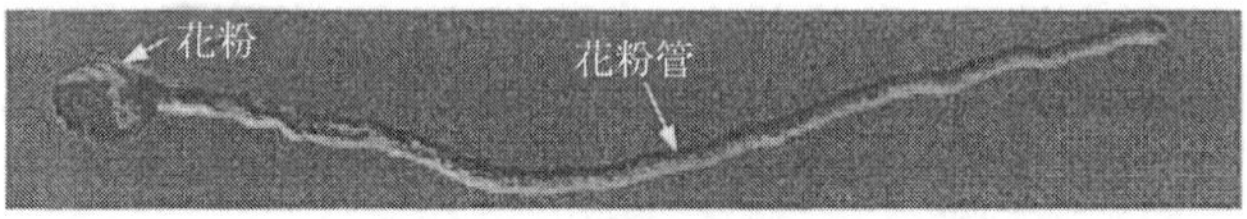

(Boavida and McCormick 2007を改変)

・受粉後，花粉からは花粉管という管が伸《の》びていく(図1　顕微《けんび》鏡写真)。これを花粉の発芽という。

・花粉管はめしべの中をめしべのもと(子房《しぼう》)に向かって伸びていく。

・花粉管の中では，精子にあたるつくりができる。その後，精子にあたるつくりは子房の中の卵にあたるつくりと合体する。

(1)　上の文章中の下線部は動物の何という現象と同じか。現象名を答えなさい。

J子さんは次の方法で，ある植物の花粉の発芽の様子を顕微鏡で観察した。

方法	1　Aの上に，寒天を溶《と》かした液(寒天液)を薄《うす》く流し，固める(図2)。 寒天液には花粉の発芽に必要な成分が含《ふく》まれている。 2　寒天の表面に花を優しくなでつけ，花粉をつける(図3)。 これを，ぬらしたろ紙を敷《し》いた容器に入れ，ふたをする(図4)。 3　16時間後，顕微鏡で観察する。

図2

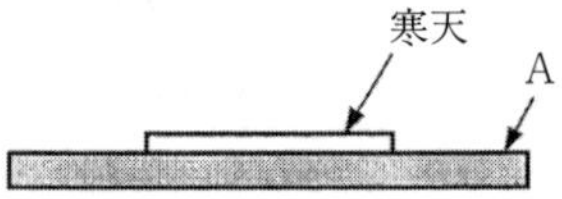

図3

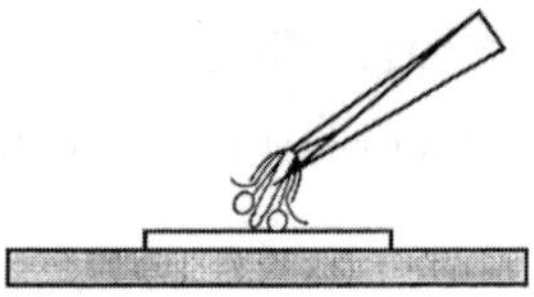

図4

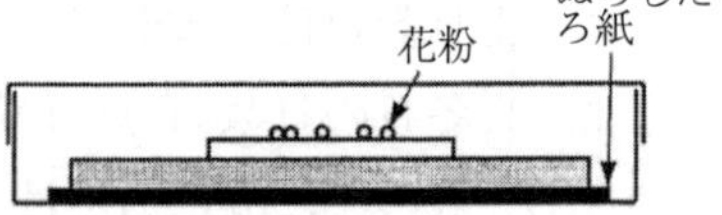

(2)　方法1で用いたAの器具の名前を答えなさい。

(3)　方法2で，ぬらしたろ紙を敷いた目的を答えなさい。

図5，6はそれぞれ実験開始時および16時間後の顕微鏡観察の結果である。

J子さんは花粉管が1mm以上伸びたときを花粉の発芽とみなして，発芽率(%)を求めることにした。

図5

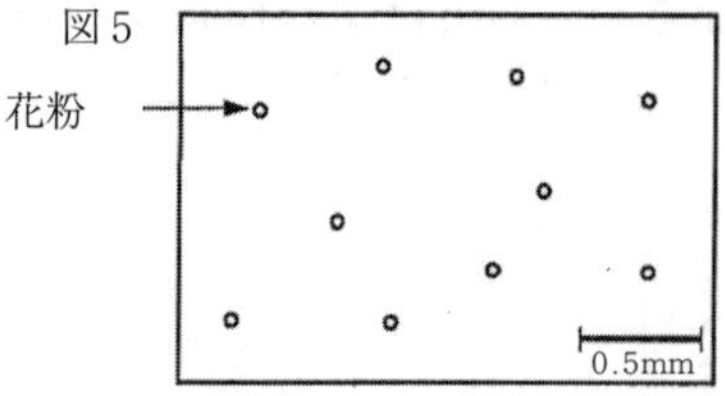

図6

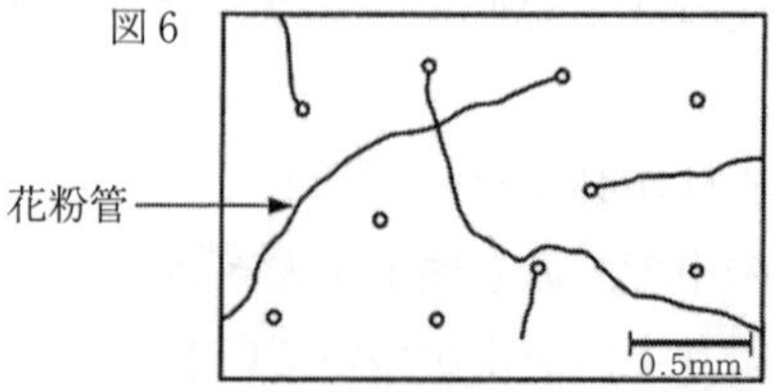

(4) 図5，6から，J子さんは花粉の発芽率(%)を『2÷8×100』と計算した。なぜ『2÷10×100』と計算しなかったのか。その理由を答えなさい。

次にJ子さんは，BTB液を加えたときの色が異なる寒天液を4種類作った。4種類の寒天液それぞれで何回か方法1～3をくり返して，発芽率の平均を求めた。右の表はそれぞれの寒天液にBTB液を加えたときの色と花粉の発芽率の平均をまとめたものである。

BTB液の色	発芽率(%)
青色	71
少し緑がかった青色	81
緑色	60
黄色	44

(Boavida and McCormick 2007を改変)

(5) J子さんは表の結果をグラフにしてみた。どのような形式のグラフで表すとよいか。最もふさわしいグラフを次のア～ウから選びなさい。

ア 棒グラフ 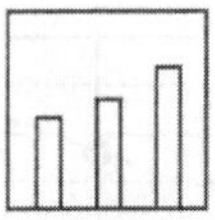
イ 柱状グラフ 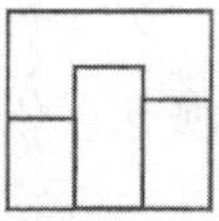
ウ 折れ線グラフ 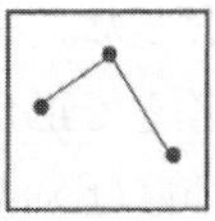

(6) (5)で選んだグラフの横軸《じく》は何か答えなさい。

(7) 次の①～④の文について，実験結果から正しいと判断できるものにはA，誤りと判断できるものにはB，正しいとも誤りとも判断できないものにはCを書きなさい。

① 花粉管の長さが最も長くなるのは，寒天液が中性より少しアルカリ性のときである。

② BTB液の色が少し緑がかった黄色になる寒天液を用いて実験すると，発芽率が52%になる。

③ 寒天液が強いアルカリ性であるほど，発芽率は高くなる。

④ 花粉管は他の花粉を避《さ》けるように曲がって伸びる。

III 1 右図のように集気びんの中に火のついたろうそくを入れると，しばらくして火が消えた。

(1) ろうそくの火が消えた後の集気びんの中について正しいものを次のア～エから選びなさい。

ア ろうそくを燃やす前より二酸化炭素は増えた。

イ 酸素はなくなった。

ウ ろうそくを燃やす前よりちっ素は増えた。

エ 壁《へき》面がくもった。

(2) 燃やしたときに二酸化炭素が生じないものを次のア～エから選びなさい。

ア 木　イ 石油　ウ 水素　エ スチールウール

2 次の実験について答えなさい。

【実験1】 容積が異なる3つの集気びんA(150mL)，B(300mL)，C(600mL)に，火のついたろうそくを入れて火が消えるまでの時間を測ると，それぞれ7.5秒，15秒，30秒だった。

【実験2】 集気びんAとBそれぞれに，右の表のような割合で酸素ボンベからの酸素と空気を集めた。そこに火のついたろうそくを入れて火が消えるまでの時間を測った。

ボンベからの酸素	空気
25%	75%
50%	50%
75%	25%
100%	0%

(1)　ボンベからの酸素を集気びんの容積の25%，空気を75%集めるには，どの図の状態からボンベの酸素を集めるのがよいか，最もふさわしいものを次のア～カから選びなさい。

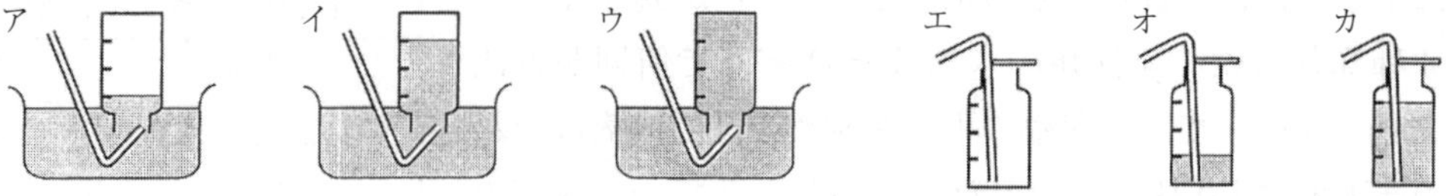

(2)　(1)で集めた気体中の酸素の割合を求め，最も近い値を次のア～エから選びなさい。
ア　21%　　イ　25%　　ウ　30%　　エ　40%

(3)　実験1，2の結果をグラフにすると右図のようになった。次の①～④について，グラフから考えて正しいものには○，間違《ちが》っているものには×をかきなさい。

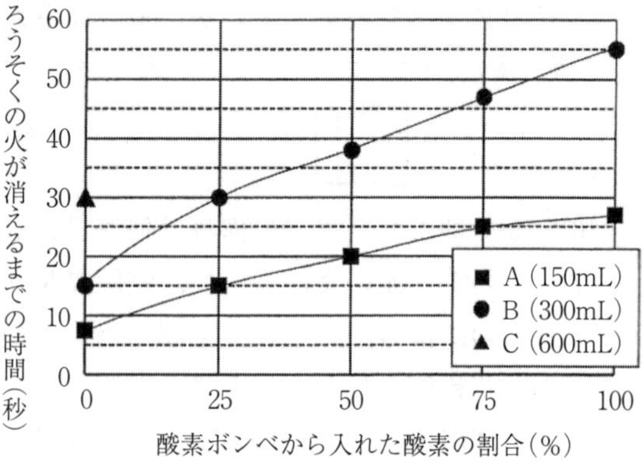

①　空気だけが入った集気びんでは，集気びんの容積が2倍，3倍になるとろうそくの火が消えるまでの時間も2倍，3倍になる。

②　集気びん中の酸素がどんな割合でも，集気びんの容積が2倍になるとろうそくの火が消えるまでの時間も2倍になる。

③　150mLの集気びん中の酸素の割合が50%以上のとき，ろうそくの火が消えるまでの時間は20秒以上である。

④　集気びんの容積が違っても，酸素の量が同じときにはろうそくの火が消えるまでの時間も同じである。

3　ものが燃えるときの炎《ほのお》の様子は，燃えるものや燃え方によって異なる。

ガスコンロでは通常は青色の炎がみられるが，酸素が少ないときはオレンジ色の炎がみられることがある。このときの燃え方を「不完全燃焼」といい，酸素が十分にあるときの「完全燃焼」と比べると炎の温度は低い。メタンやプロパンはよく燃える気体であり，燃料などに利用される。

右の図は，ろうそくの炎の様子を示したものである。図のA～Cのうち，最も温度が高いのは［　ア　］のところである。ろうは，ろうそくのしんから［　イ　］して燃える。Bのところにガラス板を入れるとガラス板の表面に黒色の固体がついた。この固体は［　ウ　］である。火が消えたときにみられる［　エ　］は，固体になった［　オ　］である。

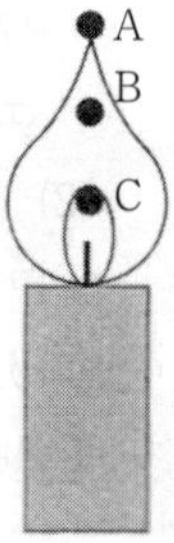

(1)　文章中の［ア］～［オ］にあてはまる言葉を答えなさい。ただし，［ア］はA～Cの記号で答えなさい。

(2)　メタン1Lを完全燃焼させると二酸化炭素1Lと水蒸気2Lが生じる。また，プロパン1Lを完全燃焼させると二酸化炭素3Lと水蒸気4Lが生じる。

メタンとプロパンを混合した気体10Lを完全燃焼させると二酸化炭素は11L生じた。燃焼前の気体に含まれるメタン，燃焼により生じた水蒸気はそれぞれ何Lか，答えなさい。

(3) ガスバーナーについて正しい文を次のア～オから選びなさい。

ア　点火するとき，ガス調節ねじを開いてからマッチの火を横から近づける。

イ　点火するとき，他の人にガス調節ねじを回してもらってはいけない。

ウ　ガス調節ねじだけが開いていて，火がついているときは不完全燃焼である。

エ　おだやかに加熱したいときは，空気調節ねじを閉じて，オレンジ色の温度が低い炎で加熱するとよい。

オ　高温で加熱したいときは，空気調節ねじの限界まで回して空気を多く送り込《こ》むとよい。

Ⅳ　1　図1のように，長さ1mの軽い糸におもり(60gの鉄球)を取り付け，ふれはば(角度)を10°にしたところで鉄球を静かにはなし，このふりこの周期(おもりが1往復する時間)を求めたい。

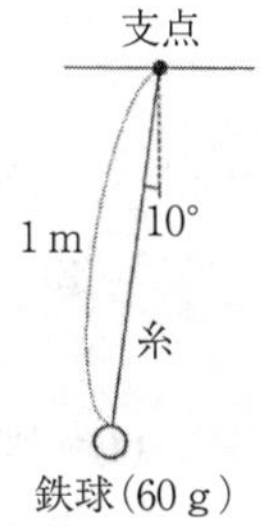

図1

まず鉄球を$_A$2往復させてから，その後，$_B$10往復する時間を測り，その時間から周期を求める。これを$_C$複数の班で行い，それぞれの班で求めた周期の平均をとってこのふりこの周期とする。

(1) なぜA～Cのようにするのか，その理由として最も適したものをそれぞれ次のア～キから選びなさい。

ア　計算しやすくするため

イ　動き始めは安定しないため

ウ　規則性がある運動か確かめるため

エ　1往復の時間が短くて測りにくいため

オ　動きが遅《おそ》くなってからの方が測りやすいため

カ　空気による抵抗《ていこう》の影響《えいきょう》を小さくするため

キ　測り方のわずかな違いで結果が変わってしまうため

(2) 5つの班でそれぞれふりこを作り，周期を求める実験をした。次の表はその結果を示したものである。

班	1班	2班	3班	4班	5班
求めた周期〔秒〕	2.005	1.997	2.024	1.788	2.009

①　4班は実験方法を間違えたため，他班に比べて数値が小さくなっている。間違えとして考えられることをア～カから選びなさい。

ア　9往復の時間を測定してしまった。

イ　11往復の時間を測定してしまった。

ウ　ふれはばを10°より小さくしてしまった。

エ　ふれはばを10°より大きくしてしまった。

オ　糸の長さを1mより短くしてしまった。

カ　糸の長さを1mより長くしてしまった。

②　実験結果から，このふりこの周期を求めなさい。ただし，小数第3位を四捨五入して小数第2位まで求めること。

(3)　次のア～オのふりこの周期を考える。ただし，ア～オのガラス球と鉄球は図１の鉄球と同じ大きさ，形である。

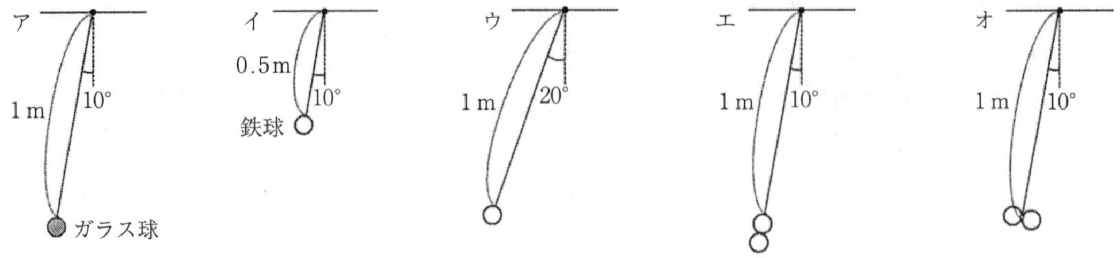

①　ふりこの周期が長い順にア～オを並べなさい。ただし，同じ周期になるものがある場合は(　)でくくりなさい。

例：(ア　イ)　ウ　エ　オ

②　図１と同じ周期のふりこの中で，最下点でのおもりの速さが最も速いものをア～オから選びなさい。

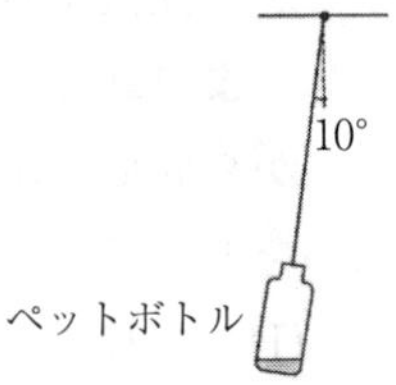

図２

(4)　図２のように，水を少量入れたペットボトルでふりこを作り，周期を求めた。水の量を増やすと周期はどうなると考えられるか，次のア～ウから選びなさい。また，その理由も書きなさい。

ア　長くなる　　イ　短くなる　　ウ　変わらない

2　下図のように，なめらかな曲面上のＰ点に鉄球を置き，静かに手をはなすと鉄球は曲面を下り，水平面上のＱ点にあるふりこのおもり(60ｇの鉄球)に衝突《しょうとつ》した。その後，おもりはふりこの運動をし，最高点に達した。下の表は「Ｐ点に置く鉄球の重さ」，「糸の長さ」，「Ｐ点の高さ」を変えたときの「最高点の高さ」を示したものである。

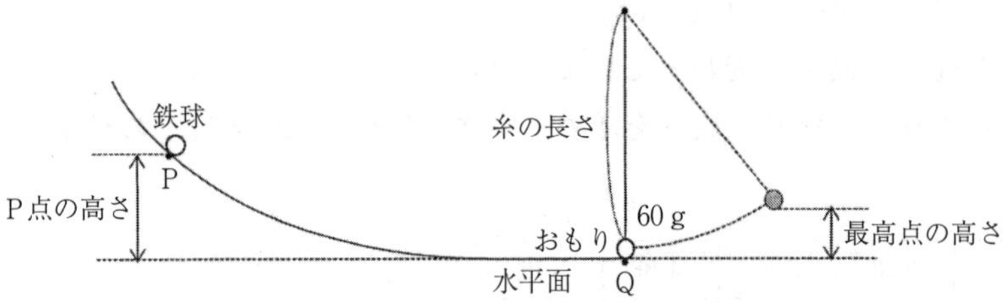

	鉄球の重さ〔g〕	糸の長さ〔cm〕	Ｐ点の高さ〔cm〕	最高点の高さ〔cm〕
ア	20	25	4	1
イ	20	25	20	5
ウ	20	100	4	1
エ	20	100	20	①
オ	60	25	4	4
カ	60	25	20	20
キ	60	100	4	②
ク	60	100	20	③

(1)　表の①～③にあてはまる数値を書きなさい。

(2)　衝突直後から最高点までのおもりの移動距離《きょり》が最も長いものを表のア～クから選びなさい。

(3) 衝突してからおもりが最高点に達するまでの時間がアと同じものを選び，衝突直後のおもりの速さが速い順に，アも含めて並べなさい。ただし，同じ速さになるものがある場合は(　)でくくりなさい。

(4) おもりの最高点の高さを高くするためにはどうすればよいか，次のア～カから選びなさい。

ア　鉄球の重さを重くする

イ　鉄球の重さを軽くする

ウ　糸の長さを長くする

エ　糸の長さを短くする

オ　P点の高さを高くする

カ　P点の高さを低くする

イ　今現在流行しているはでな言葉で
ウ　以前から使い古された言葉で
エ　強い主張をこめたりっぱな言葉で

問七　（D）にあてはまる漢字二字の熟語を考えて書きなさい。

問八　――⑤「ニコニコして戻ってきた」とありますが、おばあさんはなぜニコニコして戻ってきたのですか。その理由として最も適切なものを次から選びなさい。
ア　洋一少年が道具にまで餅を供える優《やさ》しさを持つことがうれしかったから
イ　洋一少年が予想外に様々なものに餅をお供えしていることが面白かったから
ウ　洋一少年が自分なりに考えて餅をお供えできていたことに満足したから
エ　洋一少年が納屋であれこれ悩《なや》んだあとが見えることがほほえましかったから

問九　――⑥「同じような気持ち」とはどのような気持ちか、最もあてはまらないものを次から選びなさい。
ア　自分のために働いてくれたという感謝の気持ち
イ　ずっとそばにあったものへの親しい気持ち
ウ　役に立つので手放せないという愛着の気持ち
エ　生活を支えてくれたものへの謙虚《けんきょ》な気持ち

問十　――⑦「はきふるしてよれよれになった靴でさえ」とありますが、この「さえ」と同じ働きの「さえ」を次から選びなさい。
ア　自然の恵みだと思えば、長い雨さえありがたく感じる。
イ　台風で、風に続いて雨さえ本格的になってきた。
ウ　強い雨さえ降らなければ、明日の遠足は決行です。
エ　気温が低いうえ、雨さえも降る寒い夜だった。

問十一　――⑧「ものがものとしてしかとらえられなくなってきた」とありますが、このことによって現代人はどのような行動をとると筆者は考えていますか。十字程度で答えなさい。

問十二　――⑨「カムイという観念」とはどういう考え方ですか。本文から読み取って説明しなさい。

問十三　次の1～4のうち、本文の内容と合っているものには○を、間違っているものには×をつけなさい。
1　アイヌの人たちは、他の文化の影響《えいきょう》を受けず、アイヌの文化だけを守り続けている。
2　カムイとはこの世の全てのものに宿っており、どれも人間の役に立ってくれる存在である。
3　アイヌの人たちは、いつもカムイを感じているが、人間からカムイに働きかけることはない。
4　カムイと共に生きる精神を生かして生活することは、アイヌ以外の人にもよいことだ。

問十四　次の意味になるように（　）にあてはまる言葉をひらがなで書きなさい。
1　じゃまをする　→　**水を**（　　）
2　なかったことにする　→　**水に**（　　）

問十五　[a]「リンジ」・[b]「コンテイ」・[c]「シリョウ」を漢字に直しなさい。

三

次のカタカナを漢字に直しなさい。
1　外に出て日光をアびる。
2　長々しい説明をハブく。
3　出番を待ちカマえる。
4　山のイタダキに雪が残る。

と大谷氏はいう。

農器具やら自転車やらもまたカムイであるとするならば、現代の都会生活の中でもカムイの観念を生かし、アイヌの伝統的な精神に即《そく》した生活をするのは、不可能ではないはずだ。かつては和人だとて、自分の使う道具などに対しては⑥同じような気持ちを抱《いだ》いて生活していたはずである。私自身も子供の頃には、⑦はきふるしてよれよれになった靴《くつ》でさえ愛着があって、捨てずに飾《かざ》っておいた覚えがある。あの時の気持ちがどういうものであったか明確には思い出せないが、もしかしたらそれがかつてのアイヌ的精神と同じものであったかもしれない。それがいまや、そんなことを言っている私自身が、狭《せま》い家の中にものばかりあふれかえっている生活を送り、邪魔臭《じゃまくさ》くなるとどんどん捨ててしまっている。私自身は日本の伝統文化もアイヌの伝統文化も、昭和四〇年代の高度成長期に壊滅的《かいめつてき》なダメージを受けたと考えているのだが、それは物質的な生活が豊かになることによってものの精神性が失われ、⑧ものがものとしてしかとらえられなくなってきたからではあるまいか。そう考えると、⑨カムイという観念を見つめることによって、われわれが本来そうであったはずの精神にわれわれ自身を戻すということが、できるのではないかという気がするのである。

（中川　裕『アイヌ語をフィールドワークする』より
Ⅱ「アイヌ文化のキーワード　1　カムイ」）

問一　――①「いただきにまいりました」について、

(1)　敬語の説明として最も適切なものを次から選びなさい。

ア　尊敬語と謙譲《けんじょう》語が使われている
イ　謙譲語と丁寧《ていねい》語が使われている
ウ　丁寧語と尊敬語が使われている
エ　尊敬語と謙譲語と丁寧語が使われている

(2)　敬語を使わない、ふつうの言い方に直しなさい。

問二　――②について、

(1)　「迷信」の意味として最も適切なものを次から選びなさい。

ア　道理に合わない言い伝え
イ　人々を混乱させるたくらみ
ウ　明確ではない考え方
エ　ひとりよがりの思いこみ

(2)　「非常に合理的な側面を持っている」とありますが、「こうした見方」はどのような合理的な結果をもたらしていますか。本文中から十字～二十字で三点抜《ぬ》き出しなさい。

問三　(A)～(C)にあてはまる語をそれぞれ選びなさい。

ア　つまり　　イ　また　　ウ　しかし
エ　すると　　オ　だから

問四　――③「そういう気持ちで以て」とありますが、どういうことを大切にする気持ちですか。最も適切なものを次から選びなさい。

ア　神を尊いものとして敬う　　イ　相手の立場に立って考える
ウ　まちがったらすぐ改める　　エ　集団生活のルールを守る

問五　――④「汚れ水は必ず出る」とありますが、アイヌの人は、汚れ水をどこに捨てるのですか。次の（　）に十五字～二十字の語句を入れて、説明を完成させなさい。

カムイのいないところはないので、（　　　　）場所

問六　＝＝(あ)「よく」・(い)「キャッチフレーズ的に」のここでの意味として最も適切なものをそれぞれ選びなさい。

(あ)「よく」

ア　たくみに　　イ　たやすく
ウ　みごとに　　エ　しばしば

(い)「キャッチフレーズ的に」

ア　イメージが定まった印象的な言葉で

自然に対する②こうした見方は、現代人の目には単なる迷信としてしか映らないかもしれないが、非常に合理的な側面を持っている。水に精神があるものと見、その着物をそっといただいてくるという気持ちで水を汲めば、桶を乱暴に水に突っ込むようなこともなくなり、間違いなく水を濁《にご》さずに汲むことができるのだ。

それはまた川で洗濯《せんたく》をしないという習慣にも現れる。ふんだんに水の流れる川のそばで生活しながら、そこで洗濯をしない民族というのも珍しいのではないかと思うが、アイヌ人にとっては川にも精神があるのであり、それは人間と同じ感覚を持っている。人間にとって汚《きたな》いものは川にとっても汚いのである。（Ａ）、汚《よご》れたものを川に流すなどということはしない。③そういう気持ちで以《もっ》て、川で洗濯することも、川に向かって立ち小便することもきつくいましめられるのであるが、それはもちろん必然的に下流に住む人々の飲み水を汚さないということにつながる。伝染病の蔓延《まんえん》をふせぐことにももちろんつながる。水を人と同じものと見るということが、社会生活を快適に営むための、こうした非常に合理的なシステムを支えているのである。

さて、それではかつてのアイヌ人は洗濯する時にどうやっていたのかというと、水を樽《たる》に汲んで、その樽で洗濯をしたのだった。（Ｂ）、樽で洗うにしたってなんにしたって、④汚れ水は必ず出る。その水はどうしたのかということはやはり疑問になるので、あるとき白沢ナベさんに聞いてみたことがあった。（Ｃ）、カムイのいないところに捨てるんだという。しかし、カムイのいないところといったって、それこそありとあらゆるものがカムイなのだから、いないところなんてないんじゃないのと聞き返したら、「だからそういうときは、『これから水をまかす（捨てる）から、カムイがいたらちょっとそこをどいてください』といって、それからまかすのさ」ということであった。

あらゆるものが人間と同じ

身の回りのあらゆるものに人間と同じ感情を見出すというこうした発想こそ、アイヌ文化のⓑコンテイをなすものである。㋐よくアイヌ文化について「自然との共存」とか「自然との調和」といった言い方を（自分でもときどき）するが、それは㋑キャッチフレーズ的にわかりやすく言っているのであって、アイヌ文化の特質をもう少し正確にいえば、「この世を動かしているすべてのものに人間と同じ精神の働きを認め、それらが人間と同じルールにしたがって、人間とともにひとつの共同社会を形成しているという思想に基づいた文化」ということになろうか。

だから、なにも自然物ばかりに敬意を払《はら》うわけではない。（Ｄ）物であっても、それが人間の役に立ってくれればピㇼカカムイpirka kamuy「善神」なのであり、人間に害を及《およ》ぼせばウェンカムイwen kamuy「悪神」ということになる。

穂別《ほべつ》町出身の大谷洋一氏は昭和三五年生まれで私よりも年が若いのだが、彼からこんな話を聞いたことがある。子供の頃《ころ》、暮れになると家族で餅《もち》つきをするのだが（これはもちろん和人の習慣）、そこで作った小さなお供え餅をおばあさんが洋一少年に持たせて、「お前が世話になったなと思っている神様に、これをあげておいで」というのだそうだ。そこで洋一少年は何にそのお餅を乗せたらよいのかわからないながら納屋《なや》へ行き、これも神様かな、あれも神様かなと考えつつ、馬のⓒシリョウ桶やら、農器具やら、自転車やらにそのお供え餅を乗せて戻《もど》ってくる。すると、おばあさんはしばらくしてから納屋へ見にいき、洋一少年が何にお供えしてきたか確認して、⑤ニコニコして戻ってきたというのである。これは学校に上がる前から小学校の中ぐらいまで続いた習慣だというが、これによって道具にも魂《たましい》があって、自分もその世話になっているという観念を、自然に体で覚えさせられた

ことなく奪《うば》われてしまったくやしい気持ち

ウ　自分の罪が実は誰かに知られていたのだということに気づき、恥ずかしさのあまりぼうぜんとする気持ち

エ　みんなで協力し合って生きようとしていた人々を裏切った罪を、目の前に突《つ》きつけられたような苦しい気持ち

問七　――⑦「知らず、傷にふれていたことになる」とありますが、

(1)「知らず」のここでの意味として最も適切なものを次から選びなさい。

ア　思い出せず　　イ　気づかないうちに

ウ　関わりはないが　　エ　わきまえもなく

(2)「傷」とは何をさしていますか。本文から二十字程度で抜き出し、最初と最後の三字を書きなさい。

問八　――⑧「戦後」とありますが、この戦争は何年に終わったか、西暦で書きなさい。

問九　――⑨「私にはやはり虹であり」とありますが、色鉛筆は「私」にとってどのようなものですか。「虹」という言葉に着目して答えなさい。

問十　――⑩「戦中派の心模様である」とありますが、筆者の心模様として最も適切なものを次から選びなさい。

ア　最近の人たちに、戦時中のように物を大切にする気持ちを受けついでほしい

イ　戦時中とは異なり、好きなものをだいじにできる世の中であり続けてほしい

ウ　戦時中と比べて物に困ることのない豊かな生活を二度と手放したくない

エ　戦時中の学校生活のように先生の言いつけが絶対であるべきではない

オ　子どもの心を傷つける戦時中の学童疎開のようなことはあってはならない

二　アイヌの文化の「カムイ」について述べた次の文章を読んで後の問いに答えなさい。

水のカムイ

水に対する見方も面白い。炎《ほのお》が火のカムイの衣裳《いしょう》であるように、水は水のカムイの衣裳である。夜、水を汲《く》む時の呪文《じゅもん》としてこんな言葉がある。

ワッカ　モーㇱモㇱ。　ワッカ　カプカㇻ　クス　ケクナー。

wakka mos mos wakka kapkar kusu k=ek na.

「水よ起きてください。水のお着物を①いただきにまいりました」。

カムイというのは人間と同じように生活しているものと考えられているので、水もまた夜になれば眠《ねむ》る。だから、夜、川へ水を汲みにいって、いきなり手桶《ておけ》を突《つ》っ込《こ》んだりしたら、びっくりして飛び起きて水がにごってしまう。だから、まず声をかけて水のカムイを起こし、それから表面の着物の部分をそっといただいてくるのである。水を汲む仕事というのは女性の仕事であり、こんなふうに夜[a]リンジに汲んでこさせられるのは子供の役目だろうから、女の子が行かされることが多かっただろう。夜の闇《やみ》の中で心細く、「水の神様目をさまして私を守ってください」という気持ちも働いたかもしれない。そうやって呪文を唱えながら水を汲むことで、すべてのものに精神の働きを見るという気持ちが、知らず知らずのうちに育てられていったのに違《ちが》いない。

へ再び帰されることになった。りんご箱に身のまわりのものを詰《つ》め、親元へ、送ってもらう手はずになった。

「けれども、とうとう、色鉛筆の入ったりんご箱は、戻《もど》らなかったのです。どこへどう消えたのか。そのとき私は、色鉛筆を約束を破ってかくした罪の、これが天罰《てんばつ》なのだと、⑥からだ中青ざめるほどのショックを受けました」

一度も使わない色鉛筆だった。彼女の虹は、はかなく消えてしまい、約束を守らなかった、裏切り者という恥の記憶《きおく》が、以後、消え難《がた》くしみついたのだという。

○

色鉛筆の虹を抱きしめて深く傷ついた私の女友だち。偶然《ぐうぜん》、何年か前、彼女の誕生日に私は色鉛筆をおくったことがある。絵を描《か》くのが好きなひとだからである。⑦知らず、傷にふれていたことになる。

机の上に、色鉛筆。⑧戦後三十七年目の夏。絵を描こうという気持ちからでもなく、あれば机の上がはなやぐだろうと思って、色鉛筆を買った。ゆたかになって誰《だれ》も、色鉛筆を宝と思わなくなった。しかし、⑨私にはやはり虹であり、宝のひとつである。さんらん（※美しくかがやく）の虹である。そして虹はいかにも消えやすい。この虹を再び失いたくない思いは誰よりも強くある。⑩戦中派の心模様である。

（増田れい子『インク壺』所収「色鉛筆」）

※動員学徒＝第二次世界大戦中に労働力不足を補うために強制的に労働に従事させられた中学校以上の生徒

※は出題者注

問一　――①「ひと思案した」の意味を次から選びなさい。

ア　しばしあれこれ考えた　　イ　ひとなみに想像した

ウ　一つのことに集中した　　エ　軽く思いを寄せた

問二　――②「あたらしい机の上に、私はまず、筆箱を置いた」のはなぜか、その理由として最も適切なものを次から選びなさい。

ア　引き出しも飾りもないそまつな机が恥《は》ずかしかったから

イ　真新しい机には新しい筆箱がよく似合うと思ったから

ウ　初めてもらった机をお気に入りでいろどりたかったから

エ　すてきな筆箱を持っていることをみんなに見てほしかったから

問三　――③「机を持った日から、私はすこしおとなになった」とありますが、この時の「私」の気持ちとして最も適切なものを次から選びなさい。

ア　大切な自分の財産をすべて並べられることが誇《ほこ》らしい気持ち

イ　縁側という子どもの遊び場から離れてせいせいする気持ち

ウ　本格的に勉強に取り組む年齢《ねんれい》になったことを自覚し緊張《きんちょう》する気持ち

エ　自分の自由にできる空間を初めて手に入れてうれしい気持ち

問四　④にあてはまる言葉を本文中から三字で抜《ぬ》き出しなさい。

問五　――⑤「自分を泥棒のように思い、それでも、とうとう、色鉛筆をかくし通してしまったのです」とありますが、

(1)　色鉛筆は自分のものなのに、どういう点が「泥棒のよう」なのか、説明しなさい。

(2)　自分を泥棒のように思いながらも、女友だちが色鉛筆をかくし通したのはなぜですか。ていねいに説明しなさい。

問六　――⑥「からだ中青ざめるほどのショックを受けました」とありますが、この時の女友だちの気持ちとして最も適切なものを次から選びなさい。

ア　約束を破ってまで手放したくなかった色鉛筆が、永遠に失われてしまったことを悲しく思う気持ち

イ　たまたま手に入れたとても高級な色鉛筆を、一度も使用する

二〇二二年度 女子学院中学校

【国語】（四〇分）〈満点：一〇〇点〉

句読点は字数に入れること。

一 次の文章を読んで後の問いに答えなさい。

それは、机の上の小さな虹《にじ》である。色鉛筆《えんぴつ》。父がつくった私の勉強机は、板の残りを利用した、引き出しもなければ飾《かざ》りもない、ただの机だった。

しかし、ニスだけはていねいにぬって、明るい茶色をしていた。はじめてもらう自分の机である。壁《かべ》ぎわに押《お》しつけ、何を置こうか①ひと思案した。小学校の三年か四年生ごろだったろうか。それまでは机らしいものは持たなかった。縁側《えんがわ》が、机の用をしていた。

母が所用で東京へ出かけるのは二、三か月に一度くらいの割合だったが、そのたび私は学用品をねだった。セルロイド（※プラスチックの一種）の筆箱、紙ばさみ、鉛筆、クレヨン、下敷《したじ》き。どれもこれも宝ものであった。わけても筆箱は、毎晩抱《だ》いて寝《ね》たいほど気に入っていた。机のない時代はそれら私の財産を、夜は枕元《まくらもと》に並べて、眺《なが》め入りながら眠《ねむ》りについたものだ。

②あたらしい机の上に、私はまず、筆箱を置いた。淡《あわ》いピンクのセルロイドがバラの花のように光った。十銭屋で買ったビーズのお財布ものせてみた。南京玉の指輪もひとつ。赤と白の玉が交互《こうご》につながったもの。水色の石けりの石。

③机を持った日から、私はすこしおとなになった。ある時、東京から帰った母は、十二色の色鉛筆をその机の上に置いた。ブリキの薄型《うすがた》の箱におさまった十二色の色鉛筆は、神々《こうごう》しいまでに美しかった。私の小さな机にはじめて虹が立った。

〇

私より少し年下の女友だちに聞いてみた。私は※動員学徒世代、彼《かの》女《じょ》は学童疎開《そかい》世代である。しかし共通しているのは、（④）そのものが宝ものであり、わけても色鉛筆は、ぜいたくのひとつの極《きわ》みだったという思いである。色鉛筆にまつわる話を聞かせて、というと彼女は一《いっ》瞬《しゅん》、声をとぎらせ、やがてこういった。

「それは、私の恥《はじ》を話すことになるの」

学童疎開で、家を離《はな》れる前日、小学校四年生だった彼女は、オルガンの先生にお別れを言いに行った。先生の一家はクリスチャンで、当時身をひそめるように暮らしていたが、オルガンを通して人々とかたく結ばれていた。神学校の生徒だったその先生は、お別れをいう彼女にプレゼントを下さった。スイス製の、十二色の色鉛筆だった。

「りんご箱の一番下にその色鉛筆を入れて、疎開先へ行ったのですが、もうノート一冊、鉛筆一本、自由に買えない時代になっていたでしょ、疎開先で先生は私たちに、持ってきたものは全部出して、ノートも鉛筆も、みんなで使うようにしましょう、とおっしゃったの。何でも共用。そうやって助け合いましょうって……」

生徒たちは素直だった。持ちものは全部、着るものは別にしても、供出し、わけあって使った。

「でも……。私はオルガンの先生からいただいた十二色の色鉛筆を、どうしても、りんご箱の底からとり出すことが出来なかった。かくして出さなかった。あんなにきれいな色鉛筆。はじめての色鉛筆でした。ほんとうは出さなければいけない、でも出したくない。毎日、私は⑤自分を泥棒《どろぼう》のように思い、それでも、とうとう、色鉛筆をかくし通してしまったのです」

その疎開先の食糧《しょくりょう》事情が極端《きょくたん》に悪くなり、彼女たちは両親のもと

2022年度

女子学院中学校　▶解説と解答

算　数　(40分)＜満点：100点＞

解　答

1 (1) $35\frac{49}{60}$　(2) 8，$\frac{4}{9}$　(3) 角㋐ 15度　角㋑ 96度　角㋒ 54度　角㋓ 75度
(4) 107cm^2　(5) 60cm^2　(6) 分速50m，5分間　**2** (1) 11　(2) A＝37，B＝47
3 J子 4.5点　K子 3点，5点　**4** け，こ，さ，ふ／18，4組，5，15，59
5 (1) 2.4L　(2) A 18　B 66　C 44　D 52　**6** A 3時間12分
B 2時間48分／4時間28分48秒

解　説

1 **四則計算，数の性質，角度，面積，相似，速さ，つるかめ算**

(1) $5\frac{2}{3}\div0.85\times\frac{37}{4}\times\frac{17}{25}-\left(\frac{13}{15}+5.25\right)=\frac{17}{3}\div\frac{17}{20}\times\frac{37}{4}\times\frac{17}{25}-\left(\frac{13}{15}+\frac{21}{4}\right)=\frac{17}{3}\times\frac{20}{17}\times\frac{37}{4}\times\frac{17}{25}-\left(\frac{52}{60}+\frac{315}{60}\right)=\frac{629}{15}-\frac{367}{60}=\frac{2516}{60}-\frac{367}{60}=\frac{2149}{60}=35\frac{49}{60}$

(2) $0.125=\frac{1}{8}$より，0.125の逆数は，$\frac{8}{1}=8$である。また，$2.25=2\frac{1}{4}=\frac{9}{4}$より，2.25の逆数は，$\frac{4}{9}$である。

(3) 下の図1で，三角形ABDは直角二等辺三角形だから，角BADは45度であり，角BACは60度なので，角㋐は，60－45＝15(度)である。また，三角形BCEの内角と外角の関係より，角㋑＝角ECB＋角EBC＝60＋36＝96(度)となる。次に，三角形OBFは二等辺三角形で，角OBF＝90－60＝30(度)だから，角BOF＝180－30×2＝120(度)である。そして，三角形OBGも二等辺三角形で，角OBG＝30＋36＝66(度)だから，角BOG＝180－66×2＝48(度)となる。よって，角GOF＝120－48＝72(度)となり，三角形OGFも二等辺三角形なので，角㋒は，(180－72)÷2＝54(度)とわかる。さらに，三角形ODHの内角と外角の関係より，角㋓＝角BOF－角ODH＝120－45＝75(度)と求められる。

図1
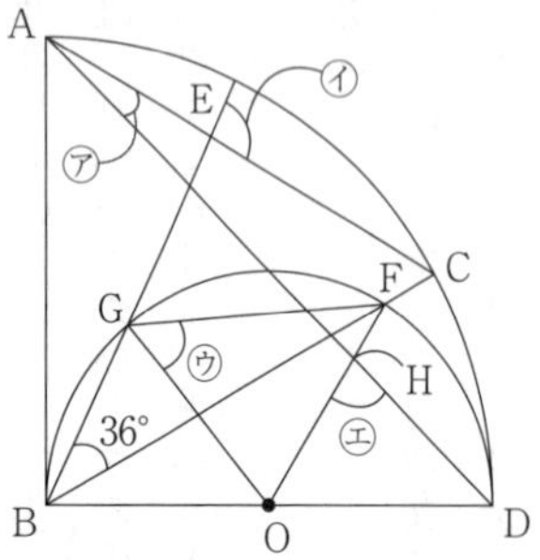

図2
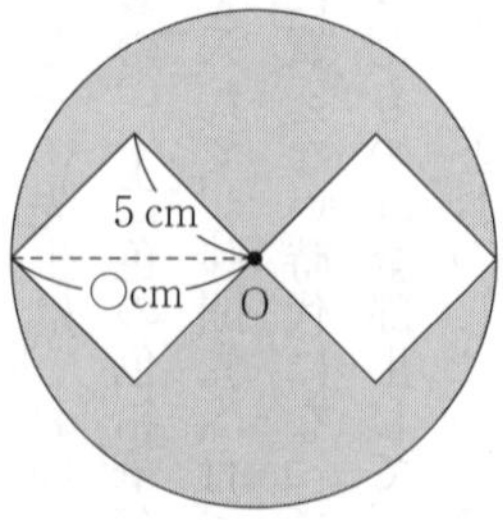

図3
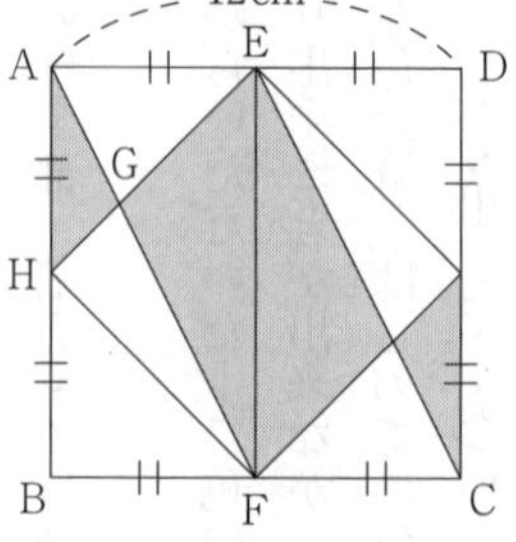

(4) 上の図2で，正方形1個の面積は，$5\times5=25$(cm²)である。また，円の半径は正方形の対角線の長さと等しいので，円の半径を○cmとすると，○×○÷2＝25(cm²)と表せる。よって，○×○＝25×2＝50だから，円の面積は，○×○×3.14＝50×3.14＝157(cm²)と求められる。したがって，影《かげ》をつけた部分の面積は，157－25×2＝107(cm²)とわかる。

(5) 上の図3で，AHとEFは平行なので，三角形AHGと三角形FEGは相似となり，AG：GF＝AH：EF＝1：2とわかる。これより，三角形AGEと三角形FEGの面積の比は1：2である。また，印のついたところの長さは，12÷2＝6(cm)なので，三角形AEFの面積は，6×12÷2＝36(cm²)となる。よって，三角形FEGの面積は，$36\times\frac{2}{1+2}=24$(cm²)とわかる。同様に，三角形AHGと三角形GHFの面積の比も，AG：GF＝1：2で，三角形AHFの面積は，6×6÷2＝18(cm²)だから，三角形AHGの面積は，$18\times\frac{1}{1+2}=6$(cm²)とわかる。したがって，三角形AHG，三角形FEGの面積の和は，6＋24＝30(cm²)となり，影をつけた部分の面積はその2倍だから，30×2＝60(cm²)と求められる。

(6) 10分16秒＝$10\frac{16}{60}$分＝$10\frac{4}{15}$分より，父が家に着いた時刻は，11時19分＋$10\frac{4}{15}$分＝11時$29\frac{4}{15}$分なので，父は駅から家まで$29\frac{4}{15}$分かかったことになる。このうち，3分間は店に立ち寄ったので，分速80mで歩いた時間と分速75mで歩いた時間の合計は，$29\frac{4}{15}-3=26\frac{4}{15}$(分間)となる。もし，分速75mで$26\frac{4}{15}$分間歩いたとすると，歩いた道のりは，$75\times26\frac{4}{15}=1970$(m)となるが，実際に歩いた道のりは1995mだから，

図4

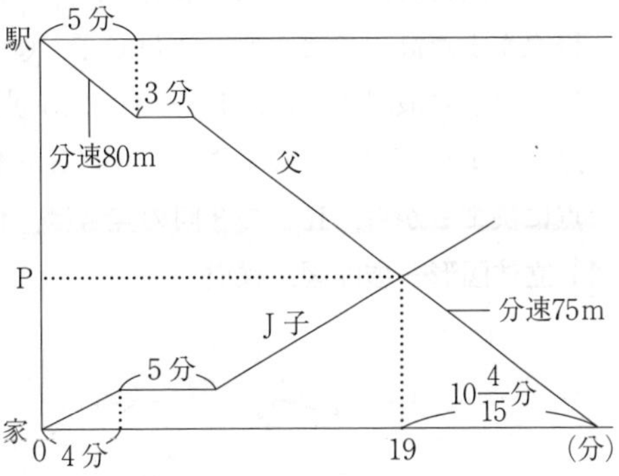

分速80mで歩いた時間は，(1995－1970)÷(80－75)＝25÷5＝5(分間)と求められる。すると，11時から2人が歩いたようすは右上の図4のように表せる。2人が出会った地点をP地点とすると，父はP地点から家まで$10\frac{4}{15}$分間休まず歩いたので，P地点から家までの道のりは，$75\times10\frac{4}{15}=770$(m)とわかる。ここで，J子さんが公園まで歩いた速さを分速□mとすると，J子さんは，公園まで分速□mで4分間歩き，公園から分速(□＋7)mで，19－(4＋5)＝10(分間)歩いて，父と出会ったことになる。このとき，J子さんが歩いた道のりの合計は，□×4＋(□＋7)×10＝□×4＋□×10＋7×10＝□×14＋70(m)と表すことができ，これが770mにあたる。したがって，□×14＝770－70＝700，□＝700÷14＝50となるから，J子さんの公園までの速さは分速50mとわかる。

2 約束記号，整数の性質

(1) 10以上50未満の素数(1とその数自身のほかに約数がない整数)は，11，13，17，19，23，29，31，37，41，43，47の11個だから，10★50＝11である。

(2) 20以上50未満の素数は，23，29，31，37，41，43，47の7個だから，(20★A)，(A★B)，(B★50)の和は7となる。よって，1×3×3＝9，1＋3＋3＝7より，(20★A)，(A★B)，(B★50)のうち，いずれか1つが1で，残り2つは3とわかる。まず，B★50＝1の場合，B以上

50未満の素数は47の1個だから，最も大きいBは47となる。すると，A★47＝3より，A以上47未満の素数は，37，41，43の3個となるから，最も大きいAは37となる。次に，A★B＝1の場合，B★50＝3なので，B以上50未満の素数は，41，43，47の3個となる。このとき，最も大きいBは41で，A以上41未満の素数は37の1個だから，最も大きいAは37となる。同様に，20★A＝1の場合，Aは最大で29，Bは最大で41になる。したがって，AとBの和が最も大きくなるのは，B★50＝1の場合で，A＝37，B＝47のときである。

3 条件の整理

	低	中	高
K子	1	ア	イ
①	2	ウ	エ
②	3	4	5

2回以上同じ点数を取った人はいないことと，3人の最も低い点数はすべて異なっていたことから，3人の最も低い点数の組み合わせは（1点，2点，3点）となる。また，K子の最も低い点数は1点で，最も低い点数が3点の人は，残り2回の点数は4点，5点となるので，右上の表のようにまとめられる。ここで，②の人の最終得点は，（4＋5）÷2＝4.5(点)である。また，ウとエの点数が（4点，5点）よりも高くなることはないので，①の人の最終得点が②の人の最終得点より高くなることはない。よって，J子の方がG子よりも最終得点が1点高いことから，①はG子，②はJ子に決まり，J子の最終得点は4.5点とわかる。さらに，G子の最終得点は，4.5－1＝3.5(点)で，3人の最終得点の平均は4点だから，K子の最終得点，つまり，アとイの平均は，4×3－4.5－3.5＝4(点)となる。したがって，アは3点，イは5点に決まるから，K子の3回の点数は，低い順に1点，3点，5点とわかる。

4 立体図形―展開図，構成

図①

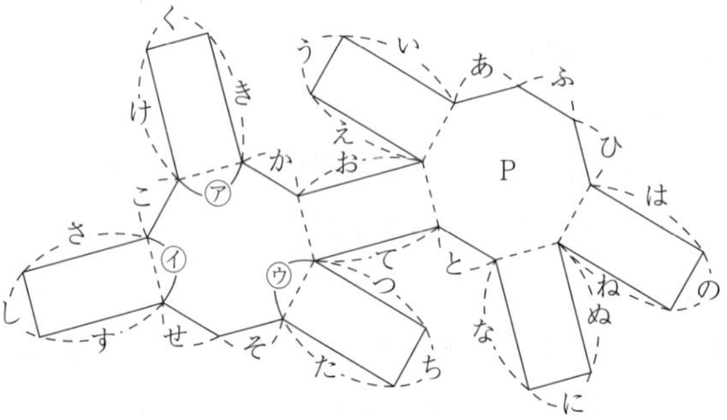

図②

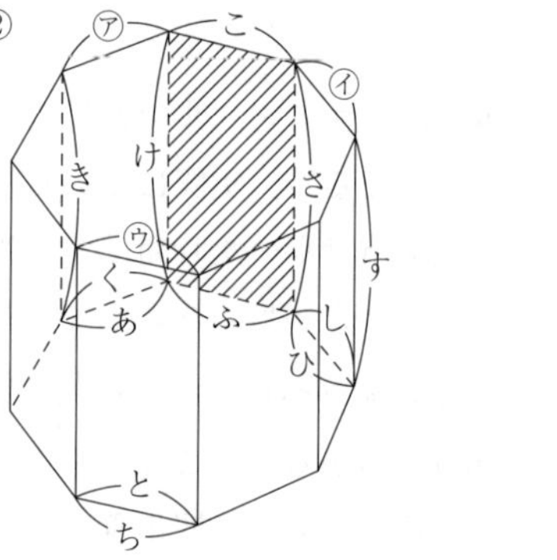

上の図①のPの面が下の底面になるように組み立てると，「あ」の辺の真上に㋐の辺がくるので，「あ」と「く」が重なるとわかる。同様に，「と」の真上に㋒がくるので，「と」と「ち」が重なり，「ひ」の真上に㋑がくるので，「ひ」と「し」が重なる。また，「ふ」の真上には「こ」がくるので，組み立てると，上の図②のようになり，斜線《しゃせん》部分に面がないことがわかる。斜線部分は，「け」，「こ」，「さ」，「ふ」に囲まれているから，長方形Ⓐの辺は，「け」，「こ」，「さ」，「ふ」のいずれかにつければよい。次に，三角柱は，底面の三角形の面が2個，側面の四角形の面が3個あるので，面をすべて切り離《はな》すと，すべての面の辺の数の和は，3×2＋4×3＝18になる。また，三角柱の面は，2＋3＝5(個)あるから，面をすべて切り離した状態から

図③

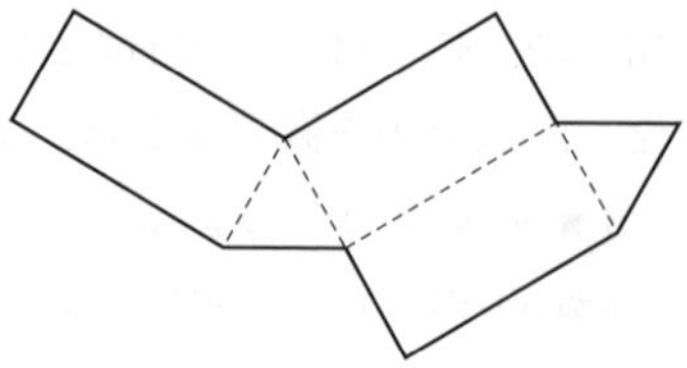

展開図を作るとき，つける必要のある辺は，5－1＝4(組)ある。すると，三角柱の展開図で，他の面とついていない辺(上の図③の太線部分の辺)は，18－2×4＝10(本)あり，立体の1つの辺を切るごとに，他の面とついていない辺が2本できるから，三角柱の展開図を作るときに切る辺の数は，10÷2＝5と求められる。同様に，八角柱の場合，底面の八角形の面が2個，側面の四角形の面が8個あるので，面をすべて切り離すと，すべての面の辺の数の和は，8×2＋4×8＝48になる。八角柱の面は，2＋8＝10(個)あるから，10－1＝9(組)の辺をつけると展開図ができ，他の面とついていない辺は，48－2×9＝30(本)になる。よって，切る辺の数は，30÷2＝15と求められる。さらに，三十角柱の場合，底面の三十角形の面が2個，側面の四角形の面が30個あるので，面をすべて切り離すと，すべての面の辺の数の和は，30×2＋4×30＝180になる。三十角柱の面は，2＋30＝32(個)あるから，32－1＝31(組)の辺をつけると展開図ができ，他の面とついていない辺は，180－2×31＝118(本)になる。よって，切る辺の数は，118÷2＝59と求められる。

5 グラフ―水の深さと体積

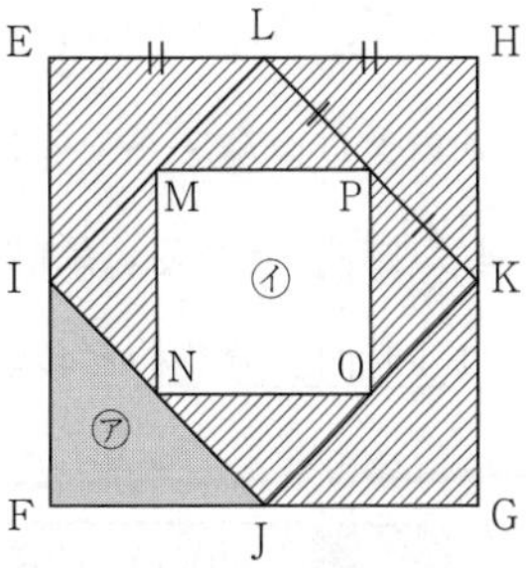

(1) 問題文中のグラフより，右の図の正方形IJKLを底面とする容器の高さは36cmであり，㋐の部分に高さ36cmまで水が入るのに3分かかるとわかる。㋐の部分の底面は，等しい辺が，40÷2＝20(cm)の直角二等辺三角形だから，その面積は，20×20÷2＝200(cm^2)である。よって，200×36＝7200(cm^3)の水が入るのに3分かかるので，水が注がれる割合は，毎分，7200÷3＝2400(cm^3)，つまり，2400÷1000＝2.4(L)と求められる。

(2) ㋐の部分に高さ36cmまで水が入った後，図の斜線部分に順番に水が入り，それらの水面の高さがすべて36cmになった後，㋐の部分の水面は再び上がるから，グラフの*A*は，㋑以外のすべての部分の水面の高さが36cmになった時間を表している。ここで，正方形EFGHの面積は，40×40＝1600(cm^2)，正方形IJKLの面積は正方形EFGHの半分の，1600÷2＝800(cm^2)，正方形MNOPの面積は正方形IJKLの半分の，800÷2＝400(cm^2)となる。よって，㋑以外の部分の底面積の和は，1600－400＝1200(cm^2)だから，*A*の時間までに入った水の体積は，(1200×36)cm^{3}であり，*A*の時間は，(1200×36)÷2400＝18(分)とわかる。次に，33分後までに入る水の体積は，(2400×33)cm^{3}であり，33分後に水は，㋑以外の部分全体に*B*の高さまで入っているから，*B*の高さは，(2400×33)÷1200＝66(cm)と求められる。33分後から，水は㋑の部分に入り始め，*C*の時間に再び㋐の部分の水面が上がり始めるので，*C*の時間に，容器全体に高さ66cmまで水が入ったことがわかる。よって，*C*の時間までに入った水の体積は，(1600×66)cm^{3}だから，*C*の時間は，(1600×66)÷2400＝44(分)とわかる。さらに，*C*の時間から水そうが満水になるまでの，61－44＝17(分間)で水は，2400×17＝40800(cm^3)入る。一方，水そうの高さ66cmから87cmまでの部分の容積は，1600×(87－66)＝33600(cm^3)だから，*D*の時間から水そうが満水になるまでに，40800－33600＝7200(cm^3)，つまり，7.2L排水《はいすい》したとわかる。したがって，排水した時間は，7.2÷0.8＝9(分)だから，*D*の時間は，61－9＝52(分)である。

6 仕事算

AもBも，$\frac{2}{3}$を終えるのにかかる時間は，$\frac{1}{4}$を終えるのにかかる時間の，$\frac{2}{3}\div\frac{1}{4}=\frac{8}{3}$(倍)になる

から，AとBで，$\frac{2}{3}$を終えるのにかかる時間の差は，$\frac{1}{4}$を終えるのにかかる時間の差の$\frac{8}{3}$倍になる。よって，Aは$\frac{2}{3}$を終えるのに，Bよりも，$6\times\frac{8}{3}=16$(分)多くかかる。また，Cは$\frac{2}{3}$を終えるのに，Aよりも12分多くかかるので，Bよりも，16＋12＝28(分)多くかかる。ここで，BとCの作業の速さの比は5：4だから，$\frac{2}{3}$を終えるのにかかる時間の比は，$\frac{1}{5}:\frac{1}{4}=4:5$である。この比の，5－4＝1にあたる時間が28分なので，BとCが，$\frac{2}{3}$を終えるのにかかる時間はそれぞれ，28×4＝112(分)，28×5＝140(分)となり，Aが$\frac{2}{3}$を終えるのにかかる時間は，112＋16＝128(分)と求められる。したがって，作業全体にかかった時間は，Aが，$128\div\frac{2}{3}=192$(分)より，3時間12分，Bが，$112\div\frac{2}{3}=168$(分)より，2時間48分とわかる。次に，3時間12分＝$3\frac{12}{60}$時間＝$3\frac{1}{5}$時間，2時間48分＝$2\frac{48}{60}$時間＝$2\frac{4}{5}$時間より，Aは1時間に，$1\div3\frac{1}{5}=\frac{5}{16}$，Bは1時間に，$1\div2\frac{4}{5}=\frac{5}{14}$の作業をする。よって，A，Bの2台で作業をすると，1時間に，$\frac{5}{16}+\frac{5}{14}=\frac{35}{112}+\frac{40}{112}=\frac{75}{112}$の作業ができ，前日に3台で行ったすべての作業の量は3だから，次の日，作業が終わるのにかかる時間は，$3\div\frac{75}{112}=4\frac{12}{25}$(時間)となる。$\frac{12}{25}$時間は，$60\times\frac{12}{25}=28\frac{4}{5}$(分)で，$\frac{4}{5}$分は，$60\times\frac{4}{5}=48$(秒)だから，かかる時間は4時間28分48秒とわかる。

社　会　(40分)＜満点：100点＞

解　答

Ⅰ　問1　イ，オ，カ　問2　ウ　問3　ア，オ　問4　(1)　ア→エ→イ→ウ　(2)　エ，オ　問5　エ→ウ→ア→イ　問6　ア，エ　問7　イ　問8　ウ，オ，カ　問9　(1)　ウ，エ　(2)　ア　Ⅱ　問1　オ，カ　問2　イ，オ　問3　(1)　(例)　洪水のとき，川の外側に水を逃がして水量を減らすようにするため。／水位が下がったとき，あふれた水を再び川に流せるようにするため。　(2)　エ　問4　イ，ウ　問5　ア，カ　問6　ウ　問7　(1)　イ，オ　(2)　エ，オ　Ⅲ　問1　エ→ア→イ→ウ　問2　イ，エ，キ　問3　(例)　囚人の待遇改善が，不平等条約改正の交渉に有利だと考えたから。　問4　オ　問5　朝鮮人　問6　(1)　(例)　地域住民の交流の場　(2)　(例)　選挙のときの投票所　問7　エ　問8　ア，オ　問9　(1)　①　(い)　②　(か)　(2)　エ　問10　エ

解　説

Ⅰ　災害を題材とした歴史と地理の問題

問1　イ　津波は，海底火山の噴火《ふんか》や海底地震，海底にある断層のずれなどを原因として発生する。1983年には，秋田県北部沖の日本海を震源とするマグニチュード7.7の日本海中部地震が発生し，北海道から九州にかけての日本海沿岸で津波が観測された。　オ　湾《わん》状になっている場所では，

せまい湾内に津波のエネルギーが集中し，より強力な高い波となって津波が押し寄せることがある。そのため，被害も大きくなりやすい。　カ　1時間に50ミリ以上の降水量というのは非常に激しい雨で，災害をもたらす危険性が高い。1時間に50ミリ以上の降水量の平均年間発生回数は，1976～85年の期間よりも2012～21年の期間のほうが1.4倍ほど多くなっており，地球温暖化の影響《えいきょう》が指《し》摘《てき》されている。

問2　ア　層による土の色や性質の違いは，火山の噴火などによって，もとあった層に別の土が重なることで生じる。　イ　地震によって土地が陥没《かんぼつ》することはありえるが，竪穴《たてあな》住居内にある丸い穴は，火をたく場所だったと考えられる。　ウ　地震によって地面が動けば，地割れが起こったり段差ができたりする可能性がある。竪穴住居は地面を床としており，そこに10センチ以上もの段差があるということは，そこで地震が起こり，地面が動いたためだと推測できる。　エ　地震がもとで火事が発生することもあるが，竪穴住居内の地面にある焼け焦《こ》げは，イと同様，火をたいた跡と考えられる。

問3　ア「各地の古墳には女性の首長が単独で埋葬《まいそう》されている例が見られる」とある。首長はある集団のリーダーであり，古墳は当時の権力者の墓であることから，女性の首長が政治を行っていた地域があるといえる。　イ　まじないに使用したと考えられている「鏡や玉」が，男性の首長の棺《ひつぎ》にも入っていたことが読み取れる。　ウ　女性の首長が「常に男性の首長の補佐役」だったかは読み取れず，アでみたように，集団のリーダーとして政治を行っていた地域もあると考えられる。　エ　鏡や玉をつかったまじないは，「儀式やまつりの場」で行われたと考えられる。女性の首長の棺にも鏡や玉が入っていたのだから，女性もまじないに関わっていたのだと判断できる。オ「五世紀の巨大な古墳には女性首長の埋葬例は見当たらず，女性首長の棺によろいやかぶとを納めた例もない」とあるので，指導者が軍事的な性質を帯び，これによって政治が主導されるようになると，男性首長が中心となったことが読み取れる。

問4　(1)　アは奈良時代，イは平安時代後半，ウは平安時代末から鎌倉時代初め，エは平安時代初めのできごとなので，古い順にア→エ→イ→ウとなる。　(2)　十和田湖は，秋田県と青森県の県境にある。また，日本最深(最大水深423.4メートル)の湖である田沢湖は，秋田県にある。

問5　アは15世紀前半以降，イは16世紀なかば，ウは14世紀後半，エは14世紀前半のできごとなので，古い順にエ→ウ→ア→イとなる。

問6　豊臣秀吉は1590年に全国統一を成しとげると，その後，1592～93年の文禄の役と，1597～98年の慶長の役の二度にわたり，朝鮮出兵を行った。また，本格的に全国統一に乗り出した1582年には検地(太閤検地)を始め，これを全国へと広げていった。なお，イとオは織田信長，ウは江戸幕府の第3代将軍徳川家光が行ったこと。

問7　千歯こきは江戸時代に発明された脱穀《だっこく》用の農具で，細い竹や鉄の棒をくしの歯状に並べ，その間に稲束をはさんで引っ張り，もみを落として使った。

問8　ウ　1657年の明暦の大火は，江戸城に近かった本妙寺《ほんみょうじ》という寺が火元の1つとされ，大きな被害を出した。そのため，大火のあと，幕府は江戸の町の中心部にあった寺社を，少し離れた地域へと移転させた。　オ　隅田《すみだ》川には，江戸城防衛の観点から千住大橋以外の橋がかけられていなかった。そのため，明暦の大火のさいには多くの人が川の向こう岸に逃げられず，命を落とした。そこで幕府は，新たに両国橋を設置した。　カ　災害時には物資が不足し，米の値段も上がる。

そこで幕府は，米の価格が上がるのを防ぐために米を買い占《し》め，被災者支援に用いた。

問9　(1)　ウ　「鎌原《かんばら》村の生存者や近隣《きんりん》の村の人々」を新たに雇《やと》い，そのための給料を支払わなくてはいけなくなるのだから，「幕府の負担する再開発費用がごくわずかですむ」とはいえない。　エ　工事の責任者は「近隣の有力な百姓《ひゃくしょう》」だったのだから，「専門的な知識を持った人々だけ」で工事が行えたわけではない。　(2)　石見《いわみ》(島根県)には銀山，佐渡《さど》島(新潟県)には金銀山があった。鉱山は幕府の経済力を支える重要な場所であり，金銀は貨幣《かへい》の材料となることから，江戸幕府は国内の主要な鉱山を天領(幕府直轄《ちょっかつ》地)として直接支配した。

Ⅱ　洪水への対策を題材とした問題

問1　ア　警察庁は国の機関で，全国に置かれた都道府県警察(東京都は警視庁)が，地方公共団体の警察の仕事を担当している。　イ　裁判所は，すべて国が設置する。　ウ　法律案は，国会議員か内閣が作成して国会に提出する。憲法と法律の範囲内で地方公共団体が定め，その地方だけに適用される決まりは，条例である。　エ　各都道府県に本店を置き，おもにその地域を中心に営業する銀行を，地方銀行という。地方銀行は民間の企業で，地方公共団体の行う事業ではない。また，紙幣は，唯一《ゆいいつ》の発券銀行である日本銀行が発行する。　オ　水道事業は，原則として各地方公共団体が行う。　カ　保健所の設置は地方公共団体の仕事で，都道府県や政令指定都市，特別区(東京23区)が設置する。

問2　ア　輪中は愛知県だけでなく，岐阜県や三重県でも見られる。　イ　木曽川・長良《ながら》川・揖斐《いび》川という木曽三川が集中して流れる濃尾平野南西部では，ひんぱんに洪水が起きていた。江戸時代には幕府が薩摩藩(鹿児島県)に木曽三川の分流工事を命じ，明治時代にはオランダ人技師を招いて分流工事が行われた。　ウ　1959年の伊勢湾台風では，高潮により輪中地帯の多くの堤防が決壊《けっかい》した。その後，高く，幅《はば》の広い堤防がつくられるようになったが，輪中の数が増えたわけではない。　エ　輪中は，その土地の特性から稲作が農業の中心となっているが，畑作が行われているところもある。　オ　輪中では，ふだんの住居である母屋《おもや》から一段高い場所に水屋をつくり，食料や避難《ひなん》用の舟をしまっておくことで，浸水《しんすい》被害に備えていた。

問3　(1)　地形図中に見られる堤防は，一般に霞堤《かすみてい》とよばれる。霞堤は，上流側に開くようにして堤防に切れこみを入れ，川の水の逃《に》げ場をつくっておくもので，こうすることにより，川が増水したさい，どこに水が流れるかが予想できるので，被害が軽減できる。また，ここで川の水量を減らせるので，下流側の増水や水害を軽減することにもつながる。さらに，水位が下がってきたときには，あふれた水が自然に川へ戻《もど》るという利点もある。なお，地形図は甲斐《かい》(山梨県)の戦国大名・武田信玄が霞堤などを利用して整えた「信玄堤《づつみ》」が見られる場所で，川は釜無《かまなし》川である。　(2)　ア　特にことわりがない場合，地図の上が北，下が南，右が東，左が西にあたる。地図の右側に見える標高292.0メートルの三角点(△)と標高284メートルの標高点(•)の位置関係から，川は北から南へ流れていると判断できる。　イ　地形図中には住宅地と，果樹園(ȯ)や水田(‖)，畑(∨)といった農地が混在している。　ウ　「下高砂」付近には，寺(卍)や神社(⛩)，郵便局(〶)がある。　エ　河川敷《しき》は荒《あ》れ地(ılı)になっている。これは，川の水があふれたとき，自然の遊水地にするためである。　オ　霞堤の西側には，標高296メートルを示す標高点がある。そのほぼ東の，川の対岸に標高284メートルを示す標高点があることから，川の西側に比べ，東側はわずかに土地が低いと判断できる。この周辺にはおもに，水田が広がっている。

問4　消防に関する仕事は，市町村が責任をもって行うことになっている。消防庁は総務省の外局で，都道府県とともに，市町村の消防事業の助言や指導などを行う。また，都道府県知事は大規模災害のさい，自衛隊の災害派遣を要請できるが，自衛隊は防衛省の管理下にあり，派遣の命令を下すのは防衛大臣または防衛大臣が指名する人とされている。

問5　2011年に発生した東日本大震災のさいには，GDP(国内総生産)にかかわりなく，多くの国から支援がよせられた。また，防災行政無線は，地域によって起こりやすい災害や警戒《けいかい》レベルに違いがあるため，放送内容も異なる。

問6　ア　火山の噴火はいつ起きるかが予想できないので，ふだんからの備えが重要となる。
イ　活動が活発な火山は，熊本県の阿蘇山のように，太平洋に面していない都道府県にもある。
ウ　火山は海底にも多く存在し，噴火を起こすこともある。　　エ　富士山は活火山だが，活動が止まっていると判断された火山であれば，山頂への登山ができる。　　オ　日本には111の活火山があり，そのうち50が常時観測火山として24時間体制で監視されている。

問7　(1)　津波は河口から上流にさかのぼることがあるため，大河川の堤防上は危険な場所となる。また，防災気象情報に応じて５段階の警戒レベルが設定されているが，警戒レベル３で高齢者などの避難や自主避難が求められ，レベル４ではすべての住民の避難が指示される。　(2)　災害時には，道路が渋滞《じゅうたい》したり使えなくなったりするおそれがあるため，車での避難は危険をともなう。また，豪雨のさいには，地上よりも地下街のほうが先に浸水し，危険な場所となる。

Ⅲ　原胤昭《たねあき》の業績を題材にした問題

問1　アは1877年，イは1881年，ウは1889年，エは1872年(学制の公布)と1873年(徴兵令の公布)のできごとなので，古い順にエ→ア→イ→ウとなる。

問2　図からわかるように，環状交差点(ラウンドアバウト)では自動車が交差点中央の円に沿って時計回りに進むことになる。左右に注意を払い，減速することになるので，正面衝突《しょうとつ》などの事故は起こりにくくなるが，車が多いと渋滞の原因となるので，交通量の多い交差点には適さない。また，信号で止まらずにすむので，信号のある交差点に比べ，停止中や発進時に排出される二酸化炭素などの量を削減できる。

問3　1880年代，明治政府にとって，欧米諸国と結んだ不平等条約の改正は最大の外交課題となっていた。そのためには，日本が法律や社会制度が整備された近代的な国家であることを，欧米諸国に示す必要があった。そこで，受刑者の人権を無視したあつかいをやめ，待遇《たいぐう》を改善したのだと考えられる。

問4　1920年代は大正時代から昭和時代初めにかけてのころで，都会ではデパートが登場して華やかな生活が送れるようになったが，農村では小作人が苦しい生活を強いられていた。なお，アのような風潮は文明開化とよばれ，明治時代初め(1860～70年代)に見られた。イは日本の産業革命が進展した明治時代後半(1880～1900年代)，ウは高度経済成長期の昭和時代(1950～70年代)にあてはまる。エは満州国が建国された1932年以降のことで，昭和時代前半にあたる。

問5　1923年に関東大震災が発生すると，被災による混乱や不安，恐怖《きょうふ》の中，朝鮮人が暴動を起こすという根拠《こんきょ》のないうわさ(デマ)が広がり，軍隊や警察などの手によって多くの朝鮮人が殺されるという事件が起こった。

問6　(1)，(2)　現在でも，小学校や中学校の講堂・体育館では，学校行事だけでなく，地域の行事や集会，講演会などが行われることがある。これは，特に都市での人口増加を背景に，その地域の人々が集まれる大きな屋内施設が必要となったためと考えられる。また，国民の政治参加要求の高まりや有権者の増加にともない，選挙の投票所としての機能も果たすようになった。

問7　戦争中の気象情報は作戦の実行に影響を与えるため，政府や軍部にとっては不可欠な情報だったと考えられる。

問8　国際連合は1945年に原加盟国51か国で発足し，2022年2月時点での加盟国は193か国である。また，日本は国際連合で採択《さいたく》された条約の多くを批准《ひじゅん》(承認)しているが，たとえば2017年に採択され，2021年に発効した核兵器禁止条約には参加していない。

問9　(1)　普通選挙法とともに1925年に制定された治安維持法は，普通選挙法の実施などにともなって活発になると予想された社会主義運動を取り締《し》まるための法律で，のちには自由主義者や平和主義者にも適用されるようになったが，第二次世界大戦後の1945年に廃止された。　(2)　日本国憲法は国民の思想・良心の自由や表現の自由を保障しているので，政府を批判した人の思想や言動を審査することは人権侵害《しんがい》にあたり，憲法違反になる。

問10　要職にある政治家が差別的発言をした場合，国内外から多くの批判が集まると考えられる。適切な批判は表現の自由として認められることであり，この政治家が辞任するかどうかは，みずからの判断にゆだねられている。つまり，みずからの行動が生んだ批判によって政治家が辞任に追いこまれたとしても，それはほかの人の権利を脅《おびや》かす事例にはあたらないといえる。

理 科　(40分)＜満点：100点＞

解 答

Ⅰ　**1**　(1)　A，D，E　(2)　79.5度　(3)　**X**　C　**Y**　D　**Z**　F　(4)　①　G　②　B　③　B　(5)　キ　(6)　解説の図を参照のこと。　(7)　(例)　北極星の周りを反時計回りに回り，一晩中沈まず見える。　**2**　(1)　①　イ　②　エ　(2)　ア，ウ

Ⅱ　**1**　(1)　①　イ　②　ウ　③　ウ　④　ア，ウ　(2)　(例)　はいしゅが子房に包まれている。　(3)　①　果実　②　種子　③　かれる　**2**　(1)　受精　(2)　スライドガラス　(3)　(例)　寒天液の乾燥を防ぐため。　(4)　(例)　2個の花粉は花粉管が視野の外に伸び，伸びた長さを測定できなかったから。　(5)　ア　(6)　BTB液の色　(7)　①　C　②　C　③　B　④　A

Ⅲ　**1**　(1)　ア，エ　(2)　ウ，エ　**2**　(1)　ア　(2)　エ　(3)　①　○　②　×　③　×　④　×　**3**　(1)　**ア**　A　**イ**　気化　**ウ**　炭素　**エ**　白いけむり　**オ**　ろう　(2)　**メタン**…9.5L　**水蒸気**…21L　(3)　イ，ウ

Ⅳ　**1**　(1)　**A**　イ　**B**　エ　**C**　キ　(2)　①　ア，オ　②　2.01秒　(3)　①　エ，(ア，ウ)，オ，イ　②　ウ　(4)　イ／**理由**…(例)　ペットボトルの重心が上に移り，ふりこの長さが短くなるから。　**2**　(1)　①　5　②　4　③　20　(2)　ク　(3)　カ，イ，オ，ア　(4)　ア，オ

解 説

Ⅰ　冬のダイヤモンド，星の動き，気象データについての問題

1 **(1)** 星Aはベテルギウス，星Bはカペラ，星Cはポルックス，星Dはプロキオン，星Eはシリウス，星Fはリゲル，星Gはアルデバランである。このうち，冬の大三角をつくる星は，オリオン座のベテルギウス(星A)，こいぬ座のプロキオン(星D)，おおいぬ座のシリウス(星E)である。

(2) 星Bと星Fの高度が最も高くなったとき，星Bの南の地平線からの高度を求めると，46＋54.5＝100.5(度)になることから，星Bは天頂より北にあることがわかる。このときの星Bの北の地平線からの高度は，180－100.5＝79.5(度)である。　**(3)** X，Yは高度が最も高くなる時刻が星Aより遅《おそ》いので，星Aより東にある星C，星D，星Eのいずれかである。その中で，最も高くなったときの高度が星Aより高い星CがX，星Aと同じくらいの高さになる星DがYとわかる。また，Zは星Aよりも最も高くなる時刻が早く，最も高くなるときの高度が星Aよりも低いことから，星Aよりも西にあり，最も高くなったときの高度が星Aよりも低い星Fが選べる。　**(4)** ①　高度が最も高くなる時刻が一番早い星は，真南から天頂を通り真北まで結んだ線を通過する時刻が最も早い星で，一番西寄りにある星Gである。　②　一日中沈《しず》まない星(周極星)でない場合，天頂より北にある星が北寄りに沈む。よって，星Aから星Fのなかで，1つだけ天頂より北にある星Bが選べる。　③　最も北寄りに沈む星は，最も北寄りから昇《のぼ》り，最も長い時間沈まないので，高度が高くなってから地平線に沈むまでの時間が一番長い星は，天頂より北にある星Bである。　**(5)** ①　高度が最も高くなるときに南の地平線に近い，低い位置にある星ほど，遅く昇って早く沈み，出ている時間が短い。したがって，星Bと星Fがほぼ同時に地平線に沈むことはない。　②　星Eと星Fでは，星Fの方が西寄りにあり，星Eより先に沈む。　③　図2で，星Aと星D(Y)は，高度が最も高くなったときの高さがほぼ同じである。高度が最も高くなったときの高さが同じ星は，ほぼ同じ位置から昇り，ほぼ同じ位置に沈む。　**(6)** 地球の公転により，1ヶ月後に星Aが同じ位置にくる時刻は2時間早くなる。よって，右の図のように，1ヶ月後の星Aの高度の変化は，図2の星Aのグラフを2時間分だけ左にずらしたグラフとなる。　**(7)** 星Hは高度が約36度で一定であることから北極星で，

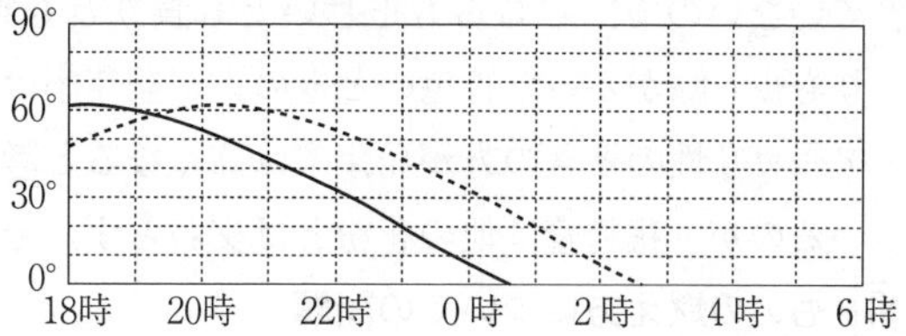

図3は北の空の星の観察だとわかる。星Iは高度が一番低くなる3時ごろに北極星の真下の地平線よりわずかに高い位置にあり，地平線に沈まない。したがって，星Iは，北極星の周りを反時計回りに回り，一晩中見えて沈まない星といえる。

2 **(1)** ②と④は1月の日数である31より少ないことから，雪日数か真冬日の日数である。那覇《なは》ではめったに雪が降ることがなく，千代田区(東京都)や福岡市，那覇市では真冬日(1日の最高気温が0℃未満の日)になることがほとんどないことから，②は雪日数，④は真冬日の日数である。また，①と③について，①は新潟が少なく千代田区で多いので日照時間，③はその逆なので降水量だと考えられる。　**(2)** 千代田区の梅雨《つゆ》明けは7月下旬《げじゅん》ごろであることから，千代田区の7月では1月よりも雲量と降水量の数値が大きくなる。

Ⅱ 植物のからだのつくり，花粉の発芽についての問題

1 **(1)** ①　アサガオとヘチマは茎《くき》や巻きひげを他の植物などに巻きつけて成長するので，育てるときに支柱を必要とする。　②　ヘチマの種子はだ円形で，大きさは約1cmである。アサガオの種子の大きさは約4mm，アブラナの種子の大きさは約1mmである。　③　アサガオ，アブ

ラナはめしべのもとより下にがくがある。一方，ヘチマはウリのなかまで，めしべのもとにある子《し》房《ぼう》より上にがくがついている。　④　アサガオとヘチマは花びら同士がつながっている合弁花で，アブラナは花びらが1枚ずつ離《はな》れている離弁《りべん》花である。ただし，ヘチマは花びらの先が1枚ずつ離れていて，分類のしかたによっては離弁花とされていることがある。　(2)　花をさかせて種子をつくる植物は，アサガオ，アブラナ，ヘチマのようにはいしゅが子房に包まれている被子《ひし》植物と，マツやスギのようにはいしゅがむき出しになっている裸子《らし》植物に分けられる。　(3)　受粉するとめしべのもとにある子房が果実になり，子房の中にあるはいしゅが種子となる。また，めばなとおばなを別々に持つヘチマの場合，受粉後におばなはしぼんでかれる。

2　(1)　下線部の現象は，動物のおすがつくった精子と，めすがつくった卵が結びつく受精という現象と同じといえる。　(2)　Aの器具は顕微鏡《けんびきょう》で観察したい試料をのせるためのスライドガラスである。　(3)　花粉が発芽するには水分が必要である。そこで，容器内の湿度《しつど》を保ち，花粉をつけた寒天液が乾燥《かんそう》しないようにぬらしたろ紙を敷《し》く。　(4)　図6で，視野に見える10個の花粉のうち，花粉管が伸《の》びていない花粉が5個，花粉管の伸びが明らかに1mm以下の花粉が1個，花粉管の伸びが明らかに1mm以上の花粉が2個ある。残りの2個の花粉は花粉管が視野の外に伸び，伸びた長さを判定できない。よって，視野の中で花粉管の長さが観察できる8個の花粉のうち，2個が発芽したことから，花粉の発芽率を（$2\div8\times100$）と計算している。　(5)，(6)　BTB液の色の違《ちが》いによる発芽率の大小を表すことが目的なので，BTB液の色の違いを横軸《じく》にとった棒グラフが最もふさわしい。柱状グラフは連続した階級を横軸にとって度数の分布を表すときに用い，折れ線グラフは横軸に時間の経過などをとり，変化を表すときに用いる。　(7)　①，②　花粉管の長さについては調べておらず，BTB液の色が少し緑がかった黄色になる寒天液を用いた実験は行っていないので，どちらも正しいとも誤りとも判断できない。　③　BTB液の色が青色のときよりも少し緑がかった青色のときの方が発芽率は高いことから，寒天液が強いアルカリ性より，弱いアルカリ性のときの方が発芽率は高くなると考えられる。　④　図6で，花粉管同士は交差しているのが，花粉管は他の花粉とは交わらず，それを避《さ》けるように曲がって伸びている。

Ⅲ　ものの燃え方についての問題

1　(1)　ろうそくが燃えるとき，酸素が使われ，二酸化炭素と水ができる。そのさい，発生した水が集気びんの内側のガラスにつき，壁面《へきめん》がくもる。なお，集気びんの中でろうそくを燃やしてもちっ素の割合はほとんど変わらず，酸素は16%ほど残っている。　(2)　木や石油のように炭素を含《ふく》むものを燃やすと二酸化炭素が生じる。水素が燃えると水ができ，スチールウール（鉄）が燃えたときにできるのは酸化鉄である。

2　(1)　空気や酸素は水に溶《と》けにくい気体なので，水上置換《ちかん》法で集める。このとき，水を25%（空気を75%）入れた集気びんにガラスぶたをして水槽《すいそう》にさかさまに入れて立て，ガラス管を通してボンベの酸素を送り込《こ》み，気体でいっぱいになったときが酸素25%，空気75%となる。　(2)　(1)で集めた気体中に含まれる酸素は，空気75%中に含まれる酸素と，ボンベから入れた酸素の合計となる。集気びん全体の体積を1とすると，空気の体積は，$1\times\frac{75}{100}=0.75$で，空気中の酸素の割合は約20%なので，そこに含まれる酸素の体積は，$0.75\times\frac{20}{100}=0.15$になる。ボンベから入れた酸素の体積は，$1\times\frac{25}{100}=0.25$で，そこに含まれる酸素の体積は，$0.25\times1=0.25$である。よって，集気びん全体の酸素の割合は，(0.15＋0.25)÷1＝0.4となるから，約40％と求められる。　(3)　①　グラフで，空気だけが入った集気びんA(150mL)，B(300mL)，C(600mL)において，ろうそくの火が消えるまでの時間がそれぞれ7.5秒，15秒，30秒なので，正しい。　②　集気びんBの容積は集気びんAの2倍であるが，酸素ボンベから入れた酸素の割合が50％のときのろうそくの火が消えるまでの時間が2倍にはなっていない。よって，間違いである。　③　グラフより，150mLの集気びんAでは，酸素ボンベから入れた酸素の割合が50％のとき，ろうそくの火が消えるまでの時間が20秒となる。このとき，集気びんの酸素の割合は，(2)と同様にして求めると60％である。したがって，酸素の割合が60％以上でなければろうそくの火が20秒以上燃え続けられないので，間違っている。　④　150mLの集気びんで，酸素ボンベから入れた酸素の割合が75％のときの集気びん中の酸素の割合は，(2)と同様にして求めると80％で，そこに含まれる酸素の体積は，$150\times\frac{80}{100}=120$(mL)である。また，300mLの集気びんで，酸素ボンベから入れた酸素の割合が25％のときの集気びん中の酸素の割合は，(2)より，40％で，そこに含まれる酸素の体積は，$300\times\frac{40}{100}=120$(mL)になる。これらの2つを比べたときに，150mLの集気びんではろうそくの火が消えるまでの時間は25秒で，300mLの集気びんでは30秒であることから，間違いである。

3　(1)　**ア**　ろうそくの炎《ほのお》は，Aの外炎《えん》，Bの内炎，Cの炎心の3つの部分からできている。Aの外炎は，空気中の酸素と十分にふれ合っているので完全燃焼していて，最も温度が高い。　**イ**　熱せられて液体となったろうはしんを伝って上っていき，しんの先で気化して，気体のろうが燃える。　**ウ**　Bの内炎は不完全燃焼している部分で，発生したすす(炭素のつぶ)が熱せられてかがやくため最も明るい。この部分にガラス板を入れると黒色の炭素がつく。　**エ**　ろうそくの炎が消えるとき白いけむりがみられる。これはろうの気体が冷やされて液体や固体になったものである。(2)　混合気体10Lがすべてプロパンだとすると，生じる二酸化炭素は，3×10＝30(L)である。これは，実際に発生した二酸化炭素の体積より，30－11＝19(L)多い。10Lのプロパンのうち1Lがメタンに1Lに置きかわると，生じる二酸化炭素は，3－1＝2(L)少なくなるので，混合気体に含まれるメタンの体積は，19÷2＝9.5(L)とわかる。また，このとき生じる水蒸気の体積は，2×9.5＋4×(10－9.5)＝21(L)と求められる。　(3)　ガスバーナーを点火するときは，マッチの火を横やななめ下からガスバーナーの口に近づけ，ガス調節ねじを開いて火をつける。空気が不足しているとオレンジ色の炎になるので，ガス調節ねじをおさえたまま，空気調節ねじを回して空気の量を増やし，炎の色が青色になるように調節する。また，炎の大きさを調節するときは，ガス調節ねじを回して調節する。なお，安全のため，ガスバーナーの操作は1人で行う。

Ⅳ　ふりこの性質についての問題

1　**A**　ふりこのふれ始めは，実験者のふりこのふらせ方や糸のたるみなどの影響《えいきょう》を受けて安定しないので，数往復させてから調べ始める。　**B**　1往復する時間は短く，ストップウオッチをおすタイミングなどがずれて誤差が生じてしまい正確に測るのがむずかしい。そこで，往復する回数を増やし，少しでも誤差が小さくなるようにする。　**C**　測り手が違うと測り方にも違いが生じ，結果にも影響をおよぼすことがある。そこで，複数の班で同じ実験を行い，その結果の平均を求めることでより正確なデータを得ることができる。　(2)　①　4班は他の班よりも周期が10％ほど短くなっている。これは，ふりこの周期がふりこの長さに関係し，ふりこの長さが長いほど周期は長くなることから，糸の長さを1mより短くしてしまったことが考えられる。ほかにも，間違えて9往復の時間を測定してしまったことなどが考えられる。　②　①で4班は実験方法を間違えたとあるので，4班の結果は除いて考える。すると，このふりこの周期は，(2.005＋1.997＋2.024＋2.009)÷4＝8.035÷4＝2.008…より，2.01秒である。　(3)　①　ふりこの周期はふれはばやおもりの重さには関係せず，ふりこの長さ(支点から重心までの長さ)によって決まり，ふりこの長さが長いほど周期は長くなる。それぞれのふりこの長さを考えると，アとウのふりこの長さは1mに球の半径を足したもの，イのふりこの長さは0.5mに球の半径を足したもの，エのふりこはおもりをたてにつないでいて，重心が2つのおもりの間にあるので，ふりこの長さは1mに球の直径を加えたもの，オのふりこはふりこを横につないでおり，重心は2つのおもりの間にあるので，ふりこの長さは1mとなる。よって，周期は長い順に，エ，(ア，ウ)，オ，イとなる。　②　図1と同じ周期のふりこはアとウで，ふれはば(角度)の大きいウのふりこは，同じ時間あたりに往復する距離《きょり》が長いため，アよりも最下点での速さが速い。　(4)　水の量を増やすと，ペットボトルの重心が上に移動し，ふりこの長さが短くなるため，周期は短くなる。

2　(1)　①　アとウの結果から，最高点の高さは糸の長さに関係しないことがわかるので，イと同じ「5」があてはまる。　②，③　ア～エの結果から，鉄球の重さが同じとき，最高点の高さは糸の長さに関係せず，P点の高さによって決まる。よって，オとカの結果から，②には「4」，③には「20」があてはまる。　(2)　糸の長さが長いほど，最高点の高さが高いほど，おもりの移動距離は長くなる。よって，クが選べる。　(3)　衝突《しょうとつ》してからおもりが最高点に達するまでの時間は糸の長さによって決まるので，糸の長さ25cmのアと同じものはイ，オ，カである。また，最高点の高さが高いものほど，衝突直後の速さは速いため，速い順に，カ，イ，オ，アとなる。

(4)　表のアとオ，イとカの結果から，鉄球の重さを重くするとおもりの最高点の高さが高くなることがわかり，アとイ，オとカの結果から，P点の高さを高くするとおもりの最高点の高さが高くなることがわかる。

国語　(40分)＜満点：100点＞

解答

一　**問1**　ア　**問2**　ウ　**問3**　エ　**問4**　学用品　**問5**　(1)　(例)　持ち物は全部出して全員で共用するという約束を守らず，色鉛筆をかくしてみんなを裏切った点。　(2)　(例)　戦時中には宝ものだった学用品の中でも色鉛筆は貴重なぜいたく品であり，とてもきれいで，女友だちが初めて手にした色鉛筆だったうえ，親しかったオルガンの先生がお別れに下さった大切な思い出の品でもあり，手放しがたかったから。　**問6**　エ　**問7**　(1)　イ　(2)　約束を～の記憶　**問8**　一九四五(年)　**問9**　(例)　神々しいまでの美しさで，気持ちをはなやがせる特別なもの。　**問10**　イ　二　**問1**　(1)　イ　(2)　もらいに来た　**問2**　(1)　ア　(2)　水を濁さずに汲むことができる／下流に住む人々の飲み水を汚さない／伝染病の蔓延をふせぐ　**問3**　A　オ　B　ウ　C　エ　**問4**　イ　**問5**　(例)　水を捨てるとカムイに伝え，空けてもらった　**問6**　(あ)　エ　(い)　ア　**問7**　人工　**問8**　ウ

問9 ウ　**問10** ア　**問11** （例） ものを大切にしない行動。　**問12** （例） この世を動かすすべてのものに人間と同じ精神の働きがあり，人間と同じルールにしたがって，人間とともにひとつの共同社会を形成しているという考え方。　**問13** **1** ×　**2** ×　**3** ×　**4** ○　**問14** **1** （水を）さす　**2** （水に）ながす　**問15** 下記を参照のこと。

三 下記を参照のこと。

●漢字の書き取り

二 **問15** **a** 臨時　**b** 根底　**c** 飼料　三 **1** 浴(びる)　**2** 省(く)　**3** 構(える)　**4** 頂

解説

一 **出典は増田《ますだ》れい子《こ》の『インク壺《つぼ》』所収の「色鉛筆《えんぴつ》」による。**戦中派の筆者には宝ものの中でもぜいたく品だった色鉛筆について，「女友だち」の語る苦い記憶《きおく》とともにつづっている。

問1 「思案」は，あれこれと考えをめぐらすこと。「ひと～する」は，“あることをひととおりする”という意味。はじめてもらった自分の机を前に，「私」は「何を置こうか」と色々考えたのだから，アが選べる。

問2 「あたらしい机の上」に，「私」は自分にとって「どれもこれも宝もの」だった学用品の中でも「毎晩抱《だ》いて寝《ね》たいほど気に入っていた」筆箱をまず置いた後，「ビーズのお財布《さいふ》」や「南京玉《なんきんだま》の指輪」なども乗せている。つまり「私」は，「はじめて」もらった自分の机をお気に入りで飾《かざ》りたかったものと想像できるので，ウが選べる。

問3 取りあえず「縁側《えんがわ》」を机代わりにしていた「私」にとって，父がつくってくれた勉強机は「はじめて」手に入った自分の空間である。自らが管理できる空間を与《あた》えられたことで，「私」は自分自身に成長を感じたものと考えられるので，エがよい。なお，「宝もの」だという学用品すべてを並べてはいないこと，財布や指輪などの学用品以外も机に置いていることから，アとウは合わない。また，「縁側」が「子どもの遊び場」とされている描写《びょうしゃ》は見られないので，イも誤り。

問4 続く部分に，「わけても色鉛筆は，ぜいたくのひとつの極《きわみ》だった」とあることに注目する。「私」にとっての「セルロイドの筆箱，紙ばさみ，鉛筆，クレヨン，下敷《したじ》き」同様，「女友だち」もまた「学用品」を「宝もの」にしており，二人ともとりわけ色鉛筆をぜいたく品ととらえていたのである。

問5 (1) 「持ってきたものは全部出して，ノートも鉛筆も，みんなで使うようにしましょう」と疎開先で先生から言われていたものの，「女友だち」は自分の「色鉛筆」をかくし，ほかの生徒に使わせなかった。つまり，みんなを裏切っているといううしろめたさから，「女友だち」は自分を「泥棒《どろぼう》のように思」ったのである。　(2) 戦時中，学用品の中でも特にぜいたくだった色鉛筆はひじょうにきれいで，はじめて手にしたものだったことに加え，親しくしていたオルガンの先生から「お別れ」にさいしていただいた大切な思い出の品でもあった。そのため，「女友だち」は，色鉛筆をどうしても「共用」にしたくなくて「かくし通してしまった」のである。

問6 疎開先の食糧《しょくりょう》事情が極端《きょくたん》に悪くなり，実家へと帰されることになった「女友だち」は，身のまわりのものを詰《つ》めたりんご箱を親元に送ってもらう手はずを整えたが，それは「どこへどう消えたのか」，結局戻《もど》らなかった。疎開先で，持ち物は全員が出し合い，助け合おうという約束を破って色鉛筆をかくした自分に天罰《てんばつ》が下ったのだろうと「女友だち」は思ったのだから，エがよい。

問７　⑴「知らず」は，“知らず知らずのうちに”という意味なので，イがよい。　⑵　何年か前，「私」が「女友だち」の誕生日に送った「色鉛筆」は，疎開先で経験した彼女の苦い過去を思い出させるものだった。「私」の行為《こうい》は，「約束を守らなかった，裏切り者という恥《はじ》の記憶《きおく》」にふれてしまったのである。

問８　空らん④の少し前に，「私」は「第二次世界大戦中」の労働力不足を補うため，強制労働に従事させられた「動員学徒世代」だったとある。よって，終戦は一九四五年だと判断できる。

問９　小学校のころ，母親からもらった十二色の色鉛筆は，「神々《こうごう》しい」までに美しく，「虹《にじ》」を思い起こさせるほど「私」の心を浮《う》き立たせたものであった。戦後から三十七年をへて，豊かになった今でも「私」は色鉛筆に対する思いを変わらずに抱《いだ》き続けているのだから，「神々しいまでの美しさで，気持ちを浮き立たせてくれる特別なもの」のようにまとめる。

問10　戦時中，大切なものだからと「女友だち」がかくし通した色鉛筆は，結局，虹のようにはかなく消えてしまった。そのとき彼女が受けたつらさをだれも味わうことのないよう，好きなものを手元で大切にできる平和な世の中であり続けてほしいと筆者は願っているのだから，イが選べる。

二　出典は中川 裕《なかがわひろし》の『アイヌ語をフィールドワークする―ことばを訪ねて』所収の「アイヌ文化のキーワード　1　カムイ」による。筆者はアイヌ文化の「カムイ」について説明し，カムイの観念を通して，豊かな生活で失われた，ものを大切にする精神を取り戻せるのではないかと述べている。

問１　⑴「いただく」は「もらう」の，「まいる」は「来る」の謙譲《けんじょう》語で，「ます」は丁寧《ていねい》の助動詞なので，イが合う。　⑵　ふつうの言い方にすると「もらいに来た」となる。

問２　⑴「迷信」は，合理的なよりどころのない言い伝え。　⑵「こうした」とあるので，前の部分に注目する。自然に存在するあらゆるものに「精神の働き」があるという見方をすれば，「水を濁《にご》さずに汲《く》むことができる」ほか，「下流に住む人々の飲み水を汚《よご》さない」ことや「伝染《でんせん》病の蔓延《まんえん》をふせぐ」ことにもつながると，筆者は述べている。

問３　**A**　川にも人間と同じ感覚を持つ精神があるとみなすアイヌ人は，自分たちにとって汚《きたな》いものは当然川にとっても汚いのだから，「汚れたものを川に流すなどということはしない」というのである。よって，前のことがらを原因・理由として，後にその結果をつなげるときに用いる「だから」があてはまる。　**B**　かつて，川に汚れた水を流すまいとアイヌ人は樽《たる》に汲《く》んだ水で洗濯《せんたく》をしたが，それでも「汚れ水は必ず出る」という文脈である。よって，前のことがらを受け，それに反する内容を述べるときに用いる「しかし」がふさわしい。　**C**　樽による洗濯で出た「汚れ水」はどうするのかと白沢さんに聞いたところ，「カムイのいないところに捨てる」との返答があったというつながりなので，前のことがらに続いて後のことが起こることを表す「すると」が入る。

問４　「そういう気持ち」とは，川にも人間と同じ感覚を持つ精神があるのだから，「人間にとって汚いものは川にとっても汚い」という気持ちである。よって，イがよい。

問５　続く部分で，必ず出る「汚れ水」をどうするのかと問われた白沢さんは，あらゆるところに存在しているカムイに対し，「これから水をまかす（捨てる）」ことを伝え，どいてもらった場所で処理すると説明している。

問６　㋐　しばしば。しょっちゅう。　㋑「キャッチフレーズ」は，人の関心をひいて印象に残りやすく，短いうたい文句。

問7　「農器具」や「自転車」など，カムイは「ありとあらゆるもの」に宿っていると述べられている。つまり，「自然物」だけでなく「人工物」にもカムイは存在することになる。

問8　続く部分で大谷洋一氏は，神様に餅《もち》をお供えするこの習慣を通じ，道具にも魂《たましい》があり，自分もその世話になっているという観念を体で覚えたと振《ふ》り返っている。洋一少年に「小さなお供え餅」を持たせ，「お前が世話になったなと思っている神様に，これをあげておいで」と言ったおばあさんのねらいもそこにあり，結果として自分なりの考えで餅をお供えしてきた彼《かれ》の姿に満足したのだから，ウが合う。

問9　アイヌ人と「和人」が，魂を持つ道具に共通して抱いていたであろう「世話になった」という思いを「同じような気持ち」と言い表しているのだから，アとエは合う。また，続く部分に，はきふるした靴にも愛着を感じて捨てずにいたとあることから，イもふさわしい。

問10　ぼう線⑦の「さえ」は，特別な例をあげてほかのものもそうだろうと類推させる用法で，「～でも」と言いかえられる。よって，アが選べる。なお，イとエは「～まで」と言いかえられ，つけ加える意味を，ウは「～だけ」と置きかえられる，限定を表す用法である。

問11　筆者は日本とアイヌの伝統文化が，「昭和四〇年代の高度成長期に壊滅《かいめつ》的なダメージを受けた」としたうえで，「物質的な生活が豊かになることによってものの精神性が失われ」てしまったと嘆《なげ》いている。「もの」であっても「人間と同じ感覚を持っている」という意識が薄《うす》れたために，現代人は，ものを粗末《そまつ》にするような行動をとるのだろうと筆者は指摘《してき》している。

問12　カムイは，すべてのものに精神があるとする，アイヌ文化を特徴《とくちょう》づける観念である。よって，本文の中ほどにあるとおり，「この世を動かしているすべてのものに人間と同じ精神の働き」があり，「人間と同じルールにしたがって，人間とともに」共同社会を形成しているという考え方だといえる。

問13　**1**　大谷洋一氏の体験として，年末に餅つきをしたことが語られているが，「餅つき」そのものは「和人の習慣」だと述べられている。よって，「他の文化の影響《えいきょう》を受け」ていないとはいえない。　**2**　人間に害を及《およ》ぼすウェンカムイ(悪神)もあると書かれているので，「どれも人間の役に立ってくれる」というのは合わない。　**3**　水を汲むときや捨てるときはカムイに声をかけて働きかけるのだから，正しくない。　**4**　自然にも精神があると考えれば自然を汚すまいとし，道具にも精神があると考えれば道具に愛着を持って使うはずなので，アイヌ以外の人にも，カムイとともに生きる精神を生かして生活するのはよいことだといえる。

問14　**1**　「水を差す」は，“うまくいっていることのじゃまをする”という意味。　**2**　「水に流す」は，“過去のいざこざなどをなかったことにする”という意味。

問15　**a**　決まった日時にではなく，必要なときに行うこと。　**b**　物事のおおもと。　**c**　家畜《かちく》に与《あた》えるえさ。

三　漢字の書き取り

1　音読みは「ヨク」で，「浴場」などの熟語がある。　**2**　音読みは「ショウ」「セイ」で，「省略」「反省」などの熟語がある。訓読みにはほかに「かえり(みる)」がある。　**3**　音読みは「コウ」で，「構成」などの熟語がある。　**4**　音読みは「チョウ」で，「頂上」などの熟語がある。訓読みにはほかに「いただ(く)」がある。

Memo

2021年度　女子学院中学校

〔電　話〕 (03) 3263－１７１１
〔所在地〕 〒102-0082　東京都千代田区一番町22－10
〔交　通〕 JR中央線・東京メトロ南北線・都営新宿線－「市ケ谷駅」より徒歩８分
東京メトロ有楽町線－「麴町駅」より徒歩３分

【算　数】 (40分) 〈満点：100点〉

1　次の□にあてはまる数を入れなさい。

(1)　$7\frac{2}{5}\div 2.4\times\frac{3}{4}-\left(4.66-3\frac{3}{25}\right)\div\frac{7}{6}=$ □

(2)　$2\div\left(1\frac{2}{5}+0.3\right)=\frac{\text{(あ)}}{\text{(あ)}-33}$　　　(あ)にあてはまる数は □

(3)　図の四角形ABCDは正方形で，曲線は点Cを中心とする円の一部です。

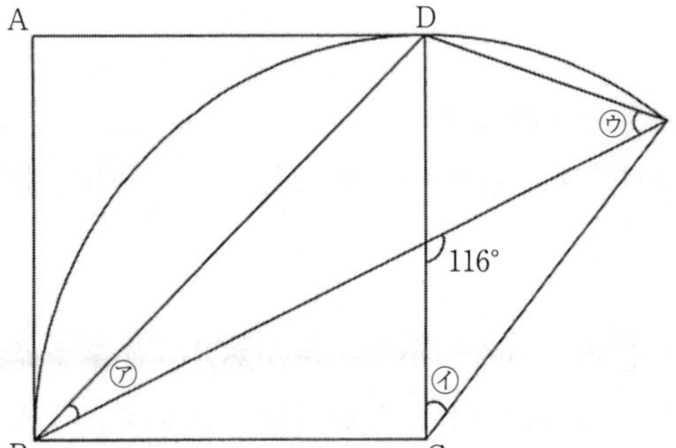

角㋐は □ 度
角㋑は □ 度
角㋒は □ 度

(4)　原価 □ 円の品物に，A店では１割の利益を見込《こ》んで定価をつけ，特売日に定価の20％引きにしました。B店では1620円の利益を見込んで定価をつけ，特売日に定価の30％引きにしたところ，A店の特売日の価格より180円安くなりました。

(5)　白と黒の石を左から１列に並べていきます。

図１
○○●●○○●●・・・

図２
●○○●○○・・・

［１］　図１のように並べて，最後に黒い石を置いたら，白い石だけが24個余りました。
［２］　図２のように並べて，最後に黒い石を置いたら，黒い石だけが30個余りました。

［１］から，白い石は黒い石より □ 個または □ 個多いことが分かり，［２］から，白い石の数は，黒い石の数から □ を引いた数の２倍であることが分かります。これらのことから，白い石の数は □ 個または □ 個です。

(6) 図のように2つの長方形を重ねてできた図形があります。AB：BC＝11：4で，CD：DE＝1：3です。

重なった部分の面積が14.2cm^{2}であるとき，太線で囲まれた図形の面積は□cm^{2}です。

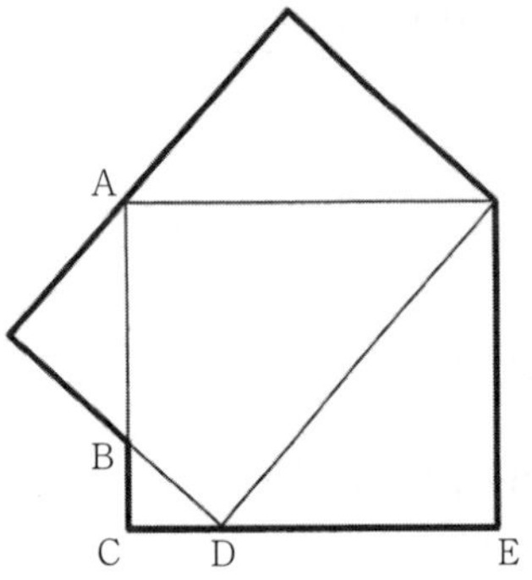

2，**3**，**4**(1)の各問いについて□にあてはまる数を入れなさい。

2 2つの整数(あ)と(い)の最大公約数は48で，和は384です。(あ)が(い)より大きいとき，(あ)にあてはまる数をすべて求めると，□です。

3 ある店でケーキの箱づめ作業をしています。はじめにいくつかケーキがあり，作業を始めると，1分あたり，はじめにあったケーキの数の5％の割合でケーキが追加されます。3人で作業をすると20分でケーキがなくなり，4人で作業をすると□分でケーキがなくなります。また，3人で作業を始めてから□分後に4人に増やすとケーキは16分でなくなります。どの人も作業をする速さは同じです。

4 円周率は3.14として，計算しなさい。

(1) 底面が半径6cmの円で，高さが5cmの円柱の側面の面積は□cm^{2}です。

(2) 図のように，(1)の円柱の形をした容器Aと，高さ10cmの正十二角柱(底面が正十二角形である角柱)の形をした容器Bがあります。容器の厚みは考えないものとします。

① 容器Bの底面の面積を求めなさい。(式も書きなさい。)

容器A

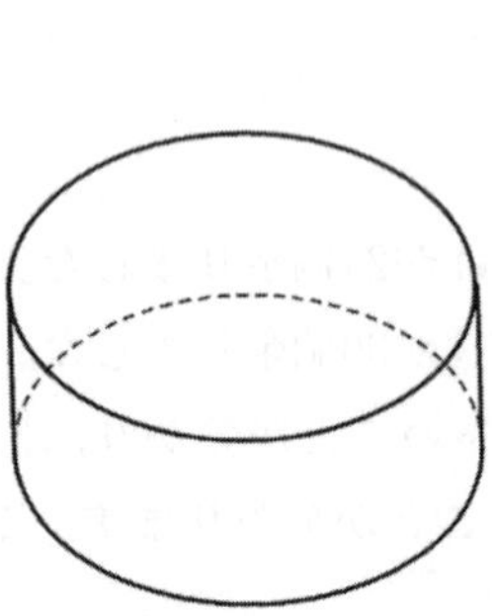

容器B

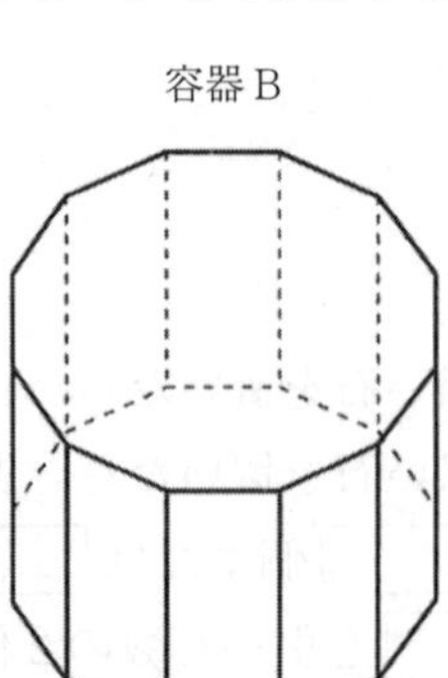

容器Bの底面

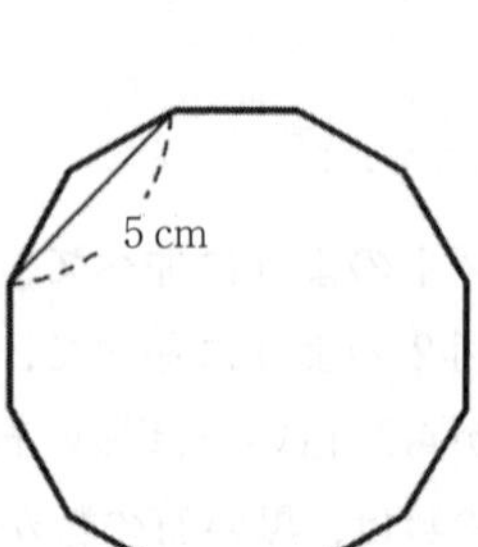

② 容器Aにいっぱいになるまで水を入れた後，その水をすべて容器Bに移しました。このとき，容器Bの水面の高さを求めなさい。(式も書きなさい。)

5，**6** の各問いについて □ にあてはまるものを入れなさい。

5 図のような立方体の展開図の面に１から６までの整数を１つずつ書きます。組み立てたとき，３組の向かい合う面の数の和がすべて異なり，いずれも７にならないようにします。面あに「6」を書いたとき，面いに書くことができる数をすべてあげると □ です。

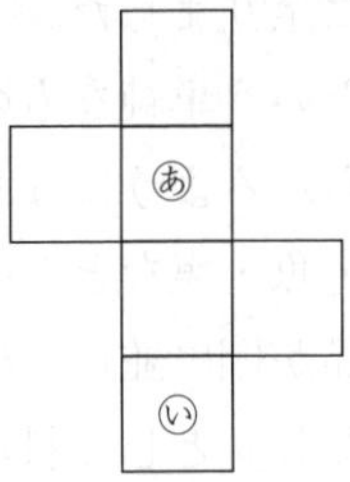

6 右端《はし》から左端までが20ｍのプールを兄と妹が往復します。兄は一定の速さで泳ぎ，１往復するごとに10秒間休みますが，妹は一定の速さで泳ぎ続けます。２人は同時に泳ぎ始め，妹が16ｍ泳いだときに初めて兄とすれちがい，兄がちょうど５往復したときに妹はちょうど４往復しました。

(1) 「泳ぎ始めてからの時間(秒)」と「プールの右端との距離《きょり》(ｍ)」の関係を，兄は ——— で，妹は －・－・－ で途《と》中までグラフに表します。グラフ①からグラフ④のうち，正しいものはグラフ □ で，㋐にあてはまる数は □ です。

グラフ①

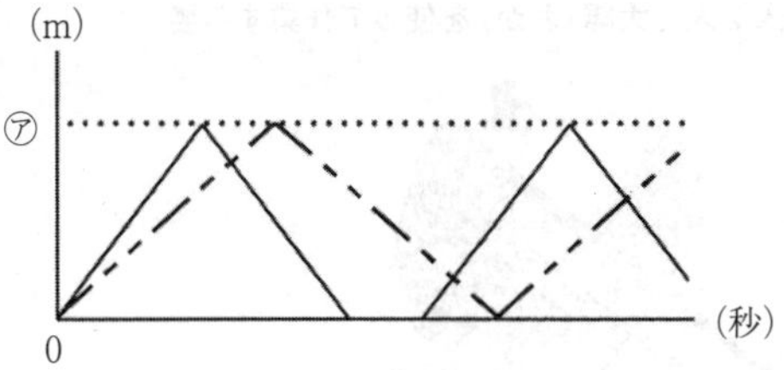

グラフ②

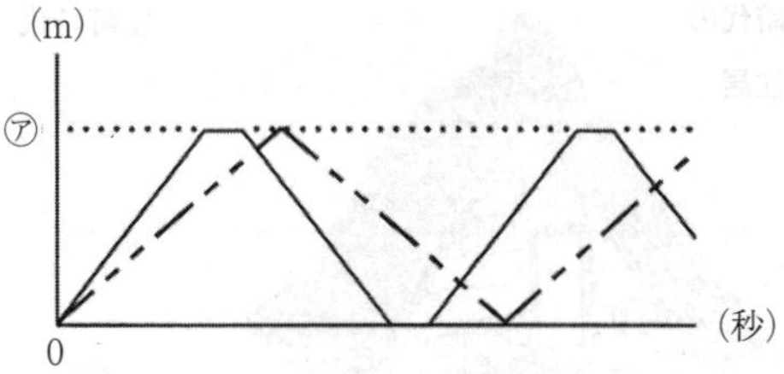

グラフ③

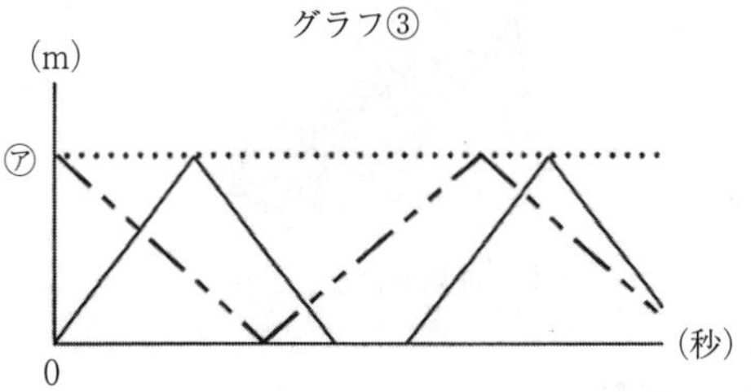

グラフ④

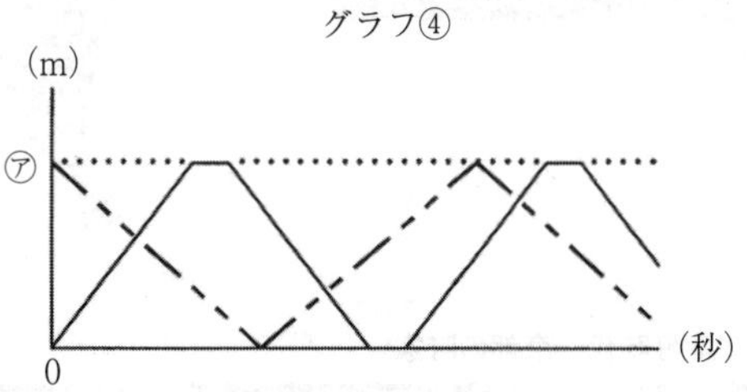

(2) 妹は20ｍ泳ぐのに □ 秒かかります。

(3) ２人が２回目にすれちがうのは，泳ぎ始めてから □ 秒後です。

(4) ２人が(3)ですれちがった地点と同じ地点で次にすれちがうのは，泳ぎ始めてから □ 秒後です。

【社　会】（40分）〈満点：100点〉

（語句はできるだけ漢字で書きなさい。）

Ⅰ　日本列島は生物多様性に恵《めぐ》まれています。縄文時代以来，人々は①住居をつくり，狩《か》りや漁《りょう》をしたり，木の実などを採集したりしてきました。その後，水稲《とう》農耕が始まり，米が主要な食料に加わります。やがて②大和政権（朝廷《てい》），さらに③律令《りょう》国家が成立するに至りました。

④平安時代までの食事は，食べる際に自分で塩などをつけて味付けするという単純なものでした。⑤鎌倉時代になると，ゴマ油や濃《こ》い調味料で味付けされた料理が作られるようになりました。鎌倉時代の僧《そう》，一遍《いっぺん》を描《えが》いた絵巻には，市に掘《ほっ》立て小屋が並び，米・魚・塩などが売られている様子が描かれています。また⑥14・15世紀の資料には，多様な食品が棚《たな》に並び，売られている様子が記されています。⑦昆布《こんぶ》やかつお節《ぶし》などは室町時代より「だし」として料理に使われるようになりました。また，醸《じょう》造業が発達し，酢《す》・みりん・（ X ）などの調味料が普及《ふきゅう》します。⑧16世紀には，⑨新大陸原産のカボチャやトウガラシ，油で揚《あ》げる料理，金平糖《こんぺいとう》やカステラなどの⑩砂糖を用いた菓《か》子が伝わりました。

⑪江戸時代には流通網《もう》が整備され，魚市場や青物市場に多様な食材や加工品が集まりました。城下町や宿場町には食べ物屋や料理店が並ぶ一方，⑫江戸時代になっても多くの農民はヒエ・アワなどの雑《ざっ》穀を主食にしていました。⑬食は，時代とともに変化してきました。

問１　下線①に関して，絵１と絵３では，家の建て方はどう変化しましたか。絵２にふれて説明しなさい。（絵は一部加工しています。）

絵１

平安時代の竪《たて》穴住居

絵２

室町時代　職人２人で大鋸（おが）を使って作業する姿

「三十二番職人絵合」より

絵３　室町時代　京都の町家

「洛中洛外図屏風」より

問2　文中空欄《らん》(X)にあてはまる，銚子《ちょうし》などで生産されてきた調味料をひらがなで書きなさい。

問3　上の文章の内容から，各時代の食材や料理としてふさわしくないものを含《ふく》む組み合わせを1つ選び，記号で答えなさい。

ア　縄文時代―木の実・焼いた肉・干した貝　　イ　弥生時代―米・焼いた魚・木の実

ウ　平安時代―米・つくだ煮《に》・海草　　エ　室町時代―米・ごま豆腐《ふ》・お吸いもの

オ　江戸時代―米・天ぷら・うどん

問4　下線②に関して，4世紀から6世紀のできごとではないものを2つ選び，記号で答えなさい。

ア　巨《きょ》大な前方後円墳《ふん》が各地に造られた。

イ　まわりを堀《ほり》やさくで囲んだ集落が初めて現れた。

ウ　「ワカタケル」と読める人名が漢字で記された。

エ　古事記や日本書紀がまとめられた。

オ　のぼりがまを用いて薄《うす》くてかたい土器がつくられた。

問5　下線③に関して，平城京には食材など様々な特産物が運び込《こ》まれました。各地の人々はなぜ，特産物を都に運んだのですか。

問6　下線④に都で既《すで》に行われていたことを1つ選び，記号で答えなさい。

ア　ぼんおどり　　イ　七夕《たなばた》　　ウ　能　　エ　歌舞《ぶき》伎　　オ　人形浄瑠璃《じょうるり》

問7　下線⑤について述べた文として，正しいものを2つ選び，記号で答えなさい。

ア　御《ご》家人は守護に任命され，米などの年貢《ぐ》の取り立てに当たった。

イ　御家人は，市の立つ土地を含めた領地の一部を，奉《ほう》公として幕府に差し出す義務を負った。

ウ　源氏の将軍は3代で絶え，北条氏が執《しっ》権として政治を行った。

エ　元の大軍と戦った時，幕府は防衛のため，朝廷に命令して博多湾《わん》沿岸一帯に石垣《がき》をつくらせた。

オ　陸上交通の便が良いところや，海や河の水運が使用できる場所に，市が立った。

カ　幕府は一遍など比叡《えい》山延暦《りゃく》寺の勢力を弾《だん》圧した。

問8　下線⑥の前後のできごとを，古い順に記号で並べかえなさい。

ア　朝廷が南朝と北朝に分かれて対立し，戦乱のため食料の確保に苦労する貴族もいた。

イ　木や石の配置に工夫をこらした庭園のある銀閣《かく》がつくられた。

ウ　六波羅《ろくはら》探題が滅《ほろ》ぼされ，町中が混乱して市での売買にも影響《えいきょう》が及《およ》んだ。

エ　幕府が明と貿易を開始し，珍《めずら》しい物産が輸入された。

問9　下線⑦に関して，現在，昆布の生産量とかつおの漁獲《かく》量がもっとも多い都道府県をそれぞれ1つずつ選び，記号で答えなさい。

(1)　昆布　　ア　徳島県　　イ　鹿児島県　　ウ　佐賀県　　エ　北海道　　オ　福井県

(2)　かつお　ア　島根県　　イ　福岡県　　ウ　静岡県　　エ　新潟県　　オ　熊本県

問10　下線⑧の商工業者を描いた絵には，女性が酒，餅《もち》，ところてん，そうめんを売り歩く様子が見られます。

(1)　ところてんの主な原材料を1つ選び，記号で答えなさい。

ア　ワラビ科の植物の地下茎《けい》　　イ　マメ類

ウ　海藻《そう》のテングサ　　　　　　エ　動物の皮や骨に含まれるゼラチン

(2)　そうめんの主な原材料を１つ選び，記号で答えなさい。

ア　ジャガイモ　　イ　カタクリ　　ウ　米　　エ　小麦

問11　下線⑨について，新しい食材や料理を伝えたのは，どこの商人ですか。代表的な国名を１つ答えなさい。

問12　下線⑩の原料であるサトウキビについて述べた文として，まちがっているものを１つ選び，記号で答えなさい。

ア　生育期は高温多雨，収穫《かく》期は乾燥《かんそう》する気候が，栽培《さいばい》に適している。

イ　地下に深く根を張るので，台風などの強風や日照りに強い。

ウ　日本では，主に沖縄県と鹿児島県で栽培されている。

エ　日本産の砂糖の大半は，サトウキビを原料としている。

問13　下線⑪の様子を述べた文として，まちがっているものを１つ選び，記号で答えなさい。

ア　様々な商品を取引した大阪や長崎は，幕府が直接支配した。

イ　各藩《はん》は，大阪や江戸などの大都市へ特産物を運んで売った。

ウ　武家諸法度《はっと》に違《い》反した大名は幕府に取りつぶされ，家屋敷《しき》は都市の商人に売り渡された。

エ　大名の家臣たちは，城下町に集められて住み，城の周辺に武家屋敷が立ち並んだ。

問14　下線⑫に関して，明治時代になると主食に米を食べる人の割合が増え，ヒエ・アワなどの雑穀を食べる人の割合が減りました。この変化の理由を述べた文として，まちがっているものを１つ選び，記号で答えなさい。

ア　海外から安価な米が輸入されるようになったから。

イ　品種改良の結果，米の収穫量が増えたから。

ウ　東京や大阪などの都市に住み，米を購《こう》入する人が増えたから。

エ　雑穀を育てていた畑を桑《くわ》畑に変え，養蚕で収入を得た農家が米を買うようになったから。

オ　農民に現金で税を納めさせるようになり，豊作のときには政府が税率を下げたから。

問15　下線⑬に関して，明治時代以降の食について書かれた文を，古い順に記号で並べかえなさい。

ア　食品加工業が発達し，調理済みの冷凍《とう》食品が広まった。

イ　鹿鳴《ろくめい》館が建てられ，外国人に洋食のコース料理が提供された。

ウ　第一次世界大戦で日本軍捕虜《ほりょ》になったドイツ人により，バウムクーヘンが日本に紹介《しょうかい》された。

エ　米の節約のため，水分を増し，大根などの野菜を加えた雑炊《すい》やすいとんが代用食とされた。

Ⅱ　①昭和初期の不景気の中で，学校に弁当を持って行けず，②食事がとれない児童の増加など社会問題が起こりました。③日中戦争・太平洋戦争が終わった後，国は④長崎県に⑤広大な水田を造成する計画を立てました。その他の地域でも，⑥水田にする目的で新しい耕地がつくられました。長崎県の水田造成事業はその後，目的や規模が当初の計画から大きく変わりました。またこの事業の影響で，佐賀県では遠浅で干満の差が大きい海を利用した（　X　）の養殖など，漁業への影響が指摘《てき》されています。

問1　下線①に関して

(1)　農民の生活向上に努め，この頃《ころ》「雨ニモマケズ」を書いた人物を次から選び，記号で答えなさい。

ア　石川啄木《たくぼく》　　イ　宮沢賢治《けんじ》

ウ　金子みすず　　エ　新美南吉《にいみなんきち》

(2)　下線①以降のできごとをすべて選び，記号で答えなさい。

ア　米騒《そう》動が全国に広がった。

イ　アメリカが日本への石油輸出を禁止した。

ウ　足尾銅山鉱毒事件が起こった。

エ　軍人が大臣らを殺害する二・二六事件が起こった。

オ　日本が韓国を併《へい》合した。

カ　全国水平社が結成され，差別をなくす運動が展開された。

問2　下線②に関して，戦後，アメリカから給食用物資が日本に提供されたことをきっかけに，学校給食が広まりました。学校給食の説明として，まちがっているものを2つ選び，記号で答えなさい。

ア　戦後，海外からの脱脂《だっし》粉乳の支援《えん》があり，のちに学校給食で牛乳が出されるようになった。

イ　給食の普及は，子どもたちの栄養状態の改善を目指して進められた。

ウ　戦後，アメリカから日本に小麦粉が提供され，パンの給食が始まった。

エ　米飯が給食で頻繁《ひんぱん》に出されるようになったのは，輸入小麦粉が不足したからである。

オ　学校給食は全国的な制度であるが，各地で郷土料理が献《こん》立に取り入れられている。

カ　学校給食は費用を安く抑《おさ》える必要があるため，地元の産物ではなく安価な輸入食材がほとんどを占《し》めている。

問3　下線③の戦中・戦後の食料に関して述べた文として，正しいものを2つ選び，記号で答えなさい。

ア　太平洋戦争が泥沼《どろぬま》化して食料や日用品が不足すると，まず農村から配給制が始められた。

イ　政府は国民に対して「ぜいたくは敵だ」などのスローガンによって倹《けん》約や節約を奨励《しょうれい》した。

ウ　配給所で食料や日用品を配給する作業は，すべて役人が行った。

エ　学童疎《そ》開先では，子どもの成長に欠かせない動物性たんぱく質が多く含まれた食事が提供された。

オ　配給量も不足したため，人々は空き地にカボチャやさつまいもを植えて自給に努めた。

カ　日本が連合国に降伏《ふく》して戦争が終結するとともに，配給制も終わった。

キ　家計に占める食費の割合は，1940年代後半から1970年代にかけて大幅に増大した。

問4　下線④に関して述べた文として，まちがっているものを2つ選び，記号で答えなさい。

ア　隠岐《おき》諸島をはじめ多くの島々があり，アジやサバなどの漁獲量が多い。

イ　山がちで平野が少なく，活動が活発な火山がある。

ウ　1945年8月9日，アメリカによって日本に2発目となる原子爆《ばく》弾が投下され，多くの犠《ぎ》牲《せい》者が出た。

エ　殖《しょく》産興業の政策がとられる中で造船所がつくられ，明治時代に造船業が発展した。

オ　日米修好通商条約の締《てい》結後，それまで長崎で行われていたオランダ貿易と同じ制限のもと，欧米との貿易が行われた。

カ　戦国時代には宣教師による布教が行われ，キリスト教が広まった。

問5　下線⑤に関して，この公共事業によって，1997年に一部が潮受け堤防で閉め切られた場所を次の中から選び，記号で答えなさい。

ア　八代《やつしろ》海　　イ　熊野灘《なだ》　　ウ　諫早《いさはや》湾

エ　玄《げん》界灘　　オ　島原湾

問6　下線⑥に関して，次のうち，一般に水田として利用するのにもっとも適さない場所を1つ選び，記号で答えなさい。

ア　干拓《たく》地　　イ　扇《せん》状地

ウ　湿《しっ》地　　エ　三角州《す》

問7　文中(X)にあてはまる水産物をひらがなで書きなさい。

III　飼料作物とは，①家畜《ちく》のエサとする作物のことです。②牧草のほか，③トウモロコシや大豆，④飼料用米，アワ，キビ，ヒエなどの雑穀と多くの種類があります。雑穀はかつて日本で⑤主食として重要であり，広く栽培されていました。「濡《ぬ》れ手で粟《あわ》」ということわざがあることからも，とても⑥身近な農作物だったことがわかります。今でも五穀米や十穀米などに含まれ，健康によい食品として利用されていますが，日本では⑦雑穀は昔よりも生産が少なくなっています。⑧日本の農業を考える上で，今後，⑨食料自給率を高めることが求められています。

問1　下線①について

(1)　中国との外交や貿易で栄えたため，明治時代以前から豚《ぶた》の飼育が盛んに行われ，豚肉料理が伝統料理として定着している地域はどこですか。現在の都道府県名で答えなさい。

(2)　牛乳や乳製品の生産に関わる次のできごとを，古い順に記号で並べかえなさい。

ア　徳川吉宗は，オランダ商館長から熱心に知識をとり入れ，その助言により乳牛の飼育を始めた。

イ　大宝律令で「乳戸《にゅうこ》」と呼ばれる酪《らく》農家が設けられ，牛乳の加工品がつくられた。

ウ　北海道開拓使による官営工場で，外国人技術者の指導の下，牛乳・乳製品の製造が行われた。

エ　藤原道長は，牛乳の加工品と蜜《みつ》を練り合わせ加熱したものを愛用していた。

問2　下線②は飼料作物として栽培されています。牧草地を示すと考えられる地図記号を次の中から選び，記号で答えなさい。

ア 　イ 　ウ 　エ 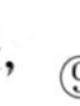

問3　下線③に関して

(1)　トウモロコシと小麦を日本がもっとも多く輸入している国名を答えなさい。

(2)　トウモロコシ・小麦・米など穀物の自給率が高い順に，国名を記号で並べかえなさい。

ア　中華人民共和国　　イ　サウジアラビア　　ウ　カナダ　　エ　日本

問4　下線④は，近年，政府の推《すい》進もあって生産量が増加しています。政府が生産を推進する理由としてまちがっているものを1つ選び，記号で答えなさい。

ア　主食の米をつくっていた水田で生産が可能だから

イ　耕作放棄《き》地の減少につながるから

ウ　農地の環境を維《い》持することができるから

エ　今後の重要な輸出品として期待されているから

問5　下線⑤の米について述べたこととして，まちがっているものを1つ選び，記号で答えなさい。

ア　カロリー(熱量)を多く摂《と》ることができる。

イ　通常，加熱して食事にとり入れている。

ウ　日本では数十年前と比べて一日の食事の中での割合が増えた。

エ　菓子など様々な形態に加工されて利用されている。

問6　下線⑥に関して，次のうち，みかんの生産量がもっとも少ない県を1つ選び，記号で答えなさい。

ア　熊本県　　イ　広島県　　ウ　神奈川県

エ　埼玉県　　オ　愛知県

問7　下線⑦の理由としてふさわしいものを2つ選び，記号で答えなさい。

ア　より高く売れる農作物を畑で生産するようになったから

イ　日常生活であまり食べなくなったから

ウ　食糧《りょう》不足を補うため，外国からの輸入が戦後急速に増加したから

エ　土地がやせて生産できなくなってしまったから

問8　下線⑧に関して

(1)　日本の農業では，促《そく》成栽培など様々な工夫が行われています。通常，促成栽培でつくられていないものを2つ選び，記号で答えなさい。

ア　なす　　イ　ピーマン

ウ　ごぼう　　エ　きゅうり

オ　トマト　　カ　さつまいも

(2)　農家の経営にとって，促成栽培の利点を説明しなさい。

問9　下線⑨について，グラフ1は米の自給率の変化を表しています。この変化にもっとも近いものを1つ選び，記号で答えなさい。

ア　りんご　　イ　鶏《けい》卵　　ウ　大豆　　エ　栗《くり》　　オ　マグロ　　カ　しいたけ

グラフ1　米

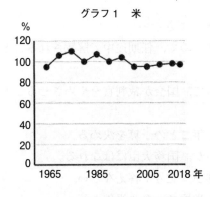

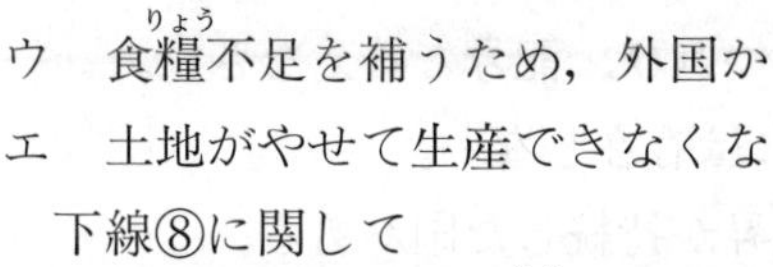

グラフ2　牛肉

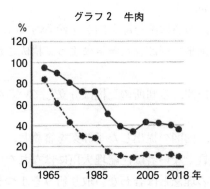

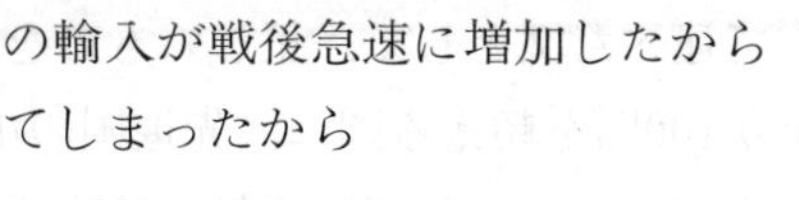

グラフ3　豚肉

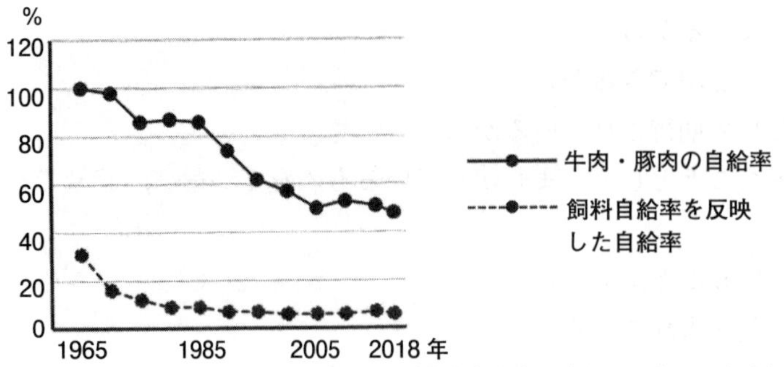

（農林水産省　食料需給表より作成）

問10　下線⑨に関して，肉類には，通常の自給率と，飼料自給率を反映した自給率(国産のエサで育てられている割合)の2種類が公表されています。グラフ2・グラフ3は，牛肉・豚肉の自給率と飼料自給率を反映した自給率を表しています。グラフ2・グラフ3から分かることとして，まちがっているものを1つ選び，記号で答えなさい。

ア　自給率は豚肉の方が高い状態を保ってきた。

イ　牛肉と豚肉は，1980年代半ばから2000年代に海外からの輸入が特に増加した。

ウ　1965年ころに注目すると，牛と豚の飼料の主な中身は異なると考えられる。

エ　豚は牛より国産の飼料の割合が高い状態が続いてきた。

問11　下線⑨に関して述べた文として，正しいものを2つ選び，記号で答えなさい。

ア　食料自給率が100%を超《こ》える国は，先進国の中には存在しない。

イ　G7の国の中で，この50年間に食料自給率の上昇《しょう》が持続した国がある。

ウ　国際連合には，食料や農業を扱う専門機関が存在する。

エ　世界の中には，穀物の自給率がゼロの国は1つもない。

Ⅳ　政府の食料政策は，国民の食や農業に影響を与えてきました。また，毎日の生活の中で何をどのように食べるかということは，私たちの社会の現在，そして将来に関わっています。

問1　「健全な食生活を実践《せん》することができる人間を育てる食育を推進」することを目的とした食育基本法が2005年に制定され，小学校・保育園・幼稚《ち》園などで取り組みが進められています。

(1)　法律は国会でつくられます。国会について述べた文として正しいものを2つ選び，記号で答えなさい。

ア　国民は，報道機関を除き国会を傍聴《ぼうちょう》することはできない。

イ　国会は選挙で選ばれた議員によって構成されるので，任期途《と》中で解散されることはない。

ウ　国会と内閣，裁判所の三権は分立しているので，国会が裁判官をやめさせることはできない。

エ　国会は，内閣の提出した予算案を審《しん》議し，1年ごとの予算を決める。

オ　国会議員でない者は，総理大臣にはなれないが，国務大臣にはなれる。

(2)　この法律の理念とは合わない取り組みを1つ選び，記号で答えなさい。

ア　家庭で朝食をとることが難しい児童に対し，学校で朝食の提供を行う。

イ　小学校に栄養教諭《ゆ》を設置し，食育指導に当たる。

ウ　栄養や食事マナーに関する親子教室を開き，食育への取り組みを保護者に奨励する。

エ　給食を残さず食べてもらうため，素早く食べられる人気のハンバーガーを取り入れる。

問２　市街地やその周辺において行われる農業を，都市農業といいます。

(1)　都市の街づくりに農業が必要だとした都市農業振《しん》興基本法が2015年に成立しました。都市農業の役割には関係しないものを２つ選び，記号で答えなさい。

ア　高価格な農作物の開発　　　イ　雨水の保水

ウ　鮮《せん》度の高い作物の提供　　　エ　景観の保全

オ　住民や学童の農業体験の提供　　　カ　災害時の防災空間

キ　大規模農業のための区画整理　　　ク　ヒートアイランド現象の抑《よく》制

(2)　都市農業振興基本法は国会議員によって法案が提出され，成立しました。その過程として正しいものを１つ選び，記号で答えなさい。

ア　参議院農林水産委員会で議決→参議院本会議で議決→衆議院本会議で議決・成立

イ　参議院本会議で議決→参議院農林水産委員会で議決→衆議院本会議で議決→衆議院農林水産委員会で議決・成立

ウ　参議院本会議で議決→衆議院農林水産委員会で議決→衆議院本会議で議決・成立

エ　参議院農林水産委員会で議決→参議院本会議で議決→衆議院農林水産委員会で議決→衆議院本会議で議決・成立

問３　アメリカでは，植物由来の肉を取り入れる様子が見られます。植物由来の肉についての説明として，まちがっているものを２つ選び，記号で答えなさい。

ア　植物由来の肉に切り替《か》えても，温室効果ガスは減少しない。

イ　カロリー面などの点から健康志向に合っている。

ウ　ハンバーガーショップなど飲食店でも提供されるようになった。

エ　アメリカ人の半分以上が宗教上の理由で牛肉を食べないことが開発のきっかけとなった。

オ　肉だけでなく，牛乳に代わる植物由来のミルクがすでに販《はん》売されている。

カ　フード(食品)とサイエンス(科学)をかけ合わせた食の技術革新が開発の背景にある。

キ　現在，植物由来の肉の実用化は他国でも進行している。

問４　2019年10月に消費税が８％から10％へ増税されました。この際には，酒類・外食を除く飲食料品の消費税率を８％に据《す》え置く軽減税率が導入されています。

(1)　消費税について述べた文として正しいものを２つ選び，記号で答えなさい。

ア　年齢《れい》に関係なく広く国民から集めることができる。

イ　収入が少ない人ほど，税率の上昇により生活への打撃《げき》を受ける。

ウ　税率を上げると景気が良くなる。

エ　税率を上げる直前は，短期的にものが売れなくなる。

オ　税率を上げることは，内閣の判断だけでできる。

(2)　ものやサービスによっては，軽減税率が導入される以前から消費税がかからないものもあります。次のうち，消費税がかからないと考えられるものはどれですか。３つ選び，記号で答えなさい。

ア　車いす　　　イ　自転車　　　ウ　出産費用

エ　住民票の発行　　オ　学校の制服　　カ　ランドセル

問5　家庭の食卓《たく》に食料が安定的に並ぶことは大切です。日本において食料供給が今後数十年にわたって滞《とどこお》る原因となると考えられるものを4つ選び，記号で答えなさい。

ア　輸出国で紛《ふん》争が起こり，輸送網が混乱した。

イ　農業や漁業に携《たずさ》わる人々の後継《けい》者が減った。

ウ　効率よく生産するため，年間を通して同じ畑で同じ作物を栽培する。

エ　輸出国の天候不順によって，凶《きょう》作が発生した。

オ　世界規模での温暖化が進行した。

カ　世界的に感染症《しょう》が発生し，農作業に従事する外国人労働者が激減する。

キ　農薬や化学肥料を大量に用いて，安く生産する。

ク　アブラムシが大発生し，虫害が起きる。

問6　企《き》業や家庭などが廃《はい》棄しようとしている食品を寄付してもらい，必要としている人に提供する民間の活動をフードバンクといいます。フードバンクのようなしくみが必要とされているのは，憲法に書かれている何という制度が不十分だからですか。

【理　科】（40分）〈満点：100点〉
（選択肢《たくし》の問題の答が複数ある場合は，すべて答えなさい。）

Ⅰ　私たちの日常生活で使われている扇《せん》風機や洗濯《たく》機には，モーターが使われている。モーターの仕組みを調べよう。

1　モーターには電磁石が使われている。まず電磁石の性質を調べるために，エナメル線を100回巻きつけたストローに鉄心を入れたものを用意した。これを電磁石Aとする。他にも，Aを作ったときと同じ長さのエナメル線を使って，巻き数，エナメル線を巻いてある部分の長さをそれぞれ変えた電磁石BとCを用意した。A～Cに電池2個を直列につないだときの，電磁石にくっつくゼムクリップの数を調べると，下の表のようになった。

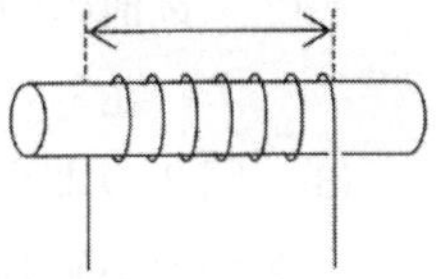

	巻き数	エナメル線を巻いてある部分の長さ	エナメル線の長さ	エナメル線の太さ	鉄心の太さ	くっついたゼムクリップの数〔個〕			
						1回目	2回目	3回目	平均
A	100回					5	5	6	5.3
B	Aより多い	Aと同じ	Aと同じ	Aと同じ	Aと同じ	7	8	7	7.3
C	Aと同じ	Aより短い	Aと同じ	Aと同じ	Aと同じ	12	10	10	10.7

(1)　Aに電池2個を直列につないだとき，電流計で流れる電流の強さを調べると図1のようになった。このときの電流の強さを答えなさい。ただし，－端《マイナスたん》子は5Aを使った。

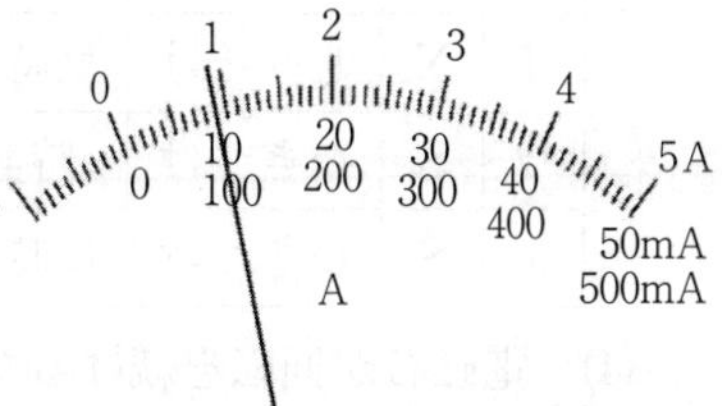

図1

(2)　下線部のように実験条件をそろえるのは，何を同じにするためですか。

(3)　上の表から考えて，エナメル線の長さと太さ，鉄心の太さ，直列につなぐ電池の数が同じとき，強い電磁石を作るにはエナメル線をどのように巻くとよいですか。

次に，エナメル線の長さ，鉄心の太さをそれぞれ変えた電磁石DとEを用意した。D，Eに電池2個を直列につないだときの，電磁石にくっつくゼムクリップの数を調べると，下の表のようになった。

	巻き数	エナメル線を巻いてある部分の長さ	エナメル線の長さ	エナメル線の太さ	鉄心の太さ	くっついたゼムクリップの数〔個〕			
						1回目	2回目	3回目	平均
D	Aと同じ	Aと同じ	Aより長い	Aと同じ	Aと同じ	4	4	4	4.0
E	Aと同じ	Aと同じ	Aと同じ	Aと同じ	Aより細い	2	2	3	2.3

(4)　Aに電池2個を直列につないだものを，より強くするにはどう変えればよいか，ア～カから選びなさい。

ア　エナメル線の長さを短くする
イ　エナメル線の太さを細くする
ウ　2個の電池を並列につなぐ
エ　鉄心をアルミニウムの棒にかえる
オ　鉄心の太さを太くする
カ　直列につなぐ電池の数を増やす

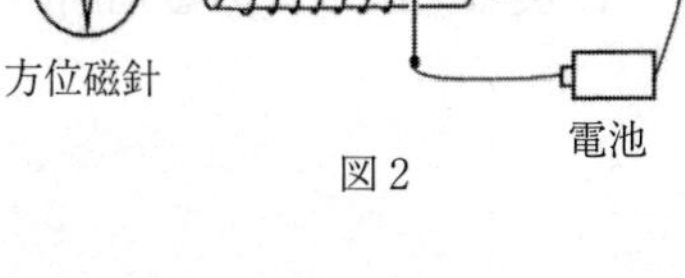

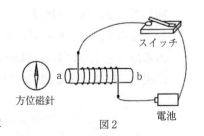

図2

2　電磁石を図2のように方位磁針と並べて置いた。電磁石に電流を流すと方位磁針の針が振《ふ》れて，北を指していたN極が西を指した。

(1)　このとき電磁石のａ側は何極ですか。

(2)　図２において，次の①，②のように変えて電流を流したとき，方位磁針のN極はどの方角を指すか，ア～エからそれぞれ選びなさい。

①　電池２個を直列につなぐ

②　電池のつなぐ向きを変える

ア　北　　イ　東　　ウ　南　　エ　西

(3)　図３のように，回転軸《じく》をつけ回転できるようにした電磁石を２つの棒磁石の間に配置して，矢印の向きに電流を流した。このときの電磁石の回転について，以下の文の［　　］に入る言葉の組み合わせとして正しいものをア～エから選びなさい。

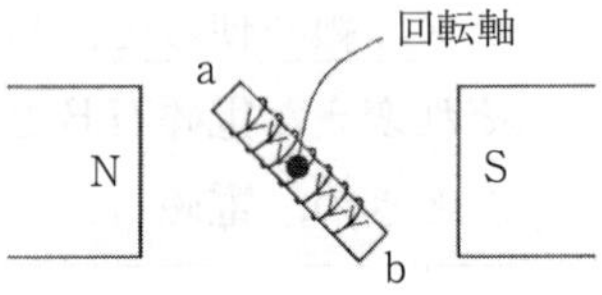

図３

電磁石のａ側が［　①　］極になり棒磁石のN極と［　②　］あい，［　③　］回りに回転しはじめるが，１回転はできなかった。

	①	②	③
ア	N	しりぞけ	時計
イ	N	しりぞけ	反時計
ウ	S	ひきつけ	時計
エ	S	ひきつけ	反時計

(4)　電磁石が回転を続けるためには，回転の途《と》中で電磁石に流れる電流の向きを変える必要がある。図４の電磁石のP側が，どこを通過するときに電流の向きを変えればよいか，ア～エから選びなさい。

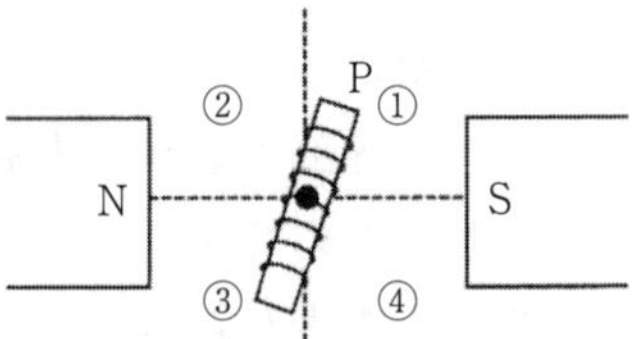

図４

ア　①と②の境界　　イ　②と③の境界

ウ　③と④の境界　　エ　①と④の境界

(5)　モーターには図５のように３つの電磁石を組み合わせて作ったものがある。電磁石にそれぞれ図の矢印の向きに電流が流れているとき，ａ側～ｃ側はそれぞれ何極になりますか。また，このときのモーターの回転する向きをア，イから選びなさい。

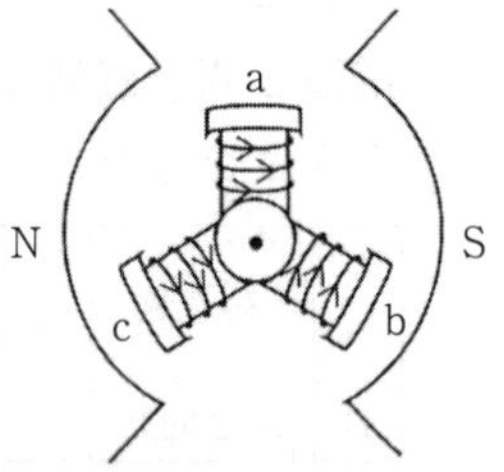

図５

ア　時計回り　　イ　反時計回り

［II］　地球の半径を6350 km，地球の自転周期を24時間として以下の問いに答えなさい。

1　国際宇宙ステーション(ISS)は，高度約400 kmを時速約28000 kmで図１のように地球を周回している。ISSが地球を１周するのにかかる時間は約［　①　］である。その間に地球は自転するので，地上から見るとISSの軌《き》道は１周につき［　②　］へ［　③　］°ずつずれていき，ある地点の上空にあったISSは［　④　］周すると，つまり［　⑤　］日後，もとの地点の上空に戻る。図２はある期間のISSの軌道を地図上に示したものである。

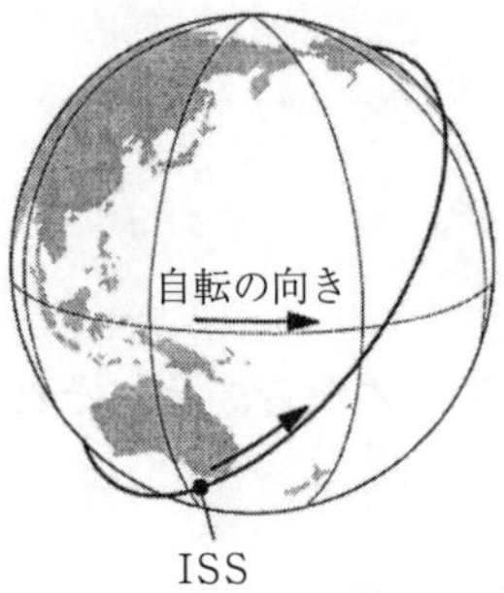

図1

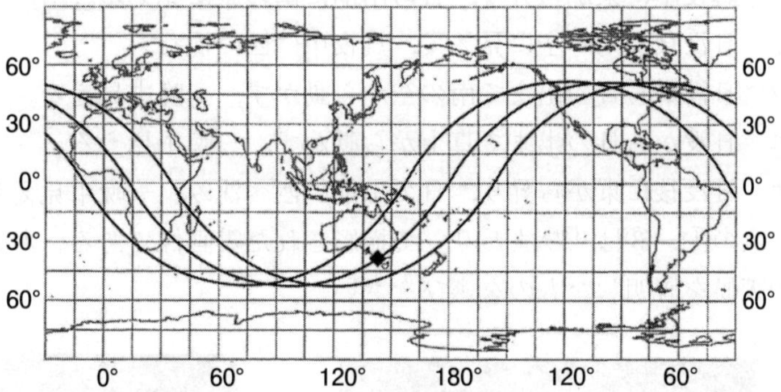

図2

(1) ① に入る時間を計算し，最も近いものをア～キから選びなさい。

ア　5分　　イ　30分　　ウ　45分　　エ　90分

オ　150分　　カ　6時間　　キ　12時間

(2) ② に入る方角をア～クから選びなさい。

ア　北　　イ　北東　　ウ　東　　エ　南東

オ　南　　カ　南西　　キ　西　　ク　北西

(3) ③ ～ ⑤ に入る数値を(1)で選んだ時間を用いて計算しなさい。

(4) ISSがその上空を飛行することのない大陸をア～オから選びなさい。

ア　ユーラシア大陸　　イ　北アメリカ大陸　　ウ　南アメリカ大陸

エ　アフリカ大陸　　オ　南極大陸

(5) 図2の◆の位置にISSがあったときから，1周後のISSの位置を解答欄《らん》の図に●で示しなさい。また，●から1周分のISSの軌道を図中の点線をなぞったり，必要があれば線をかき加えたりして図示しなさい。

(6) ある日の日没《ぼつ》時，ISSがちょうど真上に位置していた地点において，ISSはこのあとどのように見えるか，ア～エから選びなさい。

ア　真上で静止して見える。

イ　星座をつくる星より速く動いて見える。

ウ　星座をつくる星と同じ速さで動いて見える。

エ　星座をつくる星よりゆっくり動いて見える。

(7) ISSにある日本の宇宙実験棟《とう》を何というか，ア～オから選びなさい。

ア　きぼう　　イ　ひかり

ウ　はやぶさ　　エ　かぐや

オ　ハッブル

2　日本の気象衛星「ひまわり」は，常に東経140°の赤道上空にある。

(1) 「ひまわり」が常に東経140°の赤道上空にあるためには，どのように地球を周回すればよいか説明しなさい。

(2) 「ひまわり」は小さく，はるか上空を周回するため地上から見ることができないが，仮に夜に日本で「ひまわり」が見えるとしたとき，その見え方として正しいものをア～オから選びなさい。

ア　真夜中に東から昇《のぼ》り，日の出前に南の空に見える。

イ　日没後，南の空に見えて，真夜中に西に沈《しず》む。

ウ　日没から日の出まで南の空から動かず，一晩中見える。

エ　日没から日の出まで真上から動かず，一晩中見える。

オ　日没後に東から昇り，日の出前に西へ沈み，一晩中見える。

(3)　次の①～③は「ひまわり」で撮影《さつえい》された雲画像である。あとのア～オから，それぞれの日の天候を説明したものを選びなさい。

①

②

③

日本気象協会 HP tenki.jp より

ア　梅雨前線が日本の南岸沿いにのび，九州から関東にかけて広い範《はん》囲で雨となった。

イ　発達した低気圧が本州の南岸から三陸へ進み，東北地方から北海道にかけて大荒《あ》れの天気となった。

ウ　太平洋高気圧に覆《おお》われ，全国的に晴れて猛《もう》暑となったが，各地で積乱雲が発生した。

エ　大型で非常に強い台風の上陸・通過により，東日本・北日本で激しい降雨となった。

オ　強い冬型の気圧配置となり，発達した筋状の雲が日本海を渡《わた》り，日本海側や北日本で雪となった。

III　バッタについて以下の問いに答えなさい。

1　トノサマバッタについて正しく述べた文をア～カから選びなさい。

ア　卵→幼虫→さなぎ→成虫と育つ。

イ　卵→幼虫→成虫と育つ。

ウ　一度しか脱皮《だっぴ》しない。

エ　幼虫の体は頭・胸・腹に区別できる。

オ　幼虫の食べ物と成虫の食べ物は同じである。

カ　幼虫にははねがない。

2　トノサマバッタと異なる育ち方をする昆《こん》虫をア～カから選びなさい。

ア　カブトムシ　　イ　クワガタムシ　　ウ　セミ

エ　ダンゴムシ　　オ　トンボ　　　　カ　モンシロチョウ

3　トノサマバッタはどのようなところに産卵するか，ア～オから選びなさい。

ア　枯《か》れ葉の裏　　イ　木の幹の皮の内側　　ウ　草の葉の裏　　エ　土の中　　オ　水の中

サバクトビバッタは，西アフリカから中東，インドまでの南西アジアにかけて広く分布するトノサマバッタの仲間である。サバクトビバッタは普《ふ》段は数が少なく，見つけるのが大変であるが，ある時突然大発生し，巨《きょ》大な群れを作る。普段のサバクトビバッタを孤《こ》独相，群れを作るサバクトビバッタを群生相という。孤独相の幼虫は緑色，群生相の幼虫は黒色であるほか，孤独相と群生相との間には体つきや色，習性などに様々な違《ちが》いがある。例えば，図１のC，E，Fの長さについて，孤独相の成虫と群生相の成虫では，「EをFで割った値(E/F値)」，「FをCで割った値(F/C値)」が異なる。群生相は孤独相と比べ，E/F値が大きく，F/C値は小さい。

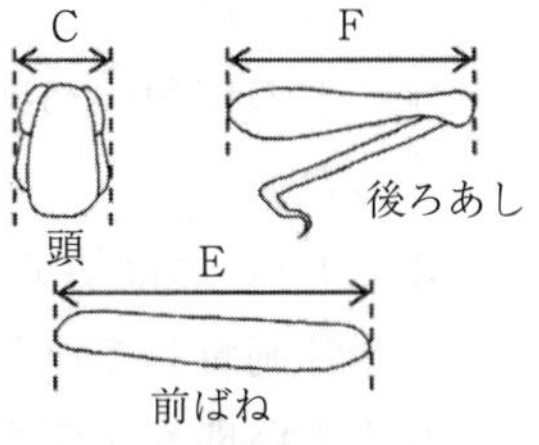

図1

4　Fの長さが同じ孤独相と群生相のサバクトビバッタがいたとする。この時，孤独相と群生相のバッタのE，Cの長さについて正しく述べた文をア～オから選びなさい。

ア　EもCも，孤独相の方が長い。

イ　EもCも，群生相の方が長い。

ウ　EもCも，群生相と孤独相とでそれぞれ同じである。

エ　Eは群生相の方が長く，Cは孤独相の方が長い。

オ　Eは孤独相の方が長く，Cは群生相の方が長い。

サバクトビバッタを使って次の実験を行った。

【実験１】　孤独相のメス成虫とオス成虫を交尾《び》のため一日一緒《しょ》にした後，メスを１匹《びき》だけにしておく(単独飼育)と，産卵した卵から緑色の幼虫が生まれてくる。しかし，交尾した後もメスをオスと一緒にしておく(集団飼育)と，黒色がかった幼虫も生まれてくる。そこで，幼虫を体色で５段階のグループに分けた。体色１は緑色，５は黒色を表す。図２は幼虫の体色とふ化時の体重(平均値)の関係を示したグラフである。

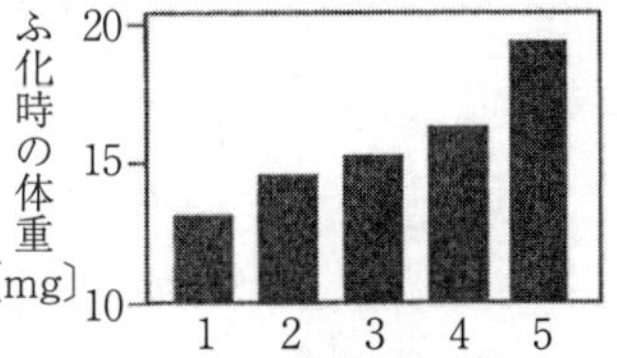

図2

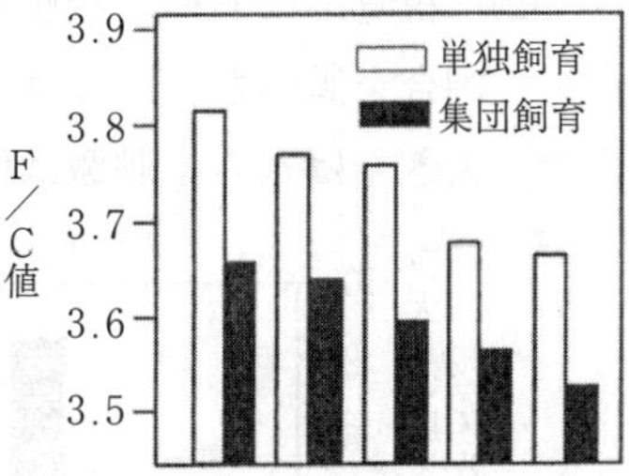

図3

【実験２】　ふ化した幼虫の体色ごとのグループをさらに２つに分けて飼育した。片方は単独飼育(１匹ずつ箱に入れて飼育)，もう一方は集団飼育(同じ箱で飼育)した。成虫になったときにFとCを測定し，F/C値を求めた。図３は，飼育条件ごとに幼虫の体色とF/C値(平均値)との関係を示したグラフである。

5　図２，３の結果について正しく述べた文をア～カから選びなさい。

ア　単独飼育された成虫のＦ/Ｃ値は，集団飼育された成虫のＦ/Ｃ値より大きかった。

イ　ふ化時の体重の平均値が最も大きい幼虫グループを集団飼育すると，単独飼育した時と比べ成虫のＦ/Ｃ値は半分以下となった。

ウ　ふ化時の体重の平均値が最も大きい幼虫グループを単独飼育しても，ふ化時の体重の平均値が最も小さい幼虫グループを集団飼育した時より，群生相的な成虫となった。

エ　単独飼育の場合，ふ化時の体重の平均値が大きな幼虫グループほど，より群生相的な成虫となった。

オ　どの体色の幼虫グループでも，集団飼育すると単独飼育した時よりも群生相的な成虫となった。

カ　Ｆ/Ｃ値は幼虫の体色によって決まっていた。

6　単独飼育していたサバクトビバッタのメスの成虫を集団飼育すると，単独飼育していた時より大きい卵を産卵するようになる。メスが大きい卵を産卵する刺激《しげき》は何だろうか。視覚，におい，接触《しょく》のうち，どの刺激によってメスは大きい卵を産卵するようになるのかを調べた。

(1)　単独飼育されたメス(交尾を終えたもの)に特定の刺激を与《あた》えるために，次の①～③のような実験装置を用意した。①～③の装置でメスに与えられる刺激をそれぞれア～ウから選びなさい。

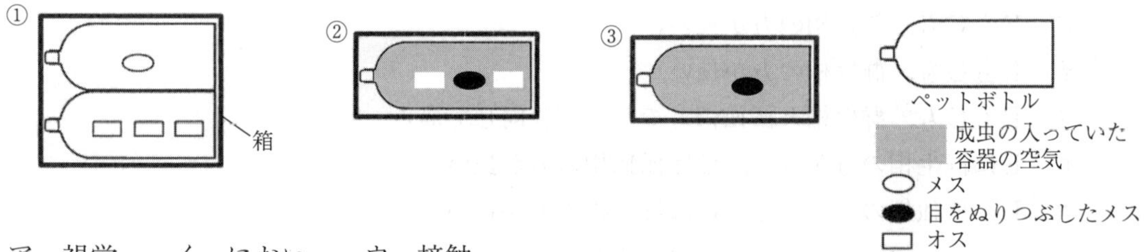

ア　視覚　　イ　におい　　ウ　接触

(2)　視覚，におい，接触を色々な組み合わせでメスに与え，その後大きい卵を産卵したメスの割合を調べた。図4はその結果である。この結果からメスが大きい卵を産卵することに最も大きくはたらく刺激は何と考えられるか，ア～ウから選びなさい。

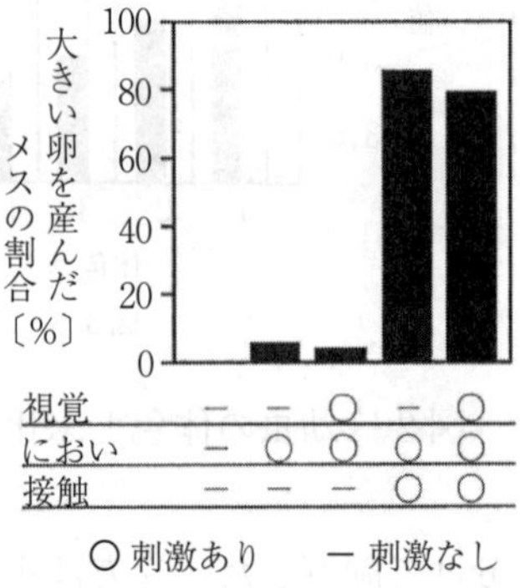

図4

ア　視覚　　イ　におい　　ウ　接触

(『孤独なバッタが群れるとき』前野ウルド浩太郎 を改変)

[Ⅳ]　ある濃《のう》度の塩酸Aと水酸化ナトリウム水溶《よう》液Bについて次の実験をした。

【実験1】　4つのビーカーにそれぞれ塩酸A30cm³を入れ，その中にアルミニウムを加えて発生した気体の体積をはかった。加えたアルミニウムの重さを変えて実験したところ，発生した気体の体積は下の表のようになった。

アルミニウムの重さ〔g〕	0.1	0.25	0.5	0.75
発生した気体の体積〔cm³〕	130	325	650	819

1　発生した気体の名前を答えなさい。

2　この気体の性質としてあてはまるものをア～カから選びなさい。

ア　空気中に0.04%含《ふく》まれる

イ　無色である

ウ　ものを燃やすはたらきがある

エ　刺激臭《しげきしゅう》がある

オ　よく燃える

カ　ろうそくを燃やしたときに生じる

3　塩酸A30cm³と過不足なく反応するアルミニウムは何gですか。ただし，割り切れないときは小数第3位を四捨五入して答えること。

【実験2】　7つのビーカーに塩酸Aと水酸化ナトリウム水溶液Bを下の表のように混ぜ，合計を30cm³とした。[え]にBTB液を加えると緑色になる。

	[あ]	[い]	[う]	[え]	[お]	[か]	[き]
塩酸Aの体積〔cm³〕	30	25	20	15	10	5	0
水酸化ナトリウム水溶液Bの体積〔cm³〕	0	5	10	15	20	25	30

[あ]～[き]にそれぞれアルミニウム1gを加えたとき，発生した気体の体積をはかって，右のようなグラフをつくった。

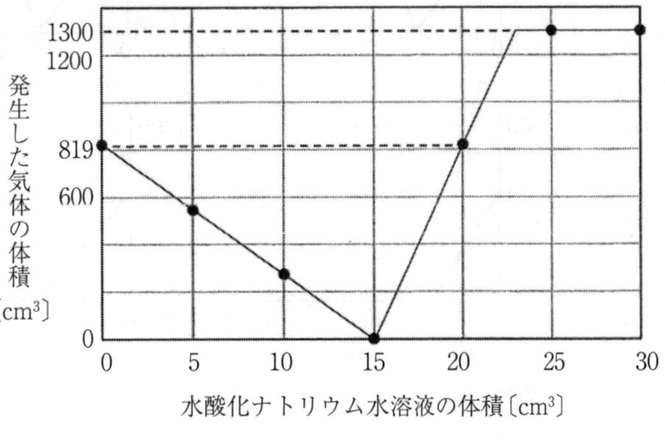

4　アルミニウムを入れる前の液を赤色リトマス紙につけるとリトマス紙が青色になる液を[あ]～[き]から選びなさい。

5　[あ]～[き]にアルミニウム1gを加え気体が発生しなくなったときに，アルミニウムが残らない液を[あ]～[き]から選びなさい。

6　[え]にアルミニウムを加えたのち，上澄《ず》み液を蒸発皿にとって加熱し，水を蒸発させたところ，食塩(塩化ナトリウム)だけが残った。次の①～⑤の上澄み液をとって加熱し，水を蒸発させたときに残るものをア～エから選びなさい。残るものが何もないときは×をかきなさい。ただし，塩酸や水酸化ナトリウム水溶液にアルミニウムがとけたときには水に溶《と》ける固体ができる。

①　アルミニウムを加える前の[あ]

② アルミニウムを加える前の[う]

③ アルミニウムを加える前の[お]

④ アルミニウムを加えて反応が終わった後の[う]

⑤ アルミニウムを加えて反応が終わった後の[か]

ア 水酸化ナトリウム

イ 食塩(塩化ナトリウム)

ウ 塩酸にアルミニウムがとけてできたもの

エ 水酸化ナトリウム水溶液にアルミニウムがとけてできたもの

7 【実験２】を次の①，②のように変えて実験すると，グラフはどのようになるか，ア～コから選びなさい。

① アルミニウムを鉄に変える。ただし，どれも最後に鉄は残っていた。

② 水酸化ナトリウム水溶液をBの２倍の濃度にする。

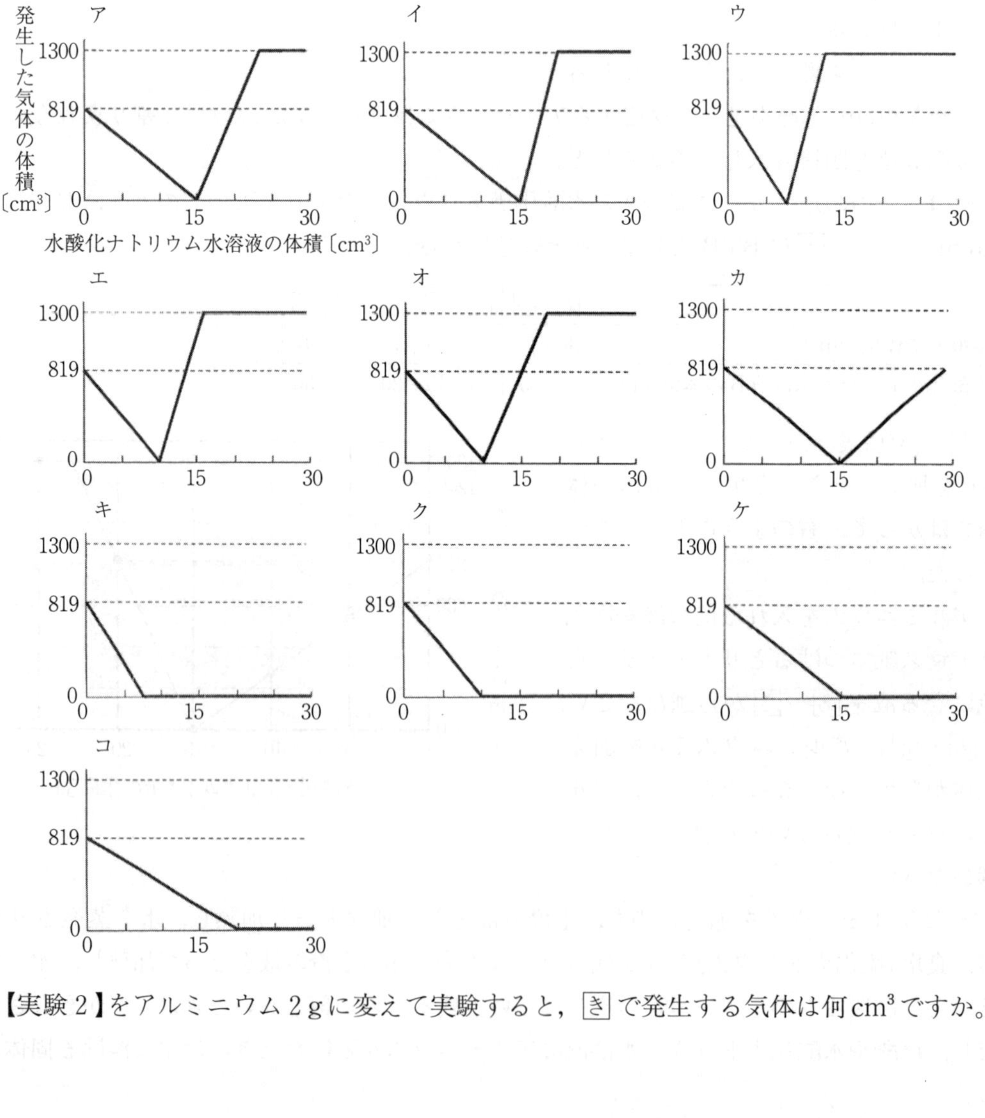

8 【実験２】をアルミニウム２gに変えて実験すると，[き]で発生する気体は何cm^3ですか。

動」についての説明としてあてはまらないものを選びなさい。

ア　保護する対象については、各々大切にするものが異なるが、形状や色彩《さい》などが目を引く種になる傾《けい》向がある。

イ　人間の手が全く入っていない本来の豊かな自然に戻《もど》すことを、最終的な目的とする。

ウ　自分と違《ちが》う世代に対しても、自分が保護したいと考えた種の保護の正しさを強く主張する。

エ　自分が慣れ親しんできた自然が、環境の変化により失われていくことを止めようとしている。

問七　――⑥「二次的な風景」の具体例を本文中の═㋐～㋔の中から二つ選びなさい。

問八　最初の段落に［この二つのタイプ］とありますが、どのような考え方ですか。それぞれ二十～三十字で書きなさい。

［三］　次のカタカナを漢字に直しなさい。

1　暑い日に水分をオギナうことは大切だ。

2　各国のシュノウが集まる。

3　カンダン差の激しい地域。

4　食料をチョゾウ庫にしまう。

5　今度の土曜日にカンゲキに行く予定だ。

いいだろう。

　三つ目は、そうした保護を若い世代にも強要するということだ。わかりやすくいえば、紙芝居《しばい》の復活とか、駄菓子《だがし》屋の復活などのようなものだ。いまの若い世代には彼《かれ》らなりのノスタルジーがあり、それは彼らの親世代のものとはまったく異なる。その時代錯《さく》誤に自然保護運動家は気がつかず、自分たちの主張こそ正しいと信じて疑わない。そしてそれは本能として、きわめてまっとうな反応でもあるところがなんともむずかしい。

　この手の自然保護運動家は、ともかくも保護、保護、と叫《さけ》ぶことが多い。しかしそれは、保護すべきであると主張する種が本当に「すべての人にとって」重要であるからではけっしてない。ただ、自分が生きてきた環境へのノスタルジーがそうさせているにすぎない。いってみれば趣《しゅ》味の世界だ。にもかかわらず、それらの生物を滅ぼしつつあるものが、自分たちの日常生活であるのを認めることに、心の底から納得しているわけでもない。

　以上、二つの例を挙げただけにすぎないが、自然保護といっても、その中身はさまざまだ。私自身、正直にいえば、せめて昭和三〇年代あたりの自然にまで戻してほしいと思わないでもない。

　しかし、環境破壊の果てにたどり着く未来というものが、いまの私たちから見てたとえどれほどひどいものであったとしても、その時代に生まれ育った人間には、さほど悪いものとは映らないだろうとも思っている。

（高橋敬一『昆虫にとってコンビニとは何か？』より
「昆虫にとって自然保護とは何か？」）

※ノスタルジック…遠く離《はな》れた故郷や、遠い過去の時をなつかしんであこがれる気持ちを感じるさま。この文章では「ノスタルジー」も同様。

問一　――①「危機感」とありますが、どういう危機感ですか。解答欄《らん》に適切な語句を十字前後で書きなさい。

問二　――②「この場合の『自然』」にあてはまるものを、次から選びなさい。

ア　農業用に作られたため池
イ　すべてが木材でできた民家
ウ　ベランダで育てたトマト
エ　生息環《かん》境を再現した水族館

問三　段落Xと Yの関係を説明した文を次から選びなさい。

ア　Xの内容をYで具体的に説明している。
イ　XとYは対比的な関係になっている。
ウ　Xの理由をYでわかりやすく説明している。
エ　Xの内容をYで簡潔に要約している。

問四　――③「そうしたこと」とはどういうことですか、最も適当なものを次から選びなさい。

ア　人間が新世界に侵《しん》入したために、結果的には人間が存在できる自然の範《はん》囲が狭《せま》くなったこと。
イ　人間が未開の地に新たにやってきたことで、固有の動植物に変異が起きたこと。
ウ　人間が新しい地域に足を踏《ふ》み入れたことで、その地域特有の生き物の生息が損《そこ》なわれたこと。
エ　人間が外来種を世界各地に持ち込《こ》んだために、多様な生物が暮らせるようになったこと。

問五　――④「人間の『やさしい』ふるまい」という表現からは筆者の批判が読みとれますが、どのようなことに対する批判ですか。解答欄の空欄を適切に埋《う》めなさい。

問六　――⑤「ノスタルジックな感情から生まれてくる自然保護運

人間が生存しつづけるための「必要なぎりぎりのラインで」環境にやさしくしよう、というのがこうした自然保護の実態であること、それに、生物界には本来、生存競争しか存在しないことだけは、やはり認識しておくべきだろう。人間は少しやりすぎたのだ。ここらで手加減しないと、自らが存続していくための土台自体が崩《くず》れてしまうかもしれない。

とどのつまり、人間は人間のことだけ考えて生きていくしかない。そして実際、いつも人間は人間の都合だけで生きてきた。だから「自然保護」も、その対象が人間に役立つから保護する、人間が生きるための道具として保護するという考え方で一向にかまわない。それで手一杯《ぱい》なのだ。多くの生物種が、人間による環境改変が原因で進行しているといわれる第六回目の大絶滅(「完新世の大絶滅」という。これ以前の大絶滅は、大陸移動や火山活動、あるいは隕《いん》石の衝突《しょうとつ》などによって生じた地球環境の大変動によって引き起こされてきた)によって滅ぼされるのは、「人間が生きていく」という大前提の前にはしかたのないことだ。といっても、複雑な自然システムのどこまでが人間に必要なのか、その見きわめはきわめてむずかしいのだけれど。

さて、こうした考え方に立つと、昆虫を含めた生物種のほとんどは滅びていかざるを得ない。そしてこうした事態に反対する自然保護もある。そのひとつに※ノスタルジックな感情に基づく自然保護がある(学術的な意味での自然保護とは異なる)。こちらのほうがより一般《ぱん》的には、自然保護というイメージに合うかもしれない。ゲンジボタルやオオムラサキやギフチョウなどの保護は、これにあたる。

人間の本能のなかには「自分が生き残ってきた環境については、現状維《い》持が好ましい」という指令が含まれている。少なくとも自分がこれまで生きてこられた環境のなかでは、これからも生きのびることが期待できるからだ。そういう本能を持った私たち人間が、自分の生存には直接関係ないとはいえ、自らの風景の一構成要素であった生物種が滅びていくのを見て不安を感じるのは無理もない。それはまさに生理的な反応といってもいい(しかしまた同様な理由で、そういう種を救うためとはいえ、自分たちの生活を大きく変えるのも嫌《いや》がるのだが……)。

この⑤ノスタルジックな感情から生まれてくる自然保護運動は、今日、数かぎりなくある。やっている本人になぜ保護するのかと聞けば、それこそいろんな答えが返ってくる。「オオムラサキは国蝶《ちょう》である」「生命は大切にしなくてはならない」「滅びていく種のなかには人間に有用である種もいるかもしれない」等々。しかし本当の理由は、失われていくものへのノスタルジーである。

このノスタルジック自然保護には、いくつかの特徴《ちょう》がある。ひとつには、自分の誕生以前の自然は関係ないという点だ。けっして自分がいま住んでいる場所を一〇〇〇年前(生命の歴史から見れば、つい先日だ)の巨樹の森に戻《もど》そうとは思わない。せいぜいトンボやホタルの住む環境の復活あたりまでの話だ。人が豊かな自然といって指差す模範的な風景は、(驚くべきことに)たいていは人間が作りだした⑥二次的な風景である。多くの場合、私たちは人間の手の入っていない自然のことなど、文字で知ってはいても、感覚的にはほとんど何も知ってはいない。

二つ目に、自分が見てきたものにこだわるため、対象への思い入れ、すなわち重要度が人によって異なる。ある人はホタルにこだわり、ある人はオオムラサキにこだわる。個人の成長の過程で気がつかなかった小さな生物、たとえばササラダニやカマアシムシやカニムシなどの保護運動が盛り上がったことが、これまでどれほどあっただろうか。この手の自然保護が色や形、大きさ、話題性などにおいて、きわめて目立つ種を保護する傾《けい》向が高いことも「証拠《こ》」のひとつとしてあげて

X　人間の日常的作業によって生じる環境改変と環境悪化こそ、人間の誕生以降、多くの生物種を絶滅《めつ》に追いやってきた最大の張本人だ。約二〇万年前にアフリカに生まれたホモ・サピエンスが、七万年ほど前にアフリカを出て世界各地へと散らばっていく過程で、大型動物たちはばたばたと地上から姿を消していった。人間の狩《か》りによるものである。当時の世界人口はいまの人口の一〇〇〇分の一以下だったというのに（中略）

Y　人間が、当時は地続きとなっていたベーリング陸橋を渡《わた》って、アメリカ大陸へ侵《しん》入すると、マンモスやオオナマケモノなど、新世界の大型哺《ほ》乳類はあっというまに絶滅してしまった。それは、たかだか一万年ほど前のことにすぎない。もし人間が南北アメリカ大陸に侵入していなかったなら、そこには驚《おどろ》くほど多様な動物たちが、いまもなお生息しつづけていたことだろう。また、ニュージーランドに生息していた飛べない巨《きょ》鳥、モアの仲間も、人間によってあっというまに食い尽《つ》くされてしまった。今日、世界でもっとも美しい国ともいわれるニュージーランドは、じつは外来生物の天国でもある。かつて㋒森林で覆《おお》われていた平野は、いまやその多くが㋓牧草地に変わり、そこでは、南半球にもうひとつのイギリスを作るために持ち込《こ》まれた動植物たちがはびこっている。ニュージーランド固有の動植物のほとんどは、もはや小さな島々か㋔高山帯にしか残っていない。

③そうしたことが起こったにもかかわらず、人間がいまも生存しつづけているということは、人間に最低限必要な自然は、本来人間がいなければ存在していたであろう自然に比べれば、ごくごくかぎられた範《はん》囲のもので十分であることを示している。それでも、そういった最低限必要な自然を保護することでさえ、いまでは、いよいよむずかしい状況《きょう》になってきた。最近あたりまえのように聞かれる「エコ」とか「環境（地球）にやさしい」とかいう言葉は、こうした背景のなかから生まれてきたものだ。「エコ」も「環境にやさしい」も、自分たち人間が生き残りたいからであり、その点でゲンジボタルやオオムラサキなどの保護とは基本的に異なっている。

とくに企《き》業などは最近さかんにこれらの言葉を使いだし、そうした言葉を使った広告文字の背景には、かならずといっていいほど青空や緑の風景が広がっている。しかしその背後で企業は、大きな環境悪化をもたらす可能性のある工程を海外に移したり、熱帯の森林を破壊《かい》してヤシを植え、そこから得た植物成分を「エコ」と称《しょう》して原料に使ったり、日本では処分できない産業廃棄《はいき》物を海外で処分させたりもしてきた。日本だけでも何とかきれいにしようとする努力は買うが、そのつけをまわされた外国が疲弊《ひへい》することになれば、それらの国々からの批判も起こり、結局は日本国内での解決方法を模索《さく》しなくてはならない。

また、「エコ」あるいは「環境にやさしい」という言葉を使うとき、まるで人間と他の生物とが仲良く共存する、おとぎ話的世界が実現可能であるかのように思わせる操作も、たしかに行なわれている。しかし昆《こん》虫に関しては、「共存」という関係は、ミツバチやカイコなどごく一部を除いてはこれまでもなかったし、今後も成立しない。人間はこれまでも環境改変によって一方的に昆虫を滅《ほろ》ぼしてきた。そこに共存などという関係はなく、昆虫は「生き残れる種は生き残ってきた」というのが実態だ。これは昆虫のみならず他のすべての生物についてもあてはまる。（中略）

それでもいまさら、「人間が生き残るために、最低限必要なものを残すんだ」あるいは「共存なんてできやしないんだ」などとあからさまにいうと反感を生みだすだろうし、人間が神のごとき能力を持っていて、④人間の「やさしい」ふるまいによって、すべての生物が楽しく友好的に暮らしていけると考えるのは気持ちがいい。ただ実際には、

問一 ——①とありますが、
(1) 「あの感じ」とはどういう感覚か、文中の言葉を用いて四十字以内で答えなさい。
(2) なぜ筆者は「懐《なつ》かしさ」が込《こ》み上げたのか、最も適当なものを次から選びなさい。
ア 競技スケートをしていたことがあるから。
イ オリンピックの開会式にスケーターで参加したから。
ウ フィギュアスケートの選手にあこがれていたから。
エ 一時期スケートに慣れ親しんでいたから。

問二 ——②「見よう見まね」の言葉の意味として、最も適当なものを次から選びなさい。
ア 他人のやり方を見て自分でもできるようにすること
イ 先生にならって一生懸《けん》命練習して身につけること
ウ 見た目だけをまねをしてうまいふりをすること
エ 上手な人を意識して見るようにして上達すること

問三 ——③とありますが、「製氷を行う」とはどうすることか、本文から読みとって説明しなさい。

問四 ～～④とありますが、「本格的」の反対の意味を表す言葉として、最もふさわしくないものを次から選びなさい。
・㋐簡素なすまいで生活する。
・昨年の降水量は㋑異常だった。
・㋒略式の服装で参列する。
・質問に㋓適当に答えてはいけない。

問五 ——⑤「目と鼻の先」とありますが、
(1) 「目と鼻の先」の意味を五字以内で書きなさい。
(2) 「目」が使われている次の慣用句のうち、「目」の意味が他と異なるものを一つ選びなさい。
ア 目でものを言う　イ 目を合わせる
ウ 目の上のたんこぶ　エ 目もくれない

問六 ——⑥「迷った末に、私は手を挙げなかった」とありますが、この時の「私」の気持ちの動きを説明しなさい。

問七 ——⑦とありますが、なぜ「得意そう」に見えたのか、最も適当なものを次から選びなさい。
ア ほかの生徒よりもスケートの技術に自信があるから。
イ 授業よりも練習を優先させていいと特別に言われたから。
ウ 貴重な経験をさせてもらう機会を勝ち取ったから。
エ 開会式に出るという晴れやかな役目を負っているから。

問八 ——⑧「私は裏切られたような気持ちになった」とありますが、「裏切られたような気持ち」とはどのような気持ちか、ていねいに説明しなさい。

二

次の文章を読んで後の問いに答えなさい。

自然保護という言葉を聞くとき、私にはすぐに二つのタイプが思い浮《う》かぶ。もちろん、自然保護に対する考え方はこれ以外にもあるが、本項《こう》では［この二つのタイプ］に注目してみたい。

ひとつ目は「おい、もう、ちょっとこのままではやばいよ」という①危機感から生じる自然保護だ。②この場合の「自然」というのは人間の手の入っていない㋐原生林のことだけでなく、㋑田畑なども含《ふく》む、人間を取り囲むすべての自然環《かん》境を指していると考えていい。そしてこれらの自然を「保護する」とは、人間の生存にとって最低限必要なもの、魚など食料としての資源、災害を防ぐものとしての森林、飲み水としての河川の水質、等々を保護することを目的としている。すなわち、人間生活に欠くことのできない資源および環境を確保するという意味での自然保護だ。

二〇二一年度
女子学院中学校

【国　語】（四〇分）〈満点：一〇〇点〉

句読点は字数に入れること。

一　次の文章を読んで後の問いに答えなさい。

〔編集部注：課題文は著作権上の問題により掲載できません。作品の該当箇所につきましては次の書籍を参考にしてください〕

・梯　久美子著『好きになった人』（ちくま文庫　二〇一八年六月第一刷発行）　250ページ冒頭～252ページ最終行

2021年度

女子学院中学校 ▶解説と解答

算 数 （40分）＜満点：100点＞

解 答

[1] (1) $\frac{397}{400}$ (2) 220 (3) 角㋐…19度，角㋑…38度，角㋒…45度 (4) 7300円 (5) 24個または25個，31，110個または112個 (6) 33.8cm^2 [2] 240，336 [3] 12分，10分後 [4] (1) 188.4cm^2 (2) ① 75cm^2 ② 7.536cm [5] 2，4，5 [6] (1) グラフ…①，㋐…20 (2) 30秒 (3) 54秒後 (4) 186秒後

解 説

[1] 四則計算，比の性質，角度，売買損益，周期算，面積

(1) $7\frac{2}{5}\div2.4\times\frac{3}{4}-\left(4.66-3\frac{3}{25}\right)\div\frac{7}{6}=\frac{37}{5}\div\frac{12}{5}\times\frac{3}{4}-\left(4\frac{33}{50}-3\frac{6}{50}\right)\div\frac{7}{6}=\frac{37}{5}\times\frac{5}{12}\times\frac{3}{4}-1\frac{27}{50}\times\frac{6}{7}=\frac{37}{16}-\frac{77}{50}\times\frac{6}{7}=\frac{37}{16}-\frac{33}{25}=\frac{925}{400}-\frac{528}{400}=\frac{397}{400}$

(2) $2\div\left(1\frac{2}{5}+0.3\right)=2\div(1.4+0.3)=2\div1.7=\frac{20}{17}$より，$\frac{(あ)}{(あ)-33}=\frac{20}{17}$だから，(あ)：((あ)－33)＝20：17とわかる。(あ)と((あ)－33)の差は33なので，20：17の比の，20－17＝3にあたる数が33となる。よって，比の1にあたる数は，33÷3＝11だから，(あ)にあてはまる数は，11×20＝220と求められる。

(3) 右の図①で，三角形BCDは直角二等辺三角形だから，角㋕は45度であり，角㋖は116度なので，角㋐は，180－(45＋116)＝19(度)となる。次に，角㋐と角㋗の和は45度だから，角㋗は，45－19＝26(度)である。また，三角形CBPは二等辺三角形だから，角㋘は角㋗と同じ26度となる。よって，角㋑は，180－(116＋26)＝38(度)とわかる。さらに，三角形CDPも二等辺三角形だから，角㋒と角㋘の和は，(180－38)÷2＝71(度)となる。したがって，角㋒は，71－26＝45(度)と求められる。

図①

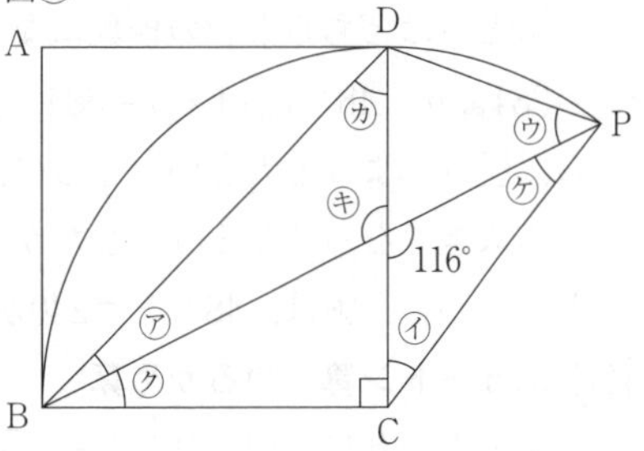

(4) 原価を[1]とすると，A店の定価は，[1]×(1＋0.1)＝[1.1]だから，A店の特売日の価格は，[1.1]×(1－0.2)＝[0.88]と表せる。また，B店での定価は，[1]＋1620(円)なので，B店の特売日の価格は，([1]＋1620)×(1－0.3)＝[1]×0.7＋1620×0.7＝[0.7]＋1134(円)と表せる。これが[0.88]よりも180円安いから，[0.88]－[0.7]＝[0.18]にあたる価格が，180＋1134＝1314(円)とわかる。よって，[1]にあたる価格，つまり原価は，1314÷0.18＝7300(円)と求められる。

(5) [1]で最後に黒い石を置いたときの様子は，右の図②のアまたはイとなる。アの場合，並んだ白い石と並んだ黒い石の数は同じで，白い石だけ24個余ったから，白い石は黒い石より24個多い。イの場合，並んだ白い石は並んだ黒い石より

図②

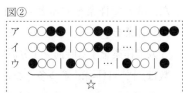

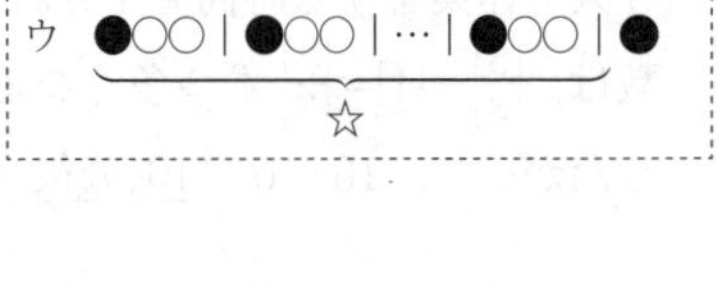

1個多いので，白い石は黒い石より，1＋24＝25(個)多い。よって，[1]から，白い石は黒い石より24個または25個多いことがわかる。次に，[2]で最後に黒い石を置いたときの様子は図②のウのようになる。このとき，☆の部分に並んだ黒い石の数は，(黒い石の数)－30－1＝(黒い石の数)－31(個)となり，その2倍が白い石の数だから，白い石の数は黒い石の数から31を引いた数の2倍であることがわかる。すると，白い石の数は，{(黒い石の数)－31}×2＝(黒い石の数)×2－62(個)となるから，白い石と黒い石の数の関係は右の図③のようになる。よって，黒い石の数は，24＋62＝86(個)または，25＋62＝87(個)だから，白い石の数は，(86－31)×2＝110(個)または，(87－31)×2＝112(個)である。

図③

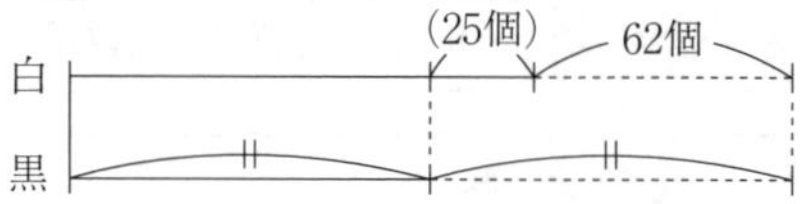

(6) 右の図④で，AB：BC＝11：4より，三角形ABDの面積を$\boxed{11}$とすると，三角形BCDの面積は$\boxed{4}$になる。すると，三角形ACDの面積は，$\boxed{11}$＋$\boxed{4}$＝$\boxed{15}$となり，CD：DE＝1：3より，三角形ACDと三角形ADEの面積の比も1：3になる。そこで，三角形ADEの面積は，$\boxed{15}$×3＝$\boxed{45}$だから，三角形ACEの面積は，$\boxed{15}$＋$\boxed{45}$＝$\boxed{60}$となる。ここで，三角形ACEの面積は長方形ACEFの面積の半分であり，三角形ADFの面積も長方形ACEFの面積の半分だから，三角形ADFの面積も$\boxed{60}$となり，重なった部分の面積は，$\boxed{11}$＋$\boxed{60}$＝$\boxed{71}$になる。これが14.2cm^2にあたるので，$\boxed{1}$＝14.2÷71＝0.2(cm^2)と求められる。次に，三角形ADFの面積は長方形HDFGの面積の半分でもあるから，長方形ACEFと長方形HDFGの面積はともに，$\boxed{60}$×2＝$\boxed{120}$になることがわかる。よって，太線で囲まれた部分の面積は，$\boxed{120}$×2－$\boxed{71}$＝$\boxed{169}$にあたるので，0.2×169＝33.8(cm^2)である。

図④

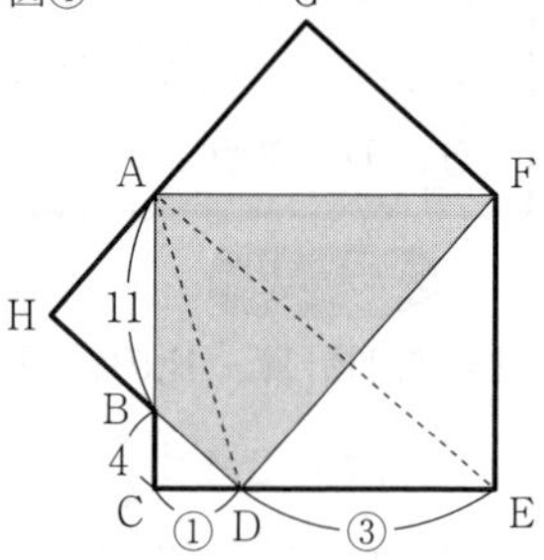

[2] 約数と倍数

(あ)と(い)はどちらも48の倍数になるから，(あ)＝48×□，(い)＝48×△と表すと，(48×□)＋(48×△)＝384より，48×(□＋△)＝384，□＋△＝384÷48＝8とわかる。また，(あ)が(い)より大きいことから，□は△よりも大きい。さらに，□と△が1以外の公約数をもつと，(あ)と(い)の最大公約数は48よりも大きくなってしまう。したがって，考えられる□，△の組は，(□，△)＝(5，3)，(7，1)となるから，(あ)は，48×5＝240か，48×7＝336と求められる。

[3] ニュートン算，つるかめ算

1分あたりに追加されるケーキの数を$\boxed{1}$とすると，はじめにあったケーキの数の5％が$\boxed{1}$なので，はじめにあったケーキの数は，$\boxed{1}$÷0.05＝$\boxed{20}$と表せる。すると，3人で作業をして20分でケーキがなくなるとき，20分で箱づめされたケーキの数は，$\boxed{20}$＋$\boxed{1}$×20＝$\boxed{40}$となるから，1人が1分あたりに箱づめできるケーキの数は，$\boxed{40}$÷20÷3＝$\boxed{\frac{2}{3}}$とわかる。よって，4人で作業をすると，1分あたりに減るケーキの数は，$\boxed{\frac{2}{3}}$×4－$\boxed{1}$＝$\boxed{\frac{5}{3}}$となるので，$\boxed{20}$÷$\boxed{\frac{5}{3}}$＝12(分)でケーキがなくなる。また，3人で作業をするとき，1分あたりに減るケーキの数は，$\boxed{\frac{2}{3}}$×3－$\boxed{1}$＝$\boxed{1}$だから，3人で16分作業をすると，減るケーキの数は，$\boxed{1}$×16＝$\boxed{16}$となり，$\boxed{20}$よりも，$\boxed{20}$－$\boxed{16}$＝$\boxed{4}$少ない。そこで，3人で作業をする時間を1分減らし，4人で作業をする時間を1分増やすと，16分で減るケーキの数は，$\boxed{\frac{5}{3}}$－$\boxed{1}$＝$\boxed{\frac{2}{3}}$ずつ多くなるから，4人で作業をする時間を，$\boxed{4}$÷$\boxed{\frac{2}{3}}$＝6(分)にすればよい。したがって，16－6＝10(分後)に4人に増やすと，ケーキは16分でなくなる。

4 立体図形，平面図形—面積，水の深さと体積

(1) 円柱の側面を切り開くと長方形になり，その縦の長さは円柱の高さと等しく，横の長さは底面の円周の長さと等しい。よって，この円柱の側面の面積は，縦が5cmで，横が，6×2×3.14=12×3.14(cm)の長方形の面積に等しいから，5×(12×3.14)=60×3.14=188.4(cm^2)と求められる。

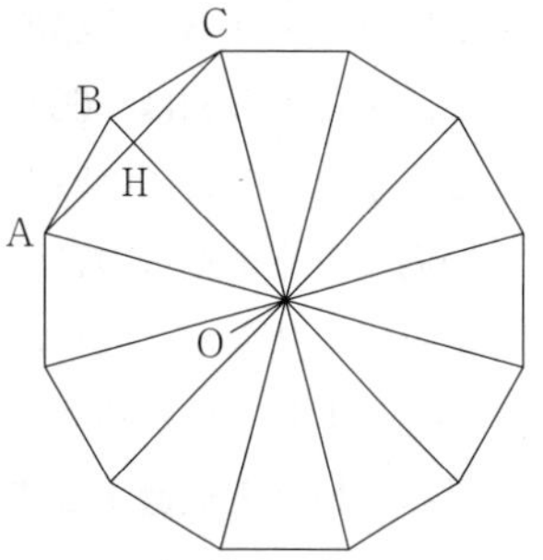

(2) ① 右の図のように正十二角形の対角線を引くと，角AOBの大きさは，360÷12=30(度)，角AOCの大きさは，30×2=60(度)となる。すると，三角形AOCは正三角形とわかるので，OA，OB，OCの長さは5cmである。また，角AHOの大きさは，180−30−60=90(度)で，対角線が直角に交わる四角形の面積は，(対角線)×(対角線)÷2で求められるから，四角形OABCの面積は，5×5÷2=12.5(cm^2)とわかる。したがって，三角形AOBの面積は，12.5÷2=6.25(cm^2)なので，正十二角形の面積，つまり容器Bの底面の面積は，6.25×12=75(cm^2)と求められる。　② 容器Aにいっぱいになるまで入れた水の体積は，6×6×3.14×5=180×3.14(cm^3)だから，容器Bに移したときの水面の高さは，180×3.14÷75=2.4×3.14=7.536(cm)とわかる。

5 展開図，調べ

面(い)	面(あ)と面(い)の数の和	残りの数	残りの2組の面の数の和
2	8	1，3，4，5	(4，9)，(5，8)，(6，7)
3	9	1，2，4，5	(3，9)，(5，7)，(6，6)
4	10	1，2，3，5	(3，8)，(4，7)，(5，6)
5	11	1，2，3，4	(3，7)，(4，6)，(5，5)

展開図を組み立てると，面(あ)と面(い)は向かい合うので，面(い)に1を書くと，向かい合う面の数の和が，6+1=7となり，条件に合わない。そこで，面(い)に2〜5を書くとき，面(あ)と面(い)の数の和，残りの数，残りの2組の向かい合う面の数の和の組み合わせを調べると，上の表のようになる。表でかげをつけた部分は条件にあてはまるから，面(い)に書くことのできる数は2，4，5である。

6 グラフ—速さ，速さと比

(1) 右端《みぎはし》から左端までの距離《きょり》が20mなので，問題文中のグラフの㋐にあてはまる数は20である。次に，兄は1往復するごとに10秒間休むが，グラフ②，④では兄が片道を泳ぐごとに休んでいるので，②，④は正しくない。また，妹が4往復する間に兄は休みながら5往復するので，兄の方が速い。しかし，グラフ③では妹が16m泳ぐ間に兄は，20−16=4(m)泳いだことになるので，兄の方が遅《おそ》くなり，③は正しくない。よって，正しいグラフは①である。

(2) 問題文中のグラフ①より，2人が初めてすれちがうまでに妹は16m，兄は，20×2−16=24(m)泳いだから，兄と妹の速さの比は，24：16=3：2であり，同じ距離を泳ぐのにかかる時間の比は，$\frac{1}{3}:\frac{1}{2}$=2：3となる。そこで，兄と妹が1往復泳ぐのにかかる時間をそれぞれ[2]，[3]とすると，兄が5往復泳ぐのにかかる時間は，[2]×5=[10]で，その間に4回休むから，合計で，10×4=40(秒)休む。一方，妹が4往復するのにかかる時間は，[3]×4=[12]となり，[12]−[10]=[2]にあたる時間が40秒となる。よって，妹が1往復泳ぐのにかかる時間([3]にあたる時間)は，40÷2×3=60

(秒)だから，妹が20m，つまり片道泳ぐのにかかる時間は，60÷２＝30(秒)と求められる。

(3) (2)より，兄が１往復泳ぐのにかかる時間は40秒であり，片道泳ぐのにかかる時間は，40÷２＝20(秒)だから，右の図１のようになる。図１のように，２人が２回目にすれちがう場所をＰ地点とすると，アとイの和は，60－50＝10(秒)になる。また，アとイの時間の比は，兄と妹が同じ距離を進むのにかかる時間の比で，２：３だから，ア＝10×$\frac{2}{2+3}$＝４(秒)と求められる。よって，２人が２回目にすれちがうのは，泳ぎ始めてから，50＋４＝54(秒後)と求められる。

図１

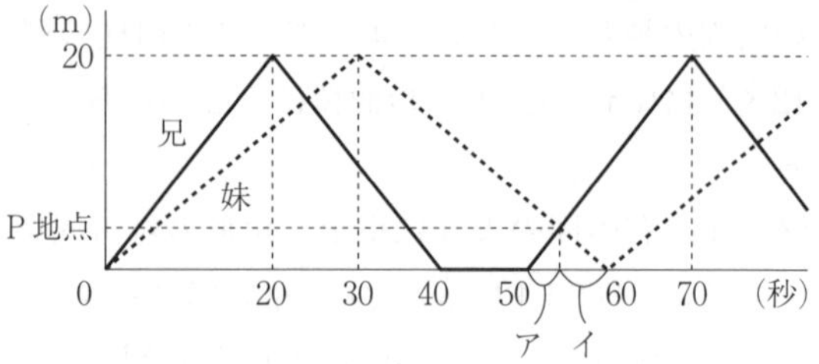

(4) (3)より，兄が初めてＰ地点を通過してから２回目にＰ地点を通過するまで，40－４×２＝32(秒)かかり，２回目にＰ地点を通過してから３回目にＰ地点を通過するまで，４＋10＋４＝18(秒)かかる。また，図１のイは，10－４＝６(秒)だから，妹が初めてＰ地点を通過してから２回目にＰ地点を通過するまで，60－６×２＝48(秒)かかり，２回目にＰ地点を通過してから３回目にＰ地点を通過するまで，６×２＝12(秒)かかる。これ以降は同様になるので，54秒後以降に兄と妹がそれぞれＰ地点を通過する時間は，右上の図２のようになる。したがって，図２より，54秒後の次に２人がＰ地点ですれちがうのは，泳ぎ始めてから186秒後である。

図２

（兄の間隔：32　18　32　18　32）

兄(秒後)	54	86	104	136	154	186	…
妹(秒後)	54	66	114	126	174	186	…

（妹の間隔：12　48　12　48　12）

社　会　(40分)＜満点：100点＞

解　答

Ⅰ **問１** (例) 絵１の竪穴住居は，地面を掘り下げて柱を円すい状に組み，かやや土などで屋根をふいただけだが，室町時代に大鋸を用いて製材できるようになると，絵３の町家のように，建物や屋根に加工した角材や板材が用いられるようになった。 **問２** しょうゆ **問３** ウ **問４** イ，エ **問５** (例) 調として都に納める義務があったから。 **問６** イ **問７** ウ，オ **問８** ウ→ア→エ→イ **問９** (1) エ (2) ウ **問10** (1) ウ (2) エ **問11** ポルトガル(スペイン) **問12** エ **問13** ウ **問14** オ **問15** イ→ウ→エ→ア
Ⅱ **問１** (1) イ (2) イ，エ **問２** エ，カ **問３** イ，オ **問４** ア，オ **問５** ウ **問６** イ **問７** のり Ⅲ **問１** (1) 沖縄県(長崎県) (2) イ→エ→ア→ウ **問２** イ **問３** (1) アメリカ(合衆国) (2) ウ→ア→エ→イ **問４** エ **問５** ウ **問６** エ **問７** ア，イ **問８** (1) ウ，カ (2) (例) 出荷時期をずらすことで高値で売れるから，収入が増える。 **問９** イ **問10** エ **問11** イ，ウ Ⅳ **問１** (1) エ，オ (2) エ **問２** (1) ア，キ (2) エ **問３** ア，エ **問４** (1) ア，イ (2) ア，ウ，エ **問５** イ，ウ，オ，キ **問６** 社会保障(制度)

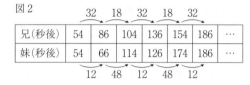

解 説

Ⅰ 各時代の歴史的なことがらについての問題

問1 絵1を見てわかるように，平安時代の一般庶民《しょみん》は，縄文時代と同じく地面を掘《ほ》り下げて周りに円すい状に柱を立て，かやなどで屋根をふいた竪穴《たてあな》住居に住んでいた。室町時代ごろになると，中国から伝わった大鋸《おが》(絵２)を用いて原木から板材を製材できるようになり，建築に大きな進歩をもたらした。これにより，絵３の町家のように，建物の屋根や柱，部屋，窓枠《まどわく》などに板材や角材がふんだんに使われるようになった。

問2 千葉県の銚子《ちょうし》市や野田市などでは醸造《じょうぞう》業が発達しており，千葉県のしょうゆの出荷額は全国一である。統計資料は『日本国勢図会』2020／21年版，『データでみる県勢』2021年版による(以下同じ)。

問3 「つくだ煮《に》」は，小魚や貝，海藻《かいそう》などをしょうゆやみりんなどで甘辛《あまから》く煮つめた食品で，江戸時代に佃《つくだ》島(東京都中央区)で売り出したのが始まりとされている。よって，ウがふさわしくない。

問4 集落のまわりを堀《ほり》やさくで囲んだ環濠《かんごう》集落は，弥生時代に外敵の侵入《しんにゅう》を防ぐためにつくられ，紀元前のものもある。また，『古事記』『日本書紀』がまとめられたのは８世紀(奈良時代)のことである。

問5 奈良時代の律令制度のもとで，農民は租・庸《よう》・調などの税の納入を義務づけられたが，このうちの調は各地の特産物を都に納める税で，庸(一定期間都に出て働くかわりに布を納める税)とともに，農民みずからが都に運んで納めなければならなかった。なお，租は収穫の約３％の稲を地方の役所に納める税である。

問6 七夕は旧暦７月７日に行われる行事で，中国から伝来して奈良時代以降さかんになり，平安時代には宮廷行事として行われた。なお，アのぼんおどりとウの能は室町時代に始まり，エの歌舞《かぶ》伎《き》とオの人形浄瑠璃《じょうるり》は江戸時代に大成された。

問7 鎌倉時代，源氏の将軍が頼朝・頼家・実朝の３代で絶えると，北条氏が将軍を補佐する執権《しっけん》のままで政治を行った(執権政治)。また，物流がさかんになったことを反映し，港や街道の要地で月に３回ぐらいの定期市(三斎《さんさい》市)が立つようになった。よって，ウ，オの２つが正しい。アについて，年貢の取り立てにあたったのは地頭である。イについて，奉公《ほうこう》とは将軍のために御家人が命がけで戦うことをいう。エについて，元寇《げんこう》(元軍の襲来《しゅうらい》)のときには，西国の御家人が石塁《せきるい》を築いた。カについて，一遍《いっぺん》は若いころに比叡山延暦寺《ひえいざんえんりゃくじ》で学んだが，みずからが開いた時宗との関わりはうすく，弾圧を受けたということもない。

問8 アは1336～92年，イは1489年，ウは1333年，エは1404年のできごとなので，年代の古い順に並べるとウ→ア→エ→イとなる。

問9 (1) 昆布《こんぶ》類の生産量は，北海道が全国の約73％を占《し》めてもっとも多い。　(2) かつお類の漁獲《ぎょかく》量は，焼津《やいづ》港のある静岡県が全国の約31％を占めてもっとも多い。

問10 (1) ところてんのおもな原材料は，海藻のテングサである。テングサを煮てとかし，できた寒天質を冷やし固めた食品で，ところてん突《つ》きとよばれる器具で押し出してひも状にし，酢《す》じょうゆなどをかけて食べる。　(2) そうめんのおもな原料は小麦粉である。小麦粉を水と塩を混ぜてよく練り，よりをかけながら引き伸ばして乾燥させてつくる。

問11 16世紀，ポルトガルやスペインとの南蛮《なんばん》貿易がさかんになると，これらの国から新しい食材や料理が伝えられた。現在，和食として定着しているてんぷらは，南蛮料理としてポルトガルから伝わったとされる。

問12　日本国内で消費される砂糖の約６割は輸入糖で，国産の砂糖でも，サトウキビからつくられたものよりも北海道で栽培されるてんさい(ビート，またはサトウダイコンともいう)を原料とするもののほうが多い。よって，エがまちがっている。

問13　江戸時代，武家諸法度《しょはっと》に違反して取りつぶされた大名の領地は，大名の配置がえで別の大名の領地になったり，天領(幕府の直轄《ちょっかつ》地)に編入されたりした。よって，ウがまちがっている。

問14　明治時代の1873年，明治政府は国家財政の基礎を確立するため，地租改正を行った。課税の基準をそれまでの収穫高から地価とし，その税率(３％，のちに2.5％)は豊作や凶作《きょうさく》に関係なく一定とされた。よって，オがまちがっている。

問15　アは昭和時代の1965年以降，イは明治時代，ウは大正時代，エは昭和時代の戦争中のことなので，古い順に並べるとイ→ウ→エ→アとなる。

Ⅱ　戦後の食料政策を題材とした問題

問１　⑴　宮沢賢治《けんじ》は岩手県出身の詩人・童話作家。農学校教師，農業技師として農民の生活向上に努める一方，北国の自然や農民生活に根ざした作品を書いた。詩「雨ニモマケズ」は手帳に書き記したもので，賢治の死後に発見された。なお，アの石川啄木《たくぼく》は明治時代の歌人・詩人，ウの金子みすずは大正～昭和時代の童謡《どうよう》詩人，エの新美南吉《にいみなんきち》は大正～昭和時代の童話作家。　⑵「昭和初期の不景気」とは，1929年にアメリカ(合衆国)から始まった世界恐慌《きょうこう》(恐慌は，経済が急激に不況のどん底に落ちこむこと)のあおりを受けて，日本経済が危機的状況におちいったことを指す。物価や株価が下がって産業は不振となり，会社の倒産があいついで失業者が街中にあふれた。また，農村ではアメリカ向け生糸の輸出が激減したことを受けてまゆの価格が暴落する一方，豊作によって米価など農産物の価格が大きく下落した。アメリカによる対日石油輸出禁止は1941年，二・二六事件は1936年のできごとなので，イ，エの２つがあてはまる。米騒動《そうどう》(1918年)と全国水平社の結成(1922年)は大正時代，足尾銅山鉱毒事件と韓国併合(1910年)は明治時代のできごとである。

問２　現在の学校給食では，米の消費量の増加をはかるため米飯を取り入れたり，地元の食材を取り入れたりと，さまざまな工夫がされている。よって，エ，カの２つがまちがっている。

問３　戦時中，国内で物資不足が深刻になると，「ぜいたくは敵だ」「欲しがりません勝つまでは」などといったスローガン(標語)がかかげられ，国民は耐乏《たいぼう》生活を強いられた。また，配給量の不足を補うため，人々は空き地などでカボチャやさつまいもなどの代用作物を育てた。よって，イ，オの２つが正しい。アについて，配給制は都市部から始められた。ウについて，配給所の管理は隣《となり》組などの地域共同体が中心となって行った。エについて，学童の疎開《そかい》先では十分な食事が提供できなかった。カについて，戦後も食料不足は変わらず，しばらく配給制がとられた。キについて，家計に占める食料費の割合は減少傾向《けいこう》にあった。

問４　長崎県は島の数が971と全国でもっとも多いが，隠岐《おき》諸島は島根県に属している。また，各国との修好通商条約締結《ていけつ》後，欧米各国との自由貿易が行われたが，日本に関税自主権がなかったため，海外で大量生産された安い商品が多く日本に流入した。

問５　1997年，国が進める干拓事業により，長崎県の諫早《いさはや》湾が潮受け堤防で有明海から閉め切られた。その後，有明海の養殖のりが不作になると，堤防の閉め切りが大きな原因ではないかとして訴《そ》訟《しょう》に発展した。

問6　水田に適しているのは，一般に水の便のよい平地である。扇状《せんじょう》地は傾斜《けいしゃ》があり，水持ちが悪いので水田には適さず，かつては桑《くわ》畑，現在では果樹園に利用されている。

問7　有明海沿岸ではのりの養殖がさかんで，佐賀県の養殖のりの収獲量は兵庫県についで第２位である。

Ⅲ　日本の農産物や自給率についての問題

問1　⑴　江戸時代，沖縄県には琉球《りゅうきゅう》王国があり，薩摩藩(鹿児島県)の支配下に置かれたが，清(中国)にも朝貢していた。その関係で，中国の使節団が琉球に滞在《たいざい》するさいの食料として大量の豚肉が必要とされ，中国風の豚肉料理が沖縄の伝統的な料理として残された。また，江戸時代の鎖国中に唯一《ゆいいつ》の貿易港として開かれた長崎では，中国人商人らの影響で豚肉を使った中華料理が郷土料理として残されている。　⑵　アは江戸時代，イは奈良時代，ウは明治時代，エは平安時代のできごとなので，古い順に並べるとイ→エ→ア→ウとなる。

問2　牧草地は，畑と同じ(∨)の地図記号で表される。なお，アの(Q)は広葉樹林，ウの(||)は田，エの(ılı)は荒れ地の地図記号。

問3　⑴　日本はトウモロコシと小麦をアメリカからもっとも多く輸入しており，輸入トウモロコシの約69%，輸入小麦の約46%をアメリカ産が占める。　⑵　日本の穀物自給率は約28%と低いが，国土の大半を砂漠が占めるサウジアラビアは10%に満たない。農業生産力が大きいが人口も多い中華人民共和国の自給率はほぼ100%，カナダは人口が少ないため180%前後と高い。よって，自給率の高い順に並べるとウ→ア→エ→イとなる。

問4　政府が飼料用米の生産を推進するのは，ア，イ，ウなどの理由による。今後，輸出品として期待できるからではないので，エがまちがっている。

問5　日本人の米の消費量は減少の一途をたどっているので，ウがまちがっている。

問6　みかんは比較《ひかく》的温暖な西日本が産地の中心となっており，比較的寒冷な埼玉県ではあまり生産されていない。

問7　家畜の飼料になる雑穀はつくっても利益が小さいので，農家はより高く売れる作物の栽培に力を入れるようになった。また，日本人の食生活において，アワ・ヒエなどの雑穀はほとんど食卓にのぼらなくなった。よって，ア，イの２つがあてはまる。

問8　⑴　促成栽培とは，ビニルハウスなどを利用して作物の生育を早める栽培方法である。一般に，夏野菜で地表になるものが中心なので，地中で育つウのごぼうやカのさつまいもは適さない。

⑵　促成栽培でつくられた野菜は，品不足になっている時期に出荷され高値で売れるため，農家の収入を増やせるという利点がある。

問9　畜産物の中でも鶏卵《けいらん》は，自給率が低下傾向にある牛肉や豚肉に比べて，安定供給を可能にしたことでほぼ需要《じゅよう》を満たしている。また，卵はカラが割れやすく，品質管理も難しいので，輸入は困難である。

問10　グラフ２とグラフ３において，自給率と飼料自給率を反映させた自給率の差は豚肉のほうが大きい。つまり，国産の飼料の割合は豚肉のほうが低いことになるので，エがまちがっている。

問11　G7(アメリカ・フランス・イギリス・ドイツ・イタリア・カナダ・日本)のうち，アメリカ・フランス・カナダはここ50年間にわたり自給率が100%を超《こ》えている。また，国際連合には，

FAO(国連食糧《しょくりょう》農業機関)という専門機関がある。よって，イ，ウの２つが正しい。エについて，クウェート，アラブ首長国連邦など，穀物の自給率がゼロの国もある。

Ⅳ 政府の食料政策についての問題

問１ (1) 国会は「国の唯一の立法機関」として，法律や予算を審議して決める。また，国務大臣は，その過半数は国会議員でなければならないが，民間人からも国務大臣に任命されることがある。よって，エ，オの２つが正しい。アについて，国会は一般国民でも自由に傍聴《ぼうちょう》できる。イについて，衆議院には任期途中での解散がある。ウについて，国会は不正な言動のあった裁判官を弾劾《だんがい》裁判により辞めさせることができる。　(2) ハンバーガーのようなファストフードは手軽さを重視した食品であり，栄養バランスに問題があることが多い。

問２ (1) 都市農業は，街づくりに適した環境を整えることが目的であり，高価な農作物の開発が目的ではない。また，都市部での大規模な農業経営は不可能である。よって，ア，キの２つがあてはまらない。　(2) 法律案は衆・参両議院とも，まず専門の委員会で審議・決定され，本会議で議決される。また，法律案は予算案とは異なり，最初の審議入りは参議院からでもよいことになっている。よって，エが正しい。

問３ 家畜は人間と同じように二酸化炭素を排出するので，植物由来の肉に切り替《か》えると家畜の頭数が減り，二酸化炭素の排出量も減る。また，宗教上の理由で牛肉を食べないのはインドに多いヒンドゥー教徒である。よって，ア，エの２つがまちがっている。

問４ (1) 消費税は商品を買ったりサービスを受けたりしたときにかかる間接税で，年齢・性別・職業に関係なく広く国民から集めることができる。しかし，所得に関係なく税率が一律なので，所得の低い人ほど負担が大きい。よって，ア，イの２つが正しい。ウについて，税率を上げると，一時的に景気が悪くなる。エについて，税率を上げる直前には，駆《か》けこみ需要が高まる。オについて，税率を上げるには法律を改正しなければならない。　(2) アの車いすは福祉用品，ウの出産費用は公的医療保険の対象，エの住民票の発行は行政サービスの１つなので，こうしたものには消費税がかからない。

問５ 「食料供給が今後数十年にわたって滞《とどこお》る原因」とあるので，長期的な不安定要因を指す。農業や漁業に従事する後継《こうけい》者不足が慢性《まんせい》化する，同じ耕地で同じ作物を栽培することで連作障害が起こる，世界的規模で温暖化が進行して植生が変化する，農薬や化学肥料を大量に用いて地力が低下するといったことなどがそれにあたる。よって，イ，ウ，オ，キの４つが選べる。食料の輸入先で紛争《ふんそう》が起こったり，輸出国で凶作《きょうさく》が起こったりして輸入が滞ることや，世界的な感染症《しょう》で外国人労働者が激減する，虫害が起こるといったことは，一時的なものである。

問６ フードバンクとは，生活困窮《こんきゅう》者や貧困世帯の子どもたちに食料などを支援する民間団体の取り組みである。こうした支援が必要なのは，憲法が保障する社会保障制度が十分ではないからである。

理 科　(40分)＜満点：100点＞

解 答

Ⅰ **1** (1) 0.9A　(2) (例) エナメル線の抵抗　(3) (例) エナメル線を巻く部分の長さを短くして，巻き数を多くする。　(4) ア，オ，カ　**2** (1) N極　(2) ① エ　② イ　(3) エ　(4) イ，エ　(5) **a**…N極　**b**…S極　**c**…S極　**向き**…ア

Ⅱ **1** (1) エ　(2) キ　(3) ③ 22.5　④ 16周　⑤ 1日後　(4) オ　(5) 解説の図を参照のこと。　(6) イ　(7) ア　**2** (1) (例) 地球の自転の向きと同じ向きに，赤道上空を24時間で1回周回する。　(2) ウ　(3) ① ウ　② オ　③ イ

Ⅲ **1** イ，エ，オ　**2** ア，イ，カ　**3** エ　**4** イ　**5** ア，エ，オ　**6** (1) ① ア　② イ，ウ　③ イ　(2) ウ

Ⅳ **1** 水素　**2** イ，オ　**3** 0.63g　**4** お，か，き　**5** か，き　**6** ① ×　② イ　③ ア，イ　④ イ，ウ　⑤ ア，イ，エ　**7** ① ケ　② エ　**8** 2457cm^3

解 説

Ⅰ 電磁石の性質とモーターのしくみについての問題

1 (1) 電流計の5Aの－端子《たんし》を使った場合は，針が最大にふれたときを5Aと読む。よって，図1の電流計を読み取ると，流れる電流の強さは0.9Aとなる。　(2) エナメル線は電流を流れにくくするはたらき(抵抗《ていこう》または電気抵抗という)があり，長さがちがうと抵抗が変化し，電磁石のコイルに流れる電流の強さが変わってしまう。　(3) 表のAとBの実験結果から，エナメル線の巻き数が多い方が電磁石は強くなり，AとCの実験結果から，エナメル線を巻いてある部分の長さが短い方が電磁石は強くなることがわかる。これらのことから，強い電磁石をつくるには，エナメル線を巻く部分の長さを短くして，巻き数を多くすればよいといえる。　(4) AとDの実験結果から，他の条件を変えず，エナメル線の長さを短くすると電磁石は強くなり，AとEの実験結果から，他の条件を変えず，鉄心の太さを太くすると電磁石は強くなることがわかる。また，ここでの実験では直接確かめていないが，直列につなぐ電池の数を増やすと流れる電流が強くなって強い電磁石になる。

2 (1) 方位磁針のN極が西を指したことから，方位磁針のS極が電磁石のa側に引きつけられたことがわかる。よって，電磁石のa側にはN極ができている。　(2) ① 電池2個を直列につないで流れる電流を強くすると，電磁石の力は強くなるが，電磁石にできる極は変わらない。したがって，方位磁針のN極は西を指す。　② 電池のつなぐ向きを変えると，電磁石のコイルに流れる電流の向きが反対になり，電磁石のa側にはS極ができる。よって，方位磁針のN極は東を指す。(3) 図2より電流が流れる向きと電磁石にできる極の関係がわかり，図3の電磁石では，a側にS極，b側にN極ができる。そのため，電磁石のa側は棒磁石のN極に，b側は棒磁石のS極にひきつけられて，反時計回りに回転しはじめる。　(4) 図3で1回転できなかったのは，電磁石のa側が棒磁石のN極と，電磁石のb側が棒磁石のS極とひきつけあった状態になり，回転が止まってしまうためである。電磁石のP側が，②と③の境界と，①と④の境界を通過するときに電流の向きが変わるようにすれば，電磁石は半回転ごとに両端《りょうたん》にできる極が入れかわり，棒磁石の極とのひ

きつけあいと反発しあいをくりかえして回転を続ける。　(5)　電流の向きから，電磁石のａ側はＮ極になり，ｂ側とｃ側はＳ極となる。電磁石のａ側は右側にある磁石のＳ極にひかれるように，モーターは時計回りに回転する。

Ⅱ　国際宇宙ステーションと気象衛星「ひまわり」についての問題

1　(1)　ISS(国際宇宙ステーション)が地球を１周する距離《きょり》は，(6350＋400)×２×3.14＝42390(km)である。ISSは時速約28000kmで周回するので，１周するのにかかる時間は，42390÷28000＝1.51…(時間)より，約90分と求められる。　(2)　地球は地軸《ちじく》を中心に西から東の向きに自転しているので，90分後にISSが同じ緯度にきたときには，地上から見るとISSが西にずれている。　(3)　③　地球は１時間に，360÷24＝15(度)自転するので，90分後にISSが同じ緯度《いど》にきたときは，15×$\frac{90}{60}$＝22.5(度)だけ西にずれている。　④　ISSの軌道《きどう》は１周につき西へ22.5度ずつずれるので，ある地点の上空にあったISSがもとの地点の上空に戻《もど》るのは，360÷22.5＝16(周)したときである。⑤　ISSが地球を16周するのにかかる時間は，$\frac{90}{60}$×16＝24(時間)なので，ちょうど１日後にもとの地点の上空に戻ることになる。　(4)　図２の軌道を見ると，ISSは北緯約52度より南，南緯約52度より北の上空を周回している。このことから，ISSは，ユーラシア大陸，北アメリカ大陸，南アメリカ大陸，アフリカ大陸，オーストラリア大陸の上空を飛行することはあるが，南極大陸や北極点付近の上空を飛行することはない。　(5)　ISSが１周して同じ緯度にきたときは，22.5度だけ西にずれて，次に１周して同じ緯度にきたときにはさらに22.5度西にずれている。図２の経線は15度ごとにひかれているので，右の図のように，ISSは◆の位置から１周後には●の位置になり，●の位置から１周分の軌道は太線のようになる。

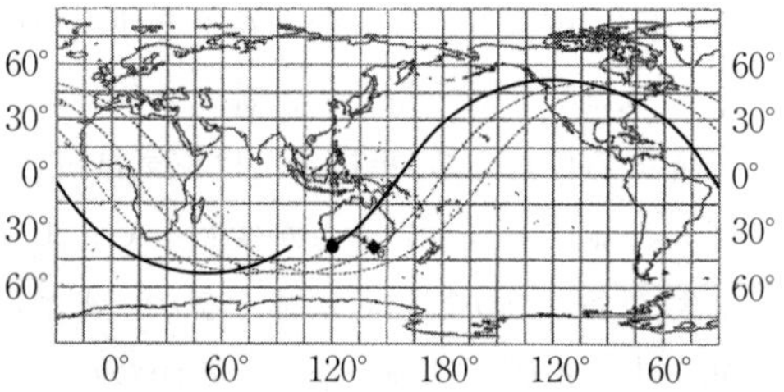

(6)　たとえば，空を１分間見上げていた場合，星座をつくる星はほとんど動かないように見えるが，ISSは，28000÷60＝466.6…(km)移動することになる。このことから，ISSは星座をつくる星より速く動いて見えると考えられる。　(7)　ISSは，日本やアメリカ，ロシアなどの15か国が協力して建設した有人実験施設で，日本の宇宙実験棟《とう》を「きぼう」という。

2　(1)　地球から見た「ひまわり」が常に東経140度の赤道上にあるようにするためには，「ひまわり」が赤道上を地球の自転と同じ向きに，地球の自転周期と同じ時間(ここでは24時間)で１回周回すればよい。　(2)　「ひまわり」は常に東経140度の赤道上にあるので，日本から夜に見えるとしたら，日没《にちぼつ》から日の出まで一晩中，南の空の同じ位置に見ることができる。　(3)　①　日本列島には大きな雲がおおっておらず，小さな雲がところどころに見られることから，太平洋高気圧におおわれた夏の暑い日で，各地で積乱雲が発生したと考えられる。　②　日本海など日本列島周辺には筋状の雲が多く見られる。これは，典型的な冬の雲画像である。西高東低の気圧配置になっていて，大陸からの北西の季節風が強まって，日本海側や北日本では大雪になりやすい。　③　低気圧からのびる前線にともなう雲が，北海道や本州の南の海上に見られることから，発達した低気圧が本州の南岸から三陸沖へと移動し，各地に大雨をもたらしたと考えられる。

Ⅲ　トノサマバッタとサバクトビバッタの生態についての問題

1　トノサマバッタは昆虫《こんちゅう》の仲間で，成虫だけでなく幼虫の体も頭・胸・腹に区別でき，胸に３

対のあしがある。トノサマバッタは，卵→幼虫→成虫と育ち，幼虫が成虫になるまでに５回ほど脱《だっ》皮《ぴ》をする。脱皮をして大きな幼虫になるとはねも観察できるようになる。また，幼虫も成虫も食べ物はイネ科の植物の葉である。

2　カブトムシ，クワガタムシ，モンシロチョウは，卵→幼虫→さなぎ→成虫と育つ完全変態をする。一方，セミとトンボはトノサマバッタと同じようにさなぎの時期のない育ち方である不完全変態をする。なお，ダンゴムシはエビやカニの仲間(甲かく類)で，昆虫ではない。

3　トノサマバッタは，秋になると土の中に産卵管をさして細長い卵をうむ。冬を越《こ》した卵は，５～６月ごろにふ化する。

4　群生相のサバクトビバッタは，孤独《こどく》相のサバクトビバッタと比べてE／F値が大きいので，後ろあしの長さ(F)に対する前ばねの長さ(E)が長いことがわかる。同様に，群生相のサバクトビバッタは孤独相と比べてF／C値が小さいため，後ろあしの長さ(F)が同じとき，頭の長さ(C)は群生相の方が長いことになる。

5　ア　図３より，どの体色のグループでも単独飼育された成虫のF／C値は，集団飼育されたF／C値より大きい。　イ　図２でふ化時の体重の平均が最も大きいのは，体色５のグループである。このグループについて図３でF／C値を見ると，集団飼育したときは約3.53，単独飼育したときは約3.67となっていて，集団飼育したときの値は単独飼育したときの値の半分以下になっていない。　ウ　図２より，体色１のグループが，ふ化時の体重の平均値が最も小さい。体色５のグループを単独飼育したときは，F／C値が体色１のグループを集団飼育したときよりもやや大きいため，体色１のグループを集団飼育したときよりもやや孤独相的な成虫となったと考えられる。
エ　ふ化時の体重の平均値が大きい幼虫グループほど，図３で単独飼育のF／C値は小さくなっているので，より群生相的な成虫となったといえる。　オ　どの体色の幼虫グループでも，集団飼育すると単独飼育したときよりもF／C値が小さくなっていて，より群生相的な成虫となっている。
カ　図３より，どの体色の幼虫グループも単独飼育か集団飼育かによってF／C値が変わっている。

6　⑴　①　オスとメスは別々の容器に入れられているので，メスににおいや接触《せっしょく》の刺激《しげき》は与《あた》えられない。オスのすがたを見ることができるため，視覚の刺激は与えられる。　②　メスは，オスと同じ容器に入れられているのでにおいと接触による刺激は与えられているが，目をぬりつぶされているので視覚による刺激は与えられていない。　③　メスは，目をぬりつぶされているため視覚による刺激は与えられておらず，容器の中にオスがいないため接触による刺激も与えられていない。容器に成虫の入っていた容器の空気が入っているので，においの刺激は与えられている。
⑵　図４で，大きい卵を産んだメスの割合が高いものは，においと接触の両方の刺激があったものである。また，視覚とにおいの刺激があっても，大きい卵を産むメスの割合は高くなっていない。これらのことから，メスが大きい卵を産卵することに最も大きくはたらく刺激は接触と考えられる。

Ⅳ　塩酸と水酸化ナトリウム水溶液《すいようえき》についての問題

1　塩酸にアルミニウムを加えると，水素のあわを出しながらアルミニウムがとける。

2　水素は無色・無臭《むしゅう》である。また，水素自身はよく燃え，燃えた後に水ができるが，ものを燃やすはたらきはない。水素は空気中に約0.00005％しか含《ふく》まれていない。なお，ろうそくを燃やした(完全燃焼した)ときにできる物質は，水と二酸化炭素である。

3　実験１より，アルミニウム0.1ｇが塩酸Aと過不足なく反応すると130cm^3の水素を発生させる。

塩酸Ａ30cm^3がアルミニウムと過不足なく反応して水素が819cm^3発生するとき，0.1×819÷130＝0.63(g)のアルミニウムが反応している。

4　塩酸と水酸化ナトリウム水溶液を混ぜると，中和が起きて食塩と水ができる。どちらも過不足なく反応したときは中性となり，ＢＴＢ液は緑色になる。[え]が中性になっていることから，塩酸Ａ15cm^3と水酸化ナトリウム水溶液Ｂ15cm^3が過不足なく反応することがわかる。よって，塩酸Ａの体積より水酸化ナトリウム水溶液Ｂの体積の方が多い場合は，混ぜた後の液がアルカリ性になり，赤色リトマス紙につけるとリトマス紙が青色になる。

5　塩酸Ａ30cm^3とアルミニウム0.63ｇが過不足なく反応するので，[あ]や，中和後に塩酸Ａが残っている[い]と[う]では，アルミニウム１ｇを加えたときにアルミニウムが残ってしまう。また，[え]は食塩水になっているため，アルミニウムは反応せずにすべて残っている。[お]～[き]はそれぞれ，中和後に残っている水酸化ナトリウム水溶液Ｂが，20－10＝10(cm^3)，25－５＝20(cm^3)，30cm^3で，グラフから，[お]では水酸化ナトリウム水溶液Ｂがすべて反応してアルミニウムが残っているが，気体が1300cm^3発生した[か]と[き]ではアルミニウム１ｇが完全にとけて残っていないとわかる。

6　①　塩酸は気体の塩化水素がとけている水溶液なので，水を蒸発させたときに何も残らない。②　塩酸Ａと水酸化ナトリウム水溶液Ｂが中和して食塩ができて，塩酸Ａが，20－10＝10(cm^3)残っている。したがって，水を蒸発させると食塩だけが残る。　③　中和してできた食塩のほかに，水酸化ナトリウム水溶液Ｂが10cm^3残っているので，水を蒸発させると食塩と水酸化ナトリウムが残る。　④　上澄《うわず》み液には，中和してできた食塩のほかに，残った塩酸Ａ10cm^3にアルミニウムの一部がとけてできたものがとけている。したがって，水を蒸発させると食塩と，塩酸にアルミニウムがとけてできたものが残る。　⑤　アルミニウムを加える前の液には中和してできた食塩のほかに，水酸化ナトリウム水溶液Ｂ20cm^3が残っている。アルミニウムを加えると，水酸化ナトリウム水溶液Ｂがアルミニウム１ｇをとかすが，水酸化ナトリウム水溶液Ｂの一部が残っている。したがって，水を蒸発させると食塩と水酸化ナトリウム，水酸化ナトリウム水溶液にアルミニウムがとけてできたものが残る。

7　①　鉄は塩酸にはとけて気体を発生させるが，水酸化ナトリウム水溶液にはとけない。したがって，ケのように，中和後に塩酸Ａが残っている[あ]～[う]に鉄を加えたときには気体の発生が起きるが，[え]～[き]では気体の発生は見られない。　②　実験２の[う]で，水酸化ナトリウム水溶液をＢの濃度《のうど》の２倍にすると，塩酸Ａ20cm^3に水酸化ナトリウム水溶液Ｂを，10×２＝20(cm^3)混ぜたことと同じと考えられる。そのため，食塩水にアルミニウムを加えたことになり，発生した気体の体積が０cm^3となる。また，実験２の[お]～[き]より，アルミニウム１ｇと過不足なく反応する水酸化ナトリウム水溶液Ｂは，10×1300÷819＝15.87…より，約15.9cm^3とわかるので，水酸化ナトリウム水溶液をＢの濃度の２倍にした場合，中和後に水酸化ナトリウム水溶液がおよそ，15.9÷２＝7.95より，7.9cm^3残るときにアルミニウム１ｇと過不足なく反応して発生した気体の体積が1300cm^3となる。そのようになるのは，水酸化ナトリウム水溶液が，$7.9+(30-7.9)\times\frac{10}{20+10}=15.2\cdots(cm^3)$のときである。

8　アルミニウム１ｇが過不足なく反応するのに必要な水酸化ナトリウム水溶液Ｂは，約15.9cm^3なので，水酸化ナトリウム水溶液Ｂ30cm^3にアルミニウム２ｇを加えた場合はアルミニウムがとけ残る。したがって，水酸化ナトリウム水溶液B 30cm^3はすべてアルミニウムと反応して，$819\times\frac{30}{10}=2457$($cm^3$)の気体が発生する。

国 語 （40分）＜満点：100点＞

解 答

一 **問1** ⑴ （例） 勢いよく滑り出すと，自分に風が集まって向かい風に飛び込んでいくように思える感覚。 ⑵ エ **問2** ア **問3** （例） 大勢の人が滑ってできたリンクの凹凸を，氷上車でなめらかに直すこと。 **問4** ㋑ **問5** ⑴ （例） すぐ近く ⑵ ウ **問6** （例） 本当はぜひ参加したかったので迷ったが，絶対に転ばずに滑れるという自信がなく，大事な本番で転んだら大変なことになると思い，あきらめた。 **問7** エ **問8** （例） 転ばずに滑れることという条件を満たせる自信がなく参加をあきらめたのに，実際は本番で転んだ子の映像がほほえましいと評判になったため，話が違うと不条理を感じ，納得がいかずくやしく思う気持ち。 二 **問1** （例） (このままでは，)人間が生存できなくなる(かもしれないという危機感。) **問2** ア **問3** ア **問4** ウ **問5** （例） (実際には，人間は)自身のことだけ考えて生きていくしかない(のに，「やさしい」という語を用いて)他の生物と仲良く共存する世界は実現可能だ(という印象を与えること。) **問6** イ **問7** ㋑，㋓ **問8** （例） 人間の生存に不可欠な資源と環境を確保するために自然を保護する(という考え方。)／自分が生きてきた環境の現状を維持するために自然を保護する(という考え方。) 三 下記を参照のこと。

●漢字の書き取り

三 1 補(う) 2 首脳 3 寒暖 4 貯蔵 5 観劇

解 説

一 **出典は梯《かけはし》久《く》美《み》子《こ》の『好きになった人』所収の「風船スケーターの不条理」による。**転ばずに滑《すべ》れる自信がなく，オリンピックの開会式に風船スケーターとして参加することをあきらめた筆者が，本番で転んだ子が評判になったのを見て世の不条理を感じたことを回想している。

問1 ⑴ 続く部分で，小学生から中学生にかけてスケートをしていた筆者は，「氷を蹴《け》って勢いよくリンクに滑り出していくたびに，向かい風の中に飛び込《こ》んでいくような気分になったものだった」と回想している。このことが，フィギュアスケート選手のようすを見た筆者が思い出した「あの感じ」にあたる。 ⑵ 次の段落に，「小学生から中学生にかけて遊びで滑っていた」とあるので，エが選べる。

問2 「見よう見まね」とは，いつも見ているうちに，自然とほかの人のやり方をまねて覚えること。

問3 直後の文から，「製氷」とは大勢の人が滑ってできたリンクの凹凸《おうとつ》を，氷上車でなめらかに直すことだとわかる。

問4 「本格的」は，本来のやり方にしたがうこと。よって，かざらず質素なさまであることを意味する㋐，正式なやり方を略した形を表す㋒，いいかげんなようすをいう㋓はいずれも反対の意味にあたる。ふつうでない状態を表す㋑の反対語は，変わったところがないさまを表す「正常」になる。

問5　(1)「目と鼻の先」は，“すぐ近く”“すぐそば”という意味。　(2)アは“目つきで気持ちを伝える”，イは“相手を見つめて，目が合うようにする”，エは“見向きもしない”という意味で，ここでの「目」は視線の意味で用いられている。ウは“じゃまなもの”という意味の慣用句で，器官としての目の上にたんこぶがある状態を仮定した比喩《ひゆ》の表現である。

問6　続く部分に注目する。「私」はオリンピックの開会式に「すごく出たかった」ものの，「まだスケートを始めて間もない頃《ころ》」であり，もし「本番で転んだりしたら大変なことになる」と思ったので，「迷った末」に「手を挙げなかった」と振《ふ》り返っている。

問7　自分の住む地域でオリンピックが開かれるという幸運に恵《めぐ》まれたうえ，世界が注目する開会式に参加できるなら，一世一代の晴れ舞台《ぶたい》といってさしつかえない。そのような晴れやかな役目をになった子どもたちは，自分をほこらしく思ったものと想像できるので，エが合う。

問8　オリンピックの開会式では転ばずに滑れることが条件だと聞いた「私」は，「迷った末」に参加をあきらめた。しかし，本番で転んでしまった子の映像が放映されると，「ほほえましく，可《か》愛《わい》らしい」と世界中で評判になったため，「裏切られたような気持ち」を抱《いだ》いたと思い返している。条件だと聞かされていたことが，結果的に条件ではないことになって不条理を感じ，くやしくなったのである。

二　**出典は高橋敬一《たかはしけいいち》の『昆虫《こんちゅう》にとってコンビニとは何か？』所収の「昆虫にとって自然保護とは何か？」による。**自然保護に対する考え方のうち，二つを取りあげて説明している。

問1　「危機感から生じる自然保護」は，同じ段落の最後で「人間生活に欠くことのできない資源および環境《かんきょう》を確保するという意味での自然保護」だと言いかえられている。つまり，「人間の生存にとって最低限必要なもの」の確保ができなくなるのではないか，という危機感にもとづいた自然保護の考え方になるので，「(このままでは，)人間が生存できなくなる(かもしれないという危機感)」のようにまとめる。

問2　続く部分から読み取る。「この場合の『自然』」とは，原生林や田畑などもふくむ，「人間を取り囲むすべての自然環境」つまり，「人間の生存にとって最低限必要なもの，魚など食料としての資源，災害を防ぐものとしての森林，飲み水としての河川の水質等々」を指している。よって，食料や飲料には無関係のイとエ，自家消費が目的で人間全体にとって不可欠とはいえないウは誤り。

問3　段落Xでは，人間による環境改変と環境悪化で多くの生物種が絶滅《ぜつめつ》したと述べられている。これを受けた段落Yでは，その具体例としてアメリカ大陸のマンモスやオオナマケモノ，ニュージーランドのモアの仲間が絶滅したこと，ニュージーランドの固有種がわずかしか残っていないことがあげられているので，アがふさわしい。

問4　「そう」とあるので，直前の二つの段落に注目する。つまり，人間が世界各地に進出し，そこに生息していた動植物を減らしてしまったにもかかわらず，「人間がいまも生存しつづけているということは，人間に最低限必要な自然は，本来人間がいなければ存在していたであろう自然に比べれば，ごくごくかぎられた範囲のもので十分であることを示している」というのだから，ウが選べる。

問5　前後の内容に注目する。「環境にやさしい」という言葉からは，あたかも人間とほかの生物とが仲良く共存する世界が実現可能であるかのような印象を受けるが，実際は，生物界には本来生存競争しか存在せず，人間も自身の都合だけを考えて生きてきたと，筆者は考えている。

問6　直後の段落の前半に注目する。「ノスタルジック自然保護」の特徴《とくちょう》のひとつは，「自分の誕生以前の自然は関係ないという点」であり，人は「自分がいま住んでいる場所」を原生林である「一〇〇〇年前の巨樹《きょじゅ》の森」に戻《もど》そうと考えることはけっしてないと述べられているので，イがふさわしくない。

問7　直前から，「二次的な風景」とは「人間が作りだした」風景を指すとわかるので，㋑と㋓が合う。㋐，㋒，㋔は，人間の手が入っていない自然にあたる。

問8　ひとつは，次の段落で説明されている，「人間生活に欠くことのできない資源および環境を確保する」目的で自然を保護するという考え方である。もうひとつは「ノスタルジック自然保護」で，最後から三つ目の段落にあるとおり，自分が生きてきた環境へのノスタルジーから，その環境の現状を維持《いじ》することを目的として自然を保護するという考え方である。

三　漢字の書き取り

1　音読みは「ホ」で，「補給」などの熟語がある。　**2**　組織などの中でおもだった人。

3　寒さと暖かさ。　**4**　ものをたくわえておくこと。　**5**　演劇を見ること。

Dr.福井の

入試に勝つ！ 脳とからだのウルトラ科学

復習のタイミングに秘密あり！

算数の公式や漢字，歴史の年号や星座の名前……。勉強は覚えることだらけだが，脳は一発ですべてを記憶することができないので，一度がんばって覚えても，しばらく放っておくとすっかり忘れてしまう。したがって，覚えたことをしっかり頭の中に焼きつけるには，ときどき復習をしなければならない。

ここで問題なのは，復習をするタイミング。これは早すぎても遅すぎてもダメだ。たとえば，ほとんど忘れてしまってから復習しても，最初に勉強したときと同じくらい時間がかかってしまう。これはとっても時間のムダだ。かといって，よく覚えている時期に復習しても何の意味もない。

そもそも復習とは，忘れそうになっていることを見直し，記憶の定着をはかる作業であるから，忘れかかったころに復習するのがベストだ。そうすれば，復習にかかる時間が一番少なくてすむし，記憶の続く時間も最長になる。

では，どのタイミングがよいか？　さまざまな研究・発表を総合して考えると，1回目の復習は最初に覚えてから1週間後，2回目の復習は1か月後，3回目の復習は3か月後――これが医学的に正しい復習時期だ。復習をくり返すたびに知識が海《かい》馬《ば》（脳の，知識をためる倉庫みたいな部分）にだんだん強くくっついていくので，復習する間かくものびていく。

この計画どおりに勉強するには，テキストに初めて勉強した日付と，その1週間後・1か月後・3か月後の日付を書いておくとよい。あるいは，復習用のスケジュール帳をつくってもよいだろう。もちろん，計画を立てたら，それをきちんと実行することが大切だ。

ちなみに，記憶量と時間の関係を初めて発表したのがドイツのエビングハウスという学者で，「エビングハウスの忘《ぼう》却《きゃく》曲線」として知られている。

えーと
1週間後
あ，そうだった！
1カ月後
あ，思い出した！
3カ月後
もう，覚えてるよ

Dr.福井（福《ふく》井《い》一成《かずしげ》）…医学博士。開成中・高から東大・文Ⅱに入学後，再受験して翌年東大・理Ⅲに合格。同大医学部卒。さまざまな勉強法や脳科学に関する著書多数。

Memo

Memo

2020年度　女子学院中学校

〔電　話〕(03) 3263－１７１１
〔所在地〕〒102－0082　東京都千代田区一番町22―10
〔交　通〕JR中央線・東京メトロ南北線・都営新宿線―「市ケ谷駅」より徒歩８分
東京メトロ有楽町線―「麴町駅」より徒歩３分

【算　数】（40分）〈満点：100点〉

＜注意＞円周率は3.14として計算しなさい。

1　(1)～(5)は□にあてはまる数を入れなさい。

(1)　$20\div\left\{\left(\square+\frac{5}{16}\right)\div 0.325\right\}-6\frac{2}{3}=4$

(2)　図のひし形ABCDの面積は□cm^2です。

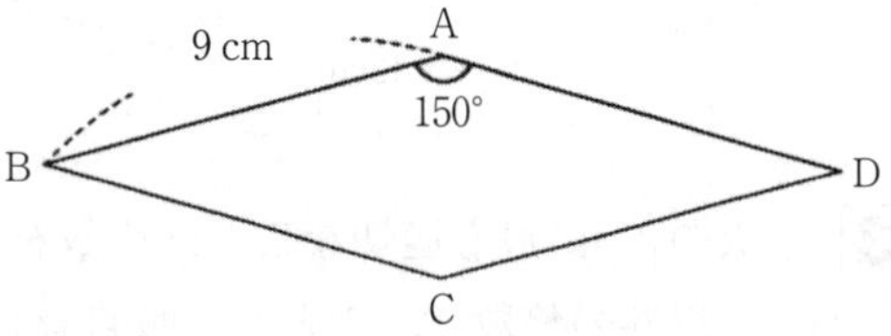

(3)　図の四角形ABCDは正方形で，曲線は円の一部です。

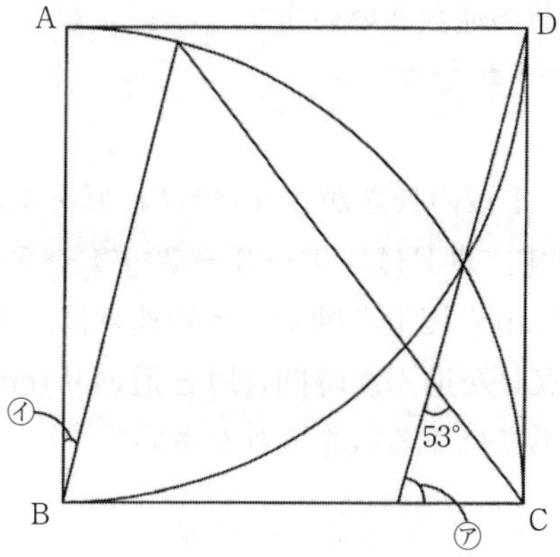

角㋐は□度
角㋑は□度

(4)　１個□円のジャガイモを，４個入りの１袋で買うと10％引きの値段になります。ジャガイモ１袋とニンジン３本は同じ値段です。ジャガイモを２個と１袋，ニンジンを５本買うと合計754円です。

(5)　Aさんは１日おき，Bさんは２日おき，Cさんは３日おきに，あるボランティア活動をしています。ある年の７月１日の土曜日に３人は一緒《いっしょ》に活動しました。次に，この３人が土曜日に一緒に活動するのは，同じ年の□月□日です。

(6)　図の四角形ABCDは長方形です。角㋐～角㋔のうち，46°である角に○を，そうでない角には×を表に入れなさい。

㋐	㋑	㋒	㋓	㋔

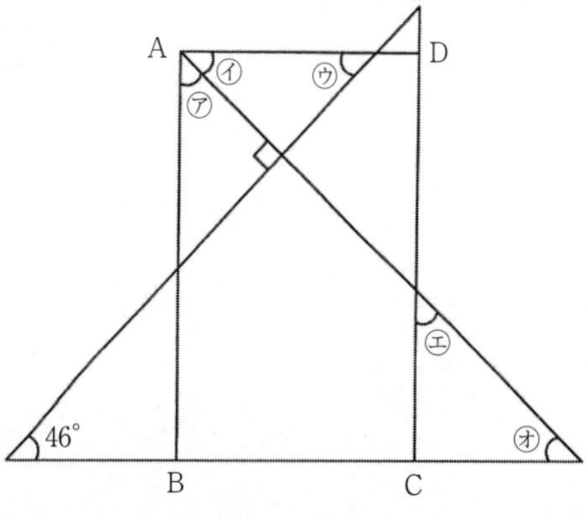

2 図の四角形ABCDは正方形で，曲線は円の一部です。(1)は□にあてはまる数を入れなさい。

(1) 辺ABの長さは□cmです。

(2) 図の影《かげ》をつけた部分の周の長さを求めなさい。（式も書きなさい。）

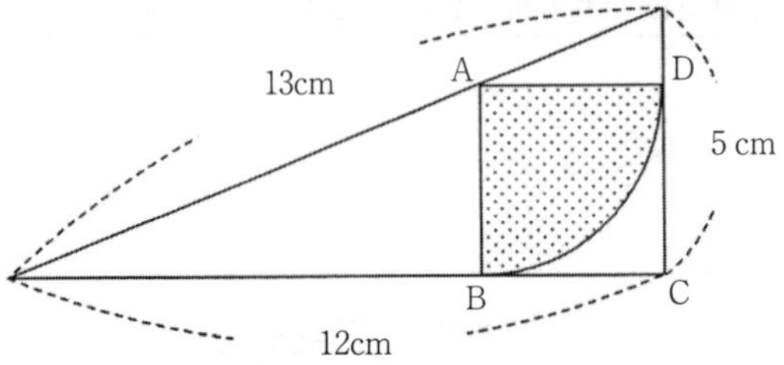

3 次の□に最も適切なことばや数を入れなさい。ただし，1マスに1字ずつ入ります。

(1) 1以外の整数で，1とその数自身しか約数がない数を□□といいます。

(2) 2つの数の□が□となるとき，一方の数を他方の数の逆数といいます。

(3) 円周率とは□□が□□の何倍になっているかを表す数です。

4 図のように，半径3cmで中心角が90°のおうぎ形と，1辺の長さが3cmのひし形を組み合わせた図形を底面とする，高さが6cmの立体があります。点Pは，1→2→3→4→5→6→7→8→9→1の順で線に沿って動きます。点Pが6cmの辺上を動くときの速さは，3cmの辺上を動くときの速さの2倍です。下のグラフは，点Pが進んだ時間（秒）と道のり（cm）の関係を表したものです。グラフのア，イ，ウの□にあてはまる数を入れなさい。

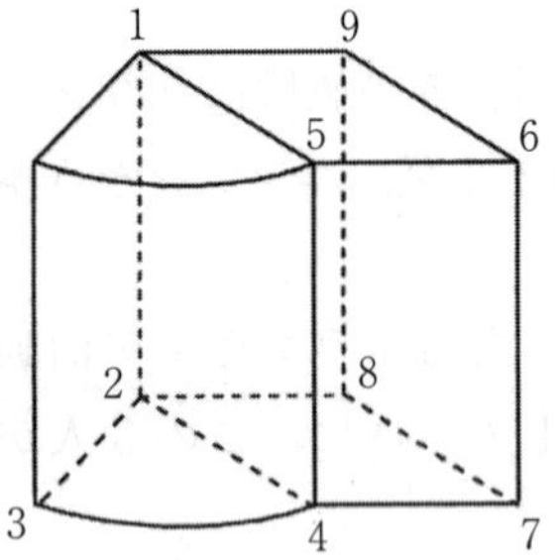

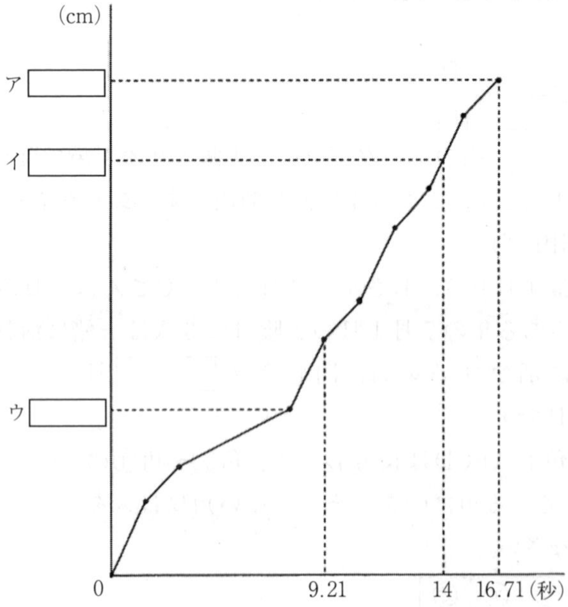

5，**6** の各問いについて □ にあてはまる数を入れなさい。

5 下のように，AからPまでに，ある整数が入っている表があります。この表に，次の規則に従って○か×の印をつけます。

① AからPまでの数の1つに○をつけ，その数と同じ行，同じ列に並んでいる印のついていない数すべてに×をつける。
② 印のついていない残りの数の1つに○をつけ，その数と同じ行，同じ列に並んでいる印のついていない数すべてに×をつける。
③ もう一度②を行い，残った数に○をつける。

	1列目	2列目	3列目	4列目
1行目	A	B	C	D
2行目	E	F	G	H
3行目	I	J	K	L
4行目	M	N	O	P

この表の一部の整数は，右のようになっています。

A	12	C	D
E	15	G	9
8	J	9	L
M	N	15	11

この表では，どこを選んで○をつけていっても，①から③の作業をした後に○のついた数の和がいつでも同じになることが分かりました。

(1) ①から③の作業をした後に○のついた数は全部で □ 個あり，それらの数の和はいつでも □ です。

(2) Aに入っている数は □，Gに入っている数は □ です。

(3) この表に入っている一番大きい数は □，一番小さい数は □ です。

6 姉と妹が，川の上流のA地点と下流のB地点の間を，ボートをこいで移動します。静水（流れのないところ）で，2人のボートの進む速さは，それぞれ一定です。

A地点とB地点は2.4km離《はな》れていて，川は毎分15mの速さで流れています。姉がA地点からB地点に向けて，妹がB地点からA地点に向けて同時に出発すると，A地点から1.8kmの地点で2人は出会います。姉がB地点からA地点に向けて，妹がA地点からB地点に向けて同時に出発すると，A地点から1.5kmの地点で2人は出会います。

(1) 静水でボートの進む速さは，姉は毎分 □ m，妹は毎分 □ mです。

(2) ある日の8時10分に，姉はB地点を，妹はA地点をそれぞれ出発してA地点とB地点の間を1往復しました。

2人が2回目に出会うのは □ 時 □ 分のはずでしたが，姉がA地点を出発してから □ 分 □ 秒の間，ボートをこがずに川の流れだけで進んだため，実際に2人が2回目に出会ったのは，□ 時 □ 分で，A地点から1.2kmの地点でした。

【社　会】（40分）〈満点：100点〉

（語句はできるだけ漢字で書きなさい。）

Ｉ　昔から馬や牛は，輸送をはじめとして人々の生活に深く関《かか》わってきました。馬は武士にとって戦いに欠かせないものでした。

問１　ＡとＢの会話文について問に答えなさい。

Ａ　古代では道が整備され多くの人や馬が行きかいました。①奈良時代には，いろいろな書物が編まれ，律令により戸籍《せき》と税のしくみも整いました。
Ｂ　税負担は重く農民はみな貧しい生活で，里長はひどい支配をしていました。万葉集にある山上憶良《やまのうえのおくら》という役人の和歌から，農民の実態がよく分かります。
Ａ　②和歌から，人々のくらしをそのように断定できるでしょうか。
Ｂ　そうですね。気をつけて考えた方がいいですね。
Ａ　戸籍には女性の数が不自然なほど多く，偽籍《ぎせき》（いつわりの戸籍）も多いのではないかと考えられているそうです。
Ｂ　なぜ戸籍をいつわるのでしょうか。
Ａ　律令制度での税は，（　　Ｘ　　）からだと考えます。
Ｂ　なるほど。それにしても，なぜ③国司《こくし》（国から地方に派遣された役人）は偽籍を見逃していたのでしょう。
Ａ　面白い視点ですね。

(1)　下線①の１つである風土記について述べた文として，正しいものを１つ選び，記号で答えなさい。

ア　各地の伝説を文章にまとめて保存することで，人々が地方ごとに団結できるようにした。

イ　優れた和歌を各地で収集し，文学を国家全体でさかんにしようとの願いがこめられていた。

ウ　山河《が》，海や平野の絵図を作成し，地方の人々が道に迷わないように役立てた。

エ　天皇の命令で，地名や地形，産物や地域に伝わる昔話を報告させ，地域の様子を把握《はあく》しようとした。

(2)　下線②について，断定できない理由を和歌の性質から述べなさい。

(3)　空欄《らん》（Ｘ）にふさわしい文を１つ選び，記号で答えなさい。

ア　男女両方に均等に与えられた田に課された

イ　女性が多い家では，収穫《かく》量に対して租の税率が下がる

ウ　兵役や地域での労働の提供など，男性の負担が重い

エ　男性の特産物納入を，女性の２倍の量としていた

(4)　平安時代の下線③について，正しいものを２つ選び，記号で答えなさい。

ア　担当の国で，税を集める責任者とされた。

イ　何世代にもわたって地域を支配し，武力で領地を広げた。

ウ　希望する国の国司になれるように，都の有力貴族にみつぎ物をした。

エ　地域の農民を集めて引率し，都で警備を行う義務があった。

問２　戦いに関わりのある次の文を，古い順に記号で並べかえなさい。

ア　将軍のあとつぎをめぐって，応仁の乱が起こった。

イ　二度にわたり九州地方に攻めてきた元軍と，御家人が戦った。

ウ　桶狭間《おけはざま》の戦いで今川軍が敗北した。

エ　承久の乱が，幕府によって平定された。

オ　壇《だん》ノ浦の戦いで平氏が滅ぼされた。

問３　鎌倉時代や室町時代には，農民や商人の中に，馬や牛車を用いた運送業を営む者が現れました。

(1)　鎌倉時代と室町時代の農業や商工業に関する文として，正しいものを２つ選び，記号で答えなさい。

ア　米と麦の二毛作が各地に広まった。

イ　商工業者は座を作り，誰でも自由に商工業が行えるようにした。

ウ　土地を深く耕すことのできる備中ぐわが広く使われるようになった。

エ　銀閣寺を建てた足利義満は，明と勘《かん》合貿易を行った。

オ　田植えの時に農民がおどった田楽がもととなり，能や狂言へと発展した。

(2)　馬を用いた運送業者は，しばしば一揆《いっき》の中心となりました。その理由としてふさわしいものを２つ選び，記号で答えなさい。

ア　運送業者は，農民と利害が対立していたので，幕府が農民の借金を帳消しにしたことに反発したから。

イ　各地を移動する運送業者は，いろいろな地域の人とつながりを持ち，協力することができたから。

ウ　安全に輸送するため，運送業者が地域の支配者に対して，関所で通行税を取ることを求めたから。

エ　運送業者は，輸送する品物を守るために武装することがあったから。

問４　江戸時代には，幕府によって管理される五街道が定められ，街道の途中には宿場が整備されました。幕府が街道の管理や整備を行った目的として，ふさわしくないものを１つ選び，記号で答えなさい。

ア　江戸から地方の役人に，より速く情報を伝達するため

イ　地方で反乱が起こった際に，すぐに制圧するため

ウ　宿場《しゅくば》町を栄えさせ，商人の力を強めるため

エ　参勤交代の移動で使用するため

問５　江戸時代の交易や交流について，まちがっているものを１つ選び，記号で答えなさい。

ア　対馬藩《つしまはん》を通じて，朝鮮との貿易が行われた。

イ　出島のオランダ人を通して，幕府は海外の情報を手に入れた。

ウ　蝦夷《えぞ》地では，松前藩がアイヌの人々から米を買い入れた。

エ　薩摩《さつま》藩は，琉球王国を通じて中国の品物を手に入れた。

問６　現在，酪《らく》農がさかんな北海道について，問に答えなさい。

(1)　釧路と札幌の８月の平均気温の差は４℃近くあります。釧路の８月の気温が低い理由として，ふさわしくないものを１つ選び，記号で答えなさい。

ア　千島海流の影響を受けるため

イ　海からの霧《きり》におおわれる日が多いため

ウ　流氷の南限に位置するため

エ　オホーツク海上空から吹き出す北東風の影響を受けるため

(2)　右の表は，生乳処理量（工場で殺菌《きん》などの処理をされた量）の内訳を，北海道と関東で比較したものです。生乳処理量に関して述べた文として，ふさわしくないものを１つ選び，記号で答えなさい。

		北海道	関　東
生乳処理量		3,449,089 t	1,343,075 t
内訳	牛乳等向け	548,156 t	1,233,870 t
	乳製品向け	2,878,104 t	98,644 t
	その他	22,829 t	10,561 t

（農林水産省　平成29年牛乳乳製品統計より作成）

ア　北海道は東京などの大消費地から遠いため，牛乳等向けの生乳処理量は少ない。

イ　北海道では日持ちのする乳製品向けの生乳処理量が多い。

ウ　北海道ではおみやげ品として，多くの生乳がチーズなどの乳製品に加工される。

エ　北海道には安い外国製の牛乳が入ってくるので，牛乳等向けの生乳処理量が少ない。

(3)　北海道の地理について，まちがっているものを１つ選び，記号で答えなさい。

ア　南北方向に連なる日高山脈の南端《たん》には，宗谷岬《そうやみさき》がある。

イ　南東側に太平洋，西側には日本海，北東側にはオホーツク海が広がっている。

ウ　日本海に注ぐ石狩《いしかり》川の中流には上川《かみかわ》盆地，下流には石狩平野が開けている。

エ　北海道で２番目に広い流域面積をもつ十勝川は，太平洋に注いでいる。

II　近代になると，ものや情報を伝達するためのしくみとして，郵便制度や鉄道が発達しました。

前島 密《まえじまひそか》は1835年に越後《えちご》国頸城《くびき》郡（現在の①新潟県上越《じょうえつ》市）の豊かな農民の家に生まれました。前島は若い時に蘭《らん》学，英語，航海術などを学び，1865年に②薩摩藩に招かれ，英語を教えました。1870年に新政府の役人となり，③イギリスに出かけて近代郵便制度を学び，④社会全体のしくみを整えることが必要であると考えるようになりました。1871年に帰国するとさっそく，⑤官営（国営）事業として⑥郵便事業を始めます。また⑦万国郵便連合に加盟し，欧米諸国にならって郵便事業での国際協力を始めました。

問１　下線①に関する問に答えなさい。

(1)　次ページの地図は上越市高田《たかだ》の25000分の１の地形図の一部を拡大したものです。地図から読みとれることとして，まちがっているものを２つ選び，記号で答えなさい。

ア　この地域は平野で，南に向かって川が流れている。

イ　高田公園一帯には，博物館や中学校などがある。

ウ　たかだ（高田）駅の北西には，寺院が集中している。

エ　畑もあるが，農地の大半は田で，耕地整理も進んでいる。

オ　高田公園を中心に，城下町の特徴を残している。

カ　たかだ（高田）駅の線路沿《ぞ》いには商業地が広がり，工場はない。

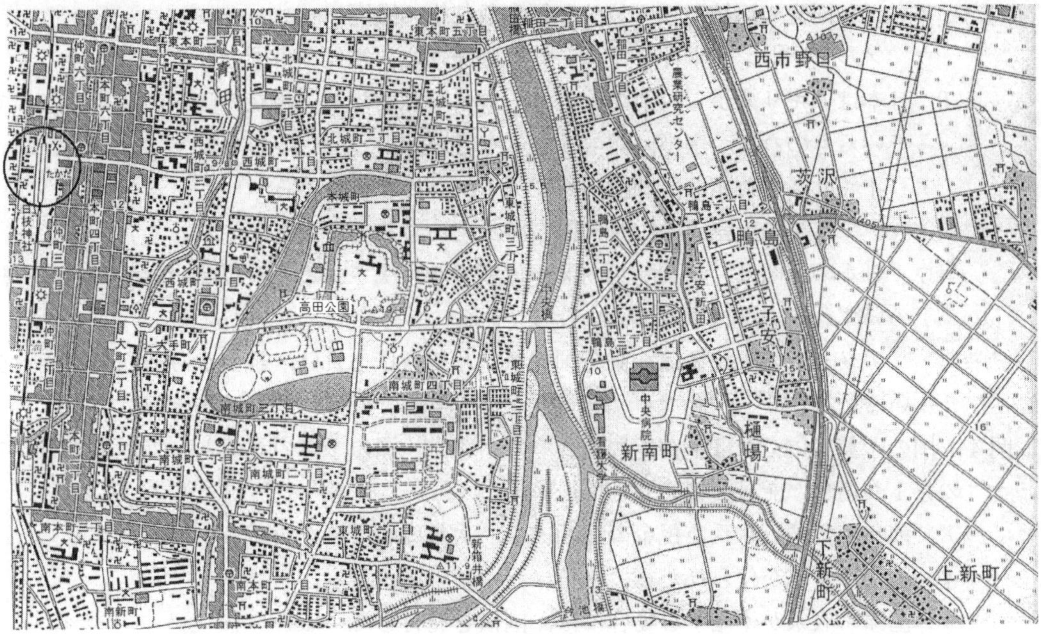

〈編集部注：編集上の都合により原図の60％に縮小してあります。〉

(2)　地図中の高田駅に隣《りん》接する本町や仲町は，古くから商店が並び，建物のひさしをのばして通りに屋根をかける雁《がん》木《ぎ》の町として知られています。なぜこのような雁木がつくられたのか，考えて答えなさい。

(3)　右のグラフは，2017年の「※北陸」「東北」「四国」「九州・沖縄」の地域別農業産出額の割合を表しています。ア～エのうち「北陸」と「九州・沖縄」にあてはまるものを選び，それぞれ記号で答えなさい。

※北陸　（新潟県，富山県，石川県，福井県）

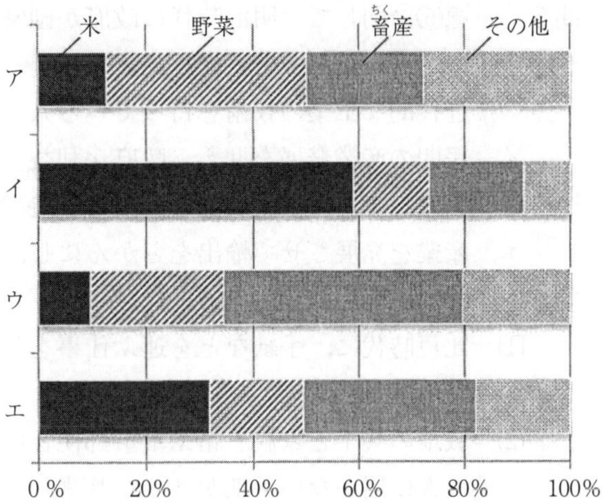

（『日本国勢図会　2019/20年版』より作成）

問２　かつて下線②があった鹿児島県に関して述べた文として，まちがっているものを２つ選び，記号で答えなさい。

ア　活火山があり，火山灰土の台地が広がっている。

イ　薩摩半島はリアス海岸に囲まれている。

ウ　戦国時代に，鉄砲《ぽう》がいち早く伝わった。

エ　幕末に，長州藩と軍事同盟を結んだ。

オ　西南戦争が起こったが，政府の軍隊が鎮《ちん》圧した。

カ　九州でもっとも漁業生産額が多い。

問３　下線③に関して，問に答えなさい。

(1)　日本とイギリスの間でのできごとを，古い順に記号で並べかえなさい。

ア　日英同盟の締《てい》結　　　イ　領事裁判権の撤廃《てっぱい》

ウ　ノルマントン号事件　　エ　共に国際連盟の常任理事国となる

(2)　日本はイギリスから政治のしくみを取り入れました。現在の政治のしくみとしてまちがっているものを１つ選び，記号で答えなさい。

ア　イギリスの首相は，国会議員であることになっている。

イ　アメリカの大統領は，必ず国会議員であることになっている。

ウ　日本の内閣は，衆議院で内閣不信任案が可決されると衆議院の解散か内閣の総辞職かのいずれかを選択《たく》することになっている。

エ　アメリカの大統領は，直接国民に対して責任を負い，議会から独立した権限を持っている。

問４　国の予算案づくりは下線④に関わっています。国の予算の説明として，まちがっているものを１つ選び，記号で答えなさい。

ア　前年度に納められた税金の範囲内で，次年度の予算を決める。

イ　国会は予算が使われた後に決算についても議決する。

ウ　国家の収入が不足する場合には，国債《さい》を発行している。

エ　国の予算は，内閣が原案をまとめ，国会に提出する。

問５　下線⑤に関して，明治時代に政府が国営の工場をつくった目的としてふさわしくないものを１つ選び，記号で答えなさい。

ア　近代的な工業の技術を持っている人を養成するため

イ　民間の産業発展を抑《おさ》え，政府が利益を独占《せん》するため

ウ　輸入していた工業製品を国内で製造できるようにするため

エ　産業を発展させて輸出をさかんにし，国力を上げるため

問６　下線⑥に関して，問に答えなさい。

(1)　江戸時代に，手紙などを運ぶ仕事をしていた人たちを何と呼びますか。ひらがなで書きなさい。

(2)　戦地の兵士と家族を結ぶ軍事郵便という制度があります。太平洋戦争が始まった頃《ころ》から，受取人に届かない手紙が多くなりました。戦地から出された手紙が家族に届かなかった理由として，戦局の悪化で輸送手段が断たれたこと以外に，考えられることを記しなさい。

問７　下線⑦は，現在，国連の専門機関の１つです。国連が機関をつくって取り組んではいないものを１つ選び，記号で答えなさい。

ア　伝染病の予防　　　　　イ　原子力の軍事利用の防止

ウ　産業用ロボットの開発　エ　世界の食糧《りょう》生産と分配の改善

1881年，前島密は⑧大隈重信とともに政府を去り，東京専門学校（現在の早稲田大学）の校長に就任するとともに，関西鉄道会社をはじめ，多くの⑨鉄道事業にも関わりました。そして1888年に政府に戻《もど》ると，⑩逓信省《ていしん》次官として⑪電話事業の発展にも力を尽《つ》くしました。前島はその後，貴族院議員を務め，⑫1919年に亡《な》くなりました。

問８　下線⑧が行ったことを２つ選び，記号で答えなさい。

ア　『学問のすすめ』を書いた　　イ　最初の内閣総理大臣になった

ウ　幕府を倒《たお》す運動に参加した　　エ　立憲改進党の設立に関わった

問9　下線⑨に関して，大正時代になると大都市の近郊《こう》で民間の鉄道会社による鉄道建設がさかんになりました。右の資料は1936年に鉄道会社が作成した広告です。（広告の中の横書きの文字は右から左へ読みます。）

⑴　広告の中から，民間鉄道会社が鉄道事業以外に営んでいたと考えられる事業を2つ書きなさい。

⑵　民間の鉄道会社が⑴のような事業を営んだ理由を，鉄道事業との関連をふまえて述べなさい。

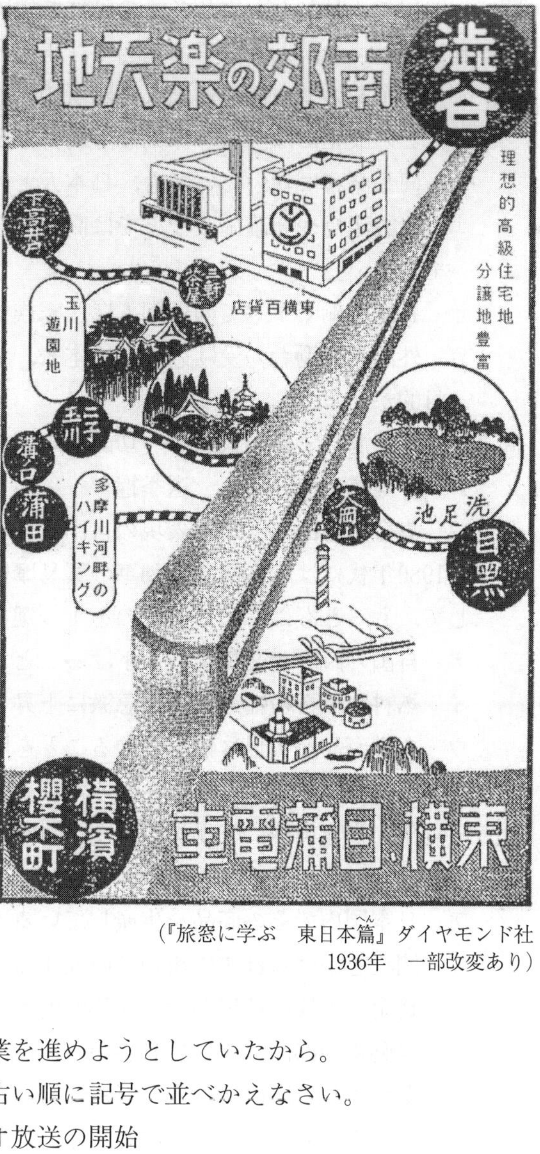

（『旅窓に学ぶ　東日本篇《へん》』ダイヤモンド社　1936年　一部改変あり）

問10　下線⑩に関して，現在，郵便や電話などの通信事業を監督《かんとく》している省を書きなさい。

問11　下線⑪や郵便事業が国営事業で進められた理由として，ふさわしくないものを1つ選び，記号で答えなさい。

ア　通信を発達させるため，郵便や電話を早く各地に普及《ふきゅう》させたかったから。

イ　国営事業なら，地域ごとに異なる料金が設定できると考えたから。

ウ　民間経営では，国家機密を守ることが困難だと考えたから。

エ　外国の企《き》業に頼《たよ》らずに，国内の通信事業を進めようとしていたから。

問12　下線⑫以降の日本に関するできごとを，古い順に記号で並べかえなさい。

ア　東京オリンピックの開催《さい》　　イ　ラジオ放送の開始

ウ　財閥《ばつ》の解体　　エ　テレビ放送の開始

オ　太平洋戦争の勃《ぼっ》発

Ⅲ　現在の日本には，外国から働きに来ている人々もいますが，労働条件には問題があることも少なくありません。また外国との貿易をめぐって問題も起きています。

問1　働く人を守るために，日本の法律が雇《やと》い主に対して定めていることとして，まちがっているものを1つ選び，記号で答えなさい。

ア　原則として，労働時間は週40時間，一日8時間を超《こ》えてはならない。

イ　労働者を辞《や》めさせる時は，少なくとも30日前に伝えなくてはならない。

ウ　例外的な仕事を除いて，15歳未満の子どもを働かせてはならない。

エ　毎週少なくとも二日以上の休日を与えなければならない。

オ　働く場所が安全で事故が起きないようにしなければならない。

問２　2019年４月から，より多くの職種で外国人労働者の入国が認められるように法律が改正されました。外国人労働者に関して，正しいものを２つ選び，記号で答えなさい。

ア　大企業の多くは，外国人労働者の受け入れ拡大に反対している。

イ　この改正には国内の深刻な労働力不足を補《おぎな》う目的がある。

ウ　同じ業務に就《つ》いていても，日本人と異なる安い賃金が認められている。

エ　建設現場や介護施設などでは高度な意思疎《そ》通が必要なため，外国人労働者を雇うことはできない。

オ　日本で働くすべての外国人は，家族と一緒に日本に滞《たい》在できる。

カ　外国人労働者の受け入れには本来，学んだ技能を持ち帰り，母国の産業育成を支援する目的がある。

問３　日本に暮らす外国人には一切認められていない権利を１つ選び，記号で答えなさい。

ア　平等権　　　　イ　選挙権

ウ　集会の自由　　エ　表現の自由

問４　1980年代には日米間で自動車の貿易摩擦《まさつ》が深刻になりました。貿易摩擦の直接的な原因として，もっともふさわしいものを１つ選び，記号で答えなさい。

ア　自国の政府が関税を引き下げることで，輸出品の価格が下落する。

イ　燃料や原料の輸入価格が急激に上昇する。

ウ　ある商品が大量に輸入されることを防ぐため，輸入制限を行う。

エ　ある商品が大量に輸出されるため，国内の商品が品薄《うす》になる。

問５　近年，世界各地に工場をつくり，自動車などを生産するようになりました。現地生産について，まちがっているものを２つ選び，記号で答えなさい。

ア　日本国内でその商品を生産している人々の仕事が減る。

イ　関税をかけられずに現地で販売することができる。

ウ　賃金や土地の使用料などが比較的安く，生産に必要な費用を安くできる。

エ　自動車の部品はすべて日本から運んでくる。

オ　それぞれの国に住む人の好みに合った自動車を，より早く届けることができる。

カ　現地で販売するものだけを生産しており，日本で販売されることはない。

問６　自動車の価格に含まれている費用は「原材料費」「製造・組立費」「宣伝費」「販売費」「研究開発費」の他に何がありますか。１つ答えなさい。ただし人件費，土地の使用料，税金は，それぞれの費用に含まれます。

問７　現在，日本はいくつかの国や地域と自由に貿易できる取り決めを結び，環太平洋パートナーシップ(TPP)協定にも参加しています。自由な貿易の推《すい》進にはつながらないことを１つ選び，記号で答えなさい。

ア　自国の関税を下げる。

イ　それぞれの国が，通貨の交換《かん》を互いに制限しない。

ウ　輸入する時の食品の安全基準を引き上げる。

エ　政治的対立があっても，貿易のルールを各国に等しく適用する。

問８　日本が自由に貿易できる協定を結んでいない国を１つ選び，記号で答えなさい。

ア　シンガポール　　イ　ベトナム　　ウ　フィリピン

エ　イラン　　　　　オ　タイ

問9　自由な貿易を推進する目的で1995年に発足し，現在，160を超える国･地域が加盟し，貿易に関する国家間の紛《ふん》争を解決する役割も担《にな》っている国際機関を答えなさい。(略称《しょう》でもよい)

問10　外国為替《かわせ》レート(外国の通貨との交換比率)が１ドル150円から１ドル100円になるとします。日本で1500円で売られている商品を，ドルに換算した場合，価格はどのように変わりますか。ふさわしいものを１つ選び，記号で答えなさい。

ア　５ドル上がる　　イ　５ドル下がる

ウ　15ドル上がる　　エ　15ドル下がる

問11　2015年に日本を訪れる外国人の数が，海外旅行をする日本人の数を上回ったことがニュースになりました。日本を訪れる外国人が急増している原因とは言えないことを２つ選び，記号で答えなさい。

ア　日本に特別な手続きなく入国できる対象国を拡大すること

イ　アジアをはじめ，世界的に海外旅行者が増加していること

ウ　外国為替レートが１ドル100円から150円へではなく，80円へと変動すること

エ　飛行機の就航路線の新設や便数の拡大を行うこと

オ　日本は世界各国より物価水準《じゅん》が低いので，買い物や観光がしやすいこと

カ　ユネスコ無形文化遺産に和食が登録されるなど，日本への関心が高まること

キ　外国人旅行者を増やすため，日本政府が積極的に海外向けの宣伝に取り組むこと

【理　科】（40分）〈満点：100点〉

（選択肢《たくし》の問題の答が複数ある場合は，すべて答えなさい。）

Ⅰ　だ液について次のような実験を行った。

> 実験１　でんぷん液２mLと水0.5mLを入れた試験管A，でんぷん液２mLとだ液0.5mLを入れた試験管Bを用意し，それぞれ40℃で30分保温した。その後，試験管にヨウ素液を加えたところ，試験管Aではヨウ素液の反応が見られたが，試験管Bではヨウ素液の反応が見られなかった。

> 実験２　だ液をそれぞれ0.5mL入れた試験管Cと試験管Dを用意した。試験管Cはふっとうした湯で20分加熱した。この間，試験管Dは室温に置いておいた。試験管Cが室温に戻《もど》ったのを確かめて，試験管Cと試験管Dにでんぷん液２mLを入れ40℃で30分保温した。その後，試験管にヨウ素液を加えたところ，試験管Cではヨウ素液の反応が見られたが，試験管Dではヨウ素液の反応は見られなかった。

１　でんぷん液はでんぷんをどのようなものに混ぜて作るか，ア～エから選びなさい。

ア　20℃の水　　イ　20℃のエタノール

ウ　80℃の水　　エ　70℃のエタノール

２　でんぷんの消化が起きた試験管をA～Dから選びなさい。

３　実験１で試験管Aに水0.5mLを加えたのは実験条件をそろえるためである。その実験条件とは何ですか。

４　実験１で試験管Aにヨウ素液を２滴《てき》入れた。試験管Bに入れるヨウ素液の量として最も適切なものをア～ウから選びなさい。

ア　２滴

イ　はっきりとした青むらさき色になるまで

ウ　はっきりとした茶色になるまで

５　実験２からだ液の性質についてわかることを説明しなさい。

だ液にはアミラーゼという物質が含《ふく》まれている。だ液がでんぷんを消化するのは，アミラーゼのはたらきによる。アミラーゼは動物だけでなく植物も持っている。発芽におけるアミラーゼのはたらきを調べるために，次のような実験を行った。

図１はコムギの実のもみ殻《がら》を取りのぞき，内部の種《たね》の様子を表した図である。コムギの種の端《はし》には将来植物になる部分（胚《はい》）がある。コムギの種を図１のように点線で切断し，胚を持つ断片Xと，断片Yを作った。

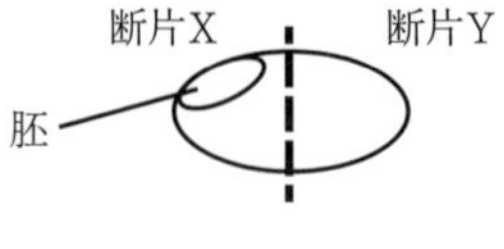

図１

次にでんぷんを混ぜて固めた寒天を３つ用意し，そのうち１つには断片Xを，もう１つには断片Yを，切り口を下に向けて図２のようにのせた。１つには何ものせなかった。寒天の上に水を加え３日おいた。３日後，断片を取りのぞき，寒天をヨウ素液で染めたところ，図３のようになった。ただし，色のついた部分はヨウ素液の反応のあったことを示しており，点線は断片のあった位置と大きさを表している。

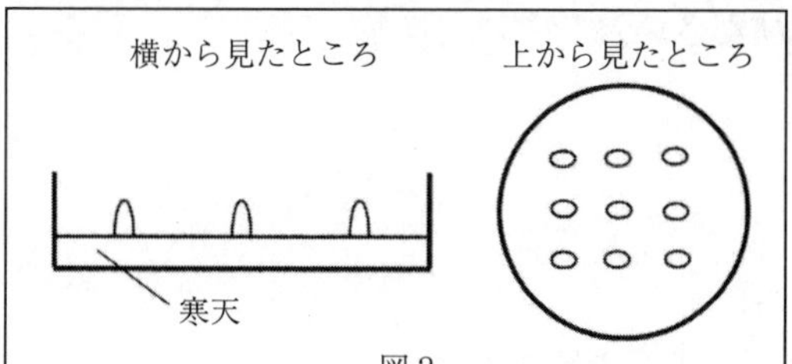

図2

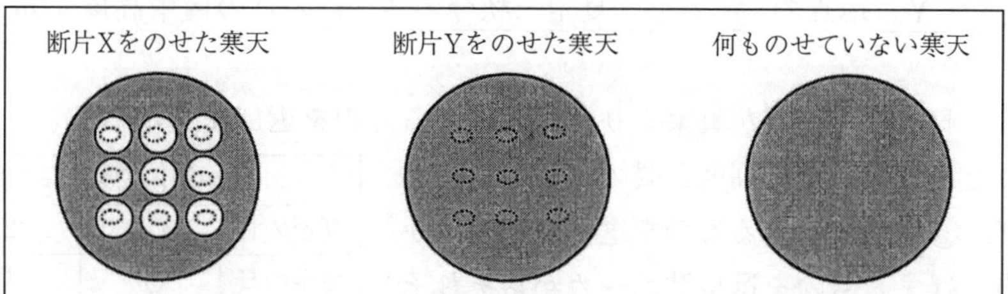

図3

6　下線部の水の量は，3日間どの程度に保つべきか。正しいものをア，イから選び，選んだ理由も書きなさい。

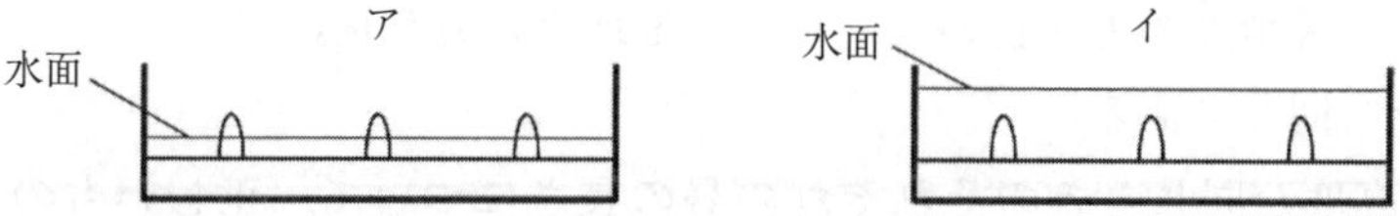

7　図3の結果から考えられることとして正しいものをア～オから選びなさい。

ア　胚があるとアミラーゼがはたらく。

イ　切断された種ではアミラーゼははたらかない。

ウ　種の外でもアミラーゼははたらく。

エ　実験開始3日後の断片Xに含まれるでんぷんの量は実験開始時とほぼ同じである。

オ　実験開始3日後の断片Yに含まれるでんぷんの量は実験開始時とほぼ同じである。

II　1　図1は，同一経線上にある北半球のX地点とY地点(Y地点の方が高緯《い》度にある)における春分の日，夏至の日，冬至の日の太陽の移動経路をそれぞれ示したものである。図1のように，太陽の移動経路は日や緯度によって変化する。

図2は，同じX，Y地点において，「ある日」から1年間の太陽が真南に位置したときの地面から太陽までの角度(南中高度という)の変化をそれぞれ示したグラフである。

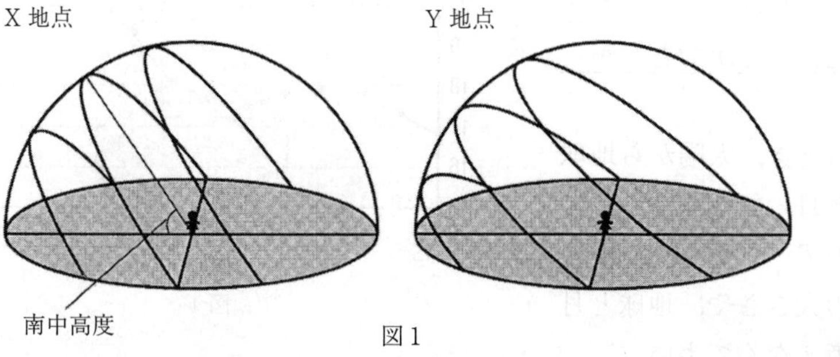

図1

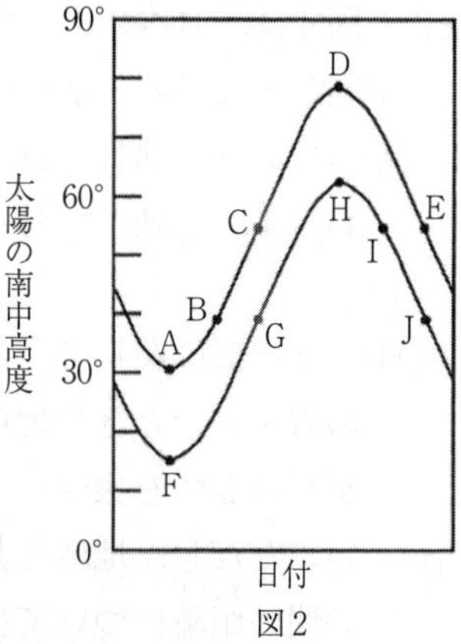

図2

(1) 「ある日」とはいつか。次のア～エから選びなさい。

ア　春分の日～夏至の日

イ　夏至の日～秋分の日

ウ　秋分の日～冬至の日

エ　冬至の日～春分の日

(2) 次の文中の□に当てはまる言葉を(　)から選んで答えなさい。

図2のAは，①(X・Y) 地点の ②(春分・夏至・秋分・冬至) の日の南中高度を示している。

(3) 図2のA～Jから，日の出の位置が真東より北寄りとなるものを選びなさい。

(4) 右の表は，X地点とY地点の南中高度と昼の長さを比べたものである。①，③，⑤に当てはまるものを選択肢ア～ウから，②，④，⑥に当てはまるものを選択肢エ～カからそれぞれ選びなさい。

	南中高度	昼の長さ
夏至の日	①	②
冬至の日	③	④
春分の日	⑤	⑥

①，③，⑤の選択肢　(ア　X地点の方が大きい　　イ　Y地点の方が大きい
ウ　同じである)

②，④，⑥の選択肢　(エ　X地点の方が長い　　オ　Y地点の方が長い
カ　同じである)

(5) X地点とY地点の南中高度が同じときのそれぞれの昼の長さについて，正しいものをア～エから選びなさい。

ア　X地点の方が長い。　　イ　Y地点の方が長い。

ウ　X地点の方が長い場合とY地点の方が長い場合がある。　　エ　同じである。

(6) 図3は，図1を真上から見たときのY地点の夏至の日の太陽の移動経路を示したものである。

① 図3中のアの方角を答え，太陽の移動の向きをイ，ウから選びなさい。

② Y地点の冬至の日の太陽の移動経路を解答欄《らん》に図示しなさい(向きは書かなくてよい)。

③ X地点の夏至の日の太陽の移動経路を解答欄に図示しなさい(向きは書かなくてよい)。

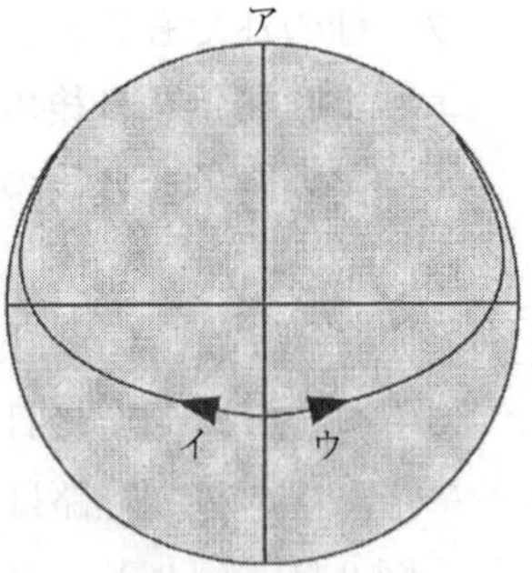

図3

2　図4は，日本のある地点で，「ある天文現象」が起こった日の午前中の気温の変化を記録したものである。前日の夜には，晴れていたにもかかわらず，一晩中，月を見ることができなかった。

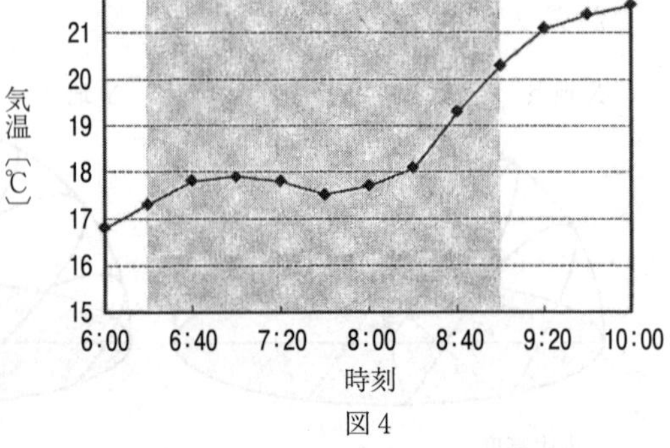

図4

(1) 下線部に関して，このとき，太陽から地球の方を見たときの地球と月の位置関係として正しいものを次ページのア～ウから選びなさい。ただし，地球と月の大きさや，地球と月の間の距離《きょり》については考えなくてよい。

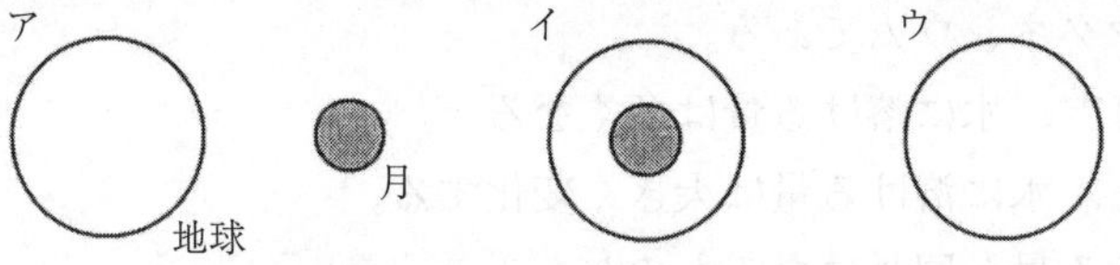

(2)　この日の午前中，気温以外の気象条件(雲の量や厚さ，風の様子など)に変化はなかったとしたとき，グラフ中の影《かげ》の範《はん》囲で起こった気温の変化の原因を，「ある天文現象」の名前を含めて25字程度で述べなさい。

Ⅲ　1　J子さんが海水について調べると「海水は，およそ96.6%が水で，3.4%の白色固体が水に溶《と》けた水溶《よう》液である」とわかった。そこで海水から白色固体を取り出すために，①ろ過してごみなどを取りのぞいた海水1kgを鍋《なべ》で煮《に》詰《つ》めた。液量がはじめの$\frac{1}{10}$ほどになったとき②白くにごっていたのでそれを取りのぞいた。残った液を液量が$\frac{1}{2}$ほどになるまでさらに煮詰めたところ③再び白くにごっていた。ここで加熱をやめてしばらく置いておくと，④鍋の底に白色固体がたまり，液は透《とう》明になった。

(1)　ろ過の装置について正しいものをア～カから選びなさい。

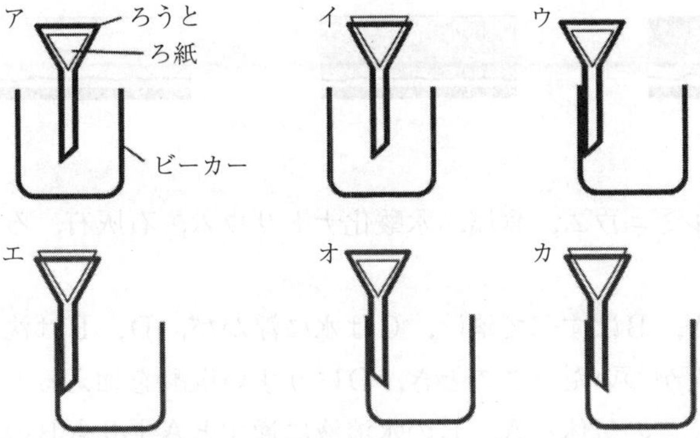

(2)　下線部①の海水について正しいものをア～エから選びなさい。

ア　透明でない。

イ　真水と同じ温度でこおる。

ウ　真水よりも温まりやすく，冷めにくい。

エ　同じ体積で比べたとき，真水よりも重い。

(3)　J子さんは，内側が黒色の鍋を使った。この鍋を選んだ理由を答えなさい。

海水に溶けている白色固体について調べると，食塩以外のものもあることがわかった。白色固体について主なものを表にまとめた。

(4)　右の表から考えて，水に溶ける固体の量と温度との関係について正しいものをア～オから選びなさい。

ア　100℃と20℃とで溶ける

海水に溶けているもの	白色固体中の割合(%)	水100gに溶ける量〔g〕	
		20℃	100℃
食塩(塩化ナトリウム)	78	37.8	41.1
塩化マグネシウム	10	54.6	73.3
硫酸《りゅうさん》マグネシウム	6	33.7	50.4
硫酸カルシウム	4	0.205	0.067

量の差が最も大きいのは塩化マグネシウムである。

イ　どの固体も温度が高くなるほど，水に溶ける量は多くなる。

ウ　どの固体も温度が高くなると，水に溶ける量は大きく変化する。

エ　ある温度で同じ量の水に溶ける量が同じになるものがある。

オ　0℃の水に溶ける量は0gである。

(5)　海水1kgを煮詰めて水の量を10gにし，20℃まで冷やしたとき，出てくる食塩は何gですか。ただし，食塩が水に溶ける量はほかの白色固体に影響《えいきょう》されないものとする。

(6)　下線部②，③の白色のにごりはそれぞれ主に何か，前ページの表から考えて次のア～エから選びなさい。

ア　食塩(塩化ナトリウム)

イ　塩化マグネシウム

ウ　硫酸マグネシウム

エ　硫酸カルシウム

(7)　下線部④のときの液の様子を表しているものをア～エから選びなさい。ただし，図の液の色の濃《こ》さは水溶液の濃《のう》度を表している。

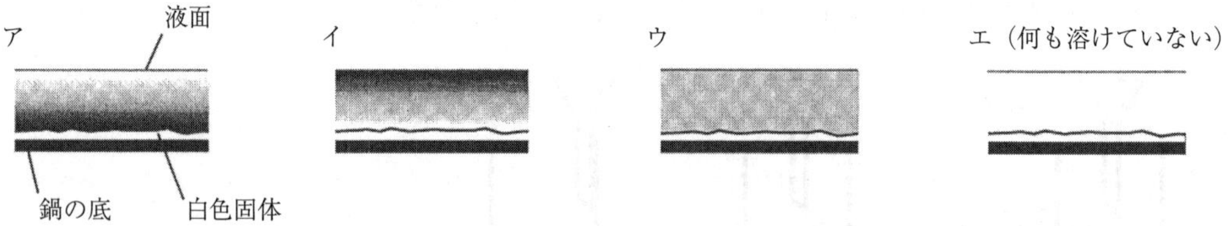

2　次の文章中のA～Eの固体は，アルミニウム，食塩，水酸化ナトリウム，石灰石，ろうのどれかである。

A～Eを水に入れてかきまぜるとA，Bはすべて溶け，Cは水に浮《う》かび，D，Eは沈《しず》んだ。Cを加熱するとすぐにとけ，やがて火がついた。このとき，Dにうすい塩酸を加えると発生する気体と同じ気体が発生した。また，この気体をA，Bの水溶液に通すとAよりもBの水溶液の方が気体が多く溶けた。

(1)　食塩，石灰石，ろうはそれぞれA～Eのどれですか。

(2)　Eにうすい塩酸を加えると発生する気体は何ですか。

(3)　下線部のようになったのはBのどのような性質からか，正しいものをア～オから選びなさい。

ア　水に溶けやすい固体だから

イ　吸湿《しつ》性がある固体だから

ウ　水溶液が酸性だから

エ　水溶液がアルカリ性だから

オ　水溶液に金属を入れると金属を溶かすから

Ⅳ　3種類の重さが無視できる軽いばねA，B，Cがある。これらのばねをそれぞれ天井《じょう》につるし，30gのおもりを1個ずつつるしていったときのばねの長さを測定したところ，下の表のような結果になった。また，表からグラフ1～3を作った。ばねの長さ，ばねののびとは右図に示したものである。おもりの重さをさらに増やしていったときも，おもりの重さとばねののびの関係は変わらないものとする。

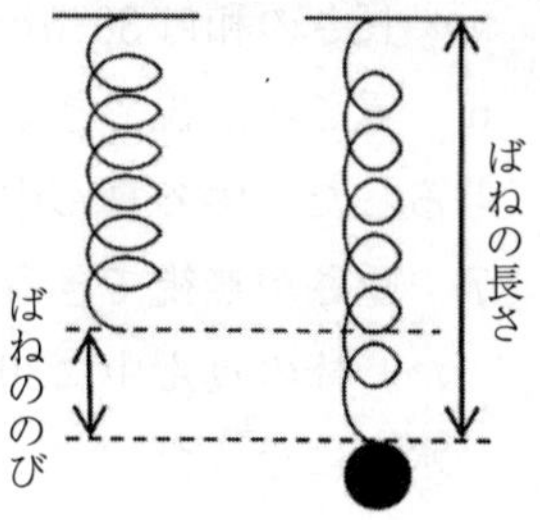

おもりの重さ	30g	60g	90g	120g	150g
ばねAの長さ〔cm〕	10.0	12.0	14.0	16.0	18.0
ばねBの長さ〔cm〕	9.0	12.0	15.0	18.0	21.0
ばねCの長さ〔cm〕	13.5	15.0	16.5	18.0	19.5

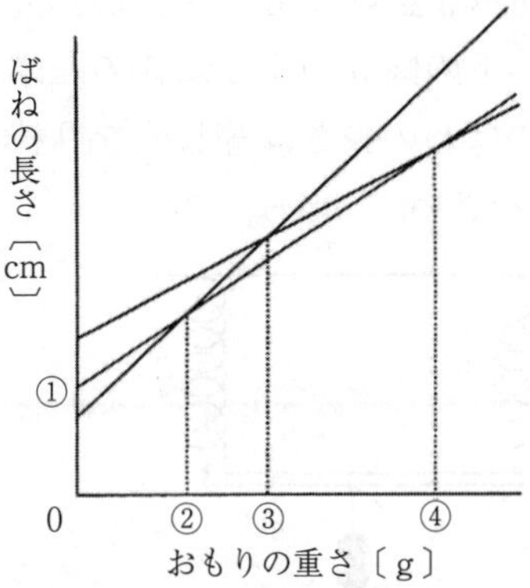

グラフ1

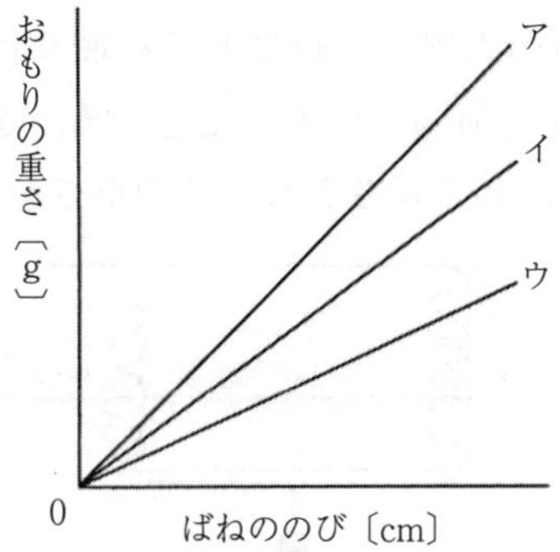

グラフ2

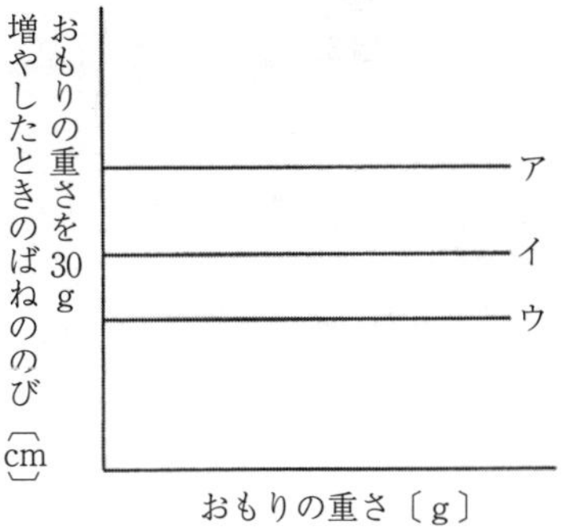

グラフ3

1　グラフ1の①～④の値を答えなさい。

2　グラフ2，3のア～ウは，それぞればねA，B，Cのどれですか。

3　ばねAを1cmのばすのに必要なおもりの重さを答えなさい。

4　ばねA，B，Cについて，ばねがかたい順に書きなさい。

5　ばね2本と30gのおもり2個を右図のようにして静止させた。(例)のときのばねC2本

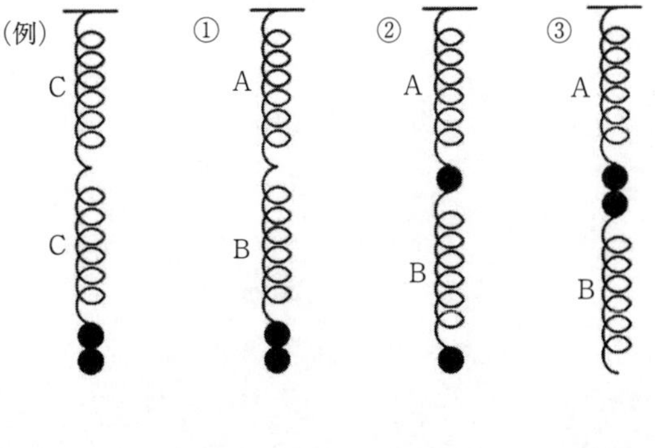

の長さの和は30.0cmであった。①～③のばねAとBの長さの和をそれぞれ求めなさい。

6　重さが無視できる軽い棒の両端にそれぞればねAを取り付け，下の図1のように天井からつるした。棒の真ん中に30gのおもりを1個つるしたときのばねの長さを求めなさい。

7　重さが無視できる軽い棒の両端にばねBとCを取り付け，下の図2のように天井からつるした。棒の真ん中に30gのおもりを何個かつるしたところ，2本のばねの長さは等しくなり棒は水平になった。

(1)　このときの，ばねの長さとおもりの重さを求めなさい。

(2)　おもりをつるす位置は変えずに，おもりの重さを増やしたところ，棒は水平ではなくなった。棒は左右どちらが下がりますか。

(3)　おもりの重さを600gにして，ばねBとCの長さが等しくなり棒を水平にするためには，おもりはどの位置につるせばよいか。【棒の左端からおもりをつるす位置までの長さ】と【おもりをつるす位置から棒の右端までの長さ】の比を，最も簡単な整数の比で答えなさい。

8　重さが無視できる軽い棒の両端にばねBとCを取り付け，下の図3のように棒の左端から6：5の位置に30gのおもりを何個かつるしたところ，2本のばねの長さは等しくなり棒は水平になった。このときの，ばねの長さとおもりの重さを求めなさい。

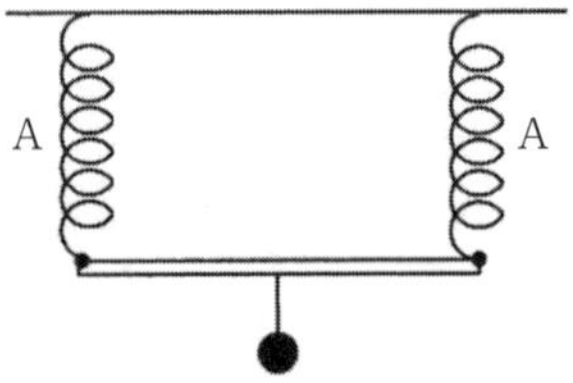

図1

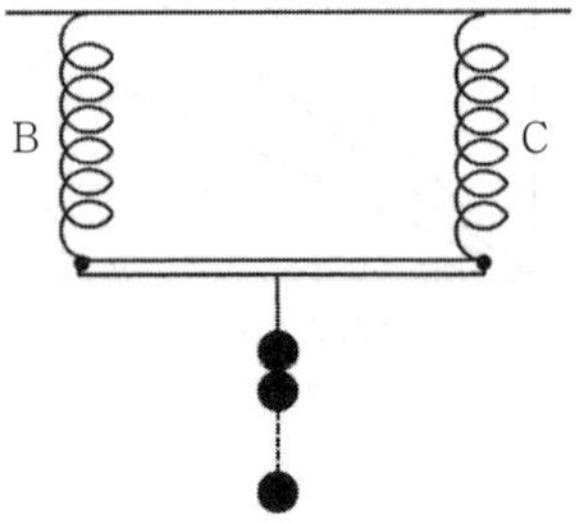

図2

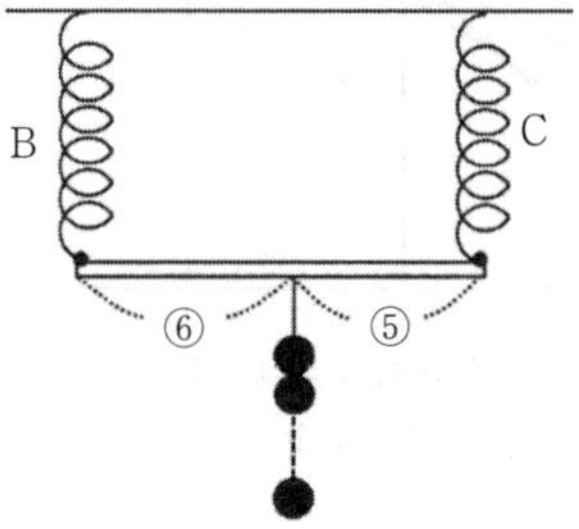

図3

ア　特別な技術を持つ人だけがものを作るようになったこと
イ　使うのではなく鑑賞するものばかり作られるようになったこと
ウ　職人たちが生産地からはなれてあちこちで作るようになったこと
エ　簡単に製品が手に入ることで作れるものを作らなくなったこと

問十二　――⑩「おんぶしてもらったり、もたれさせてもらったりもする」とありますが、他の人に対してどのような関係であると考えられますか。最も適切なものを次から選びなさい。
ア　どんな時も相手に甘《あま》えてしまう関係
イ　強いものが弱いものを助ける関係
ウ　何かを与える代わりに何かをもらう関係
エ　安心して相手を頼《たよ》っている関係

問十三　――⑪「個々人の存在の縮こまり」と最も近い内容を持つものを次から選びなさい。
ア　自分以外の人や物と支え合ってお互いの存在を高めていくことができない状態。
イ　自分以外の人や物とふれあいながら自分が存在する世界を広げることができない状態。
ウ　自分以外の人や物と関わりながら自分の存在の意味を確かめることができない状態。
エ　自分以外の人や物と信じ合ってお互いの存在価値をみつけることができない状態。

三　次のカタカナを漢字に直しなさい。
1　今評判のお菓子のガンソはあの店だ。
2　近所の公園をサンサクする。
3　ハクガク多才な人。
4　教室に学級文庫をモウける。

イ　人がつくることの利点に関心がなくなる
ウ　人がつくることの影響《えいきょう》を忘れてしまう
エ　人がつくるという行動をしなくなる

問三　[A]、[B]にあてはまる動詞を解答欄《らん》に合わせてひらがなで書きなさい。

問四　――③「他人の仕事とのネットワークのなかでなされてきた」とありますが、たとえば一冊の本ができあがるまでにどのような内容の仕事がありますか。「文章を書く仕事」以外に二つ書きなさい。

問五　――④「物との対話」とは、どのようなことですか。最も適切なものを次から選びなさい。
ア　物を作る人が、ネットワークを通して材料の生産地をよく知ること
イ　物を作る人が、物のよさをひき出そうとみなでよく話し合うこと
ウ　物を作る人が、材料などに直接ふれてその性質をたしかめること
エ　物を作る人が、完成品の用途をきちんと使う人に伝えること

問六　――⑤「じぶんが生きる場の広がりを実感するようになる」とありますが、小学生の感想として、本文の流れに合わないものを次から二つ選びなさい。
ア　何か一つのものを作るにも、さまざまな職種の人が関わっていることを知りました。
イ　物を作るときには、できるだけたくさんの店から材料を集めるのがいいと思います。
ウ　作る人が、自分の作ったものがどのように使われているのかまで考えているのに驚きました。
エ　職人が長い時間をかけてものの作り方を身につけてきたことに気づかされました。
オ　せっかく物を作ったのなら、多くの人に知らせるようにするのがおもしろいと考えました。

問七　二か所ある[C]に共通して入る適切な語を書きなさい。

問八　――⑥『消費者』へと座を移していった」とはどういうことですか。最も適切なものを次から選びなさい。
ア　消費に気を取られて作ることを考えず、自然の恵みに目を向けない暮らしをするようになった。
イ　自分の欲望のままに消費するので、作っている他者への配慮《はいりょ》に欠けた暮らしをするようになった。
ウ　作ることを専門家に任せて消費に専念し、自分の役割のみを考えて生活するようになった。
エ　自分では作れないものも手に入れて消費できる、便利で安楽な暮らしをするようになった。
オ　いつでも消費する一方であるので、作ることの意味を失ったまま生活するようになった。

問九　――⑦「おろか」のここでの意味を次から選びなさい。
ア　いいかげんにして
イ　いうまでもなくて
ウ　ばかばかしくて
エ　とるにたらなくて

問十　――⑧「そんな技の根絶やし状態」とは、どのような状態のことですか。説明しなさい。

問十一　――⑨「『つくる』ことがわたしたちから遠ざかっていった」とありますが、どういうことですか。最も適切なものを次から選びなさい。

部分を削《そ》ぐのかという用途もまたよく頭に入れておく必要がある。

こうした人の繋がり、④物との対話、用途の連なり、それらがあればこそ、わたしたちは、身を寄せられるもの、あるいは拠《よ》りどころとできるものの《たしかさ》に安らうことができる。⑤じぶんが生きる場の広がりを実感するようになるのだ。

ところが、「文明」の進化とともに、人は「つくる」ことの手間を省いて、「つくられた」ものを［C］ほうに、関心を移していった。家や車はもちろん、日用の道具も料理も、作るのではなく［C］ようになった。製造と流通のシステムに「つくる」ことのほとんどを託《たく》すことで、人はホモ・ファーベル(作る人)から⑥「消費者」へと座を移していった。

便利に、快適になった。が、そうしたシステムに漫然《まんぜん》とぶら下がっているうち、「つくる」という、生きる基本となる能力を損《そこ》なってしまった。気がつけば、調理すること、工作することは⑦おろか、排泄《はいせつ》物を処理することも、赤子を取り上げることも、遺体の清拭《せいしき》や埋葬《まいそう》も、みずからの手ではできなくなった。いのちを繋ぐために世代から世代へと伝えられてきた技《わざ》をも損なってしまった。⑧そんな技の根絶やし状態をとことん思い知らされたのは、大震災《しんさい》でシステムが停止もしくは破綻《はたん》したとき、つい6年前のことである。

一方で、「つくる」ことは「ものづくり」へと純化され、「創《つく》る」こととして神棚《かみだな》に上げられていった。匠《たくみ》の技として、道具が工芸品や美術品にまつりあげられる。用いられるはずのものが鑑賞《かんしょう》されるものになった。道具は、用いられるものとして、人びとの繋がり、物たちの連なりに根を生やしていたはずなのに。こうして⑨「つくる」ことがわたしたちから遠ざかっていった。

このことは「つかう」ことの痩《や》せ細りをも招いた。道具は人がじっくり使いこなすものではなくなり、「つかう」はお金を使うことに縮こまっていった。

「つかう」というのは何かを手段として利用するだけのことではない。人は物だけでなく他の人も使うが、それは簒奪《さんだつ》〈家臣が君主の位をうばい取ること〉や搾取《さくしゅ》〈資本家が労働者の利益を不当にしぼり取ること〉ばかりではない。⑩おんぶしてもらったり、もたれさせてもらったりもする。

「つかう」とは「つきあい」からくるもの、つまり「付く」と「合う」の縮約形である。そして、道具を使うとは、道具の構造を受け容《い》れることでそれにじわじわ馴染《なじ》みつつ、みずからの可能性を外へと拡《ひろ》げてゆくことであり、そのかぎりで「仕《つか》う」ことでもある。

さらに「つかう」には「遣《つか》う」の意味もある。人を遣わすとは、だれかをおのれの名代《みょうだい》として送ること。この者の言葉はわたしの言葉と思っていただいてよいと。そういう信頼《しんらい》が「遣う」の核《かく》にある。そういう「つかう」の多層的な意味もまた「つくる」の萎縮とともに失われていったのではないだろうか。冒頭《ぼうとう》にあげた⑪個々人の存在の縮こまりも、おそらくこのことと無関係でない。

(鷲田清一『濃霧の中の方向感覚』)

問一 ——①「身の置きどころがない」とありますが、「身の置きどころ」とはどのような場所ですか。最も適切なものを次から選びなさい。

ア 逃げてかくれられる場所
イ 心や体が落ち着いていられる場所
ウ 存在の基本を見つけられる場所
エ 周りがよく見わたせる場所

問二 ——②「人が『つくる』といういとなみから外れた」とはどういうことですか。最も適切なものを次から選びなさい。

ア 人がつくるという仕事を投げ出してしまう

ウ　運動会で一等賞をとるために、本当はやりたくない練習でも毎日一生懸《けん》命がんばる。

エ　昨日弟におやつをあげてほめられたことがうれしかったので、今日は妹におやつをあげる。

問八　⑧に、子どもの絵について説明する文を入れるとしたら、どのような文が入りますか。二十五字以上三十五字以内で書きなさい。

問九　――⑨「子どものように描く」とありますが、大人と子どもはそれぞれどのように絵を描きますか。説明しなさい。

問十　＝＝A「次の絵」にあたるものを選びなさい。（出題の都合上、一部加工してあります。）

ア
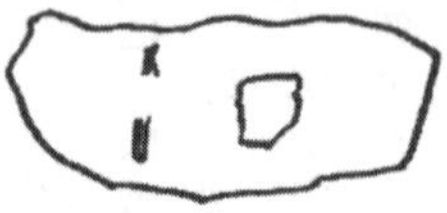

イ

ウ

エ

二　次の文章を読んで後の問いに答えなさい。
わかりにくい言葉は〈　〉内に意味を付記しました。

居場所がない、①身の置きどころがない、ひとりはじき出されている感じがする、まるでじぶんの存在が消え入る点になったみたいに……。そんな心細い思いが、人をしばしば蝕《むしば》む。ずっと長くそんな不安な思いに沈《しず》み込《こ》んだままの人もいる。

存在のこうした萎縮《いしゅく》は、②人が「つくる」といういとなみから外れたところで起こるのではないかと、このところ思いはじめている。

人は生きるために、みなとともに生きのびるために、土を A て米や豆や野菜を作り、それに使う道具を作り、身につける衣装《いしょう》を作り、物を運ぶ車や船を作り、雨風と夜露《よつゆ》をしのぐ家を造ってきた。農作と工作、製作と造作。作ることは、生きることの基盤《きばん》をなすいとなみの一つである。

だから幼稚《ち》園でも小学校でも、子どもにはまず「つくる」ことを教えてきた。料理を作ったり、土を B て何かの形にしたり、木を削《けず》って棒を作ったり、紙で箱を作ったり。くりかえすが、作ることは生きることの基本である。

ここで忘れてならないのは、そういう製作が単独の仕事ではなく、③他人の仕事とのネットワークのなかでなされてきたということである。たとえば包丁一つ作るのでも、鍛冶《かじ》職人、刃付け職人、柄《え》作り職人、そして最後に銘《めい》を切り、柄をつけ、包丁に仕上げる産地問屋《どんや》というふうに、異なる人びとの繋《つな》がりがなくてはどうにもならない。

それにくわえて、いずれの職人も作るにあたって材料となる木や鉄がどのような性質をもっているかを知りつくしていないといけない。刃の当たるまな板の性質も、刃を研《と》ぐ砥石《といし》の性質も熟知していなければならない。さらにそれで野菜を切るのか肉を切るのか、肉でもどのの表現力を大人の理解不足で台無しにしてしまいかねない。

教科書には、「この幼児は、顔という『もの』を描こうとしているのではなく、寝ていたという『こと』を表そうとして様々な工夫をしているのである」と説明がされている。

それでは逆に大人にはこのような絵は描けるだろうか？　大人の絵はつい知識や概念が先行してしまう。もし大人同士が集まって自分の似顔絵を描きましょうということになったら、みな真っ先に鏡を見たり、写真を見たりして、似てるか似てないか、上手く描けるか描けないかということを気にしだすだろう。そういう意識で描かれた絵は、それがいかに自分に似せて描けたとしても所詮《しょせん》はコピー、ニセモノでしかない。

その一方で、この子どもが描いた絵は、似てる似てない、上手い下手という次元を超《こ》えて、ありのままの真実である。ここに大人と子どもの世界の越えられない大きな壁《かべ》がある。

⑨ピカソは「子どものように描くのに一生涯《しょうがい》かかった」と言ったそうだ。ピカソの絵画活動とは、生涯をかけて子どもの世界を取り戻すことだったのかもしれない。

（阿《おか》　純章『「迷子」のすすめ』）

問一　――①とありますが、「ドギマギする」の意味を次から選びなさい。

ア　はじめてのことで照れている
イ　心配でおそれおののいている
ウ　落ち着きを失ってあわてている
エ　不安と期待で胸が高鳴っている

問二　――②「何か」とありますが、それは何ですか。文中の語を用いて十五字以上二十字以内で答えなさい。

問三　――③「目をまん丸にして」とありますが、このときの女の子についての説明として最も適切なものを次から選びなさい。

ア　あまりの楽しさにいきいきしている
イ　あまりの美しさに驚いている
ウ　あまりの不思議さに用心している
エ　あまりの騒がしさに緊張している
オ　あまりの珍しさに見入っている

問四　［④］に二字の熟語を入れなさい。

問五　――⑤「どちらのほうが音楽の楽しみを知っているだろう？」とありますが、子どもはどのように音楽を楽しみますか。子どもの音楽の楽しみ方を二種類、それぞれ本文中の具体例をあげて説明しなさい。

問六　――⑥とありますが、「頭がカラッポになる」とはどういうことですか。最も適切なものを次から選びなさい。

ア　子どもの遊び方にあまり慣れていないので、体が疲《つか》れて気も抜《ぬ》けてしまう。
イ　子どもが実に楽しそうに遊ぶので、自分がつまらなく思えて情けなくなる。
ウ　子どもの遊び方が本当に自由なので、驚いて何のアイデアも浮かばなくなる。
エ　子どもがとても夢中になって遊ぶので、日々の心配事を忘れてしまう。

問七　――⑦とありますが、「『いまここ』を生きる子ども」の様子として、最も適切なものを次から選びなさい。

ア　明日素敵なペンを買ってもらうのを待てずに、棒きれでもよいので今地面に絵を描きたがる。
イ　大人になったらとても忙《いそが》しくなるので、今のうちに心ゆくまで遊んでおこうとする。

を知っているだろう？　子どもは文字通り「音」を「楽」しむという音楽の本質を理解しているのだ。

（中略）

登園する前の私は、「今日はあれやんなきゃ、これやんなきゃ」と積み重なった仕事が心配で憂鬱《ゆううつ》な気分になることもあるが、⑥子どもたちと遊ぶだけで頭がカラッポになり、自宅に戻《もど》るときには「なんにも……」といった心境になる。すると、なんだか無条件に人生が満たされているような気分になるから不思議だ。

どうやって計測したか知らないが、幼児期の子どもは一日に平均三○○回笑うらしい。それに対して大人は一日に平均一五回だという。ちなみに私はこれを書いている本日午後三時の時点でまだ一回だけ……。平均値まであと一四回かと思うと、ますます笑えなくなる。

それはともかく、三○○対一五というのが子どもと大人の世界を分ける差だ。この大きな開きは一体何だろう。大人の世界はそんなにも楽しみが少ないのだろうか。それとも大人になると感受性が鈍《にぶ》くなるのか。

いや、大人だって子ども以上に人生の楽しみはあるし、感受性だって枯《か》れてはいない。むしろ子ども以上に人生を深く味わって生きているじゃないか。でも、笑う回数となると、確かに大敗を認めざるを得ない。

その差の理由はいろいろ考えられるのかもしれないが、⑦一番大きな理由は、「いまここ」を生きる子どもと「いまここ」に生きられない大人の差からくるのだろう。幼児心理学では、子どもには時間という概念《がいねん》が希薄《きはく》で、常に「今」だけを生きていると言われている。確かに自分の子どもの頃《ころ》を思い出すと、過去や未来を考えず、とにかく一日が永遠のように長く感じられた。だから笑う時には他のことは一切考えず、今楽しければ今笑う。

ところが、大人になるにつれて思考力が身につくと、「次はこれしなきゃ」「こうしてはいられない」と時間にとらわれて、今必要ではない別のことをあれこれ考えて深刻になってしまう。身体は「いまここ」にあっても、頭の中は先のことばかり。楽しいことがあっても笑えなくなってしまう。

（中略）

Ａ次の絵をご覧いただきたい。私が幼稚園教員免許《めんきょ》を取得するために学んだ教科書に載《の》っていたものだ。今でも子どもと接するときには、常に念頭に置いている座右の書ならぬ、座右の絵になっている。

一体どんな絵かと言うと、ある幼稚園で三歳《さい》の子どもが書いた自画像だという。もし皆さんのご家庭に三歳の子供がいたとして、「これボクだよ」「ワタシだよ」と持ってきたらどんな反応を示すだろうか。

表面上は「うまく描《か》けたね」と言うかもしれないが、内心は、「なぜ白目なの？」「顔はもっと丸いでしょ」「はやく絵画教室に通わせなきゃ」などと思うかもしれない。

でも、担任の先生は、この子どもは何を伝えようとしているのかと思い、直接尋《たず》ねてみたところ、「ぼく、おひるねしたよ」という思いがけない言葉が返ってきたという。つまり、昼寝《ね》をしているのだから、当然、目の玉はなくていいのである。さらにこの子どもは、「寝ているときは横向きになっているよ」と言ったそうだ。それだから体が横に伸《の》びている。そしてまた「寝ているときはおしゃべりしないから口を閉じてるよ」「口は閉じていても鼻でちゃんと息をしてるから大丈夫だよ」と事細かく説明してくれたそうだ。

そう言われれば、一見稚拙《ちせつ》に見えるこの絵も、［　⑧　］様子をありありと描いた絵に見えてくる。もし大人の立場から「こう描きなさい」などと指導したら、いかに的外れなことだろうか。せっかく

二〇二〇年度 女子学院中学校

【国語】（四〇分）〈満点：一〇〇点〉

句読点は字数に入れること。

一 次の文章を読んで後の問いに答えなさい。筆者は幼稚《ち》園の園長です。

子どもの世界にいると、いつも驚《おどろ》きや発見でいっぱいだ。私が幼稚園に入園、いや就《しゅう》任した入園式の時、こんなことがあった。年少児は初めての幼稚園に慣れず、そこら中で「ママー！」とか「やだー！」という叫《さけ》び声や泣き声が聞こえていた。そういう私自身も園児たちとの触《ふ》れ合いはほぼ初めてで内心はどう接してよいか①ドギマギしていた。

そんな時、入園したばかりの女の子が②何かを拾って私のところに駆《か》け寄り、③目をまん丸にして「これ、何？」といって見せてくれた。

それは一枚の桜の花びらだった。園庭の桜が満開だったので、花びらが落ちていても珍《めずら》しくもないと思ったが、その子があまりに目を輝《かがや》かせて驚いているので、「きれい、なんだろね」と一緒《しょ》に驚いていると、他の園児たちも集まってきて、「きれいな色！」「かわいい！」などと騒《さわ》ぎはじめた。なかには「これは桜の花びらだよ」と分かっている子もいたが、はじめて桜の花びらを見る子どもにとっては、きっと宝物でも見つけたような気分だったのだろう。すると桜の花びらを持ってきてくれた子が、「これすごくきれいだから先生にあげるね」と言って、私にプレゼントしてくれたのだ。

桜の花は確かに美しいが、毎年当たり前に咲くと思っている大人の見方と、初めてその美しさを発見する子どもとで、その美しさはどう違《ちが》って見えるのだろう。

また、こんなこともあった。ある時、数人の園児が私の耳元に何かを持ってきて、「先生、ほら」と、カサカサと音をたてたのである。何かと思ったら、葉っぱや小枝をクルクルと回し、耳元でその音を聞いてケラケラと笑っているのだ。

大人である私なら、葉っぱは葉っぱ、枝は枝にしか見えないが、子どもはそれを一瞬《しゅん》にして　④　にしてしまう。

またある時、園庭の真ん中で園児が一人でピョンピョンと飛び跳《は》ねていた。それも時折リズムが違うので不思議に思っていたら、幼稚園近くの建築中の家から聞こえてくるトンカチの「トン・ト・ト・トーン……」という音にあわせて飛び跳ねていたのである。

子どもが音楽を聴《き》く時は、決して耳だけでは聴いていないのである。音に合わせて跳ねるかもしれない。奇声《きせい》を発するかもしれない。手足をバタバタさせて地べたに転がるかもしれない。頭のてっぺんから足のつま先まで、全身で自由に表現する。聴いた音を聴いたままに受け入れる。全身が音楽になりきってしまうのである。だから音楽の上手《うま》い下手もない。

大人の場合、音楽というのは、先《ま》ずそれが誰《だれ》の演奏か、何の楽器を使っているのか、技術はどうか、今流行《はや》っているのか、などの知識的な理解から入ろうとするが、子どもはそんなことは一切気にしない。彼らにとって音楽とは、大人がつくった既成《きせい》の楽器を演奏したり、童《どう》謡《よう》を歌ったりするだけではなく、身の周りで奏《かな》でられる音すべてが音楽であり、大人の音楽世界よりもずっとスケールが大きい。子どもの音楽世界は宇宙そのものであるといっても大げさではないように思う。

坐《すわ》って腕《うで》組みしながら聴いて、隣席《りんせき》の人が拍手《はくしゅ》したのを見てあわてて拍手をするような大人と比べたら、⑤どちらのほうが音楽の楽しみ

2020年度
女子学院中学校 ▶解説と解答

算 数 (40分) ＜満点：100点＞

解 答

1 (1) $\frac{19}{64}$ (2) 40.5cm^2 (3) **角㋐**…75度，**角㋑**…14度 (4) 65円 (5) 9月23日 (6) ㋐ ○ ㋑ × ㋒ ○ ㋓ ○ ㋔ × **2** (1) $3\frac{9}{17}$cm (2) 12.6cm **3** (1) 素数 (2) 積，1 (3) 円周，直径 **4** **ア** 40.71 **イ** 32.87 **ウ** 13.71 **5** (1) 4個，44 (2) ***A*** 9 ***G*** 13 (3) **一番大きい数**…17，**一番小さい数**…5 **6** (1) **姉**…毎分45m，**妹**…毎分35m (2) 9時52分，10分40秒，9時58分

解 説

1 逆算，面積，角度，割合，周期算

(1) $20\div\left\{\left(\square+\frac{5}{16}\right)\div0.325\right\}-6\frac{2}{3}=4$ より，$20\div\left\{\left(\square+\frac{5}{16}\right)\div0.325\right\}=4+6\frac{2}{3}=10\frac{2}{3}=\frac{32}{3}$，$\left(\square+\frac{5}{16}\right)\div0.325=20\div\frac{32}{3}=20\times\frac{3}{32}=\frac{15}{8}$，$\square+\frac{5}{16}=\frac{15}{8}\times0.325=\frac{15}{8}\times\frac{13}{40}=\frac{39}{64}$ よって，$\square=\frac{39}{64}-\frac{5}{16}=\frac{39}{64}-\frac{20}{64}=\frac{19}{64}$

(2) 右の図1のように，ひし形ABCDで，底辺をADとしたときの高さをBEとすると，角EAB＝180－150＝30(度)なので，角ABE＝180－(30＋90)＝60(度)となる。よって，三角形ABEは1辺が9cmの正三角形を二等分した直角三角形だから，BE＝9÷2＝4.5(cm)とわかる。したがって，ひし形ABCDの面積は，9×4.5＝40.5(cm^2)と求められる。

図1

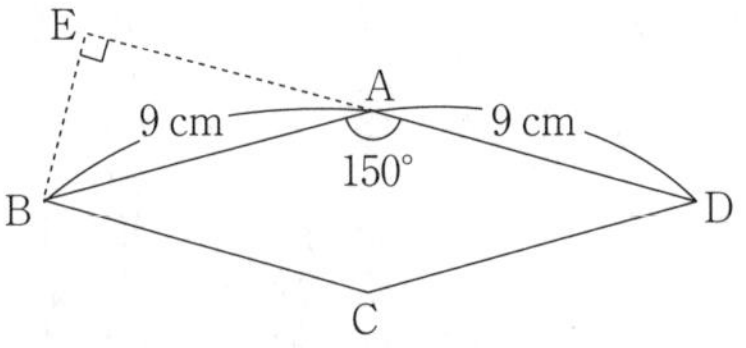

図2

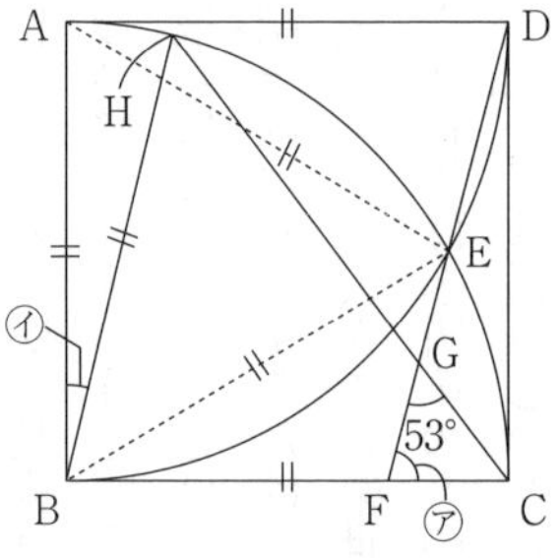

(3) 右上の図2で，同じ印をつけた辺の長さはすべて等しいので，三角形ABEは正三角形であり，角BAE＝60度となる。よって，角EAD＝90－60＝30(度)で，三角形AEDは，AE＝ADの二等辺三角形だから，角ADE＝(180－30)÷2＝75(度)となる。また，ADとBCは平行で，平行線のさっ角は等しいから，角㋐＝角ADE＝75度とわかる。次に，三角形GFCで，角GCF＝180－(53＋75)＝52(度)であり，三角形HBCは，HB＝BCの二等辺三角形だから，角HBC＝180－52×2＝76(度)となる。したがって，角㋑＝90－76＝14(度)と求められる。

(4) ジャガイモ1個の値段を1とすると，4個入り1袋《ふくろ》の値段は，1×4×(1－0.1)＝3.6である。これがニンジン3本の値段と同じだから，ニンジン1本の値段は，3.6÷3＝1.2と表せる。よって，ジャガイモを2個と1袋，ニンジンを5本買うと，1×2＋3.6＋1.2×5＝11.6となり，これが

754円にあたるから，1にあたる値段，つまり，ジャガイモ1個の値段は，754÷11.6＝65(円)と求められる。

(5) Aさんは，1＋1＝2(日)ごと，Bさんは，2＋1＝3(日)ごと，Cさんは，3＋1＝4(日)ごとに活動するので，3人が一緒《いっしょ》に活動するのは，2，3，4の最小公倍数の12日ごとである。また，土曜日は7日ごとにくるから，7月1日の次に，3人が土曜日に一緒に活動するのは，12と7の最小公倍数の，12×7＝84(日後)とわかる。よって，7月は31日，8月は31日まであるから，7月1日の84日後は，1＋84－(31＋31)＝23より，9月23日である。

(6) 右の図3で，AEとGHは平行であり，平行線のさっ角は等しいので，角㋒＝角FGH＝46度となる。よって，三角形AEFで，角㋑＝180－(90＋46)＝44(度)だから，角㋐＝90－44＝46(度)とわかる。さらに，ABとICは平行なので，角㋓＝角㋐＝46度となり，三角形ICHで，角㋔＝180－(90＋46)＝44(度)と求められる。したがって，46度である角は，㋐，㋒，㋓となる。

図3

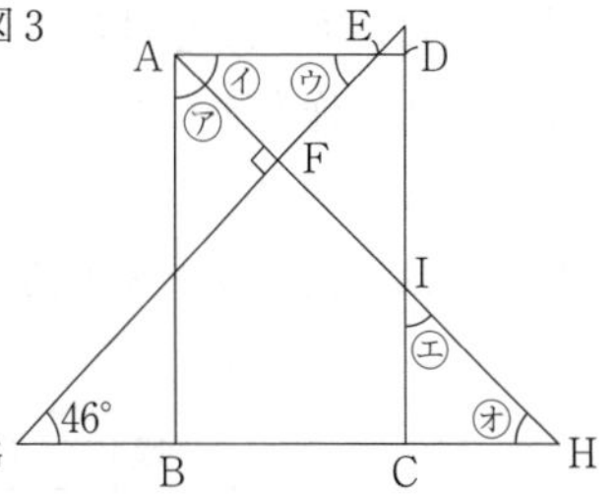

2 平面図形―相似，長さ

(1) 右の図で，三角形AQBと三角形PQCは相似なので，AB：QB＝PC：QC＝5：12となり，AB＝BCだから，BC：QB＝5：12とわかる。よって，BCの長さ，つまり，ABの長さは，$12\times\frac{5}{5+12}=\frac{60}{17}=3\frac{9}{17}$(cm)と求められる。

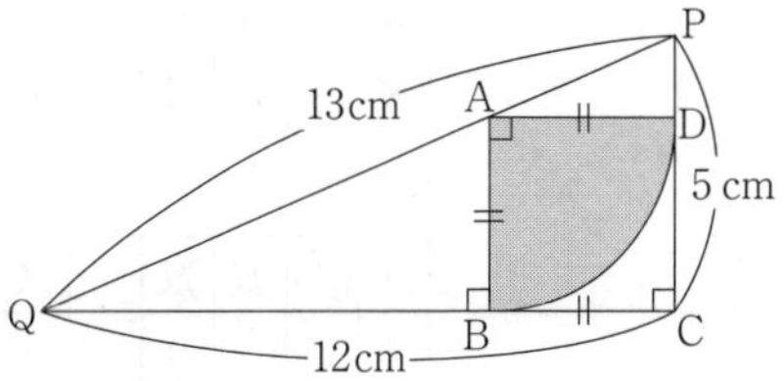

(2) 影《かげ》をつけた部分の周のうち，AB，ADの長さはそれぞれ$\frac{60}{17}$cmで，曲線部分の長さは，$\frac{60}{17}\times2\times3.14\times\frac{1}{4}$(cm)だから，周の長さは，$\frac{60}{17}\times2+\frac{60}{17}\times2\times3.14\times\frac{1}{4}=\frac{60}{17}\times\left(2+2\times3.14\times\frac{1}{4}\right)=\frac{60}{17}\times(2+1.57)=\frac{60}{17}\times\frac{357}{100}=\frac{63}{5}=12.6$(cm)と求められる。

3 数の性質，長さ

(1) 1以外の整数で，1とその数自身しか約数がない数を素数という。素数は小さい順に，2，3，5，7，11，…となる。

(2) 2つの数の積が1となるとき，一方の数を他方の数の逆数という。分数の場合，逆数は分母と分子を入れかえた数になる。

(3) (円周率)＝(円周)÷(直径)より，円周率とは，円周が直径の何倍になっているかを表す。

4 グラフ―図形上の点の移動，長さ，速さ

右のグラフのウは，点Pが1→2→3→4と進んだ道のりを表す。1→2の道のりは6 cm，2→3の道のりは3 cmで，3→4の道のりは，$3\times2\times3.14\times\frac{1}{4}=4.71$(cm)だから，ウは，6＋3＋4.71＝13.71(cm)である。また，4→5→6→7→8→9→1と進んだ道のりは，6＋3＋6＋3＋6＋3＝27(cm)なので，アは，13.71＋27＝40.71(cm)となる。さらに，6 cmの辺と3 cmの辺では，長さの比が，6：3＝2：1で，辺上の速さの比も2：1だから，辺を進むのにかかる時間は同じになる。グラフより，16.71－9.21＝7.5(秒)

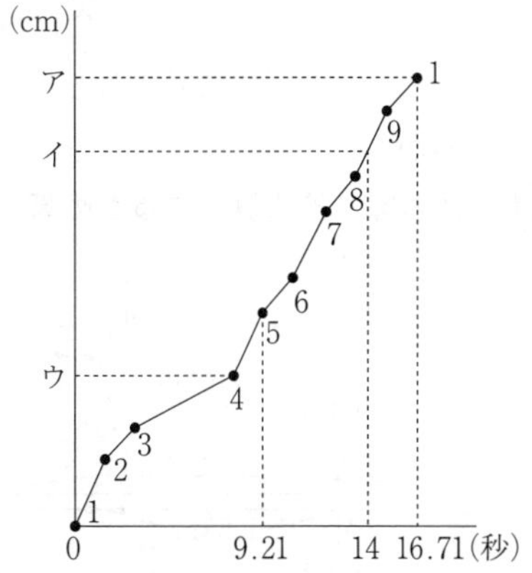

で辺５本分を進むので，辺１本を進むのにかかる時間は，7.5÷５＝1.5(秒)とわかる。よって，点Ｐが頂点８にくるのは，9.21＋1.5×３＝13.71(秒後)であり，頂点８と９を結ぶ辺の長さは６cmだから，この辺上を点Ｐが動く速さは毎秒，６÷1.5＝４(cm)である。したがって，点Ｐは，13.71秒後から14秒後までに，４×(14－13.71)＝４×0.29＝1.16(cm)進むので，イは，13.71＋６＋３＋６＋３＋1.16＝32.87(cm)と求められる。

5 条件の整理

⑴　たとえば，*A*，２行目の15，３行目の９の順に○をつけると，下の図１のようになり，最後に残った11にも○をつけるので，○のついた数は４個になる。これ以外の場合でも同様になるので，①から③の作業をした後，○のついた数は全部で４個ある。また，下の図２のように，12，２行目の９，８の順に○をつけると，最後は４行目の15に○をつけることになる。このときの○のついた数の和は，12＋９＋８＋15＝44だから，○のついた数の和はいつでも44となる。

図１

Ⓐ	~~12~~	~~C~~	~~D~~
~~E~~	15	G	9
~~8~~	J	9	L
~~M~~	N	15	11

→

Ⓐ	~~12~~	~~C~~	~~D~~
~~E~~	⑮	~~G~~	~~9~~
~~8~~	~~J~~	9	L
~~M~~	~~N~~	15	11

→

Ⓐ	~~12~~	~~C~~	~~D~~
~~E~~	⑮	~~G~~	~~9~~
~~8~~	~~J~~	⑨	~~L~~
~~M~~	~~N~~	~~15~~	11

→

Ⓐ	~~12~~	~~C~~	~~D~~
~~E~~	⑮	~~G~~	~~9~~
~~8~~	~~J~~	⑨	~~L~~
~~M~~	~~N~~	~~15~~	⑪

図２

~~A~~	⑫	~~C~~	~~D~~
E	~~15~~	G	9
8	~~J~~	9	L
M	~~N~~	15	11

→

~~A~~	⑫	~~C~~	~~D~~
~~E~~	~~15~~	~~G~~	⑨
8	~~J~~	9	~~L~~
M	~~N~~	15	~~11~~

→

~~A~~	⑫	~~C~~	~~D~~
~~E~~	~~15~~	~~G~~	⑨
⑧	~~J~~	~~9~~	~~L~~
~~M~~	~~N~~	15	~~11~~

→

~~A~~	⑫	~~C~~	~~D~~
~~E~~	~~15~~	~~G~~	⑨
⑧	~~J~~	~~9~~	~~L~~
~~M~~	~~N~~	⑮	~~11~~

⑵　図１より，*A*＋15＋９＋11＝44になるから，*A*＝44－(15＋９＋11)＝９とわかる。また，下の図３のように，*G*，12，８の順に○をつけると，最後は11に○をつけることになる。よって，*G*＋12＋８＋11＝44だから，*G*＝44－(12＋８＋11)＝13とわかる。

図３

A	12	~~C~~	D
~~E~~	~~15~~	Ⓖ	~~9~~
8	J	~~9~~	L
M	N	~~15~~	11

→

~~A~~	⑫	~~C~~	~~D~~
~~E~~	~~15~~	Ⓖ	~~9~~
8	~~J~~	~~9~~	L
M	~~N~~	~~15~~	11

→

~~A~~	⑫	~~C~~	~~D~~
~~E~~	~~15~~	Ⓖ	~~9~~
⑧	~~J~~	~~9~~	~~L~~
~~M~~	~~N~~	~~15~~	11

→

~~A~~	⑫	~~C~~	~~D~~
~~E~~	~~15~~	Ⓖ	~~9~~
⑧	~~J~~	~~9~~	~~L~~
~~M~~	~~N~~	~~15~~	⑪

図４

9	12	10	6
12	15	13	9
8	11	9	5
14	17	15	11

⑶　⑴，⑵と同様に考えると，上の図４のようになるので，一番大きい数は17，一番小さい数は５とわかる。

6 流水算，旅人算，つるかめ算

図１

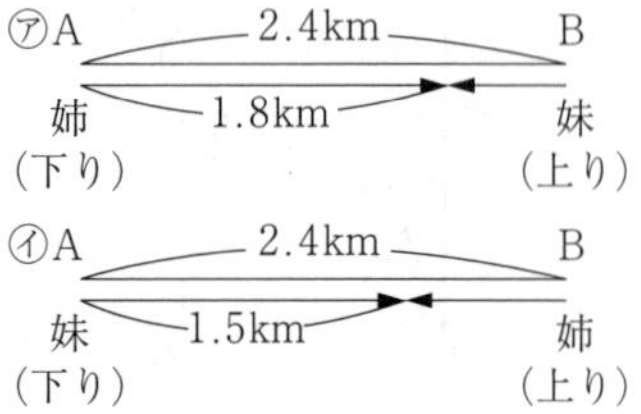

図２

姉(下り)：妹(上り)　　姉(下り)：妹(上り)
３　：　１　⇒　６　：　２
和４　×２　和８
姉(上り)：妹(下り)　　姉(上り)：妹(下り)
３　：　５　⇒　３　：　５
和８　　和８

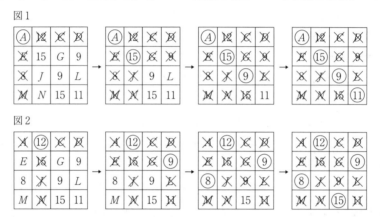

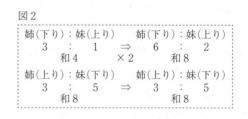

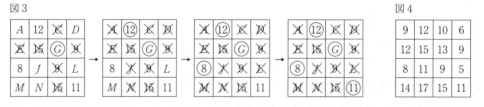

(1)　上の図1の㋐より，(姉の下りの速さ)：(妹の上りの速さ)＝1.8：(2.4－1.8)＝1.8：0.6＝3：1，㋑より，(姉の上りの速さ)：(妹の下りの速さ)＝(2.4－1.5)：1.5＝0.9：1.5＝3：5とわかる。また，(姉の下りの速さ)＋(妹の上りの速さ)＝{(姉の静水での速さ)＋(川の流れの速さ)}＋{(妹の静水での速さ)－(川の流れの速さ)}＝(姉の静水での速さ)＋(妹の静水での速さ)となる。同様に，(姉の上りの速さ)＋(妹の下りの速さ)＝(姉の静水での速さ)＋(妹の静水での速さ)である。つまり，(姉の下りの速さ)＋(妹の上りの速さ)と，(姉の上りの速さ)＋(妹の下りの速さ)が等しいので，3：1と3：5の比の和をそろえると，上の図2のようになる。そろえた比で，姉の下りの速さと上りの速さの差の，6－3＝3が，川の流れの速さの2倍で，毎分，15×2＝30(m)にあたるから，比の1にあたる速さは毎分，30÷3＝10(m)とわかる。よって，姉と妹の上りの速さはそれぞれ毎分，10×3＝30(m)，10×2＝20(m)となるので，姉と妹の静水での速さはそれぞれ毎分，30＋15＝45(m)，20＋15＝35(m)と求められる。

(2)　姉の下りの速さは毎分，45＋15＝60(m)で，妹の下りの速さは毎分，35＋15＝50(m)である。また，姉がA地点に着くのは，8時10分の，2400÷30＝80(分後)で，8時10分＋80分＝9時30分，妹がB地点に着くのは8時10分の，2400÷50＝48(分後)で，8時10分＋48分＝8時58分となる。よって，2人の進んだ様子は右の図3のようになる。妹はB地点から，9時30分－8時58分＝32(分間)で，20×32＝640(m)進むので，9時30分の2人の間の距離《きょり》は，2400－640＝1760(m)である。この後，予定通りに進むと，2人は毎分，60＋20＝80(m)の割合で近づくから，1760÷80＝22(分後)に出会う。つまり，2人が2回目に出会うはずだった時刻は，9時30分＋22分＝9時52分とわかる。次に，実際に2人が2回目に出会ったのはA地点から1.2km(1200m)の地点であり，妹がB地点を出発してから，(2400－1200)÷20＝60(分後)なので，8時58分＋60分＝9時58分とわかる。よって，姉はA地点を出発してから妹と2回目に出会うまで，9時58分－9時30分＝28(分間)で1200m進んだことになる。毎分60mの速さで28分進むと，実際よりも，60×28－1200＝480(m)多く進むことになり，毎分60mから毎分15mの速さに1分間変えると，進む距離は，60－15＝45(m)減るから，毎分15mの速さで進んだ時間，つまり，川の流れだけで進んだ時間は，480÷45＝$10\frac{2}{3}$(分)と求められる。これは，$\frac{2}{3}$分＝60×$\frac{2}{3}$＝40(秒)より，10分40秒となる。

図3

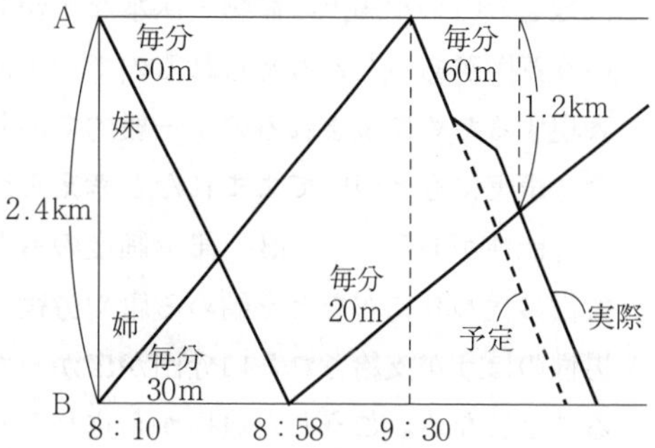

社　会　(40分)　＜満点：100点＞

解　答

I　**問1**　(1)　エ　(2)　(例)　和歌は事実を記録するためによまれるものではなく，よんだ人の心情や主観が強く反映されるから。　(3)　ウ　(4)　ア，ウ　**問2**　オ→エ→イ→ア→ウ　**問3**　(1)　ア，オ　(2)　イ，エ　**問4**　ウ　**問5**　ウ　**問6**　(1)　ウ　(2)　エ　(3)　ア　**II**　**問1**　(1)　ア，カ　(2)　(例)　雪が積もっても，道を通行できるようにするため。

(3) **北陸**…イ　**九州・沖縄**…ウ　**問2**　イ，カ　**問3**　(1)　ウ→イ→ア→エ　(2)　イ　**問4**　ア　**問5**　イ　**問6**　(1)　ひきゃく　(2)（例）空襲で一家が離散したり，子どもが農村に疎開したりしたから。(政府を批判する内容のものが，検閲によって差し止められたから。)　**問7**　ウ　**問8**　ウ，エ　**問9**　(1)（例）百貨店の経営／住宅地の開発(レジャー施設の開発)　(2)（例）鉄道の利用客を増やすことで，利益を上げようと考えたから。
問10　総務(省)　**問11**　イ　**問12**　イ→オ→ウ→エ→ア　**Ⅲ** **問1**　エ　**問2**　イ，カ　**問3**　イ　**問4**　ウ　**問5**　エ，カ　**問6**（例）輸送(費)　**問7**　ウ　**問8**　エ　**問9**　世界貿易機関(WTO)　**問10**　ア　**問11**　ウ，オ

解説

Ⅰ 古代から近世までの輸送を題材とした問題

問1　(1)『風土記』は元明天皇が713年，諸国に命じて編さんさせた地理書である。『風土記』には地名の由来や郷土の産物・伝承などが記されたが，これには朝廷が地域のようすを把握《はあく》しようという意図があったと考えられるので，エが正しい。　(2)　和歌は事実を記録するよりも，心情を表現するためによまれるのが一般的であり，書かれた内容が事実であると断定するのは難しい。また，事実にもとづいてよまれたと考えられるものであっても，よんだ人の主観が強く反映されている可能性がある。　(3)　律令制度のもとで農民に課された税のうち，地方の特産物を納める調，労役の代わりに布などを納める庸《よう》や労役，兵役は，成人男性のみに課された。また，女性に比べて男性のほうが支給される口分田が広かったため，稲を納める税である租も，男性のほうが多く納めることになる。こうした負担から逃《のが》れるため，平安時代には男性が生まれても女性といつわって届け出る偽籍《ぎせき》が増えていった。よって，ウが正しい。　(4)　国司は中央から地方の国ごとに派遣され，中央政府の監督のもとで地方行政にたずさわっていたが，平安時代には徴税《ちょうぜい》がおもな任務となった。また，国司は徴税を請け負う代わりにその国の統治を任され，大きな権力を手にした。国司は大きな利益を得られたため，希望の任地に任命されるよう有力貴族にみつぎ物をする者や，みずからは都に残り，代わりの者を派遣して利益を納めさせる者もいた。よって，アとウが正しい。

問2　アは1467～77年，イは1274年の文永の役と1281年の弘安の役の二度，ウは1560年，エは1221年，オは1185年のできごとなので，古い順にオ→エ→イ→ア→ウとなる。

問3　(1)　ア　鎌倉時代には，米の裏作に麦などを作付ける二毛作が西日本で始まり，室町時代には全国に広まった。よって，正しい。　イ　座は室町時代に発達した商工業者の同業組合で，特権を得て利益を独占したため，座に所属していない商工業者は自由な活動ができなかった。
ウ　備中ぐわが広く使われるようになったのは，江戸時代のことである。　エ　銀閣寺(慈照《じしょう》寺)は，室町幕府の第8代将軍足利義政によって建てられた。　オ　豊作を祈って田植えのときにおどられた田楽は，都でも娯楽《ごらく》として楽しまれるようになり，室町時代には猿楽などの芸能と集大成されて能や狂言へと発展した。よって，正しい。　(2)　馬を用いた運送業者は馬借とよばれ，しばしば一揆《いっき》の中心となった。これは，さまざまな地域を移動して人々とのつながりをつくることで，多くの情報を手に入れたり，集団的な組織力を高めたりできたからである。よって，イが正しい。また，室町時代に戦乱が広がり，幕府の権力が弱くなると，農民が村を自衛する必要性が高まった。こうした風潮のもとで農民や馬借のような庶民《しょみん》も武装するようになっていったと考えられるので，

エも正しい。

問4　江戸時代に整備された五街道は幕府が管理し，2～3里(約8～12km)ごとに宿場(宿駅)が整備された。宿場には武士の泊まる本陣《ほんじん》・脇本陣や庶民の泊まる旅籠《はたご》・木賃宿，運送用の人馬を常備した問屋場が置かれた。宿場の置かれた町が栄えたのは人やものが多く行き交った結果で，宿場を整備した目的ではないので，ウがふさわしくない。

問5　江戸時代，蝦夷《えぞ》地(北海道)には松前藩が置かれ，先住民であるアイヌの人々と交易をしていた。アイヌの人々は稲作をせず，狩猟《しゅりょう》や漁を中心とする生活を送っていたため，米は松前藩から買っていた。よって，ウがまちがっている。

問6　(1)　流氷は1月末から3月ごろにかけて北海道のオホーツク海沿岸に押し寄せ，まれに太平洋に面する釧路《くしろ》でも観測される。8月の気温には影響《えいきょう》しないと考えられるので，ウがふさわしくない。　(2)　牛乳はくさりやすいため輸入するのが難しく，すべて国産である。よって，エがふさわしくない。　(3)　日高山脈の南端にあるのは襟裳《えりも》岬で，宗谷《そうや》岬は北海道の北端にある。よって，アがまちがっている。

Ⅱ　近代の輸送を題材とした問題

問1　(1)　示された地形図には方位記号がないので，地形図の上が北，右が東，下が南，左が西にあたる。中央の川に注目すると，地形図の下に標高13m，中央やや上に標高5mを示す標高点があるので，川は南から北に向かって流れていると判断できる。よって，アはまちがっている。また，「たかだ」駅の南北には，工場(☼)が見られる。よって，カもまちがっている。　(2)　新潟県上越市高田は，冬の降水(雪)量が多い日本海側の気候に属し，豪雪地帯として知られる。そのため，商店のひさしをのばして通りに屋根をかける雁木《がんぎ》を連ね，雪が積もっても店先を通行できるようにしたのである。　(3)　冬の積雪が多い北陸では水田単作が行われているところが多く，農業産出額に占《し》める米の割合が高い。よって，イがあてはまる。九州には鹿児島県や宮崎県など畜産のさかんな県がふくまれるので，農業産出額に占める畜産の割合が高い。よって，九州・沖縄にはウがあてはまる。なお，アには四国，エには東北があてはまる。

問2　鹿児島県南西部にのびる薩摩半島の沿岸部において，リアス海岸は南西部にわずかに見られる程度で，「囲まれている」とはいえない。よって，イはまちがっている。また，九州で最も漁業生産額が多いのは長崎県である。よって，カもまちがっている。

問3　(1)　アは1902年，イは1894年，ウは1886年，エは1920年のできごとなので，古い順にウ→イ→ア→エとなる。　(2)　アメリカは大統領制を取り入れている。大統領は国民の選挙で選ばれ，行政を担当するが，議決機関である連邦議会に対して独立した権限を認められており，国会議員をかねることはできない。よって，イがまちがっている。

問4　国の予算は，原則として前年度に納められた税金を中心に組まれるべきであるが，それだけでは不足する場合，国の借金にあたる国債を発行するなどしてまかなわれる。よって，アがまちがっている。

問5　明治政府は，国営の工場(官営工場)を設立して民間に手本を示し，近代的な機械のしくみや技術を伝えて産業発展をうながそうという殖産興業をおし進めた。よって，イがふさわしくない。

問6　(1)　江戸時代には，かけ足で手紙や荷物を送り届ける飛脚《ひきゃく》が活躍《かつやく》した。飛脚には，幕府公用の継《つぎ》飛脚，諸藩専用の大名飛脚，民間が経営する町飛脚があった。　(2)　戦争が始まると，戦地からの手紙は検閲《けんえつ》にかけられ，内容がチェックされた。そして，政府や軍部にとって都合の悪いこと，軍事機密にかかわることが記されたものは，途中で差し止められた。また，戦局が悪化してアメリカ軍による空襲《くうしゅう》が始まると，空襲で家が焼かれて家族が離散したり，子どもが都会から農村に疎開したりしたため，戦地から送られた手紙が家族の元に届かないことが多くなった。

問７　国際連合は世界の平和と安全を守るために活動する国際機関であり，産業用ロボットの開発のような商業利益を求める活動はしていない。よって，ウがまちがっている。なお，アは世界保健機関（WHO），イは国際原子力機関（IAEA），エは国連食糧農業機関（FAO）が担当している。

問８　ア　『学問のすすめ』は福沢諭吉の著書である。　　イ　1885年に内閣制度がつくられ，最初の内閣総理大臣には伊藤博文が就任した。　　ウ　江戸時代末，大隈重信は第15代将軍徳川慶喜《よしのぶ》に大政奉還をすすめようと試みるなど，新しい時代をつくるために活躍した。　　エ　1882年，大隈重信はイギリス流の議会政治を行うことを主張して，立憲改進党を結成した。

問９　⑴，⑵　広告から，鉄道沿線でハイキングができることや遊園地で遊べること，百貨店や分《ぶん》譲《じょう》中の高級住宅地があることが読み取れる。このように，さまざまな事業を営んで沿線を総合的に開発することは，鉄道の利用客を増やすことにつながり，企業全体の利益が上がるため，民間の鉄道会社は沿線が活性化するような事業を積極的に進めたのである。

問10　総務省は，行政の基本的な制度の管理・運営や地方自治，電波・通信・放送，郵政事業などを担当する国の機関で，2001年に総務庁，自治省，郵政省を統合して発足した。

問11　郵便事業を国が行えば，全国どこでも郵便料金を均一にできる。よって，イがふさわしくない。

問12　アは1964年，イは1925年，エは1953年，オは1941年のできごと。ウの財閥《ざいばつ》の解体は，1945年から順次進められ，1950年前後にほぼ完了した。よって，古い順にイ→オ→ウ→エ→アとなる。

Ⅲ　外国人労働者や外国との貿易についての問題

問１　休日や労働時間などの労働条件は労働基準法で規定されており，雇い主は働く人に少なくとも１週に一日の休日を与えなければならないとしている。週休二日制は日本社会に定着したが，法律で定められたわけではないので，エがまちがっている。

問２　ア　大企業の多くは国際的な企業活動を行っており，多くの労働力を必要とすることも多いので，多くが外国人労働者の受け入れ拡大に反対しているということはない。　　イ　日本では少子高齢化が急速に進行しており，労働力不足は今後さらに深刻な問題となる。外国人労働者の受け入れはその対策の一つとなるので，正しい。　　ウ　最低賃金法という法律にもとづき，日本人でも外国人でも，働く人の最低賃金は都道府県ごとに規定されており，金額に差はない。　　エ，オ　2019年４月から改正出入国管理法が施行され，介護や建設などの14業種で外国人労働者の受け入れ枠《わく》が大きく拡大された。しかし，これによって日本で働く人が家族を帯同するためには，一定の条件を満たすことが必要となる。　　カ　1993年に「外国人技能実習制度」が設けられ，労働者としての外国人を受け入れる制度が整備されたときには，日本で学んだ技能を母国に持ち帰り，母国を発展させてほしいという目的があった。よって，正しい。

問３　日本の選挙権の条件には「日本国籍を持つこと」がふくまれているので，日本に在留する外国人には，日本国籍を取得しない限り選挙権が認められない。よって，イが選べる。ただし，一部の地方自治体では，住民投票への在留外国人の投票権を認めているところがある。

問4　輸入制限は，おもに自国の産業を守る目的で行われるが，こうした保護主義的な動きはそれまでの貿易のバランスを崩《くず》すことになるため，貿易摩擦《まさつ》を引き起こす。よって，ウがあてはまる。

問5　自動車を海外で現地生産するのであれば，部品の多くも現地で調達したほうが効率がよくなる。また，海外で現地生産された自動車が日本へ逆輸入されることもある。よって，エとカの2つがまちがっている。

問6　自動車だけでなく，商品には原則として生産地から消費者の手に渡るまでの輸送費がかかる。また，示された「土地の利用料」のほかに，店舗《てんぽ》や工場，在庫をかかえる場合には倉庫などの施設を，それぞれ管理・維持するための費用も必要になる。こうしたさまざまな経費に，生産・卸売・小売といった過程におけるそれぞれの利益が加算されて，ものの価格が決定される。

問7　輸入食品の安全基準を引き上げて基準をより厳しくすることは，輸入制限をすることになるので，自由貿易の推進には逆行する。

問8　イランは西アジア地域にある国で，日本は比較《ひかく》的良好な関係を保っているが，アメリカと緊張状態にあることなどから，自由貿易協定(FTA)の調印にはいたっていない。

問9　世界貿易機関(WTO)は，関税などの貿易障壁《しょうへき》をなくし，自由貿易を推進するために活動する国際機関で，関税および貿易に関する一般協定(GATT)を発展的に解消し，1995年に発足した。

問10　日本で1500円で売られている商品は，外国為替《かわせ》レートが1ドル150円のときは10ドルだが，これが1ドル100円になると15ドルになるので，5ドル上がることになる。

問11　外国為替レートが1ドル100円から1ドル80円になるということは，円の価値が上がったため，1ドルと交換できる円が少なくてすむということである。これが円高(ドル安)で，外国人にとっては手持ちのドルと交換できる円が少なくなるため，日本への旅行はしにくくなる。また，日本の物価水準が世界の国々の中で低いということはない。よって，ウとオの2つが正しくない。

理科　(40分)＜満点：100点＞

解答

Ⅰ　**1**　ウ　**2**　B，D　**3**　(例)　試験管内の液体の量　**4**　ア　**5**　(例)　高温に20分さらすと，そのあと適温までもどしても，だ液はでんぷんを消化できなくなる。　**6**　ア／**理由**…(例)　発芽には空気(酸素)が必要となるから。　**7**　ア，ウ　Ⅱ　**1**　(1)　ウ　(2)　①　X　②　冬至　(3)　D，H，I　(4)　①　ア　②　オ　③　ア　④　エ　⑤　ア　⑥　カ　(5)　イ　(6)　①　**方角**…北　**向き**…イ　②　右の図1　③　右の図2　**2**　(1)　イ　(2)　(例)　日食が起こり，太陽光が月にじゃまされ届きにくくなったため。

図1

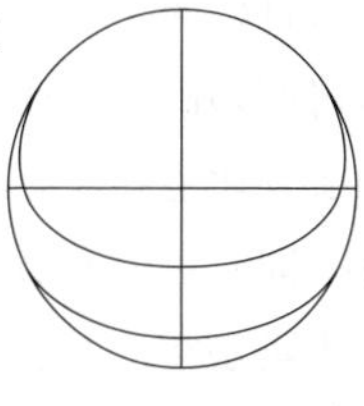

図2

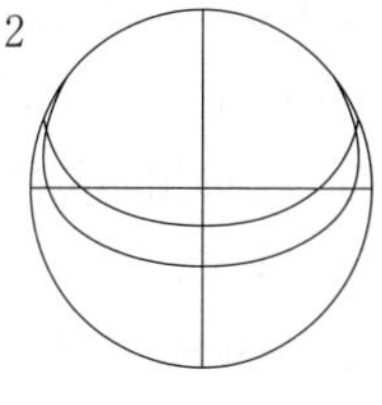

Ⅲ　**1**　(1)　ウ　(2)　エ　(3)　(例)　出てくる固体が白色なので，黒色だと見やすいから。　(4)　ア，エ　(5)　22.74 g　(6)　②　エ　③　ア　(7)　ウ　**2**　(1)　**食塩**…A　**石灰石**…D　**ろう**…C　(2)　水素　(3)　エ　Ⅳ　**1**　①　8.0cm　②　60 g　③　120 g　④　240 g　**2**

グラフ2　**ア**　C　**イ**　A　**ウ**　B　**グラフ3**　**ア**　B　**イ**　A　**ウ**　C　**3**　15g　**4**　C，A，B　**5**　①　24.0cm　②　21.0cm　③　18.0cm　**6**　9.0cm　**7**　(1)　**長さ**…18.0cm，**重さ**…240g　(2)　左　(3)　3：2　**8**　**長さ**…21.0cm，**重さ**…330g

解　説

Ⅰ　だ液のはたらき，種の発芽についての問題

1　でんぷんは，低温の水やエタノールには溶《と》けないが，熱い湯には溶ける。

2　ヨウ素液の反応が見られなかったBとDでは，でんぷんがなくなっているので，でんぷんの消化が起きている。

3　実験の条件が2つ以上異なると，得られた実験結果が異なったときに，どの条件が原因なのかが判断できない。そのため，調べようとすることがら以外の条件はそろえる必要がある。ここでは，試験管Bにだ液0.5mLを加えることで，試験管内の液体の量や，それに含《ふく》まれるでんぷんの濃《こ》さが試験管Aと異なってしまうので，試験管Aに水0.5mLを加えてそれらの条件をそろえている。

4　調べたいことがら以外の条件はそろえる必要があるので，ヨウ素液を試験管Aに2滴《てき》入れるのなら，試験管Bにも2滴入れるのがふさわしい。

5　高温に20分さらし，その後40℃に戻《もど》した試験管Cではヨウ素液の反応が見られ，でんぷんが残っていたことから，だ液は一度高温にすると，その後に適温に戻しても，でんぷんを消化するはたらきを失うことがわかる。

6　種の発芽におけるアミラーゼのはたらきを調べる実験なので，発芽に必要な条件をあたえなければならない。発芽には空気(酸素)が必要なので，種が空気を取り入れることができるアのようにするのが適切である。

7　胚《はい》を持つ断片Xをのせた寒天では，置いた断片の周囲まででんぷんが消化されている。これより，切断された種であっても胚があればアミラーゼがはたらき，種の外でもアミラーゼははたらくと考えられる。実験開始3日後の断片X，Yに含まれるでんぷんの量については調べていないので，この実験から明らかにいえることはない。

Ⅱ　太陽の動き，日食についての問題

1　(1)　図2で，太陽の南中高度が最も低いAとFが冬至の日，最も高いDとHが夏至の日となるので，中間のCとGは春分の日，EとJは秋分の日とわかる。よって，「ある日」はEとAの間，つまり秋分の日から冬至の日の間である。　(2)　図2で，A～Eのグラフは緯《い》度の低いX地点のもの，F～Jのグラフは緯度の高いY地点のものである。よって，AはX地点の冬至の日にあたる。(3)　日の出の位置が真東より北寄りになるのは，春分の日～秋分の日の期間であるから，D，H，Iがあてはまる。　(4)　同じ日の太陽の南中高度は，つねに緯度の低いX地点の方が大きい。また，昼の長さは，図1で太陽が空に上がっている間の移動経路の道のりを比べるとよく，春分の日(と秋分の日)はどちらの地点も同じ長さだが，夏至の日には緯度の高いY地点の方が長く，冬至の日には緯度の低いX地点の方が長くなる。　(5)　たとえば，図2でEとIが同じ南中高度といえるが，EはX地点での秋分の日，IはY地点での夏至の日～秋分の日の間にあたる。よって，昼の長さはY地点の方が長い。　(6)　①　太陽は東からのぼると南の空を通って西に沈《しず》むので，アの

方角は北，太陽の移動の向きはイとわかる。　② 日の出・日の入りの位置と南中時の位置を定め，それらを手がかりに曲線をえがくとよい。冬至の日は太陽が真東より南寄りからのぼり，真西より南寄りに沈むこと，南中時の位置は上から見ると南の地平線にかなり近いことが手がかりとなる。　③ 夏至の日の日の出の位置は真東より北寄りとなるが，図1より，Y地点での位置の方がX地点での位置よりさらに北寄りとなる。また，南中時の位置はX地点の方がY地点より天頂(図3でいう円の中心)に近い。

2 (1) 下線部は前日の夜が新月であったことを示している。新月のとき，月は太陽と地球の間にちょうど来ているので，このとき太陽から見ると，地球の手前に月があるイのように見える。

(2) 太陽と地球の間に月が来て一直線上に並ぶと，月の影《かげ》が地球に映り，その影の中の地域からは日食が見られる。日食が起こると，太陽からの光が月によってさえぎられ，地上に届く光が少なくなるため，気温が上がりにくくなる。

Ⅲ ものの溶け方，物質の性質についての問題

1 (1) ろ過を行うさいは，ろ液がなめらかに流れるようにするため，ろうとのとがった先をビーカーの内側のかべにつける。また，ろ紙はろうとからはみ出さないような大きさのものを使う。

(2) 海水は水溶液《すいようえき》とあり，水溶液は透明《とうめい》である。また，水に物質が溶けるとこおる温度は真水のときより下がり，海水は真水よりも温まりやすく冷めやすい。　(3) 最後に白色固体がたまることから，鍋《なべ》の内側が黒色だと出てきた白色固体が確認しやすい。　(4) アについて，それぞれ計算すると，100℃と20℃とで溶ける量の差が最も大きいのは塩化マグネシウム(18.7g)とわかる。イについて，硫酸《りゅうさん》カルシウムは水の温度が低い方が，水に溶ける量が大きくなっている。ウについて，食塩や硫酸カルシウムは水に溶ける量が大きく変化するとはいえない。エについて，食塩と硫酸マグネシウムに着目すると，水に溶ける量は20℃では食塩の方が，100℃では硫酸マグネシウムの方が多くなっており，このことから両者はある温度のときに溶ける量が等しくなると考えられる。オについては表からは判断できないが，0℃の海水(こおっていない)には白色固体が溶けているのだから，正しくないといえる。　(5) 海水1kg(＝1000g)中に溶けている食塩は，1000×0.034×0.78＝26.52(g)である。また，20℃の水10gに溶ける食塩は，37.8×$\frac{10}{100}$＝3.78(g)になる。よって，出てくる食塩は，26.52－3.78＝22.74(g)と求められる。

(6) ② 海水1kg(＝1000g)中に溶けている量を求めると，食塩が26.52g，塩化マグネシウムが3.4g，硫酸マグネシウムが2.04g，硫酸カルシウムが1.36gである。よって，海水1kgを煮《に》詰《つ》めて液量が$\frac{1}{10}$ほどになったとき(100℃の水100gになったと見なして考えればよい)，硫酸カルシウムだけは一部が溶けきれなくなって出てくるので，ここの白色のにごりは硫酸カルシウムといえる。

③ さらに液量が$\frac{1}{2}$ほどになるまで煮詰めたとき(100℃の水50gになったと見なして考えればよい)，塩化マグネシウムと硫酸マグネシウムは溶けきれているが，食塩は溶けきれずに一部が出てくる。なお，硫酸カルシウムも出てくるが，食塩の方がはるかに多い。

(7) 液には白色固体が溶けており，液の濃さは均一である。なお，液は食塩や硫酸カルシウムが溶ける限度まで溶けた状態なので，底にたまった白色固体(主に食塩)が液に再び溶けこむことはなく，よって一時的に底に近い方が濃くなるようなことはない。

2 (1)，(3) 水に溶けるAとBは食塩または水酸化ナトリウムのいずれか，水に溶けることなく沈んだDとEはアルミニウムまたは石灰石のいずれかである。Cはろうで，燃えると二酸化炭素を発

生するから，Ｄは石灰石(うすい塩酸を加えると二酸化炭素を発生する)とわかる。また，二酸化炭素をアルカリ性の水溶液に通したときは，溶けた二酸化炭素が中和に使われるため，水に通すときより多くの量が溶ける。したがって，Ｂは水酸化ナトリウムとわかるから，Ａは食塩である。

(2)　Ｅはアルミニウムで，うすい塩酸を加えると水素を発生しながら溶ける。

Ⅳ　ばねののびについての問題

1　①　おもりの重さが０ｇのときのばねの長さ(自然長)は右の表Ｘのようになるので，一番下から始まるグラフはばねＢ，真ん中から始まるグラフはばねＡ，一番上から始まるグラフはばねＣとわかる。したがって，ばねＡの自然長8.0cmがあてはまる。

表Ｘ

	おもりの重さが０ｇのときのばねの長さ	おもりの重さ30ｇ当たりのばねののび	ばねが１cm当たりのびるのに必要な重さ
ばねＡ	8.0cm	2.0cm	15ｇ
ばねＢ	6.0cm	3.0cm	10ｇ
ばねＣ	12.0cm	1.5cm	20ｇ

②　ばねＡとばねＢの長さが等しくなるのは，おもりの重さが60ｇのとき(長さは12.0cm)である。

③　ばねＢとばねＣの長さが等しくなるのは，おもりの重さが120ｇのとき(長さは18.0cm)とわかる。　④　ばねＡとばねＣの長さが等しくなるときのおもりの重さを求める。表Ｘより，ばねＡとばねＣは自然長の差が，12.0－8.0＝4.0(cm)，おもりの重さ30ｇ当たりのばねののびの差が，2.0－1.5＝0.5(cm)なので，30×4.0÷0.5＝240(ｇ)となる。

2　グラフ２では，ばねが１cm当たりのびるのに必要な重さが重いほど，グラフの傾《かたむ》きが大きくなる。よって，表Ｘより，傾きが最も大きいアはばねＣ，最も小さいウはばねＢとなる。グラフ３で，どのグラフも横軸《よこじく》と平行なのは，どのおもりの重さの場合でも，それに30ｇ増やしたときのばねののびはそれぞれ決まっているからである。したがって，のびが最も大きいアはばねＢ，最も小さいウはばねＣと決まる。

3　表Ｘにあるように，ばねＡを１cmのばすのに必要なおもりのおもさは15ｇである。

4　表Ｘで，おもりの重さ30ｇ当たりのばねののびが小さいものほど，かたいばねである。

5　①　ばねＡ，ばねＢそれぞれに60ｇがかかるので，12.0＋12.0＝24.0(cm)となる。　②　ばねＡには60ｇ，ばねＢには30ｇがかかるから，12.0＋9.0＝21.0(cm)になる。　③　ばねＡには60ｇかかり，ばねＢは自然長なので，12.0＋6.0＝18.0(cm)である。

6　おもりは棒の真ん中，つまり棒を左から１：１に分ける位置につるしたので，左右のばねＡにはそれぞれ，$30\times\frac{1}{1+1}=15$(ｇ)がかかる。ばねの長さは，$8.0+2.0\times\frac{15}{30}=9.0$(cm)となる。

7　(1)　棒の真ん中におもりをつるしたので，ばねＢとばねＣには同じ重さがかかっている。よって，表とグラフ１の③より，ばねの長さは18.0cmで，120ｇがかかっているとわかる。棒の真ん中につるしたおもりの重さは，120×２＝240(ｇ)である。　(2)　30ｇ当たりのばねののびはばねＢの方が大きいので，さらにおもりの重さを増やすと，ばねＢの側，つまり左側が下がる。

(3)　まず，ばねＢとばねＣに120ｇずつかかると２本のばねが同じ長さになり，表Ｘより，そこからさらにばねＢとばねＣに，10：20＝１：２となるように重さが加わっていくと，２本のばねが同じ長さをたもつ。よって，ばねＢに，$120+(600-120\times2)\times\frac{1}{1+2}=120+120=240$(ｇ)，ばねＣに，600－240＝360(ｇ)かかるとよい。この比は，240：360＝２：３なので，おもりは棒を左から３：２に分ける位置につるせばよいことになる。

8　ばねBにかかる重さを[5]，ばねCにかかる重さを[6]とすると，ばねBの長さは，6.0＋3.0×[5]÷30＝6.0＋[0.5]，ばねCの長さは，12.0＋1.5×[6]÷30＝12.0＋[0.3]と表せ，これらが等しいので，6.0＋[0.5]＝12.0＋[0.3]，[0.2]＝6.0，[5]＝6.0÷0.2×5＝150(g)と求められる。したがって，ばねの長さは21.0cm，おもりの重さは，150÷5×11＝330(g)とわかる。

国　語　(40分)＜満点：100点＞

解　答

一　**問1**　ウ　**問2**　(例)　園庭の満開の桜から落ちた，一枚の花びら。　**問3**　イ　**問4**　楽器　**問5**　(例)　葉や小枝をクルクル回す音を聞いて楽しむなど，身の周りで奏でられる音すべてを音楽としてとらえる，大人の音楽世界よりずっと大きなスケールでの楽しみ方。／建築中の家から聞こえるトンカチの音にあわせて飛び跳ねるなど，単に耳で聴くだけでなく，聴いた音を聴いたままに受け入れ，全身が音楽になりきって自由に表現する楽しみ方。　**問6**　エ　**問7**　ア　**問8**　(例)　子どもが口を閉じて鼻息を立てながら，体を横向きにしてぐっすり寝ている(様子)　**問9**　**大人**…(例)　知識や概念が先行し，実物に似ているか否か，上手く描けるか否かを気にしてしまうため，コピー，ニセモノを描いてしまう。／**子ども**…(例)　似ている似ていない，上手い下手という次元を超えて，自分の感覚でとらえたありのままの真実を工夫して表現する。　**問10**　ウ　**二**　**問1**　イ　**問2**　エ　**問3**　**A**　たがやし(て)　**B**　こね(て)　**問4**　(例)　本の表紙などをデザインする仕事／本を印刷する仕事　**問5**　ウ　**問6**　イ，オ　**問7**　買う(購入する)　**問8**　オ　**問9**　イ　**問10**　(例)　製造と流通のシステムに「つくる」ことを安易に託したために，生きる基本となる「つくる」能力を損ない，日常的な調理や工作ができないばかりか，世代から世代へと伝えられてきた，人の生死や排泄に関わるいのちを繋ぐための技もすっかり失ってしまった状態。　**問11**　ア　**問12**　エ　**問13**　イ　**三**　下記を参照のこと。

●漢字の書き取り

三　1　元祖　2　散策　3　博学　4　設(ける)

解　説

一　**出典は阿純章《おかじゅんしょう》の『「迷子」のすすめ』による。**幼稚《ようち》園の教員を務める筆者が，子どもたちとふれあった体験をまじえつつ，子ども独特の音楽の楽しみ方や絵の描《か》き方について語っている。

問1　「ドギマギ」は，とまどい，あわてて落ち着かないようすを表す。よって，ウが選べる。

問2　続く部分から，女の子が拾ってきたものは「一枚の桜の花びら」だったことがわかる。これをふまえてまとめる。

問3　「目を丸くする」は，驚《おどろ》いて目を見開くようす。女の子が筆者に話してくれた言葉にあるとおり，女の子は花びらが「すごくきれい」だと思って目を輝《かがや》かせ，驚いていたのだから，イがあてはまる。

問4　少し前に，葉っぱや小枝をクルクルと回してたてた音を聞き，子どもたちは笑っていたとある。つまり，子どもたちは葉っぱや小枝を「楽器」にして楽しんでいたことになる。

問5　前の部分から読み取る。葉や小枝の音を聞いて楽しむなど，身の周りで奏《かな》でられる音すべてを音楽とする，大人よりずっと大きなスケールでの楽しみ方と，耳で聴《き》くだけでなく建築中の家から聞こえるトンカチの音にあわせて飛び跳《は》ねるなど，聴いたままに音を受け入れ，全身で自由に音楽を表現する楽しみ方があると説明されている。

問6　四つ後の段落で，子どもは常に「今」だけを生きていると述べられていることをおさえる。子どもたちは「今」という楽しい時間だけに没頭《ぼっとう》し，夢中になって遊ぶので，一緒《いっしょ》に遊ぶ筆者も無《む》邪気《じゃき》で純粋《じゅんすい》な子どものころに戻《もど》り，心配事や憂鬱《ゆううつ》なことを忘れてしまうのだと推測できる。よって，エが選べる。

問7　続く二つの文で，子どもは「過去や未来を考えず」，常に「今」だけを生きていると説明されているので，アがふさわしい。なお，イとウは「未来」のことを，エは「過去」のことを考えていることになるので合わない。

問8　子どもから「言われれば」，一見稚拙《ちせつ》に見える絵も説明された通りに見えてくるという文脈である。直前の段落にある「ぼく，おひるねしたよ」「寝《ね》ているときは横向きになっているよ」「寝ているときはおしゃべりしないから口を閉じてるよ」「口は閉じていても鼻でちゃんと息をしてるから大丈夫《だいじょうぶ》だよ」といった子どもの説明に注意して，「口を閉じて鼻息を立てながら，体を横向きにして昼寝をしている(様子)」のようにまとめる。

問9　直前の三つの段落で，「大人と子ども」の絵の描き方が対比されていることに注目してまとめる。大人が自分の似顔絵を描くとなれば，「真っ先に鏡を見たり，写真を見たりして，似てるか似てないか，上手く描けるか描けないかということを気にし」て，結果「コピー，ニセモノ」が出来上がってしまうとある。一方，子どもは「似てる似てない，上手い下手という次元を超《こ》えて，ありのままの真実」を描こうとすると説明されている。

問10　三つ後の段落にある，「ぼく，おひるねしたよ」「寝ているときは横向きになっているよ」「寝ているときはおしゃべりしないから口を閉じてるよ」「口は閉じていても鼻でちゃんと息をしてるから大丈夫だよ」という子どもの言葉から，白目で，顔は丸くなく体が横に伸びていて，鼻は開き，口を閉じているものと判断できるので，ウがふさわしい。

二　**出典は鷲田清一《わしだきよかず》の『濃霧《のうむ》の中の方向感覚』による。**文明の進化とともに，生きることの基本である「つくる」ことをしなくなった人は，居場所のない不安を感じるようになってしまったと述べられている。

問1　「身の置きどころ」は，安心して休んだり住んだりできる場所をいうので，イがよい。

問2　居場所のなさや，自分の存在の萎縮《いしゅく》を感じるのは，「人が『つくる』といういとなみから外れた」状態のもとで起こると筆者は考えている。続く部分からわかるとおり，「つくる」ことは，「異なる人びとの繋《つな》がり」のうえで成り立っているが，「人がつくるという行動をしなくなる」と，たしかな「拠《よ》りどころ」となるものや「身を寄せられるもの」を失ってしまうことになるといえるので，エがふさわしい。

問3　**A**　「米や豆や野菜」をつくるには，田畑をほりかえして土の手入れをしないとならないので，「たがやし(て)」がふさわしい。　　**B**　土を材料にして何かを生み出すには，土を「こね(て)」形づくる必要があるといえる。

問4　一冊の本を出版するために執筆《しっぴつ》される文章は“どんな本をつくるか企画《きかく》する仕事”にもとづ

いている。文章ができあがった後も，“本のカバーや表紙をデザインする仕事”や“原稿《げんこう》を校正する(チェックする)仕事”，さらには“印刷する仕事”“製本する仕事”などがある。これらのうち，二つを書けばよい。

問５　ぼう線④の「物」とは，直前の段落にある「材料」や道具を指す。物をつくる人は，それらの「性質」を「知りつくしていないといけない」というのだから，ウがあてはまる。

問６　同じ段落から読み取る。「人の繋がり，物との対話，用途《ようと》の連なり」があるからこそ，人は「じぶんが生きる場の広がりを実感」できると述べられているので，製作の仕事に関して「人の繋がり」の大切さを述べたア，用途の連なりに関係しているウ，材料や道具などの性質を知ることをいう「物との対話」についてふれたエは正しい。

問７　この段落では，「文明」の進化とともに，人は「つくる」人から「消費者」へと変わっていったと述べられている。つまり，人は日用の道具や料理を「つくる」のではなく，つくられたものを「買う(購入《こうにゅう》する)」ようになったのである。

問８　問７で検討したように，「文明」が進化するにつれ，人はものをつくらずに買ってすますようになったのだから，オが選べる。なお，「つくる」ことは生きることの基本であり，生活の一部なので，「自分の役割のみを考えて生活する」とあるウ，自分ではつくれないものに焦点《しょうてん》をあてたエは正しくない。

問９　「〜はおろか」は，“〜はいうまでもなく”“〜はもちろんのこと”という意味なので，イが合う。

問10　「根絶やし」は，すっかりなくなるようす。前の部分で，製造と流通のシステムに「つくる」ことを安易に託《たく》した人々は，結果的に生きる基本となる「つくる」能力を損《そこ》なってしまったと書かれている。つまり，人々が「消費者」に立場を移してしまったために，日常的な調理や工作ができないばかりか，世代から世代に伝えられてきた，人の生死や排泄《はいせつ》にかかわるいのちを繋ぐための「技」もすっかり失ってしまったのだと筆者は述べている。

問11　直前の「こうして」とは，「つくる」ことが「匠《たくみ》の技」による「工芸品や美術品」などの「ものづくり」となり，人々にとって道具が用いられるものから鑑賞《かんしょう》されるものとなったという経緯《いきさつ》を指している。つまり，「つくる」ことが人々から「遠ざかっていった」とは，一般《いっぱん》の人とはちがう，匠とよばれる特別な技術を持つ人だけがものを「つくる」ようになったことを意味するので，アがふさわしい。

問12　「つかう」というのは，「何かを手段として利用するだけのことでは」なく，「おんぶしてもらったり，もたれさせてもらったりもする」ことでもあるというのだから，「手段として利用すること」にあたるアとウは合わない。また，ぼう線⑩の主体は「強いもの」よりむしろ「弱いもの」なので，イも正しくない。

問13　直後の「このこと」とは，「つかう」が持つ「つきあい」「遣《つか》う」などの多層的な意味が「つくる」の萎縮とともに失われていったことを指す。本文の中ほどで，「人の繋がり，物との対話，用途の連なり」をふくむ「つくる」仕事を通して，人は自分が生きる場の広がりを実感できると述べられているので，「つくる」「つかう」のやせ細りが招いた「個々人の存在の縮こまり」とは「自分以外の人や物とふれあいながら自分が存在する世界を広げることができない状態」にあたる。

三 漢字の書き取り

1 あるものごとを最初に始めた人。 **2** 景色を楽しみながら，ぶらぶら歩くこと。 **3** 広く学問に通じ，いろいろなことを知っていること。 **4** 音読みは「セツ」で，「設営」などの熟語がある。

2019年度　女子学院中学校

〔電　話〕 (03) 3263－1711
〔所在地〕 〒102-0082　東京都千代田区一番町22—10
〔交　通〕 JR中央線・東京メトロ南北線・都営新宿線—「市ケ谷駅」より徒歩8分
東京メトロ有楽町線—「麹町駅」より徒歩3分

【算　数】 (40分) 〈満点：100点〉

＜注意＞円周率は3.14として計算しなさい。

1　次の□にあてはまる数を入れなさい。

(1) $\left(\frac{7}{37}+\frac{2}{185}\right)\times\left(0.5-0.18\div1\frac{2}{25}-\frac{1}{673}\right)=$□

(2) 図のように，半径8cm，中心角90°のおうぎ形の中に半径4cmの半円と，半径2cmの半円があります。影《かげ》をつけた部分の面積は□cm²です。

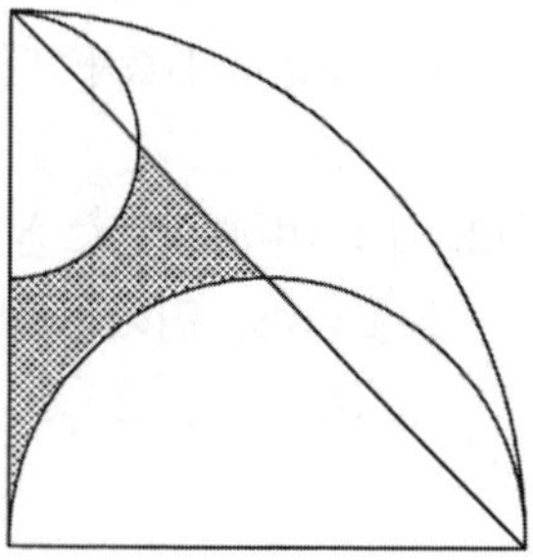

(3) ある数Xの逆数を，［X］で表すとします。たとえば，［3］$=\frac{1}{3}$，［0.25］＝4です。

① $\frac{1}{1-[A]}=3$　Aは，□

② $\frac{1}{1+\frac{1}{1-[6]}}=B$　Bは，□

(4) 図の四角形ABCDは正方形で，点Oは円の中心です。辺ABと直線EFは平行です。太線の図形は，直線EFを対称《しょう》の軸《じく》とした線対称な図形です。

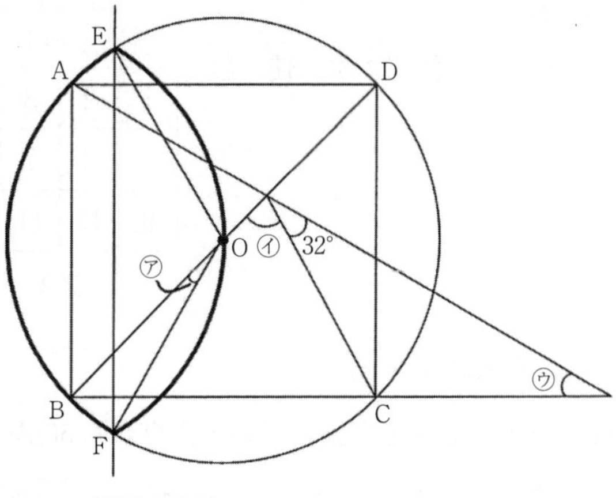

角㋐は□度
角㋑は□度
角㋒は□度

(5) 青，赤，白の3つの円柱の形をした積み木があります。底面積は3つとも同じです。赤の高さは白より5cm高く，青の上に白をのせたものと赤の高さの差は，青の高さの$\frac{3}{5}$です。青の高さは□cmまたは□cmです。

2　図１のように，半径１cmの円をAからDまで太線に沿ってすべらないように転がしました。ただし，AB＝５cm，CD＝５cm，BからCの曲線は半径４cmの円の円周の一部です。

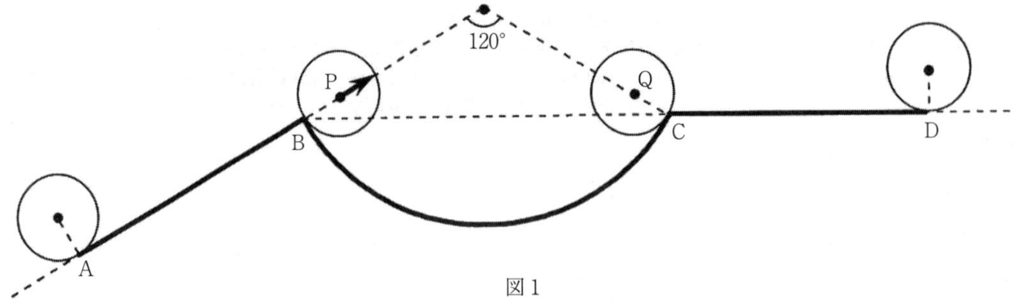

図１

(1)　円の中心が動いてできる線の長さを求めなさい。ただし，答えは小数第２位を四捨五入しなさい。（式も書きなさい。）

(2)　円の中心がPにきたとき，図１のように円に矢印をかきました。円の中心がQにきたときの矢印を図２にかきこみなさい。また，矢印と点線との角度もかきこみなさい。

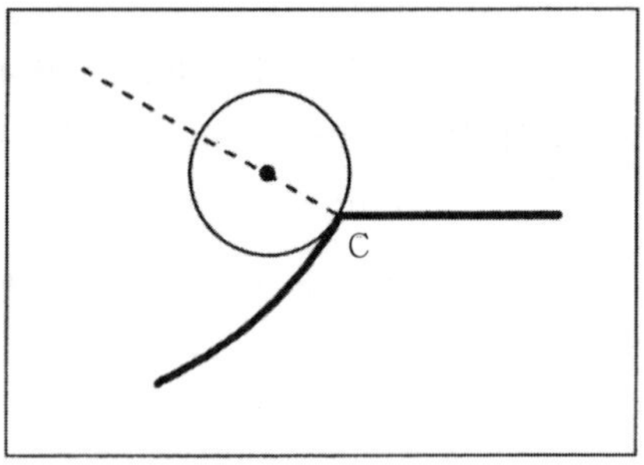

図２

3　図１のように，厚紙に同じ大きさの12個の正方形をかいて，１～12の数を入れました。この厚紙の必要のない部分を切り取って立方体の展開図を作ります。

1	2	3	4
5	6	7	8
9	10	11	12

図１

(1)　$\boxed{12}$ を使ってできる展開図は全部で何通りですか。

(2)　展開図にかかれている数の和が一番小さいものを１つ作ります。使う数を図２に○で囲みなさい。

1	2	3	4
5	6	7	8
9	10	11	12

図２

4，**5**，**6** の各問いについて □ にあてはまる数を入れなさい。

4　今，時計の長針は文字盤《ばん》の１～12のいずれかの数ちょうどを指していて，今から$56\frac{4}{11}$分後に，長針と短針のつくる角が180°になります。今，長針と短針のつくる角は □ 度で，時刻は午前 □ 時 □ 分です。

5　ある菓《か》子を箱につめて売ります。１箱12個入りは1500円で，15個入りは1800円です。12個入りだけにすると菓子は６個余り，15個入りだけにすると菓子は９個余ります。それぞれの場合で箱入りの菓子がすべて売れたとき，売り上げの差は4500円になります。菓子は全部で □ 個あり，売り上げが最大になるのは，12個入りを □ 箱と15個入りを □ 箱にして売ったときです。

6　クラス対抗《こう》の球技会が行われます。バスケットボール，ドッジボール，サッカー，卓《たっ》球の4つの競技で，1人1つまたは2つの競技に出場します。あるクラスの生徒の出場は次の通りです。

(ア)　サッカーと卓球の両方に出場する生徒はいません。

(イ)　2つに出場する生徒は，9人です。

(ウ)　バスケットボールとドッジボールの両方に出場する生徒の人数は，バスケットボールに出場する人数の$\frac{1}{5}$，ドッジボールに出場する人数の$\frac{1}{4}$です。

(エ)　バスケットボールに出場しない生徒は，20人です。

(オ)　バスケットボール，サッカー，卓球のうち，2つに出場する生徒は，ドッジボールのみに出場する生徒より3人少ないです。

バスケットボールとドッジボールの両方に出場する生徒は□人，サッカーまたは卓球に出場する生徒は□人，このクラスの人数は□人です。

【社　会】（40分）〈満点：100点〉

（語句はできるだけ漢字で書きなさい。）

Ｉ　①古代の人類が捨てた貝殻《がら》などが，長い時間をかけて積み重なった遺跡《せき》からは，土器や動物の骨などが出土しています。②藤原京や平城京の遺跡からは，多くの③荷札が出土しています。藤原京跡《あと》から出土した④７世紀末の荷札は，⑤大宝律令制定までの地方行政の組織が，日本書紀に記されていた「郡」ではなく「評」であったことを明らかにしました。また荷札からは，⑥関東地方の魚や海草，布など，各地から平城京に物資が運び込《こ》まれていたことがわかります。多くのものが集まり，多くの人が集まって住む都市で，ごみの処理は今も昔も大きな問題です。

18世紀の初め，江戸には100万人もの人々が生活していました。そのため，⑦江戸は様々な商品の大消費地でした。しかし，江戸時代に日本を訪れた西洋人は，都市がとても清潔であると記しています。⑧江戸では不要になったものが徹《てっ》底して再利用されていました。

問１　下線①を何といいますか。

問２　下線②の遺跡がある都道府県名を答えなさい。

問３　下線③に関して，紙の使用が広まる前に用いられた，木でできた札を何と呼びますか。

問４　下線④の時期までに中国大陸や朝鮮半島から伝わり，日本各地に広まったものを２つ選び，記号で答えなさい。

ア　禅《ぜん》宗　　イ　鉄器　　ウ　宋《そう》銭

エ　漢字　　オ　木《も》綿

問５　下線⑤前後のできごとを，古い順に記号で並べかえなさい。

ア　大化の改新が始められた。　　イ　仏教が正式に伝わった。

ウ　日本書紀が完成した。　　エ　遣隋《けんずい》使が派遣された。

問６　下線⑥に関する文を，古い順に記号で並べかえなさい。

ア　平氏が，武力を背景に関東でも領地を広げた。

イ　北条氏が，周りの大名と関東で勢力を争った。

ウ　ヲワケという豪《ごう》族がワカタケル大王に仕えた。

エ　北条氏が執《しっ》権となり，幕府の政治を進めた。

問７　下線⑦に関して，江戸時代後半になると，江戸の町人の中では浮《うき》世絵を持っている人が増えました。なぜ多くの人々が浮世絵を買うことができたのですか。浮世絵の作り方にふれて説明しなさい。

問８　江戸時代の人々の様子について述べた文として，まちがっているものを１つ選び，記号で答えなさい。

ア　町の運営は，町人から選ばれた町役人が行っていた。

イ　経済力では大名を上回る大商人もいた。

ウ　農民や町人からも，厳しく差別された身分の人々がいた。

エ　農村ではふだん，米のほか雑穀などを食べていた。

オ　歌舞《ぶ》伎《き》は江戸や大阪に限って上演が認められていた。

問９　次の職業から，下線⑧の方法には３通りあったことがわかります。ア～カを２つずつ組にして３つのグループに分け，それぞれどのように再利用したか述べなさい。

ア　古着屋：古い着物を買い取り，洗ってから仕立て直して市内で売った。

イ　古傘《がさ》買い：傘を買い取り，折れた骨をはずし，油紙は味噌《そ》や魚の包装紙として市内で売った。

ウ　灰買い：まきなどを燃やして出た灰を買い集め，農村で売った。

エ　焼継《やきつ》ぎ：欠けた陶《とう》器を，鉛《なまり》ガラスの粉末を使って接着し，再び焼いて市内で売った。

オ　肥《こえ》くみ：人の小便・大便をくみとって買い取り，農村で売った。

カ　ほうき買い：古くなったほうきを買い取り，タワシなどにして市内で売った。

問10　江戸時代，品物の再利用がさかんだった理由として，ふさわしくないものを１つ選び，記号で答えなさい。

ア　業者は修理すれば，わずかでも収入が得られたから。

イ　多くの品物は，新たに買うよりも修理する方が安かったから。

ウ　多くの品物は，比較《かく》的低い技術でも修理できたから。

エ　多くの品物はとてもじょうぶで，ほとんど壊《こわ》れることがなかったから。

問11　江戸時代後半になると，城下町などの都市と農村との間では，人や品物の行き来《き》がさかんになりました。その理由を述べた文としてふさわしくないものを１つ選び，記号で答えなさい。

ア　農家は作物を売って現金収入を得ることが必要になっていったから。

イ　武士が，出費がかさむ城下町を嫌《きら》い，農村に移り住むようになったから。

ウ　貧しい農民の中には，仕事を求めて農村から都市に働きに出る者が増えたから。

エ　有力な農民の中には作業場を建てて織物や酒などを作り，都市で売る者が現れるようになったから。

Ⅱ　鉄や石炭，石油といった鉱物資源は，歴史上大きな役割を果たしてきました。

問１　鉄を使用した武器に関する史料を読んで，下の問に答えなさい。

一、諸国の百姓《しょう》たちが，刀，弓，槍《やり》，鉄砲《ぽう》，その他，武器武具を所有することを厳しく禁止する。不必要な武器を手元に持って，年貢《ぐ》・税の納入をしぶり，一揆《き》をくわだて，けしからぬ行為をなす者たちは，もちろん厳しい罰《ばつ》を受けるだろう。そうなれば，(処罰された者たちの田畑は耕作されず)年貢が入らず，土地が無駄《だ》になってしまうため，地域の代官《だいかん》(役人)など徴《ちょう》税の責任者は，以上のような武具を全て取り集めて差し出すようにせよ。

一、(没《ぼっ》収して)取っておいた刀などは，決して無駄にされるのではない。今度，大仏が建てられるが，そこで，くぎなどの金具に使うように命令される。そうすれば，この世では言うまでもなく，死んでからの来世《らいせ》まで，百姓たちは救われることになるのである。

一、百姓は農具を持って耕作に集中していたならば，子孫まで長く栄えるであろう。百姓たちをいとおしむ心からこのように命じられたのである。誠《まこと》にこれは国土が安全無事で，全ての人々が快適に楽しく暮らせる基礎《そ》となるものである。(この命令の)考えを守り，おのおのが意味や目的をよく理解して，百姓は農耕・養蚕にはげむこと。

天正16(1588)年

(1)　この史料の命令を発した人物を答えなさい。

(2)　この史料の前後に起こったできごとを，古い順に記号で並べかえなさい。

ア　朝鮮出兵　　　イ　関ヶ原の戦い
ウ　長篠《ながしの》の戦い　　エ　本能寺の変

(3)　この史料から読み取れることとして，まちがっているものをすべて選び，記号で答えなさい。

ア　この法令が出された目的は，百姓の一揆を防止することである。
イ　百姓は耕作に集中し，きちんと納税をするべきである。
ウ　没収された武器や武具は，大仏の金具に使うので，無駄にはならない。
エ　農民は生糸などの生産を禁止されていた。
オ　農民が一揆を企《くわだ》てた場合，中心人物のみが処罰される。
カ　税を集める代官に，刀などの没収が命じられた。

(4)　この史料で命令されたことが，実際に行われたかを調べるには，いろいろな方法が考えられます。次の文にはふさわしい方法が複数あります。そのうち１つを選び，どのようなことがわかれば実際に行われたと考えられるのか説明しなさい。

ア　1590年に作成された，複数の農民の所有物を書き上げた表を見る。
イ　この命令を発した人物が，周囲の人に書き送った和歌を調べる。
ウ　史料に述べられている大仏の金具がどのような形かを調べる。
エ　当時の代官の日記を読む。
オ　1603年に起こった一揆の回数を調べる。

問２　石炭と関わりのある次のできごとを，古い順に記号で並べかえなさい。

ア　本州にある主な炭鉱で，石炭の採掘《くつ》が行われなくなった。
イ　新橋と横浜の間に鉄道が開通した。
ウ　九州の炭鉱を含む産業施《し》設が，「明治日本の産業革命遺産」として世界遺産に登録された。
エ　長州藩《はん》は領内で石炭を採掘していた。
オ　筑豊《ちくほう》炭田の石炭と中国の鉄鉱石を用い，八幡《やはた》製鉄所が操業を開始した。

問３　明治以降の労働運動について述べた文として，正しいものを１つ選び，記号で答えなさい。

ア　明治時代の製糸工場で働く女性は，労働時間が短く，恵《めぐ》まれていたため，女性による労働運動は起こらなかった。
イ　治安維《い》持法は，労働者を取りまく社会や政治の仕組みを変えようとする運動を取り締《し》まった。
ウ　労働条件を改善するため，労働者による組合が日本で初めて結成されたのは，第二次世界大戦後である。
エ　第二次世界大戦後，労働条件を改善するために経済産業省が設置された。

問４　20世紀初めに石油を燃料とする乗り物がアメリカで大量生産され，人々に広く使われるようになると，石油の消費は大幅《はば》に増えました。この乗り物は何ですか。

問５　石油と関わりのある次の文を，古い順に記号で並べかえなさい。

ア　西洋から石油ランプが日本に輸入され，ろうそくにかわる明かりとして使われはじめた。

イ　天智《てんじ》天皇に「燃える水」が献《けん》上された。

ウ　石包丁《ぼうちょう》が使われるようになると，その接着剤《ざい》として，石油を原料とする天然のアスファルトが用いられた。

エ　満州国で油田の探索《さく》が行われた。

問6　1950年代の日本で「三種の神器《じんぎ》」と呼ばれた電化製品のうち，白黒テレビ以外の2つが人々に余暇《か》を楽しむゆとりを与えた理由を説明しなさい。

問7　1973年に，中東での戦争の影響《えいきょう》による石油の値上げで，国内の物価が急上昇《しょう》し，経済が混乱しました。

(1)　このような経済の混乱を防ぐ政策として，ふさわしくないものを1つ選び，記号で答えなさい。

ア　企《き》業や家庭に対し，石油を効率的に使用し省エネルギーに努めるようにうながす。

イ　石油にかわる新しいエネルギーの開発を行う企業や研究所に，助成金を出す。

ウ　ガソリンなど，さまざまな商品の値上がりを防ぐため，所得税を減税する。

エ　できるだけさまざまな地域の国から石油を輸入する。

(2)　1973年よりも後に起こったできごとを2つ選び，記号で答えなさい。

ア　阪神・淡路《あわじ》大震《しん》災が起こった。

イ　東京オリンピックが開かれた。

ウ　朝鮮戦争が勃《ぼっ》発した。

エ　日中平和友好条約が結ばれた。

III　東京都にある日《ひ》の出町《でまち》は，関東平野の西部から関東山地にまたがる町です。以下の問に答えなさい。

問1　図1は，日の出町の主な道路(都道《とどう》)やいくつかの施設を表したものです。(1)「日の出町役場」，(2)「工場が一番多くある地域」は，どの範《はん》囲にあると考えられますか。それぞれ選び，記号で答えなさい。(ただし，同じ記号を2回選ぶことはできません。)

図1

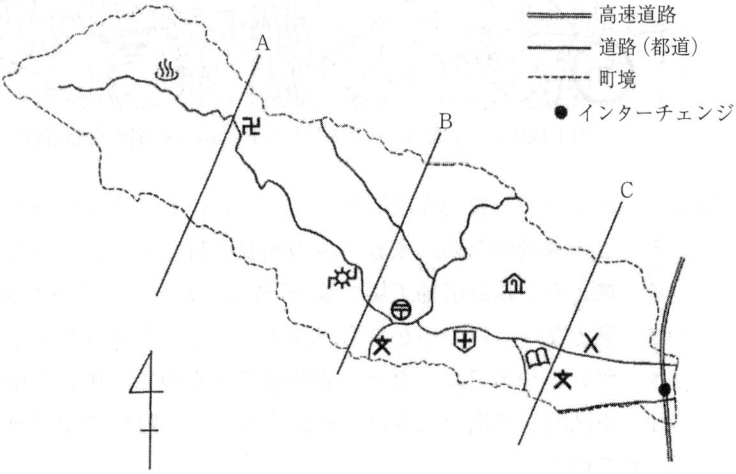

ア　Aより西側

イ　AとBの間

ウ　BとCの間

エ　Cより東側

問2　「町役場」を表す地図記号を書きなさい。

問3　図1の中にない施設を1つ選び，記号で答えなさい。

ア　病院　　イ　老人ホーム　　ウ　小中学校　　エ　消防署
オ　寺院　　カ　交番　　　　　キ　郵便局

問４　図２は日の出町にある廃棄《はいき》物処分場周辺の地形図です。図から読み取れることとして，まちがっているものを２つ選び，記号で答えなさい。

ア　廃棄物処分場は，日の出町と，となりの地方自治体との境界付近にある。
イ　廃棄物処分場は，北向きの斜《しゃ》面につくられた。
ウ　廃棄物処分場の周囲は森林に囲まれている。
エ　廃棄物処分場へは，自動車が通れるトンネルがある。
オ　○印の神社から，廃棄物処分場を見わたすことができる。

図２
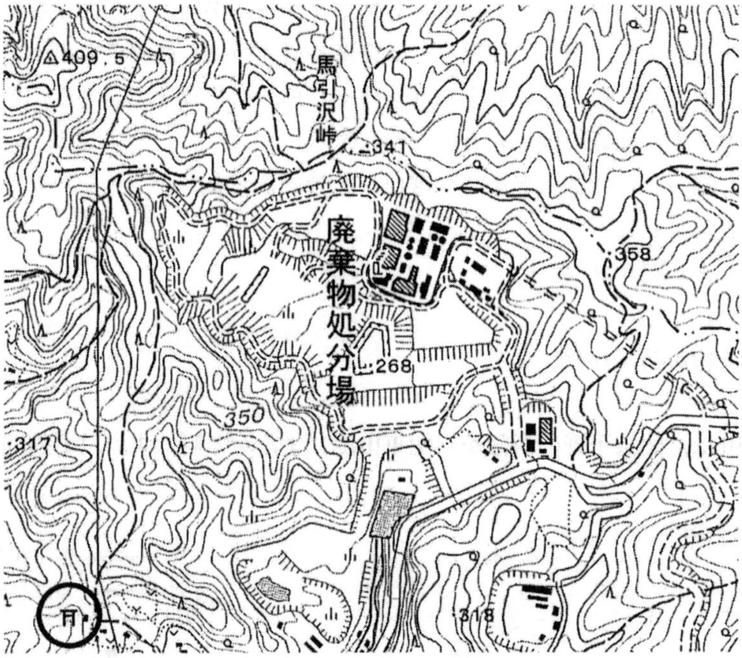

国土地理院　平成25年６月１日発行1：25,000地形図「武蔵御岳」より

問５　ごみ処分の一般的な説明として，正しいものを２つ選び，記号で答えなさい。

ア　ごみ減量のため，家庭ごみの回収有料化を実施する市区町村が増えている。
イ　燃えるごみは清掃《そう》工場で焼却《きゃく》灰にしたのち，必ず埋《う》め立てなければならない。
ウ　燃えないごみの中からも，鉄やアルミなどを取り出してリサイクルしている。
エ　テレビやエアコンなどは資源化できるので，無料で市区町村が回収する。
オ　市区町村で出たごみは，それぞれの市区町村の中で焼却や埋め立てを行うことが決められている。

問６　次のページの表は，日の出町や，女子学院のある千代田区などの昼夜間《ちゅうやかん》人口比率を表しています。

昼夜間人口比率は，常住《じょうじゅう》人口（住んでいる人の数）を100とした場合の昼間《ちゅうかん》人口（昼間その地域にいる人の数，ただし観光客などはふくまない）の割合です。通学者についても，「常住」・「昼間」の意味と昼夜間通学者比率の求め方は同様です。

	昼夜間人口比率	昼間人口(人)	常住人口(人)	昼間人口密度(人/km^2)	常住人口密度(人/km^2)	昼間通学者(人)	常住通学者(人)
東京都	117.8	15920405	13515271	7267	6169	1679335	1421603
千代田区		853068	58406	73162	5009	69443	5654
中央区	431.1	608603	141183	59609	13828	10298	10667
世田谷区		856870	903346	14761	15562	120823	93647
練馬区		605084	721722	12585	15011	63681	79728
日の出町	98.6	17205	17446	613	622	1234	1943

「東京都の統計」ホームページ(2018年3月公表)より作成

(1) 表を見て，次の文のうち，まちがっているものを2つ選び，記号で答えなさい。

ア　常住人口密度より昼間人口密度が高い市区町村は，昼夜間人口比率が100を超《こ》える。

イ　昼間人口と常住人口がともに上位である市区町村は，昼夜間人口比率も上位となる。

ウ　日の出町のように，昼夜間人口比率が100を下回ることは，23区内では起こらない。

エ　世田谷区と練馬区では昼間人口より常住人口の方が多いが，通学者は昼間，世田谷区では流入が多く，練馬区では流出が多い。

オ　中央区は，昼間に通勤してくる人が多いが，昼夜間通学者比率は100を下回る。

(2) 千代田区の昼夜間人口比率としてふさわしいものを1つ選び，記号で答えなさい。

ア　46.6　　イ　460.6　　ウ　1460.6　　エ　14606

(3) 千代田区の昼間人口と常住人口を他の区や町と比較した上で，千代田区の昼間人口と常住人口の差が大きい理由を考えて述べなさい。

日の出町の地域では，戦国時代，市が立ち①炭(木炭)などが取引されていました。江戸時代になると炭の取引量は増加しました。一帯の②森林の木材は，川を使って運ばれて③材木の大消費地であった江戸で取引されました。また織物業もさかんになりました。この地域では明治時代になると，④自由民権運動の政治結社「五日市《いつかいち》学芸講談会」ができ，人民の権利の保護を規定した「五日市憲法草案」がつくられました。

日の出町一帯は1893年に神奈川県から東京府に編成されました。翌年に青梅《おうめ》線が開通し，福生《ふっさ》駅ができました。大正時代に村には電灯が導入され，石灰石の本格的な採石が始まり，(X)工場ができました。

問7　下線①について述べた文として，まちがっているものを1つ選び，記号で答えなさい。

ア　刀の鍛冶《かじ》場で燃料として使用されてきた。

イ　魚や肉を焼くなど調理に使用される。

ウ　暖房《ぼう》用として使用されてきた。

エ　砕《くだ》いて固めたものは書道で墨《すみ》として使用される。

問8　下線②に関して，問に答えなさい。

(1) 国土に占《し》める森林面積の割合が日本に最も近い国を1つ選び，記号で答えなさい。

ア　エジプト　　イ　オーストラリア　　ウ　フィンランド　　エ　中国

(2) 森林面積の割合が最も高い府県を1つ選び，記号で答えなさい。

ア　大阪府　　イ　千葉県　　ウ　香川県　　エ　秋田県　　オ　沖縄県

(3) 森林の間伐《ばつ》について述べた文として，まちがっているものを1つ選び，記号で答えなさい。

ア　間伐をしていない森林が増えたため，日本では人工林が急速に減少している。

イ　間伐をしていない森林が増えた理由の１つとして，外国から値段の安い木材が多く輸入されるようになったことがあげられる。

ウ　間伐が滞《とどこお》っている理由の１つとして，林業で働く人が不足していることがあげられる。

エ　間伐した木を「木質バイオマス」として利用し，燃料として使う取り組みがある。

問９　下線③に関して，材木の値段は，江戸で冬に急上昇することがありました。それはどのようなことが起きた後でしたか。

問10　下線④に関する次の文を，古い順に記号で並べかえなさい。

ア　板垣退助が政府の役人をやめ，国会を開くことを主張し始めた。

イ　伊藤博文を中心に憲法案が完成した。

ウ　政府は1881年に国会を開設することを約束した。

問11　文中の(X)にふさわしい語句を１つ選び，記号で答えなさい。

ア　繊維《せんい》　　イ　陶磁器　　ウ　せっけん　　エ　セメント

Ⅳ　日本では便利で豊かな生活を送ることができますが，これは第二次世界大戦後の急激な経済発展によりもたらされたものです。1956年５月１日，熊本県の病院から「原因不明の中枢《すう》神経疾患《しっかん》発生」という報告が地元の保健所にありました。水俣《みなまた》病は，この日，公式に発見されたのです。①水俣病の患者とその家族は，水俣病の原因となった（ X ）を含む排《はい》水を行った工場を訴え，その後，国や県の責任を問う裁判も起こしました。水俣病の原因となった（ X ）は現在でも，蛍《けい》光灯など身近なところで使われています。2013年，②「（ X ）に関する水俣条約」が採択《たく》されました。水俣市は，公害で苦しんだ経験から「環《かん》境モデル都市づくり宣言」をして，ごみの減量や分別収集などに取り組み，③環境や資源を大切にするまちづくりを進めています。

④廃棄物が大量に発生する「使い捨て」の時代から，大切な資源を有効に用いる「⑤循《じゅん》環型社会」の形成を目指す動きが始まっています。⑥循環基本法(循環型社会形成推《すい》進基本法)をはじめ，多くの法律も整備されています。

世界でも，環境を守りながら，限りある資源を有効に活用して開発を進める（ Y ）な社会の実現が求められています。将来にわたって⑦世界の人々がともに豊かに暮らすために，限りある資源から得られる利益を公平に分かち合えるしくみを考えることも大切です。2015年に開催《さい》された「国連（ Y ）な開発サミット」では，「（ Y ）な開発目標」として17の目標が掲《かか》げられ，2030年までの達成に向けて各国で取り組みが進められています。2018年に来日したアミーナ・モハメッド国連副事務総長は「持っているものを手放せと言われたら，誰でも惜《お》しくなるものです。それでも私たちは繁《はん》栄を分かち合うすべを見つけなくてはいけない。自分の生活が誰かに害を与えていないかを常に考えるべきなのです。」と語っています。

問１　文中の(X)には漢字２字，(Y)には漢字４字の語句が入ります。それぞれ答えなさい。

問２　下線①について，日本国憲法に基づいて考えると，本来，国や県にはどのような権利を守る責任があったのですか。日本国憲法に用いられている表現で答えなさい。

問３　下線②に関して，条約を締《てい》結する権限を持つ国の機関を答えなさい。

問４　下線③に関して，市町村の中には，産業廃棄物の排出や埋め立てに税金をかけることで，ごみの減量をすすめようとしているところもあります。このような市町村独自の税金の徴収を決める機関を１つ選び，記号で答えなさい。

ア　国税庁　　イ　国会　　ウ　市町村長　　エ　市町村の議会　　オ　税務署

問５　下線④に関連して，プラスチックごみについての説明として，正しいものを３つ選び，記号で答えなさい。

ア　使い捨てのプラスチック製ストローを廃止する方針を打ち出した飲食店チェーンがあり，廃止の動きは世界的に加速している。

イ　2018年のＧ７サミットでは，海のプラスチックごみ削《さく》減を盛り込んだ「海洋プラスチック憲章」にすべての参加国が署名した。

ウ　中国は，日本や米国，欧州などからプラスチックごみを資源ごみとして輸入していた。

エ　海に流れたプラスチックの多くは，波や紫《し》外線で砕け５ミリ以下に小さくなり，その後，短時間で溶《と》けてなくなる。

オ　魚がプラスチックごみを飲みこむと，食物連鎖《さ》により人体に悪影響を与える可能性が指摘《てき》されている。

カ　一人当たりのプラスチックごみ排出量で，日本は世界の国々の中で下位である。

問６　下線⑤の実現につながらないものを１つ選び，記号で答えなさい。

ア　空きびんを特定の場所に返却すると，返金される。

イ　古い電球を持っていくと，寿《じゅ》命の長いＬＥＤ電球と交換《かん》してくれる。

ウ　電化製品の新型モデルが発売されると，新しいものに買い替《か》える。

エ　不要になったものをフリーマーケットで売る。

問７　下線⑥に定められていることは，私たちの生活にも関係しています。法律の内容としてまちがっているものを１つ選び，記号で答えなさい。

ア　廃棄物を燃やした際に発生する熱を，エネルギーとして地域で利用する。

イ　使い終わった製品の再利用や処分についての責任は，製造した企《き》業にはなく，買った人が負う。

ウ　国は自ら率《そっ》先して，再生品を使用する。

エ　製品を長期間使用して，廃棄物をできるだけ出さないようにする。

問８　下線⑥では，政策の基本的な計画を定めることとなっています。計画を定める中心となるのは，何大臣ですか。

問９　下線⑦について，利益を公平に分かち合うためには，日本で生活する私たちがチョコレートや衣料品などの商品を購《こう》入するときにどのようなことを考えて選べばよいか，述べなさい。

【理　科】（40分）〈満点：100点〉

（選択肢《たくし》の問題の答が複数ある場合は，すべて答えなさい。）

Ⅰ　私たちが捨てるごみのうち，「資源ごみ」といわれるものの多くはリサイクルされている。資源ごみには様々なものがあるが，飲料の容器に使われているペットボトルもその一つである。

1　ペットボトルに火をつけると燃え，ドライアイスから出る気体と同じ気体ができる。この気体をAとする。

(1)　Aの名前を答えなさい。

(2)　Aが水に溶《と》ける量について，正しいものをア～エから選びなさい。

ア　温度に関係なくほとんど溶けない　　イ　低温ほどよく溶ける

ウ　高温ほどよく溶ける　　エ　温度に関係なくよく溶ける

(3)　①～③にあてはまるものをア～キから選びなさい。ただし，香《こう》料などは入っていないものとする。

①　酸性の水溶《よう》液

②　アルカリ性の水溶液で固体が溶けているもの

③　酸性以外の水溶液でにおいを持つもの

ア　せっけん水　　イ　酢《す》　　ウ　塩酸　　エ　水酸化ナトリウム水溶液

オ　アンモニア水　　カ　さとう水　　キ　サラダ油

(4)　Aを通すと反応する無色透《とう》明の水溶液の名前と反応の様子を書きなさい。

(5)　一般《ぱん》に，火を消すときには次にあげたア～ウの方法がある。①～④に最も関係が深いものをア～ウから選びなさい。

ア　燃えるものを取り除く

イ　燃焼を助ける気体を遮《しゃ》断する

ウ　燃えているものの温度を下げる

①　消火器につめたAを噴《ふん》射すると火が消える。

②　紙でつくった鍋《なべ》に水を入れて火にかけると紙を燃やさずに湯を沸《わ》かすことができる。

③　燃えているアルコールランプにふたをすると火が消える。

④　火のついたろうそくの芯《しん》の根元(右図の矢印の部分)をピンセットでつまむと火が消える。

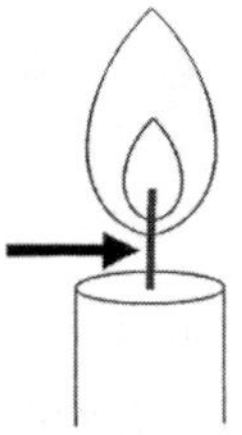

(6)　燃えやすく，実験で発生させるときに注意が必要な気体に水素がある。反応させると水素が発生する2つのものの組み合わせをア～コから選んで例のように(　)で囲んで答えなさい。ただし，同じ記号を何度使ってもよい。例(ア　イ)

ア　銅　　イ　アルミニウム　　ウ　スチールウール　　エ　二酸化マンガン

オ　チョーク　　カ　炭酸水　　キ　アンモニア水　　ク　過酸化水素水

ケ　うすい塩酸　　コ　うすい水酸化ナトリウム水溶液

2　水素をエネルギー源として発電するときには有害なものが生じない。しかし，有害なものが排《はい》出される発電方法もある。そのような発電方法をア～カから選びなさい。

ア　水力発電　　イ　地熱発電　　ウ　原子力発電

エ　太陽光発電　　オ　風力発電　　カ　火力発電

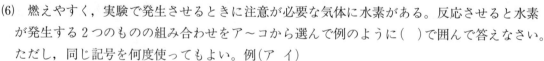

3　ペットボトル本体をつくるときに，日本では共通のきまりがある。それは，次の製品にリサイクルしやすくするためである。どのようなきまりか，予想して書きなさい。

4　アルミニウムとペットボトルの小さなかけら(同じ大きさ，形)が混ざっていたとき，重さの差を利用してそれぞれに分ける方法を考えて書きなさい。ただし，同じ体積で比べたとき，アルミニウムはペットボトルの2.5倍以上の重さで，両方とも水に沈《しず》む。

II　テレビの天気予報を見ていると，「大気の状態が不安定のため，急な雷《らい》雨に警戒《かい》して下さい」といった言葉をよく耳にする。「大気の状態が不安定」とはどのような状態なのだろうか。

熱気球からわかるように，周りよりもあたたかい空気は自然に上昇《しょう》する。上昇した空気は，周囲の空気の温度と関係なく温度が下がり(空気は上昇すると膨《ぼう》張して温度が下がる)，空気中の水蒸気は水滴《てき》や氷の粒《つぶ》に姿を変え雲となり，成長した水滴や氷の粒は雨として落下する。「大気の状態が不安定」とは，空気が自然に上昇しやすい状態をいう。では，どのようなとき，「自然に上昇しやすい，周りよりもあたたかい空気」は生じるのだろうか。

高い山に登ると肌《はだ》寒く感じるように，大気下層(高度約11km付近まで)の気温は高度が高くなるにつれ，低くなっていく。下図は，日本のある地点のある日(A，B，C)の気温の分布を示したものである。それぞれの日，高度0kmにある空気を風船に入れて高度1kmまで持ち上げたあと，風船がどのように動くか調べてみた。また，風船の中の空気の温度を測ると，周囲の空気の温度と関係なく100m持ち上げるたびに1℃ずつ温度が下がっていった。ただし，この風船は自由に伸《の》び縮みし，その重さは無視できるものとする。また，いずれの日も高度1kmまでの範《はん》囲では雲は発生しなかった。

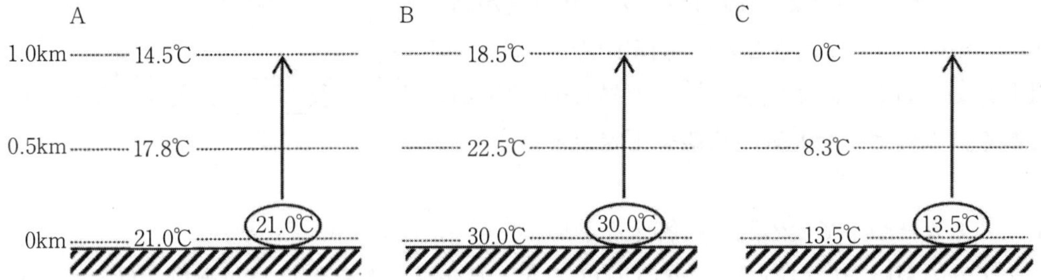

1　次の文章中の ① に入る温度を求め， ② ， ③ に入ることばを下の選択肢から選びなさい。

Aの日，0kmにある21℃の空気が入った風船を1kmまで持ち上げた。このとき，風船の中の空気の温度は ① となり，周囲の空気の温度 ② ため，この風船は ③ 。

②（ア　より高くなる　　イ　と同じになる　　ウ　より低くなる）

③（ア　自然に上昇する　　イ　その場にとどまる　　ウ　自然に落ちる）

2　次の文章中の ④ ～ ⑧ に入ることばを下の選択肢から選びなさい。

Bは日射の強い日だった。この日，0kmにある30℃の空気が入った風船を1kmまで持ち上げた。このとき，風船の中の空気の温度は，周囲の空気の温度 ④ ため，この風船は ⑤ 。

Bの日の0kmと1kmでの気温差は，Aの日 ⑥ 。Bの日のような気温分布となるのは，強い日射であたためられた地表面によって地表付近の空気が ⑦ ためである。このようなとき，地表付近のあたたかい空気は持ち上がると ⑧ なりやすい。

④　(ア　より高くなる　　イ　と同じになる　　ウ　より低くなる)

⑤　(ア　自然に上昇する　　イ　その場にとどまる　　ウ　自然に落ちる)

⑥　(ア　より大きい　　イ　と同じである　　ウ　より小さい)

⑦　ア　よくあたためられ，空気は熱を伝えやすいので，上空の空気も地表付近と同じようにあたためられる
　　イ　よくあたためられるが，空気は熱を伝えにくいので，上空の空気は地表付近ほどあたためられない

⑧　ア　温度が下がり，周囲の空気より温度が低く
　　イ　温度が下がるが，周囲の空気より温度が高く

3　次の文章中の[⑨]～[⑪]に入ることばを下の選択肢から選びなさい。

Cは，天気予報でよく耳にする「上空に強い寒気が入ってきた」日だった。この日，0kmにある13.5℃の空気が入った風船を1kmまで持ち上げた。このとき，この風船は[　⑨　]。

Cの日のような気温分布となるのは，上空に強い寒気が[　⑩　]ためである。このようなとき，地表付近のつめたい空気は持ち上がると[　⑪　]なりやすい。

⑨　(ア　自然に上昇する　　イ　その場にとどまる　　ウ　自然に落ちる)

⑩　ア　入ってきて，空気は熱を伝えやすいので，地表付近の空気も上空と同じようにつめたくなる
　　イ　入ってきても，空気は熱を伝えにくいので，地表付近の空気は上空ほどつめたくならない

⑪　ア　温度が下がり，周囲の空気より温度が低く
　　イ　温度が下がるが，周囲の空気より温度が高く

4　次の文中の[⑫]に入ることばを15字程度で答えなさい。

以上をまとめると，空気が自然に上昇しやすいのは，[　⑫　]が大きくなっているときである。このような大気の状態を不安定という。

III　1　メダカについて次の問いに答えなさい。

(1)　メダカの飼い方について，次の①～③のA，Bからどちらが良いか選び，最もふさわしい理由をア～エから選びなさい。

①　水そうは，(A　日光が直接当たる　　B　日光が直接当たらない)明るいところに置く。

　ア　中に入れた水草の光合成によって，水の中の酸素を増やすため
　イ　メダカの体についている細菌《きん》を，日光で殺菌するため
　ウ　水の温度が大きく変化しないようにするため
　エ　日光によってメダカが日焼けしないようにするため

②　水そうの水をかえるときは，(A　水道水を2～3日置いておいたもの　　B　新鮮《せん》な水道水)を使う。

　ア　水がくさる前に使うため
　イ　水道水に溶けている薬品が空気中に抜《ぬ》けてから使うため
　ウ　水道水に溶けている酸素が減らないうちに使うため
　エ　ゾウリムシやミジンコを水の中に発生させてから使うため

③　エサは(A　少なめに　　B　多めに)あたえる。

［ア　エサをあたえる回数を減らせるから
　イ　残ったエサがあると，水が汚《よご》れるから
　ウ　エサが少ないと，メダカどうしがエサを取り合うから
　エ　メダカは食べ過ぎると太って病気になるから］

(2)　めすが産んだ卵は，おすが出した精子と結びつくと育っていく。卵と精子が結びつくことを何といいますか。

(3)　メダカの産卵行動について，次の①～⑥から正しいものを選んで行われる順に並べたものを，ア～カから選びなさい。

①　めすが卵を産む。　　②　めすが卵を腹につけてしばらく泳ぐ。
③　おすが卵を腹につけてしばらく泳ぐ。　　④　めすが卵を水草につける。
⑤　おすが卵を水草につける。　　⑥　おすが卵に精子をかける。

ア　①②④⑥　　イ　①②⑥④　　ウ　①③⑤⑥
エ　①③⑥⑤　　オ　①⑥②④　　カ　①⑥③⑤

(4)　おすが卵に精子をかけるときにおすはひれをどのように使っているか，ア～エから選びなさい。

ア　出した精子を尾《お》びれで卵につける。
イ　精子が卵の方に行くように，尾びれを動かし水の流れをつくる。
ウ　しりびれと背びれでめすの腹を包む。
エ　精子が卵の方に行くように，胸《むな》びれと腹びれを動かし水の流れをつくる。

(5)　メダカのめすが一度に産む卵の数はどれくらいか，ア～エから選びなさい。

ア　1～3個　　イ　10～40個　　ウ　200～300個　　エ　1000～2000個

(6)　成熟したおすとめすはひれの形が異なっているが，ひれの他におすとめすのからだの形で異なるところがある。どこがどのように違《ちが》うか，おす，めすの違いがわかるように答えなさい。

(7)　メダカのうろこをはがしてみてみると，丸い形をしている。うろこは全部が表面に表れているのではなく，図1のように，他のうろこの下にもぐりこんでいる部分(被覆部《ひふくぶ》)の方が大きく，たくさんのうろこがかわら状に重なり合って体表をおおっている。図1のAの向きは体のどの部分に向いているか，ア～エから選びなさい。

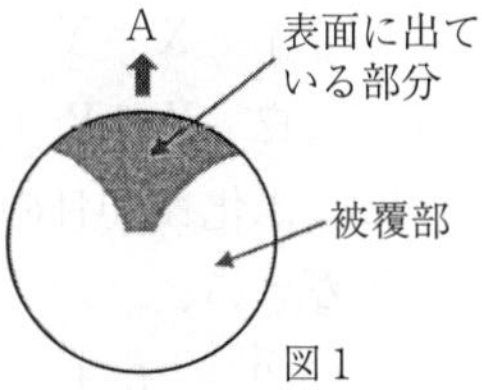

図1

ア　頭　　イ　尾　　ウ　背　　エ　腹

2　メナダは日本付近の海に生息し，全長が最大100cmになる魚である。うろこをよくみると図2のように環《かん》状の模様が何本もみられ，これを隆起線《りゅうきせん》という。メナダについて，ふ化からふ化後80日まで，魚の全長，うろこの大きさ，うろこの隆起線の数を調べた。うろこは胸びれの下の部分からとったものを用いた。また，うろこの大きさは図2のBの長さで示す。

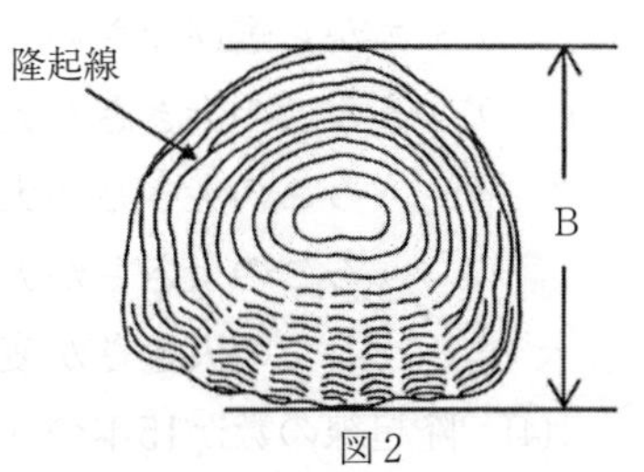

図2

図３はふ化後の日数と全長との関係，図４は全長とうろこの大きさとの関係，図５は全長と隆起線の数との関係，を示したものである。

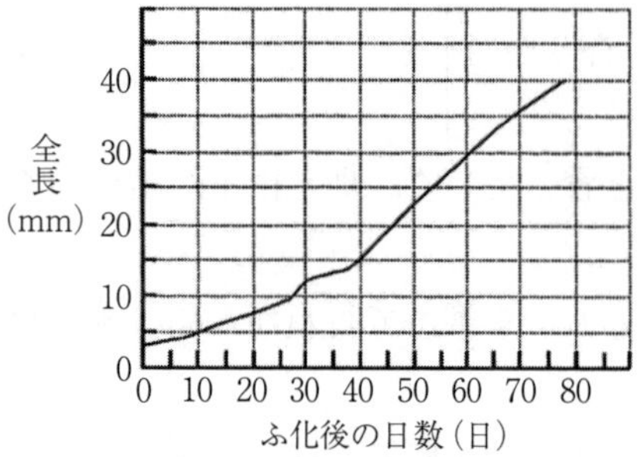

図３

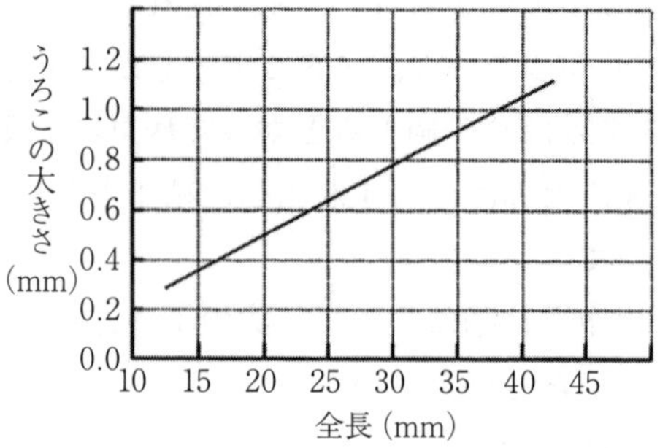

図４

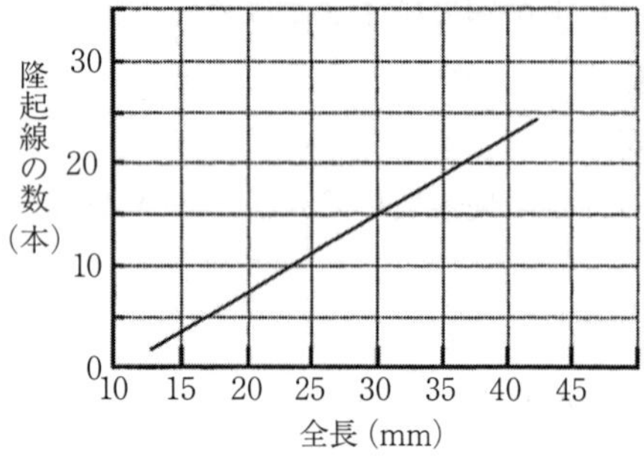

図５

吉松隆夫(1996)を参考に作成

(1)　次の①，②について，【X：ふ化してから20日までの20日間】と【Y：ふ化後50日から70日までの20日間】とを比べた。図３から考えて，それぞれ正しいものをア～ウから選びなさい。

①　20日間での成長率(全長がもとの何倍になるか)

②　１日あたりの全長の増加量

ア　X＞Y

イ　X＝Y

ウ　X＜Y

(2)　ふ化後50日のうろこの大きさは何mmか。最も近い数字を下の［　］の中から選んで書きなさい。

［0.2　　0.4　　0.6　　0.8　　1.0　　1.2　　1.4　　1.6］

(3)　うろこの大きさが0.2mm大きくなるごとの隆起線の増える本数について，正しいものをア～エから選びなさい。

ア　うろこの大きさが大きくなると，隆起線の増える本数は多くなる。

イ　うろこの大きさが大きくなると，隆起線の増える本数は少なくなる。

ウ　うろこの大きさが大きくなっても，隆起線の増える本数は同じである。

エ　うろこの大きさが変わると，隆起線の増える本数は変わるが規則性はない。

(4)　隆起線の数が15本のうろこは，ふ化してからおよそ何日後のメナダのものだと考えられますか。

Ⅳ 1　5cmごとに穴のあいている実験用てこと1個20gのおもりがいくつかある。おもりは軽い糸でてこの穴につるすことができる。ただし，おもりは支点につるせない。

(1)　図1のように，左のうでに3個のおもりをつるし，右のうでの支点から25cmの穴におもりを何個かつるしたところ，うでは水平になった。右のうでにつるしたおもりは何個ですか。

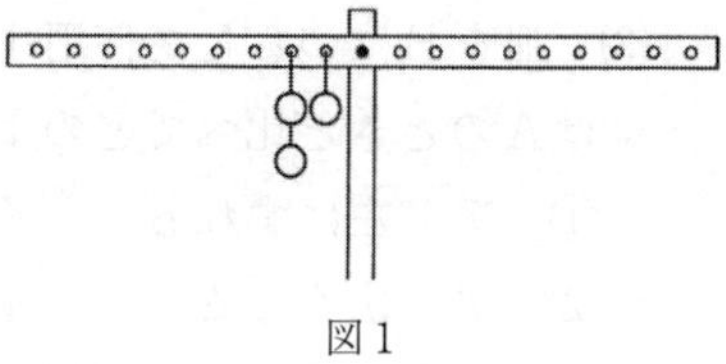
図1

(2)　図2のように，左のうでにおもりを4個つるしてうでを水平にしたい。

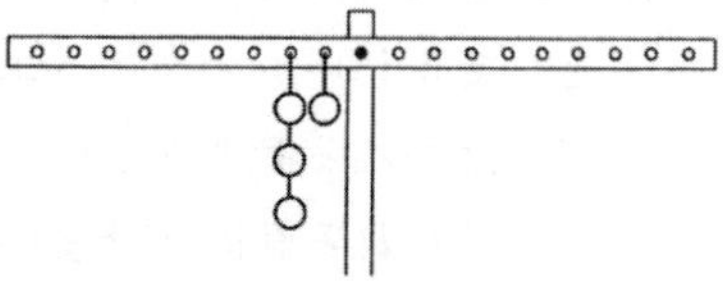
図2

①　右のうでにおもりを1個つるして，うでを水平にするには，どこにつるせばよいか，支点からの距離《きょり》で答えなさい。

②　右のうでにおもりを3個つるして，うでを水平にするには，どのようにつるせばよいか，例のように，支点からの距離で組合せをすべて答えなさい。

(例)　30cmのところに2個，35cmのところに1個のとき⇒(30，30，35)

(　)内の数は小さい順に書くこと。

2　つり合いを利用して重さをはかる道具に「さおばかり」がある。

さおばかり…皿に物をのせて，おもりの位置を動かして棒を水平にする。棒には目盛りが記されており，おもりの位置の目盛りから物の重さが分かる道具。
(右の写真)

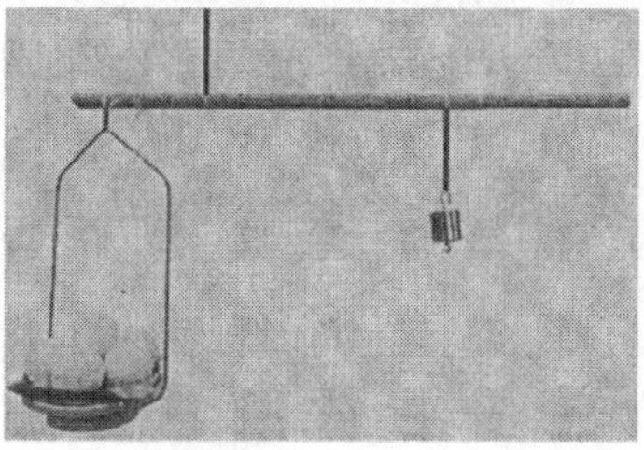

図3のように，長さ80cmの均質な棒の左端《はし》から20cmのところに支点があり，皿は左端から10cmの位置Aと左端Bにつるすことが出来るようになっているさおばかりがある。皿をAにつるして使用するときとBにつるして使用するときの目盛りは異なり，このさおばかりの棒には，2種類の目盛りが記されている(ただし図にはかかれていない)。このさおばかりで使用するおもりは100gのおもり1つだけである。皿をAにつるすと，おもりをつるさなくても棒は水平になった。

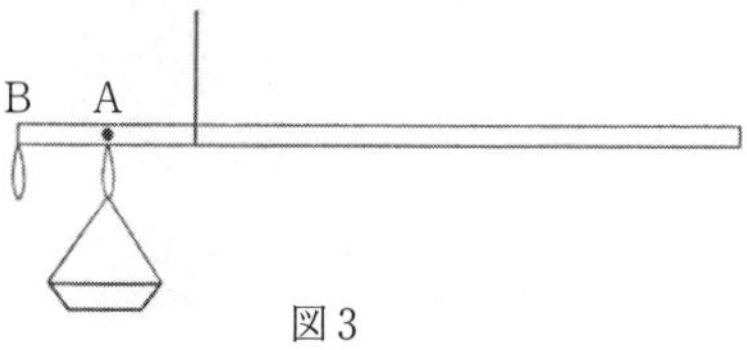

図3

(1)　棒が水平になる理由を説明した次の文の①～③にあてはまるものを選び，記号で答えなさい。ただし，②はあてはまるものをすべて書くこと。

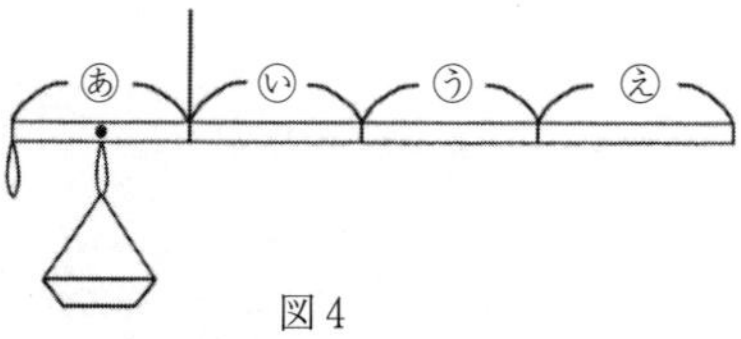

図4

皿が棒を①(ア　時計回り　　イ　反時計回り)に傾《かたむ》けるはたらきと，図4の棒の部分②(ア　㋐　　イ　㋑　　ウ　㋒　　エ　㋓)が棒を③(ア　時計回り　　イ　反時計回り)に傾けるはたらきが同じ大きさだから。

⑵　皿をAにつるして使用したときの，①支点の位置の目盛り，②支点から40cmの位置の目盛り，はそれぞれ何gか答えなさい。

⑶　皿をBにつるして使用するときの，①0gの目盛りの位置，②0gと100gの目盛りの間隔《かく》，はAのときと比べてどのようになるか。次のア～ウからそれぞれ選びなさい。

①　ア　左にずれる　　イ　変わらない　　ウ　右にずれる

②　ア　広くなる　　イ　変わらない　　ウ　せまくなる

⑷　皿をAにつるして使用するときと，Bにつるして使用するときを比べて，それぞれの利点として正しいものをア～エから選びなさい。

ア　はかれる範囲が広い

イ　はかれる範囲がせまい

ウ　軽いものをはかるときでも，おもりを0gの目盛りの位置から大きく動かすことになるので，より精密にはかれる

エ　重いものをはかるときでも，おもりを0gの目盛りの位置から少ししか動かさなくてよいので，より精密にはかれる

3　てこを利用した道具は，私たちの身のまわりにたくさんある。①～③のようなてこにあてはまる道具をア～エから選びなさい。

①　支点が，力点と作用点の間にある

②　作用点が，支点と力点の間にある

③　力点が，支点と作用点の間にある

ア　栓《せん》抜き　　イ　ピンセット

ウ　ペンチ　　エ　バール(釘《くぎ》抜き)

則である。

2、ABの作品に共通していることとして最も適切なものを次から選びなさい。

ア　せわしない日常にも満足している
イ　得意な料理をすることをよろこんでいる
ウ　ほがらかな生活の場面を楽しんでいる
エ　現実から離《はな》れた美しさにあこがれている
オ　懐《なつ》かしい自然の風景を思い出している

問十三　本文中の「薹《とう》が立つ」は、慣用句として「何かをするのにちょうどよい年令をすぎてしまう」という意味でも使われます。次の意味になるような「…が立つ」という慣用句を、（　）に漢字一字を入れて完成させなさい。

1　名誉《めいよ》が保たれる→（　）が立つ
2　しゃくにさわる→（　）が立つ
3　文章が上手だ→（　）が立つ

三　次のカタカナを漢字に直しなさい。

1　祖母の言葉を人生のシシンにする。
2　カイシンの笑みを浮《う》かべる。
3　料金のサガクを支払《はら》う。
4　姉の勉強に対するシセイを見習う。
5　目上の人をウヤマう。

ウ　とても意外だ
エ　実にはっきりしている
オ　わりと見やすい

問三　――③「理由はきわめてシンプルなものであった」とありますが、その「理由」はなんですか。「アスパラガス」という言葉を使って説明しなさい。

問四　――④「にわかに」の意味を次から選びなさい。
ア　突然　　イ　はげしく
ウ　ゆっくり　　エ　一気に

問五　[A]にあてはまる言葉として最も適切なものを次から選びなさい。
ア　自分中心でわがままになる
イ　農業のことしか話そうとしない
ウ　なんでも急いでしようとする
エ　心ここにあらずで落ち着かない
オ　医者の言うことを聞かなくなる

問六　――⑤「最大の難物のひとつ」とありますが、どういう点で「難物」なのですか。最も適切なものを次から選びなさい。
ア　医師との対決
イ　収入の減少
ウ　農業での苦労
エ　治療の障害

問七　――⑥「患者《かんじゃ》と喧嘩《けんか》になった」とありますが、
1、患者と喧嘩になったのは誰《だれ》ですか。次から選びなさい。
ア　娘《むすめ》　　イ　医者　　ウ　看護師《かんごし》　　エ　救急隊員
2、1の人の主張を十二字以内で答えなさい。

問八　――⑦「状況《じょうきょう》さえ許せば」とありますが、どのような状況になればよいのですか。最も適切なものを次から選びなさい。
ア　農家の人々の生活が苦しくない状況
イ　患者の病状がさしせまってはいない状況
ウ　本人と家族の意思が非常に強い状況
エ　病院のスタッフが農業に理解のある状況

問九　――⑧「策略」とありますが、
1、「策略」の意味を次から選びなさい。
ア　相手の怒りをしずめるための機嫌《きげん》をとるようなふるまい
イ　相手の気をそらすためのその場にそぐわないふるまい
ウ　相手に自分の本心を知られないようにするためのはかりごと
エ　相手を自分の望んでいる事態《じたい》におちいらせるためのはかりごと
2、ここでの「策略」の内容を説明しなさい。

問十　[B]に入る最も適切な語を次から選びなさい。
ア　もの悲しい　　イ　なさけ深い
ウ　気難《きむずか》しい　　エ　堅苦《かたくる》しい

問十一　――⑨「ため息とともに苦笑すれば」とありますが、この表情で「私」は「老婦人」に対してどのような思いを伝えていますか、書きなさい。

問十二　次の文学作品について以下の問いに答えなさい。
A　幸福にアスパラガスを茹《ゆ》で零《こぼ》す　　倉田素香
B　山の唄《うた》アスパラガスを炒《いた》めつゝ（つ）　　藤田湘子
1、右の文学作品について述べた次の文の（　）にあてはまる漢字二字の語を入れなさい。
このような文学の形式を（ア）といい、十七音で作ることと、「アスパラガス」のような（イ）を表す言葉を用いることが原

時節は五月、一般的《いっぱんてき》には連休以外に格別感興を起こさせない月かもしれないが、信州の片田舎では特別な存在感を持つ。この時期、長い冬を終えた信州は一足飛びに夏へと疾走《しっそう》を始め、一斉《いっせい》に開き始めた野花とともに④にわかに活発化するのが種々の農作業である。気温の上《じょう》昇《しょう》に呼応するかのように農道には軽トラが現れ、耕運機《こううんき》が国道を横断し、病院の待合室の話題も血圧や糖尿病《とうにょうびょう》の話から、農事に一変する。話題が一変するだけならよいのだが、これにかかわる患者《かんじゃ》さんたちの態度も一変する。要するに　A　のである。

農家にとっては田植えをはじめとする農作業が、生活における最優先事項《じこう》である。このためしばしば外来を無断で休み、ときに内服を忘れ、手術の日取りを延期し、肺気腫《はいきしゅ》だろうと変形性膝関節症《へんけいせいひざかんせつしょう》であろうと、お構いなしに作業に勤《いそ》しむようになる。これらが即《そく》、命にかかわるというわけではなかろうが、見守る主治医が気をもむことは言うまでもない。

そうした中でも⑤最大の難物のひとつが、アスパラガスの収穫《しゅうかく》である。この春の大地からの贈《おく》り物は、収穫のタイミングが早朝の数時間に限られている。半日違《たが》えるなど以《もっ》ての外で、二時間遅《おく》れただけでも一気に＊1薹《とう》が立つのだそうだ。ゆえに刈《か》り入《い》れ時期は、肺炎だろうと心不全だろうと入院などしている場合ではないということになるのである。

こうした出来事にまだ不慣れであった数年前は、ずいぶん当惑《とうわく》させられ、ときに苛立《いらだ》つこともあった。命よりもアスパラが大事ですかと問えば、「もちろんだ」と即答《そくとう》する。しかし救急車を呼んだのでしょう？　と告げても、「娘《むすめ》が勝手に呼んだのだ」と力説する。なんとか宥《なだ》めようと言葉を重ねても「こんな時間がもったいない」と遮《さえぎ》られ、しまいに⑥患者と喧嘩《けんか》になったこともあるのだが、最近になってようやく見えてきたこともある。この土地では、人は季節とともに生きている。生きるということは、ただ呼吸をするということではなく、何事かを営《いとな》むということと同義である。ゆえに今では、⑦状況《じょうきょう》さえ許せば、アスパラガスを優先することも少なくない。抗生剤《こうせいざい》を内服させ、収穫が終わったらすぐ戻《もど》ってくることを説明の上帰宅にする。そうすると、三時間もすれば、家族とともに皆《みな》病院へ帰ってくるのである。

「おかえりなさい」と私が告げた場所は、朝九時前の外来診察室である。娘に付《つ》き添《そ》われて戻ってきた老婦人は、誇《ほこ》らしげに新聞紙で包んだ大きなアスパラの束をさし出してくれた。さし出しつつ「明日の朝も行ってきていいかね？」と問うてくるのは、婦人の⑧策略というものである。私はとりあえず　B　顔をしてみるのだが、採れたてのアスパラの魅力《みりょく》に抵抗《ていこう》することは容易でない。やがて⑨ため息とともに苦笑すれば、老婦人は満足げに笑顔を浮《う》かべてうなずいた。どうやら明日も、この素敵な贈り物を届けてくれるらしい。

（「五月の贈り物」　夏川草介）

＊1薹が立つ…野菜が生長しすぎて、固くて食べられなくなってしまうこと。

問一　――①「切実な」の意味として最も適切なものを次から選びなさい。

ア　長い間待ち続けていて大切な
イ　身に迫《せま》っていて重大な
ウ　分かりきっていて当然な
エ　突然《とつぜん》降りかかってきて緊急《きんきゅう》な

問二　――②「なかなか派手な所見を示しており」とは検査の結果のどんな様子を表していますか。最も適切なものを次から選びなさい。

ア　ずいぶん悪い
イ　かなり不規則だ

のを次から選びなさい。

ア　どんな土壌に生えた木でも、葉一枚がつくる糖分量が等しい状態

イ　どんな太さの木でも、得られる光と水の量が同じである状態

ウ　どんな間隔で植えられた木でも、樹冠が均等に広がっている状態

エ　どんな気候で育った木でも、幹が均一なはやさで生長する状態

問三　――③「申し合わせたかのように」の意味として最も適切なものを次から選びなさい。

ア　互いに真似《まね》をしたかのように

イ　遠慮《えんりょ》しあっているかのように

ウ　前もって相談していたかのように

エ　誰かに命じられているかのように

問四　――④「その状態をよくないと考える林業従事者もたくさんいて」とありますが、なぜ林業従事者は「よくない」と考えるのか、理由として最も適切なものを次から選びなさい。

ア　木が養分と水分をうまく分配することができないから。

イ　病気の流行や害虫の発生により不健康な木になるから。

ウ　樹冠が小さく見た目がとてもみすぼらしくなるから。

エ　幹が伐採可能な太さにまでなかなか生長しないから。

問五　――⑤「そういう木は健康でよく生長するが、長生きすることはない」とありますが、

1、「そういう木」とはどのような木ですか。説明しなさい。

2、「長生きすることはない」とありますが、「そういう木」が長生きできない理由を二つに分けて説明しなさい。

問六　――⑥「連携《れんけい》を失った森」とありますが、

1、「連携」の言葉の意味として、最も適切なものを次から選びなさい。

ア　連帯して互いに影響《えいきょう》を与えること

イ　連絡《れんらく》をとって共に物事を行うこと

ウ　連動させて目的を達成すること

エ　連続の中で周囲と関わりを持つこと

2、森の中の「連携」とはどのようなことですか。文中の言葉を使って説明しなさい。

問七　――⑦「本来ならありえないこと」とありますが、「ありえないこと」の内容を、文中の言葉を使って二十五字以内で書きなさい。

問八　――⑧「社会の真の価値は、そのなかのもっとも弱いメンバーをいかに守るかによって決まる」とありますが、筆者はどのような人間社会を価値があると考えていますか。解答欄《らん》に合わせて答えなさい。

二　次の文章を読んで後の問いに答えなさい。

頼《たの》むから家に帰らせてくれ、というのが、その老婦人の①切実な訴《うった》えであった。

早朝五時の救急外来である。

八十二歳の女性が、発熱と息切れで救急搬送《はんそう》されたのだが、検査の結果は立派な肺炎《はいえん》であった。酸素状態は悪くないものの、X線検査も血液検査も②なかなか派手な所見を示しており、当然入院して治療《ちりょう》すべき病状である。にもかかわらず、老婦人の訴えは微塵《みじん》もゆるがなかった。

「頼むから家に帰らせてくれ」と。

③理由はきわめてシンプルなものであった。「アスパラガス」である。

うが木が健康に育つ。養分や水分をよりうまく分配できるからか、どの木もしっかりと生長してくれる。

窮屈《きゅうくつ》そうだと思って、人間が手助けのつもりで〝邪魔者〟を取り除くと、残された木は孤独《こどく》になり、お隣《となり》さんとの交流が途絶えてしまう。なにしろ、隣には切り株しか残らないのだから。すると一本一本が自分勝手に生長し、生産性にもばらつきがでてくる。一部の樹木だけがどんどん光合成をして、糖分を蓄《たくわ》える。⑤そういう木は健康でよく生長するが、長生きすることはない。なぜなら、一本の木の寿命《じゅみょう》はそれが立つ森の状態に左右されるからだ。

⑥連携《れんけい》を失った森にはたくさんの〝敗者〟が立ち並ぶことになる。養分の少ない土壌に立っている木。一時的に病気になってしまう木。遺伝的に欠陥《けっかん》のある木。そういったメンバーが、強いものから助けてもらえずに衰弱《すいじゃく》し、害虫や菌類の攻撃《こうげき》を受けやすくなってしまう。強者だけが生き延びるのは、進化の過程において当然のことだと考える人がいるかもしれないが、樹木の場合はそうではない。

樹木自身の幸せは、コミュニティの幸せと直接的に結びついている。弱者がいなくなれば、強者の繁栄《はんえい》もありえない。森の木々はまばらになり、日光と風が直接入り込み、湿った冷たい空気が失われる。その状態が続くと、強い木も病弱になり、まわりの木のサポートに頼《たよ》らざるをえなくなる。そんなときにまわりに木がなければ、どんな巨木でも害虫がついただけで死んでしまう。

私自身、この助け合いを体験したことがある。林業を始めて間もないころ、私は若いブナの木に〝環状剥皮《かんじょうはくひ》〟を施《ほどこ》した。地上一メートルのところで幹のまわりの樹皮をぐるりとはがすのだ。そうすると木は枯《か》れてしまう。これは間伐《かんばつ》法の一つで、木を切るかわりに枯れさせて、枯死木《こしぼく》として森に残すのだ。枯死木は葉を失うので、倒さなくても隣にある生きた木のスペースが増える、という算段だ。皮をはがれた木が死ぬまでには数年かかる。残酷《ざんこく》な話だと思っただろうか？　私もそう思う。だから、もう二度とするつもりはない。

樹皮をはがされたブナたちは必死に生きようとした。それどころか、現在まで枯れずに生きつづけた木もある。⑦本来ならありえないことだ。樹皮がなければ葉でつくられた糖分が根に届かないからだ。本来なら、根に糖分が届かなくなった木は飢《う》え死にし、水を吸い上げるのをやめ、枝葉に水分がなくなり枯れてしまう。それなのに、剥皮のあとも多少なりとも生長を続けた木がたくさんあった。

今の私にはその理由がわかる。まわりの木の援助《えんじょ》によって生きつづけることができたのだ。地中のネットワークを通じて、栄養を分け合っていたのだろう。はがれた皮を再生することに成功した木も少なからずあった。

私は今では、自分がしたことの愚《おろ》かさを恥ずかしく思っている。この出来事を通じて、木のコミュニティの団結力がいかに強いかを学ぶことができた。〝⑧社会の真の価値は、そのなかのもっとも弱いメンバーをいかに守るかによって決まる〟という、職人たちが好んで口にする言葉は、樹木が思いついたのかもしれない。森の木々はそのことを理解し、無条件にお互いを助け合っている。

(『樹木たちの知られざる生活　森林管理官が聴いた森の声』
ペーター・ヴォールレーベン・著／長谷川圭・訳)

＊1樹冠…樹木の上部の、枝や葉が茂っている部分。
＊2リューベック…ドイツの都市。

問一　――①「人々は、間隔《かんかく》が狭《せま》いと光と水の奪《うば》い合いになる、と心配するようだ」とありますが、奪い合いになるのはどのような場所においてなのか、本文から十五字以内で抜《ぬ》き出しなさい。

問二　――②「ブナの木は〝公平さ〟に重きを置いている」と言えるのは、ブナ林がどのような状態にあるからですか。最も適切なも

二〇一九年度　女子学院中学校

【国　語】（四〇分）〈満点：一〇〇点〉

句読点は字数に入れること。

一　次の文章を読んで後の問いに答えなさい。

うちの庭には木が多すぎるのではないか、木と木の間隔《かんかく》が狭《せま》すぎるのではないか、という相談をよく受ける。①人々は、間隔が狭いと光と水の奪《うば》い合いになる、と心配するようだ。しかも、林業に詳《くわ》しい人ほど不安がる。植林地では、幹をできるだけ早く伐採《ばっさい》可能な太さにしなければならないので、大きな＊1樹冠《じゅかん》が均等に広がるように充分《じゅうぶん》な間隔を確保する。そのために、五年ごとに邪魔《じゃま》になる木を切り倒すほどだ。

切られなかった木は一〇〇歳という若さで製材所送りになるので、少しぐらい不健康でもかまわない。不健康？　邪魔者がいなくて、たくさんの光を浴びて、水も充分に吸収できる木ほど、すくすくと元気に育つはずだ、不健康なはずがない。あなたもそう思っただろうか？　さまざまな種類の樹木が生える森では、たしかにそのとおりだ。それぞれの木が少しでも多くの光や水を得ようと競争する。

しかし、同じ種類の樹木同士ではそうはならない。すでに紹介《しょうかい》したように、ブナなどの木は仲間意識が強く、栄養を分け合う。弱った仲間を見捨てない。仲間がいなくなると、木と木のあいだに隙間《すきま》ができ、森にとって好ましい薄暗《うすぐら》さや湿度《しつど》の高さを保てなくなってしまうからだ。つまり、局所的な気候が変わってしまう。最適な気候が維持《いじ》できてはじめて、それぞれの木は自分のことを考え、自由に生長できるようになる。そうはいっても、完全に自由なわけではない。少なくとも②ブナの木は〝公平さ〟に重きを置いている。

私が管理しているブナ林で、ある女学生が興味深い発見をした。信じられないことに、そこにある木はどれもまるで③申し合わせたかのように同じ量の光合成をしていた。どの木もそれぞれ違《ちが》う環境《かんきょう》に立っていて、土が柔らかい場所もあれば、石が多い場所もある。湿《しめ》っぽい区画もあれば、乾燥《かんそう》しがちな土壌《どじょう》もある。栄養素がどれぐらい含まれているかも区画によってまちまちで、それこそ数メートルごとに環境が異なっている。条件が違うのだから、内部で合成される糖分の量もばらばらで、生長のはやさもそれぞれ異なっている。それなのにどの木も同じだけの光合成をしているのはなぜだろう？

私はこう考える。太い木も細い木も仲間全員が葉一枚ごとにだいたい同じ量の糖分を光合成でつくりだせるように、木々は互《たが》いに補い合っている。この調節は地中の根を通じて行われているのだろう。根を使って、私たちが想像する以上の情報が交換されているにちがいない。豊かなものは貧しいものに分け与《あた》え、貧しいものはそれを遠慮《えんりょ》なくちょうだいする。ここでも、菌類《きんるい》の巨大《きょだい》なネットワークが活躍《かつやく》し、出力調整機のような役割を果たしている。あるいはまた、立場の弱いものも社会に参加できるようにする社会福祉《ふくし》システム、といえるかもしれない。

ブナの場合、木と木の間隔が近すぎると生長できない、などということはない。逆に一メートルの範囲《はんい》内に何本かが並んでいることもある。その場合、間隔が狭いので樹冠も小さくなる。④その状態をよくないと考える林業従事者もたくさんいて、彼らは間隔をもっと空けるためにそのうちの一本を切り倒したりする。

ところがあるとき、＊2リューベックの専門家が、密集しているブナ林のほうが生産性が高いことに気づいた。資源（主に木材）量の年間増加率が、密集林のほうが明らかに高いのだ。つまり、密集しているほ

2019年度 女子学院中学校 ▶解説と解答

算　数　（40分）＜満点：100点＞

解　答

1 (1) $\frac{134}{2019}$　(2) 6.3cm^2　(3) ① $1\frac{1}{2}$　② $\frac{5}{11}$　(4) **角㋐**…15度，**角㋑**…74度，**角㋒**…29度　(5) $12\frac{1}{2}$cm，$3\frac{1}{8}$cm　**2** (1) 18.9cm　(2) 解説の図③を参照のこと。　**3** (1) 9通り　(2) 解説の図④を参照のこと。　**4** 130度（または，230度），午前8時20分　**5** **菓子**…834個，**12個入り**…67箱，**15個入り**…2箱　**6** 3人，17人，35人

解　説

1 **四則計算，面積，逆算，約束記号，角度，相当算**

(1) $\left(\frac{7}{37}+\frac{2}{185}\right)\times\left(0.5-0.18\div1\frac{2}{25}-\frac{1}{673}\right)=\left(\frac{35}{185}+\frac{2}{185}\right)\times\left(0.5-\frac{18}{100}\div\frac{27}{25}-\frac{1}{673}\right)=\frac{37}{185}\times\left(0.5-\frac{9}{50}\times\frac{25}{27}-\frac{1}{673}\right)=\frac{1}{5}\times\left(\frac{1}{2}-\frac{1}{6}-\frac{1}{673}\right)=\frac{1}{5}\times\left(\frac{2019}{4038}-\frac{673}{4038}-\frac{6}{4038}\right)=\frac{1}{5}\times\frac{1340}{4038}=\frac{134}{2019}$

(2) 右の図1で，三角形ABCは直角二等辺三角形だから，その面積は，$8\times8\div2=32$(cm^2)である。また，三角形AFDと三角形EHCも直角二等辺三角形で，面積はそれぞれ，$2\times2\div2=2$(cm^2)，$4\times4\div2=8$(cm^2)となる。さらに，おうぎ形FDGの面積は，$2\times2\times3.14\times\frac{1}{4}=3.14$(cm^2)，おうぎ形HBEの面積は，$4\times4\times3.14\times\frac{1}{4}=12.56$(cm^2)なので，影《かげ》をつけた部分の面積は，$32-2-8-3.14-12.56=6.3$(cm^2)と求められる。

図1

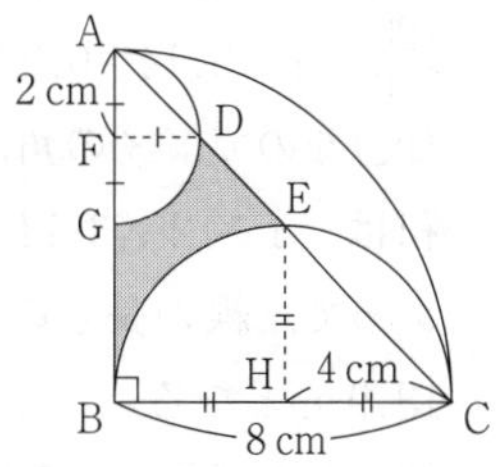

(3) ① $\frac{1}{1-[A]}=3$より，$1\div(1-[A])=3$，$1-[A]=1\div3=\frac{1}{3}$，$[A]=1-\frac{1}{3}=\frac{2}{3}$となる。よって，$A$の逆数が$\frac{2}{3}$だから，$A=\frac{3}{2}=1\frac{1}{2}$である。　② $\frac{1}{1+\frac{1}{1-[6]}}=1\div\left(1+\frac{1}{1-[6]}\right)=1\div\{1+1\div(1-[6])\}=1\div\left\{1+1\div\left(1-\frac{1}{6}\right)\right\}=1\div\left(1+1\div\frac{5}{6}\right)=1\div\left(1+\frac{6}{5}\right)=1\div\frac{11}{5}=\frac{5}{11}$より，$B=\frac{5}{11}$となる。

(4) 右の図2で，太線の図形は直線EFを軸《じく》として線対称《せんたいしょう》なので，四角形EGFOも直線EFを軸として線対称になる。よって，GFとOFの長さは等しく，OFとOGはどちらも円の半径だから，三角形GOFは正三角形となり，角GOFの大きさは60度とわかる。また，三角形BHOは直角二等辺三角形なので，角HOBの大きさは45度である。したがって，角㋐＝60－45＝15(度)とわかる。次に，角ABIと角CBIの大きさは45度で等しいので，三角形ABIと三角形CBIは合同になる。よって，角㋑

図2

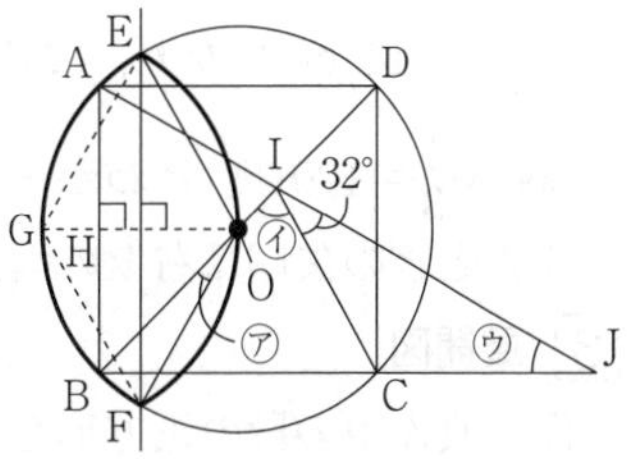

と角AIBの大きさは等しいから，角㋑＝(180－32)÷２＝74(度)と求められる。さらに，三角形BIJで，角BIJの大きさは，74＋32＝106(度)となるから，角㋒＝180－106－45＝29(度)とわかる。

(5) 青に白をのせたものが赤より高いときは右の図３の(あ)のように，青に白をのせたものが赤より低いときは(い)のようになる。(あ)の場合，青の高さの，$1-\frac{3}{5}=\frac{2}{5}$(倍)が5 cmだから，青の高さは，$5\div\frac{2}{5}=12\frac{1}{2}$(cm)となる。また，(い)の場合，青の高さの，$1+\frac{3}{5}=\frac{8}{5}$(倍)が5 cmなので，青の高さは，$5\div\frac{8}{5}=3\frac{1}{8}$(cm)となる。

図３
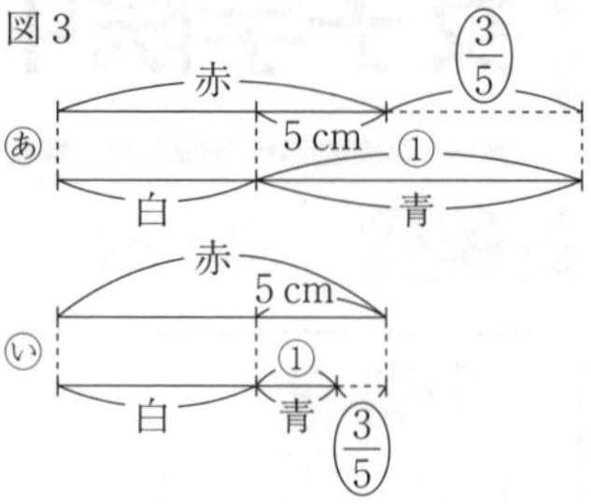

2 平面図形―図形の移動，長さ

図①
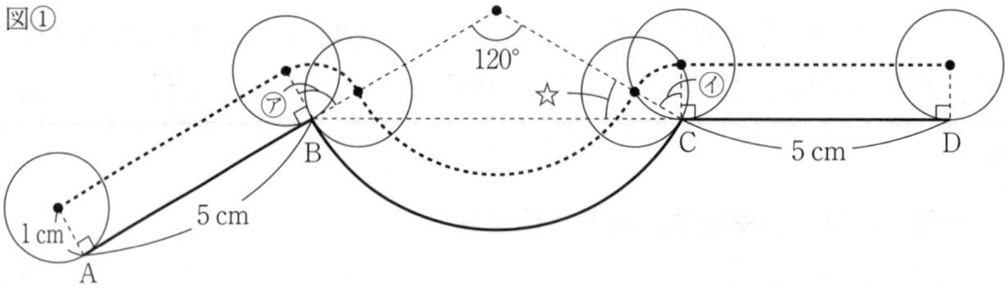

⑴ 中心が動いてできる線は上の図①の太い点線のように，直線と，半径１cmのおうぎ形の弧《こ》と，半径，４－１＝３(cm)のおうぎ形の弧でできている。まず，直線部分の長さの和は，５×２＝10(cm)である。また，半径３cmのおうぎ形の中心角は120度だから，弧の長さは，$3\times2\times3.14\times\frac{120}{360}=2\times3.14=6.28$(cm)となる。さらに，㋐の角度は90度で，☆の角度が，(180－120)÷２＝30(度)なので，㋑の角度は，90－30＝60(度)とわかる。そこで，半径１cmのおうぎ形の弧の長さの和は，$1\times2\times3.14\times\frac{90+60}{360}=2\times3.14\times\frac{5}{12}=2\times3.14\times5\div12=31.4\div12=2.61\cdots$(cm)となる。よって，線の長さの和は，10＋6.28＋2.61…＝18.89…(cm)で，小数第２位を四捨五入すると，18.9cmとなる。

⑵ 右の図②のように，点Bと接している円周上の点をEとすると，円周の長さは，１×２×3.14＝２×3.14(cm)だから，円が弧BC上を(２×3.14)cm転がると，図②のように，点Eは再び弧BCと接する。また，弧BCの長さは，

図②
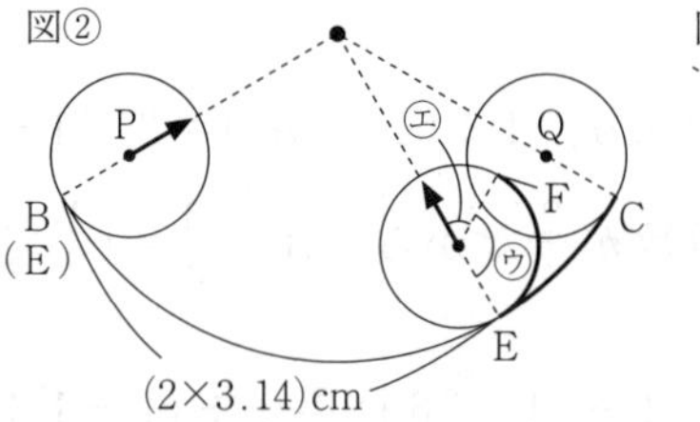

図③
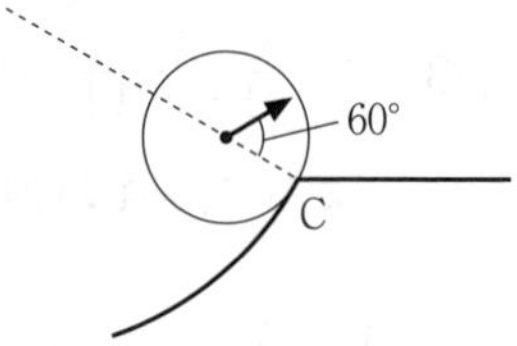

$4\times2\times3.14\times\frac{120}{360}=\frac{8}{3}\times3.14$(cm)なので，あと，$\frac{8}{3}\times3.14-2\times3.14=\frac{2}{3}\times3.14$(cm)転がると，円が点Cに接する。よって，点Cと接する円周上の点をFとすると，弧EF(図②の太線)の長さは$\left(\frac{2}{3}\times3.14\right)$cmになり，この長さは円周の，$\left(\frac{2}{3}\times3.14\right)\div(2\times3.14)=\frac{1}{3}$(倍)だから，㋒の角度は，$360\times\frac{1}{3}=120$(度)とわかる。したがって，㋓の角度は，180－120＝60(度)なので，円の中心がQにきたときの矢印は右上の図③のようになり，矢印と点線との角度は60度になる。

3 展開図

⑴ 真ん中の段の正方形を４個使う場合は下の図①の４通り，３個使う場合は下の図②の４通り，

２個使う場合は下の図③の１通りある。よって，12を使ってできる展開図は全部で，４＋４＋１＝９(通り)となる。

⑵　真ん中の段の正方形を４個使う場合は，上下の段の正方形を１個ずつ使うので，最小の和は，１＋５＋６＋７＋８＋９＝36になる。次に，真ん中の段の正方形を３個使う場合は，（５，６，７）と（６，７，８）の２つが考えられる。どちらも上の段を２個，下の段を１個使えば和が小さくなるので，それぞれの最小の和は，３＋４＋５＋６＋７＋９＝34，１＋２＋６＋７＋８＋10＝34になる。最後に，真ん中の段の正方形を２個使う場合の和は，１＋２＋６＋７＋11＋12＝39と，３＋４＋６＋７＋９＋10＝39の２つである。よって，最小の和は34とわかり，下の図④のどちらかが答えとなる。

図①

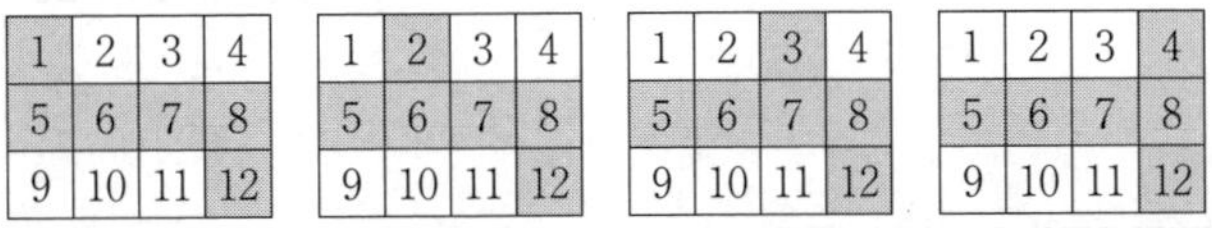

図④

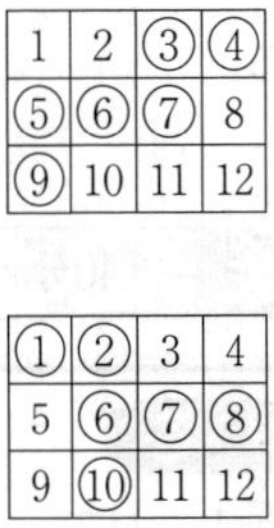

図②

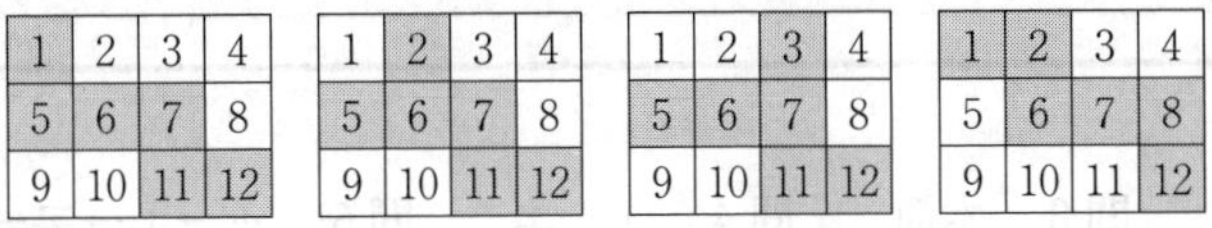

図③

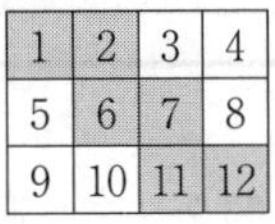

4 時計算

１分間に時計の長針は，360÷60＝６(度)，短針は，360÷12÷60＝30÷60＝0.5(度)回転するので，長針は短針よりも１分間に，６－0.5＝5.5(度)多く回転する。そこで，今から$56\frac{4}{11}$分後までに，5.5×$56\frac{4}{11}$＝310(度)多く回転するので，今の長針と短針のつくる小さい方の角は，310－180＝130(度)，大きい方の角は，360－130＝230(度)とわかる。また，文字盤《ばん》どうしの間の角は30度だから，130÷30＝４余り10より，今の長針と短針は右上の図のようになる。図より，短針はアの時刻から，10÷0.5＝20(分)回転しているので，長針が指している数は20分を表す４である。したがって，ア＝４＋４＝８となり，今の時刻は午前８時20分と求められる。

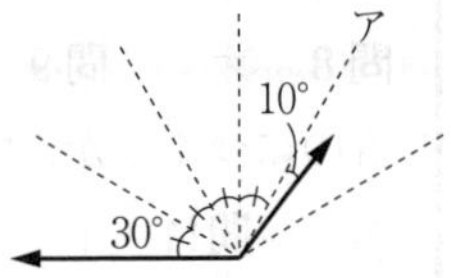

5 差集め算

１個あたりの値段は，12個入りが，1500÷12＝125(円)，15個入りが，1800÷15＝120(円)である。もし，これらの値段で，余った分もすべて売ると売り上げは，12個入りのときが，125×６＝750(円)，15個入りのときが，120×９＝1080(円)増える。そこで，箱入りの菓子《かし》がすべて売れたときの売り上げは12個入りの方が大きいから，余った分を売ったときの売り上げの差は4500円よりも，1080－750＝330(円)縮まって，4500－330＝4170(円)になる。よって，菓子は全部で，4170÷(125－120)＝834(個)と求められる。次に，834個の菓子をすべて，１個あたりの値段が高い12個入りにすると，834÷12＝69余り６より，69箱になるが，余った６個を12個入りの箱に，15－12＝３(個)ずつ入れると，６÷３＝２(箱)を15個入りにできる。したがって，12個入りを，69－２＝67(箱)と15個入りを２箱にすると，売り上げが最大になる。

6 条件の整理，集まり

バスケットボールをバ，ドッジボールをド，サッカーをサ，卓球《たっきゅう》を卓と表すと，生徒の出場する競技は右のＡ～Ｉのいずれかになり(「サと卓」の生徒はいない)，問題文中の㈠，㈣，㈤より，

A…バのみ，B…ドのみ，C…サのみ
D…卓のみ，E…バとド，F…バとサ
G…バと卓，H…ドとサ，I…ドと卓

E＋F＋G＋H＋I＝9(人)…①
B＋C＋D＋H＋I＝20(人)…②
F＋G＝B－3(人)…③

①，②，③の式が成り立つ。①と③の式より，E＋B－3＋H＋I＝9(人)なので，E＋B＋H＋I＝9＋3＝12(人)となる。この(E＋B＋H＋I)はドに出場する生徒全員になるから，ドに出場する生徒は12人とわかる。よって，(ウ)より，バとドの両方に出場する生徒は，$12\times\frac{1}{4}=$3(人)と求められる。次に，サまたは卓に出場する生徒は(C＋D＋F＋G＋H＋I)にあたる。ここで，③の式で，Bは(F＋G)より3人多いから，②の式より，F＋G＋3＋C＋D＋H＋I＝20(人)とわかる。したがって，C＋D＋F＋G＋H＋I＝20－3＝17(人)だから，サまたは卓に出場する生徒は17人である。さらに，(ウ)より，バに出場する生徒は，$3\div\frac{1}{5}=$15(人)で，(エ)より，バに出場しない生徒は20人だから，クラスの人数は，15＋20＝35(人)となる。

社会 (40分)＜満点：100点＞

解答

I 問1 貝塚 問2 奈良県 問3 木簡 問4 イ，エ 問5 イ→エ→ア→ウ 問6 ウ→ア→エ→イ 問7 (例) 版画で大量に刷られたため，値段が安くなったから。 問8 オ 問9 記号…ア，エ／(例) 修理して再利用した。 記号…イ，カ／(例) 別のものにつくりかえて再利用した。 記号…ウ，オ／(例) 肥料として再利用した。 問10 エ 問11 イ II 問1 (1) 豊臣秀吉 (2) ウ→エ→ア→イ (3) エ，オ (4) 記号…エ／(例) 農民から武器や武具を没収したという記述があること。 問2 エ→イ→オ→ア→ウ 問3 イ 問4 自動車 問5 ウ→イ→ア→エ 問6 (例) 料理，洗濯といった家事にかかる手間や時間を軽減することができたから。 問7 (1) ウ (2) ア，エ III 問1 (1) ウ (2) エ 問2 ○ 問3 エ 問4 イ，オ 問5 ア，ウ 問6 (1) イ，ウ (2) ウ (3) (例) 大企業の本社や官庁，学校などが集中し，周辺から通勤・通学する人が流入するから。 問7 エ 問8 (1) ウ (2) エ (3) ア 問9 火事(火災) 問10 ア→ウ→イ 問11 エ IV 問1 X 水銀 Y 持続可能 問2 (例) 健康で文化的な最低限度の生活を営む権利 問3 内閣 問4 エ 問5 ア，ウ，オ 問6 ウ 問7 イ 問8 環境(大臣) 問9 (例) フェアトレードの商品であるかどうかということ。

解説

I 資源再利用の歴史についての問題

問1 「貝塚」は縄文時代の人々のごみ捨て場で，貝殻《がら》などが層をなして見つかるほか，石器や土器の破片なども出土し，当時の人々の生活のようすを知る手がかりになる。また，貝塚は当時の海岸線に沿って並んでいるため，その位置から当時の海岸線の形を推定することもできる。

問2 藤原京は奈良県の奈良盆地南部につくられた都で，694年に持統天皇がこの地に都を移した。その後の710年，元明天皇は奈良盆地北部に造営された平城京に都を移した。

問3　飛鳥時代や奈良時代には紙は貴重であったため，役所間の連絡や，地方から都に運ばれた税の荷札などには，木を短冊状に切った木簡《もっかん》とよばれる札が用いられた。木簡には墨《すみ》などで荷物の中身や目的地などを書き，使用後は削《けず》って再利用した。

問4　7世紀末は飛鳥時代後半にあたる。鉄器は弥生時代に，漢字は古墳時代に中国大陸や朝鮮半島から伝わったとされているので，イとエが選べる。なお，アは鎌倉時代，ウは平安時代後期から日本各地に広まった。オについて，木綿は長い間，朝鮮や中国からの輸入品だったが，室町時代になって国内で生産されるようになったと伝えられている。

問5　アは645年，イは538年(一説に552年)，ウは720年，エは607年のできごとなので，古い順にイ→エ→ア→ウとなる。

問6　アは平安時代，イは戦国時代，ウは古墳時代，エは鎌倉時代にあてはまることがらなので，古い順にウ→ア→エ→イとなる。なお，イの北条氏は，鎌倉時代に執権《しっけん》を務めたエの北条氏と区別するため，「後北条氏」「小田原北条氏」ともよばれる。

問7　浮世絵《うきよえ》は江戸時代に大成された絵画の様式で，美人画や役者絵，風景画などが人気を博した。江戸時代後半の化政文化のころには，鈴木春信らによって錦《にしき》絵とよばれる多色刷り版画の技法が確立され，同一の絵を大量に刷ることができるようになった。これによって値段が下がったため，浮世絵を買って楽しむことが娯楽《ごらく》として広がった。

問8　歌舞伎《かぶき》は17世紀初めに出雲阿国《いずものおくに》が京都で始めたかぶき踊《おど》りがもとになり，江戸時代に大成されて現在にいたる。江戸時代，幕府は江戸・京都・大阪の三都に限って常設の芝居小屋を公認し，上方とよばれた京都と大阪では，「荒事《あらごと》」を特色とする江戸歌舞伎に対して，「和事《わごと》」を特色とする上方歌舞伎が発展した。よって，オがまちがっている。

問9　アとエは，回収したものを洗ったり修理したりすることで，再び使える製品にもどすという点が共通している。イとカは，回収したものから使える部分を取り出し，別のものにして使うという点が共通している。ウとオは，都市のごみを農家の肥料として再利用する点が共通している。

問10　品物がじょうぶで壊《こわ》れなかったら，それを修理する商売は成り立たず，再利用がさかんに行われることもない。よって，エがふさわしくない。

問11　江戸時代の武士は，幕府や藩から身分や石高に応じて武家屋敷《やしき》が与えられ，個人の意志で家や土地を離れることはできなかった。よって，イがふさわしくない。

II　鉱物資源を題材にした歴史的なことがらについての問題

問1　(1)　史料は，大仏づくりを名目に百姓《ひゃくしょう》から武器を取り上げ，農業に専念させる内容であることから，1588年に豊臣秀吉が出した刀狩《かたながり》令だとわかる。　(2)　アは1592～93年(文禄《ぶんろく》の役)と1597～98年(慶長《けいちょう》の役)，イは1600年，ウは1575年，エは1582年のできごとなので，古い順にウ→エ→ア→イとなる。　(3)　3つ目の命令に「百姓は農耕・養蚕にはげむこと」とあるので，養蚕によって生糸を生産することは認められていたとわかる。また，1つ目の命令に「一揆《いっき》をくわだて，けしからぬ行為をなす者たちは，もちろん厳しい罰《ばつ》を受けるだろう」とあるので，中心人物だけでなく，参加した者も処罰されるとわかる。よって，エとオがまちがっている。　(4)　ア　刀狩令が出された2年後にあたる1590年の複数の農民の所有物を調べ，そこに武器や武具がないことがわかれば，実際に刀狩が実行されたと推測することができる。　イ　1つ目の命令にあるとおり，刀狩の実際の作業は地域の代官(役人)が行ったのだから，豊臣秀吉の和歌を調べても刀狩の実施状況《じょうきょう》を調べるのは難しいと考えられる。　ウ　大仏の金具の形を調べたとしても，取り上げられた武器や武具はさまざまな形に加工されているはずなので，刀狩が実際に行われたかどうかを知ることにはつながらない。　エ　刀狩を実際に行った代官がその状況を日記に書いていれば，それを読むことで刀狩の実施のようすをうかがい知ることができる。　オ　身分制度が確立した江戸時代後半においても一揆は頻発《ひんぱつ》している。つまり，1603年の一揆の回数が減っていたとしても，それが刀狩によって武器や武具を保有しなくなった効果かどうかを判断することはできない。

問2　アについて，第二次世界大戦後，エネルギー源が石炭から石油へと転換《てんかん》するエネルギー革命が起こるなかで，炭鉱は次々と閉鎖され，本州最大の炭鉱ともいわれた福島県の常磐《じょうばん》炭田も昭和時代後期の1976年に閉山となった。イは明治時代初めの1872年，ウは2015年，エは江戸時代，オは明治時代後半の1901年のできごとなので，古い順にエ→イ→オ→ア→ウとなる。

問3　ア　明治時代の製糸工場では，農村出身の女工が労働力の中心であったが，彼女たちは低賃金と過酷《かこく》な労働条件のもと，長時間労働に従事させられた。　イ　1925年に制定された治安維持法の説明として正しい。　ウ　日本では明治時代後期の1897年に労働組合期成会が設立されると，労働組合結成の動きが加速した。　エ　第二次世界大戦後，労働に関する仕事を担当する省庁として労働省が置かれ，2001年には厚生省と統合されて厚生労働省となった。

問4　石油からつくられるガソリンをエネルギーとする自動車は，19世紀末にドイツで開発された。その後，20世紀初めにアメリカのフォード社が大量生産に成功すると自動車は広く普及《ふきゅう》し，これにともなって石油の消費も大幅《おおはば》に増えた。

問5　アは明治時代初めの文明開化のころ，イは「天智天皇」とあるので飛鳥時代，ウは「石包丁」とあるので弥生時代，エは「満州国」とあるので昭和時代前半のできごとだとわかる。よって，古い順にウ→イ→ア→エとなる。

問6　1950年代後半から1970年代初めまで続いた高度経済成長期の前半，日本では産業が発展し，家庭には電化製品が普及した。このうち，白黒テレビ・電気洗濯機・電気冷蔵庫は「三種の神器」とよばれ，家庭にあるのが理想とされた。電気洗濯機と電気冷蔵庫は洗濯や炊事《すいじ》の手間や時間を減らしたため，それまでおもに家事を担っていた女性の負担軽減につながった。これが人々に余暇《よか》を楽しむゆとりを与えたり，女性の社会進出をうながしたりしたのである。

問7　(1)　所得税を減税することは，手にする所得(給与)の増加にはつながるが，物価の急上昇《じょうしょう》を改善する政策としてはふさわしくないので，ウが選べる。　(2)　アは1995年，イは1964年，ウは1950～53年，エは1978年のできごとなので，アとエがあてはまる。

Ⅲ　東京都日の出町を題材にした問題

問1　(1)　一般に，役場は人が多く集まり，利便性も高い町の中心地につくられることが多い。よって，図書館(🕮)や病院(⛨)，郵便局(〶)などの公共施設が多く，多くの道路(都道)も集まるＢとＣの間に置かれていると考えられる。実際の町役場も，図書館のすぐ東側にある。　(2)　内陸部に立地する工場は，部品を組み立てて製品をつくる機械工業の工場が多い。この場合，工場用地には材料や部品・製品の輸送に便利な場所が適しているので，高速道路が走り，インターチェンジがあるＣより東側の範囲《はんい》が選べる。実際，インターチェンジのすぐ西側には工業団地が広がっている。

問2　町村役場と政令指定都市の区役所は，(○)の地図記号で表される。

問3　図１の中には病院，老人ホーム(⌂)，小中学校(文)，寺院(卍)，交番(Ｘ)，郵便局は見られるが，消防署(Y)は見られない。

問4　ア　廃棄《はいき》物処分場の北側には，となりの地方自治体との境界線(−‥−)がのびている。
イ　図2には方位記号が示されていないので，地形図の上が北にあたる。図2中の三角点や標高点の数字から，地形はおおむね北西から南東に向かって低くなっているとわかるので，廃棄物処分場は南東向きの斜面《しゃめん》につくられたと判断できる。　ウ　廃棄物処分場の周囲には広葉樹林(Q)や針葉樹林(Λ)が見られる。　エ　廃棄物処分場から南東へのびる道にはトンネル()::::()がある。
オ　等高線より，○印の神社(⛩)は標高260～270mの地点にあることが読み取れるが，標高268m付近に広がる廃棄物処分場と神社の間には標高350mを超《こ》える尾根が張り出しており，神社から廃棄物処分場を見わたすことはできない。

問5　ア　ごみ減量のため，地方自治体が指定したごみ袋を有料で販売し，家庭ごみの回収を有料化する市区町村が増えているので，正しい。　イ　燃えるごみから出る焼却《しょうきゃく》灰は埋《う》め立てて処分されるだけでなく，セメントの原料として活用する動きも広がっている。　ウ　燃えないごみからでも金属を取り出すことはでき，回収された金属はリサイクルされる。よって，正しい。
エ　一般に，テレビやエアコンなど特定の家電製品については，消費者が購入《こうにゅう》時に回収やリサイクルに必要な費用を支払うことになっている。　オ　ごみの処分場は大きな土地を必要とすることなどから，これを持たない市区町村もある。この場合，複数の市区町村で共同してごみの処分を行うことになる。

問6　(1)　昼夜間人口比率は，常住人口に対する昼間人口が多いほど大きくなる。表中の市区町村で昼間人口，常住人口ともに第1位の世田谷区は，常住人口に対する昼間人口が少ないため，昼夜間人口比率も100を下回る低い数値になると判断できる。同様に，練馬区の昼夜間人口比率も100を下回る。よって，イとウがまちがっている。　(2)　昼夜間人口比率は，(昼間人口)÷(常住人口)で求められる。よって，千代田区の昼夜間人口比率は，853068÷58406×100＝1460.58…より，約1460.6と求められる。　(3)　千代田区には中央省庁や企業の本社，学校などが集中しているため，周辺から多くの通勤・通学者が流入する。そのため，ほかの区や町よりも昼夜間人口比率が大きくなる。

問7　書道で使う墨は，松や植物油を燃やしたさいにでる「すす」を動物からとれるゼラチンなどと混ぜて固めたものなので，エがまちがっている。

問8　(1)　エジプトは国土の大部分が，オーストラリアは国土の中央が乾燥《かんそう》帯(砂漠)であるため，森林面積の割合は低い。また，中国も西部や北部に乾燥帯が広がっており，国土の約3分の2を森林が占《し》める日本の割合にはおよばない。よって，ウのフィンランドが選べる。フィンランドは国土の約4分の3を森林が占めている。　(2)　一般に，森林面積の割合は山地の多い地域で高い。県の中央部に出羽《でわ》山地，東部に奥羽《おうう》山脈が走る秋田県の森林面積は，県の面積の約71%を占めている。一方，平野が広がる地域の人口は多く，さらに面積の小さい都府県ではせまい範囲に人の生活する空間を広げる必要も生じるため，森林面積の割合が低くなる傾向《けいこう》にある。　(3)　第二次世界大戦後，木材需要《じゅよう》の増加から針葉樹の植林がさかんに行われ，人工林が増加した。しかし，安い外国製木材の輸入量が増えるとともに国内の林業が衰退《すいたい》していったため，人工林の木々は伐採《ばっさい》されずに蓄《ちく》積《せき》され，その量は増加している。よって，アがまちがっている。

問9　江戸時代，江戸の町民の多くは，長屋とよばれる一続きの木造家屋に住んでいたため，火事になると被害は大きく拡大した。火事は冬場に多く，そのたびに町を再建するための材木が必要とされたことから，その値段が急上昇したのだと考えられる。

問10　アは1873～74年，イは1888年(翌89年に大日本帝国憲法として発布)，ウは1881年のできごとなので，古い順にア→ウ→イとなる。

問11　石灰石はセメントの原料となり，日本で自給できる数少ない鉱産資源である。山口県や埼玉県秩父《ちちぶ》市，東京都日の出町といった石灰石の産地の周辺では，セメント工業が発達してきた。

Ⅳ 現代の社会や生活を題材にした問題

問1　**X**　水俣《みなまた》病は，化学工場の廃水にふくまれていた有機水銀に汚染された魚介類を食べた住民が神経障害などを発症《はっしょう》したもので，1968年に政府が公害病と認定した。水銀は蛍光《けいこう》灯などにも用いられていたが，2013年に「水銀に関する水俣条約」が採択《さいたく》され，水銀を用いた製品の使用や製造に厳しい規制がかけられるようになった。　**Y**　「持続可能な社会」とは，現在の世代の欲求を満たしつつ，地球環境や自然環境を守り，将来の世代に引き継《つ》げるような社会を目指すという考え方で，2015年にはこれを実現するため国際連合(国連)で「国連持続可能な開発サミット」が開催された。世界150か国以上の首脳が参加したこの会議では，17の目標を掲《かか》げた「持続可能な開発目標(SDGs)」が設定された。

問2　日本国憲法第25条１項は「健康で文化的な最低限度の生活を営む権利」として，国民に生存権を保障している。また，同２項では「国は，すべての生活部面について，社会福祉，社会保障及《およ》び公衆衛生の向上及び増進に努めなければならない」としており，生存権の保障を国に義務づけている。そのため，企業活動によって生存権が侵害《しんがい》された場合，その原因となった企業だけでなく，それを取り締《し》まらなかった国や県にも責任が生じるのである。

問3　内閣は外交関係を処理し，外国と条約を締結《ていけつ》する権限を持つ。なお，内閣が締結した条約が効力を持つためには，事前または事後に国会の承認(批准《ひじゅん》)が必要となる。

問4　地方税については地方税法で規定されているが，条例を定めることによって市町村が独自の税金を設定し，徴収《ちょうしゅう》することが認められている。条例の制定は地方議会の持つ権限なので，エが正しい。

問5　イ　2018年６月にカナダのシャルルボワで開催されたＧ７サミットでは，日本と米国(アメリカ合衆国)をのぞく５か国が「海洋プラスチック憲章」に署名した。日本は，国内法の整備が不十分で，社会に与える影響が不明確だという理由などから，署名しなかった。　エ　プラスチックは容易に自然分解されず，数百年残り続ける。また，波や紫外線の影響で５ミリ以下になったものはマイクロプラスチックとよばれ，海の生き物に取りこまれることが問題視されている。
カ　容器包装に使われたプラスチックの人口一人あたりの廃棄量において，日本は米国につぐ第２位の多さであり，世界の国々の中でも上位である。なお，統計資料は環境省ホームページによる。

問6　電化製品の新型モデルが発売されるたびに新しいものに買い替《か》えると，そのたびにまだ使える古いものが不用品となってしまう。これは，使い捨てをなくし資源を有効に用いるという「循環《じゅんかん》型社会」の形成に反する行為なので，ウが正しくない。

問7　テレビ，エアコン，冷蔵庫・冷凍庫，洗濯機・衣類乾燥機については，「家電リサイクル法」によって製造者にリサイクルが義務づけられている。このように，廃棄物について製造した企業などの責任を問う考え方が広がっているので，イがまちがっている。

問8　環境についての政策は，環境大臣を長とする環境省が中心となり，具体的な計画を作成する。環境省は2001年に環境庁が格上げされて発足した省で，環境の保全，公害防止などを担当している。

問9　チョコレートや衣料品の原材料となる農産物の多くは，発展途上国で生産されている。これまで，商品から得られる利益の大部分は輸入業者や販売業者のものになり，生産者である発展途上国の人々にはほとんど行きわたらないという不公平な状態が一般的であった。そこで近年，生産者の生活を支援するため，適正な価格で原材料を購入しようという「フェアトレード」が行われるようになってきた。利益を公平に分かち合うためには，商品がフェアトレードによって流通したものであるかどうかを考え，それらを選ぶよう心がけることが大切である。

理　科　（40分）＜満点：100点＞

解　答

Ⅰ　**1**　⑴　二酸化炭素　⑵　イ　⑶　①　イ，ウ　②　エ　③　オ　⑷　**名前**…石灰水　**反応の様子**…白くにごる。　⑸　①　イ　②　ウ　③　イ　④　ア　⑹　（イ　ケ），（イ　コ），（ウ　ケ）　**2**　ウ，カ　**3**　（例）　着色したり，材料に他の物質を混ぜたりしない。　**4**　（例）　送風機で下から適当な風を送りながら混合物を落下させたとき，アルミニウムは下に落ち，ペットボトルは上に飛ばされる。　Ⅱ　**1**　①　11.0℃　②　ウ　③　ウ　**2**　④　ア　⑤　ア　⑥　ア　⑦　イ　⑧　イ　**3**　⑨　ア　⑩　イ　⑪　イ　**4**　（例）　地表付近の空気と上空の空気の温度差　Ⅲ　**1**　⑴　①　B，ウ　②　A，イ　③　A，イ　⑵　受精　⑶　オ　⑷　ウ　⑸　イ　⑹　（例）　めすの腹はおすよりひと回り大きい。　⑺　イ　**2**　⑴　①　ア　②　ウ　⑵　0.6mm　⑶　ウ　⑷　60日後　Ⅳ　**1**　⑴　1個　⑵　①　35cm　②　（5，5，25），（5，10，20），（5，15，15），（10，10，15）　**2**　⑴　①　イ　②　ア，イ，ウ，エ　③　ア　⑵　①　0g　②　400g　⑶　①　ウ　②　ア　⑷　**A**　ア　**B**　ウ　**3**　①　ウ，エ　②　ア　③　イ

解　説

Ⅰ　ペットボトルについての問題

1　⑴　ドライアイスは二酸化炭素を固体にしたもので，室温で固体から気体に変わる。ペットボトルは炭素をふくんでいるため，燃やすと二酸化炭素が発生する。　⑵　二酸化炭素は水に溶《と》ける。二酸化炭素などの気体は低温になるほど水に溶ける量が多くなる。　⑶　水溶液《すいようえき》は水に物質が溶けたものをいい，サラダ油は水溶液ではない。また，水溶液は水に溶けた物質が見えず透明《とうめい》だが，せっけん水は透明といえないことが多く，一般に水溶液とは区別される。酢《す》と塩酸はどちらも酸性の水溶液で，気体が溶けていてにおいを持つ。水酸化ナトリウム水溶液とアンモニア水はアルカリ性の水溶液で，水酸化ナトリウム水溶液は固体が溶けていてにおいがなく，アンモニア水は気体が溶けていてにおいを持っている。さとう水は中性の水溶液で，固体が溶けていてにおいを持たない。　⑷　石灰水に二酸化炭素を通すと，水に溶けない炭酸カルシウムという物質ができて水中をただようため白くにごる。　⑸　①　消火器につめた二酸化炭素を噴射《ふんしゃ》すると，燃えている

ものが二酸化炭素で包まれ，燃焼を助ける酸素と遮断《しゃだん》されるため火が消える。　②　紙でつくった鍋《なべ》に水を入れて火にかけると，鍋に加わる熱を水がうばい，水が温まっていく。水が約100℃になると，熱は水が水蒸気になることにだけ使われるので，水の温度は上がらず約100℃で一定となる。そのため，紙が燃え始める温度(発火点)の約300℃には達しず，紙を燃やさずに湯を沸《わ》かすことができる。　③　燃えているアルコールランプにふたをすると，燃焼を助ける酸素をふくんだ空気が遮断されるので，火が消える。　④　ろうそくは，固体のろうが熱せられて液体になり，それが芯《しん》を伝ってのぼっていき，芯の先の方で気体となって，その気体のろうが燃える。火のついたろうそくの芯の根元をピンセットでつまむと，燃えるものが取り除かれることになり，火は消える。　⑹　水素は，うすい塩酸にアルミニウムやスチールウールを入れたとき，うすい水酸化ナトリウム水溶液にアルミニウムを入れたときに発生する。

2　原子力発電ではウランなどの物質が核分裂《かくぶんれつ》するときに発生する熱を利用しているが，発電の際に出る有害な放射性廃棄物《はいきぶつ》の処分をどうするかという問題をかかえている。また，火力発電は石油や石炭，天然ガスなどの化石燃料を燃やして発電しているため，地球温暖化の原因の１つと考えられている二酸化炭素や，その他の環境を汚染《おせん》する物質(窒素《ちっそ》酸化物や硫黄《いおう》酸化物)を排出《はいしゅつ》する。なお，地熱発電は，地中深くから取り出す熱水やガスの一部に有害な物質がふくまれるが，その多くは地中へもどされるため，発電中には有害な物質を地上にはほとんど排出しないものとした。

3　ペットボトル本体をつくる際に，日本では独自のきまりとして，ボトルに着色することを禁じ，無色透明のものをつくることにしている。また，材料(ポリエチレンテレフタレート)に他の物質を混ぜてはいけない。これらのきまりにより，次の製品にリサイクルがしやすいという利点がある。

4　ペットボトルとアルミニウムの小さなかけらが混合しているとき，下から送風機で適当な風を送りながら混合物を上から投入すると，重いアルミニウムは下に落ち，軽いペットボトルは風におされて上に移動するので分けることができる。また，同じ体積あたりの重さがペットボトルより大きくアルミニウムより小さい液体を用意し，その中に混合物を入れてもよい。このとき，アルミニウムは沈《しず》み，ペットボトルは浮《う》くので分けることができる。

Ⅱ　空気の温度と大気の状態の関係についての問題

1　風船の中の空気の温度は100m持ち上げるたびに１℃ずつ下がるので，Ａの日に高度１kmまで持ち上げたときには，$21.0-1\times\frac{1000}{100}=11.0$(℃)になる。この日の上空1.0kmの気温は14.5℃で，風船の中の空気の温度は周囲の空気の温度より低いので，風船は自然に下に落ちる。

2　④，⑤　Ｂの日に，高度１kmまで持ち上げた風船の中の空気の温度は，$30.0-1\times\frac{1000}{100}=20.0$(℃)である。これは周囲の温度18.5℃より高いため，この風船は自然に上昇《じょうしょう》する。　⑥～⑧　高度０kmと１kmでの気温差は，Ｂの日が，$30.0-18.5=11.5$(℃)，Ａの日が，$21.0-14.5=6.5$(℃)で，Ｂの日の方がＡの日より気温差が大きい。Ｂの日のような気温分布になるのは，地表付近の空気は地表面からの熱によって強くあたためられるが，空気は熱を伝えにくいので，上空の空気は地表付近ほどあたためられないからである。このようなとき，地表付近のあたたかい空気が持ち上がると温度が下がるが，周囲の空気ほどは下がらないため，周囲の空気より温度が高くなりやすいといえる。

3　Ｃの日は，高度１kmまで持ち上げた風船の中の空気の温度は，$13.5-1\times\frac{1000}{100}=3.5$(℃)になるが，周囲の温度は０℃のため，風船は自然に上昇する。気温分布がＣの日のようになるのは，上空に強い寒気が入ってきても，空気は熱を伝えにくいので，地表付近の空気が上空ほどつめたくならないためである。このような日には，地表付近のつめたい空気が持ち上がると温度は下がるものの，周囲の空気よりは温度が高くなりやすい。

4　1～3で考えたように，上空に持ち上げた風船は，地表付近の空気と上空の空気の温度差が小さいAの日は自然に落ちるが，地表付近の空気と上空の空気の温度差が大きいBの日やCの日は自然に上昇する。これより，空気が自然に上昇しやすいのは，地表付近の空気と上空の空気の温度差が大きくなっているときといえる。

Ⅲ　メダカの飼育と産卵行動，メナダの成長についての問題

1　(1)　①　メダカを飼う水そうは，水の温度が大きく変化してメダカに負荷がかからないように，日光が直接当たらない明るいところに置く必要がある。　②　水道水には消毒のための薬品が溶けており，メダカには有害である。メダカの水そうの水をかえるときは，水道水を2～3日くみ置きして薬品が抜《ぬ》けたものを，全体の$\frac{1}{3}$～$\frac{1}{2}$だけ取りかえるようにする。　③　えさは，食べ残しがあると水が汚《よご》れるので，食べきれるくらいの少なめな量をあたえるのがよい。　(2)　めすが産んだ卵とおすが出した精子が結びつくことを受精といい，受精した卵を受精卵という。

(3)，(4)　お腹が大きくなっためすをおすが追いかけ，おすがしりびれと背びれでめすの体を包むようにする。すると，めすが卵を産み，おすが卵に精子をかける。その後，めすは卵を腹にしばらくつけたまま泳ぎ，やがて卵を水草につける。　(5)　メダカのめすは水温がおよそ18℃以上になると産卵する。一度に産む卵の数は10～40個ほどである。　(6)　メダカのおすとめすは，背びれとしりびれの形で見分けることができる。おすは背びれに切れこみがあり，しりびれが平行四辺形に近い形をしているが，めすは背びれに切れこみがなく，しりびれが三角形に近い形をしている。また，成熟したおすは細身だが，成熟しためすはおすよりも腹がひと回り大きい。　(7)　うろこは，水の抵抗《ていこう》が小さくなるように重なり合っているので，メダカが進む向きはAと反対方向と考えられる。よって，Aは尾の部分に向いている。

2　(1)　①　図3より，ふ化してから20日までの20日間では，全長が約3mmから約8mmになっており，成長率は，8÷3＝2.66…より，約2.7倍と求められる。一方，ふ化後50日から70日までの20日間では，全長が約23mmから約36mmになっていて，成長率は，36÷23＝1.56…より，約1.6倍である。これより，20日間での成長率はXの方がYよりも大きいことがわかる。　②　Xの20日間の全長の増加量は，8－3＝5(mm)，Yの20日間の全長の増加量は，36－23＝13(mm)ほどなので，Yの方がXよりも1日あたりの全長の増加量は大きい。　(2)　図3より，ふ化後50日の全長は約23mmである。図4で，全長23mmのときのうろこの大きさは約0.6mmと読みとれる。

(3)　図4と図5では，どちらもグラフが直線で表されており，全長の変化にともなって規則正しくうろこの大きさや隆起《りゅうき》線の数が増えている。このことから，うろこの大きさが大きくなっても，うろこの大きさが0.2mm大きくなるごとの隆起線の増える本数は同じであることがわかる。　(4)　図5より，隆起線の数が15本のうろこを持つメナダは全長が30mmである。図3で，全長30mmのもののふ化後の日数は，約60日(61日)と読みとれる。

Ⅳ　てこのつり合いについての問題

1　(1)　てこは，(加わる力の大きさ)×(支点からの距離《きょり》)で求められるてこを傾《かたむ》けるはたらきが，時計回りと反時計回りで等しいときにつり合う。反時計回りのてこを傾けるはたらきは，40×10＋

20×５＝500であることから，右のうでにつるしたおもりの個数は，500÷25÷20＝１(個)と求められる。　(2)　①　反時計回りにてこを傾けるはたらきは，60×10＋20×５＝700である。よって，右のうでに１個のおもりをつるす位置は支点から，700÷20＝35(cm)となる。　②　３個のおもりを右のうでのXcm，Ycm，Zcmの位置につるしたとすると，反時計回りにてこを傾けるはたらきは①より700なので，水平になってつり合ったときの式は，20×X＋20×Y＋20×Z＝700となる。この式の両辺を20で割った式は，X＋Y＋Z＝35となり，これが成り立つ(X，Y，Z)の組み合わせを考えればよい。ただし，値は小さいものから順に，X，Y，Zになるようにする。(X，Y，Z)の組み合わせは，(５，５，25)，(５，10，20)，(５，15，15)，(10，10，15)の４通りが考えられる。

2　(1)　図４のさおばかりで，皿をＡにつるすと棒は水平になったことから，皿が棒を反時計回りに傾けるはたらきと棒全体が棒を時計回りに傾けるはたらき(棒の重心が棒を時計回りに傾けるはたらき)が同じ大きさになっている。　(2)　①　皿をＡにつるしたとき，おもりをつるさなくても棒が水平になってつり合ったことから，支点の位置に100ｇのおもりをつるすと棒が水平になる。このとき，皿に何ものせなくてもつり合っている。したがって，支点の位置の目盛りは０ｇとなる。②　支点から40cmの位置に100ｇのおもりをのせたとき，100×40÷10＝400(ｇ)のものを皿にのせると棒が水平になる。よって，支点から40cmの位置の目盛りは400ｇである。　(3)　①　皿をＢにつるすと，皿が棒を反時計回りに傾けるはたらきが大きくなるので，100ｇのおもりを支点より右にずらして，時計回りに傾けるはたらきを大きくしなければ水平につり合わなくなる。したがって，０ｇの目盛りは皿がＡにあるときと比べて右にずれる。　②　皿に同じ重さのものをのせても，皿をＢにつるした場合は，皿をＡにつるしたときよりも反時計回りに傾けるはたらきが大きくなるため，右側の目盛りの間隔《かんかく》は広くなる。　(4)　皿をＡにつるして使用するときは，Ｂにつるして使用するときよりも，皿に重いものをのせても反時計回りに傾けるはたらきが大きくならないので，はかることのできる範囲《はんい》が広いという利点がある。また，皿をＢにつるして使用するときは，Ａにつるして使用するときよりも，皿に同じものをのせたときの反時計回りに傾けるはたらきが大きくなる。そのため，はかることができる範囲はせまいが，軽いものをはかるときでも，おもりを０ｇの目盛りの位置から大きく動かすことでより精密に重さをはかることができるという利点を持つ。

3　てこには，てこを支え回転の中心となる支点，力を加える力点，てこに加えた力が物体にはたらく作用点の３つがあり，３点の位置関係から①～③のようなてこに分けられる。①の支点が他の２点の間にあるてこを利用した道具にはペンチやバール(釘《くぎ》抜き)，洋ばさみなど，②の作用点が他の２点の間にあるてこを利用した道具には栓《せん》抜きや空き缶《かん》つぶしなど，③の力点が他の２点の間にあるてこを利用した道具にはピンセットやトング，和ばさみ(にぎりばさみ)などがある。

国　語　(40分)＜満点：100点＞

解　答

一　**問１**　さまざまな種類の樹木が生える森　**問２**　ア　**問３**　ウ　**問４**　エ　**問５**

1 (例) 樹間が空いたことでどんどん光合成し，糖分を蓄えた一部の木。 2 (例) 木と木の間が空くことで日光や風が直接入り込み，森として好ましい薄暗さや湿度が失われるため，強い木でも弱ってくるから。／サポートしてくれる木がまわりにないため，弱った木はどんな巨木であっても害虫や菌類の攻撃に耐えられないから。 **問6** 1 イ 2 (例) 根や菌類のネットワークで養分を分け与えたりして助け合うこと。 **問7** (例) 樹皮がなくて養分が根に届かないはずの木が生き続ける(こと) **問8** (例) (弱いメンバーが)助け合いのネットワークの中で活躍できる(社会) **二** **問1** イ **問2** ア **問3** (例) 早朝の数時間で収穫しなくてはならないアスパラガスの刈り入れ季節であること。 **問4** ア **問5** オ **問6** エ **問7** 1 イ 2 (例) アスパラガスより命が大事 **問8** イ **問9** 1 エ 2 (例) 主治医に採れたてのアスパラガスを贈り，その魅力で明朝もアスパラガスの収穫に行く許可をもらおうということ。 **問10** ウ **問11** (例) 医者としては農作業など認められないが，仕方がないという思い。 **問12** 1 **ア** 俳句 **イ** 季節 2 ウ **問13** 1 顔 2 腹 3 筆 **三** 下記を参照のこと。

●漢字の書き取り

三 1 指針 2 会心 3 差額 4 姿勢 5 敬(う)

解　説

一 **出典は，ペーター・ヴォールレーベン著・長谷川圭《はせがわけい》訳の『樹木たちの知られざる生活―森林管理官が聴《き》いた森の声』による。**ブナ林の事例を紹介《しょうかい》しながら，木々の助け合いについて説明している。

問1 次の段落の最後で，「さまざまな種類の樹木が生える森」では，「それぞれの木が少しでも多くの光や水を得ようと競争する」と述べられている。

問2 続く二つの段落で，ブナ林の「公平さ」の根拠《こんきょ》が示されている。ある女学生が，ブナ林では「土壌《どじょう》」などの「環境《かんきょう》が異なっている」のに，どの木も「同じ量の光合成」をしていることを発見したとある。そのことについて，筆者は「仲間全員が葉一枚ごとにだいたい同じ量の糖分を光合成でつくりだせるように，木々は互《たが》いに補い合っている」と考えたのだから，アがふさわしい。

問3 「申し合わせる」と似た意味の言葉には，「気脈を通じる」「示し合わせる」などがある。

問4 最初の段落に注目する。「林業従事者」は，「幹をできるだけ早く伐採《ばっさい》可能な太さ」にするために「大きな樹冠《じゅかん》が均等に広がるように充分《じゅうぶん》な間隔《かんかく》を確保」しなければならないと考えているので，ブナの木と木の「間隔」が狭《せま》いために「樹冠」が「小さく」なっている状態を「よくない」と言っているのである。よって，エが選べる。

問5 1 「そういう木」とは，木と木の間隔を空けたことで「どんどん光合成をして，糖分を蓄《たくわ》え」た「一部の樹木」を指している。 2 1でみたような木が「長生き」できない理由を，筆者は直後で「一本の木の寿命《じゅみょう》は～森の状態に左右されるからだ」としたうえで，続く二つの段落で具体的に説明している。まず，強者だけが生き延びて連携《れんけい》を失った森では「日光と風が直接入り込《こ》み，湿《しめ》った冷たい空気が失われ」てしまい，強い木も「病弱」になってしまう。これは，第三段落で述べられた「森にとって好ましい薄暗《うすぐら》さや湿度《しつど》の高さ」が維持《いじ》できなくなった状態にあたる。次に，そうして弱ってしまった木は，まわりに木がないため「サポート」してもらうことができず，「害虫や菌類《きんるい》の攻撃《こうげき》」を受けて死んでしまうのである。これをふまえ，環境の悪化と，仲間のサポートを失うことの二つに分けてまとめる。

問6　**1**　「連携」は，連絡《れんらく》を取り合いながらものごとを行うこと。似た意味の言葉に「協力」「協同」などがある。よって，イがよい。なお，アの「影響《えいきょう》」し合うという説明では具体性に欠けるので合わない。　　**2**　第三段落と第五段落で，「根」や「菌類」のネットワークを使って「弱いもの」にも「栄養を分け」るなど，補い合うブナの森の仕組みが説明されている。

問7　前後の内容を整理する。樹皮がないと，ふつうは「葉でつくられた糖分が根に届か」ず，枯《こ》死《し》してしまう。しかし，「環状剥皮《はくひ》」を施《ほどこ》したにもかかわらず，ブナの木々は「枯《か》れずに生きつづけた」ため，筆者は「本来ならありえない」と述べている。

問8　筆者は，「弱いメンバー」を「守る」社会に価値を置いている。ブナ林の助け合いが説明された第五段落の内容を参考にする。ブナ林は，「豊かなものは貧しいものに分け与《あた》え，貧しいものはそれを遠慮《えんりょ》なくちょうだいする」ことで，「弱いもの」もネットワークに「参加できる」仕組みになっている。反対に，弱い木が排除《はいじょ》されると森の環境は悪化し，強い木も弱ってしまうのである。以上のことがらをふまえ，「(弱いメンバーが)助け合いの構成員として認められている(社会)」「(弱いメンバーが)全体のネットワークに参加している(社会)」のようにまとめればよい。

二　**出典は日本文藝《ぶんげい》家協会編の『ベスト・エッセイ2018』所収の「五月の贈《おく》り物(夏川草介作《なつかわそうすけ》)」による。**信州の病院に勤務する筆者は，肺炎《はいえん》で搬送《はんそう》されてきた老婦人の切実な願いを聞き入れ，アスパラガスの収穫《しゅうかく》のために一時帰宅することを認める。

問1　「切実」は，自分に重要なかかわりがあること。強く心に感じるさま。

問2　「派手」は，目立つようす。人目をひくこと。直後に「当然入院して治療《ちりょう》すべき病状」とあるので，「検査」結果は目立つほど悪かったものとわかる。

問3　肺炎で入院が必要なのに「家に帰らせてくれ」と老婦人が訴《うった》える理由は，直後の「アスパラガス」にある。「五月」は農作業が活発化し，なかでも「アスパラガスの収穫」は「早朝の数時間」が勝負で，「二時間遅《おく》れただけでも一気に薹《とう》が立つ」。だから，入院どころではないのである。

問4　「にわかに」は，“急に”“突然《とつぜん》”という意味。ここでは，暖かくなって農作業が急に活発化するようすを表す。よって，アが選べる。なお，「一気に」でも文意は通るが，基本的には“途中《とちゅう》で休まず勢いに乗って最後までやり通す”という意味なので，「突然」のほうがよいだろう。

問5　直後の内容から読み取る。この土地では，農作業が活発化する「五月」には「農作業が～最優先事項《じこう》」となるため，「患者《かんじゃ》さんたち」は「しばしば外来を無断で休み～手術の日取りを延期し」たりするとある。つまり，「患者さんたち」は「見守る主治医が気をもむ」ほど「言うことを聞かなくなる」のだから，オがよい。

問6　「難物」とは，扱《あつか》いにくいものごとや人物のこと。問5でみたように，農作業が「最優先事項」になる時期，患者さんたちは外来を休み，手術を延期するため「主治医が気をもむ」ことになるが，なかでも「アスパラガスの収穫」は時間との勝負で，肺炎でも心不全でも「入院などしている場合ではない」という態度になるため，治療する側にとっては「難物」だというのである。よって，エがよい。

問7　**1**　農作業を優先する患者と喧嘩《けんか》したのは，治療を優先すべきと考える筆者である。
2　患者と「喧嘩」したときの医者としての言い分なので，「死んだら農作業もできない」のような内容でまとめる。

問8　続く文に注目する。「抗生剤《こうせいざい》を内服させ」，アスパラガスの収穫後「すぐ戻《もど》ってくる」という条件を出したうえで帰宅を許可するのだから，「状況《じょうきょう》さえ許せば」とは，急を要するほどの病状でなければということである。イが，この内容に合う。

問9　**1**「策略」は，相手を操《あやつ》って巧《たく》みに事を運ぶ方法。　**2**「採れたてのアスパラ」をさし出しつつ，収穫に「明日の朝も行ってきていいかね？」と老婦人が問うてきたことを，筆者は「策略」だと受け取っている。また，そのアスパラは抵抗《ていこう》するのが難しいほど「魅力《みりょく》」的なこともふまえ，「採れたての魅力的なアスパラを主治医に贈り，明日の朝も農作業に行く許可をもらおうという策略」のように，患者側の視点でまとめるとよい。

問10　農作業が最優先だという地元の人々の生き方を理解するようになった筆者は，この後，老婦人に対し「ため息」と「苦笑」で，明朝もアスパラの収穫に行くことを容認している。しかし，本来は「入院して治療すべき」患者なのだから，いったん「気難しい」顔をして見せたのである。

問11「ため息」は，あきらめや失望，悲しみなどとともに出る吐息《といき》。「苦笑」は，内心は困ったり呆《あき》れたりしながらも怒《おこ》れないとき，仕方なく笑うようす。肺炎の老婦人は入院させるべきだが，筆者は農家の最優先事項を知り，「生きる」とは「何事かを営む」ことだと考えるようになっている。つまり，医者としては農作業など認められないが，仕方ないと思い「ため息とともに苦笑した」のである。

問12　**1**　**ア**「俳句」は五・七・五の十七音で構成されている。　**イ**　俳句には「季節」を表す季語を詠《よ》み込むのがきまりである。　**2**　Aはアスパラガスを茹《ゆ》で零《こぼ》すときの「幸福」な情景を，Bはアスパラガスを炒《いた》めつつ「山の唄《うた》」を口ずさむ弾《はず》んだ情景を詠んでいる。ともに日常のワンシーンを楽しんでいる情景が思い浮《う》かぶので，ウがふさわしい。

問13「薹」は，アブラナやフキなどの花茎《かけい》。花茎がのび過ぎると固くて食用に適さなくなる。これを「薹が立つ」といい，“盛りが過ぎる”という意味で使われる。　**1**「顔が立つ」と似た意味の言葉には，「面目が立つ」「面子《めんつ》を保つ」などがある。　**2**「腹が立つ」と似た意味の言葉には，「かんにさわる」「頭にくる」などがある。　**3**「筆が立つ」と似た意味の言葉には，「名文家」「達意の文章」などがある。

三　漢字の書き取り

1　進むべき方向を決めるうえで頼《たよ》りとするもの。　**2**　期待どおりで満足したり納得《なっとく》したりすること。　**3**　二つの金額の差。　**4**　ものごとに対する心構え，態度。　**5**　音読みは「ケイ」で，「尊敬」などの熟語がある。

Dr.福井の
入試に勝つ！ 脳とからだのウルトラ科学

試験場でアガらない秘けつ

キミたちの多くは，今まで何度か模擬試験（たとえば合不合判定テストや首都圏模試）を受けていて，大勢のライバルに囲まれながらテストを受ける雰囲気を味わっているだろう。しかし，模擬試験と本番とでは雰囲気がまったくちがう。そういうところでも緊張しない性格ならば問題ないが，入試独特の雰囲気に飲みこまれてアガってしまうと，実力を出せなくなってしまう。

試験場でアガらないためには，試験を突破するぞという意気ごみを持つこと。つまり，気合いを入れることだ。たとえば，中学の校門前にはあちこちの塾の先生が激励《げきれい》のために立っている。もし，キミが通った塾の先生を見つけたら，「がんばります！」とあいさつをしよう。そうすれば先生は必ずはげましてくれる。これだけでもかなり気合いが入るはずだ。ちなみに，ヤル気が出るのは，TRHホルモンという物質の作用によるもので，十分な睡眠をとる，運動する（特に歩く），ガムをかむことなどで出されやすい。

試験開始の直前になってもアガっているときは，腹式呼吸が効果的だ。目を閉じ，おなかをふくらませるようにしながら，ゆっくりと大きく息を吸う。ここでは「ゆっくり」「大きく」がポイントだ。そして，ゆっくりと息をはく。これをくり返し何回も行うと，ノルアドレナリンという悪いホルモンが減っていくので，アガりを解消することができる。

よく「手のひらに“人”の字を書いて飲みこむことを3回行う」とアガらないというが，そのようなおまじないを信じて実行し，自分に暗示をかけてもいいだろう。要は，入試に対するさまざまな不安な気持ちを消し去って，試験に集中できるようなくふうをこらせばいいのだ。

Dr.福井（福井《ふくい》一成《かずしげ》）…医学博士。開成中・高から東大・文Ⅱに入学後，再受験して翌年東大・理Ⅲに合格。同大医学部卒。さまざまな勉強法や脳科学に関する著書多数。

2018年度　女子学院中学校

〔電　話〕（03）3263－１７１１
〔所在地〕〒102－0082　東京都千代田区一番町22－10
〔交　通〕JR中央線・東京メトロ南北線・都営新宿線―「市ケ谷駅」より徒歩８分
東京メトロ有楽町線―「麹町駅」より徒歩３分

【算　数】（40分）〈満点：100点〉

＜注意＞円周率は3.14として計算しなさい。

1　次の□にあてはまる数を入れなさい。

(1)　$\left\{\left(1.26+\frac{19}{20}\right)\div\frac{1}{5}-\left(0.24\div\frac{8}{45}-\frac{13}{15}\times0.75\right)\right\}\div0.9=$ □

(2)　図のように，正五角形の中に，二等辺三角形や直角三角形などがかかれています。ただし，同じ印のついているところは，同じ長さを表します。

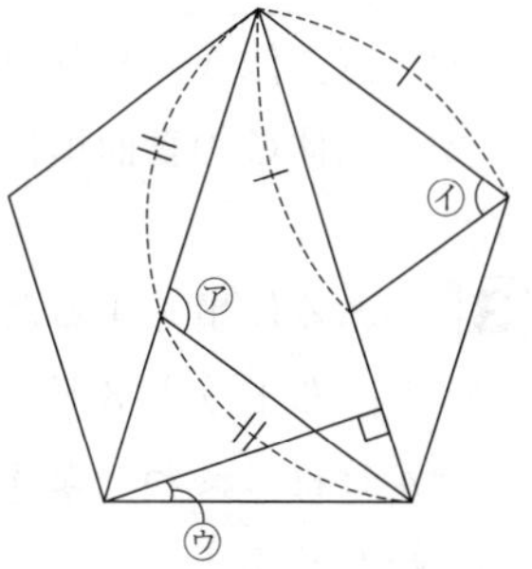

角㋐は□度
角㋑は□度
角㋒は□度

(3)　□円で仕入れた商品に25％の利益を見込《こ》んで定価をつけました。この商品を定価の100円引きで売ると82円の利益があり，この商品を定価の□％引きで売ると，91円の損が出ます。

(4)　１周200mの流れるプールがあります。Ｊ子さんは流れにそって，Ｇ子さんは流れに逆らって同じ地点から同時に泳ぎ始めました。泳ぎ始めてから２人が最初に出会うまでに泳いだ道のりの差は52mです。流れのないプールではＪ子さんは毎分80m，Ｇ子さんは毎分70mの速さで泳ぎます。２人が最初に出会ったのは泳ぎ始めてから□分□秒後で，流れの速さは毎分□mです。

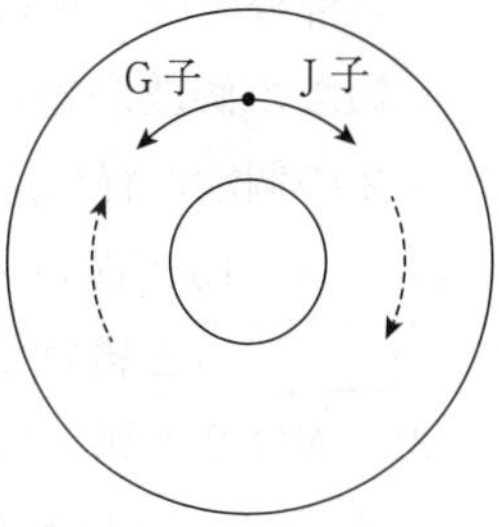

(5)　ある公園の土地は図１のような形で，影《かげ》をつけた部分の花だんの面積は□m^2です。この花だんを，面積を変えずに図２のような平行四辺形にします。辺ABの長さは□mです。

図１

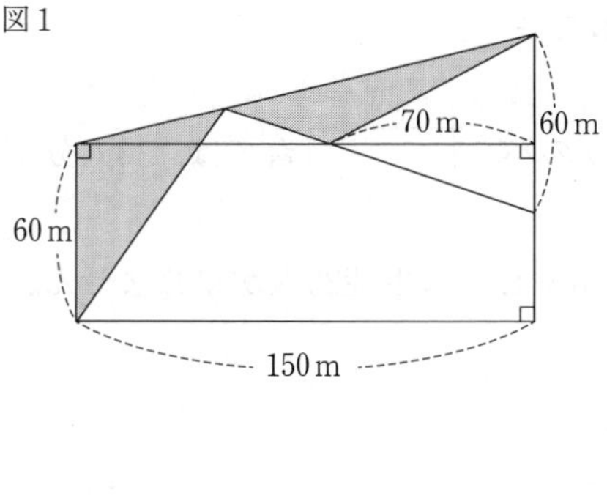

図２

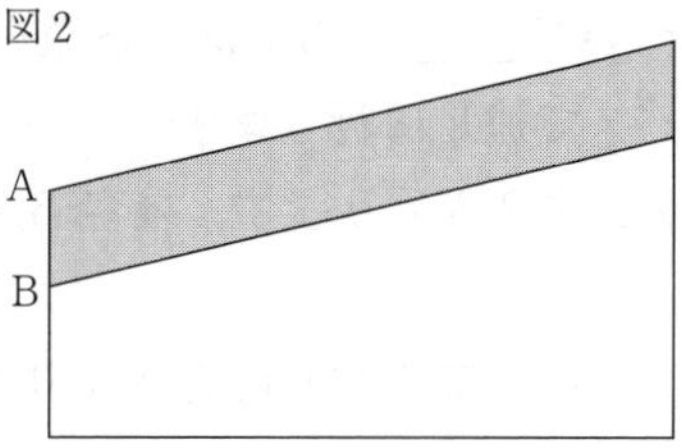

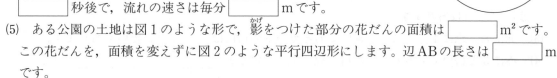

2(2)，**3**，**4**の各問いについて □ にあてはまる数を入れなさい。

2 次の図のように，底面が１辺12 cmの正方形である直方体Aの上に，底面が半径５cmの円である円柱Bをのせて立体Cをつくりました。立体Cの高さは９cm，体積は935.75 cm^3 です。

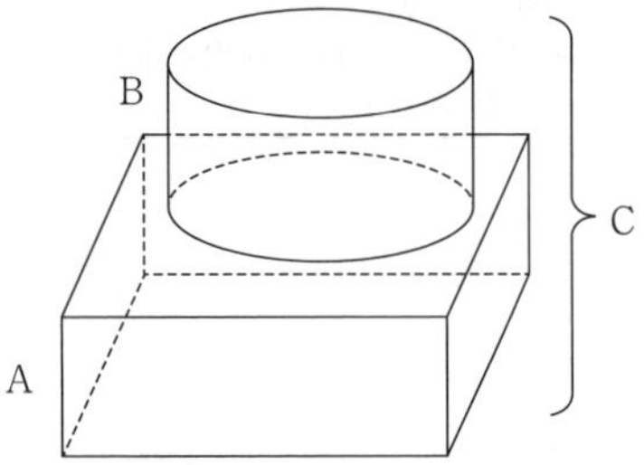

(1) 直方体Aの高さを求めなさい。（求め方も書きなさい。）

(2) 立体Cの表面積は，□ cm^2 です。

3 ある仕事をするためにA，Bの２種類のロボットが用意されています。A11台で仕事をすると，ちょうど３日で終わります。A３台とB２台で仕事をすると，３日間では仕事が残り，４日目に終わります。この仕事をB１台ですると，□ 日以上 □ 日以下の日数で終わります。

4 40枚のカードがあり，それぞれ右のように４色にぬりわけられています。白い部分には２から41までの整数が，１つずつ書いてあります。赤には白の数の約数の個数が書いてあります。白の数を素数だけのかけ算で表したときの，２の個数が緑に，３の個数が青に，それぞれ書いてあります。

(1) 白に18と書いてあるカードの赤には □，緑には □，青には □ と書いてあります。

(2) 赤に２と書いてあるカードは全部で □ 枚あり，そのうち，緑に１と書いてあるものは □ 枚あります。

(3) 赤に８，緑に１，青に１と書いてあるカードの白には □ と書いてあります。

(4) 赤に３と書いてあるカードの白の数をすべて書くと □ です。

5，**6**，**7**の各問いについて □ にあてはまる数を入れなさい。

5 中学生が何台かのバスで遠足に行きます。

各バスには，先生が必ず２人乗ります。乗客55人乗りのバス □ 台では，30人分が空席になります。

乗客40人乗りのバスでは，55人乗りのときより２台増やしても生徒29人が乗れません。中学生は全員で □ 人です。

6 ある店で，びん入りのジュースを売っています。この店では，飲んだあとの空きびんを６本持って行くと，新品のジュース１本と交換《かん》してくれます。

160本のジュースを買うと，空きびんと交換したジュースも含《ふく》めて，全部で□本のジュースを飲むことができます。

また，160本のジュースを飲むためには，少なくとも□本のジュースを買う必要があります。

7 (1) 11.2％の食塩水□ｇと，2.8％の食塩水140ｇを混ぜると，6.4％の食塩水ができます。

(2) はじめに，容器Ａに11.2％の食塩水300ｇ，容器Ｂに2.8％の食塩水200ｇが入っていました。

容器Ａに水を□ｇ加えてかき混ぜた後，そこから100ｇを取り出して容器Ｂに入れてかき混ぜると，4.2％の食塩水ができました。

次に，容器Ｂに入っている食塩水の水を蒸発させて食塩水の重さを□ｇにした後，そこから95ｇを取り出して容器Ａに入れてかき混ぜると，6.8％の食塩水□ｇができました。

【社　会】（40分）〈満点：100点〉

（語句はできるだけ漢字で書きなさい。）

Ⅰ　古くから女性たちは採集，土器づくりや機《はた》織りなどの手仕事に従事し，宗教や文化にも関《かか》わっていました。以下の問に答えなさい。

問１　織物や染物について

⑴　織物について述べた文を，古い順に記号で並べかえなさい。

ア　日宋《そう》貿易により，高級な絹織物が輸入されるようになった。

イ　漢字で記録することや新しい織物の技術を渡《と》来人がもたらした。

ウ　集落では銅鐸《たく》をまつりに使い，女性たちが機織りを行っていた。

エ　月に６回ほど開かれる定期市で布が取引されるようになった。

⑵　染物に使われる紅花は，山形県を流れる川の周辺で栽培《さいばい》がさかんになりました。江戸時代には，船で日本海の港に運ばれ，さらに京都や大阪に運ばれました。この川の名前を答えなさい。

問２　女性の服装について述べた文を，古い順に記号で並べかえなさい。

ア　もんぺが女性の日常着《ぎ》として奨励《しょうれい》された。

イ　着物を何枚も重ねる十二単《ひとえ》が宮廷《てい》での正装だった。

ウ　身分の高い人は，まが玉のついた首飾《かざ》りや細工をほどこした腕《うで》輪などをいくつも身につけていた。

エ　南蛮《ばん》人がもたらした十字架《か》の首飾りを下げ，男装するなど派手な衣装が流行した。

問３　仏教をあつく信仰《こう》した光明子《こうみょうし》と聖武天皇の時代について

⑴　この時代の民衆の負担について，まちがっているものを１つ記号で答えなさい。

ア　特産物を都に運ぶ義務があった。

イ　東北の沿岸部や九州の警備が義務付けられた。

ウ　住んでいる地域で土木工事を課せられた。

エ　生活に欠かせない布の納入が課せられた。

⑵　平城京の様子について，まちがっているものを１つ記号で答えなさい。

ア　金貨や銀貨が取引に広く使用されていた。

イ　道路が東西南北に整備されていた。

ウ　東大寺の正倉院には西アジアの影響《えいきょう》を受けた品も納められた。

エ　天皇や貴族が住み，各役所の建物が並んだ。

問４　鎌倉・室町時代の絵巻にはさまざまな女性の姿が描《えが》かれています。この時代のこととして，ふさわしくないものを１つ記号で答えなさい。

ア　貨幣《へい》をやりとりし，金貸《かし》業を営む女性もいた。

イ　焚《た》き木や川でとれた魚などを売り歩く女性の姿が，京都の街で見られた。

ウ　田植えなどの農作業は男性のみで行い，女性は手仕事に取り組んだ。

Ⅱ　戦国時代には，政治上のかけ引きを目的とした政略結婚《こん》がしばしば行われました。ア織田信長の妹のお市《いち》は，①戦国大名の浅井《あざい》長政《ながまさ》と結婚し，茶々《ちゃちゃ》，お初《はつ》，お江《ごう》の三姉妹が生まれました。しかし信長が②北陸地方を攻《せ》めるなかで，浅井氏は信長に滅《ほろ》ぼされました。やが

て茶々は イ[豊臣秀吉] との間に秀頼《ひでより》を産み，お江は ウ[徳川家康] の子である秀忠《ひでただ》と結婚し，エ[徳川家光] の母となりました。他にもさまざまな政略結婚が行われましたが，③江戸幕府の将軍は，大名は「勝手に結婚してはならない」などのきまりを定め，これにそむいた大名を罰《ばっ》しました。

問1　次の文に最も関わりの深い人物を，文中の[　　]ア～エからそれぞれ記号で答えなさい。

(1)　朝鮮《せん》に使者を送り，途《と》絶えていた交流を再開した。

(2)　島原・天草一揆《き》が起こると，大軍を送って鎮《ちん》圧した。

(3)　キリスト教の布教を認め，教会や学校の建設を許可した。

(4)　北条《ほうじょう》氏を滅ぼし，全国を統一した。

問2　下線①について，越後《えちご》(新潟県)を支配した上杉謙信《けんしん》と川中島《かわなかじま》で戦った，甲斐《かい》(山梨県)の戦国大名は誰ですか。

問3　上杉謙信は関東にもたびたび出兵し，その時期は秋の終わりから冬の初めに集中していました。どのような人が兵の多くを占《し》めていたかを考えて，この時期を上杉謙信が選んだ理由を説明しなさい。

問4　下線②について

(1)　北陸地方に関する事がらを，古い順に記号で並べかえなさい。

ア　越前(福井県)を支配した朝倉《あさくら》氏の家臣は，一乗谷《いちじょうだに》に集まって住むようになった。

イ　源義仲《よしなか》が倶利伽羅峠《くりからとうげ》の戦いで平氏をやぶった。

ウ　前田利家《としいえ》は，秀吉から加賀《かが》(石川県)・越中《えっちゅう》(富山県)の支配を認められた。

(2)　江戸時代，北陸地方でさまざまな特産物の生産がさかんになりました。その理由として，まちがっているものを1つ記号で答えなさい。

ア　一向宗(浄《じょう》土真宗)などの多くの寺院があり，仏具をはじめとする工芸が発展したから

イ　金沢《かなざわ》は城下町として栄え，藩《はん》主が産業の発展に力を入れたから

ウ　繊維《せんい》産業の発展した京都などから，職人を招いたから

エ　冬の乾燥《かんそう》した気候《こう》を利用し，漆《しつ》器の生産が発展したから

オ　農家の人々が，副業として生産にたずさわったから

(3)　現在，富山県氷見《ひみ》で行われているブリ漁について，まちがっているものを1つ記号で答えなさい。

ア　付近を流れる対馬《つしま》海流の影響で，多くの回遊魚が富山湾《わん》に入ってくる。

イ　氷見ではブリは主に定置網《あみ》漁でとられている。

ウ　富山湾には九頭竜《くずりゅう》川が流れ込《こ》み，豊富な栄養分を運んでくる。

エ　氷見のブリ漁は冬にさかんである。

問5　下線③のきまりを何といいますか。

[III]　明治になると，農村でも人々の生活に変化が起こるようになりましたが，女性が働き手であることは変わりませんでした。農家では養蚕もさかんになりました。以下の問に答えなさい。

問1　明治初め頃《ごろ》の農村のくらしについて，正しいものを2つ記号で答えなさい。

ア　豊作凶《きょう》作に関係なく一定の金額の税を納めるようになった。

イ　税は村でまとめて納めることに変更された。

ウ　くつをはき，洋服を着る習慣が人々の間で定着した。

エ　若者が兵隊にとられるようになった。

オ　綿・なたね・茶などが栽培されはじめた。

問２　養蚕について

(1)　生《き》糸の生産がさかんになった理由として，ふさわしくないものを１つ記号で答えなさい。

ア　海外で生糸の需要が増えていたから

イ　工場で手作業を必要とせず，機械によって生糸を大量生産できたから

ウ　原料をすべて国産でまかなえたから

エ　政府が新しい技術を積極的に取り入れたから

(2)　養蚕を行う農家は，蚕を「お蚕さま」と呼んでいました。そう呼ばれた理由として最もふさわしいものを１つ記号で答えなさい。

ア　いろいろな植物の葉をエサにできるから

イ　病気に強く，成長が早いから

ウ　東日本でしか飼育できず，貴重だったから

エ　農家にとって貴重な現金収入源だから

(3)　右のグラフは，1911年～45年における日本の輸出品総額と，その中の生糸類輸出額の推移を表したものです。この期間の輸出品総額と生糸類輸出額の変化について述べた文として，まちがっているものを２つ記号で答えなさい。

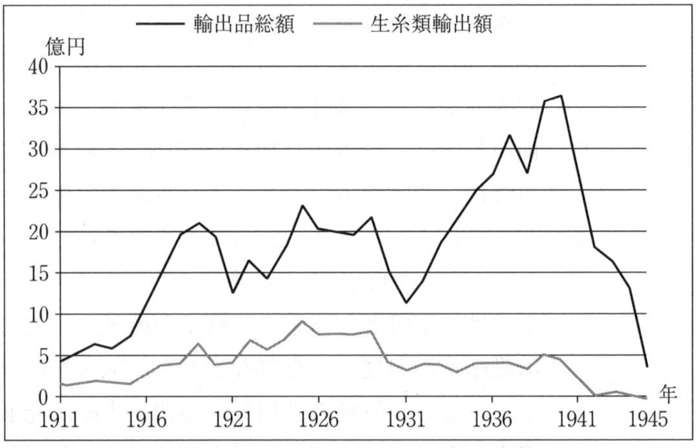

農林省蚕糸局『蚕糸業要覧　昭和37年版』より作成

ア　1910年代後半に輸出品総額が急増したのは，生糸類輸出額が増えたためである。

イ　1920年代を通して，生糸類は日本の主要な輸出品の一つだった。

ウ　1920年代後半，輸出品総額も生糸類輸出額も増え続けた。

エ　1930年～31年に輸出品総額が減少したのは，世界中がひどい不景気だったからである。

オ　1930年代後半，生糸類輸出額は輸出品総額の２割以下になった。

カ　アメリカとの戦争が始まると，生糸類の輸出はほとんどなくなった。

長野県諏《す》訪《わ》地方は，製糸業がさかんで工場が並んでいた地域です。

問３　長野県ではほとんど生産されていない農産物を１つ記号で答えなさい。

ア　かき　　イ　なし　　ウ　もも　　エ　うめ　　オ　みかん

問４　諏訪地方で製糸業がさかんになったのは，どのような自然条件があったからですか。最もふさわしいものを１つ記号で答えなさい。

ア　夏と冬の気温の差が大きかったから

イ　昼と夜の気温の差が小さかったから

ウ　火山が近く，工場で地熱を利用できたから

エ　工場で使う水が豊富にあったから

オ　一年を通じて湿《しつ》度が高かったから

問5　図A，Bは諏訪湖の形を表したものです。これらを見てあとの問に答えなさい。

図A（1915年）

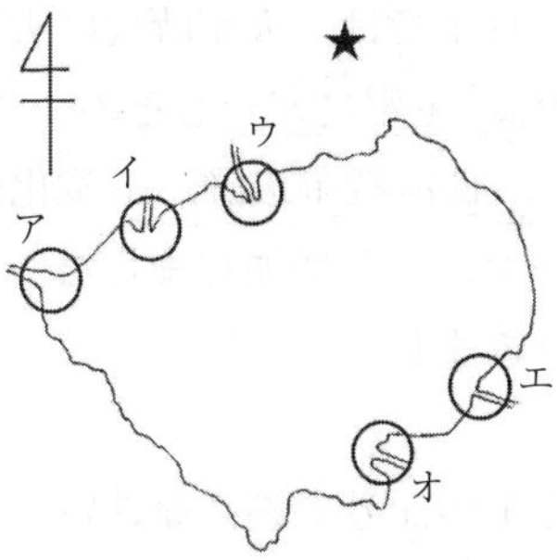

図B（2015年）

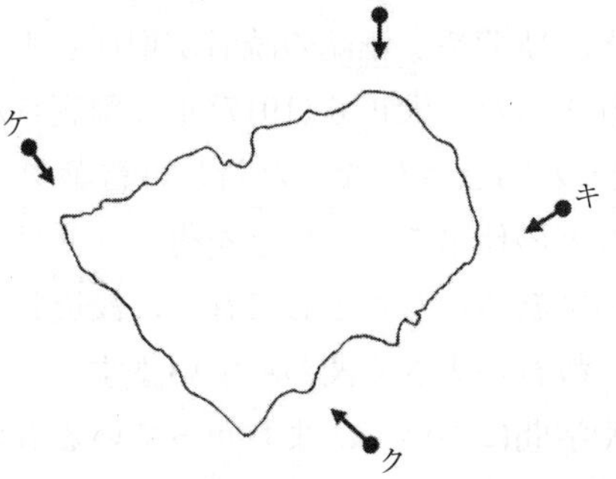

写真

※図Aは1915年発行の５万分の１地形図（諏訪），図Bは国土地理院2015年発行の２万５千分の１地形図（諏訪）より作成

(1)　図Aの５つの○印のうち，４か所は河川《せん》が湖へ流れ込んでいる場所，１か所は湖から河川が流れ出している場所です。湖から河川が流れ出している場所を記号で答えなさい。

(2)　(1)で選んだ場所から流れ出す河川の河口がある県名を答えなさい。

(3)　江戸時代，図Aの★印のあたりで終わっていた江戸からの街道の名前を答えなさい。

(4)　右上の写真は，図Bのいずれかの地点から矢印《じるし》の向きで写したものです。どこから写したものか記号で答えなさい。

(5)　図Aの時代には諏訪湖の湖岸でたびたび洪《こう》水が起こりました。湖岸の洪水防止にはあまりつながらないと考えられるものを１つ記号で答えなさい。

ア　湖岸に土を盛り，堤《てい》防を築く。

イ　湖から流れ出す河川で工事を行い，水の量を調節する。

ウ　湖のほとりにある温泉でお湯の使用量を増やす。

問6　諏訪湖では，冬に「御神渡り（おみわたり）」と呼ばれる現象が見られることがあります。御神渡りとは，湖の表面全体が凍《とう》結した後に氷にきれつが入り押し上げられ，列状にもりあがる現象です。下の表は，1451年～2016年までの，御神渡りが見られなかった年の数を表しています。この表について述べた文として正しいものを２つ記号で答えなさい。

年	1451年～1500年*	1501年～1550年	1551年～1600年*	1601年～1650年	1651年～1700年*	1701年～1750年
見られなかった年の数	0	10	1	0	1	6
年	1751年～1800年	1801年～1850年*	1851年～1900年*	1901年～1950年	1951年～2000年	2001年～2016年
見られなかった年の数	4	4	7	5	24	10

*がついている期間は記録が欠けている年を１年含む

米山啓一『諏訪湖の御神渡り』建設省中部地方建設局，
諏訪市博物館ホームページより作成

ア　1451年～1950年の間は，御神渡りは平均すると10年に１回も見られなかった。

イ　1551年からの150年間は，御神渡りはほぼ毎年出現した。

ウ　1951年からの50年間は，御神渡りが見られる回数は減少したが，その後はまた増えている。

エ　この記録は，1451年以降の気温の変化を調べる上で参考になる。

オ　この記録は，1451年以降の湖の面積の変化を調べる上で参考になる。

Ⅳ　①識字率が向上すると，新聞や②雑誌の読者が増加します。日本では，大正時代に大衆向けの雑誌が次々と発刊されました。大正6(1917)年に創刊された③『主婦之《の》友』もその一つです。「主婦」は明治以降に使われるようになった新しい言葉です。④日清《しん》戦争以降，工業化が進展し，やがて会社で事務などの仕事をして給与《よ》を得る「サラリーマン」が増加しました。サラリーマンの家庭は，新しい家族のかたちとして社会に浸透《しんとう》していきました。

問1　下線①の向上には，教育が大きく関わっています。

(1)　江戸時代の教育や学問について，まちがっているものを1つ記号で答えなさい。

ア　寺子屋では，町人や農民の子どもが「読み書き・そろばん」を学んだ。

イ　藩が設置した藩校では，武士の子どもが学問や武芸を学んだ。

ウ　日本古来の儒《じゅ》教思想を研究する国学がさかんになった。

エ　ヨーロッパの医学や地理学などを，オランダ語の書物を通して研究する蘭《らん》学がさかんになった。

(2)　明治時代の教育について，正しいものを1つ記号で答えなさい。

ア　明治初めに公布された学制では，農民の子どもは義務教育の対象ではなかった。

イ　学制によって全国に設置された小学校の建設費用は，政府がすべて負担した。

ウ　政府が設立した大学では，外国人教師が教えることは許されなかった。

エ　19世紀を通じて，義務教育の就学率は女子よりも男子が高かった。

(3)　下の表は，第二次世界大戦前に，義務教育終了後の男子が進学した中学校と女子が進学した高等女学校での，最高学年(中学校は5年生，高等女学校は4年生)の授業科目と週当たりの授業時間数を示したものです。女子教育に比べ，特に男子教育がめざしていたことについて，この表の男女の授業科目・時間数の違《ちが》いから読み取れることを2つ記号で答えなさい。

中学校　第5学年(1901年制定中学校令施《し》行規則)

科目	修身(道徳)	国語・漢文	外国語	歴史・地理	数学	物理・化学	法制・経済	体操	合計
時間数	1	6	6	3	4	4	3	3	30

高等女学校　第4学年(1901年制定高等女学校令施行規則)

科目	修身(道徳)	国語	外国語	歴史・地理	数学	理科	図画	家事	裁縫《ほう》	音楽	体操	合計
時間数	2	5	3	3	2	1	1	2	4	2	3	28

文部科学省ホームページ「学制百年史」より作成

ア　道徳的に優れた国民になること　　イ　外国の進んだ文化を学び，取り入れること

ウ　科学技術を発展させること　　エ　日本の風土と歴史を深く理解すること

オ　優れた芸術感覚を養うこと

問2　下線②の一つである『明　星《みょうじょう》』に，与謝野晶子《よさのあきこ》は「ああおとうとよ　君を泣く　君死にたまうことなかれ」で始まる詩を発表しました。この詩はどの戦争に反対したものか，1つ記号

で答えなさい。

ア　西南戦争　　イ　日露《ろ》戦争　　ウ　第一次世界大戦　　エ　日中戦争

問3　右の図A，Bは下線③の表紙です。図Aでは水の出るホースを持っている女性が，図Bでは飛行機のプロペラを抱《かか》えている女性が描かれています。これらの表紙には，国家への協力として当時の女性に求められた，2つの異なる役割が表されています。それぞれの表紙に表された異なる役割を，この時代の様子と結びつけて具体的に説明しなさい。

図A(1944年3月)

図B(1945年2月)

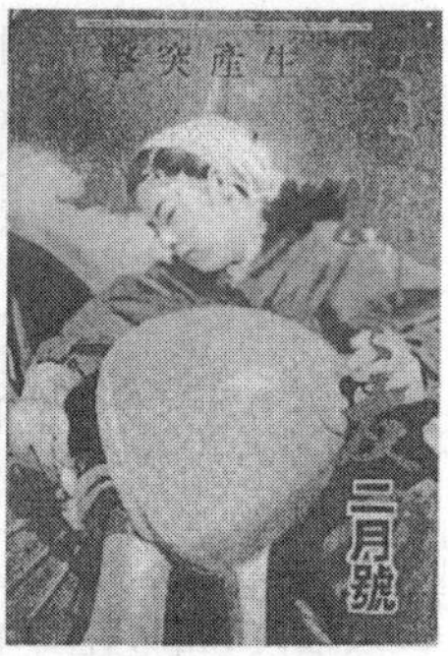

主婦之友社『主婦之友』石川武美記念図書館所蔵

問4　下線④に関連する事がらの説明として，まちがっているものを2つ記号で答えなさい。

ア　日清戦争直前に，政府は治外法権の廃《はい》止と関税自主権の回復に成功した。

イ　朝鮮で起きた反乱に対し，清と日本がそれぞれ軍隊を送ったことがきっかけとなり，日清戦争が始まった。

ウ　日清戦争の講和条約で，日本は清から台湾《たいわん》を得て，植民地とした。

エ　ロシアは，フランス，ドイツと共に，日本が日清戦争で得たリヤオトン(遼東《りょうとう》)半島の返還《かん》をせまった。

オ　日清戦争の勝利にもかかわらず，日本は清からの賠償《ばいしょう》金が得られなかったので，国内で不満が高まった。

世界には，今なお「読み書き・計算」といった基礎《そ》教育を受けられない人々がいます。国際連合のある専門機関では，識字率を「15歳《さい》以上の人口に対する，日常生活の簡単な内容についての読み書きができる人口の割合」と定義しています。

問5　識字率について国際的に調査をしている国際連合の専門機関は何ですか。(略称《しょう》でもよい)

問6　下のグラフは，7カ国の男女別識字率(2015年)です。国名の右の数字は，その国全体の識字率を表します。「男性より女性の識字率が低い」以外に，このグラフ全体から読み取れる最も大きな特徴《ちょう》を書きなさい。

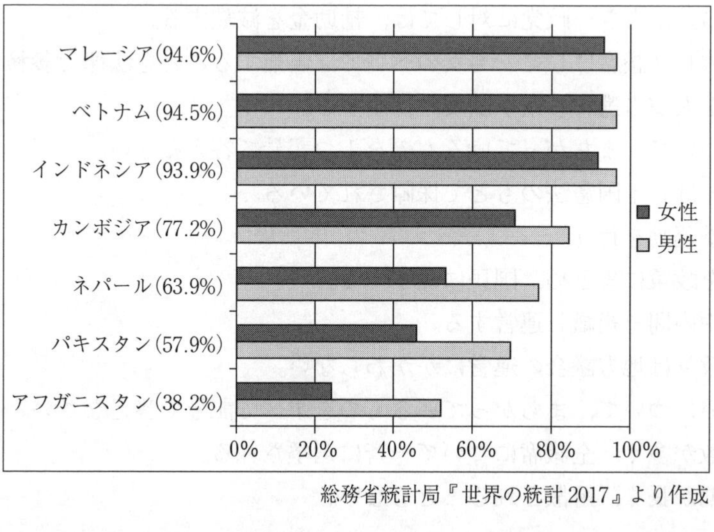

総務省統計局『世界の統計2017』より作成

問7　いろいろな国について，成人女性の識字率を横軸《じく》に，ア～オの数値を縦軸にしてみたとき，右の図のようになるものをすべて記号で答えなさい。

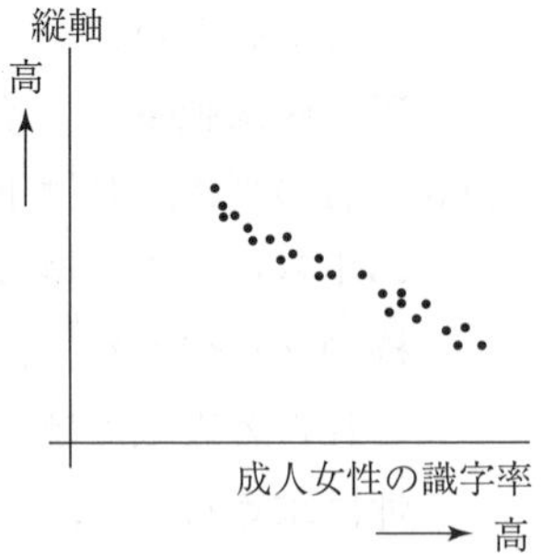

ア　5歳未満の子どもの死亡率

イ　小学校に通う児童に占《し》める女子の割合

ウ　平均寿命《じゅみょう》

エ　小学校に入学した児童のうち5年間在学できた児童の割合

オ　合計特殊《しゅ》出生率(女性が一生の間に産む子どもの数の平均)

V　世界経済フォーラムが発表した2017年のジェンダー・ギャップ指数(男女格差指数)では，日本は144カ国中114位で，G7の国々の中で最下位でした。特に政治分野では，2017年1月現在，衆議院議員に占める女性の割合は9.3%で，下院(日本では衆議院)または一院制の議会における女性割合の比較《かく》で193カ国中163位と大変低い水準にとどまっています。地方自治体の女性首長の数は，知事3人(6.4%)，市区長18人(2.2%)，町村長5人(0.5%)にとどまり，3割ほどの町村議会ではいまだに女性議員が一人もいません。

問1　下の表全体から，日本の社会に根強くある考え方を読み取って述べなさい。

	大学進学率(※1)	管理的職業従事者(課長や部長以上の役職にある者)に占める割合	一般《ぱん》労働者の給与水準(※2)	民間企《き》業の育児休業取得率	家事・育児に費やす時間(※3)	介《かい》護・看護を理由とした離《り》職者数
女性	48.2%	13%	73	81.5%	461分／日	7万人／年
男性	55.6%	87%	100	2.65%	67分／日	2万人／年

※1　短期大学を除く　　※2　男性を100とした場合　　※3　子ども(6歳未満)を持つ夫婦が対象

内閣府『男女共同参画白書　平成29年版』より作成

問2　下線部について，女性議員を増やす取り組みが各国で導入されています。女性議員を増やすことにはつながらないものを2つ記号で答えなさい。

ア　議席のうち，一定数を女性に割り当てるしくみを作る。

イ　政党が，議員候補者の一定割合を女性とする規則を定める。

ウ　政党内で当選させる順位について，知名度の高い人物や2世議員を上位にする。

エ　候補者の男女比率の差が大きい政党に対しては，補助金を減額する。

オ　2つの選挙区を合体し2議席にして，男女のペアで立候補することを法律で義務付ける。

カ　1つの選挙区から1人が当選する選挙制度を採用する。

問3　現在の日本の政党について，まちがっているものを1つ記号で答えなさい。

ア　政党を結成することは日本国憲法のもとで保障されている。

イ　候補者を立てて選挙運動を行う。

ウ　国民の多様な要望を政策にまとめ，国民に提示する。

エ　選挙を経て，議会や内閣を組織し運営する。

オ　国会とは異なり，政党は地方議会の運営にかかわらない。

問4　衆議院と参議院の違いについて，まちがっているものをすべて記号で答えなさい。

ア　衆議院のほうが定数が多く，全議席について一斉《せい》に選挙される。

イ　参議院のほうが任期が長く，解散されることもない。

ウ　条約案は参議院が先に審議することもある。

エ　法律案は常に衆議院が先に審議する。

オ　内閣総理大臣の指名は衆議院だけで行われる。

カ　内閣不信任案の議決は衆議院だけで行われる。

問５　内閣や行政機関の仕事が不公正だと疑われる場合に，国会が行えることは何ですか。内閣不信任案の議決以外に憲法で認められていることを説明しなさい。

問６　女性の人権にかかわる内容として，日本国憲法には書かれていないものを２つ記号で答えなさい。

ア　両性の本質的平等

イ　妻は夫の姓《せい》を名のること

ウ　個人として尊重されること

エ　未成年の子に対する親権は父が持つこと

オ　夫婦が同等の権利を有すること

カ　婚姻《いん》は両性の合意のみに基づくこと

問７　日本で女性が初めて選挙権を持った時期を１つ記号で答えなさい。

初の男子普通選挙の実施《し》

↓……ア

ポツダム宣言の受諾《だく》

↓……イ

日本国憲法を成立させた議会の開催《さい》

↓……ウ

サンフランシスコ平和条約の締《てい》結

↓……エ

国際連合への加盟

【理　科】（40分）〈満点：100点〉
（選択肢《たくし》の問題の答が複数ある場合は，すべて答えなさい。）

[Ⅰ]　1　生命は，約40億年前に誕生したと考えられており，その歴史を通じてめざましい多様化をとげた。環《かん》境の変化に応じて，様々な生物が出現しては，絶滅《めつ》していった。過去に生きていた生物の骨や殻《から》などは「化石」となり，海や湖の底で泥《どろ》や砂が積み重なった[　A　]から産出することがある。化石からは，過去に生きていた生物について様々なことがわかる。

(1)　文章中の[A]にあてはまる言葉を答えなさい。

(2)　次のB，Cは，「生きている化石」と呼ばれる生物の化石の写真である。

B

「手取川流域の手取統珪化木産地調査報告書」
（石川県教育委員会）より

C

「画像提供：蒲郡市生命の海科学館」

①　B，Cは何の化石か。生物名をそれぞれ答えなさい。

②　「生きている化石」とはどのような生物か説明しなさい。

(3)　サンゴも「生きている化石」の1つである。サンゴの化石が，ある[A]から産出すると，その[A]ができたとき，その場所の環境が，「あたたかくて浅い海」だったと推定できる。
「生きている化石」は，[A]ができたときの環境を推定できる化石となりえる。なぜなら，「生きている化石」が(2)②のような生物であるということは，大昔から[　D　]と考えられるからである。
[D]に入る文を考えて，20字程度で答えなさい。

(4)　生物の歴史の中で，はねや翼《つばさ》を羽ばたかせることによって飛行できる生物のグループは4つである。そのうちの3つは，「恐竜《きょうりゅう》と同じ時代に生きていたプテラノドンなどの翼《よく》竜類」，「羽毛でできた翼をもつ鳥類（一部を除く）」，「ヒトと同じホ乳類の生物で指や前あしに張られたうすい膜《まく》を翼とする[　E　]類」である。
[E]に入る生物名と，残り1つの生物のグループ名「[　F　]類（一部を除く）」を答えなさい。

2　江戸《えど》時代の日本では，「不定時法」という方法で時刻を定めていた。これは日の出と日没《ぼつ》を基準とする方法で，その間を昼夜それぞれ6等分した長さを時間の単位（1刻）とするものである。ただし，日の出，日没とは，太陽の中心が地平線上にあるときとする。

(1)　江戸（東京）において，次の①～⑥の文が正しい場合には○，誤っている場合には×を書きなさい。

① 「日の出から日没まで」が最も長い日は，昼の時間は６刻である。

② 昼と夜で１刻の長さが同じ日，１刻の長さは，現在の１時間と同じ長さである。

③ １年中いつでも日の出から３刻たつと，太陽はほぼ真南に位置する。

④ 「昼の１刻の長さ」が長い日ほど，太陽が真南に位置するときの高さは高くなる。

⑤ 「昼の１刻の長さ」が「夜の１刻の長さ」より長い日は，太陽の日の出・日没の位置は，真東よりも南側となる。

⑥ 「夜の１刻の長さ」が「昼の１刻の長さ」より長い日は，昼間，太陽は北の空の低い位置を移動していく。

(2) 江戸時代には，日の出や日没から何刻たったかを鐘《かね》の音の回数で知らせていた。「おやつ(お八つ)の時間」とは，日の出から４刻たったときに鐘を８回鳴らして時間を知らせたことに由来する。

次のア，イとでは，「おやつの時間」は現在の時間でどちらが何分早いか。

ア　日の出が現在の時刻で５時00分の日

イ　日の出が現在の時刻で７時00分の日

II　植物は光があたると［　①　］と［　②　］から［　③　］を作り出すことができる。こうして作られる［　③　］は植物の成長などに使われる。また，植物は［　④　］という穴から［　①　］を取り入れる。一方［　④　］では蒸散が起こり，［　②　］が失われる。［　④　］は開いたり閉じたりすることができ，植物は環《かん》境に合わせて蒸散量を調節できる。しかし，それは同時に［　①　］を取り入れる量に影響《えいきょう》を与《あた》えることとなる。

1　文章中の［①］～［④］にあてはまる言葉を答えなさい。

2　植物で蒸散が起きていることを確かめたい。

(1) どのような実験をしたらよいか，解答欄《らん》に図と言葉で説明しなさい。

(2) どのような結果となるか，説明しなさい。

3　校庭に生えている植物Aの葉をたくさん用意し，２つのグループに分け，それぞれの重さを測った。そして，一方は明るい部屋に，もう一方は暗い部屋に置いた。２つの部屋の温度や湿《しつ》度は同じであった。数時間たってから再び葉の重さを測り，「実験前の重さに対する実験後の重さの割合」を計算した。明所に置いた葉では70%，暗所に置いた葉では77%と結果に差が出た。

次の文章は実験について述べたものである。(1)～(4)に入る言葉をそれぞれ選び，記号で答えなさい。

葉の重さは$_{(1)}$(ア　明所だけ　　イ　暗所だけ　　ウ　明所と暗所)で$_{(2)}$(ア　増加　　イ　減少)しており，「実験前の重さに対する実験後の重さの割合」は，$_{(3)}$(ア　明所　　イ　暗所)の方が大きかった。

明所と暗所とで結果に差が出た原因として，植物Aの［④］が明所と比べ暗所では$_{(4)}$(ア　開いている　　イ　閉じている)ことが考えられる。

植物Aとは生育する環境が大きく異なる植物Bを用意した。１日のうち12時間は明かりがつき(昼)，12時間は明かりが消える(夜)ように設定した実験室に植物Bを置いて，植物Bの蒸散量と［①］の吸収量を調べた。右の表はその結果である。

	蒸散量(g)	［①］の吸収量(g)
昼	1.33	0
夜	3.47	0.16

4　植物Bの④について考えられることを，次のア～エから選びなさい。

ア　昼は開いていて，夜も開いている。

イ　昼は開いていて，夜は閉じている。

ウ　昼は閉じていて，夜は開いている。

エ　昼は閉じていて，夜も閉じている。

5　植物Bの夜の蒸散について考えられることを，次のア～エから選びなさい。

ア　④からのみ起きている。

イ　④とその他の部分から起きているが，④からの量が多い。

ウ　④とその他の部分から起きているが，その他の部分からの量が多い。

エ　④とその他の部分から起きているが，量は同じである。

6　植物Bはどのような環境に生育すると考えられるか。その環境の気温と降水量についてそれぞれ書きなさい。また，その環境を次のア～カから選びなさい。

ア　熱帯林　　イ　針葉樹林　　ウ　ツンドラ

エ　湿《しっ》地　　オ　砂漠《ばく》　　カ　マングローブ

7　アマゾンの熱帯林で進む森林伐《ばっ》採は，地球環境に様々な影響を与えるのではないかと考えられている。その一つはこの地域の降水量の減少である。降水量が減少すると考えられる理由を説明しなさい。

III　1　J子さんは，重そうの粉とクエン酸の粉で入浴剤《にゅうよくざい》と同じ反応が起こると聞いた。そこで，2つの粉を混ぜたものを水に入れてよくかき混ぜた。すると，入浴剤と同じように盛《さか》んに泡《あわ》が出た。また，容器をさわると少し冷たく感じた。J子さんは，気体が逃《に》げるとその分重さが減ると考えた。

J子さんは，重そう2gといろいろな重さのクエン酸の粉を混ぜておき，それをビーカーに入れた40gの水に加えてかき混ぜ，反応前と反応後の重さと温度の変化を調べた。反応後にはすべての粉が溶《と》けていた。グラフ1とグラフ2はその結果である。

グラフ1

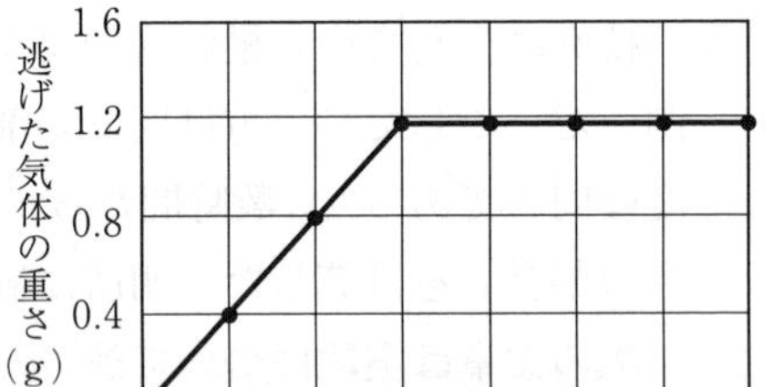

(1)　ここで発生した気体は石灰石にうすい塩酸を加えたときに発生する気体と同じである。

①　この気体の名前を書きなさい。

②　次のア～カの文の中で，この気体について書かれたものを選びなさい。

ア　水素より重いが，酸素や窒《ちっ》素より軽い。

イ　空気中には約0.4%存在する。

ウ　都市ガスや炭を燃やしたときにできる。

エ　酸性雨の原因の一つである。

オ　水でぬらした青色リトマス紙を赤く変える。

カ　炭酸水から出てくる気体と同じであり，冷やしたときの方があたためたときよりよく出てくる。

グラフ2

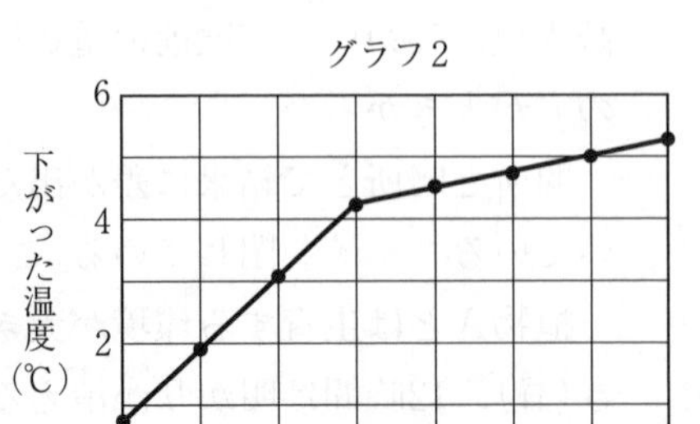

(2)　グラフ1から読み取れることを次のア～オから選びなさい。

ア　水平になっているところでは，気体は発生していない。

イ　水平になるまでは，逃げた気体の重さはクエン酸の重さに比例している。

ウ　水平になっているところでは，反応が終わるまでの時間はすべて等しい。

エ　加熱すると反応はもっとはやく進む。

オ　発生した気体は水にあまり溶けない。

(3)　グラフ1とグラフ2から考えて，重そうの粉とクエン酸の粉それぞれを水に溶かしたとき，冷たくなる場合はA，あたたかくなる場合はB，温度が変わらない場合はCを○で囲みなさい。また，それはグラフのどの部分からわかることか，グラフの横軸《じく》の値を表した次のア～エから選びなさい。

ア　0　　　イ　0～1.5

ウ　1.5　　エ　1.5～3.5

(4)　40gの水に次の①，②を溶かしたとき，水の温度はもとの温度から何℃変化すると考えられるか。右の表を使って計算し，答えは，四捨五入して小数第一位まで求めなさい。ただし，溶けたときに出入りする熱はすべて水の温度の変化に使われるものとする。

クエン酸の重さ(g)	0	1.50	3.00
逃げた気体の重さ(g)	0	1.17	1.17
下がった温度(℃)	0.8	4.2	5.0

数値はグラフ1，2から

①　重そう1g

②　クエン酸2g

(5)　重そうを1g，水を20gに変えて同様に実験を行った。

①　クエン酸の重さと逃げた気体の重さの関係を表すグラフは，どのような形になると考えられるか。解答欄《らん》にかき入れなさい。点線は重そう2g，水40gのときのグラフである。

②　クエン酸の重さと下がった温度の関係を表すグラフは，グラフ2と同じように途《と》中からグラフの傾《かたむ》きが変化した。前半の直線の傾き，後半の直線の傾きは，グラフ2と比べてどうなるか，ア～ウからそれぞれ選びなさい。

ア　小さくなる(ゆるやかになる)　　イ　変わらない　　ウ　大きくなる(急になる)

2　(1)　重そう，クエン酸をそれぞれ水に溶かし，紫《むらさき》キャベツ液を加えると，重そうの水溶《よう》液は緑色，クエン酸の水溶液は赤色になった。紫キャベツ液を加えたときの色がそれぞれの水溶液と同じになるものを次のア～オから選びなさい。

ア　アンモニア水　　イ　うすい塩酸　　ウ　食塩水

エ　食酢《す》　　　　　オ　水酸化ナトリウム水溶液

(2)　すべての酸性の水溶液にあてはまる性質を次のア～エから選びなさい。

ア　青色リトマス紙を赤色に変える。

イ　気体が溶けた水溶液である。

ウ　アルミニウムを加えると気体が発生する。

エ　鉄や銅の表面にできたさびを溶かす。

(3)　酸性やアルカリ性によって色が変わっている現象を次のア～オから選びなさい。

ア　砂糖水を加熱し続けると茶色くなった。

イ　紅茶にレモンを入れると，色がうすくなった。

ウ　赤じそを加えて梅干しを作るとあざやかな赤色になった。

エ　石灰水に二酸化炭素を通すと白く濁《にご》った。

オ　紙に紫色のペンで書いたところが水でぬれて，ピンク色と青色に分かれた。

Ⅳ　電池，豆電球，検流計を導線でつないだ回路を作る。使用する電池，豆電球はすべて同じもので，検流計の針は電流が流れた向きに振《ふ》れる。

図1のように回路を作り，豆電球の明るさを比べたところ，AはBより明るく，BとCは同じ明るさ，AとDとEは同じ明るさであった。

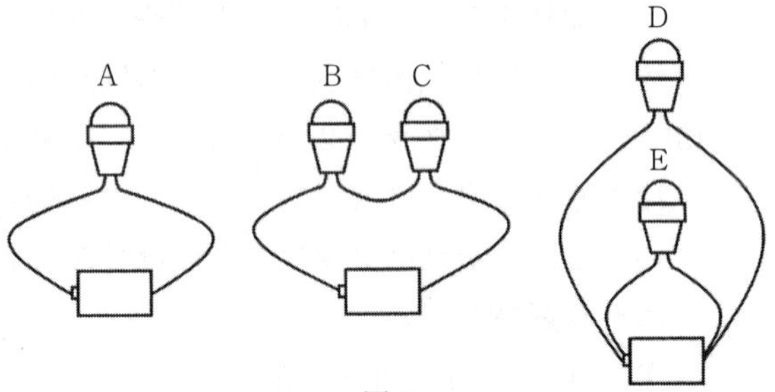

図1

1　次の①～⑤の回路を考えた。

①
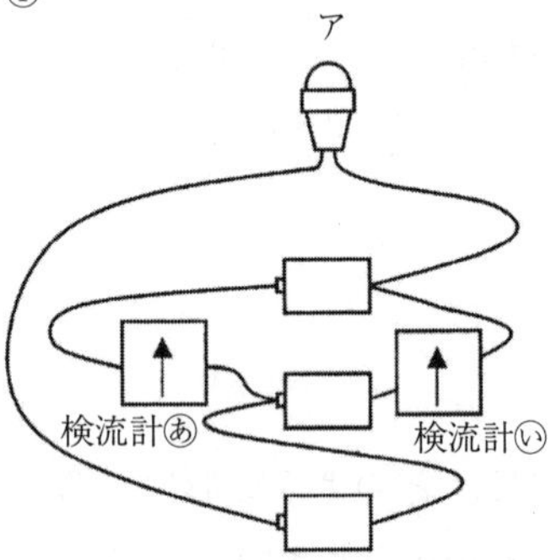

②
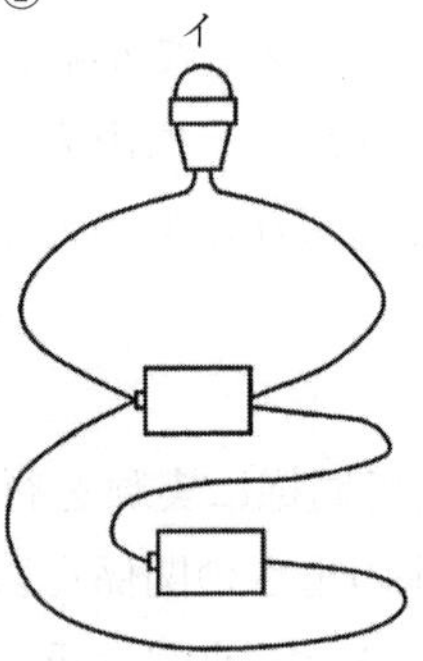

③
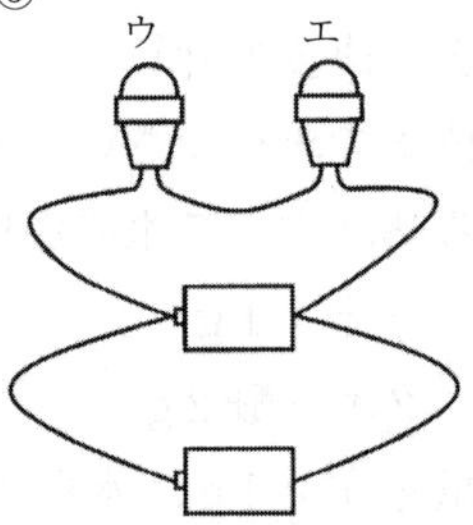

④
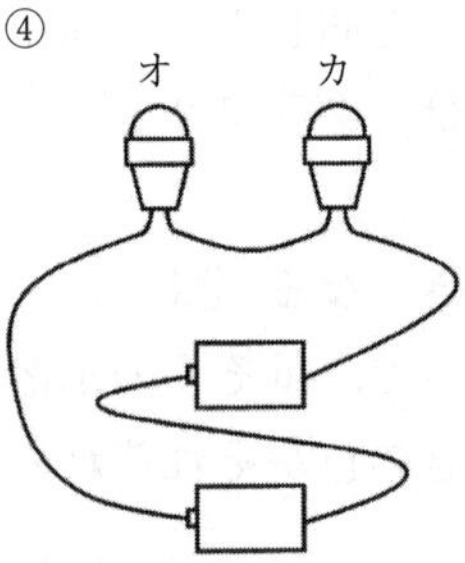

⑤
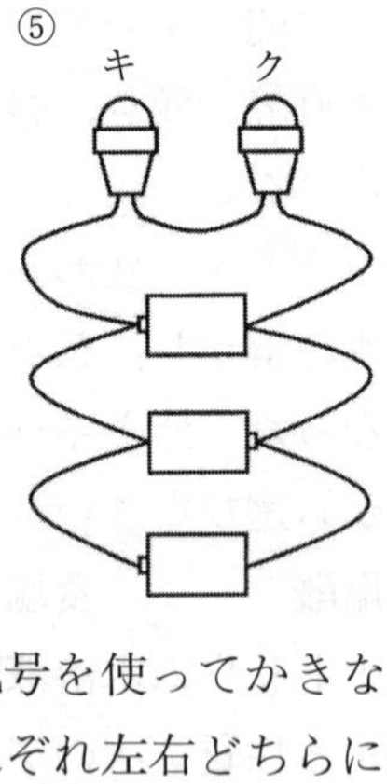

(1)　①の回路の回路図を電気用図記号を使ってかきなさい。導線は┈┈線をなぞってかくこと。

(2)　検流計あ，検流計いの針はそれぞれ左右どちらに振れますか。針が振れない場合は×と書くこと。

(3)　②～⑤には作ってはいけない回路が含《ふく》まれている。その回路を②～⑤から選びなさい。

(4)　ア～クの豆電球を，明るい順にならべなさい。同じ明るさのものは(　)でくくりなさい。ただし(3)で選んだ回路の豆電球は除くこと。

(例)　ア(イウ)エ

2　電池，豆電球，検流計，スイッチを使って，図2のような回路を作った。スイッチ①，②は「切りかえスイッチ」で，ア，イどちらかに必ず接続され，スイッチ③，④は，接続しないときをア，接続するときをイとする。

(1)　検流計の針の振れを最も大きくするには，スイッチ①～④の接続はそれぞれア，イのどちらにすればよいですか。ただし，どちらにしても同じ場合はウとしなさい。

(2)　(1)のとき，検流計の針は左右どちらに振れますか。

(3)　検流計の針の振れを最も小さくするには，スイッチ①～④の接続はそれぞれア，イのどちらにすればよいですか。ただし，どちらにしても同じ場合はウとしなさい。

(4)　(3)のとき，検流計の針は左右どちらに振れますか。ただし，針が振れない場合は×と書くこと。

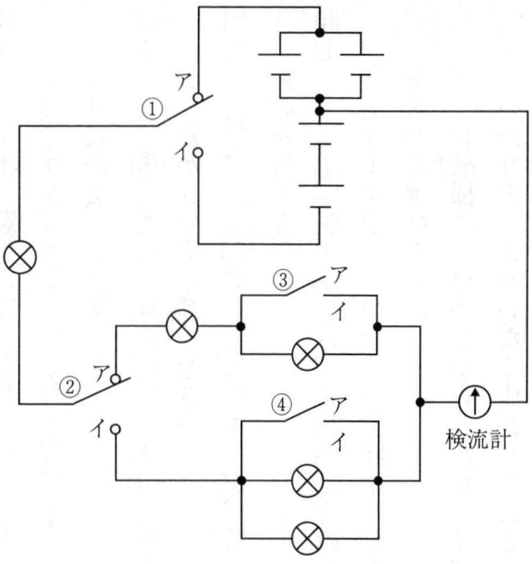

図2

3　階段の照明の点灯・消灯を，1階のスイッチS_1，2階のスイッチS_2のどちらでもできるようにしたい。そのためには，図3の□内をどのようにすればよいか，下のア～カから選びなさい。

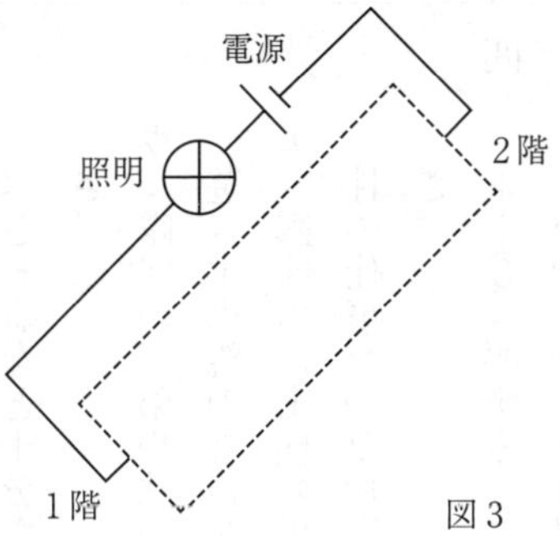

図3

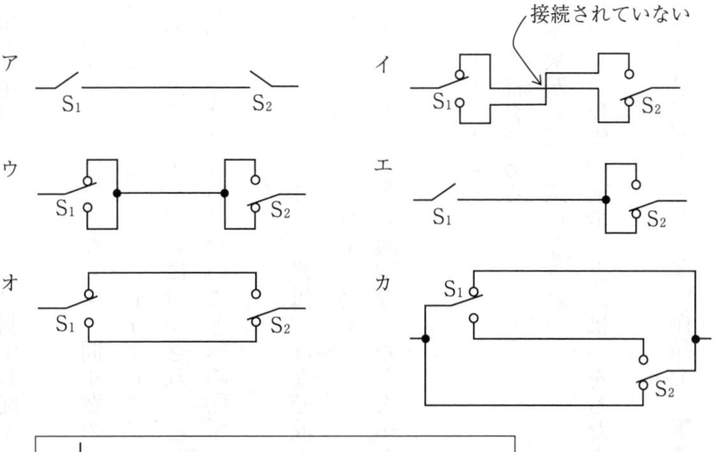

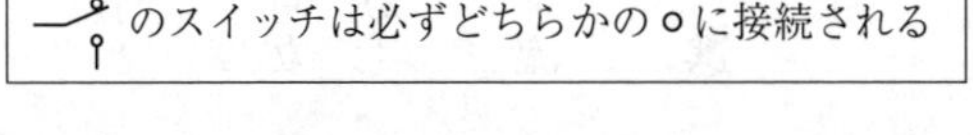

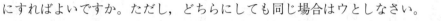

○露伴　幸田文の父。夏目漱石と同年生まれの明治の文豪《ごう》。
○士分　武士の身分。
○冷飯っ食い　もともとは、江戸時代に家督《とく》を相続しない次男以下のものを卑《いや》しめて言った語。
○人相学　顔立ちから人の性格や才能を判定する学問。

問一　——①「心得ている」について答えなさい。
1、「心得る」の意味を解答欄《らん》に合うように熟《じゅく》語で答えなさい。
2、「心〜」という一語の動詞になるように、ひらがなで答えなさい。
i　良質な音楽を（心　　）までお楽しみください。
ii　（心　　）物語にほろりと涙《なみだ》がでた。

問二　——②「人には運命を踏んで立つ力があるものだ」は、誰が言った言葉ですか、答えなさい。

問三　——③「いぶかしく思う気持」とは、ここではどのような気持ちですか、説明しなさい。

問四　——④「震災以来、探していたことばの力」とは、どのようなものですか。それがわかる文のはじめの五字を答えなさい。——④より後の文から探すこと。

問五　——⑤「見栄を張れば」とありますが、その結果どうなりますか。わかりやすく答えなさい。

問六　「お米を⑥で」とありますが、解答欄にあてはまるように、動詞を答えなさい。

問七　——⑦「恥ずかしさ、抵抗感はよほどのものがあったらしい」とありますが、誰のどういう恥ずかしさですか。最も適切なものを次から選びなさい。
ア　お猷《ゆう》様の、息子がからかわれたり家族の朝食を用意できずにいたりと、ふがいなく成長したことに対する恥ずかしさ。
イ　お猷様の、士族という身分でありながら、息子に冷や飯を食べさせるなど十分な食事が用意できないことに対する恥ずかしさ。
ウ　露伴《ろはん》の、弟や妹の面倒《どう》まで見なければならず、同年輩の子と遊べず母親の言いなりになっていることへの恥ずかしさ。
エ　露伴の、士族の男子なのに焼き芋を買いに行かされ、当時女性の仕事だった炊《すい》事もやらなければいけないことへの恥ずかしさ。

問八　——⑧「涙する」とありますが、ここで「祖母」はなぜ涙を流したのですか。その理由をていねいに説明しなさい。

問九　——⑨「堪《たま》りません」の意味として最も適切なものを次から選びなさい。
ア　やりきれない　イ　じれったい
ウ　不快である　エ　不都合である

問十　本文の内容と合うものを次から二つ選びなさい。
ア　筆者は震災というきびしい現実の前でことばは力をもたない、と感じたことがあった。
イ　『みそっかす』はあまり目を通すことのない作品で、筆者も震災後久しぶりに読んだ。
ウ　「人には運命を踏んで立つ力がある」と「運命は切り開くもの」は、筆者にとって同じような意味を持つ。
エ　生まれつきの顔は、本人の努力とは関係なく善人のようにも悪人のようにも変えることができる。
オ　運命に左右されないで、自分と向き合って人生を築いていくことに露伴は意味を見いだしている。

問十一　a シリョウ、b マネく、c ダンゲンを漢字に直しなさい。

やかされ、朝一番の仏壇《ぶつだん》の手入れをうっかり忘れれば、家族全員の朝食が滞《とどこお》った。⑦恥《は》ずかしさ、抵抗感《ていこう》はよほどのものがあったらしい。だが、誰《だれ》も自ら選んで次男三男に生まれるわけではない。露伴からさんざ小さいころの苦労話を聞かされて、自分自身も次女の生まれである祖母は、あるとき自分ではどうにもならない生まれ順による差別に不平を口にした。すると、露伴がむっつりとした口調で「人には運命を踏んで立つ力があるものだ」と言うのである。これを聞いて祖母は、かつて自分の父親がどれほどの思いで冷飯っ食いの境遇《きょうぐう》に耐《た》え忍《しの》んだかを察し、自分の身にも父と同じだけの苦労が課されることを思って⑧涙《なみだ》する。

「人には運命を踏んで立つ力があるものだ」という、人目を惹《ひ》きつけることばの背景がこんなエピソードでは、なんだかあてがはずれたような、肩《かた》すかしをくらったような感覚を覚えるかもしれない。震災と兄弟の生まれ順はまったく別の話だが、共通するのは自分にはどうしようもないめぐりあわせという点である。我慢しようにも我慢できない、けれどそうするしかない状況《きょう》を乗り越《こ》えようとするとき、励《はげ》ましてくれることばという気がする。

このあたりのことをもう少し論理的に説いているのが、露伴の書いた「運命は切り開くもの」という随《ずい》筆である。「此処《ここ》に赤ン坊《ぼう》が生まれたと仮定します」という書き出しに始まり、生まれつきの貧富の差などにより、子どもの運命には自《おの》ずと差が生じるため、「誰《だれ》でも彼《かれ》でも自分が時を選び、処《ところ》を選び、家を選び、自分の体質相貌《そうぼう》等を選んで生まれたので無いということに思い当《あた》ったならば、自然に運命前定（前もって定まっていること）が少なくとも一半《いっぱん》は真理であるということを思うでしょう。運命が無いなぞということは何程自惚《うぬぼれ》の強い人でも云《い》い得ない事でしょう」と、まずは運命前定説の一理を認める。

しかし、前定なのは半分だけの真実であって、すべてが先天的運命で決められていると思うのはまったくの間違《ちが》いであるという。「人間たるものの本然《ほんぜん》（自然のありのまま）の希望、即《すなわ》ち向上心という高いものを蹂躙《じゅうりん》する（ふみにじる）卑屈《ひくつ》の思想に墜《お》ちて終《しま》いまして甚《はなは》だ宜《よろ》しく無い、即ちそれは現在相違《そうい》という過失に陥《おちい》ります、人は生きて居《い》る間は向上進歩の望《のぞみ》を捨てることは出来ぬものであります」と C ダンゲン する。

そして、運命を天の定めとする占《うらな》いへと話を移し、諸葛孔明《しょかつこうめい》の死とともに大きな星が墜ちたという逸《いつ》話は軍談としてはおもしろいが、それなら星の数と人の数が対応していなければならず、「生まれた年月日時によって人の運命が定められては⑨堪《たま》りません」と占いの類を過剰《じょう》に信じてはいけないと釘《くぎ》をさす。

一方、※人相学には理解を示し、すぐれた人相家は人の顔が変わることを知っているから的中させることができると説く。生まれつきの顔をもとに、心がけ次第《しだい》で良くも、悪くも変化するのが人の顔だと。

つまり「天然自然に定まって居るものを先天的運命と申しますならば、当人の心掛《が》けや行為《い》より生ずるのを後天的運命と申しましょう。自己の修治《しゅうじ》（手を加えてよくすること）によって後天的運命を開拓《たく》して、或《あるい》は先天的運命を善きが上にも善くし、或は先天的運命の悪いのをも善くして行くのが、真の立派な人と申しますので、歴史の上に光輝《き》を残して居る人の如《ごと》きは、大抵《てい》後天的運命を開拓した人なのであります」となる。

ここで言われていることを煎《せん》じ詰《つ》めると、「人には運命を踏んで立つ力があるものだ」に行き着くのではないだろうか。いささかくどくどとした論旨《し》の「運命は切り開くもの」に比べると、なんとすぱっと見事な切り口だろうと思う。

（『幸田家のことば』青木奈緒）

注※

〇祖母　幸《こう》田《だ》文《あや》。小説家。『みそっかす』は父の思い出を記した随《ずい》筆集。

問六 [⑥]に入る言葉を次から選びなさい。

ア 怒《おこ》っている　イ 命令している

ウ お願いしている　エ 開き直っている

問七 ――⑦とありますが、「ロボットとわたしたちとのあいだに生じるコミュニケーション」は次のように行われます。後の問いに答えなさい。

> ロボットがA〈弱さ〉を開示し、わたしたちが応答する時に、B共同行為が生みだされる。

1、A〈弱さ〉について、〈お掃除ロボット〉と〈ゴミ箱ロボット〉の〈弱さ〉を文中からそれぞれ一点あげなさい。

2、筆者が考える望ましいB共同行為のあり方とはどのようなものですか。それを説明した次の文の[X]、[Y]をうめなさい。わかりやすく書くこと。

筆者は、[X]関係ではなく、[Y]という共同行為が望ましい、と考えている。

問八 [　]a～cの言葉について、aは読みを書き、b・cは漢字に直しなさい。

二

次の文章を読んで後の問いに答えなさい。

本文中の※については、注として本文の最後に付記しています。わかりにくい言葉は(　)内に意味を付記しました。

東日本大震災《しんさい》から一年も経《た》たないころ、※祖母の『みそっかす』を読んでいた。つらく悲しい子ども時代の思い出が描《えが》かれたこの作品を、母や私が楽しんで読むことはないのだが、a[シリョウ]として確かめておくべきことが多く、手にとる頻度《ひんど》が高い。このときも何か調べる必要があって、どこに何が書いてあるか、充《じゅう》分①心得ているつもりのページをぱらぱらとめくっていた。

すると、探していた内容とは関係ない一文が目にとまった。

「②人には運命を踏《ふ》んで立つ力があるものだ」

あれ？　こんなことが書かれていただろうか、という新鮮《せん》味と③いぶかしく思う気持があって、脳裏《り》には震災の報道で目にした映像がありありと浮《う》かんでいた。なぜこの文と東日本大震災を結びつけたかは、自分でもわからない。ただ、震災で人の命や平穏《へいおん》な暮らしがいきなり奪《うば》われる様があまりに理不尽《じん》で、たとえ真実であろうとも、災害とはそういうものという諦念《ていねん》(あきらめの気持ち)で心を処理し、達観するにはあまりにも現実がきびしすぎた。

日本に暮らしている限り、災害と無縁《むえん》でいられる場所はない。自分がその立場に立たされたとき、心に刻んでおくべきことばは何か。「人には運命を踏んで立つ力があるものだ」という一文に、④震災以来、探していたことばの力を見つけた感があった。

これを言ったのは曾《そう》祖父(ひいおじいさん)の※露伴《ろはん》で、語られた背景は実は災害とはまったく無関係の、しかも今の感覚では容易に共感できない文脈にある。

四男である露伴は、幼いころに弟や妹のおやつにするため、母親であるお猷《ゆう》様の言いつけで味噌漉《みそこし》を持って焼き芋《いも》を買いに行かされた。今ならばなんでもない子どものおつかいだが、封《ほう》建的な色彩《さい》の強い明治初期には「いくら小さくとも男の子の体面というものには格があって、※士分の子が焼芋買いに行くのは周囲の憫笑《びんしょう》(さげすんで笑うこと)をb[マネく]」と書かれている。自分ひとりの空腹なら我慢《がまん》したかもしれないが、⑤見栄《みえ》を張れば弟や妹も巻きぞえになった。

お猷様は露伴に「次男三男の※冷飯《ひやめし》っ食い、芋買いがなんだ」と容《よう》赦《しゃ》なかった。井戸端《いどばた》でお米を[⑥]でいれば、同年輩《ぱい》の男子に冷しているのかな……」と、そんな意思が伝わってくれば、それを助けてみようという気にもなる。でも、それにも程度というものがあるようだ。

　じっとしたまま、そこを行き交う人に「そのゴミを拾って！」と声《こわ》高に訴《うった》えかけるのでは、周りからの手助けは引きだせそうもない。一方的に指示されているようで、たとえ手を貸してあげたとしても、「なにか、いいことをした！」という気持ちになれない。なにか服従を強《し》いられているようで具合がよくないのである。それと、一方的に周りの人に依《い》存するだけでは、〈頼《たよ》るもの〉⇕〈頼られるもの〉という非対称的な関係となってしまう。（中略）

　わたしたちの共同行為《い》を生みだすためのポイントは、自らの状況《きょう》を相手からも参照可能なように表示しておくことである。「いま、どんなことをしようとしているのか」「どんなことに困っているのか」、そうした〈弱さ〉を隠《かく》さず、ためらうことなく開示しておくことで、お掃除ロボットは周りの手助けを上手に引きだしているようなのである。

（『〈弱いロボット〉の思考　わたし・身体・コミュニケーション』　岡田美智男）

問一　――①「よけいなお世話だよ！」とありますが、「よけいなお世話」と最も近い慣用表現を次から選びなさい。

ア　ふんだりけったり
イ　ありがためいわく
ウ　わたりに船
エ　ねこに小判

問二　――②とありますが、「そうしたことを思いだ」したのはなぜですか。次から選びなさい。

ア　おもしろい動き方をする〈お掃除《そうじ》ロボット〉が、蟻を眺めている時と同じ気持ちにさせるから。
イ　せわしなく動き回る〈お掃除ロボット〉が、のんびりする時間を持てない自分の姿と重なるから。
ウ　むだな動きのない〈お掃除ロボット〉を見ると、蟻に手を出した時のように動きをさえぎりたくなるから。
エ　高度な機能を持つ〈お掃除ロボット〉を見ると、ロボット技術のなかった子ども時代が懐《なつ》かしくなるから。

問三　――③とありますが、「健気《けなげ》」という言葉から、筆者がお掃除ロボットに対してどのようなことを感じているとわかりますか。次から選びなさい。

ア　行く手をさえぎられても構うことなく掃除を続ける様子に、意志の強さを感じている。
イ　物にぶつかるままに柔軟《じゅうなん》に進路を変えて掃除を続ける様子に、臨機応変さを感じている。
ウ　家具のすき間を自由に動き回って掃除をする様子に、かわいらしさを感じている。
エ　壁にぶつかりながらも隅々まで丁寧に掃除をする様子に、一生懸《けん》命さを感じている。

問四　――④について

1、「主客転倒」の言葉の意味を次から選びなさい。

ア　主人と家来がともに失敗をしてしまうこと
イ　主人と客人の立場や軽重が逆になること
ウ　客観的なものの見方に偏《かたよ》ってしまうこと
エ　始めと終わりで主張が異なっていること

2、ここではどのようなことを言っているのか、わかりやすく説明しなさい。

問五　――⑤「このようなもの」の指し示す内容を十五字以上二十字以下で書きなさい。

はないか」と思いつつも、それはそれで許せてしまう。ロボットにお掃除をしてもらうのはうれしいけれど、ほんのすこし手助けになれているという感覚も捨てがたい。

　このロボットが袋小路《ふくろこうじ》に入り込むことのないように、テーブルや椅子を c［セイゼン］と並べなおす。もっと動きやすくしてあげようと、観葉植物の鉢《はち》などのレイアウトを変え、玄関《げん》のスリッパをせっせと下《げ》駄《た》箱に戻す。そうしたことを重ねていると、なんだか楽しくなってくる。そして、いつの間にか家のなかはセイゼンと片づいていたりする。

　いったい誰《だれ》がこの部屋を片づけたというのか。わたしが一人でおこなっていたわけではないし、このロボットの働きだけでもない。一緒《しょ》に片づけていた、あるいはこのロボットはわたしたちを味方につけながら、ちゃっかり部屋をきれいにしていたとはいえないだろうか。

　そもそも、部屋の隅のコードを巻き込んでギブアップしてしまう、床に置かれたスリッパをひきずり回したり、段差のある玄関から落ちてしまうとそこから這《は》い上がれないというのは、これまでの家電製品であれば、改善すべき欠点そのものだろう。（中略）

　一人の学生が学内のロビーにある長椅子に腰かけて、いつもの漫画《まん》雑誌を読みふける。その足元には、無造作に転がった空のペットボトル、誰かが残していったものなのだろう。部屋の片隅には、ゴミ箱らしきものもあるけれど、この状態ではペットボトルは転がったままだ。学内のいつもの風景とは⑤このようなものだろう。

　では、「このゴミ箱を生き物のように動かしてみたら……」というわけで、部屋の隅で静かにしていたゴミ箱を〈ロボット〉として動かしてみた。それは床の上に転がるペットボトルのほうにヨタヨタと近づいていき、それを確認するように視線を落とす。そうして、自分では拾えないことを悟《さと》ると、その学生のほうに擦《す》り寄るようにして近づき、すこし腰を屈《かが》めてみる。その姿は、あたかも「このペットボトルを拾ってよ！」と［　⑥　］ようなのだ。

　そのロボットの仕草に気づいたのか、それを無視するわけにもいかず、学生はペットボトルを拾い上げ、〈ゴミ箱ロボット〉のバスケットのなかに放り込んであげる。すると、そのことを感知した〈ゴミ箱ロボット〉はまた腰を屈める。同じ仕草にもかかわらず、それはなにかお礼を返しているようにも映る。そうして、その場をまたヨタヨタと去っていく。学生もほっとしたようにして、またもとの雑誌に目を落とすというわけである。

　とりたてて、すごい技術を備えたものではない。ヨタヨタしていて、なにも役に立ちそうもない。そんな風采《さい》にもかかわらず、人に擦り寄るようにして、ちゃっかりゴミを拾い集めてしまうというのは、なかなか侮《あなど》れないものだろう。

　わたしたちのために黙《もく》々と働くことを期待されるロボットだけれど、「ゴミを黙々とつみ上げるロボット」とそこで「ただゴミを拾ってもらう学生」という非対称《しょう》な関係は、この場にはそぐわない。例えば、無造作に捨てられたペットボトルのところに、ロボットがすーっと近づいてきて、それを黙々と拾い上げ、なにもなかったように立ち去っていく。そんな風景とくらべてみると、人の手を煩《わずら》わせながらも、ヨタヨタしながら一緒にゴミを拾い集めるという姿はなんだか微笑《ほほえ》ましいのだ。（中略）

　では、わたしたちの手助けを思わず引きだしてしまうような場は、どのようにして生まれてくるのだろう。他者から挨拶《あいさつ》された時に、思わず応答責任を感じてしまうことに重なるけれど、⑦ロボットとわたしたちとのあいだに生じるコミュニケーションの一つの事態としても見逃《のが》せないものである。

　その基本になっているのは、単なるモノなのか、なんらかの意思を持った生き物なのか、ということだろうか。「ゴミを拾い集めようと

二〇一八年度 女子学院中学校

【国　語】（四〇分）〈満点：一〇〇点〉

一　次の文章を読んで後の問いに答えなさい。

じゃっ、じゃじゃっ、じゃっ……。こんな音を立てているかどうかはわからないけれど、一匹《ぴき》の蟻《あり》がせわしなく砂浜《はま》の上を歩いている。どこに向かおうとしているのか。あっちに進んでは、ちょっと立ち止まり、その首をかるく左右にひねったかと思うと、すこし進路を変え、またなにごともなかったかのように歩きだす。

この蟻の姿をぼんやり眺《なが》めていると、いろいろな思いがよぎる。「どこに向かおうとしているのか……」「迷子《まいご》にでもなったのだろうか。ちゃんと巣に辿《たど》り着けるだろうか……」「なにをそんなに慌《あわ》てているのだろう、子どもたちが餌《えさ》でも待っているのかな？」。

もっとも、こうした思いは蟻にとっては「①よけいなお世話だよ！」ということなのだろう。その行く手をさえぎろうと手をかざしても、そんなことにはおかまいなしである。先を急ぐように、すぐに砂にもどって歩きはじめるのだ。

ここしばらく、蟻の姿などをのんびりと眺めるようなことはなかったなぁ……と思っていたら、いま目の前を②そうしたことを思いださせてくれるモノが行き来する。床《ゆか》の上を動きまわりながらホコリを吸い集めてくれる〈お掃除《そうじ》ロボット〉である。子どものころに戻《もど》って、その様子をしばらく眺めてみたい（ロボット技術は日々進化を遂《と》げている。不用意な誤解を避《さ》けるため、本書に登場するのは架空《かくう》のお掃除ロボット〈ルンル〉である）。

電源スイッチらしきボタンを押《お》してみる。すると、ピポッ、ピポッ、プーッ……という軽快な電子音とともに、それは動きだした。「さて、どこからはじめようかな……」とでもいいたげに、クルリとあたりを見わたす。そしてひとたび狙《ねら》いを定めると、クーンと甲《かん》高いモータ音をたてて動きはじめるのだ。

ロボットは、テーブルの下や椅子《いす》のあいだをくぐり抜《ぬ》けながら、床の塵《ちり》やホコリをかき集め、それを吸い込《こ》んでいく。ゴツンゴツンと部屋の壁《かべ》や椅子などにぶつかるたびに、その進行方向を小刻みに変える。「それだけなのかな？」としばらく様子を眺めていると、なにか思い立ったように途《と》中で方向転換《かん》をし、部屋の反対方向へと移動しはじめたりする。あるときは壁づたいに小さくコツンコツンと当たりながら、その隅《すみ》にあるホコリを丁寧《ねい》にかき集めていく。

この気ままなお掃除ぶりは、はたして効率的なものなのか。同じところを行ったり来たりと重複も多そうだ。たぶん取りこぼしているところもあるにちがいない。それでも許せてしまうのは、③その健気《けなげ》さゆえのことだろう。

小一時間ほど走りまわると、ちょっと疲《つか》れたようにして自分の充《じゅう》電スタンドへと舞《ま》い戻っていく。そのすこし速度を落としての、小さく腰《こし》を振《ふ》る所作がかわいい。塵の収納スペースに集められたホコリや塵の量を見て、思わず「ごくろうさん、よく頑張《がんば》ったね」と労《ねぎら》いの言葉をかけそうになる。

これまでの家電とはどこか趣《おもむき》がちがうようだ。そのロボットの動きを思わず追いかけてしまう。「どこに向かおうとしているのか、なにを考えているのか」と、その行く手をさえぎるなどして、いたずらをしてみたくなる。あるいはすこし先回りをしながら、床の上にa無造作に置かれた紙袋《ぶくろ》を拾い上げ、部屋の片隅にある乱雑なケーブル類をbタバねていたりする。これもロボットのためなのだ……。「あれれ？　これでは④主客転倒《とう》ということになってしまうで

2018年度
女子学院中学校　▶解説と解答

算　数　(40分)　<満点：100点>

解　答

1 (1) 11.5　(2) 角㋐…108度，角㋑…72度，角㋒…18度　(3) 728円，30%引き　(4) 1分20秒後，毎分14.5m　(5) 花だんの面積…2400m^2，辺ABの長さ…16m　2 (1) 3.5cm　(2) 628.7cm^2　3 9日以上13日以下　4 (1) 赤…6，緑…1，青…2　(2) 全部…13枚，緑に1と書いてあるもの…1枚　(3) 30　(4) 4，9，25　5 9台，447人　6 全部で191本，少なくとも134本　7 (1) 105g　(2) 180g，210g，475g

解　説

1 四則計算，角度，売買損益，流水算，面積

(1) $\left\{\left(1.26+\frac{19}{20}\right)\div\frac{1}{5}-\left(0.24\div\frac{8}{45}-\frac{13}{15}\times0.75\right)\right\}\div0.9=\left\{(1.26+0.95)\times5-\left(\frac{24}{100}\times\frac{45}{8}-\frac{13}{15}\times\frac{3}{4}\right)\right\}\div0.9=\left\{2.21\times5-\left(\frac{27}{20}-\frac{13}{20}\right)\right\}\div0.9=\left(11.05-\frac{14}{20}\right)\div0.9=(11.05-0.7)\div0.9=10.35\div0.9=11.5$

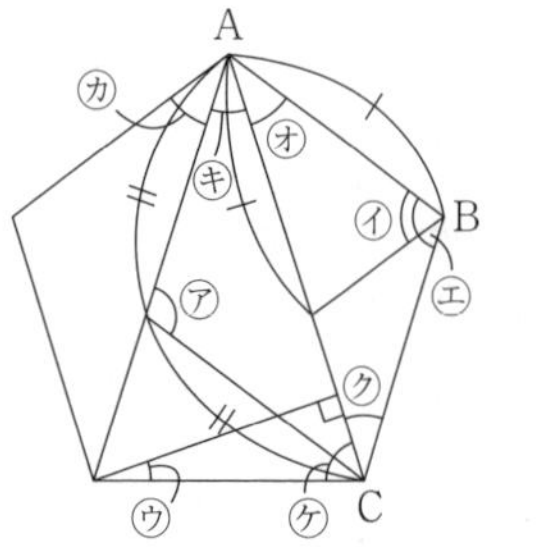

(2) 左の図で，正五角形の内角の和は，180×(5－2)＝540(度)だから，角㋓の大きさは，540÷5＝108(度)である。また，三角形ABCは二等辺三角形なので，角㋔の大きさは，(180－108)÷2＝36(度)となる。よって，角㋑は，(180－36)÷2＝72(度)と求められる。次に，角㋕の大きさは角㋔と等しく36度だから，角㋖の大きさは，108－36×2＝36(度)となる。よって，角㋐は，180－36×2＝108(度)と求められる。さらに，角㋗の大きさは角㋔と等しく36度なので，角㋘の大きさは，108－36＝72(度)となる。よって，角㋒は，180－(90＋72)＝18(度)と求められる。

(3) 定価の100円引きで売ると82円の利益があるから，定価で売ると，82＋100＝182(円)の利益がある。これが仕入れ値の25%にあたるので，仕入れ値は，182÷0.25＝728(円)と求められる。よって，定価は，728＋182＝910(円)で，91円の損が出るときの売り値は，728－91＝637(円)となる。したがって，637円の定価に対する割合は，637÷910＝0.7より，70%だから，定価の，100－70＝30(%)引きで売ると，91円の損が出る。

(4) J子さんの泳ぐ速さは，(流れのないときのJ子さんの速さ)＋(流れの速さ)で，G子さんの泳ぐ速さは，(流れのないときのG子さんの速さ)－(流れの速さ)なので，2人の泳ぐ速さの和は，流れのないときの2人の速さの和と等しく，毎分，80＋70＝150(m)となる。よって，2人が最初に出会ったのは，泳ぎ始めてから，$200\div150=\frac{4}{3}=1\frac{1}{3}$(分後)となり，$\frac{1}{3}$分は，$60\times\frac{1}{3}=20$(秒)なので，1分20秒後である。また，2人が最初に出会うまでに泳いだ道のりの差は52mだから，2人が1分間に泳ぐ道のりの差は，$52\div\frac{4}{3}=39$(m)となる。つまり，2人の泳ぐ速さの和が毎分150m，差が毎分39mで，Ｊ子さんの方が速く泳ぐので，Ｊ子さんの泳ぐ速さは，毎分，(150＋39)÷２＝94.5(m)とわかる。したがって，流れの速さは毎分，94.5－80＝14.5(m)と求められる。

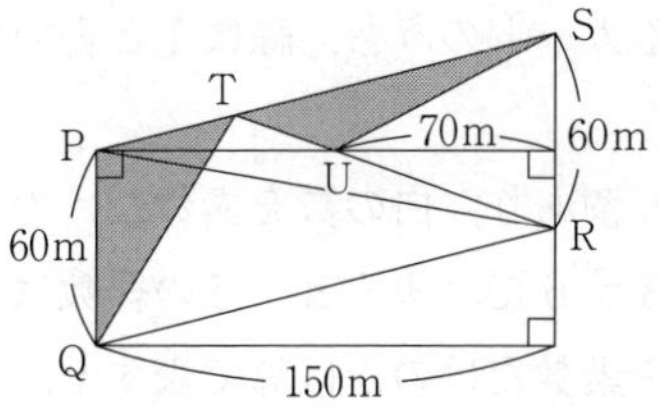

(5)　左の図で，PQとRSは平行であり，長さが60mで等しいから，ＱとＲを直線で結ぶと，四角形PQRSは平行四辺形となる。よって，その面積は，60×150＝9000(m^2)である。また，PSとQRが平行なので，三角形TQRと三角形PQRは底辺をQRとすると高さが等しくなる。したがって，三角形TQRの面積は三角形PQRの面積と等しいから，9000÷２＝4500(m^2)となる。さらに，三角形SURの面積は，60×70÷２＝2100(m^2)となるので，影《かげ》をつけた部分の面積は，9000－4500－2100＝2400(m^2)と求められる。また，この部分を，面積を変えずに問題文中の図２のように直すと，高さが150mの平行四辺形になるから，辺ABの長さは，2400÷150＝16(m)となる。

2　立体図形―長さ，表面積

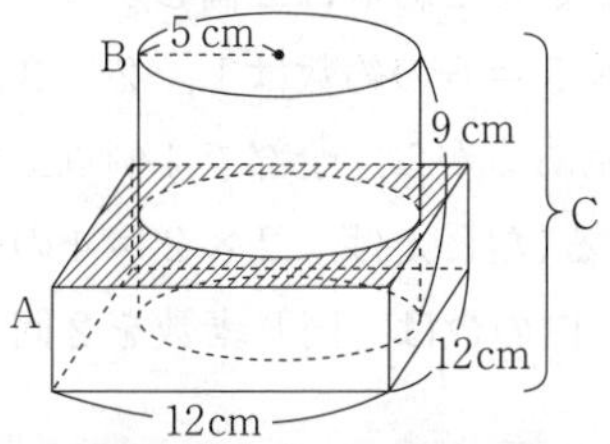

(1)　左の図のように，円柱Ｂの高さが９cmあるとすると，その体積は，５×５×3.14×９＝706.5(cm^3)となり，これを立体Ｃの体積からひくと，935.75－706.5＝229.25(cm^3)となる。これは斜線《しゃせん》部分を底面とし，高さが直方体Ａと等しい立体の体積であり，斜線部分の面積は，12×12－５×５×3.14＝144－78.5＝65.5(cm^2)なので，直方体Ａの高さは，229.25÷65.5＝3.5(cm)と求められる。

(2)　斜線部分と円柱Ｂの上の面を合わせると１辺12cmの正方形になるから，立体Ｃの表面積は，直方体Ａの表面積と円柱Ｂの側面積の和となる。直方体Ａの表面積は，12×12×２＋3.5×12×４＝288＋168＝456(cm^2)である。また，円柱Ｂの高さは，９－3.5＝5.5(cm)なので，円柱Ｂの側面を切り開くと，たてが5.5cm，横が(５×２×3.14)cmの長方形になる。よって，円柱Ｂの側面積は，5.5×(５×２×3.14)＝172.7(cm^2)だから，立体Ｃの表面積は，456＋172.7＝628.7(cm^2)と求められる。

3　仕事算

Ａ１台が１日にする仕事の量を$\boxed{1}$とすると，この仕事全体の量は，$\boxed{1}$×11×３＝$\boxed{33}$と表せる。Ａ３台とＢ２台で仕事をするとき，ちょうど３日で終わるとすると，Ｂ２台が３日でする仕事の量は，$\boxed{33}$－$\boxed{3}$×３＝$\boxed{24}$と表せるので，Ｂ１台が１日にする仕事の量は，$\boxed{24}$÷３÷２＝$\boxed{4}$となる。また，ちょうど４日で終わるとすると，Ｂ２台が４日でする仕事の量は，$\boxed{33}$－$\boxed{3}$×４＝$\boxed{21}$と表せるので，Ｂ１台が１日にする仕事の量は，$\boxed{21}$÷４÷２＝$\boxed{\frac{21}{8}}$となる。よって，この仕事をＢ１台ですると，$\boxed{33}$÷$\boxed{4}$＝$8\frac{1}{4}$(日)より多く，$\boxed{33}$÷$\boxed{\frac{21}{8}}$＝$12\frac{4}{7}$(日)以下かかるから，９日以上13日以下の日数で終わる。

4　整数の性質

(1)　18の約数は１，２，３，６，９，18の６個なので，赤には６と書いてある。また，素数だけのかけ算で表すと，18＝２×３×３となり，２の個数は１で，３の個数は２だから，緑には１，青には２と書いてある。

(2)　赤に２と書かれるのは，白の数の約数が２個のときなので，白の数は素数とわかる。２から41

までに，素数は2，3，5，7，11，13，17，19，23，29，31，37，41の13個あるので，赤に2と書いてあるカードは全部で13枚ある。また，素数のうち2の倍数は2だけであり，2を素数だけのかけ算で表したとき，2は1個ある。よって，赤に2と書いてあるカードのうち，緑に1と書いてあるのは，白に2と書いてあるカードの1枚だけとなる。

(3) 赤に8，緑に1，青に1と書いてあるとき，白の数の約数は8個あり，白の数を素数だけのかけ算で表すと，2と3は1個ずつある。そこで，白の数が，2×3＝6だとすると，6の約数は1，2，3，6の4個だけだから，条件に合わない。よって，白の数を素数だけのかけ算で表すと，2と3以外の素数もある。このとき，2と3以外の素数が1個だけ含《ふく》まれるとすると，1，2，3，6にその素数をかけた数も白の数の約数となるので，約数の個数は4個ふえて，4＋4＝8(個)となる(もし，2と3以外の素数が2個以上あると，約数の個数はこれよりも多くなってしまうから，ふさわしくない)。そのような白の数は，2×3×5＝30，2×3×7＝42，…となるが，白の数は2から41までの整数なので，30である。

(4) 赤に3と書いてあるとき，白の数の約数は3個あり，白の数が素数だと約数は2個しかないから，白の数は素数ではない。素数ではない数の場合，たとえば，2×3＝6の約数は1，2，3，6の4個というように，約数が1とその数自身以外に少なくとも2個あるから，全部で4個以上ある。これにあてはまらないのは，同じ素数を2回かけた数だけである(たとえば，2×2＝4の約数は1，2，4というように，約数の個数が3個となる)。よって，白の数は，同じ素数を2回かけた数なので，2×2＝4，3×3＝9，5×5＝25である。

5 過不足算

各バスには先生が2人乗るから，55人乗りのバスには1台あたり，55－2＝53(人)，40人乗りのバスには1台あたり，40－2＝38(人)の生徒が乗れる。よって，55人乗りのバスの台数を□台とすると，右の図1のように表せる。図1より，生徒全員の人数は，38人ずつ□台に乗るときよりも，38×2＋29＝105(人)多いので，右の図2のようになる。したがって，53人ずつ□台に乗る人数と38人ずつ□台に乗る人数の差は，30＋105＝135(人)となり，これは1台あたりの差，53－38＝15(人)が台数の分だけ集まったものだから，55人乗りのバスの台数は，135÷15＝9(台)と求められる。また，中学生全員の人数は，53×9－30＝447(人)とわかる。

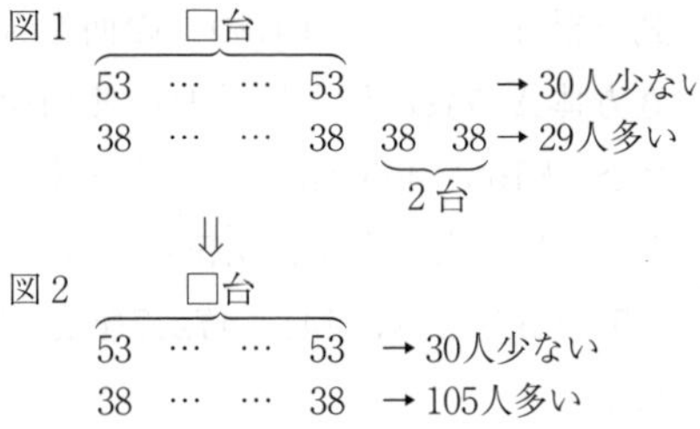

6 規則性

160本のジュースを買って飲むと，空きびんが160本残る。これをジュースと交換《こうかん》すると，160÷6＝26あまり4より，ジュース26本と交換でき，4本の空きびんが残る。この4本の空きびんと，26本のジュースを飲んだ後の空きびんを合わせると，4＋26＝30(本)になり，これをジュースと交換すると，30÷6＝5より，ちょうどジュース5本と交換できる。これを飲むと空きびんが5本残るが，5本ではジュースと交換できない。よって，全部で，160＋26＋5＝191(本)飲むことができる。次に，ジュースをはじめに6本買うと，飲んだ後の空きびん6本を1本のジュースと交換でき，それを飲んだ後空きびんが1本残る。さらにジュースを5本買って飲むと，空きびんが合わせて，1＋5＝6(本)となるので，ジュース1本と交換でき，それを飲むと，また空きびんが1

本残る。よって，はじめに6本買うと，6＋1＝7(本)飲むことができ，その後は5本買うごとに，5＋1＝6(本)飲める。このとき，(160−7)÷6＝25あまり3より，はじめに7本飲んだ後，6本ずつ25回飲み，さらに3本飲むと160本飲むことができるから，買わずに飲むことのできる本数は，1＋25＝26(本)となる。したがって，160本飲むためには少なくとも，160−26＝134(本)買う必要がある。

7 濃度《のうど》

(1) 11.2%の食塩水□gと2.8%の食塩水140gを混ぜて，6.4%の食塩水ができるときのようすは，右の図1のように表せる。図1で，アとイの部分の面積は等しく，たての長さの比は，(11.2−6.4)：(6.4−2.8)＝4.8：3.6＝4：3なので，横の長さの比は3：4となる。よって，□＝140×$\frac{3}{4}$＝105(g)と求められる。

図1

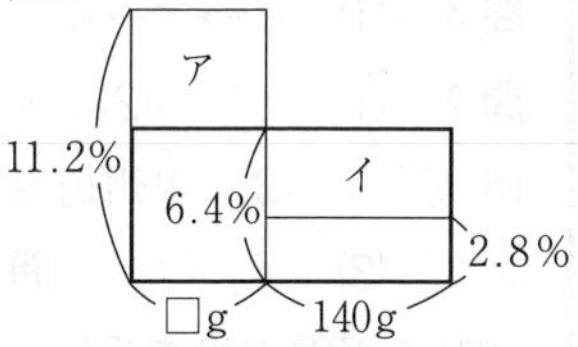

(2) はじめ，容器Aの食塩水300gには食塩が，300×0.112＝33.6(g)，容器Bの食塩水200gには食塩が，200×0.028＝5.6(g)含まれているから，容器Bに4.2%の食塩水ができるまでのようすは右の図2のようになる。容器Aから100g取り出して容器Bに入れると，容器Bには4.2%の食塩水が，200＋100＝300(g)できるので，その中に含まれる食塩の重さは，300×0.042＝12.6(g)となる。よって，容器Aから入れた100gの食塩水には食塩が，12.6−5.6＝7(g)含まれていたので，その濃度は，7÷100×100＝7(%)である。つまり，水を加えた後の容器Aの食塩水の濃度も7%だから，水を加えた後の容器Aの食塩水の重さは，33.6÷0.07＝480(g)とわかる。したがって，容器Aに加えた水の重さは，480−300＝180(g)と求められる。次に，容器Aから100gの食塩水を容器Bに入れると，容器Aの食塩水は，480−100＝380(g)になり，その濃度は7%なので，容器Bの食塩水の水を蒸発させてから，容器Aに6.8%の食塩水ができるまでのようすは右の図3のようになる。まず，容器Aの食塩水380gに容器Bから95gの食塩水を入れるので，できた食塩水の重さは，380＋95＝475(g)と求められる。また，容器Bから入れる95gの食塩水の濃度を△%とすると，6.8%の食塩水ができるようすは，右の図4のように表せる。図4で，アとイの部分の面積は等しく，横の長さの比は，380：95＝4：1だから，たての長さの比は1：4となる。よって，ウの長さにあたる濃度は，(7−6.8)×4＝0.8(%)なので，△＝6.8−0.8＝6(%)とわかる。したがって，水を蒸発させた後の容器Bの食塩水の濃度も6%となるから，水を蒸発させた後の容器Bの食塩水の重さは，12.6÷0.06＝210(g)と求められる。

図2

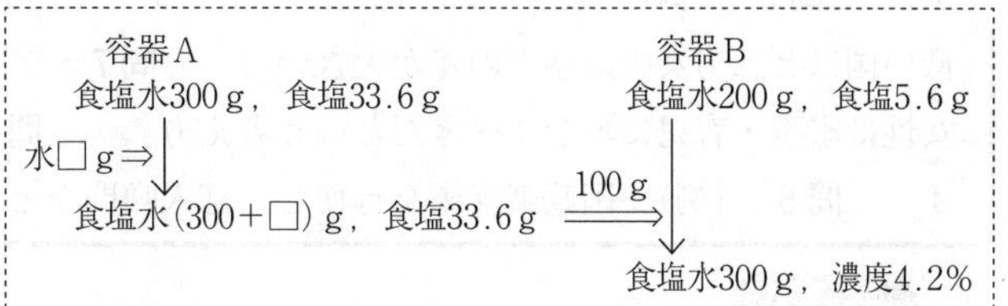

図3

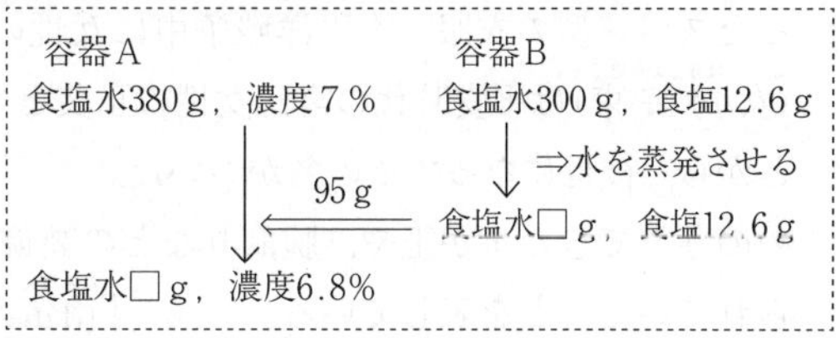

図4

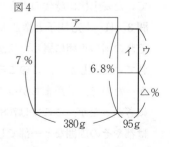

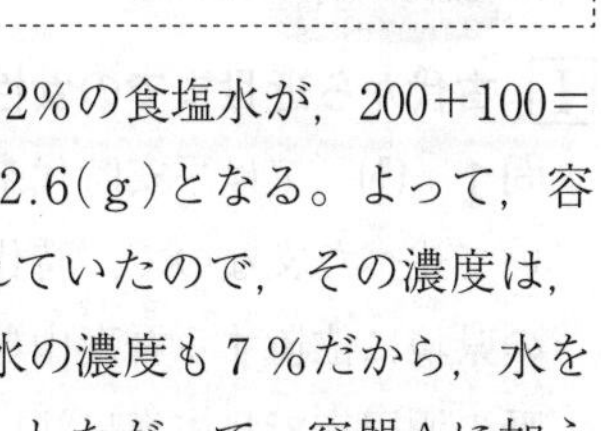

社　会　(40分)＜満点：100点＞

解　答

Ⅰ　問1　(1)　ウ→イ→ア→エ　(2)　最上(川)　問2　ウ→イ→エ→ア　問3　(1)　イ　(2)　ア　問4　ウ　Ⅱ　問1　(1)　ウ　(2)　エ　(3)　ア　(4)　イ　問2　武田信玄　問3　(例)　農民を兵士としてかりだすため，農作業がいそがしい時期を避けたから。　問4　(1)　イ→ア→ウ　(2)　エ　(3)　ウ　問5　武家諸法度　Ⅲ　問1　ア，エ　問2　(1)　イ　(2)　エ　(3)　ア，ウ　問3　オ　問4　エ　問5　(1)　ア　(2)　静岡(県)　(3)　甲州街道　(4)　キ　(5)　ウ　問6　イ，エ　Ⅳ　問1　(1)　ウ　(2)　エ　(3)　イ，ウ　問2　イ　問3　図A　(例)　空襲時に消火活動を行う役割　図B　(例)　軍需工場で兵器をつくる役割　問4　ア，オ　問5　ユネスコ(国連教育科学文化機関)　問6　(例)　東南アジアに比べ，南アジアや西アジアの国々の識字率が低い。(識字率が低い国ほど，男女の識字率の差が大きい。)　問7　ア，オ　Ⅴ　問1　(例)　男性は仕事，女性は家事・育児に専念すべきだという考え方。　問2　ウ，カ　問3　オ　問4　エ，オ　問5　(例)　国政調査権を行使し，証人喚問などを行う。　問6　イ，エ　問7　イ

解　説

Ⅰ　古代から近世までの女性のようすを題材にした問題

問1　(1)　アは平安時代末～鎌倉時代，イは古墳時代，ウは弥生時代，エは室町時代のようすについて述べた文なので，時代の古い順にウ→イ→ア→エとなる。　(2)　最上川は，山形県と福島県の県境に位置する吾妻《あづま》山群を水源として山形県内の米沢盆地・山形盆地・新庄盆地を流れ，庄内平野の酒田市で日本海に注いでいる。河口に位置する酒田港は，江戸時代には特産品の紅花や米の積出港として栄え，これらは西廻《まわ》り航路で京都や大阪へ運ばれた。

問2　ア　もんぺは，戦前にはおもに寒冷地の農山村で作業着として着用されていた，すそをしぼったズボン型の衣服。太平洋戦争中に女性の標準服とされ，全国的に普及《ふきゅう》した。　イ　十二単《ひとえ》(女房装束《にょうぼうしょうぞく》)は平安時代の宮廷女性の正装とされた衣服で，日常着である袿《うちき》を何枚も重ね着したことから，後世になってその名がついた。　ウ　権力者のものと考えられる古墳からは，ひすいやめのうでできたまが玉や，腕飾りなどの装飾品が出土しており，これらが権威《けんい》の象徴《しょうちょう》として用いられていたことを表している。　エ「南蛮《なんばん》人がもたらした」とあることから，南蛮貿易が行われていた安土桃山時代のようすだとわかる。　よって，時代の古い順にウ→イ→エ→アとなる。

問3　(1)「光明子《こうみょうし》と聖武天皇の時代」は奈良時代。この時代，律令制度のもとで成年男子はそれぞれの国の軍団に属したほか，都を警護する衛士《えじ》や，九州北部を警備する防人《さきもり》といった兵役を課されていた。しかし，このころの東北の沿岸部には朝廷に属していない地域も多く，警備の義務はなかったので，イがまちがっている。　(2)　平城京のなかには役人が管理する東西の市が開かれてにぎわったが，ここでは708年に鋳造《ちゅうぞう》が命じられた和同開珎《かいちん》のような銅銭が用いられていた。銅銭は都やその周囲など一部でしか流通せず，取引は物物交換が主流であった。

問4　鎌倉・室町時代の絵巻や屏風《びょうぶ》絵には，鋤《すき》や鍬《くわ》で田を耕したり，竜骨車《りゅうこつしゃ》やなげつるべで田に水を入れたりしている男性の姿のほか，列になって田植えをする女性の姿を描《えが》いたものもある。よ

って，ウがふさわしくない。

Ⅱ　戦国時代の政略結婚を題材にした問題

問1　⑴　豊臣秀吉の朝鮮出兵によって朝鮮との国交は途絶《とだ》えていたが，徳川家康は国交の回復をめざし，1607年には国交が回復した。第１回〜第３回までの使節は回答兼刷還《けんさっかん》使とよばれ，その後はおもに将軍の代がわりを祝うために朝鮮通信使が来日し，第11代将軍家斉《いえなり》まで12回を数えた。
⑵　江戸幕府の第３代将軍徳川家光が政治を行っていた1637年，島原・天草一揆《いっき》(島原の乱)が起こると，幕府は大名を派遣してこれをしずめようとしたが失敗。戦いは長期化したが，老中が率いる約12万人の大軍とオランダ船の砲撃《ほうげき》をもってようやくこれを平定した。　⑶　織田信長は，延《えん》暦《りゃく》寺や一向一揆などの仏教勢力をきびしく弾圧するいっぽうでキリスト教を保護し，宣教師ルイス＝フロイスに布教を許可したほか，京都に南蛮寺(教会堂)，安土(滋賀県)にセミナリオ(教育施設)を建てるなどした。　⑷　1585年，朝廷から関白に任じられた豊臣秀吉は，戦国大名に停戦を命じる惣無事《そうぶじ》令を出した。1587年にはこれにしたがわなかった九州の島津義久《よしひさ》を攻めて降伏《こうふく》させ，1590年には小田原の北条氏政《ほうじょううじまさ》を倒《たお》した。これをきっかけに，伊達政宗《だてまさむね》をはじめとした東北地方の大名も秀吉に服属し，秀吉の全国統一が完成した。

問2　武田信玄《しんげん》は甲斐《かい》国(山梨県)の戦国大名で，信濃《しなの》国(長野県)の領有をめぐり，越後国(新潟県)の上杉謙信と，５回にわたって川中島の戦いをくり広げた。この戦いでは勝敗はつかなかったが，信濃国の大半は信玄が領有することになった。

問3　戦国大名は国を支配するにあたって家臣団を形成したが，下級家臣のなかには農民身分の者もおり，戦のさいに兵糧《ひょうろう》を運ぶ役目も農民がはたすなどしていた。したがって，上杉謙信の出兵時期が秋の終わりから冬の初めに集中していたのは，農民を兵士としてかりだす上で，農作業のいそがしい春から秋を避《さ》けたためだと判断できる。また，新潟県や北関東では，本格的な冬に入ると積雪で通行ができなくなるので，冬の初めまでが出兵に適していたのである。

問4　⑴　アは戦国時代の事がら。一乗谷(福井県)は朝倉氏の城下町として発展したが，1573年，織田信長の焼き討《う》ちによって壊滅《かいめつ》状態となった。イは平安時代末の1183年の事がら。富山県と石川県の境にある倶利伽羅峠《くりからとうげ》で平維盛《これもり》をやぶった源義仲は，その後，軍を京都へと進めた。ウは安土桃山時代の事がら。前田利家は豊臣政権下で，五大老のひとりとして秀吉を支えた。よって，時代の古い順にイ→ア→ウとなる。　⑵　北陸地方は冬の降水(雪)量が多い日本海側の気候に属しているため，「乾燥《かんそう》した気候」にはあてはまらない。また，漆《うるし》はある程度の湿度《しつど》のもとでゆっくり乾燥させ，木地に定着させる。よって，エがまちがっている。　⑶　九頭竜《くずりゅう》川は岐阜県と福井県の県境に位置する油坂峠付近を水源とし，福井県北部をおおむね北西に流れ，福井平野で日本海に注ぐ。富山湾には，神通《じんづう》川や黒部川が注いでいる。

問5　武家諸法度《しょはっと》は江戸幕府が大名を統制するために制定した法令。1615年，第２代将軍徳川秀忠のときに初めて出され，大名どうしの間で許可なく結婚することや，幕府の許可なく城を修理したり建設したりすることを禁じた。1635年，第３代将軍家光のときにはさらに拡大・強化され，参勤交代の制度，大船の建造禁止などが盛りこまれた。

Ⅲ　明治時代の農村の変化についての問題

問1　明治政府は財政を安定させるため，1873年に地租改正を行い，土地所有者が地価の３％を現金で納めることとした。これまでの年貢《ねんぐ》米といった現物納ではなく，金納としたのは，豊作凶作《きょうさく》に関係なく毎年一定の収入が得られるからである。また，同じ年に徴兵令を出し，満20歳以上の男子に３年間の兵役の義務を課した。これにより，農民も兵隊としてかりだされることになった。なお，イは江戸時代にあてはまる。ウについて，洋服を着る習慣は都市部では広がったが，農村への普及はずっとあとになってからのことである。オについて，綿やなたねといった商品作物の栽培が広がったのは江戸時代のこと。

問２　⑴　明治時代，養蚕業では各工程が分業となり，機械化が進んだが，機械の操作をはじめ，各工程をつなぐ作業などには人の手が必要で，手作業が必要でなかったとまではいえないので，イがふさわしくない。　⑵　養蚕農家にとって，蚕がつくるまゆは現金収入源となって家計を支えたため，養蚕農家の多い地方では敬意や親しみをこめて蚕を「お蚕さま」とよんだ。よって，エがふさわしい。なお，養蚕に用いる蚕は桑の葉以外を食べず，野生では育たないほど家畜化されている。また，養蚕業は西陣《にしじん》織で知られる京都の周辺をはじめ，西日本でも行われていた。　⑶　ア　1910年代後半の輸出品総額の伸びに比べて，生糸類輸出額はそれほど増えてはいない。　ウ　1920年代後半には，輸出品総額も生糸類輸出額も大きく落ちこんでいる。これは，1929年に起こった世界恐慌《きょうこう》の影響と考えられる。

問３　長野県では果樹栽培がさかんだが，温暖な気候を好むみかんはほとんど生産されていない。

問４　製糸業では，まゆを煮《に》る工程などで大量の水を必要とし，さらに水質のよしあしが生産性や品質に影響した。そのため，諏訪《すわ》湖や天竜川を抱《かか》える諏訪地方は，製糸業に適していたのである。

問５　⑴　一般に，川が湖や海に流れこむところには土砂が堆積《たいせき》する。イ～オではそうしたようすがわかるが，アには見られないので，ここが河川の流れ出す場所だと判断できる。　⑵　天竜川は諏訪湖を水源とし，赤石山脈(南アルプス)と木曽山脈(中央アルプス)の間にある伊那《いな》盆地を通って南に流れ，静岡県浜松市の東で遠州灘《なだ》(太平洋)に注いでいる。　⑶　江戸時代に整備された五街道のうち，長野県を通っていたのは中山道と甲州街道。このうち，中山道は江戸(東京)と京都を内陸で結ぶための道だったのだから，長野県に終着点があったのは甲州街道とわかる。甲州街道は江戸日本橋を出て甲府(山梨県)を通り，下諏訪で中山道と合流した。　⑷　写真では，右側に湖が，左側には奥《おく》から手前まで市街地が広がっている。カ，クから写した場合，湖は左右に広がって見えるはずなので，キかケのいずれかということになるが，写真には湖岸が陸側に入りこんでいる部分が写っているので，キが選べる。なお，諏訪湖の南東部には諏訪市が，北西部に岡谷市が位置し，湖岸に市街地を形成している。　⑸　温泉は地下水がマグマなどによって熱せられたものが地表に出てくるものなので，温泉を大量に使っても湖の洪水防止にはあまりつながらない。

問６　ア　1451年～1950年の500年間で御神渡《おみわた》りが見られなかった年は合計で38回なので，500年間で462回見られている。よって，平均するとほぼ毎年見られたことになる。　イ　1551年から1700年までの150年間に御神渡りが見られなかった年は２回しかないので，ほぼ毎年出現したといえる。　ウ　1951年から2000年までの50年間で御神渡りが見られたのは26回と，半分以上の年で見られていたが，その後は16年間で６回と，半分に満たない。　エ　御神渡りは湖面の凍結《とうけつ》によって起こる現象なのだから，この現象を長期間にわたって調べることは，長期的な気温の変化の調査にも役立つ。　オ　この記録からは，諏訪湖の面積の変化はわからない。

Ⅳ　明治時代以降の教育や識字率についての問題

問１　⑴　国学は，『古事記』などの日本の古典を研究することで，仏教や儒教《じゅきょう》が日本に入ってくる以前の日本人古来の精神を明らかにしようという学問なので，ウがまちがっている。　(2)　ア，イ　1872年に出された学制では，農村で働き手をになっていた子どもにも義務教育が課され，小学校の建設費も地元の負担とされたため，反対一揆も起こった。　ウ　大学では，政府が外国から招いた「お雇《やと》い外国人」が教師をつとめることもあった。　エ　就学率は20世紀初めに男女ともほぼ100％になったが，19世紀を通じて女子の就学率は男子の75～50％ほどであった。　(3)　それぞれの表で男女の時間数を比べると，「外国語」「数学」は男子が女子の２倍，「物理・化学」「法制・経済」は男子のみに設定された科目であるとわかる。よって，イとウが選べる。

問２　日露戦争(1904～05年)が始まると，歌人の与謝野晶子《よさのあきこ》は戦場にいる弟の身を案じ，雑誌「明星」に「君死にたまうことなかれ」という詩を発表し，戦争に反対した。

問３　**図Ａ**　ホースを持って消火活動をしている女性が描かれ，「必勝の防空生活」という言葉も書かれている。男性が戦場にかりだされたため，空襲《くうしゅう》から地域を守るための消防活動を行う役割を女性に求めたのである。　**図Ｂ**　飛行機のプロペラを抱える女性が描かれ，「生産突撃《とつげき》」という文字も書かれている。戦局が悪化し，工場で働く男性も戦場へとかりだされたため，女性には軍《ぐん》需《じゅ》産業の工員として武器を製造する役割も任されたのだと読み取れる。

問４　不平等条約のうち，治外法権(領事裁判権)の廃止は日清戦争(1894～95年)開戦の直前に達成されたが，関税自主権の回復は1911年のことである。また，日清戦争の下関条約で，日本は清(中国)から台湾などの領土のほか，多額の賠償《ばいしょう》金を得ている。よって，ア，オの２つがまちがっている。

問５　ユネスコ(UNESCO，国連教育科学文化機関)は，教育・科学・文化などの分野で国際交流を通じて世界平和を実現することを目的に，国際連合の専門機関として1946年に発足した。世界の人々の識字率向上のための活動も行っている。

問６　マレーシア・ベトナム・インドネシア・カンボジアの４カ国は東南アジア，ネパール・パキスタンの２カ国は南アジア，アフガニスタンは西アジアの国である。東南アジアの国々では識字率が比較的高いが，南アジア・西アジアの国々では識字率が低い。識字率の高低には，地域性が影響していることがわかる。また，識字率が低い国は，男女の識字率の差も大きくなっている。

問７　グラフより，成人女性の識字率が高くなるほど，縦軸《じく》にあてはまる事がらが低くなっている。識字率の高さは教育の普及を意味することから，先進国ほど成人女性の識字率も高く，医療《いりょう》も発達していると考えられる。よって，イ，ウ，エは成人女性の識字率が高くなるほど，数値も高くなる事がらだといえる。いっぽうで，アは教育や医療が普及していれば低くなり，オも女性の社会進出が進んだ先進国ほど低くなる。

Ⅴ　日本におけるジェンダー・ギャップを題材とした問題

問１　表で男女を比較すると，男女でとくに差が大きいのは「管理的職業従事者」「民間企業の育児休業取得率」「家事・育児に費やす時間」「介護《かいご》・看護を理由とした離職者数」といった項目《こうもく》である。これは，男性は外で仕事，女性は家で家事・育児あるいは介護といった考え方が，日本社会に根強く残っていることの表れだといえる。

問２　知名度の高い人や２世議員を政党内での順位で上位にしても，女性議員が増えることにはつながらない。また，１つの選挙区から１人が当選する小選挙区制にしても，女性が有利にはならない。よって，ウとカの２つが選べる。

問3　国会とちがい，地方自治体では首長と地方議会はそれぞれ独立した機関となっているが，政党は影響力を持って地方議会の運営にかかわっている。よって，オがまちがっている。

問4　衆議院に先議権があるのは，法律案ではなく予算案であるから，エはまちがっている。法律案は，衆・参どちらから審議してもよい。また，内閣総理大臣の指名は衆・参の両院で行われるので，オもまちがい。

問5　内閣や行政機関の仕事が不公正だと疑われる場合，国会は国政調査権を行使して役所から資料の提出を求めたり，関係者などを証人としてよびだし，疑問について問いただす証人喚問《かんもん》を行ったりできる。

問6　ア，ウ，オ，カの内容については，日本国憲法第24条に規定がある。結婚後の夫婦同姓や未成年者の親権について規定しているのは，民法である。

問7　日本は「ポツダム宣言」を受け入れて連合国に無条件降伏したが，その直後の1945年12月に衆議院議員選挙法が改正され，満20歳以上の男女に選挙権が認められた。これによって初めて女性参政権が実現し，翌46年の総選挙では39人の女性議員が誕生した。その後，憲法制定議会が開催されたので，イがあてはまる。なお，初の男子普通選挙の実施は1928年，サンフランシスコ平和条約の締結《ていけつ》は1951年，国際連合への加盟は1956年のできごと。

理　科　(40分)＜満点：100点＞

解　答

Ⅰ　**1**　(1)　地層　(2)　①　**B**　イチョウ　**C**　シーラカンス　②　(例)　大昔に生きていたときとほとんど同じ姿で現存する生物。　(3)　(例)　現在まで，ほぼ同じ環境に生息し続けている　(4)　**E**　コウモリ　**F**　こん虫　**2**　(1)　①　○　②　×　③　○　④　○　⑤　×　⑥　×　(2)　イが40分早い　Ⅱ　**1**　①　二酸化炭素　②　水　③　デンプン　④　気孔　**2**　(1)　(例)　右の図　(2)　(例)　ポリエチレンのふくろの内側に水てきがつく。　**3**　(1)　ウ　(2)　イ　(3)　イ　(4)　イ　**4**　ウ　**5**　イ　**6**　**気温**…(例)　昼は高く，夜は低い。　**降水量**…少ない。　**環境**…オ　**7**　(例)　植物が地中の水を根から吸い上げ，空気中に蒸散する量が減少するから。

ポリエチレンのふくろで植物をおおい，口を閉じる。

Ⅲ　**1**　(1)　①　二酸化炭素　②　ウ，オ　(2)　イ　(3)　**重そう**…A，ア　**クエン酸**…A，エ　(4)　①　0.4℃　②　1.1℃　(5)　①　解説の図を参照のこと。　②　**前半**…ウ　**後半**…ウ　**2**　(1)　**重そう**…ア　**クエン酸**…イ，エ　(2)　ア　(3)　イ，ウ　Ⅳ　**1**　(1)　解説の図を参照のこと。　(2)　あ　右　い　左　(3)　②，⑤　(4)　ア(オカ)(ウエ)　**2**　(1)　①　イ　②　イ　③　ウ　④　イ　(2)　左　(3)　①　ア　②　ア　③　ア　④　ウ　(4)　右　**3**　イ，オ

解　説

Ⅰ　化石と生物の進化，不定時法についての問題

1　(1)　海や湖の底で泥《どろ》や砂が積み重なりおし固められたものが層状に積み重なり，切り通しやが

けなどでしま模様のように見えるものを地層という。　(2)　化石として見つかるＢのイチョウやＣのシーラカンスは，大昔の地層の中から見つかった化石とほぼ同じつくりや姿で現在まで生きている。このような生物を，生きている化石という。　(3)　サンゴやアサリの化石のように，地層のできた当時の環境《かんきょう》を知る手がかりとなる化石を示相化石という。同じように，生きている化石も地層ができたときの環境を推定できる化石になりえる。それは，生きている化石が，大昔から現在まで，生息している環境がほとんど変化していないと考えられるからである。　(4)　はねや翼《つばさ》を羽ばたかせて飛んだり，うすい膜《まく》を広げて滑空《かっくう》するように飛んだりできる生物のグループには，翼竜《よくりゅう》類(プテラノドンなど)，多くの鳥類(カラスやフクロウなど)，ホ乳類のコウモリ類，一部のこん虫類(チョウやトンボなど)が挙げられる。

2　(1)　①　日の出から日没《にちぼつ》までが最も長い日は夏至の日，最も短い日は冬至の日であるが，夏至の日でも冬至の日でも昼夜それぞれ６等分するので，昼の時間は６刻のまま変わらない。　②　昼と夜の長さが同じ日は春分の日や秋分の日にあたり，この日の１刻の長さは12時間を６等分した，12÷６＝２より，現在の２時間と同じ長さといえる。　③　昼の長さを６等分したとき，日の出から３刻たつと正午になり，正午から３刻たつと日没になる。よって，１年中いつでも日の出から３刻たつと，太陽はほぼ南中していることになる。　④　昼の長さが最も長い夏至の日に近い日ほど、昼の１刻の長さが長く，太陽の南中高度が高くなる。　⑤　昼の１刻の長さが夜の１刻の長さより長いのは，春分の日を過ぎてから秋分の日のころまでで，この期間の日の出や日没の位置は真東よりも北側である。　⑥　夜の１刻の長さが昼の１刻の長さより長いのは，秋分の日を過ぎてから春分の日のころまでで，太陽は昼間，南の低い位置を移動する。　(2)　アについて，現在の時刻で日の出が５時00分のとき，正午は７時間後の12時00分，日の入りは正午から７時間後の19時00分となり，１刻の長さは，(19時00分－５時00分)÷６＝２時間20分である。すると，日の出から４刻たったおやつの時間は，正午から１刻たったときで，現在の時刻の14時20分になる。一方，イについて，現在の時刻で日の出が７時00分のとき，正午は５時間後の12時00分，日の入りは正午から５時間後の17時00分で，１刻の長さは，(17時00分－７時00分)÷６＝１時間40分である。そのため，日の出から４刻たったおやつの時間は，現在の時刻の13時40分になる。これらのことから，アとイのおやつの時間は，２時20分－１時40分＝40分より，イの方が40分早い。

Ⅱ　植物の蒸散についての問題

1　光合成の材料は，気孔《きこう》(④)という穴で取り入れる二酸化炭素(①)と，根から吸収された水(②)で，光があたると，デンプン(③)が作り出される。また，水は気孔から水蒸気のすがたで空気中に放出される。このはたらきを蒸散という。

2　植物の蒸散を確かめるために，植物の地上部全体にポリエチレンのふくろをかぶせ，ふくろの口を軽く閉じてしばらくおく。すると，ふくろの内側に水てきがついたり，ふくろの下に水がたまったりしているようすが見られる。このような現象が見られるのは，植物が蒸散によって水蒸気を放出し，ふくろの中で空気中に含《ふく》みきれなくなった水蒸気が水に変化したためである。他に，水分があると青色から赤色に変わる塩化コバルト紙を用いて，気孔の多い葉の裏側に青色の塩化コバルト紙をセロハンテープではりつけておく方法もある。しばらくすると塩化コバルト紙の色が赤色に変わるので，水分が出ていることがわかる。

3　実験前の重さに対する実験後の重さの割合は，明所に置いた葉が70%，暗所に置いた葉が77%

になっていて，どちらの葉も蒸散を行い，重さが減少している。また，暗所に置いた葉の方が明所に置いた葉よりも実験前の重さに対する実験後の重さの割合は大きく，明所に置いた葉の方が重さの減少が大きい。この結果の差の原因は，暗所では明所に置かれた場合と比べて植物Ａの気孔が閉じており，蒸散がおさえられているからと考えられる。

4　植物Ｂは，昼には二酸化炭素を全く吸収しないが，夜には二酸化炭素を吸収している。また，蒸散量が，3.47÷1.33＝2.60…より，夜が昼の約2.6倍もある。これらのことから，植物Ｂの気孔は昼には閉じていて，夜は開いていると考えられる。

5　昼，植物Ｂは気孔が閉じているにもかかわらず蒸散しているのは，気孔以外の部分から蒸散しているためと考えられる。夜も気孔以外からの蒸散量が昼と同じだけ行われていると考えると，夜の気孔からの蒸散量は，3.47−1.33＝2.14(ｇ)となり，他の部分からの蒸散量よりも多いことになる。

6　植物Ｂが，昼には蒸散を防ぐために気孔を閉じて，夜には気孔を開いているのは，気温が昼は非常に高く，夜は低く，降水量が非常に少ない環境に生育しているためといえる。これより，植物Ｂが生育する場所は砂漠《さばく》と考えられる。砂漠に生育する植物にはサボテンなどがある。サボテンは昼には気孔を閉じて水分が蒸散するのを防ぎ，気温が下がって湿度《しつど》が昼より高くなる夜には気孔を開いて二酸化炭素をたくわえ，この二酸化炭素を昼に光合成で利用している。

7　森林は，二酸化炭素を吸収する，降った雨を一時的に地中にたくわえる，地中の水を空気中に蒸散する，生物のすみかとなる，土じょうのしん食を防ぐなどの役割を果たしている。アマゾンの熱帯林で森林伐採《ばっさい》が進むと，森林の植物が水を地中から吸い上げて空気中に蒸散する水蒸気の量が減り，降水量が減少すると考えられる。

Ⅲ　重そうとクエン酸の反応についての問題

1　**(1)**　①　石灰石は炭酸カルシウムという物質からできており，石灰石にうすい塩酸を加えると二酸化炭素が発生する。重そうは炭酸水素ナトリウムという物質で，重そうにクエン酸を加えたときも二酸化炭素が出てくる。　②　二酸化炭素は空気の約1.5倍の重さがあり，水素や酸素，窒《ちっ》素《そ》よりも重く，下方置換《ちかん》法で空気と置きかえて集めることもできる気体である。また，空気中には約0.04％存在し，都市ガスや炭などの炭素を含んだものを燃やしたときに発生する。二酸化炭素が水に溶《と》けた水溶液《すいようえき》は炭酸水といい，酸性で青色リトマス紙を赤く変える。そして，二酸化炭素は温度が高いほど水に溶けにくい。なお，酸性雨の原因はイオウ酸化物や窒素酸化物である。　**(2)**　グラフ１で，クエン酸を1.5ｇ加えるまでは，加えたクエン酸の重さが２倍，３倍になると，逃げた気体の重さも２倍，３倍となっており，逃げた気体の重さとクエン酸の重さは比例していると読み取れる。なお，グラフが水平になっているところでも，加えたクエン酸のうち1.5ｇは反応しているので，気体は発生している。反応が終わるまでの時間や加熱すると反応がはやく進むかどうか，発生した気体が水に溶ける程度はグラフ１からはわからない。　**(3)**　**重そう**…グラフ２で，加えたクエン酸の重さが０ｇの部分は，重そう２ｇだけを水に溶かした場合の温度変化を示している。このとき，下がった温度が0.8℃であることから，重そうを水に溶かすと冷たくなることがわかる。**クエン酸**…グラフ２の加えたクエン酸の重さが1.5～3.5ｇの部分では，２ｇの重そうはすべてクエン酸1.5ｇと反応して残っていない状態なので，クエン酸の重さ1.5ｇのときよりも温度が下がるのはクエン酸を水に溶かしたためである。よって，クエン酸を水に溶かした場合も冷たくなる。

⑷　①　重そう２ｇを40ｇの水に加えたときに水の温度が0.8℃下がるので，重そう１ｇを40ｇの水に加えたときには，水の温度は，0.8×$\frac{1}{2}$=0.4(℃)下がる。　②　40ｇの水にクエン酸を，3.00－1.50=1.5(ｇ)加えると，温度は，5.0－4.2=0.8(℃)下がっている。よって，クエン酸２ｇを40ｇの水に加えたときに下がる温度は，0.8×$\frac{2}{1.5}$=1.06…より，1.1℃である。　⑸　①　重そう２ｇとクエン酸1.5ｇが過不足なく反応して気体が1.17ｇ逃げたことから，重そう１ｇと過不足なく反応するクエン酸の重さは，1.5×$\frac{1}{2}$=0.75(ｇ)で，このとき逃げた気体の重さは，1.17×$\frac{1}{2}$=0.585(ｇ)となる。したがって，重そうを１ｇ，水を20ｇに変えた実験では，右のグラフのような関係がえられる。　②　重そうの重さも水の量もはじめの実験の半分になるため，クエン酸の重さが０ｇのときに下がった温度は0.8℃で変わらない。クエン酸を0.75ｇ加えるまでの間は，逃げた気体の重さははじめの実験と同じで，水の量が半分になるので，下がった温度の直線の傾《かたむ》きは大きくなる。また，過不足なく反応する0.75gより多いクエン酸を加えたときの温度変化も，水の量が半分なのでグラフの傾きは大きくなる。

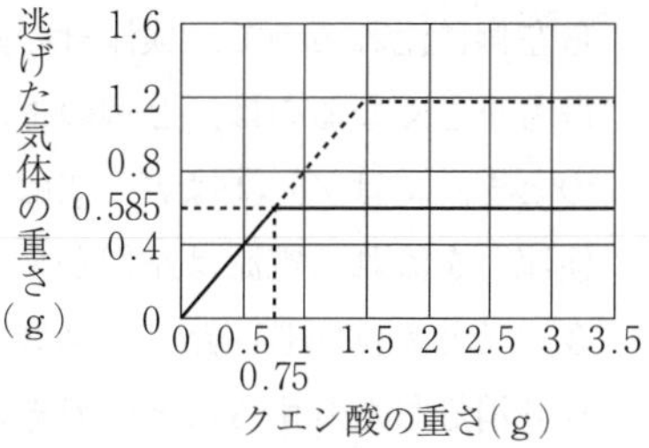

2　⑴　紫《むらさき》キャベツ液は，強いアルカリ性の水溶液に加えると黄色，弱いアルカリ性では緑色，中性では紫色，弱い酸性ではピンク色，強い酸性ではこい赤色になる。水溶液のこさによっても紫キャベツ液の色は変化するが，一般に紫キャベツ液の色の変化を比べる場合，アンモニア水や重そうの水溶液は緑色，うすい塩酸は赤色～こい赤色，食酢《しょくす》やクエン酸はピンク色～赤色，水酸化ナトリウム水溶液は黄色となり，食塩水は紫色のまま変わらない。　⑵　酸性の水溶液には，青色リトマス紙を赤色に変える，BTB溶液を黄色に変えるなどの性質がある。ただし，酸性の水溶液に溶けている物質は，食酢が液体の酢酸《さくさん》，ホウ酸水が固体のホウ酸であることからもわかるように，気体とは限らない。また，すべての酸性の水溶液が，アルミニウムを加えたときにさかんに気体を発生したり，さびを溶かしたりするわけではない。　⑶　イで，紅茶に含まれる色のもとはおもに２種類のポリフェノールとよばれる色素である。そのうちの１種類は，酸性の物質により無色になるため，紅茶にレモンを入れると色がうすくなる。また，ウで，赤じそにはアントシアニンとよばれる紫色の色素があり，梅に含まれる酸性の物質により，アントシアンの色をあざやかな赤色に変える。なお，アは砂糖がこげたため，エは炭酸カルシウムという水に溶けない成分ができたため，オは水溶性のカラーペンのインクが何色かを混ぜて作られているためである。

Ⅳ　豆電球と回路についての問題

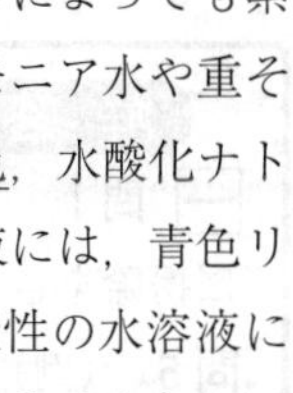

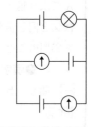

1　⑴　電池の記号は，長い方が＋極である。また，検流計の記号は，問２の図２を参考にする。すると，①の回路は右の図のように表せる。　⑵　検流計の針は流れる電流の向きに振《ふ》れる。電流は電池の＋極から出て－極に戻るような向きで流れる。ここでの回路は，それぞれの検流計と同じ分かれ道にある電池が並列につながり，それらがもう１個の電池と直列につながっている。　⑶　②や⑤の回路のように，電池の＋極と－極が導線で直接つながれた部分がある回路は，電流が豆電球(抵抗《ていこう》)側に流れず，電池の＋極と－極が導線で直接つながれた部分に大きな電流が流れてしまい，危険である。　⑷　図１のＡの豆電球に流れる電流の大きさを１とすると，アの豆電球に流れる電流の大きさは２，ウとエはそれぞれ0.5，オとカはそれぞれ１となる。豆電球の明

るさは豆電球に流れる電流が大きいほど明るいため，アが最も明るくつき，次にオとカが明るくつき，ウとエが最も暗くつく。

2 (1)，(2) 図2で，検流計の針の振れが最も大きくなるのは，2個の電池が直列になり，左にある豆電球が1個だけ点灯するようにつないだときである。よって，①はイ，②はイ，④はイとし，③は電流が流れないので，どちらにしても同じでウとなる。このとき検流計を流れる電流は右側から左側に流れるので，検流計の針は左に振れる。　(3)，(4) 図2において，検流計の針の振れが最も小さくなるのは，2個の電池が並列になり，3個の豆電球が直列につながれたときである。このとき，①はア，②はア，③はアとし，④は電流が流れないので，どちらにしても同じでウとなる。検流計を流れる電流は左側から右側に流れるため，検流計の針は右に振れることになる。

3 イとオは同じ回路で，図3でイやオをつなげると，S_1，S_2のどちら側からでも照明を点灯したり消灯したりすることができる。なお，アは2つのスイッチをどちらも接続したときのみ照明が点灯し，ウとカはどちらのスイッチを切りかえても照明が点灯したままで，エはS_1でのみ点灯や消灯をすることができ，S_2を切りかえても照明の状態は変わらない。

国語 (40分) ＜満点：100点＞

解答

一 **問1** イ　**問2** ア　**問3** エ　**問4** **1** イ　**2** (例) 人の代わりにロボットに掃除をさせるという関係だったはずなのに，人がロボットの掃除を手伝っているということ。 **問5** (例) 誰も床のゴミをゴミ箱に捨てない状態。　**問6** ウ　**問7** **1** **お掃除**…(例) 部屋の隅のコードを巻きこむと動けなくなる点。　**ゴミ箱**…(例) 床のゴミを自力で拾えない点。　**2** **X** (例) 一方的な指示や服従，依存といった(関係)　**Y** (例) 困っている状態を隠さず仕事にはげむ姿を見て，周囲の人間が思わず手助けをする　**問8** **a** むぞうさ **b**，**c** 下記を参照のこと。　**二** **問1** **1** (例) 理解(する)　**2** **i** (心)ゆく **ii** (心)あたたまる　**問2** (幸田)露伴　**問3** (例) 内容を充分知っているはずの本の中に，思いがけず印象的な一文を発見し，どうして今まで見落としていたのか不思議に思う気持ち。 **問4** 我慢しよう　**問5** (例) 弟や妹もおやつの焼き芋が食べられなくなる。　**問6** とい(で)　**問7** エ　**問8** (例) 生まれ順による差別に不平を言っても，その運命を耐え忍んで乗り越えるほかなく，四男である父もそうだったことを父の言葉から察して，次女の自分には父と同じ苦労が課せられるのだと思ったから。　**問9** ア　**問10** ウ，オ　**問11** 下記を参照のこと。

●漢字の書き取り

一 **問8** **b** 束(ね)　**c** 整然　**二** **問11** **a** 資料　**b** 招(く)　**c** 断言

解説

一 **出典は岡田《おかだ》美智男《みちお》の『〈弱いロボット〉の思考―わたし・身体・コミュニケーション』による。**わたしたちの手助けを思わず引きだしてしまう「お掃除《そうじ》ロボット」や「ゴミ箱ロボット」を例にあげ，「共同行為《こうい》」について考察している。

問1　「よけいなお世話」は，不要なおせっかいのこと。似た意味の言葉に「大きなお世話」「ありがためいわく」などがある。アの「ふんだりけったり」は，災難や不運が続くこと。ウの「わたりに船」は，都合よく必要なものや望ましい状況《じょうきょう》に恵《めぐ》まれること。エの「ねこに小判」は，値打ちのわからない者に貴重なものを与《あた》えてもむだなことのたとえ。

問2　「そうしたこと」とは，「蟻《あり》」の行く先をのんびりと眺《なが》め，いろいろな思いを抱《いだ》いた筆者の体験を指す。前後に注目する。「どこに向かおうとしているのか，なにを考えているのか」わからない「蟻」の動きが，筆者の目の前を行き来する「お掃除ロボット」の姿に重なり，いたずらをしてみたくなったり，世話を焼いたりしたくなるというのである。

問3　「健気《けなげ》」は，弱い者や年少者が困難に負けず懸命《けんめい》に立ち向かうようす。「お掃除ロボット」の，「効率的」ではなくとも家具のあいだをくぐりぬけ，「壁《かべ》や椅子《いす》などにぶつかるたびに，その進行方向を小刻みに変え」，塵《ちり》やホコリを「丁寧《ていねい》にかき集め」るようすが「健気」だというのだから，エがふさわしい。

問4　**1**　「主客転倒《てんとう》」は，大事なものとそうでないものの立場が逆になること。似た意味の言葉に「本末転倒」などがある。　**2**　本来は「お掃除ロボット」が部屋を片づけるはずなのに，いつのまにか「わたし」が「お掃除ロボット」のために部屋をきれいにしていたことを「主客転倒」だと言っている。

問5　同じ段落の内容を整理する。部屋の片隅《かたすみ》に「ゴミ箱」があっても，「学生」は足元に転がっている「空のペットボトル」をそのままにしているというのである。これをまとめ，「誰《だれ》も床《ゆか》のゴミをゴミ箱に捨てない状態」などと書くのがよい。

問6　前の部分に注目する。自分ではペットボトルを拾えないと悟《さと》った「ゴミ箱ロボット」が，学生のほうに「擦《す》り寄るようにして近づき」，「腰《こし》を屈《かが》め」たのだから，「お願いしている」がよい。ここでは，「ゴミ箱ロボット」が学生におじぎをしているように見えたのだと考えられる。

問7　**1**　本文の中ほどで，「お掃除ロボット」と「ゴミ箱ロボット」の「弱さ」があげられている。「お掃除ロボット」は，「コード」を巻きこめばギブアップしてしまうし，床に置かれた「スリッパ」をひきずり回したり，「段差のある玄関《げんかん》から落ちて〜這《は》い上がれな」かったりするなどの「弱さ」がある。　**2**　最後の四段落で説明されている。　**X**　筆者は，「他者」に対して一方的に「指示」したり「依存《いぞん》」したりする「非対称《たいしょう》的な関係」は，望ましくないとしている。

Y　筆者が望ましいと考える「共同行為」を整理する。「共同行為を生みだすためのポイント」は，「自らの状況を相手からも参照可能なように表示」して「周りの手助けを上手に引きだ」すことである。具体的には，自分の「弱さ」を「隠《かく》さず〜開示して」いるロボットの姿を見て，周りの人が「思わず」手助けしたくなるような関係を言っている。これをふまえ，「困っている状態を隠さず仕事にはげむ姿を見て，周囲の人間が思わず手助けをする」のようにまとめるとよい。

問8　**a**　あまり深く考えず，気軽にするようす。　**b**　音読みは「ソク」で，「約束」などの熟語がある。　**c**　きちんと整っているようす。

二　出典は青木奈緒《あおきなお》の『幸田家のことば—知る知らぬの種をまく』による。祖母の作品である『みそっかす』を読んでいたときに目にとまった，印象的な曾祖父《そうそふ》のことばにまつわることがらを語っている。

問1　**1**　「心得る」は，“理解する，了解する”という意味。　**2**　**i**　“満足するまで，存分に”という意味の「心ゆくまで」が適する。　**ii**　“気持ちがなごむ”という意味の「心あたたまる」がよい。

問2　ぼう線④の次の文に，「これを言ったのは曾祖父(ひいおじいさん)の露伴《ろはん》」とある。

問3　「いぶかしく思う」は，不思議に感じたり，疑わしく思ったりすること。筆者にとって『みそっかす』は「手にとる頻度《ひんど》が高い」本で，「どこに何が書いてあるか」心得ていたはずなのに，印象的な一文が目にとまり，「新鮮《しんせん》」な発見をしたような不思議な気持ちになったのである。これをふまえ，「内容を充分《じゅうぶん》知っているはずの本の中に，思いがけず印象的な一文を発見し，どうして今まで見落としていたのか不思議に思う気持ち」のようにまとめる。

問4　「人には運命を踏《ふ》んで立つ力があるものだ」ということばを，災害に備えて心に刻むべきものと筆者は感じている。この後，「生まれ順による差別」に耐《た》え忍《しの》んだ露伴のエピソードと「震災《しんさい》」の状況を重ね，このことばの意義を述べている。自分にはどうしようもない運命，つまり「我慢《がまん》しようにも我慢できない，けれどそうするしかない状況を乗り越《こ》えようとするとき，励《はげ》ましてくれることば」だというのである。

問5　露伴が「弟や妹のおやつ」に「焼き芋《いも》を買いに行かされた」エピソードに着目する。封建《ほうけん》的な色彩《しきさい》の強い明治初期の「士分の子」が焼き芋を買いに行けば，「周囲の憫笑《びんしょう》」を招くとある。「見栄《みえ》を張」るとは，体面を気にして焼き芋を買いに行かないことだから，結果的に「弟や妹」もおやつを食べられないということになる。

問6　米を水の中でこすり合わせるようにして糠《ぬか》を落とすことを，「とぐ(研ぐ)」という。

問7　問5，6で見たように，「四男である露伴」は，「士分の子」でありながら焼き芋を買いに行かされたり，お米をといだりしていることを周囲に冷やかされている。そこに「恥《は》ずかしさ」や「抵抗《ていこう》感」を抱いていたのだから，エがふさわしい。

問8　直前に注目する。祖母は，「自分の父親」が「どれほどの思いで冷飯っ食いの境遇《きょうぐう》に耐え忍んだかを察し，自分の身にも父と同じだけの苦労が課されることを思って」「涙《なみだ》」している。つまり，冷遇されていた四男の露伴と同様に，「次女」の自分も同じ苦労から逃《のが》れられない運命だと思って泣いたものと考えられる。

問9　「堪《たま》らない」は，“こらえきれない”“このうえなくよい”などの意味がある。ここでは，「生まれた年月日時」によって「人の運命」が定められるなど我慢ならないという文脈なので，「やりきれない」がよい。

問10　ア　東日本大震災の後，筆者は「震災で人の命や平穏《へいおん》な暮らしがいきなり奪《うば》われる」という「立場に立たされたとき，心に刻んでおくべきことば」を探し続けていたのだから，合わない。　イ　筆者にとって『みそっかす』は，「手にとる頻度が高い」本だとある。　エ　露伴は，「生まれつきの顔をもとに，心がけ次第《しだい》で良くも，悪くも変化する」と言っているので，正しくない。

問11　**a**　研究や調査のために参考にする材料。　**b**　音読みは「ショウ」で，「招待」などの熟語がある。　**c**　きっぱりと言い切ること。

Memo

Memo

平成29年度　女子学院中学校

〔電　話〕　(03) 3263－1711
〔所在地〕　〒102-0082　東京都千代田区一番町22―10
〔交　通〕　JR中央線・東京メトロ南北線・都営新宿線―「市ケ谷駅」より徒歩8分
東京メトロ有楽町線―「麹町駅」より徒歩3分

【算　数】（40分）〈満点：100点〉

1　次の□にあてはまる数を入れなさい。

(1)　$63\times\left\{2\frac{7}{15}-3.4\times\left(0.6-\frac{1}{7}\right)\div\left(1.3-\frac{1}{6}\right)\right\}=$ □

(2)　図1の円の半径は4cmで，円周を12等分する点をとりました。影《かげ》をつけた部分の面積は□cm²です。
ただし，円周率は3.14とします。

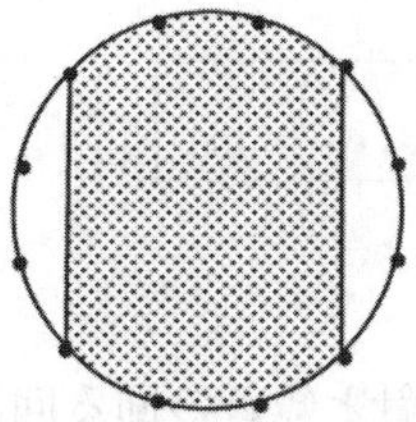

図1

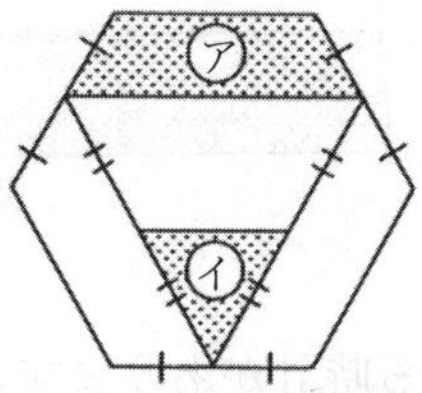

図2

(3)　図2の正六角形の面積は48cm²で，同じ印のついているところは同じ長さです。
㋐の面積は□cm²
㋑の面積は□cm²

(4)　図3のように，1辺の長さが9cmの正方形を2本の平行線で㋐，㋑，㋒の3つの部分に分けたら，その面積の比が3：8：9になりました。図形㋒の辺ABの長さは□cmです。

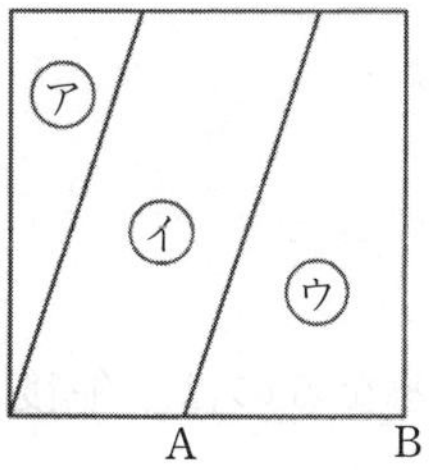

図3

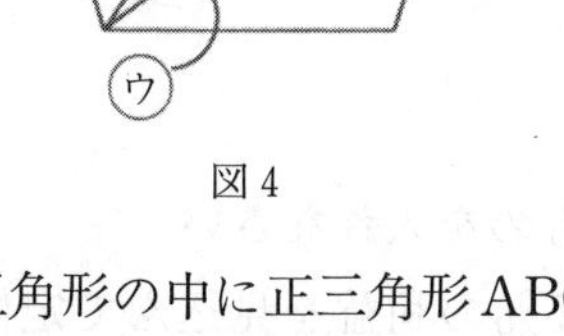

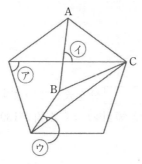

図4

(5)　図4のように，正五角形の中に正三角形ABCがあります。
角㋐は□度
角㋑は□度
角㋒は□度

(6)　はじめさんのおこづかいで，品物Aを4個買うと300円余り，品物Bを買うと6個は買えますが7個は買えません。A1個はB1個より270円高いです。B1個の値段は□円より高く□円以下です。

2 列車Aの長さは238m，速さは時速126kmです。列車Bの長さは160mです。

(1) 列車Aが列車Bを追いこしているときに，列車Aの座席に座っているJさんが，列車Bの最《さい》後尾《こうび》の横に並んでから列車Bの先頭の横に並ぶまでに，12秒かかりました。このとき，列車Bの速さは時速何kmか求めなさい。（求め方も書きなさい。）

(2) 列車Aと，(1)と同じ速さで走る列車Bがすれ違《ちが》っているときに，列車Bの座席に座っているGさんが，列車Aの先頭の横に並んでから列車Aの最後尾の横に並ぶまでには，何秒かかるか求めなさい。（求め方も書きなさい。）

3，**4**の各問いについて□にあてはまる数を入れ，〔　〕内はいずれかを○で囲みなさい。

3 図1のように，0から100までの数で同じ間隔《かく》に目もりをつけた紙テープがあります。これを，図2のように折ったら，22と59の目もりが重なりました。このとき，目もりの重なっている2つの数の差が13になる数の組は，□と□です。

図1

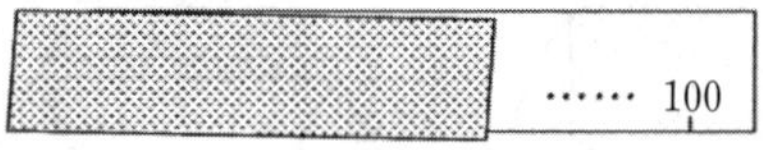

図2

4 図のように，同じ間隔で1から6まで書いてある時計があります。長針と短針の回る向きは，ふつうの時計と同じです。長針は1時間で1周し，短針は6時間で1周します。◎の中の数字は，短針がその日に何周したかを表しています。図1の時計は，午後6時10分を表しています。

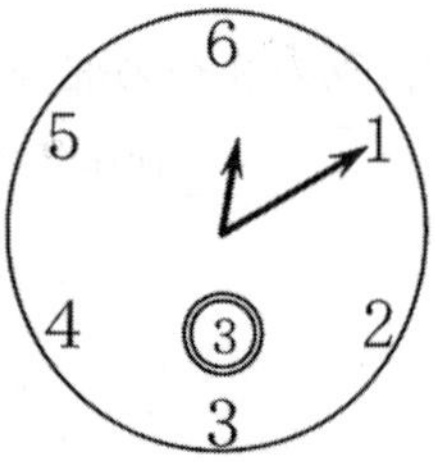

図1

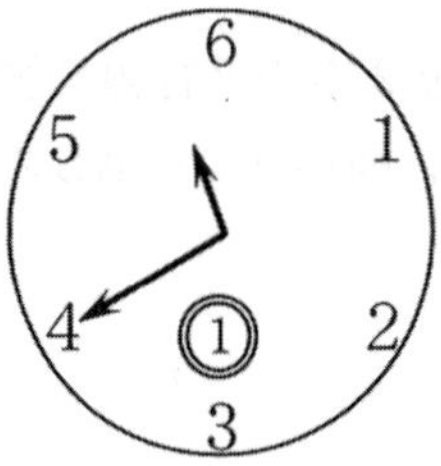

図2

(1) 図2の時計は〔午前，午後〕□時□分を表しています。

(2) 午後1時から午後2時までの間に，長針と短針のつくる角が180度となるのは，午後1時□分です。

5，**6**の各問いについて□にあてはまるものを入れなさい。

5 あるスーパーで商品Aを500個仕入れ，25％の利益を見込んで定価をつけました。これを定価の12％引きで売ると，1個につき38円の利益があります。

(1) 商品Aの仕入れ値は1個□円です。

(2) 商品Aを定価で□個売った後，特売日に残りすべてを定価の12％引きで売ったら，500個すべての利益の合計が31084円になりました。

6　１辺が20cmの立方体のブロック８個が，直方体の水そうの中にあります。すべてのブロックの底面は，水そうの底か，または他のブロックの面とぴったりくっついています。この水そうに，水を一定の割合で入れます。

下のグラフは，「水を入れ始めてからの時間(分)」と「水面の高さ(cm)」の関係を表したものです。

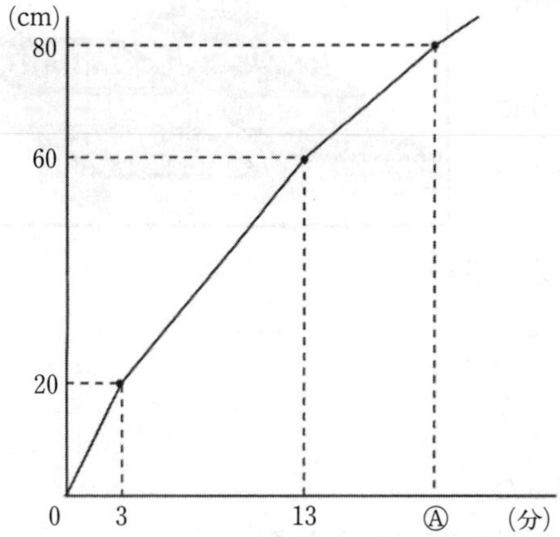

(1)　水そうの中の８個のブロックの様子を表した図として，ふさわしいものを下から選ぶと□です。

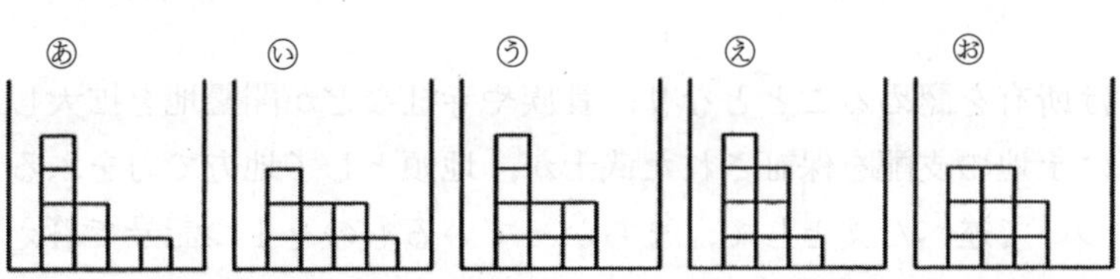

(2)　水そうの底面積は□cm²で，１分間に入れる水の量は□cm³です。

(3)　グラフのⒶにあてはまる数は，□です。

【社　会】（40分）〈満点：100点〉

（語句はできるだけ漢字で書きなさい。）

Ⅰ　水田での稲《いな》作が広がり，その後農業が発展するとともに，集落のありかたも変化していきました。このことについて問いに答えなさい。

問1　水田をつくるときには，土地を平らに整えることが必要です。水田はなぜ水平に整える必要があるのか，説明しなさい。

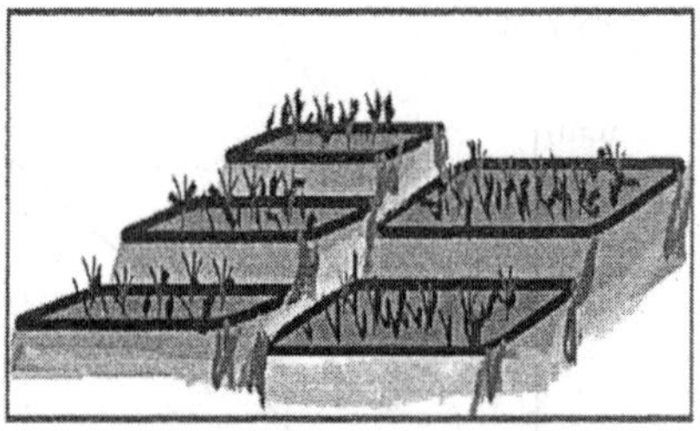

問2　棚《たな》田（右の絵のような田）が各地につくられるようになりました。どのような場所に，どのような理由から，棚田はつくられたのか，説明しなさい。

問3　稲作について，次の文を古い順に記号で並べかえなさい。

ア　千歯こきの使用が広がった。

イ　臼《うす》や杵《きね》が使われるようになった。

ウ　化学肥料が使われるようになった。

エ　牛馬に鉄製の農具を引かせ，耕すことが広がった。

問4　農地に関する制度について，次の文を古い順に記号で並べかえなさい。

ア　戸籍《せき》に登録された人々が，国が割り当てた土地を耕すこととされた。

イ　農地の収穫《かく》高を役人が調べ，全国一律の単位で田畑ごとに帳面に記し，耕作者から税を取った。

ウ　土地を開墾《こん》した人には所有を認めることとなり，貴族や寺社などが開墾地を拡大した。

エ　農地を経営し，将軍に土地の支配を保証された武士が，地頭として地方で力をふるった。

問5　各時代の集落・都市について述べた文として，まちがっているものを1つ記号で答えなさい。

ア　室町時代に権力者の支配を離《はな》れて自治を行った都市は，商工業が活発だった所が多い。

イ　縄《じょう》文時代の東日本では，洪《こう》水に備えて海や川から離れた山の中腹に集落がつくられることが多かった。

ウ　江戸時代の城下町の多くは，街道が通っており，水運の便もよい所に発達した。

エ　弥生《やよい》時代に水田稲作を行う場所として好まれたのは，川に近く，水を引きやすい土地であった。

現代の農業について問いに答えなさい。

問6　沖縄県では，梅雨や台風でたくさんの雨が降るものの，しばしば農業用水などの水不足に悩《なや》まされます。水不足が発生しやすい理由を，地形の特色から答えなさい。

問7　下の表は，東京都中央卸《おろし》売市場に入るキャベツ（数量）の，月別産地の1位～3位までを表したものです。

	1月	2月	3月	4月	5月	6月	7月	8月	9月	10月	11月	12月
1位	A	A	A	神奈川	B	B	C	C	C	C	B	A
2位	B	B	B	A	神奈川	茨　城	岩　手	岩　手	岩　手	B	A	B
3位	神奈川	神奈川	神奈川	B	A	C	長　野	長　野	長　野	岩　手	茨　城	神奈川

東京都中央卸売市場統計（2015年）より作成

(1)　A・B・Cにあてはまる県名を，それぞれ記号で答えなさい。

ア　宮城　　イ　千葉　　ウ　愛知

エ　栃木　　オ　群馬　　カ　新潟

(2)　C県が，7月～10月に1位である理由を，産地の地形と気候の特色から答えなさい。

問8　日本のリンゴは，海外でも品質で高い評価を得ており，高価格で輸出されています。輸出量の約75％(2015年)は，どこに輸出されていますか。1つ記号で答えなさい。

ア　メキシコ　　イ　台湾《わん》　　ウ　ミャンマー

エ　バングラデシュ　　オ　エジプト

問9　国内市場に年間を通して国産のリンゴが出回っている理由として，もっともふさわしいものを1つ記号で答えなさい。

ア　貯蔵技術の発達　　イ　多品種の栽培《さいばい》

ウ　肥料の改良　　エ　生産地の拡大

II　わたしたちは日ごろ，さまざまな情報に接しながら，物事を判断して生活しています。このことについて問いに答えなさい。

問1　政府など公的機関は，災害に際してどのような方針で情報を発信することが必要ですか。ふさわしいものを2つ記号で答えなさい。

ア　孤《こ》立する人がいないようにするため，地域全体に情報が行きわたるようにする。

イ　社会の秩《ちつ》序を守ることを第一に考え，政府に都合の悪い情報は伏《ふ》せておく。

ウ　情報の受け手の立場に立って，必要な情報をできるだけ早く伝達する。

エ　うわさが広がらないように，伝達する情報の量をなるべく限定する。

問2　社会科で，ある事がらを書物で調べる場合，まず，その書物のどのようなことを確認することが重要ですか。2つ記号で答えなさい。

ア　価格はいくらか　　イ　出版年はいつか

ウ　ページ数はどれくらいか　　エ　著者はどんな人か

問3　右の漫《まん》画Aは，アメリカの新聞『ニューヨークタイムズ』1937年11月21日に掲載《けいさい》されたもので，当時の日本を風刺《し》しています。（漫画には出題上，一部手を加えています。）

漫画A

(1)　左目には「世界を無視」と記されています。それはアメリカから見て，日本のどのような行為《い》を指していますか。2つ記号で答えなさい。

ア　ブラジルへの移民を始めた

イ　国際連盟を脱《だつ》退した

ウ　南樺《から》太を領有した

エ　日露《ろ》戦争を起こした

オ　日中戦争を拡大した

(2)　右目には「領土目当て」と記されています。1930年代に日本が支配地を広げようとした目的として，ふさわしくないものを1つ記号で答えなさい。

ア　資源を獲《かく》得して，産業を活発にするため

イ　移民をすすめて，国内の失業者を減らすため

ウ　支配地となった地域の人々を兵士にするため

問4　右の漫画Bは，日本の雑誌『講談倶楽部《くらぶ》』1942(昭和17)年2月号に掲載されたものです。この漫画には次の文章が書いてあります。（漫画・文章とも出題上，一部手を加えています。）

漫画B

大東亜《あ》戦争

満州事変は満州国を独立させた。支那《な》事変（日中戦争）は親日政権を確立した。

しかし，これらの戦いは，大東亜新秩序の始まりに過ぎない。東亜（東アジア）にこの①双《そう》頭の毒蛇《じゃ》がとぐろをまいているかぎり，東亜民族の真の共栄は永遠に不可能なのだ。

②昭和十六年十二月八日！　この日，戦いはついに檜舞台《ひのきぶ》に移された。

一億同胞《ほう》よ，大東亜戦争は百年戦争だ。覚悟《ご》はよいか！！

(1)　下線①にあてはまる国を，2つ答えなさい。

(2)　下線②の日に日本軍が攻撃《こうげき》した場所はどこですか。国名ではなく，地域名をカタカナで答えなさい。

(3)　漫画Bは，日本の戦争の目的が何であると主張していますか。

問5　漫画A・Bで描《えが》かれた戦争は，日本以外のアジアの人々にとって，どういうものだったでしょうか。理解を深めるために調べることとして，優先順位がもっとも低いものを，1つ記号で答えなさい。

ア　日本軍が占《せん》領した地域の人々に対してとっていた統治方針

イ　アジア各地と日本の間で運ばれた物資の種類と量

ウ　日本に連行されたアジア各地の人々の数

エ　シベリアに連行されて死傷した日本人の数

問6　下の資料C・Dを読んで，問いに答えなさい。

資料C　《日本新聞協会編集委員会の声明全文　2015年6月29日》

6月25日に開かれた一部与《よ》党の若手議員による勉強会において，安全保障法制等に関する一部報道をめぐり，出席議員から「マスコミをこらしめるために広告料収入をなくすよう働きかけるべきだ」との発言があり，招かれた講師からも「沖縄の二つの新聞をつぶさないといけない」との発言があったことは，極めて深刻な問題である。③特に与党の所属議員でありながら，④憲法第21条で保障された表現の自由をないがしろにした

発言は，報道の自由を否定しかねないもので到《とう》底看過できず，日本新聞協会編集委員会として強く抗《こう》議する。

わたしたちは，⑤民主主義の根幹である表現の自由，報道の自由を弾《だん》圧するかのような動きに断固反対するとともに，多様な言論で「国民の（　X　）権利」に応えていく。

（出題上，語句を書きかえたところがあります。）

資料D　《琉《りゅう》球新報・沖縄タイムス共同抗議声明より抜粋《ばっすい》　2015年６月26日》

戦後，沖縄の新聞は戦争に加担した新聞人の反省から出発した。戦争につながるような報道は二度としないという考えが，報道姿勢のベースにある。政府に批判的な報道は，権力監《かん》視の役割を担うメディアにとって当然であり，批判的な報道ができる社会こそが健全だと考える。

⑴　下線③に関して，次の空欄《らん》に適切な語句を答えなさい。

与党とは，一般に（　A　）権を持つ国会で多数を占《し》め，（　B　）を構成する政党であり，実質的には（　C　）権も担うことから，国家権力をしばる法である憲法をしっかり守ることが，より求められる立場にあります。

⑵　下線④について，次の空欄に適切な語句を答えなさい。

憲法第21条では，言論・出版などの表現の自由とあわせて，（　D　）・結社の自由を保障しています。表現の自由の弾圧は，その背景にある（　E　）の自由を弾圧するものでもあります。1925年に制定された治安維《い》持法は，政治や社会のしくみを変えようとする運動や結社の根幹となる（　E　）を取り締《し》まるものでした。戦後，（　E　）の自由の保障が憲法に明文化されました。

⑶　下線⑤について，表現の自由，報道の自由の弾圧にはあたらず，憲法上認められることを，２つ記号で答えなさい。

ア　新聞記事の内容が国家機密にふれていないか，発行前に官庁が確認すること

イ　政治的に中立でないことを理由に，デモや講演会を規制すること

ウ　ある人の名誉《よ》を傷つける発言に対して罰《ばっ》則を科すこと

エ　本人の知らないうちに，電話やメールの内容を捜《そう》査機関が自由に調査すること

オ　テレビ番組の内容について，国務大臣が変更《こう》を指示すること

カ　個人の尊厳を否定する差別的な言動を法律で規制すること

⑷　資料Cの（X）にあてはまる語句を答えなさい。

⑸　社会で何が起きているか，政治がどのように行われているかを，主権者が正確に把握《はあく》するために欠かせない法律や制度を，１つ記号で答えなさい。

ア　個人情報保護制度

イ　マイナンバー制度

ウ　情報公開法

エ　特定秘密保護法

⑹　民主主義の社会において，表現の自由を守ることには，さまざまな意義があります。その１つを資料Dから５字以内で抜《ぬ》き出しなさい。

III　次の文章について問いに答えなさい。

①人々が往来する交通の要所や，軍事的に重要な場所に置かれた施《し》設を，②関所といいます。古くは関と呼ばれ，律令《りょう》制のもとで③人々を取り締まり，鈴鹿《すずか》関，④白河関など，いくつかの関には兵士が駐《ちゅう》留していました。鈴鹿関などは，⑤都で重大な事件が起こった時には閉ざされ，交通を遮《しゃ》断したと言われています。鎌《かま》倉時代以降は，通行料を徴《ちょう》収する目的で⑥大きな寺や神社などによっても関所が設けられました。⑦関ヶ原の戦いの後，全国各地に関所が設置されました。その中でも，新居《あらい》や⑧箱根，また⑨五街道の一つである⑩中山《せん》道の木曽《そ》福島や碓氷《うすい》の関所は，江戸時代に重要な関所でした。

問1　下線①に関して，次の文を古い順に記号で並べかえなさい。

ア　雪舟《しゅう》は諸国を訪れ，水墨《ぼく》画を描いた。

イ　源義経《よしつね》は各地で平氏と戦った。

ウ　行基は各地で堤《てい》防をつくるなど土木工事を進めた。

エ　松尾芭蕉《ばしょう》は，東北などを旅して紀行文を書いた。

問2　下の図1の★印のあたりには，かつて下線②があり，地形は図2のようになっています。関所があった場所の地形の特色を答えなさい。

図1

図2

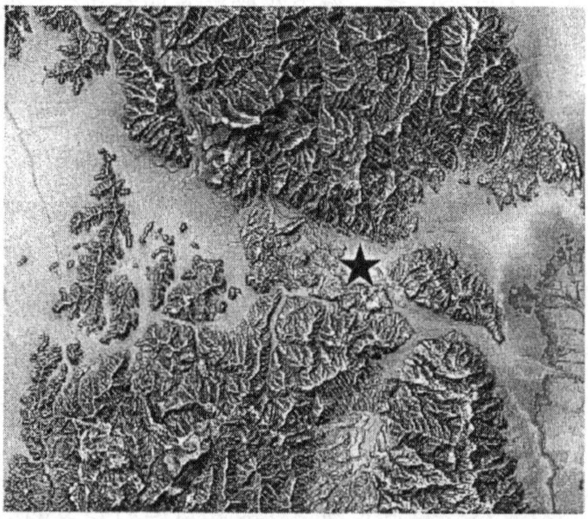

（カシミール３Ｄより作成）

問3　現在，下線③の役割を常に果たしている施設を，２つ記号で答えなさい。

ア　高速道路の料金所　　イ　東京港　　ウ　成《なり》田空港　　エ　東京駅

問4　次のページの図3は，下線④があった地域の地形図です。問いに答えなさい。

(1)　白河は，江戸時代には奥《おう》州街道の終着点でした。白河関があったのは，現在の何県ですか。

(2)　地形図から読みとれることとして正しいものを，２つ記号で答えなさい。

ア　「白河関跡《あと》」（∴の場所）は，大雨が降ると洪水で水びたしになる。

イ　追《おい》分の集落（■の場所）から，大木の水田（★の場所）が見える。

ウ　「社川」は南へ向かって流れている。

エ　この地図内には，標高400m以下の土地も600m以上の土地もある。

オ　「白河関跡」付近には神社や記念碑《ひ》がある。

図３

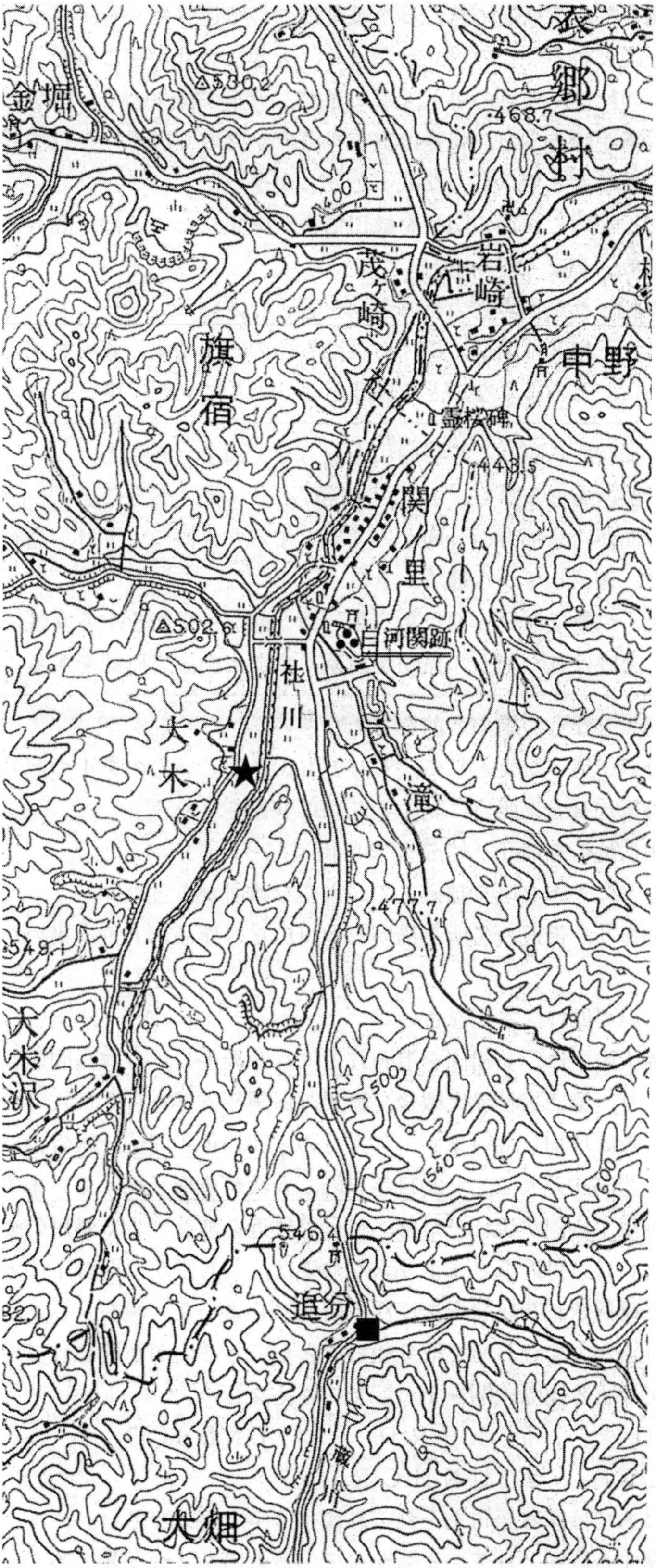

国土地理院発行１：50000 地形図より（一部改変）

問５　下線⑤に関して，７世紀に起こった戦乱について述べた文を，１つ記号で答えなさい。

ア　有力な守護大名どうしの対立が深まり，大きな戦乱が起こった。

イ　天智《てんじ》天皇《のう》の死後，天皇の弟と天皇の子が，天皇の位をめぐって争った。

ウ　源氏の将軍が絶えると，朝廷《てい》は実権を幕府から取り戻《もど》そうとして兵を挙げた。

エ　後白河天皇のもとで，有力な武士どうしが争った。

問６　下線⑥に関して，これらの関所を織《お》田信《のぶ》長が廃《はい》止したことは，商人の活動にどのような影響《えいきょう》を与《あた》えたか，答えなさい。

問７　下線⑦で勝利した東軍の総大将の名前を答えなさい。

問８　下の資料は，下線⑧の関所に掲《かか》げられたものの一部です。資料を読んで，幕府は支配体制を保つために，どのようなことを防止しようとしていたと考えられるか答えなさい。

> 一　関所を通行する際は，笠《かさ》や頭巾《きん》を取らせて通すべきこと
> 一　駕籠《かご》で関所を通る際も，引き戸を開けさせて通すべきこと
> 一　江戸方面から京都方面へ向かって旅をする女性については，通行手形に細かく照らし合わせ，確認してから通すべきこと
> 補足　乗物で江戸方面から京都方面へ向かって旅をする女性については，人見女と呼ばれた関所の係が駕籠近くまで出向いて確認をすること

問９　下線⑨の起点となった橋の名前を答えなさい。

問10　下線⑩について述べた文として，もっともふさわしいものを１つ記号で答えなさい。

ア　歴代の将軍が日光東照宮に詣《もう》でるために整備された。

イ　険しい山岳《がく》地帯を通り，峠《とうげ》道が多い街道だった。

ウ　大井川など，大きな川を越《こ》えるのが大変な難所があった。

エ　宿場が53あり，街道の名所を描いた歌川広重《しげ》の作品が人気を集めた。

Ⅳ　次の文章について問いに答えなさい。

①第一次世界大戦中に，②祖国を追われる人々が発生し，③難民問題が国際的に認識されるようになりました。第二次世界大戦後，難民の保護や支援《えん》を行う（ A ）が統計を取りはじめてからも，難民の数は増加しています。（ A ）の④2015年年間統計報告書によると，（ B ）を強いられた人々は約6530万人で，⑤2011年以降，人数が急増し続けています。2015年，ヨーロッパで（ B ）を制限する国が現れたため，（ C ）付近を延々と歩く難民の姿が連日報道されました。閉鎖《さ》された（ C ）付近をさまよう人々の姿は，⑥EUが原則の１つとして大切にしてきた（ B ）の自由が確保されない状況《きょう》を，浮《う》き彫《ぼ》りにしました。現在，さまざまな人々が共存するために，国際社会が力を合わせて取り組むことができるのかが問われています。

問１　(A)にあてはまる国際機関を１つ記号で答えなさい。

ア　WHO《ダブリューエイチオー》　イ　IBRD《アイビーアールディー》　ウ　UNESCO《ユネスコ》

エ　UNICEF《ユニセフ》　オ　UNHCR《ユーエヌエイチシーアール》

問２　(B)(C)にあてはまる語句をそれぞれ漢字２字で答えなさい。

問３　下線①に関する説明として，まちがっているものを２つ記号で答えなさい。

ア　第一次世界大戦は，ヨーロッパを主な戦場としてくり広げられた。

イ　日本はイギリスとの同盟を理由に戦争に加わり，戦勝国の１つとなった。

ウ　日本では戦争によって物資が不足したため，政府が米や衣類を配給制にした。

エ　戦争が進むにつれて，日本は輸出が減少し，不景気になった。

オ　日本は，第一次世界大戦中に中国に勢力を伸《の》ばそうとした。

問４　次の人々のうち，主に政治的迫《はく》害や信条の違いから下線②となったとは言えないものを，１つ記号で答えなさい。

ア　ヒトラー政権の下，ドイツを離れたユダヤ人

イ　日清戦争後，台湾に渡った日本人

ウ　第二次世界大戦後，ソビエト連邦《ぽう》を中心とする東側諸国から，西側諸国に向かった人々

エ　第二次世界大戦後，イスラエルとなった地域から隣《りん》国に移ったパレスチナ人

問５　下線③に関して，問いに答えなさい。

(1)　日本に定住するために難民の認定を求める場合，どの省庁に申請《せい》しますか。１つ記号で答えなさい。

ア　内閣府　　イ　総務省　　ウ　法務省

エ　厚生労働省　　オ　文部科学省

(2)　現在の難民に関する説明として，まちがっているものを２つ記号で答えなさい。

ア　難民の多くは，開発途《と》上国から発生している。

イ　他の先進国と比べて，日本の難民認定数は多く，認定率は高い。

ウ　難民のうち18歳《さい》未満の子どもが占める割合は２割以下である。

エ　2016年のリオデジャネイロ五輪では，初めて難民オリンピック選手団が結成された。

オ　すでに，難民のための国際的な条約が成立している。

カ　難民と認められると，本国へ引き渡されないように保護される。

問６　下線④で，もっとも多く難民を受け入れている国(最初に一時的な保護をした国)を，１つ記号で答えなさい。

ア　ロシア　　イ　オーストラリア　　ウ　イギリス

エ　トルコ　　オ　中国　　カ　アメリカ

問７　下線⑤の原因としてもっともふさわしいものを，１つ記号で答えなさい。

ア　シリアで起こった内戦

イ　石油価格の下落

ウ　アフガニスタンへの空爆《ばく》

エ　東アフリカでの干ばつによる飢《き》餓《が》

オ　世界の大企業による租《そ》税回避《ひ》

問８　下線⑥の説明として正しいものを，すべて選び記号で答えなさい。

ア　国際会議にも出席する，大統領にあたる役職がある。

イ　すべての加盟国は，共通通貨を導入してきた。

ウ　ＥＵ全体の公用語は１つである。

エ　加盟国どうしでは，関税なしで輸出入ができる。

オ　ヨーロッパの国々は，すべて加盟を果たしている。

カ　かつて，ソビエト連邦を中心とする東側の陣《じん》営に属していた国も加盟している。

問9　1990年代以降に起きた次のできごとを，古い順に記号で並べかえなさい。

ア　アメリカで，「9.11」同時多発テロ事件が起こった。

イ　ソビエト連邦が解体された。

ウ　パリで過激派組織「イスラム国」（ＩＳ）による同時多発テロ事件が起こった。

エ　イラク戦争が開始された。

【理　科】（40分）〈満点：100点〉

I　太陽系には８個の惑《わく》星があり，太陽のまわりを公転している。

1　右の表は太陽系の８個の惑星のうち，地球とＡ～Ｅの６個の惑星について，惑星の半径(km)，体積(地球を１とする)，密度(g/cm^3：惑星全体の重さを惑星の体積で割ったもの)を示したものである。

	地球	A	B	C	D	E
半径(km)	6378	60268	6052	3396	24764	71492
体積(地球を１とする)	1	840	0.9	0.2	60	1400
密度(g/cm^3)	5.52	0.69	5.24	3.93	1.64	1.33

(1)　次の文を参考に表中のＡ～Ｅの惑星の名前を答えなさい。

・Ａの惑星には，地球から望遠鏡で観測できるほど大きな環《わ》(リング)が存在する。

・Ｂの惑星では，日本の探査機「あかつき」により，その大気の調査が行われている。

・Ｃの惑星は，送り込《こ》まれた探査機の調査により，かつて液体の水が存在したと考えられている。

・Ｄの惑星は，太陽系で一番外側を公転する惑星である。

・Ｅの惑星には，17世紀にガリレオ・ガリレイが発見した４つの衛星(イオ，エウロパ，ガニメデ，カリスト)の他，60を越《こ》える衛星が存在する。

(2)　次の文章中の［①］～［③］に入ることば・数字をあとの記号から選んで答えなさい。

半径と密度により，太陽系の惑星は大きく２つのグループに分けられる。Ａ～Ｅの惑星のうち地球と同じグループに属するのは［①］でグループＸとする。もう一方をグループＹとすると，グループＹの惑星はどれも惑星全体の重さが地球のそれよりも［②］倍以上大きい。また，グループＹの惑星はすべて地球よりも［③］側を公転している。

①　ア　Ａのみ　　イ　Ｂのみ　　ウ　Ｃのみ　　エ　Ｄのみ　　オ　Ｅのみ
　　カ　ＡとＢ　　キ　ＢとＣ　　ク　ＣとＤ　　ケ　ＤとＥ　　コ　ＡとＤとＥ
　　サ　ＣとＤとＥ

②　ア　10　　イ　100　　ウ　1000　　エ　10000

③　ア　内　　イ　外

(3)　グループＸの惑星は，主にどのようなものでできていると考えられるか。最も適するものを次のア～オから選びなさい。

ア　水素・ヘリウム　　イ　液体の水
ウ　氷　　エ　ドライアイス
オ　岩石・金属

2　右の表は，地球，金星，火星の大気の成分，大気全体の重さ(地球を１とする)を示したものである。

		地球	金星	火星
大気の成分(重さの割合：%)	ちっ素	76	2	2
	酸素	23	1％未満	1％未満
	二酸化炭素	1％未満	98	97
大気全体の重さ(地球を１とする)		1	90	0.005

(1)　右の表を見て，以下の問いに答えなさい。

①　地球，金星，火星のうち，大気全体に含《ふく》まれるちっ素の量が最も多いのはどれですか。

②　金星の大気全体に含まれる二酸化炭素の量は，火星の大気全体に含まれる二酸化炭素の量のおよそ何倍か。次のア～キから選びなさい。

ア $\frac{1}{200}$倍　　イ $\frac{1}{20}$倍　　ウ 1倍　　エ 20倍

オ 200倍　　カ 2000倍　　キ 20000倍

(2) 現在の地球の大気には，金星，火星と比べると酸素が多く含まれるが，地球誕生時にはほとんど存在していなかったと考えられている。地球の大気に現在のように酸素が多く存在するようになったのは，金星や火星には存在しない何が地球に存在するためと考えられているか，答えなさい。

(3) 現在の地球の大気は，金星，火星と比べると二酸化炭素の割合が極端《たん》に少ない。これは，地球にのみ広大な［　　　］が形成されたことが主な原因と考えられている。地球誕生時には現在よりも多く大気中に存在した二酸化炭素は［　　　］に溶《と》け，［　　　］に溶けていたカルシウムと反応して，堆《たい》積したり，生物の殻《から》などのかたい部分に取り込まれたりした。A<u>このような生物</u>の死がいも堆積し，B<u>岩石</u>となった。このようにして，地球の大気からは，二酸化炭素が取り除かれていったと考えられている。

① ［　　］にあてはまることばを答えなさい。

② 下線部Aに関して，生物の例を１つ答えなさい。

③ 下線部Bに関して，カルシウムを含む生物の殻が堆積してできた岩石の名前を答えなさい。

II 日本にあるユネスコ世界遺産の自然遺産は４つで，1993年に屋久島と白神山地，2005年に知《しれ》床《とこ》(知床半島とその沿岸海域)，2011年に小笠原《おがさわら》諸島が登録された。

屋久島は降水量が多く湿《しつ》度が高く，豊かな自然が残されており島全体の90％が森林でおおわれている。屋久島の大きな特徴《ちょう》は，小さな島の中で海岸線から宮之浦岳《みやのうらだけ》までの間に，標高によって異なるようすの森林をみることができることである。屋久島の中腹には，幹周り16m，樹高30mの巨大な縄文《じょうもん》［　A　］に代表される，樹齢《れい》1000年以上の［　A　］が多数みられる。

白神山地は「人の影響《えいきょう》をほとんど受けていない原生的な［　B　］の森林が世界最大級の規模で分布している」という理由で，登録された。

日本はほぼ全域にわたって森林が形成されている。どのような森林になるかは，降水量が豊かなので，その土地の気温によって決まる。森林の種類と気温との関係は，年平均気温よりも「暖かさの指数」というもので，より正確に示すことができる。「暖かさの指数」とは月平均気温が５℃以上の月について，それぞれの月平均気温から５℃を引いた値を足しあわせて求めた値である。表１は，「暖かさの指数」と森林の種類の関係を示したものである。

表１

「暖かさの指数」	森林の種類
180～240	亜熱帯多雨林(広葉，冬も葉を落とさない。つる植物も多い。)
85～180	照葉樹林(広葉，冬も葉を落とさない。)
45～85	夏緑樹林(広葉，秋に葉を落とし冬越しする。)
15～45	針葉樹林(針のように細い葉をつけ，冬も葉を落とさない。)

※「暖かさの指数」が15未満の場合には森林は形成されない。

表２は，屋久島の尾之間《おのあいだ》および白神山地の櫛石山《くしいしやま》の月平均気温を示したものである。尾之間

の「暖かさの指数」は毎月の月平均気温からそれぞれ5℃引いた値を足して182となる。したがって尾之間の森林の種類は表1から亜《あ》熱帯多雨林となる。また，櫛石山の「暖かさの指数」は月平均気温が5℃以上の4月から10月まででで計算すると57となり，森林の種類は夏緑樹林であることがわかる。

表2　月平均気温(℃)

	1月	2月	3月	4月	5月	6月	7月	8月	9月	10月	11月	12月
尾之間(屋久島)	13	13	15	18	21	24	27	28	26	23	19	15
櫛石山(白神山地)	−3	−3	−2	5	12	15	18	19	14	9	4	−3

(気象庁および環境省のデータより作成)

1　次の①～④の自然遺産の位置を右の地図中のア～コからそれぞれ選びなさい。

①　屋久島　　②　白神山地

③　知床　　　④　小笠原諸島

2　上の文章中の[A]，[B]にあてはまる木の種類を答えなさい。

3　下のア～エは，表1の4つの森林にみられる植物の例を示したものである。①照葉樹林，②夏緑樹林にみられるものをそれぞれ選びなさい。

ア　シイ・カシ・クスノキ・ツバキ

イ　クリ・ケヤキ・シラカンバ・カエデ

ウ　モミ・トドマツ・エゾマツ

エ　マングローブ・ガジュマル・ヤシ

4　年平均気温が同じX地点とY地点があり，X地点は照葉樹林，Y地点は夏緑樹林である場合，X地点とY地点を比べて，夏と冬の気温の差が大きいのはどちらですか。

5　屋久島の尾之間は亜熱帯多雨林であるが，宮之浦岳の頂上付近ではどのような種類の森林がみられるだろうか。

①　尾之間(標高60m)と宮之浦岳の頂上(標高1936m)との気温差は何℃になるか。気温は標高が100mちがうと0.6℃変化するとして計算し，小数第1位を四捨五入して答えなさい。

②　表2と①の答えを用いて宮之浦岳の頂上の「暖かさの指数」を求めなさい。

③　②の結果から，宮之浦岳の頂上付近の森林の種類はどうなると考えられるか，次のア～オから選びなさい。

ア　亜熱帯多雨林　　イ　照葉樹林　　ウ　夏緑樹林

エ　針葉樹林　　オ　森林は形成されない

6　現在，地球温暖化が進んでおり，将来，日本の森林のようすも変わることが考えられる。[B]は夏緑樹林の代表的な木であるが，気温が現在より何℃上昇《しょう》すると櫛石山は照葉樹林になると考えられるか。気温は1年間を通して平均的に上昇すると考えて，次のア～オから選びなさい。

ア　1℃　　イ　2℃　　ウ　3℃　　エ　4℃　　オ　5℃

7　知床はヒグマの生息地のひとつであるが，北海道と本州に生息するクマについて正しいものを次のア～オから選びなさい。

ア　北海道にも本州にも，ヒグマとツキノワグマがいる。

イ　北海道にはホッキョクグマとヒグマが，本州にはツキノワグマがいる。

ウ　北海道にはヒグマが，本州にはヒグマとツキノワグマがいる。

エ　北海道にはヒグマが，本州にはツキノワグマがいる。

オ　北海道にはヒグマがいるが，本州にはクマのなかまはいない。

8　小笠原諸島では，「固有種」（ある地域にしか生息・生育しない生物の種類）の割合が高い。「固有種」が生じやすい地域や生物の特徴として考えられるものを次のア～キから2つ選びなさい。

ア　海岸線が長く高い山がなく，生物が移りすみやすい地域

イ　降水量が多い温暖な気候で，生息している生物の数が多い地域

ウ　大陸から遠く離《はな》れ，小さな島が集まっている地域

エ　移動する能力が高い生物

オ　移動する能力が低い生物

カ　一度に産む子の数が多い生物

キ　一度に産む子の数が少ない生物

III　1　物質を加熱すると温度や状態が変化する。－10℃の氷に，常に一定の熱を加え，その熱がすべて逃《に》げなかったとすると，加熱時間と温度の関係は下のグラフのようになる。

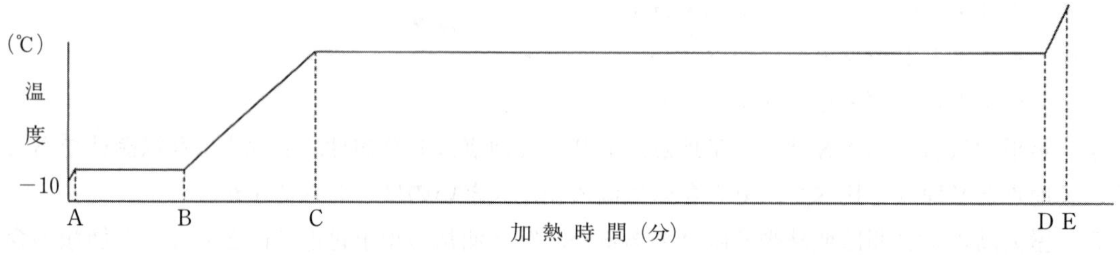

(1)　グラフのAからEの間で，液体の水が存在するのはどこからどこまでか，記号で答えなさい。

(2)　横軸《じく》に温度，縦軸に体積をとって，－3℃～3℃の範《はん》囲でグラフをかいたときどのようになるか。最もよく表しているものをア～クから選びなさい。

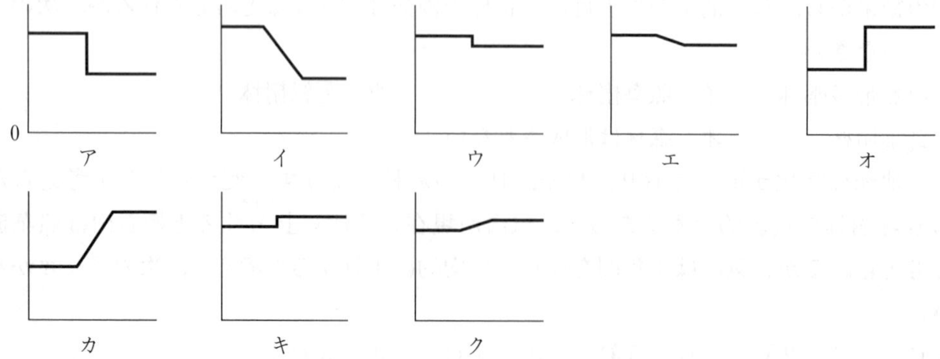

(3)　「AからBまで」と「CからDまで」の時間の長さを比べて，水の状態の変化について言えることをまとめなさい。

2　実際に物質を加熱したときにどのように温度が変化するかを調べてみた。それぞれ同じビーカーに同じ重さの水とサラダ油を入れ，電熱器で加熱し，30℃になったときからの時間と温度の関係を調べてグラフにした。

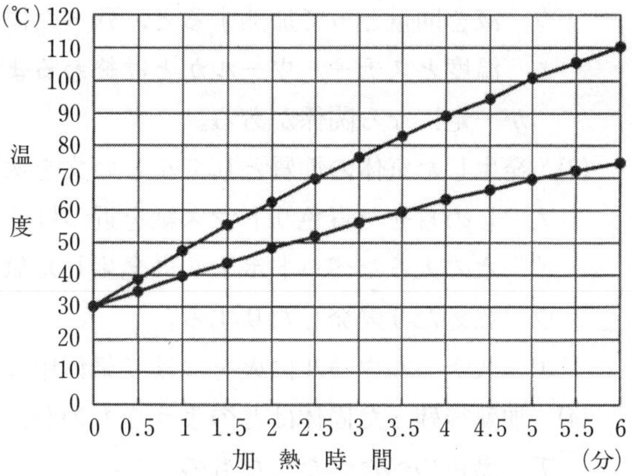

(1)　同じ重さで比べた場合，温まりやすいのは水と油のどちらか答えなさい。

(2)　0分から3分までの水の上昇温度を読み取り，整数で答えなさい。

(3)　次の文章中の[①]～[③]にあてはまることばを書きなさい。

　3分から6分までの間の水の上昇温度は0分から3分の間に比べて[①]くなっている。これは水から逃げる熱の量が[②]くなるからである。熱の逃げる量が[②]くなるのは，水と空気の[③]が大きくなったためと考えられる。

(4)　さまざまな工夫をすることによって，逃げる熱の量を減らすことができる。工夫の例を1つ具体的に書きなさい。加熱する器具は電熱器であるとするが，その他は実験室や身の回りにあるものならば何を使ってもよい。

3　冬の寒い日，理科室の机に同じ大きさの鉄板と，発泡《ぽう》ポリスチレンの板をしばらく置いておいてから手のひらを押《お》し付けたところ，鉄は冷たく感じ，発泡ポリスチレンは冷たくはなかった。この現象を説明している次の文章の[①]，[②]，[④]はあとの記号から選び，[③]，[⑤]にはことばを書きなさい。[⑤]は1つだけ書くこと。

　手を置く前，鉄板の温度は発泡ポリスチレンの板と比べると[①]温度で，手のひらの温度と比べると[②]温度である。鉄板が冷たく感じたのは，鉄は金属であり，発泡ポリスチレンより[③]という性質があるからである。同じ温度，大きさの氷を板の上にのせたときには，[④]。[③]という性質以外でも金属に共通の性質としては[⑤]ことなどがあげられる。

①　ア　高い　　イ　同じ　　ウ　低い

②　ア　高い　　イ　同じ　　ウ　低い

④　ア　金属板の方が早くとける

　　イ　発泡ポリスチレンの板の方が早くとける

　　ウ　どちらの上でも同じようにとける

4　3本の試験管にうすい塩酸をそれぞれ5 cm^3とり，別々に0℃，20℃，40℃の温度に保った。そこに同じ重さのスチールウールをそれぞれ加えると，どの試験管でも気体が発生しスチールウールはすべてとけたが，40℃の温度に保った試験管で最も早くスチールウールがとけた。さらに残った液を蒸発皿に取り，加熱すると固体が残った。

(1)　試験管に入れたうすい塩酸を0℃に保つにはどうしたらよいか。図を使って表しなさい。

(2)　実験の結果から考えて，正しい文を次のア～エから選びなさい。

ア　発生した気体は，40℃の試験管で最も多い。

イ　発生した気体は，40℃の試験管で最も少ない。

ウ　液を同量とって加熱すると，残った固体の重さはどの温度のものでも同じだった。

エ　温度とスチールウールがとけ終わるまでにかかった時間の間には，温度[℃]×時間[秒]が一定になる関係がある。

(3)　発生した気体の性質として正しい文を次のア～エから１つ選びなさい。

ア　しめらせた青色リトマス紙を近づけると赤色にかわる。

イ　水の入ったペットボトルに発生した気体を入れてふるとへこむ。

ウ　燃えたり爆《ばく》発したりする。

エ　スチールウールに火をつけて気体中に入れるとスチールウールが激しく燃える。

(4)　加熱後残った固体はどのようなものか，次のア～カからすべて選びなさい。

ア　黒色のべたべたしたもの　　イ　白色の粉

ウ　銀色の粉　　エ　黄色の粉

オ　うすい塩酸を加えると泡《あわ》をだしてとける　　カ　水にとける

(5)　うすい塩酸 5 cm^3 にスチールウール0.2ｇを加えるとすべてとけて 40cm^3 の気体が発生した。別の試験管に同じ濃《こ》さの塩酸を 5 cm^3 入れてスチールウール0.4ｇを加えると 64cm^3 の気体が発生したところでとけなくなった。残ったスチールウールをすべてとかすには同じ濃さの塩酸を，少なくともあと何 cm^3 加えればよいか。小数第２位を四捨五入して答えなさい。

Ⅳ　小さい鉄球を使って，【実験１】～【実験３】を行った。

【実験１】　下の図のように，ともに30ｇの鉄球Ａ，Ｂにそれぞれ同じ長さの丈夫でのびない糸をつけ，同じところからつり下げた。Ｂは静止させ，Ａを糸がたるまないように持ち上げて放したところ，ＡはＢと衝突《しょうとつ》して静止し，Ｂは糸がたるまずに上がっていった。最初のＡの高さを変えて何回か同じように実験をしたところ，いずれも最初のＡの高さと衝突後のＢの最高点の高さは等しかった。

【実験２】　30ｇの鉄球Ｂのかわりに90ｇの鉄球Ｃを使って，【実験１】と同じ実験をしたところ，Ａ，Ｃは衝突した後，互《たが》いに逆向きに同じ速さで進みはじめ，再び衝突した。

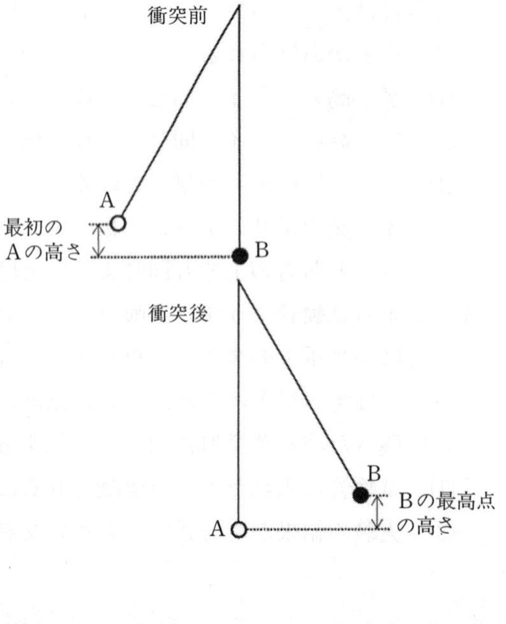

1　ふりこの動きにはきまりがある。ふりこが１往復する時間は何によって決まるか，次のア～ウから選びなさい。

ア　おもりの重さ　　イ　最初のおもりの高さ

ウ　糸の長さ

2　【実験１】，【実験２】の結果から，次の①と②の関係について，正しいものをあとのア～エからそれぞれ選びなさい。

(1)　①「Aが動き始めてからBに衝突するまでの時間」と，②「BがAと衝突してから最高点に達するまでの時間」

(2)　①「Bに衝突する直前のAの速さ」と，②「Aと衝突した直後のBの速さ」

(3)　①「BがAと衝突してから最高点に達するまでの時間」と，②「CがAと衝突してから最高点に達するまでの時間」

(4)　①「最初のAの高さ」と，②「衝突後のCの最高点の高さ」

(5)　①「Aと衝突した直後のBの速さ」と，②「Aと衝突した直後のCの速さ」

ア　①>②　　イ　①=②　　ウ　①<②　　エ　決まっていない

3　【実験２】において，２回目の衝突の位置について，正しいものを次のア～ウから選びなさい。

ア　１回目の衝突の位置より左側　　イ　１回目の衝突の位置と同じ

ウ　１回目の衝突の位置より右側

【実験３】　右下の図のように，段差の上に糸のついていない鉄球(当てられる球●)を置き，糸のついている鉄球(当てる球○)を持ち上げ手を放すと，２つの球は衝突し，当てられた球(●)は床《ゆか》に落下した。この実験を，鉄球の組み合わせと最初の高さを変えて行い，当てられた球の飛距離《きょり》を測定したところ，下の表のような結果になった。

当てられた球の飛距離(cm)

組み合わせ ＼ 最初の高さ(cm)			1	2	3	4	6	9	12	16
I	○30g	●30g	20.0	28.3	34.6	40.0	49.0	60.0	69.3	80.0
II	○30g	●90g	10.0	14.1	17.3	20.0	24.5	30.0	34.6	40.0
III	○90g	●30g	30.0	42.4	52.0	60.0	73.5	90.0	104.0	120.0
IV	○90g	●90g	20.0	28.3	34.6	40.0	49.0	60.0	69.3	80.0

4　【実験３】の結果から考えて，正しいものには○，間違《ちが》っているものには×を書きなさい。

(1)　当てる球の最初の高さ，当てる球の重さが同じ場合，当てられる球の重さを３倍にすると，飛距離は半分になる。

(2)　当てる球の最初の高さ，当てられる球の重さが同じ場合，当てる球を重くすると，飛距離は大きくなる。

(3)　当てる球と当てられる球の重さが同じ場合，球の重さによって，飛距離は変わらない。

(4)　当てる球の最初の高さを４倍にすると飛距離は２倍になり，当てる球の最初の高さを９倍にすると飛距離は4.5倍になる。

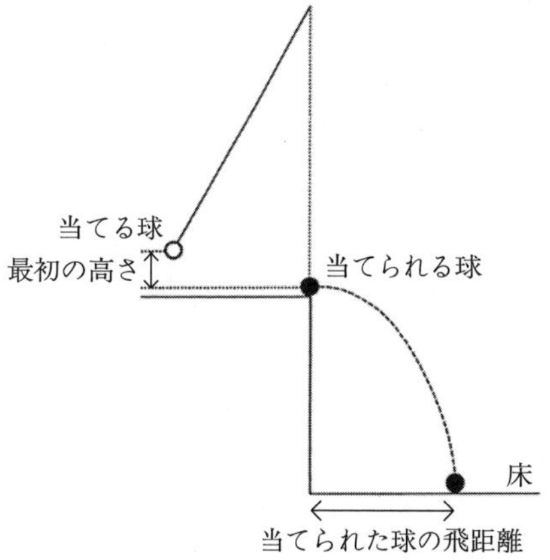

5　当てられた球の飛距離が110～130cmになる〔鉄球の組み合わせ，最初の高さ〕を次のア～エからすべて選びなさい。

ア〔I，36cm〕　イ〔II，36cm〕　ウ〔III，18cm〕　エ〔IV，27cm〕

さい。

ア、もともと基準があいまいなものを分類する際には、人間が明確な基準を作る必要がある。

イ、何でも分類できるという考えは傲慢《ごうまん》で、人は分類できない悩みを受け入れるべきだ。

ウ、世の中に分類できないものがあるのは、今までの分類の仕方に原因があると考えるのがよい。

エ、人は頭の中を整理するために、日常生活の中でいろいろなものを分類しようとしている。

問十四　a「計測」、b「人造」、c「行政」、d「難問」と同じ構成を持つ熟語を次からそれぞれ選びなさい。

ア、市営　　イ、読書　　ウ、春風　　エ、宣伝

エ、思いどおりになることではない

問四　④『山』であるか否《いな》かはイエス／ノーの二者択一《たくいつ》である」とありますが、「イエス／ノーの二者択一」と言えないものを一つ選びなさい。

ア、気象用語の「真夏日」
イ、星の明るさの「二等星」
ウ、にじの色の「むらさき」
エ、日本の地方の「関東」

問五　⑤「分類するは人の常」とはどういうことですか。最も適切なものを選びなさい。

ア、人間が普段《ふだん》の生活の中で分類することは有意義だ。
イ、ふつうの人間は日ごろから分類するのが常識だ。
ウ、人間をいくつかの種類に分類すると一定の法則がある。
エ、人間はどんなものでも分類しがちなものである。

問六　⑥とありますが、「ばらばらの対象物をグループに分類して整理する」とはどういうことですか。「チョウ」または「チューリップ」を例に、わかりやすく説明しなさい。

問七　⑦「〝自然〟に」とありますが、ここでの意味と対《つい》になることばとして最も適切なものを選びなさい。

ア、先天的に　イ、意図的に
ウ、人工的に　エ、社会的に

問八　⑧「しかし、その理屈はまちがっているのではないか」とありますが、それでは筆者はどのように考えているのですか。筆者の考えに最も近いものを選びなさい。

ア、分類学は、生物学とは異なる領域で確立されるだろう。
イ、分類学は、今後すべての科学の根幹をなす考えとなる。
ウ、分類学は、多様な対象物を持つ複雑さが問題である。
エ、分類学は、広くさまざまな分野にわたる学問であるべきだ。

問九　⑨とありますが、多くの客が開口一番「それってどんな果物？」と言う理由として最も適切なものを選びなさい。

ア、名前がある以上は共通の特徴《とくちょう》があるはずだ、と人は考えるものだから。
イ、聞いたことのない名前のものに、人はだれでも興味を持つから。
ウ、未知のものに対して、人はなぜその名前がついたかを知りたがるから。
エ、人は名前の響《ひび》きから、無意識に何に似ているか探そうとするから。

問十　⑩「堪《た》え難《がた》い屈辱《くつじょく》」とありますが、なぜそういえるのですか。最も適切なものを選びなさい。

ア、分類できないとなると、分類学者の知識の浅さが知られてしまうから。
イ、カモノハシは原始的だと思っていたのに、そうではないとわかったから。
ウ、分類できないものが、他ならぬ生物学の世界から押しつけられているから。
エ、すべての物事は分類できる、という立場があやうくなってしまったから。

問十一　⑪「あらゆる分類の試み――科学的であれ通俗《つうぞく》的であれ」とありますが、A「科学的分類」、B「通俗的分類」と同じ意味の表現を探し、それぞれ十字程度で抜《ぬ》き出しなさい。

問十二　⑫『カモノハシ問題』とはどのような問題ですか、簡潔に書きなさい。

問十三　筆者の考えにあうものには○、あわないものには×をつけなか」という問いに対して、無意識のうちに答えを用意しているからである。しかし、ある日、その八百屋の店先に〝カニステル〟とか〝タマリロ〟という聞いたこともない名前の果物が並んでいたとしたら、多くの客は開口一番こう言うにちがいない。⑨「それってどんな果物?」と。

（中略）

カモノハシは、現在の動物分類体系の中では、哺乳《ほにゅう》類の中でもっとも原始的とみなされている。しかし、カモノハシの分類学的地位が確定するまでに、十九世紀の分類学者たちは大いに悩《なや》み、論争し、その過程で分類体系そのものが揺《ゆ》らぐような事態にもたちいたった。その理由は、カモノハシが既存《きそん》〈すでにある〉の分類群のいずれに帰属するのかが容易に解明できない、「分類困難」な「変わりもの」だったからにほかならない。要するに、カモノハシはきれいに分類できなかったということだ。これは、分類することを生業とする分類学者たちにしてみれば⑩堪《た》え難《がた》い屈辱《くつじょく》である。

くちばしがあって卵で生まれるのだからトリにもみえる。しかし、生まれた子が母親の乳で育つという点では明らかにヒトやイヌと同じ哺乳類だ。前肢《あし》には水かきがあって、後肢には爪《つめ》が生えている。カモノハシのひとつひとつの特徴《とくちょう》を挙げていけば、いかに分類しにくい生きものであるかは誰《だれ》にでもわかるだろう。ウンベルト・エーコ〈イタリアの学者〉は、記号論の著書の『カントとカモノハシ』の中で「カモノハシは⑪あらゆる分類の試み——科学的であれ通俗《つうぞく》的であれ——に挑戦《ちょうせん》するために生まれてきたような不思議な動物だ」とさえ述べている。

しかし、この⑫「カモノハシ問題」の責任を、カモノハシのせいにしてはいけない。個々の特徴がどうであろうが、その組み合わせがいかに奇妙《きみょう》であろうが、カモノハシは厳然として「そこにある」からである。どのような偏狭《へんきょう》なリクツを捏《こ》ねたとしても、「実在」を消すことはできない。むしろ、「カモノハシ問題」の根っこは、生物の分類体系と分類理論にあるとみなすべきであろう。生きものの分類群と分類体系はどのようにしてつくられてきたのだろうか。分類のプロであるはずの分類学者にして、なお「分類困難」な生物が出現してしまうのはなぜだろうか。何よりも、そのような分類のダークゾーンは、私たち一般人には関係がないと言い切れるのだろうか。

（『分類思考の世界』三中信宏）

問一　①「もどかしさ」とありますが、「もどかしい」と意味が最も近い慣用表現を選びなさい。

ア、耳がいたい　イ、腹立たしい

ウ、歯がゆい　エ、口はばったい

問二　②「この非対称《たいしょう》性」とありますが、どういう「非対称性」ですか。最も適切なものを選びなさい。

ア、「最高の山」は誰でも意見が分かれずに決められるのに、「最低の山」は皆の意見が同じにならない。

イ、「最高の山」はすぐに決められるのに、「最低の山」はゆっくりと時間をかけないと決められない。

ウ、「最高の山」は公式に決めることができないのに、「最低の山」は公式に決定しなければいけない。

エ、「最高の山」は一般人の人でも決められるのに、「最低の山」は権力者しか決めることを許されない。

問三　③「必ずしも自明には決まらない」の内容を最も適切に表しているものを選びなさい。

ア、いつのまにか決まるわけではない

イ、わかりきっていることではない

ウ、自分で決めるわけではない

合法的に「山」とみなすしかないわけだ。

　私たちは、「山」といえばついつい高い山を思い描《えが》くので、「山とは何か」という定義など自明だろうと軽く考えてしまいがちだ。しかし、高い山ではなく低い山にいったん目を向けると、「山」といえるかどうかの境界がぼやけてしまう。高い「山」の明瞭《めいりょう》さは低い「山」のあいまいさの免罪符《めんざいふ》〈罪が許される証書〉にはならない。だからこそ、国家や法律の助けを借りて「山である」と宣言するのである。

「山とは何か」という定義の問題は、分類が一般《いっぱん》的に抱《かか》える問題そのものである。私たちの住んでいるあるいは通り過ぎる土地に、さまざまな程度の「起伏《きふく》」があることは誰《だれ》も否定しない。大地には確かに凹《おう》凸《とつ》がある。しかし、その「凸」を「山」というグループに分類できるかどうかは、③必ずしも自明には決まらない。凹凸の程度は連続的であるのに対し、④「山」であるか否《いな》かはイエス／ノーの二者択一《たくいつ》である。山である「凸」の集まりと、山でない「凸」の集まりとは、互《たが》いに排除《はいじょ》し合う離散《りさん》的な〈はっきりと区切られている〉集合である。

「連続なつらなり」からいかにして「離散的な群」を切り出すのか——分類という行為《こうい》の根幹はまさにそこにある。そして、もともと分けられないものをあえて分けるという、分類そのものが抱える原罪〈生まれながら持っている罪〉的難問が同時に生じる。

（中略）

　生物がいるところ必ず分類がある。いや、生物だけでなく、どんなものであってもそれらを分類することは、私たち人間にとって根源的な行為のひとつである。⑤「分類するは人の常」とは格言そのものだ。フォーマルな「学」である以前に、分類とはもっと身近なもの、つまりふつうに生活していればごく自然に身についている素朴《そぼく》な分類思考に根ざしているとみなしても問題はないだろう。たくさんの対象物をひとつひとつ覚えられるほど、私たちの大脳は性能がよくない。⑥ばらばらの対象物を少数のグループ（群）に分類して整理することによって、はじめて記憶《きおく》と思考の節約ができる。

　たとえば、八百屋の店先では、スイカやナシのひとつひとつにばらばらな名前を付けて売ったりせず、必ず〝スイカ〟とか〝ナシ〟というグループで大括《くく》りしているはずだ。そうしなければ買い物客は自分が買いたい物をその場ですぐに言えず立ち往生してしまうだろう。ふつうに生活している分類者にとっては、身のまわりの事物は⑦〝自然〟に分類されていてほしい。それが、分類の最も原初的な姿である。

　一方では専門科学としての分類学があり、他方では日常生活での分類がある。この両者の間にはどのような関係があるのだろうか。それとも、分類ということばこそ共通していても内実は何の関係もないのだろうか。これまでの生物分類学は、生物学の一領域として分類学を確立しようとしてきた。その理屈《りくつ》は単純で、生物分類学は生物に関する分類学なのだから、生物学の範疇《はんちゅう》〈わくぐみ〉に属すべきだという弁明だ。

　⑧しかし、その理屈はまちがっているのではないか。分類学はもともと分類に関する学であって、たまたまその対象が生物であったに過ぎないと考えても何の不都合もないだろう。さらにいえば、対象物に限定されない普遍《ふへん》的な〈すべてのものにあてはまる〉分類学を念頭に置くというスタンス〈立場〉は、分類という行為がもともともっている共通の（つまり対象物にとらわれない）性格をあぶり出す上で、むしろつごうがよいとさえいえる。

　では、対象物から切り離《はな》された一般的な分類あるいは分類学とは何を問題にするのだろうか。先ほどの八百屋の店先の情景を思い浮《う》かべてほしい。果物を買いに来た客は、〝スイカ〟や〝ナシ〟という見慣れた名前のグループはきっと何の違和《いわ》感もなく受け入れるだろう。日本に住んでいる私たちは「〝スイカ〟とは何か」とか「〝ナシ〟とは何嘆《なげ》いている。

問十一　⑪「そのパターン」とはどのようなパターンですか。わかりやすく説明しなさい。

問十二　⑫「〝他人の幸運を羨《うらや》まず、分を弁《わきま》えること〟」とありますが、「分を弁える」ことは、「ごんぞう虫」の話の中でだれのどのような行いに表れていますか。わかりやすく書きなさい。

問十三　この文章の感想として、本文の内容とあうものを次から選びなさい。

ア、昔話は時に残酷《ざんこく》で理不尽《りふじん》さを感じることもあるけれど、働いても働いても暮らしが楽にならない庶民《しょみん》の強いうらみのようなものがあらわれていたのかな。そう考えると切実さが伝わってくるね。

イ、昔話って私は納得《なっとく》いかない。怠《なま》け者でも幸せになれるのだとしたら、みんなが働かなくなってしまうんじゃないかな。福の神はどうして怠け者にまで福を授けたりするのかわからないよ。

ウ、昔話での「幸福」ってわかりやすいよね。だいたいがお金持ちになって、悪い人は懲《こ》らしめられる。誰もが思い描くハッピーエンドにすることで、人間のあるべき姿を示してくれているのかもしれないね。

エ、昔話には人々の理想が書かれている、とは一口に言えないところがおもしろいね。努力しても弱者であることから逃《のが》れられないからこそ、物語の中では夢を描きつつも、欲張《よくば》ることには釘《くぎ》をさされているんだ。

問十四　a～eのカタカナを漢字に直しなさい。

a　ハップン　　b　クメン　　c　セイシ

d　チヂミ　　e　アンガイ

二

次の文章を読んで後の問いに答えなさい。

本文中の〈　〉は注として付記したものです。

「日本最低の山」は、大阪湾《おおさかわん》にある天保《てんぽう》山(標高四・五メートル)と認《にん》定《てい》されている。国土地理院が設置する「三角点」は地図a計測上の重要度に応じて一等から四等までのランクがある。天保山は二等三角点がある山々の中でもっとも低い標高をもつという意味で、「日本最低の山」なのである。もっと数が少ない一等三角点をもつ山に限定すれば、「日本最低の山」の栄誉《えいよ》は同じく大阪の堺《さかい》市にある蘇鉄《そてつ》山(標高六・八メートル)に移る。いずれの「山」も、大阪湾の浚渫《しゅんせつ》〈土砂をさらうこと〉で出た土砂《どしゃ》を積み上げて造ったb人造の山だ。天保山も蘇鉄山も、三角点がもともとなかったり、廃止《はいし》されそうになったりしたことが過去にあるそうだ。三角点がなくなれば、c行政的には「山」ではなくなる。しかし、そのつど、近隣《きんりん》の住民が請願《せいがん》運動を起こして、「日本最低の山」を守り続けてきたという。

「日本最高の山」が問答無用の強烈《きょうれつ》な説得力をもつのに対して、「日本最低の山」は何だかいいわけの多い①もどかしさがついてまわる。「最高であること」はすぐに納得《なっとく》できるのに対し、「最低であること」は行政的に認定しなければならないからだ。②この非対称《たいしょう》性が問題の根っこにある。

実際、そもそも「山」をどう定義するかはたいへんなd難問で、まだ答えはない。直感的に「山」に見える地形のふくらみを「山」と呼べばすむ話ではないかと考える人がいても不思議ではない。しかし、周囲の土地から突《つ》き出て標高が高ければ「山」とみなすと機械的に定義してしまうと、公園の砂場で幼児がつくった「砂山」まで「山」とみなさなければならなくなるだろう。日本中、「山」だらけになってしまう。これでは話にならない。結局、その土地の住民が古来「山」と呼ぶ土地の突起《とっき》に対して、国土地理院が「三角点」を与《あた》え、初めてイ、ライオンは休みなく毎日のように狩りをして生きているから。
ウ、ライオンが狩りをしてもやりがいを感じられるわけではないから。
エ、ライオンは生きるために欠かせないこととして狩りをするから。

問二　②「生きるための営み」とありますが、昔話の登場人物にとっての「生きるための営み」として最もふさわしくないものを選びなさい。
ア、川で洗濯《せんたく》をすること
イ、山の木を切って薪《たきぎ》にすること
ウ、枯《か》れ木に花を咲かせること
エ、お弁当におむすびを作ること

問三　③「働くという概念《がいねん》はなく」⑦「想像に難《かた》くない」とありますが、どういうことですか。後から最も適切なものを選びなさい。
③「働くという概念はなく」
ア、働く意味が見つからなくて
イ、働くという発想がなくて
ウ、働くとは何か分からなくて
エ、働くための条件がなくて
⑦「想像に難くない」
ア、容易に想像できる　イ、間違いなく想像する
ウ、想像することが困難だ　エ、想像できなくもない

問四　④「同義」の「義」と同じ意味で「義」が用いられている熟語を選びなさい。
ア、正義　イ、意義　ウ、義足　エ、義理

問五　⑤「一攫《かく》千金」の夢とは反対に「根気よく続ける」ことや「苦労する」ことに価値を置いたことわざの空欄《らん》を補充《ほじゅう》しなさい。
1、（　）石をうがつ
2、石の上にも（　）
3、骨（　）を惜《お》しまず

問六　⑥「当時は今より格段にその可能性が低かった」のはなぜですか。当時が今と違う点をそれぞれ二十字程度で二点挙げなさい。

問七　⑧とありますが、人間が夢を思い描《えが》くことは、昔話を読む（聞く）ことと、どのような関わりがあるか、書きなさい。

問八　⑨とありますが、どういうことを「虫がいい空想」というのですか。最も適切なものを選びなさい。
ア、自分にとって常に最高の結果ばかり夢見ていること
イ、決して実現することはないのに夢見ていること
ウ、だれもが幸せになる未来を思い描いていること
エ、努力もせずに自分の成功する姿を思い描いていること

問九　㋐「ひっそりと」㋑「とぼとぼと」はそれぞれどのような様子を表していますか。最も適切なものをそれぞれ選びなさい。
ア、落ち着きがない　イ、こころやすい
ウ、ほほえましい　エ、目的がない
オ、元気がない　カ、つつましい

問十　⑩「いよいよ生活に窮《きゅう》した母子」とありますが、この時の母子の状態として最も適切なものを選びなさい。
ア、誠実に生きてきたのに、幸福が他人にばかり与えられることをうらやんでいる。
イ、誠実に生きてきたのに、いつまでたっても貧乏《びんぼう》のままなので悲しんでいる。
ウ、誠実に生きてきたのに、これ以上どうすることもできなくて困っている。
エ、誠実に生きてきたのに、苦しいことが限りなく起きる現実を

家に帰ると母親の前で下駄を履き、ころりんと転んでみる。すると、小判が一枚チャリンと飛び出す。もう一度転ぶと、小判がもう一枚。喜んだ母子が、出てきた小判でさっそく正月の餅《もち》を設《しつら》え近所に振《ふ》る舞《ま》っていると、そこに評判を聞きつけた権三がやってきて、息子の[c]セイシも聞かずに、お宝の下駄を持ち去ってしまう。家に帰った権三は「さあ、たっぷり小判を出すぞ」と張り切って下駄を履き、座《ざ》敷《しき》に広げた筵《むしろ》の上で、ころりん、ころりんと転ぶのだが欲張って転び過ぎたせいで体が[d]チヂみ、とうとう〝ごんぞう虫〟という虫けらになってしまったのだそうだ。

この話では結局、謎の老人の正体も、何故《なぜ》老人が貧しい母子に宝物を授《さず》けてくれたのかも語られていないが、貧しい者が福を授かる話が一種の報恩譚《たん》として語られる場合もある。

雪をかぶった峠《とうげ》の地蔵に笠《かさ》をさしかけてあげたお爺さんに地蔵が福をもたらす〝笠地蔵〟や、子ども達にいじめられていた亀《かめ》を助けてやったお返しに竜宮城《りゅうぐうじょう》へと誘《さそ》われる〝浦《うら》島太郎〟などの物語が⑪そのパターンだ。

しかし、心優《やさ》しい正直者だけが常に福を授かるのかというと、そうでもない。昔話の中では、とんでもない怠《なま》け者がちゃっかり幸福を手に入れることも珍しくはないのである。

仕事にもつかず、ごろごろと寝《ね》てばかりいる〝三年寝太郎〟という男は、福の神のふりをして隣《となり》の村の長者の家に出向き「これ、長者よ。隣村におる三年寝太郎という男を、この家の娘《むすめ》聟《むこ》に迎《むか》えれば、家はますます繁昌《はんじょう》まちがいなし」などとうそのお告げで長者を騙《だま》し、まんまとその家の聟に収まってしまう。

うそつきが罰《ばっ》せられることなく、幸せになって終わる物語は一見理《り》不尽《ふじん》なようにも思えるが、これもまた昔話の定石《じょうせき》から外れてはいない。弱者と強者が入れ替《か》わり、貧しい者が富める者となる逆転劇こそ昔話の醍醐《だいご》味《み》なのである。いくら主人公が、ぐうたらで、うそつきでも、騙す相手が富める強者であるなら観客は誰《だれ》も文句を言わないのだ。

福の神は気まぐれだ。正直者にも、うそつきにも。働き者にも、怠け者にも。心優しい人にも、ずるがしこいやつにも。ふと思いついたように福を授けてくれる。これは[e]アンガイ、昔も今も変わらぬ実感ではないだろうか。正直に、真面目に働いてさえいれば成功するというものでもない。人に優しい人間が得をするわけでもない。それでも……いや、それだからこそ、人間は可惜《あたら》夢をふくらませる。次は自分が幸運を手にする番ではないかと期待を抱き続けることができるのだろう。

昔話の中で福を授かる人のパターンは様々だが、ひどい目にあう人はいつも決まっている。他人の幸運をねたみ、欲張って、ひとの真似《まね》をしようとする者だ。

一本歯の下駄を羨《うらや》み、自分も肖《あやか》ろうと欲をかいて虫になった権三のように、欲張ってひと真似をする者は徹底的《てっていてき》に戒《いまし》められる。

花咲か爺さんの隣のお爺さん、然《しか》り。土産《みやげ》の葛籠《つづら》ほしさにお爺さんの真似をして雀《すずめ》のお宿を訪ねていった〝舌切り雀〟のお婆さんも、手痛いしっぺ返しを受けることになる。

⑫〝他人の幸運を羨まず、分を弁《わきま》えること〟

これは、働いても働いても、なかなか現状から脱却《だっきゃく》できない昔の人々が考えついた暮らしの知恵《ちえ》だったのかもしれない。

（「昔話の「働き者」と「怠け者」」富安陽子）

問一 ①「狩りがライオンの仕事なのかというと、それはちょっと違《ちが》うだろう」とありますが、筆者がそのように考える理由として最も適切なものを選びなさい。

ア、ライオンにとって狩りは何も考えないでもすることができるから。

平成二十九年度 女子学院中学校

【国語】（四〇分）〈満点：一〇〇点〉

一 次の文章を読んで後の問いに答えなさい。

動物にせよ、植物にせよ、本来仕事はしない。ライオンは狩《か》りをするが、①狩りがライオンの仕事なのかというと、それはちょっと違《ちが》うだろう。ライオンに職業を尋《たず》ねたって意味がない。ライオンは生きるために、狩りをし、肉を食らい、排泄《はいせつ》を行う。休息もとるが、それは〝オフ〟ではない。すべてが②生きるための営みなのだから、彼《かれ》らの暮らしにオンもオフもないのである。もちろん、ウィークエンドも有給休暇《きゅうか》も存在しない。

人間の暮らしだって、かつてはライオンと同じだったはずだ。③働くという概念《がいねん》はなく、ただ生きるための営みだけが存在していた。

昔話の中に登場する日本の人々の暮らしぶりは、そこまではないにしろ、現代の私たちの生活とはかけ離《はな》れている。働くことと生きることは限りなく④同義に等しく、人は生きるために日々ひたすら働かなければならなかった。加えて、昔々の日本では庶民《しょみん》が、⑤一攫《かく》千金とか一発逆転とか、立身出世を成し遂《と》げることは、殆《ほとん》ど不可能だっただろう。「それは、今だって同じだ」と思うかもしれないが、⑥当時は今より格段にその可能性が低かったことは⑦想像に難《かた》くない。なにせ、テレビも携帯《けいたい》電話もインターネットもない時代だ。自分を取り巻く環境《かんきょう》以外に、別の環境があるということすら知らぬまま一生を終える人だって珍《めずら》しくはなかっただろうし、それに、その頃《ころ》の人々は身分や土地に厳しく縛《しば》られていた。

「もっと、自分に合った仕事があるんじゃないかなあ」なんて考える余地も、「もっと、ビッグになってやる」なんて a ハップン するチャンスも与《あた》えられていなかったのである。

⑧それでも……それなのに、人間は夢を思い描《えが》くことができる。ひょっとして、幸運に見舞《みま》われはしまいかと妄想《もうそう》をふくらませたりする。ライオンはもちろん、妄想なんて抱《いだ》かない。どれだけエサが捕《と》れなくても、「ああ、どっかから獲物《えもの》が降ってこないかなあ」なんて考えないし、「明日、目が覚めたら俺《おれ》、狩りの達人になってねえかなあ」なんて思ったりもしない。

厳しい現実の中にあって、幸福を夢見たり、⑨虫のいい空想に耽《ふけ》るのは、人間の性《さが》であり、人間の才能だろう。だから、昔話では好んでサクセスストーリーが語られる。

桃《もも》太郎は、鬼《おに》ヶ島の鬼から宝物をぶんどって、育ての親のお爺《じい》さんとお婆《ばあ》さんに恩返しをするし、花咲《さ》か爺さんは愛犬ポチのお蔭《かげ》で大判小判を掘《ほ》りあてたばかりか、枯《か》れ木に花を咲かせて殿様《とのさま》からのご褒美《ほうび》まで手に入れる。岡山《おかやま》市に伝わる〝ごんぞう虫〟という昔話も、思い掛《が》けず福を手に入れた母子の物語である。

昔々、備前の国に貧しい母子が㋐ひっそりと暮らしていた。朝から晩まで、働いても働いても暮らしは一向楽にならず、そのうえ、ある年、母親が病に臥《ふ》せってしまった。⑩いよいよ生活に窮《きゅう》した母子は、相談のうえ、親戚《しんせき》の権三《ごんぞう》おじにお金を借りに行く。一度は嫌々《いやいや》ながら銭《ぜに》百文を投げ与えた権三だが、年越《こ》しの金の b クメン がつかず再び息子《むすこ》が借金を申し込《こ》むと「貧乏《びんぼう》人が年越しの用意など生意気だ」と怒《おこ》って追い返してしまう。ところが、㋑とぼとぼと家路を辿《たど》る息子の前に謎《なぞ》の老人が現れ不思議な一本歯の下駄《げた》をプレゼントしてくれるのである。その下駄は、足に履《は》いて一度転べば小判が一枚出てくるという有り難《がた》い宝物で、ただし欲をかいて転び過ぎると体が小さくなってしまうから注意しろ、と老人は息子に釘《くぎ》をさす。半信半疑ながら息子は

平成29年度

女子学院中学校　▶解説と解答

算　数　（40分）<満点：100点>

解　答

1 (1) 69　(2) 41.12cm^2　(3) ㋐の面積…10cm^2，㋑の面積…4.5cm^2　(4) 5.4cm　(5) 角㋐…72度，角㋑…84度，角㋒…18度　(6) B１個の値段は460円より高く690円以下

2 (1) 時速78km　(2) 4.2秒　3 34，47　4 (1) 午前11時40分　(2) 午後１時48分　5 (1) 380円　(2) 212個　6 (1) ㋓　(2) **底面積**…1800cm^2，**１分間に入れる水の量**…4000cm^3　(3) 20

解　説

1 四則計算，面積，辺の比と面積の比，角度，消去算

(1) $63\times\left\{2\frac{7}{15}-3.4\times\left(0.6-\frac{1}{7}\right)\div\left(1.3-\frac{1}{6}\right)\right\}=63\times\left\{\frac{37}{15}-3\frac{2}{5}\times\left(\frac{3}{5}-\frac{1}{7}\right)\div\left(\frac{13}{10}-\frac{1}{6}\right)\right\}=63\times\left\{\frac{37}{15}-\frac{17}{5}\times\left(\frac{21}{35}-\frac{5}{35}\right)\div\left(\frac{39}{30}-\frac{5}{30}\right)\right\}=63\times\left(\frac{37}{15}-\frac{17}{5}\times\frac{16}{35}\div\frac{34}{30}\right)=63\times\left(\frac{37}{15}-\frac{17}{5}\times\frac{16}{35}\times\frac{30}{34}\right)=63\times\left(\frac{37}{15}-\frac{48}{35}\right)=63\times\left(\frac{259}{105}-\frac{144}{105}\right)=63\times\frac{115}{105}=63\times\frac{23}{21}=69$

(2) 下の図１で，弧《こ》AB，弧BC，弧CD，弧DAの長さはすべて円周の，$\frac{3}{12}=\frac{1}{4}$だから，円の中心をOとすると，角AOB，角BOC，角COD，角DOAの大きさはすべて，$360\times\frac{1}{4}=90$(度)となる。よって，影《かげ》をつけた部分の面積は，半径４cm，中心角90度のおうぎ形２つと，等しい辺の長さが４cmの直角二等辺三角形２つの面積の和になるので，$4\times4\times3.14\times\frac{1}{4}\times2+4\times4\div2\times2=25.12+16=41.12$(cm^2)と求められる。

図１

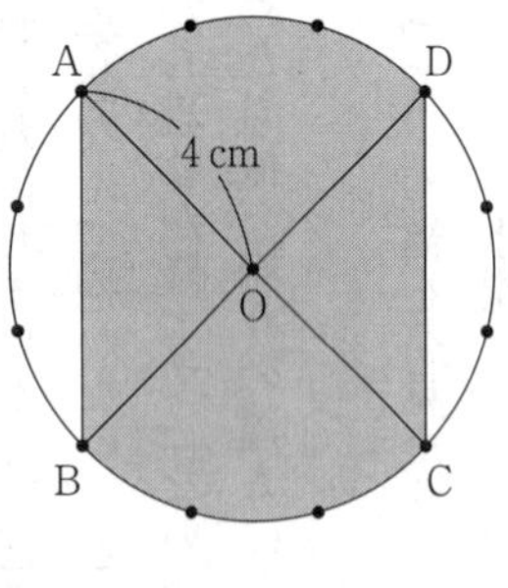

図２

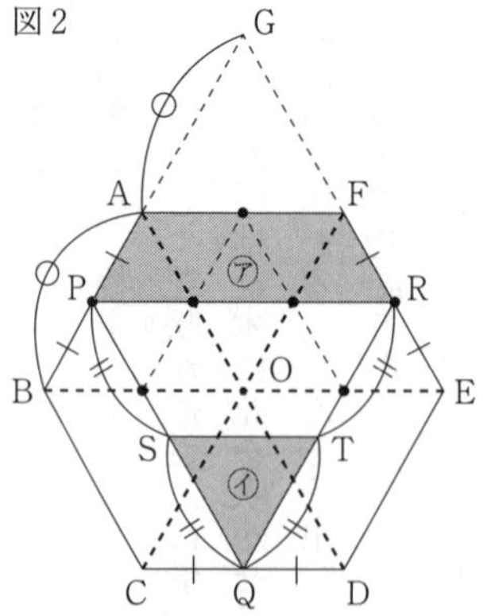

図３

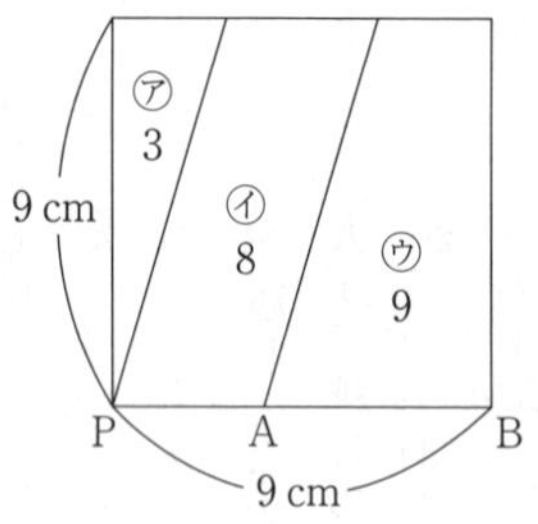

(3) 上の図２のように，正六角形ABCDEFを３本の対角線(太点線)で６つの正三角形に分けると，正三角形１個あたりの面積は，$48\div6=8$ (cm^2)である。また，PRはOA，OFの真ん中の点を通るから，正三角形OAB，OAF，OEFで各辺の真ん中の点を結び，それぞれ４つの小さい正三角形に

分けると，㋐の面積は小さい正三角形５つ分の面積とわかる。よって，㋐の面積は，８÷４×５＝10(cm^2)と求められる。つぎに，四角形CQPB，ERQDは，四角形APRF(㋐の部分)と合同なので，三角形PQRの面積は，48－10×３＝18(cm^2)となる。また，三角形PQRと三角形SQT(㋑の部分)は相似で，相似比は２：１だから，面積の比は，(２×２)：(１×１)＝４：１となる。よって，㋑の面積は，$18\times\frac{1}{4}$＝4.5(cm^2)と求められる。

〔ほかの解き方〕 BAとEFをのばした直線が交わる点をＧとすると，三角形GAFは，正六角形ABCDEFを対角線で分けた６つの正三角形と合同になるので，その面積は８cm^2である。また，三角形GAFと三角形GPRは相似で，相似比は，GA：GP＝２：(２＋１)＝２：３だから，面積の比は，(２×２)：(３×３)＝４：９となる。よって，三角形GAFと㋐の部分の面積の比は，４：(９－４)＝４：５なので，㋐の面積は，$8\times\frac{5}{4}$＝10(cm^2)と求められる。

(4)　上の図３で，正方形の面積は，９×９＝81(cm^2)なので，平行四辺形㋑の面積は，$81\times\frac{8}{3+8+9}=81\times\frac{2}{5}$＝32.4($cm^2$)である。よって，辺PAの長さは，32.4÷９＝3.6(cm)だから，辺ABの長さは，９－3.6＝5.4(cm)と求められる。

〔ほかの解き方〕 平行四辺形㋑と正方形の面積の比は，８：(３＋８＋９)＝２：５で，これらは高さの等しい平行四辺形とみることができるから，底辺の長さの比，つまり，PAとPBの長さの比も２：５となる。よって，AB：PB＝(５－２)：５＝３：５となるので，辺ABの長さは，$9\times\frac{3}{5}$＝5.4(cm)と求められる。

図４

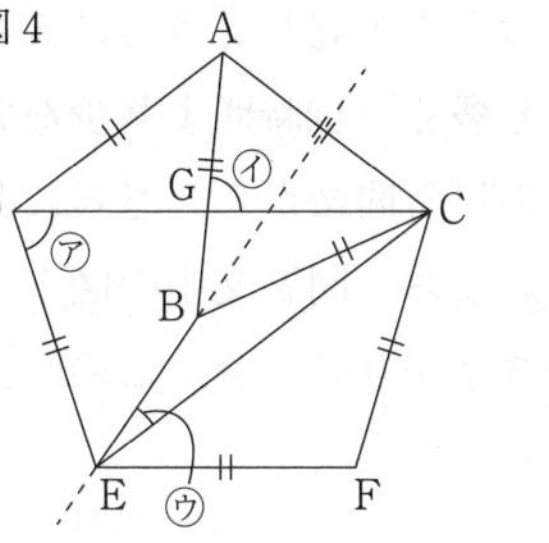

(5)　左の図４で，正五角形の１つの角の大きさは，180×(５－２)÷５＝108(度)で，三角形ADCは二等辺三角形だから，角ADCの大きさは，(180－108)÷２＝36(度)となる。よって，角㋐は，108－36＝72(度)と求められる。つぎに，三角形AGCで，角GACは60度，角ACGは角ADCと等しく36度だから，角㋑は，180－(60＋36)＝84(度)と求められる。さらに，正三角形ABCと正五角形ADEFCはどちらも線対称な図形であり，点Ｅ，Ｂを通る直線が対称の軸《じく》となるので，角BEFと角BEDは等しく，108÷２＝54(度)になる。また，三角形FECと三角形ADCは合同だから，角FECは36度である。よって，角㋒は，54－36＝18(度)と求められる。

(6)　Ａ１個はＢ１個よりも270円高いから，Ａ４個の代金はＢ４個の代金よりも，270×４＝1080(円)高い。また，はじめさんのおこづかいはＡ４個の代金よりも300円多いから，Ｂ４個の代金よりも，1080＋300＝1380(円)高いとわかる。さらに，おこづかいでＢを６個は買えるが７個は買えないから，1380円でＢを，６－４＝２(個)は買えるが，７－４＝３(個)は買えないことになる。よって，Ｂ１個の値段は，1380÷３＝460(円)より高く，1380÷２＝690(円)以下である。

2　通過算

(1)　時速126kmは秒速，126×1000÷(60×60)＝35(ｍ)である。また，列車Ａの座席に座っているＪさんが，列車Ｂの最後尾《さいこうび》の横に並んだときの様子は下の図１のようになり，Ｊさんは列車Ｂの先頭から160ｍはなれている。このあと，Ｊさんが列車Ｂの先頭の横に並ぶまでに12秒かかったので，Ｊさん(列車Ａ)は列車Ｂよりも１秒あたり，160÷12＝$\frac{40}{3}$(ｍ)多く進んだとわかる。よって，列車

Bの速さは秒速，$35-\frac{40}{3}=\frac{65}{3}$(m)だから，時速，$\frac{65}{3}\times60\times60\div1000=78$(km)となる。

⑵　列車Bの座席に座っているGさんが，列車Aの先頭の横に並んだときの様子は下の図2のようになり，Gさんは列車Aの最後尾から238mはなれている。このあと，Gさん(列車B)と列車Aが合わせて238m進んだときにGさんは列車Aの最後尾の横に並ぶので，それまでにかかる時間は，$238\div\left(\frac{65}{3}+35\right)=4.2$(秒)と求められる。

図1

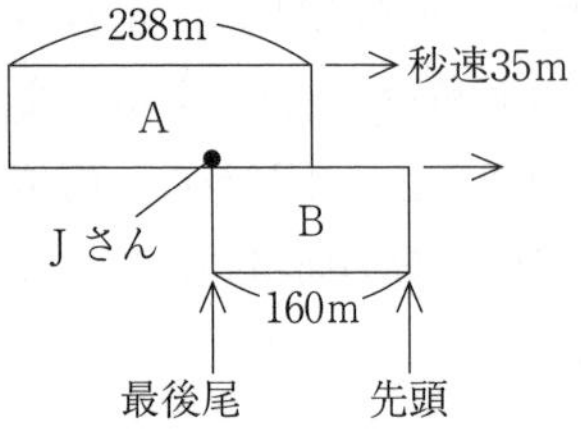

図2

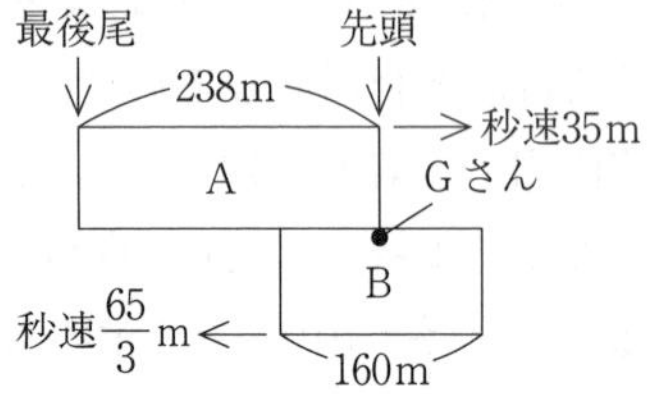

図3

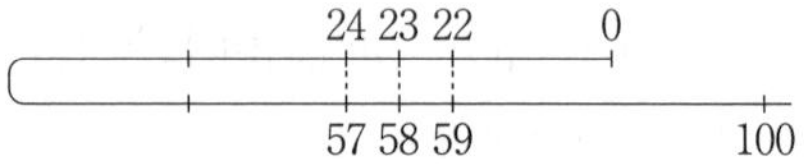

3 和差算

22と59の目もりが重なるとき，上の図3のように，23と58，24と57，…の目もりが重なる。このとき，2つの数のうち小さい方の数は1ずつ増え，大きい方の数は1ずつ減っているから，2つの数の和は一定で，22＋59＝81である。よって，目もりの重なっている2つの数の差が13になる数の組は，(81－13)÷2＝34と，81－34＝47である。

4 時計算

⑴　長針は1時間(60分)で1周するから，数字と数字の間1つ分の角度を進むのに，60÷6＝10(分)かかり，短針は6時間で1周するから，数字と数字の間1つ分の角度を進むのに，6÷6＝1(時間)かかる。いま，問題文中の図2の時計で，短針は6の数字の位置から1周してさらに5と6の間の位置まで進んでいるので，午前0時から，6＋5＝11(時間)より多く，12時間より少ない時間がたっている。また，長針は4の位置を指しているので，午前0時の11時間後から，さらに40分がたったとわかる。よって，図2の時計は午前11時40分を表している。なお，問題文中の図1が午後6時10分を表すことから，長針と短針がともに6を指し，◎の中の数字が0のとき，この時計は午前0時を表すものと考えた。

⑵　午後1時は午前0時から13時間たっており，13÷6＝2余り1より，短針は2周したあと，数字と数字の間1つ分の角度を進んでいるから，右の図のように，午後1時のとき，短針は数字の1を，長針は数字の6を指している。このとき，長針は短針の，360÷6＝60(度)後ろの位置にあるので，午後1時から午後2時までの間に，長針と短針のつくる角が180度となるのは，午後1時から，長針が短針よりも，60＋180＝240(度)多く進んだときである。また，長針は10分間に60度進むので，1分間に，60÷10＝6(度)進み，短針は1時間(60分)に60度進むので，1分間に，60÷60＝1(度)進む。よって，1分間に長針は短針よりも，6－1＝5(度)多く進むから，長針と短針のつくる角が180度となるのは，240÷5＝48(分)より，午後1時48分となる。

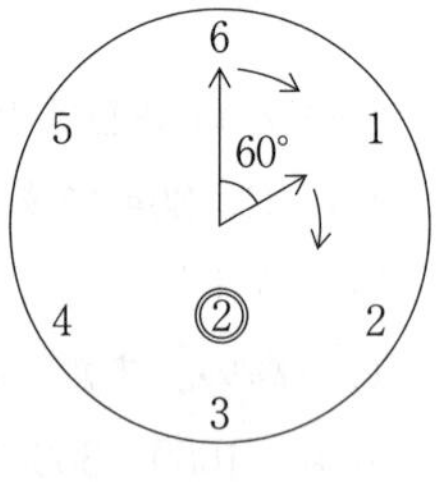

5 売買損益，つるかめ算

⑴　1個あたりの仕入れ値を1とすると，定価は，1×(1＋0.25)＝1.25，定価の12%引きの売り値は，1.25×(1－0.12)＝1.1と表せるので，1.1－1＝0.1にあたる金額が38円となる。よって，

1個あたりの仕入れ値は，38÷0.1＝380(円)と求められる。

(2)　1個あたりの利益は，定価で売ったときが，380×0.25＝95(円)，定価の12%引きで売ったときが38円である。もし，500個すべてを定価の12％引きで売ったとすると，利益は，38×500＝19000(円)となり，実際よりも，31084－19000＝12084(円)少なくなる。定価の12%引きで売る個数を1個減らし，定価で売る個数を1個増やすごとに，利益は，95－38＝57(円)ずつ増えていくので，定価で売った個数は，12084÷57＝212(個)と求められる。

6　グラフ―水の深さと体積

(1)　立方体の1辺の長さが20cmなので，ブロックの下から1段目は0cm～20cm，2段目は20cm～40cm，3段目は40cm～60cm，4段目は60cm～80cmの高さにある。問題文中のグラフより，水面の高さが20cmから60cmまでの間は水面の高さの増え方が一定なので，ブロックの2段目と3段目の個数は同じとわかり，これに合うものは，(あ)～(お)のうち，(え)だけである。また，水面の高さが20cm，60cmになったときに水面の高さの増え方が減っているので，2段目は1段目よりも，4段目は3段目よりも水の入る部分の底面積が大きい，つまり，ブロックの個数が少ないことがわかり，(え)はこの条件にも合っている。よって，ふさわしいものは(え)である。

(2)　右の図で，㋐の部分に水が入るのに3分かかり，㋑の部分に水が入るのに，(13－3)÷2＝5(分)かかるので，㋐と㋑の部分に入る水の量の比は3：5とわかる。また，㋐と㋑の部分は同じ高さなので，底面積の比も3：5となる。そして，その差はブロックの面1個分の面積にあたるので，3：5の比の，5－3＝2にあたる面積が，20×20＝400(cm^2)となる。よって，㋐の部分の底面積は，400×$\frac{3}{2}$＝600(cm^2)だから，水そうの底面積は，600＋400×3＝1800(cm^2)と求められる。また，㋐の部分に入る水の量は，600×20＝12000(cm^3)だから，1分間に入れる水の量は，12000÷3＝4000(cm^3)と求められる。

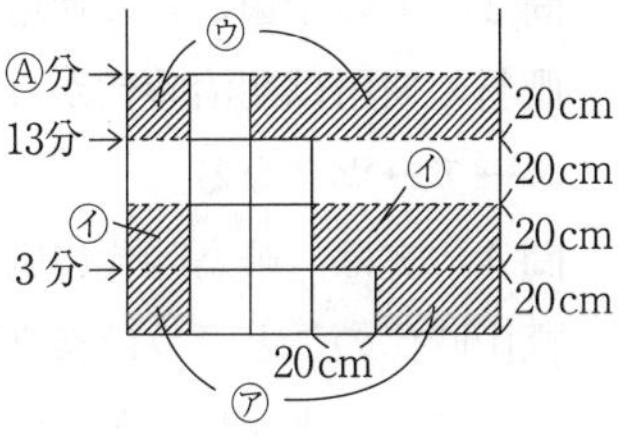

(3)　図の㋒の部分の底面積は，1800－400＝1400(cm^2)だから，㋒の部分に入る水の量は，1400×20＝28000(cm^3)である。よって，㋒の部分に水が入るのに，28000÷4000＝7(分)かかるから，Ⓐにあてはまる数は，13＋7＝20となる。

社　会　(40分)＜満点：100点＞

解　答

I　**問1**　(例)　田に入れた水がすみずみまで均等に行きわたるようにするため。　**問2**　(例)　山のゆるやかな斜面でも水田耕作をできるようにするため。　**問3**　イ→エ→ア→ウ　**問4**　ア→ウ→エ→イ　**問5**　イ　**問6**　(例)　小さな島で大きな川や湖がなく，雨水が海にすぐ流れてしまうから。　**問7**　(1)　**A**　ウ　**B**　イ　**C**　オ　(2)　(例)　産地が高原で，夏でも比較的すずしい気候だから。　**問8**　イ　**問9**　ア　**II**　**問1**　ア，ウ　**問2**　イ，エ　**問3**　(1)　イ，オ　(2)　ウ　**問4**　(1)　アメリカ，イギリス　(2)　ハワイ　(3)　(例)　東アジアの人々を欧米の支配から解放すること。　**問5**　エ　**問6**　(1)

A　立法　B　内閣　C　行政　(2)　D　集会　E　思想　(3)　ウ，カ　(4)　知る　(5)　ウ　(6)　権力監視　**Ⅲ**　**問1**　ウ→イ→ア→エ　**問2**　(例)　山にはさまれて，せまくなっているところ。　**問3**　イ，ウ　**問4**　(1)　福島(県)　(2)　エ，オ　**問5**　イ　**問6**　(例)　通行税を払う必要がなくなり，自由に商売できるようになった。　**問7**　徳川家康　**問8**　(例)　人質である大名の妻が江戸から逃げること。　**問9**　日本橋　**問10**　イ

Ⅳ　**問1**　オ　**問2**　B　移動　C　国境　**問3**　ウ，エ　**問4**　イ　**問5**　(1)　ウ　(2)　イ，ウ　**問6**　エ　**問7**　ア　**問8**　ア，エ，カ　**問9**　イ→ア→エ→ウ

解　説

Ⅰ　稲作の歴史と現代の農業についての問題

問1　稲作ではふつう田に水を張って稲を育てるので，水を田全体に行きわたるようにするために，土地を平らに整える必要がある。

問2　日本は国土が山がちで，水田には不向きな場所も多い。しかし，山間部ではゆるやかな斜面《しゃめん》を階段状に整地して「棚田《たなだ》」をつくることで，稲作を行っている。

問3　アの千歯こきの使用が広がったのは江戸時代，イの臼《うす》や杵《きね》の使用は弥生時代から，ウの化学肥料の使用は明治時代から，エの鉄製農具の普及《ふきゅう》と牛馬耕の開始は鎌倉時代である。よって，イ→エ→ア→ウとなる。

問4　アは，飛鳥《あすか》時代に制定された律令制度についての説明。イは検地(太閤《たいこう》検地)の説明で，安土桃山時代のこと。ウは奈良時代後半から平安時代にかけて発達した荘園について述べている。エについて，武士が地頭として土地を支配するようになったのは鎌倉時代である。よって，ア→ウ→エ→イとなる。

問5　縄文時代には漁労や採集に適した海や川の近くに集落がつくられ，かつての海岸沿いには当時の人のゴミ捨て場であった「貝塚」がみられることもある。よって，イがまちがっている。

問6　沖縄県は比較的《ひかくてき》小さな島の集まりであるため，大きな川や湖がなく，降水のほとんどはすぐ海に流れ出てしまう。なお，沖縄本島などは水もちの悪い地質の島であり，こうしたことも水不足の原因となっている。

問7　(1)　キャベツの生産量は第1位が愛知県，第2位が群馬県，第3位が千葉県となっている。愛知県や千葉県では，大都市に近いことを生かした近郊農業がさかんで，秋から春にかけてキャベツを出荷している。群馬県では，嬬恋《つまごい》村などの高原で，夏でも比較的すずしい気候を利用した高原野菜の栽培がさかんに行われ，キャベツやレタスなどを夏に出荷している。よって，秋から春にかけての数量が多いAとBのうち，より数量の多いAが愛知県，Bが千葉県，夏の数量が多いCは群馬県と判断できる。統計資料は『日本国勢図会』2016／17年版などによる(以下同じ)。　(2)　(1)の解説を参照のこと。

問8　日本のリンゴはほとんどが東アジア地域に輸出されており，中でも台湾への輸出が多い。

問9　リンゴの栽培にはすずしい気候が適しており，国内生産量のおよそ8割は，生産量第1位の青森県と第2位の長野県で生産されている。収穫は夏の終わりから初冬にかけて行われるが，この時期に収穫されたリンゴが年間を通して市場に出回っているのは，貯蔵技術が発達し，長い間リンゴを保存できるようになったためである。よって，アがふさわしい。

Ⅱ さまざまな情報と表現の自由についての問題

問1　災害が起こったとき，公的機関はその情報がすみずみまで行きわたるようにする必要がある。また，受け手がどのような情報を求めているかを判断し，それをすみやかに伝達することも大切である。よって，アとウが正しい。都合の悪い情報を伏《ふ》せたり，情報の量を限定したりすることは，受け手に誤った判断をさせることになりかねない。

問2　あることがらを書物で調べるときには，どんな時代に書かれたか，どのような立場の人が書いたのかなども考えに入れておく必要がある。よって，イとエが選べる。

問3　(1)　漫画Aは1937年11月21日に掲載《けいさい》されたとある。この時期，日本は日中戦争を始めており，1933年には国際連盟を脱退している。よって，イとオがあてはまる。なお，アのブラジルへの移民開始は1908年，ウの南樺太《からふと》の領有は日露戦争のポーツマス条約(1905年)によるもの，エの日露戦争の開始は1904年のできごと。　(2)　日本は1931年の満州事変をきっかけに中国東北部の満州へと進出し，植民地化した。日本が満州へ進出した目的は，ソビエト連邦(ソ連)から本土を守る防衛線とすること，鉄鉱石などの資源を得ることや，失業者をふくめた人口問題の解決であった。支配地の人々を兵士にすることは目的ではなかったので，ウがふさわしくない。

問4　(1)，(2)　1941(昭和16)年12月８日，日本海軍はハワイの真珠《じんじゅ》湾(パールハーバー)にあるアメリカ軍基地を奇襲攻撃《きしゅうこうげき》し，陸軍はイギリス領マレー半島に上陸した。これによって日本はアメリカ・イギリスとの戦争に突入《とつにゅう》し，アジア太平洋戦争が始まった。漫画Bは1942年２月号に掲載されたとあるので，「双頭《そうとう》の毒蛇《どくじゃ》」にはこの２つの国があてはまる。　(3)　漫画Bでは，「東亜民族」と書かれた人物が毒蛇にまかれ，その毒蛇に日本兵が立ち向かうようすが描《えが》かれている。また，漫画Bにそえられた文章には，「東亜民族の真の共栄」という言葉がある。つまり，漫画Bは，日本がアメリカとイギリスに支配されて苦しんでいる「東亜(東アジア)」の味方で，彼らを解放するために戦っているのだ，という主張を描いているのだと考えられる。

問5　ロシア東部のシベリアに連行されて死傷した日本人の数は，日本以外のアジアの人々にとっての日中戦争やアジア太平洋戦争との関連は少ないと考えられるので，エが選べる。

問6　(1)　**A～C**　日本では，立法は国会が，行政は内閣が担当しているが，国会で多数派を占《し》める与党が内閣を組織する。そのため与党は，実質的には行政権も持つことになる。　(2)　**D**　日本国憲法第21条には「集会，結社及《およ》び言論，出版その他一切の表現の自由は，これを保障する」とあり，表現の自由とともに集会・結社の自由も保障している。　**E**　日本国憲法は第19条で，思想・良心の自由を保障している。1925年の治安維持法は社会主義運動を取り締《し》まる法律として制定されたが，実際には社会主義の思想そのものを取り締まるものであった。　(3)　名誉《めいよ》を傷つけたり，個人の尊厳を否定するような差別的な言動をしたりすることは，他者の人権をおかすことになるので，罰則を科したり，法律で規制したりする必要がある。よって，ウとカが正しい。なお，アは検閲《けんえつ》にあたるので，憲法違反になる。イのデモや講演会の規制をすることは，集会の自由に反する。エについて，本人の知らないうちに捜査機関が電話やメールの内容を調査するのは，捜査対象が組織犯罪の場合に限定されているので，自由に捜査できるわけではない。オの国務大臣がテレビ番組の内容について変更《へんこう》を指示することは，表現の自由に反する。　(4)　資料Cは日本新聞協会編集委員会の声明であることから，「多様な言論で『国民の知る権利』に応えていく」とするのがふさわしい。知る権利は，環境《かんきょう》権やプライバシーの権利とともに，「新しい人権」として主張されている。　(5)　情報公開法は国民の知る権利を保障するために1999年に制定された法律で，行政機関の持つ情報の原則公開を定めている。　(6)　資料Dでは，表現の自由を守る立場のメディアの役割として「権力監視《かんし》」があると述べられている。

Ⅲ 関所を題材にした各時代の歴史的なことがらについての問題

問1　アの雪舟が水墨画《すいぼくが》を大成したのは室町時代，イの源義経が平氏と戦い，滅《ほろ》ぼしたのは平安時代末，ウの行基が社会事業を行ったのは奈良時代，エの松尾芭蕉《ばしょう》が東北地方を旅したのは江戸時代のことである。よって，ウ→イ→ア→エとなる。

問2　関所は「交通を遮断《しゃだん》」「通行料を徴収《ちょうしゅう》」など，通行を制限する目的があるため，そこを通らないと反対側に行けないようなところにつくられた。図1の★は不破関《ふわのせき》(岐阜県関ヶ原町)を示しており，図2をみると，この地は南北に山がせまり，せまくなっていることがわかる。

問3　東京港や成田空港では，日本に出入りする人やものを監視し，不法な出入国を取り締まっている。よって，イとウがあてはまる。

問4　(1)　白河は江戸時代に整備された五街道の一つ，奥州街道の終点で，現在の福島県白河市にあった。　(2)　等高線を読み取ると，「岩崎」周辺には標高400m以下の土地があり，「追分」の東側には標高600m以上の土地があるとわかる。また，「白河関跡」の北には神社(⛩)，西には記念碑(∩)がある。よって，エとオが正しい。なお，アの「白河関跡」は周囲よりやや高いところにある。イについて，■と★の間には尾根が張り出しているため，■から★は見えない。ウについて，「社川」の流域は南のほうが標高が高いので，川は南から北へ向かって流れているとわかる。

問5　天智《てんじ》天皇の死後，その跡継《あとつ》ぎをめぐって672年に天智天皇の子の大友皇子と弟の大海人《おおあまの》皇子が争い(壬申の乱)，勝った大海人皇子が天武天皇として即位した。よって，イが正しい。なお，アは応仁の乱(1467～77年)，ウは承久の乱(1221年)，エは保元の乱(1156年)について述べた文。

問6　織田信長が関所を廃止したことで，商人は通行税を納めずに各地を行き来できるようになった。信長は座(商工業者の同業組合)も廃止し(楽市・楽座)，これらの政策によって商業が発展した。

問7　関ヶ原の戦い(1600年)は，東軍の徳川家康が西軍の石田三成らを破った戦いで，勝利した徳川家康が政治の実権を握《にぎ》った。そして，家康は1603年に征夷大将軍となり，江戸幕府を開いた。

問8　江戸幕府の第3代将軍徳川家光は大名支配のために参勤交代の制度を定め，これによって大名は1年おきに江戸と領地に住み，妻子は人質として江戸におかれることとなった。資料では，関所を通すさいにはしっかり顔を確認することや，江戸方面から京都方面に向かう女性については通行手形を細かく確認することが指示されている。これは，大名の妻子が江戸から逃げ，領地に戻《もど》るのを防ぐためである。このほかにも，関所では江戸への武器の持ちこみがきびしく取り締まられ，合わせて「入り鉄砲に出女」とよばれた。

問9　「五街道」は，すべて江戸日本橋を起点とした。

問10　中山道は，中央高地の山々や峠《とうげ》を通り，草津(滋賀県)で東海道に接続した。よって，イが正しい。なお，アは日光街道，ウ，エは東海道について述べた文。

Ⅳ 難民を題材にした現代社会についての問題

問1　UNHCR(国連難民高等弁務官事務所)は，飢《う》えや紛争・政治的弾圧などで祖国を離れた難民を保護し，難民問題を解決することを目的とする国際連合の自治的機関である。かつて，日本人の緒方貞子《おがたさだこ》が10年間，高等弁務官として活動したことで知られる。なお，アのWHOは世界保健機関，イのIBRDは国際復興開発銀行，ウのUNESCOは国連教育科学文化機関，エのUNICEFは国連児童基金の略称。

問2　B，C　近年，「イスラム国」(IS)を名乗る過激派組織が活動し，内戦も発生しているシリアやイラクなどの中東地域では多くの難民が発生し，他国への移動を強《し》いられている。しかし，ヨーロッパ諸国の中には難民の流入を制限しようと，国境を閉鎖《へいさ》する国も出てきており，この地域での難民問題の解決は急務となっている。

問3　第一次世界大戦(1914～18年)では，日本は連合国として参戦したが，戦場から離れていたため戦災を受けず，輸出が伸びて好景気となった。よって，ウとエがまちがっている。

問4　日清戦争(1894～95年)後に結ばれた下関条約で，台湾は日本の領土となった。そこで，新天地を求めて台湾へ多くの日本人が渡航した。よって，イがあてはまらない。

問5　(1)　難民をふくめ，出入国の審査は法務省が担当している。　(2)　日本は島国であるため入国が難しく，難民認定数はヨーロッパの先進国に比べて少ない。また，世界の全難民のうち，18歳未満の子どもの割合は51%と，半数以上を占めている。よって，イとウがまちがっている。

問6　難民を最も多く受け入れている国は，シリア・イラクと国境を接するトルコで，その数は約250万人にのぼる。以下，周辺のパキスタン・レバノン・イランと続く。

問7　問2の解説を参照のこと。

問8　EU(ヨーロッパ連合)はヨーロッパの28か国が加盟する地域的協力組織で，経済統合のほか，共通外交・安全保障政策の実施を目ざしている。本部はブリュッセル(ベルギー)にあり，最高意思決定機関は欧州理事会で，その議長は大統領に相当する。加盟国間には事実上国境がなく，人とものの移動が自由である。また，かつて「冷戦」で東側陣営にいた東ヨーロッパの国々も加盟している。よって，ア，エ，カが正しい。なお，イの統一通貨「ユーロ」を導入しているのは加盟28か国中19か国。ウの公用語は，統一されていない。オについて，スイスやノルウェーなど未加盟の国もある。

問9　アのアメリカ合衆国での同時多発テロ事件は2001年，イのソビエト連邦の解体は1991年，ウのフランスの首都パリでの同時多発テロ事件は2015年，エのイラク戦争は2003年のことである。よって，イ→ア→エ→ウとなる。

理　科　(40分)＜満点：100点＞

解　答

Ⅰ　1　(1)　A　土星　B　金星　C　火星　D　海王星　E　木星　(2)　①　キ　②　ア　③　イ　(3)　オ　2　(1)　①　金星　②　キ　(2)　光合成を行う生物　(3)　①　海　②　(例)　サンゴ　③　石灰岩　Ⅱ　1　①　ケ　②　エ　③　イ　④　キ　2　A　スギ　B　ブナ　3　①　ア　②　イ　4　X地点　5　①　11℃　②　58　③　ウ　6　エ　7　エ　8　ウ，オ　Ⅲ　1　(1)　A～D　(2)　ウ　(3)　(例)　氷が水に変化するよりも，水が水蒸気に変化するときの方が多くの熱が必要である。　2　(1)　油　(2)　27℃　(3)　①　小さ　②　多　③　温度差　(4)　(例)　電熱器とビーカーを発泡ポリスチレンの箱の中に入れて行う。　**3**　①　イ　②　ウ　③　(例)　熱を伝えやすい　④　ア　⑤　(例)　電気をよく通す　**4**　(1)　右の図　(2)　ウ　(3)　ウ　(4)　エ，カ　(5)　1.3cm^3

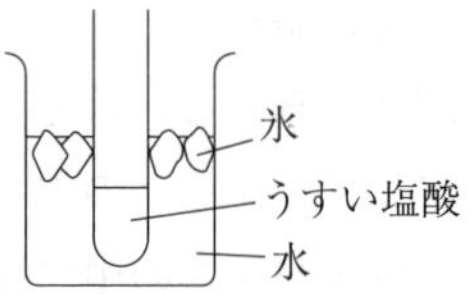

Ⅳ　**1**　ウ　**2**　(1)　イ　(2)　イ　(3)　イ　(4)　ア　(5)　ア　**3**　イ　**4**　(1)　×　(2)　○　(3)　○　(4)　×　**5**　ア，ウ

解　説

Ⅰ　太陽系の惑星《わくせい》についての問題

1　(1)　**A**　太陽系の惑星のうち，土星は木星の次に大きく，多数の氷の粒《つぶ》などでできた大きな環《わ》(リング)が見られる。この環は地球から望遠鏡で観測することができる。　**B**　金星探査機「あかつき」は，2010年に打ち上げられた日本の探査機である。金星をまわる軌道《きどう》に投入され，金星の大気の調査を行っている。　**C**　火星は地表の岩石などに酸化鉄が含《ふく》まれているため赤く見える惑星で，探査機の調査により，水の流れたあとを示す地形などが見つかった。　**D**　太陽系の惑星は，太陽に近い側から順に水星，金星，地球，火星，木星，土星，天王《てんのう》星，海王星の８個あり，海王星が太陽系の惑星で最も外側を公転している。　**E**　木星は太陽系惑星の中で最も大きく，表面には帯状の模様が見える。また，ガリレオ・ガリレイが発見した４つを含む60個あまりの衛星を持つ。　(2)　地球と同じグループXに属するのは，半径が小さく密度が大きいBの金星とCの火星である。もう一方のグループYに属するのは，半径が大きく密度が小さいAの土星，Dの海王星，Eの木星になる。表より，地球の重さを，5.52×１＝5.52としたとき，土星の重さは，0.69×840＝579.6，海王星の重さは，1.64×60＝98.4，木星の重さは，1.33×1400＝1862となり，地球の重さを１とすると，それぞれ，579.6÷5.52＝105，98.4÷5.52＝17.8…，1862÷5.52＝337.3…と求められ，グループYの惑星はいずれも地球より10倍以上大きいことがわかる。また，グループYの惑星はすべて地球や火星よりも外側を公転している。　(3)　グループXの惑星は，密度の大きい岩石や金属などからできているため，密度が大きい。これに対して，グループYの惑星は，水素やヘリウムを主成分にしているため，密度が小さい。

2　(1)　①　それぞれの大気全体に含まれるちっ素の量は，地球を，１×0.76＝0.76とすると，金星が，90×0.02＝1.8，火星が，0.005×0.02＝0.0001となるから，金星が最も多い。　②　金星の大気全体に含まれる二酸化炭素の量は，火星の大気全体に含まれる二酸化炭素の量の，90×0.98÷(0.005×0.97)＝18185.5…(倍)と求められ，キが選べる。なお，金星と木星は大気中に含まれる二酸化炭素の割合がほとんど同じであるため，90÷0.005＝18000(倍)などと概算して考えることもできる。　(2)　46億年前の地球誕生《たんじょう》時の大気には酸素は存在していなかったが，およそ35億年前に光合成を行う生物が海中に誕生して酸素がつくられるようになり，しだいに地球の大気に酸素が増えていったと考えられている。　(3)　①　地球は誕生したときには非常に高温であったが，その後冷えていくにつれ，大気中の水蒸気が雨となって降り注ぎ，広大な海が形成された。すると，大気中に存在した二酸化炭素が海水にとけ，海水中のカルシウムと反応して炭酸カルシウムとなって堆積《たいせき》したり，生物の殻《から》などに取り込まれたのちに死がいが堆積したりすることで，大気中の二酸化炭素が減少していったといわれる。　②，③　サンゴやフズリナ，有孔虫《ゆうこうちゅう》，ウミユリなどは炭酸カルシウムを含む殻を持ち，これらの死がいが海底に堆積し，長い年月をかけて石灰岩という岩石になっていく。

Ⅱ　日本の自然遺産，暖かさの指数と森林の種類の関係についての問題

1　①　屋久島は，鹿児島県にある島で，その中心には九州地方で最も標高の高い宮之浦岳《みやのうらだけ》がそびえている。　②　白神《しらかみ》山地は，青森県と秋田県にまたがる。　③　北海道の北東部に位置する知床《しれとこ》半島の中央部から半島の先端《せんたん》までの陸地とその周辺の海が世界遺産地域となっている。　④　小笠原《おがさわら》諸島は，東京都心から南に約1000km離《はな》れた太平洋上にある。

2　**A**　屋久島に自生するスギは屋久杉とよばれる。そのなかでも，縄文杉とよばれる巨木は屋久島最大級のスギである。　**B**　白神山地は，人の手があまり加わっていない原生的なブナ林が広がっていて，そのなかでは多種多様な動植物が生息しており，生物の宝庫となっている。

3　照葉樹林では，1年中葉をつけている広葉樹が見られ，シイ，カシ，クスノキ，ツバキなどがあり，葉はあまり大きくなく，冬の寒さに比較《ひかく》的強い。夏緑樹林は，秋から冬にかけて落葉する広葉樹で構成され，クリ，ケヤキ，シラカンバ，カエデ，コナラ，ブナなどがある。なお，モミやトドマツ，エゾマツは冬も葉を落とさない針葉樹林に見られる。マングローブやガジュマル，ヤシは冬も葉を落とさない常緑の広葉樹で，亜《あ》熱帯多雨林に含まれる。

4　暖かさの指数は，月平均気温が5℃以上の月についてのみ，それぞれの月平均気温から5℃引いた値を足して求めるため，年平均気温が同じ2つの地点で比べたとき，月平均気温が5℃より低い月が多い地点の方が，夏の月平均気温が高くなり，暖かさの指数は大きくなる。したがって，照葉樹林が見られるX地点の方が夏緑樹林が見られるY地点よりも，夏と冬の気温の差が大きいと考えられる。

5　①　尾之間《おのあいだ》と宮之浦岳の頂上の標高差は，1936－60＝1876(m)で，2つの地点での気温差は，$0.6\times\frac{1876}{100}=11.256$より，約11℃である。　②，③　宮之浦岳の頂上の月平均気温は，①より，下の表のようになる。これより，宮之浦岳の頂上における暖かさの指数は，7＋10＋13＋16＋17＋15＋12＋8－5×8＝58と求められるから，表1より，宮之浦岳の頂上付近は夏緑樹林と考えられる。

	1月	2月	3月	4月	5月	6月	7月	8月	9月	10月	11月	12月
宮之浦岳の頂上での月平均気温(℃)	2	2	4	**7**	**10**	**13**	**16**	**17**	**15**	**12**	**8**	4

6　白神山地の櫛石山《くしいしやま》の暖かさの指数は57であるが，これがあと，85－57＝28大きくなると照葉樹林となる。気温が1年を通して4℃高くなると，月平均気温が5℃以上となるのは4月～11月の8か月間となり，暖かさ指数は，4×7＋(4＋4－5)＝31大きくなって照葉樹林になる。なお，気温が1年を通して3℃高くなる場合は，暖かさ指数が，3×7＋(4＋3－5)＝23しか大きくならず，夏緑樹林のまま変わらない。

7　日本国内には，北海道に生息するヒグマと，本州以南に生息するツキノワグマの2種類のクマが生息している。

8　固有種は特定の限られた地域にしか生息していない生物のことで，移動する能力が低い生物が固有種となりやすい。また，大陸から遠く離れた小さな島は，なかまの生物がまわりの地域からやってくることがほとんどないため，長い時間をかけて独自の進化をとげやすく，固有種が生じやすい。

Ⅲ　水の状態変化，熱の伝わり方，塩酸と鉄の反応についての問題

1　(1)　グラフで，加熱開始からＡまでは氷の温度が上がっていく状態，ＡからＢまでは氷と水が混じった状態，ＢからＣまでは水の温度が上がっていく状態，ＣからＤまではふっとうして水と水蒸気が混じった状態，ＤからＥは水蒸気の温度が上がっていく状態を示している。よって，液体の水が存在するのは，Ａ～Ｄの間である。　(2)　０℃の氷が０℃の水になるとき，体積は約$\frac{10}{11}$倍となり，小さくなる。氷も水も３℃の温度変化で体積はほとんど変わらないので，ウのようなグラフとなる。　(3)　同じように熱を加えても，氷が水に変化するのにかかった時間（ＡからＢまで）よりも，水が水蒸気に変化するのにかかった時間（ＣからＤまで）の方が長いため，同じ重さの氷が水に変化するときよりも，水が水蒸気に変化するときの方が多くの熱を必要とすることがわかる。

2　(1)　同じ重さで比べた場合，水より油の方が温まりやすく，グラフで６分に110℃まで達している方は油，約74℃までしか上がっていない方は水となる。　(2)　０分から３分までの水の上《じょう》昇《しょう》温度はおよそ，57−30＝27（℃）である。　(3)　３分から６分までの水の上昇温度はおよそ，74−57＝17（℃）で，０分から３分の間に比べて小さくなっている。これは，水と空気の温度差が大きくなり，水から逃げる熱の量が多くなったからである。　(4)　熱をできるだけ逃がさないような工夫として，装置全体を発泡《はっぽう》ポリスチレンの箱に入れて加熱する，ビーカーにふたをするなどが考えられる。

3　理科室にしばらく置いたものはすべて同じ温度になっており，冬の寒い日なので，鉄板も発泡ポリスチレンも手のひらの温度と比べると低い。鉄は金属で，発泡ポリスチレンより熱を伝えやすい性質があるため，手のひらを押《お》しつけると手のひらの熱がどんどん鉄板に移動して，発泡ポリスチレンより冷たく感じる。同じ温度で同じ大きさの氷を金属板と発泡ポリスチレンの板にのせたときには，金属板の方が氷に熱が伝わりやすく，氷が早くとける。金属には，電気をよく伝える，みがくと特有の光沢《こうたく》がある，広げたりのばしたりすることができるなどの性質がある。

4　(1)　ビーカーに０℃となっている氷水を入れれば，試験管に入れたうすい塩酸を０℃に保つことができる。　(2)　どの試験管も加えたスチールウールがすべてとけているため，同じ量のうすい塩酸と同じ重さのスチールウールが反応し，同じ体積の気体が発生している。このとき，どの試験管でも，反応後に同じ量の物質ができており，反応後に液を同量とって加熱すると，同じ重さの固体が出てくる。　(3)　うすい塩酸とスチールウールが反応すると，水素が発生する。水素は無色無臭《むしゅう》の水にとけにくい気体である。また，水素には燃える性質があり，水素と酸素の混ぜる割合によっては火をつけると爆発《ばくはつ》する。　(4)　加熱後には塩化鉄という黄色の粉末が残る。塩化鉄は水にとけやすく，うすい塩酸にとけるが泡《あわ》は出さない。　(5)　うすい塩酸５cm^{3}と過不足なく反応するスチールウールの重さは，$0.2\times\frac{64}{40}=0.32$（ｇ）と求められる。よって，ここで残ったスチールウールの重さは，0.4−0.32＝0.08（ｇ）となるので，これをとかすには少なくともうすい塩酸があと，$5\times\frac{0.08}{0.32}=1.25$より，1.3cm^{3}必要である。

Ⅳ　ふりこの性質と物体の衝突《しょうとつ》についての問題

1　ふりこが１往復する時間を周期という。周期はおもりの重さや最初のおもりの高さには関係せず，ふりこの長さ（ここでは糸の長さ）によって決まる。

2　(1)　ＡとＢは糸の長さが等しく，同じ長さのふりこと考えることができるので，Ａが動き始めてからBに衝突するまでの時間と，BがAと衝突してから最高点に達するまでの時間は同じになる。
⑵　最初のAの高さと，衝突後のBの最高点の高さは等しく，Bに衝突する直前のAの速さはすべてAと衝突した直後のBの速さに変わったと考えられる。よって，Bに衝突する直前のAの速さは，Aと衝突した直後のBの速さと等しい。　⑶　A～Cはいずれも糸の長さが等しいため，同じ長さのふりこと考えることができる。よって，BがAと衝突してから最高点に達するまでの時間と，CがAと衝突してから最高点に達するまでの時間は，どちらも同じである。　⑷　球の重さはAが30g，Cが90gでCの方が重いので，最初のAの高さより衝突後のCの最高点の高さの方が小さい。　⑸　AとBの重さはどちらも30gで，Cの重さはそれよりも重いため，Aと衝突した直後のBの速さより，Aと衝突した直後のCの速さの方が小さい。

3　AとCにつけた糸の長さが等しいので，2つのふりこの周期は等しく，2回目以降の衝突の位置も1回目の衝突の位置と同じ，糸をつるした点の真下でおこる。

4　⑴　ⅠとⅡでは，当てる球の最初の高さが1cm，当てる球の重さが30gのとき，当てられる球の重さを30gから3倍の90gにすると，飛距離が20.0cmから半分の10.0cmになっている。しかし，ⅢとⅣでは，当てる球の最初の高さが1cm，当てる球の重さが90gのとき，当てられる球の重さを30gから3倍の90gにすると，飛距離が30.0cmから20.0cmとなり，半分になっていない。
⑵　ⅠとⅢで，当てる球の最初の高さが1cm，当てられる球の重さが30gで同じ場合，当てる球の重さを30gから3倍の90gに重くすると，飛距離が20.0cmから30.0cmになって大きくなっている。なお，このことはⅡとⅣを比べてもわかる。　⑶　ⅠとⅣより，当てる球と当てられる球の重さが同じ場合，当てる球の最初の高さが1cmのときは飛距離がどちらも20.0cmで，最初の高さが2cmのときは飛距離がどちらも28.3cmとなっている。したがって，球の重さによって飛距離は変わらない。　⑷　当てる球の最初の高さを1cmから4倍の4cmにすると，飛距離は，Ⅰでは，40.0÷20.0＝2（倍），Ⅱでは，20.0÷10.0＝2（倍），ⅢとⅣでも同様に2倍になる。また，当てる球の最初の高さを1cmから9倍の9cmにすると，飛距離は，Ⅰでは，60.0÷20.0＝3（倍），Ⅱでは，30.0÷10.0＝3（倍），ⅢとⅣでも同様に3倍になっている。

5　ア　当てる球の最初の高さ36cmは9cmの4倍なので，飛距離は当てる球の最初の高さが9cmのときの2倍になり，60.0×2＝120.0(cm)である。　イ　当てる球の最初の高さが9cmの4倍の36cmのとき，飛距離は当てる球の最初の高さが9cmのときの2倍の，30.0×2＝60.0(cm)となる。　ウ　当てる球の最初の高さ18cmは2cmの9倍であることから，飛距離は球の最初の高さが2cmのときの3倍になり，42.4×3＝127.2(cm)である。　エ　球の最初の高さが3cmの9倍の27cmになるので，飛距離は球の最初の高さが3cmのときの3倍になり，34.6×3＝103.8(cm)となる。

国語　(40分)　<満点：100点>

解答

一　**問1**　エ　**問2**　ウ　**問3**　③　イ　⑦　ア　**問4**　イ　**問5**　**1**　雨垂れ　**2**　三年　**3**　身　**問6**　（例）　環境を変えるために必要な情報を得られなかった(から)／

身分や住む土地を変えることは難しかった(から)　**問7**　(例)　厳しい現実の中でも夢を思い描く性や才能を持つ人間はサクセスストーリーを求め，福を授かる昔話でその欲求を満たすという関わり。　**問8**　エ　**問9**　㋐　カ　㋑　オ　**問10**　ウ　**問11**　(例)　親切にした相手から，貧しい者が見返りとして福を授かるパターン。　**問12**　**だれ…**母子(息子)／**行い…**(例)　履いて転ぶと小判が出る下駄をもらっても欲張ることはせず，二枚だけ出した小判で近所に正月の餅を振る舞う行い。　**問13**　エ　**問14**　下記を参照のこと。

二　**問1**　ウ　**問2**　ア　**問3**　イ　**問4**　ウ　**問5**　エ　**問6**　(例)　チョウにはモンシロチョウやアゲハチョウなどいろいろな種類があるが，それらを大きくひとまとめにして「チョウ」というグループに分類すること。　**問7**　イ　**問8**　エ　**問9**　ア　**問10**　エ　**問11**　**A**　専門科学としての分類学　**B**　日常生活での分類　**問12**　(例)　カモノハシは複数の分類群の特徴をあわせ持ち，分類が困難だ(という問題)　**問13**　**ア**　×　**イ**　×　**ウ**　○　**エ**　○　**問14**　**a**　エ　**b**　ア　**c**　イ　**d**　ウ

●漢字の書き取り

一　**問14**　**a**　発奮　**b**　工面　**c**　制止　**d**　縮(み)　**e**　案外

解　説

一　**出典は日本文藝家協会《にほんぶんげいかきょうかい》編の『ベスト・エッセイ2015』所収の「昔話の『働き者』と『怠《なま》け者』(富安陽子《とみやすようこ》作)」による。**昔話で好んでサクセスストーリーが語られるわけや，他人の幸運をねたみ，欲張る者が必ずひどい目にあうわけなどが，昔の人々の暮らしぶりと関連づけて分析《ぶんせき》されている。

問1　二つ後の文で，ライオンが「狩《か》り」をするのは「生きるため」だと述べているので，エが選べる。

問2　二つ後の段落で，「昔話の中に登場する日本の人々の暮らしぶり」について，「働くことと生きることは限りなく同義に等し」いと述べている。したがって，「生きるため」にしている仕事や家事とは言えないウが答えになる。

問3　③　「概念《がいねん》」は，考えが意味するところ。「発想」などと似た意味で使われるので，イがよい。⑦　「～に難《かた》くない」は，“～することが簡単にできる”という意味なので，アが合う。

問4　「同義」は，同じ意味。ここでの「義」は“意味”という意味で使われているので，イが同じ。なお，ア，エは“人が守るべき正しい道”，ウは“仮の”という意味で用いられている。

問5　**1**　「雨垂れ石をうがつ」は，こつこつ努力していれば，最後には成功するということ。**2**　「石の上にも三年」は，しんぼうしていれば，そのうち成功するということ。　**3**　「骨身を惜《お》しまず」は，“苦労をいやがらず”という意味。

問6　「その可能性」とは，庶民《しょみん》が一気に「立身出世」を成し遂《と》げる可能性を指す。続く二文から，ぼう線⑥のように言える理由が読み取れる。当時は今と違《ちが》い，テレビや携帯《けいたい》電話やインターネットなど，環境《かんきょう》を変えるために必要な情報を入手する手段がなかったうえ，身分や住む土地を変えることは難しかったからである。

問7　続く部分に注目する。「厳しい現実の中」でも，「夢を思い描《えが》く」性《さが》や才能を持つ人間は「サクセスストーリー」を求めるため，福を授《さず》かる昔話を読んだり聞いたりして，その欲求を満たすのだと考えられる。

問8　「虫の(が)いい」は，ずうずうしく，自分の都合ばかり考えるようす。本文では，「幸運に見《み》舞《ま》われはしまいかと妄想《もうそう》をふくらませ」ることを「虫のいい空想に耽《ふけ》る」と表現し，ライオンを例に，努力せずによい思いをすることがそれにあたるとしているので，エがあてはまる。

問9　㋐「ひっそり」は，静かに，目立たないようにするようす。よって，“静かで遠慮《えんりょ》深い”という意味のカがよい。　㋑「とぼとぼ」は，力なく歩くようすを表すので，オが選べる。

問10　「窮《きゅう》する」は，必要な物やお金が足りなくて困ることを言うので，ウがふさわしい。

問11　ぼう線⑪は，直前の段落にある，「貧しい者が福を授かる話が一種の報恩譚《たん》として語られる」パターンを指す。「報恩譚」は，恩返しの物語。「笠《かさ》地蔵」や「浦島太郎《うらしまたろう》」などの物語に見られる，貧しい者が親切にした相手から見返りとして福を授かるパターンのことになる。

問12　「分を弁《わきま》える」は，身分や立場を心得ているということ。「ごんぞう虫」の話の中で，「分を弁える」行いを見せたのは「母子(息子)」である。履《は》いて一度転ぶと小判が一枚出るという不思議な下駄《げた》をもらっても，欲張って転び過ぎることはせず，二枚だけ出した小判で近所に正月の餅《もち》を振《ふ》る舞い，福を分け合っている。

問13　ア　「庶民の強いうらみ」が切実に表れているという内容は本文には描かれていない。　イ　怠け者でも時に福を得るのが現実だと筆者は述べている。　ウ　ぐうたらでうそつきでも幸せになる話もあるので，「人間のあるべき姿」を示しているとは言えない。

問14　**a**　気力を奮い起こすこと。　**b**　やりくりして必要なお金をそろえること。　**c**　人の言動をおさえてとめること。　**d**　音読みは「シュク」で，「縮小」などの熟語がある。　**e**　“思いのほか”という意味。

二　**出典は三中信宏《みなかのぶひろ》の『分類思考の世界―なぜヒトは万物《ばんぶつ》を「種」に分けるのか』による。**人間にとって分類は根源的な行為《こうい》のひとつだが，分類はもともと分けられないものをあえて分けるという原罪的難問を抱《かか》えていると述べている。

問1　「もどかしい」は，じれったいこと。歯がゆいこと。

問2　直前の二文に注目する。「日本最高の山」には「強烈《きょうれつ》な説得力」があり，誰《だれ》でも「すぐに納《なっ》得《とく》」する結論が出るが，「日本最低の山」は決めにくく意見が割れて，行政側でこれと決めないと決まらないというのだから，アがあてはまる。

問3　「必ずしも～ない」は，“～とは限らない”という意味。「自明」は，“わかりきっていること”という意味なので，イが選べる。

問4　「真夏日」「二等星」「関東」は定義がはっきりしており，対象物がそれぞれに分類できるか否《いな》かは「イエス／ノーの二者択一《たくいつ》」で決定できる。それに対して，「にじの色の『むらさき』」は，色が連続的に藍《あい》色から「むらさき」に変化しており，どこが「むらさき」の境界線であるかがはっきりしない。

問5　ぼう線⑤は，直前にある「どんなものであってもそれらを分類することは，私たち人間にとって根源的な行為のひとつである」を受けたものなので，エがふさわしい。

問6　ぼう線⑥は，具体的な例をあげるときに使う「たとえば」で始まる次の文にあるとおり，品種はちがっても，「スイカ」や「ナシ」といった「グループ」に大きく果物を分類するようなことを言う。チョウで言えば，モンシロチョウやアゲハチョウといった種類があるが，それらをひとまとめにして「チョウ」という「グループ」に分類するということである。

問７　「“自然”」な分類とは，直前の段落にあるような，「ふつうに生活していればごく自然に身についている素朴《そぼく》な分類思考」に根ざした，日常生活での分類を指す。つまり，意図的にした分類ではなく，「人間にとって根源的な行為」として自《おの》ずからした分類のことになるので，イが選べる。

問８　「その理屈《りくつ》」とは，直前の文中にあげられた，「生物分類学は生物に関する分類学なのだから，生物学の範疇《はんちゅう》に属すべきだ」という理屈を指す。筆者は続く部分で，分類という行為の性格を考えると，「対象物に限定されない普遍《ふへん》的な分類学」を念頭に置くべきだと述べているので，エが合う。

問９　「スイカ」や「ナシ」など見慣れた名前に対して，日本に住む私たちはそれがどういうものか「無意識のうちに」理解していると前にある。一方，「聞いたこともない名前の果物」に対しては，同じ名前でくくられている以上共通の特徴《とくちょう》があるはずだと考え，ぼう線⑨のように聞くのだから，アがよい。

問10　分類学者にとって「堪《た》え難い屈辱《くつじょく》」だったのは，カモノハシが「分類困難」で，どの分類群に帰属するのかが容易に解明できなかったことだと前から読み取れる。分類することを仕事とする自分たちが分類できないのなら，自分たちのよりどころである「すべての物事は分類できる」という立場があやうくなるからである。

問11　本文の中ほどに，「一方では専門科学としての分類学があり，他方では日常生活での分類がある」と述べられていることに注意する。前者がＡ，後者がＢにあたる。

問12　直前の二段落の内容から，カモノハシが複数の分類群の特徴《とくちょう》をあわせ持ち，「分類困難」だという問題とまとめることができる。

問13　**ア**　本文の中ほどに注目する。分類そのものが，「もともと分けられないものをあえて分ける」という「原罪的難問」を抱えていると筆者は述べており，「明確な基準を作る」ことは不可能と考えていることがわかる。よって，合わない。　**イ**　分類学者は分類することを生業《なりわい》としているが，筆者は分類学者の存在を否定したり，「何でも分類できるという考えは傲慢《ごうまん》」だと批判したりはしていないので，合わない。　**ウ**　最後の段落に注目する。カモノハシは「分類困難」な「変わりもの」だったが，この問題はカモノハシの存在自体ではなく，生物の分類体系と分類理論に原因があると考えるべきだと筆者は述べている。　**エ**　本文の中ほどで，人間の大脳はたくさんの対象物をひとつひとつ覚えられないため，「対象物を～分類して整理する」と説明している。

問14　**a**　似た意味の漢字を重ねた組み立てなので，エが同じ。　**b**　上の漢字が主語を表し，下の漢字が述語を表す組み立てなので，アがよい。　**c**　上の漢字が動作を表し，下の漢字が動作の対象を表す組み立てなので，イが選べる。　**d**　上の漢字が下の漢字を修飾《しゅうしょく》する組み立てなので，ウが合う。

Dr.福井の
入試に勝つ！脳とからだのウルトラ科学

右の脳は10倍以上も覚えられる！

手や足，目，耳に左右があるように，脳にも左右がある。脳の左側，つまり左脳は，文字を読み書きしたり計算したりするときに働く。つまり，みんなはおもに左脳で勉強していることになる。一方，右側の脳，つまり右脳は，音楽を聞き取ったり写真や絵を見分けたりする。

となると，受験勉強に右脳は必要なさそうだが，そんなことはない。実は，右脳は左脳の10倍以上も暗記できるんだ。これを利用しない手はない！　つまり，必要なことがらを写真や絵などで覚えてしまおうというわけだ。

この右脳を活用した勉強法は，図版が数多く登場する社会と理科の勉強のときに大いに有効だ。たとえば，歴史の史料集には写真や絵などがたくさん載っていて，しかもそれらは試験に出やすいものばかりだから，これを利用する。やり方は簡単。「ふ～ん，これが○○か…」と考えながら，載っている図版を５秒間じーっと見つめる。すると，言葉は左脳に，図版は右脳のちょうど同じ部分に，ワンセットで記憶される。もし，左脳が言葉を忘れてしまっていたとしても，右脳で覚えた図版が言葉を思い出す手がかりとなる。

また，項目を色でぬり分け，右脳に色のイメージを持たせながら覚える方法もある。たとえば江戸時代の三大改革の内容を覚えるとき，享保の改革は赤，寛政の改革は緑，天保の改革は黄色というふうに色を決め，チェックペンでぬり分けて覚える。すると，「“目安箱”は赤色でぬったから享保の改革」というように思い出すことができ，混同しにくくなる。ほかに三権分立の関係，生物の種類分け，季節と星座など，分類されたことがらを覚えるときもピッタリな方法といえるだろう。

Dr.福井(福《ふく》井《い》一成《かずしげ》)…医学博士。開成中・高から東大・文Ⅱに入学後，再受験して翌年東大・理Ⅲに合格。同大医学部卒。さまざまな勉強法や脳科学に関する著書多数。

Memo

平成28年度　女子学院中学校

〔電　話〕(03) 3263－1711
〔所在地〕〒102-0082　東京都千代田区一番町22－10
〔交　通〕JR中央線・東京メトロ南北線・都営新宿線―「市ケ谷駅」より徒歩8分
東京メトロ有楽町線―「麹町駅」より徒歩3分

【算　数】（40分）〈満点：100点〉

1　次の□にあてはまる数を入れなさい。

(1)　$\left(1\frac{1}{8}-\square\times1.25\right)\times1.5-\left(3-3\div1\frac{1}{3}\right)=\frac{3}{8}$

(2)　AとBの最小公倍数を，$A\triangle B$で表すとします。また，AをBでわった余りがCのとき，AとCの和を，$A\bigstar B$で表すとします。このとき，$87\bigstar13=$□です。また，$(87\bigstar13)\triangle(121\bigstar D)=2016$の$D$にあてはまる数をすべてあげると□です。

(3)　Jさんは家から1050 m離《はな》れた駅で15分後にGさんと待ち合わせをしました。Jさんは待ち合わせの1分前に着くように分速□mで歩きはじめましたが，4分後に忘れ物に気づいたので，それからは分速□mで走って家に帰り，ふたたび同じ速さで走って駅に向かったところ，2分遅刻《ちこく》してしまいました。家で忘れ物をとるのにかかった時間は1分です。

(4)　図1の三角形で，同じ印のついているところは等しい長さを表します。

角㋐は□度
角㋑は□度

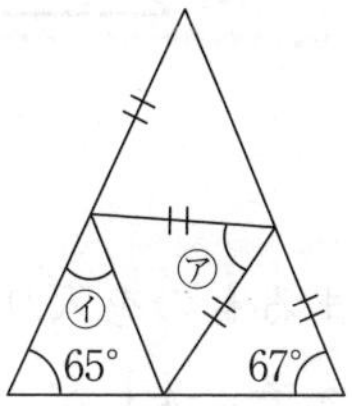

図1

(5)　縦16 cm，横20 cmの長方形の紙が4枚重ねてあります。図2のように4枚とも重なる部分が，正方形で面積が16 cm²となるように，各辺と平行な方向にずらして図形を作りました。この図形の太線で示された周の長さは□cmです。

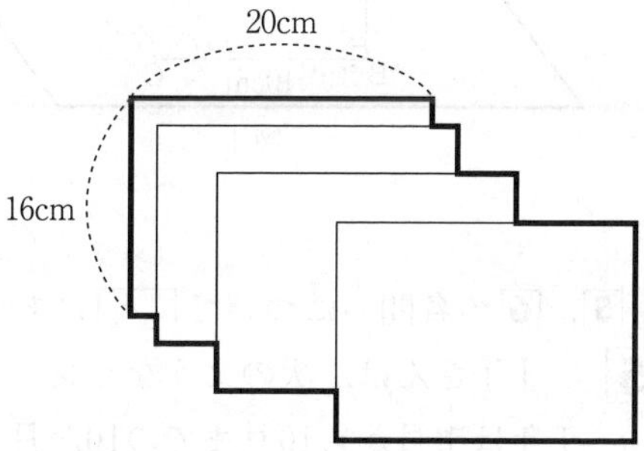

図2

(6)　図3の正六角形の面積は，36 cm²です。各辺を二等分する点をとり，㋐～㋓の三角形を作りました。それぞれの面積を求めなさい。

㋐□cm²　　㋑□cm²
㋒□cm²　　㋓□cm²

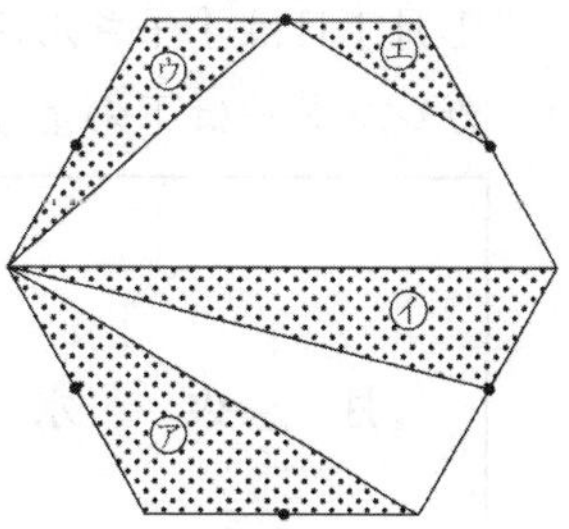

図3

2　図のような1辺が10 mの正五角形と正方形を組み合わせた形の建物があります。Pのところに長さ30 mのなわで犬がつながれていて，建物には入れません。

この犬が動ける範《はん》囲の面積は何m²ですか。

ただし，円周率は3.14とします。（求め方も書きなさい。）

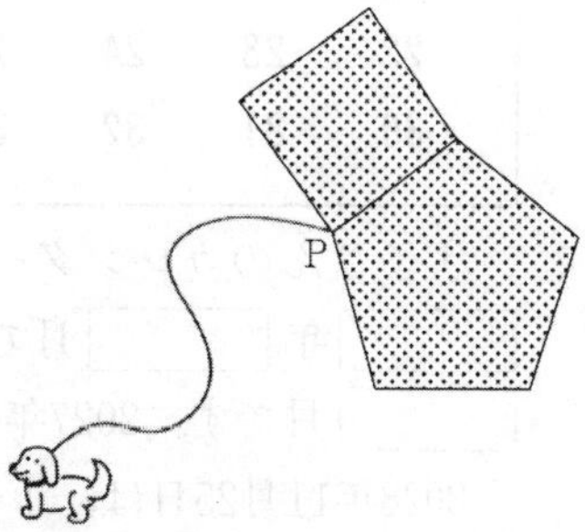

3，**4** の各問いについて □ にあてはまる数を入れ，〔　〕内はいずれかを○で囲みなさい。

3　ある製品を１個作るのに，機械Ａは0.6分，機械Ｂは1.2分，機械Ｃは1.3分かかります。この製品を2016個作るとき，Ａだけで作る場合にかかる時間は □ 時間 □ 分 □ 秒で，ＢとＣの２台で作る場合に比べて □ 分 □ 秒だけ〔長い，短い〕です。

4　図１のような台形と長方形の面でできている容器があります。面BCGFを水平な床に置いて上から水をいっぱいになるまで注いだ後，図２のように辺BFを床につけたまま，面BCGFが床と45°になるまで容器をゆっくり傾《かたむ》けたら，容器から水が □ cm^3こぼれました。そしてもう一度，もとのように面BCGFを水平な床に置いたら，水面の高さは □ cmになりました。

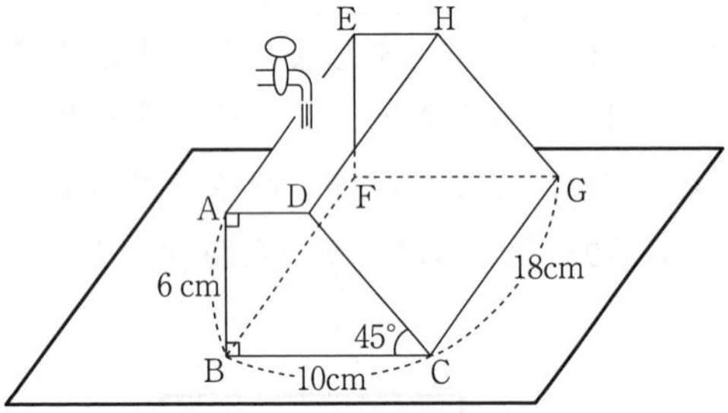

図１

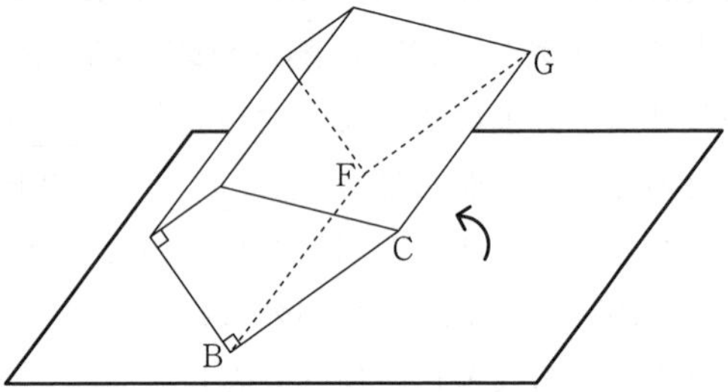

図２

5，**6** の各問いについて □ にあてはまるものを入れなさい。

5　Ｊ子さんは，次のようなカレンダーを考えました。１週間は月曜日から天《てん》曜日までの８日で，１年は１月から10月までの10か月です。奇数《きすう》月は37日まで，偶数《ぐうすう》月は36日まであります。ただし，2016年のように２月29日がある年は，Ｊ子さんのカレンダーでは２月37日があり，2016年１月１日はＪ子さんのカレンダーでも2016年１月１日です。この規則に従うと，2026年１月のカレンダーは下のようになりました。

2026年１月

月	火	水	木	金	土	日	天
			1	2	3	4	5
6	7	8	9	10	11	12	13
14	15	16	17	18	19	20	21
22	23	24	25	26	27	28	29
30	31	32	33	34	35	36	37

Ｊ子さんのカレンダーでは，2026年１月より後で，木曜日から始まる月は，一番早くて □ 年 □ 月です。2026年で，木曜日以外の同じ曜日から始まる月は □ 月と □ 月です。2027年１月１日は □ 曜日で，2028年３月１日は □ 曜日です。

2028年11月25日は，Ｊ子さんのカレンダーでは □ 月 □ 日になります。

6　あるクラス30人の生徒の通学時間を調べたら，次のことが分かりました。

25分以上の生徒の通学時間の平均は，58分
25分未満の生徒の通学時間の平均は，24分
60分以上の生徒の通学時間の平均は，65分
60分未満の生徒の通学時間の平均は，27分
25分以上60分未満の生徒の人数は，５人

通学時間が60分以上の生徒の人数は□人で，クラス全員の通学時間の平均は□分□秒です。

【社　会】（40分）〈満点：100点〉

（語句はできるだけ漢字で書きなさい。）

Ⅰ　磐越《ばんえつ》西線は新潟《にいがた》県新津と福島県郡山《こおりやま》を結ぶ鉄道路線です。新津駅を出た列車はしばらく①新潟平野を走ります。このあたりは，明治以降，②石油や天然ガスの採掘《くつ》が行われてきた地域で，それらの資源は現在も利用されています。やがて列車は③阿賀野《あがの》川に沿って山あいに入り，会津盆《あいづぼん》地に入ります。会津盆地には東北地方で最も古い④古墳《ふん》の一つである大塚山《おおつかやま》古墳があります。また⑤奈良時代の末ごろに創建された恵日《えにち》寺や，⑥平安時代初めに造られた仏像が残る勝常《しょうじょう》寺など，⑦仏教が日本列島に広がる上で大きな役割を果たした寺院もあります。会津盆地の中心都市である会津若松は，⑧戦国時代から城下町として栄え，今も⑨武家屋敷《しき》があります。また，⑩会津若松の郷土料理には，江戸時代に日本海沿岸の地域との交流がさかんだったことを示すものがあります。会津若松駅を出発した電車は，猪苗代《いなわしろ》湖の湖畔《はん》から峠を越《こ》えて郡山盆地に入り，郡山駅で東北本線に接続します。⑪新津駅から郡山駅まで４時間以上かかりますが，郡山駅から東京駅までは１時間ほどで着きます。

問１　下線①に関して，図１と図２の地図を見て，次の問いに答えなさい。

図１

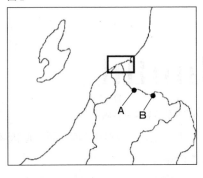

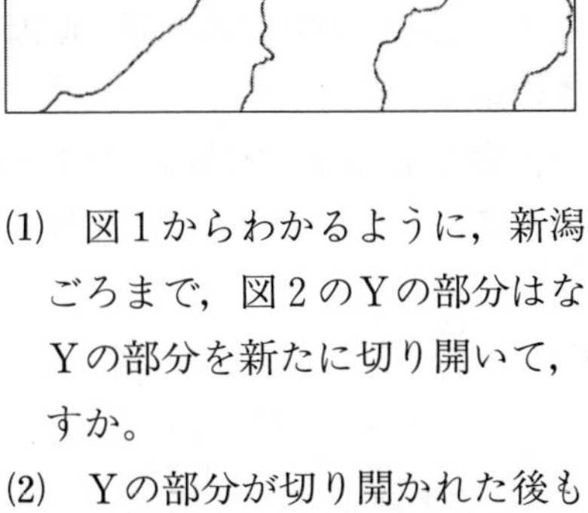

図２　注：図２は、図１の□で囲まれた範《はん》囲の地図です。

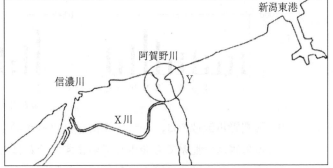

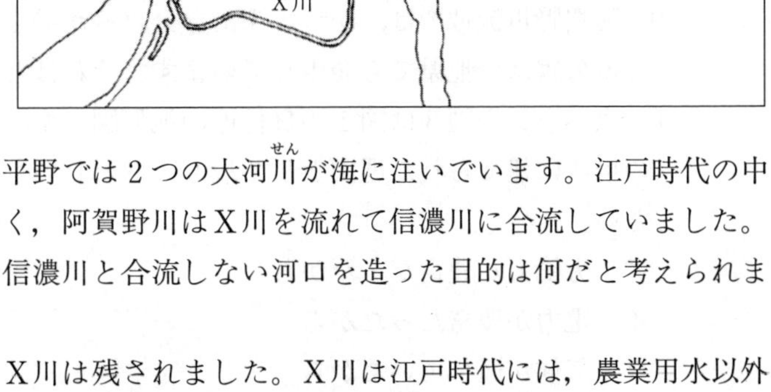

⑴　図１からわかるように，新潟平野では２つの大河川《せん》が海に注いでいます。江戸時代の中ごろまで，図２のＹの部分はなく，阿賀野川はＸ川を流れて信濃川に合流していました。Ｙの部分を新たに切り開いて，信濃川と合流しない河口を造った目的は何だと考えられますか。

⑵　Ｙの部分が切り開かれた後もＸ川は残されました。Ｘ川は江戸時代には，農業用水以外に何のために利用されていたと考えられますか。

(3) 図2の新潟東港のように，陸地を大規模に掘《ほ》り込《こ》んで造った港を，ア～エから1つ選び，記号で答えなさい。

ア　神戸《こうべ》港　　イ　鹿島《かしま》港　　ウ　函館《はこだて》港　　エ　清水《しみず》港

(4) 図2を一部とする日本海側の工業地域名を答えなさい。

問2　下線②に関して，次の問いに答えなさい。

(1) 石油は，日本ではあまり採《と》れないので，現在は大半を海外から輸入しています。右のグラフは2013年の日本の石油の輸入先を表しています。A～Dにあてはまる国の組み合わせをア～エから1つ選び，記号で答えなさい。

ア　イラク・カタール・クウェート・アメリカ

イ　イラク・カタール・クウェート・ロシア

ウ　アラブ首長国連邦《れんぽう》・カタール・クウェート・ロシア

エ　アラブ首長国連邦・カタール・クウェート・アメリカ

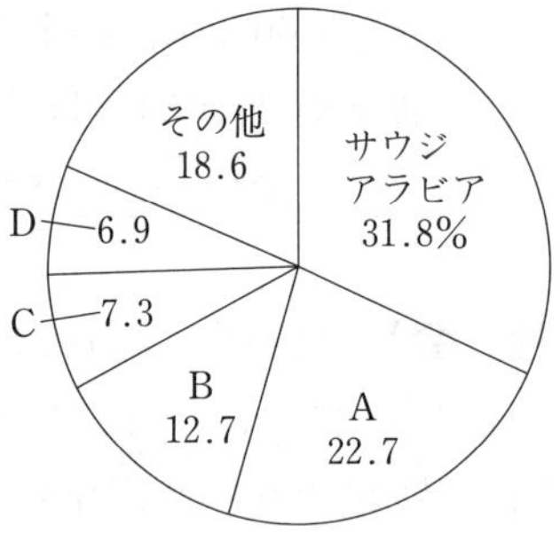

（日本国勢図会2014/15より）

(2) 石油が主な原料ではないものを，ア～オからすべて選び，記号で答えなさい。

ア　ペットボトル　　イ　瓦《かわら》　　ウ　ガラス

エ　タイヤ　　オ　紙

問3　下線③に関して，次の問いに答えなさい。

(1) 図1のA地点で測った，阿賀野川の月ごとの平均流量を表したものをア～エから1つ選び，記号で答えなさい。

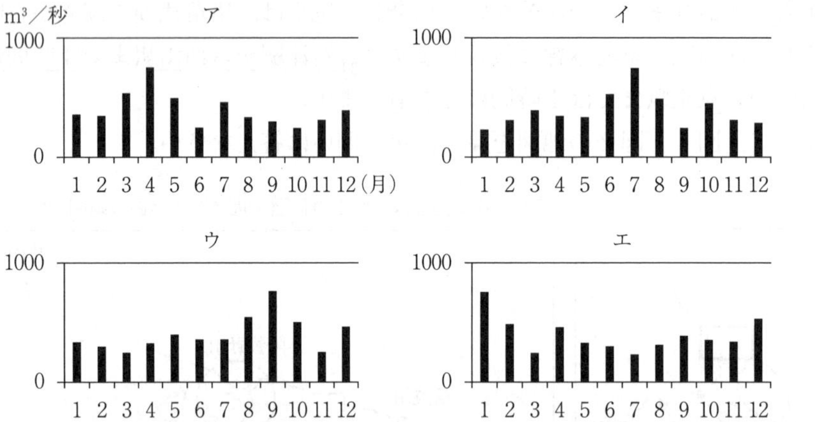

（阿賀野川河川事務所資料より作成）

(2) 阿賀野川流域では，かつて深刻な公害病が発生しました。この公害病と同じ原因物質による公害は，他県でも発生しています。それはどこの県ですか。

(3) 次ページの図3は図1のB付近の地形図です。公害病の原因物質を排《はい》出した工場が，この場所に建てられた理由として最もふさわしいものをア～エから1つ選び，記号で答えなさい。

ア　労働力が豊富だったから

イ　電力が豊富だったから

ウ　気候が適していたから

エ　製品の消費地が近かったから

(4)　図3から読み取れることとして正しいものを，ア～オから2つ選び，記号で答えなさい。

ア　この地域に住む人は工場で働いているので，農業は行われていない。

イ　鉄道の車窓から学校を見ることができる。

ウ　晴れた日には，鹿瀬《かのせ》大橋の上から，黒崎山の山頂を見ることができる。

エ　この川の水深は1m未満であることがわかる。

オ　かのせ駅のホームから真北の方角に，川の水面を見ることができる。

図3

（国土地理院発行　5万分の1地形図より）

問4　下線④に関して，ア～エのできごとを，古い順に記号で並べかえなさい。

ア　古墳がつくられ始めた

イ　仏教が正式に伝わった

ウ　関東平野に多くの貝塚ができた

エ　吉野ヶ里のむらができた

問5　下線⑤のころ，中国にあった国（王朝）の名前を答えなさい。

問6　下線⑥の前後に成立したア～エの文学作品を，古い順に記号で並べかえなさい。

ア　万葉集　　　イ　浦島《うらしま》太郎などのおとぎ草子《ぞうし》

ウ　平家物語　　エ　源氏物語

問7　下線⑦に関して，ア～エのことがらを，古い順に記号で並べかえなさい。

ア　貴族や天皇による熊野《くまの》もうでが行われ，各地に阿弥陀《あみだ》堂が建てられた。

イ　人々の不安を鎮《しず》めて国をまもるために，寺院を建立《こんりゅう》し，仏像をつくることが始まった。

ウ　仏教の悟《さと》りの境地を墨《すみ》絵や石庭で表現するようになった。

エ　武士の世の中になり，武士や農民にもわかりやすい仏の教えが説かれ始めた。

問8　下線⑧に大きな力を持った仏教勢力である一向宗《いっこうしゅう》について，まちがっているものをア～エから1つ選び，記号で答えなさい。

ア　現在の大阪に進出していた

イ　応仁《おうにん》の乱を起こした

ウ　地域の政治を自分たちで行った

エ　織田信長《おだのぶなが》と戦った

問9　下線⑨に関して，武士が特権的に日常持っていた物で，明治時代になると身に着けて歩くことが禁止された物を，1つ答えなさい。

問10　下線⑩に関して，北海道で大量に獲《と》れ，沿岸航路を通じて京都の料理にも取り入れられた魚をカタカナで答えなさい。

問11　下線⑪に関して，図4は鉄道を利用した場合の，東京を中心とする全国の地域間の所要時間を，線の長さで表したものです。順に，1965年，1975年，1995年の時点での所要時間を表しています。

図4

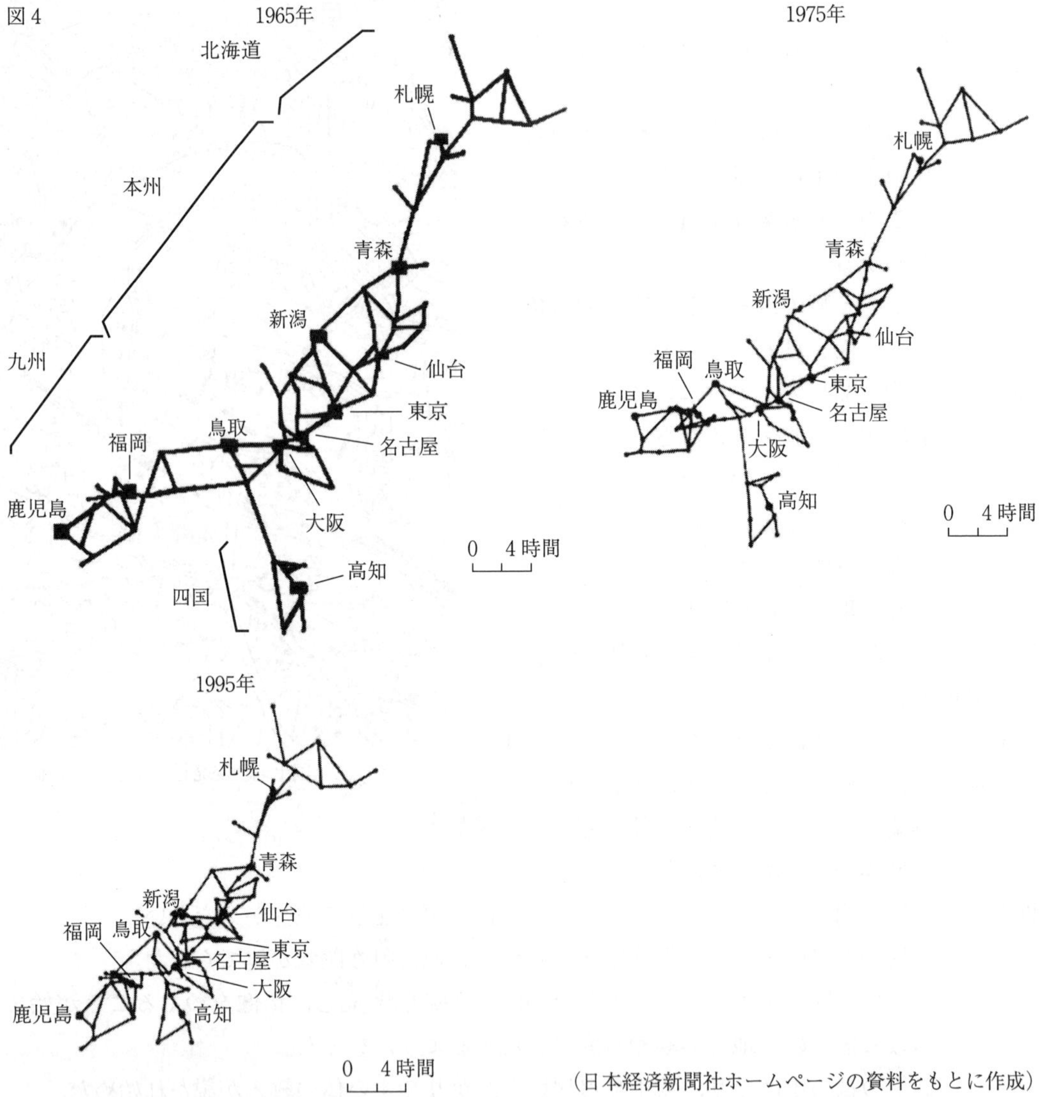

（日本経済新聞社ホームページの資料をもとに作成）

(1)　図4から読み取れることとしてまちがっているものを，ア～オから2つ選び，記号で答えなさい。

ア　1965年時点では，北海道や九州の中には，東京から18時間以上かかる場所があった。

イ　東京・福岡間の所要時間短縮の方が，東京・青森間の時間短縮よりも先に進んだ。

ウ　1995年時点では，東京から本州内のすべての県庁所在地に，4時間以内に行くことができる。

エ　東京と各地の所要時間が大幅に短縮されただけでなく，すべての都市間の所要時間も大幅に短縮された。

オ　本州内での移動にかかる時間の短縮に比べると，北海道，四国，九州内の時間短縮は進んでいない。

(2)　1975年と1995年を比べて，東京から上方向（北方向）への線の長さが短くなった理由を記しなさい。

II　江戸時代，①産業の発達にともなって定期航路や五街道が整備され，②遠隔《かく》地との取引もさかんになりました。明治時代に産業が発展するとともに，物資を大量に運ぶことが不可欠となりました。③新橋・横浜間に鉄道が敷《し》かれて以来，貨物の大量運搬《ぱん》が可能となりました。しかし鉄道敷《ふ》設《せつ》が必ずしも周辺住民に歓迎《かんげい》されたとは言えず，敷設に対して反対運動が行われることもありました。反対の理由は「宿場を人が通り過ぎてすたれてしまう。耕作地が減る。煙《けむり》の害で作物が枯《か》れる」などでした。④産業の進展で⑤海外輸出が伸《の》び，物資の輸送量は増大し，鉄道会社の設立が相次ぎました。鉄道網《もう》の整備は，日清《にっしん》戦争を経て一層進みました。⑥満州をめぐってロシアとの関係が悪化してきたころ，熊本と鹿児島を結ぶ鉄道建設の計画では，どこに線路を敷くか意見が分かれました。議論の結果，海岸回りでは軍艦《かん》からの大砲《ほう》射撃《げき》を受ける可能性があるため，山側への敷設が決定しました。今の肥《ひ》薩《さつ》線となる鉄道は，こうして⑦1901年に着工し，８年後の1909年に完成しました。急勾配《こうばい》の地形で，トンネルを多く造らねばならず，大変な難工事となりました。本州と九州の間は，連絡《らく》船による輸送は時間がかかり，積み替《か》えによる貨物の損傷も大きいため，世界初の⑧海底鉄道トンネルが計画されました。今の関門トンネルです。1919年に調査が始まり，関東大震《しん》災で計画は一時中断し，太平洋戦争中に完成しました。⑨日中戦争が始まると，鉄道の軍事占《せん》有化が行われました。私鉄は統合され，国による私鉄の買収が進められました。岩泉《いわいずみ》線は1922年から敷設の計画がありながら進展が見られなかったのですが，⑩太平洋戦争の開始で，沿線の鉱物資源を開発する必要性から，1942年に開通に至りました。その一方で，軍事的に不要の路線の工事は中止となりました。一等車，食堂車，寝《しん》台車などは廃《はい》止になり，旅客《かく》は大幅《はば》に減りました。⑪鉄道の果たす役割を歴史の中で考えてみると，政治，軍事，経済，都市計画，⑫住民の暮らしなど，どの側面を重視するかは，その時々で大きく変化してきたことがわかります。

問１　下線①について，輪島・会津・飛騨《だ》に共通の特産物として，もっともふさわしいものをア～オから１つ選び，記号で答えなさい。

ア　銀　　イ　酒

ウ　紅花　　エ　漆《しっ》器

オ　茶

問２　下線②に関して，長崎で行われた海外貿易の相手国を２つ答えなさい。

問３　下線③の鉄道開通にもっとも近いできごとを，ア～エから１つ選び，記号で答えなさい。

ア　初の衆議院議員総選挙が行われる

イ　西南戦争が終わる

ウ　鹿鳴《ろくめい》館が建てられる

エ　富岡製糸場が開業する

問４　下線④にともなって，地租《そ》改正の実施直後から日露戦争のころまでに，国税総額に占める地租と関税収入の割合は，どう変化したと考えられますか。それぞれふさわしいものをア～ウから１つ選び，記号で答えなさい。

(1)　地租収入の割合　ア　増える　　イ　減る　　ウ　ほとんど変わらない

(2)　関税収入の割合　ア　増える　　イ　減る　　ウ　ほとんど変わらない

問5　下線⑤で，江戸時代から輸出され，明治時代になっても輸出が続いていたものとして，ふさわしいものをア～エから1つ選び，記号で答えなさい。

ア　銅　　イ　毛織物

ウ　綿花　　エ　鉄

問6　下線⑥に関して，日露《ろ》戦争の講和を仲介《かい》した国はどこですか。

問7　下線⑦に関して，次の問いに答えなさい。

(1)　このころ，それまで輸入にもっぱら頼っていた鉄道のレールや車両の国産化が可能になりました。その理由を1つ記しなさい。

(2)　このころ活躍《やく》していた作家として，もっともふさわしい人物をア～エから1人選び，記号で答えなさい。

ア　北里柴三郎《しばさぶろう》　　イ　夏目漱石《そうせき》

ウ　平塚らいてう　　エ　川端康成《かわばたやすなり》

問8　橋を渡る鉄道と比べて，下線⑧の鉄道の利点は何ですか。1つ答えなさい。

問9　下線⑨より前に，日本は国際連盟を脱《だっ》退していました。国際連盟を脱退した理由としてもっともふさわしいものを，ア～エから1つ選び，記号で答えなさい。

ア　日本が満州国をつくったことを，国際連盟が認めなかったから。

イ　世界中がひどい不景気になり，国際連盟に加盟している意味がなくなったから。

ウ　ソ連が国際連盟に加盟し，日本と対立したから。

エ　ドイツと同盟を結び，脱退をドイツから勧《すす》められたから。

問10　下線⑩に関して，次の問いに答えなさい。

(1)　日本が東南アジアを占領した目的の一つに，豊富な地下資源がありました。日本がもっとも求めた地下資源を1つ記しなさい。

(2)　戦場では戦闘《とう》による負傷以外に，食糧《りょう》や医薬品の不足から飢《う》えや病気で多くの兵士が死亡しました。このようなことになったのは，なぜですか。

(3)　日本軍はビルマ戦線への物資輸送のため，タイからビルマへ通じる泰緬《たいめん》鉄道を建設しました。この建設に従事させた捕虜《ほりょ》の出身国として，まちがっているものをア～カからすべて選び，記号で答えなさい。

ア　オランダ　　イ　ドイツ

ウ　イタリア　　エ　イギリス

オ　ソ連　　カ　オーストラリア

問11　下線⑪に関して，次のA～Eのできごとが起こったのは，ア～カのどの時期ですか。それぞれ記号で答えなさい。

A　大阪での日本万国博覧会の開催《さい》

B　首都ナンキン（南京）を占領

C　日露戦争の開始

D　朝鮮《せん》戦争の開始

E　第一次世界大戦の開始

ロシアがシベリア鉄道の建設を始めた

↓ …… ア

南満州鉄道株式会社が設立された

↓ …… イ

ペキン（北京）の郊《こう》外で日中両軍が衝突《しょうとつ》し，日本と中国との全面戦争となった

↓ …… ウ

ビルマ戦線への物資輸送のため，日本軍はタイからビルマへ泰緬鉄道を建設した

↓ …… エ

日本の都市は焼け野原となり，農村へ買い出しに行く人々で列車はごった返した

↓ …… オ

東海道新幹線が開業した

↓ …… カ

日本でつくられた新幹線車両が，台湾《わん》で走り始めた

問12　下線⑫に関して，ア～エのできごとを，古い順に記号で並べかえなさい。

ア　第一回原水爆《ばく》禁止世界大会が広島で開催された

イ　全国水平社の創立大会が開かれた

ウ　米騒《そう》動が全国に広がった

エ　四大公害裁判で住民側の勝訴《そ》が確定した

Ⅲ　①リアス海岸に沿って走る三陸鉄道は，北リアス線と南リアス線に分かれています。②久慈《くじ》市は，北リアス線の北の玄関口となっています。陸中野田駅のある野田村の海岸では，古くから製塩が行われており，ここでつくられた塩は，③山地を越えて雫石《しずくいし》や盛岡《もりおか》に運ばれ，米・粟《あわ》・そば・豆などの穀物と交換《かん》されていました。普代《ふだい》駅のある普代村の黒崎沖《おき》は三陸漁場の心臓部といわれ，資源豊富な漁場として知られています。

④1981年に設立した三陸鉄道株式会社は，特に採算がとれないため廃《はい》止の方針が決まった路線を，第三セクター鉄道として存続させて経営しています。三陸海岸に沿って走る鉄道は，大正から昭和にかけて細《こま》切れに建設が続けられましたが，1980年，未開通区間を残したまま，久慈線，宮古線，盛《さかり》線が廃止されることとなりました。このころ，⑤日本国有鉄道（国鉄）は抜本《ばっぽん》的な解決策を迫《せま》られ，採算のとれない路線を廃止することを決めたためです。⑥岩手県と沿線市町村は，当初「廃止反対・国鉄運営による全線開通」を主張していましたが，岩手県選出の当時の⑦首相の働きかけもあって，⑧三陸鉄道としての運営を決定し，未開通区間を着工，1984年に三陸鉄道南リアス線と北リアス線として全線開通しました。国鉄の赤字路線を引き継《つ》いだ三陸鉄道ですが，ワンマン運転を採り入れ，運転士には退職した国鉄職員を採用して人件費の節約をはかるなど様々な工夫により，⑨全線開通から10年間は黒字が続きました。しかし1994年度からは赤字に転じ，その後も乗客数は減り続け厳しい経営状態が続くなか，2011年の東日本大震災で大きな被害を受けました。その後，⑩JRがバス輸送への転換《かん》をはかるなか，三陸鉄道は2014年に全線復旧を果たしました。

問１　三陸の下線①では，養殖《しょく》業がさかんです。この場所で養殖業がさかんな理由として，ふさわしいものをア～オから２つ選び，記号で答えなさい。

ア　波が静かな入り江が多い　　イ　水深が浅い

ウ　海水の透《とう》明度が高い　　エ　山が海に近く山の栄養が海に注ぎ込む

オ　寒流と暖流が交わっている

問２　下線②に関して，下の表を見て，次の問いに答えなさい。

表は，秋田市，久慈市，札幌《さっぽろ》市，根室《ねむろ》市いずれかの１～12月の風向と日照時間を表したものです。（たとえば，↘の矢印は，北西の風向きを表しています。）

	1月	2月	3月	4月	5月	6月	7月	8月	9月	10月	11月	12月
ア（風向）	↘	↘	↘	↘	↖	↖	↖	↖	↖	↖	↖	↘
（日照時間）	92.5	104.0	146.6	176.5	198.4	187.8	164.9	171.0	160.5	152.3	100.0	85.9
イ（風向）	↘	↘	↘	↗	↑	↑	↖	↑	↑	↗	↗	↘
（日照時間）	152.8	164.8	190.8	177.4	176.2	135.6	112.6	127.7	145.5	167.7	146.5	146.0
ウ（風向）	→	→	→	↗	↙	↙	↙	↙	↗	↗	↗	→
（日照時間）	140.9	139.4	170.9	185.0	189.4	159.0	136.9	153.0	131.2	152.8	141.6	133.0
エ（風向）	↘	→	↖	↖	↖	↖	↖	↖	↖	↖	↖	↖
（日照時間）	39.9	62.5	124.7	170.4	182.0	176.2	150.3	193.0	153.8	145.4	82.7	45.1

（気象庁資料より作成　風向はその月の最多風向　日照時間はその月の合計　単位：時間）

(1)　久慈市と根室市にあてはまるものを，ア～エからそれぞれ選び，記号で答えなさい。

(2)　久慈市について，(1)でその記号を選んだ理由を，この地域特有の気象を表す言葉を使って書きなさい。

問３　下線③の名前を答えなさい。

問４　下線④に関して，現在，鉄道会社の設立を認可する省庁はどこですか。省略せずに書きなさい。

問５　下線⑤に関して，次の問いに答えなさい。

(1)　抜本的な解決策がとられ，国鉄はJRになりました。このような解決策を一般に何と言いますか。

(2)　そのような解決策がとられた主な理由として，ふさわしくないものをア～カから２つ選び，記号で答えなさい。

ア　国の赤字を増やさないため　　イ　海外でも鉄道事業を行うため

ウ　多くの労働者を雇《やと》うため　　エ　サービスを良くするため

オ　会社の合理化をはかるため　　カ　経費を削《さく》減するため

(3)　(1)の解決策を実施したものをア～オから２つ選び，記号で答えなさい。

ア　日本道路公団　　イ　日本郵政公社

ウ　日本銀行　　エ　日本生活協同組合連合会（生協）

オ　日本放送協会（NHK）

問６　下線⑥に関して，都道府県や市町村といった組織を何とよびますか。

問７　下線⑦について，日本の首相の説明としてふさわしいものをア～オから２つ選び，記号で答えなさい。

ア　国務大臣の過半数が国会議員と定められているので，国会議員でなくても首相になることはできる。

イ　衆議院だけでなく，参議院でも首相の指名を行う。

ウ　首相の任期は１期４年で，２期までしか務められない。

エ　内閣の支持率が下がったとしても，首相を本人の意思に反してやめさせる法的なしくみは一切ない。

オ　首相は国会で選ばれるので，内閣が提出した法案は，実際にはほとんど否決されることはない。

問８　下線⑧について，採算のとれない路線にもかかわらず，税金などを使って運営を続けることにしたのはなぜだと思いますか。主な理由を書きなさい。

問９　下線⑨の間に起こったことをア～オから２つ選び，記号で答えなさい。

ア　サッカーのワールドカップを日本と韓《かん》国が共同で開催した。

イ　日中平和友好条約が結ばれた。

ウ　男女雇《こ》用機会均等法が公布された。

エ　健康保険や年金などの社会保障制度が整えられた。

オ　東西ドイツが統一された。

問10　下線⑩に関して，一般的にバスと比べて鉄道にはどのような利点がありますか。バスに比べて大量輸送が可能であること以外に，１つ答えなさい。

Ⅳ　北海道にあった国鉄の路線は次々と廃線となりましたが，夕張《ゆうばり》市を走る石勝線などは残っています。2011年４月，北海道夕張市の①選挙で鈴木直道《なおみち》氏が②市長に初当選しました。2007年に深刻な③財政難によって事実上の財政破綻《たん》となった夕張市は，東京23区がすっぽり入るほどの大きな町ですが，市内に点在していた小学校は統廃合されて１校になっています。鈴木市長の下，④人口減少に対応した⑤コンパクトシティー創設を進めるため「夕張市まちづくりマスタープラン」が発表されました。今後20年で夕張の人口が半減することを前提とした全国初のプランです。人口減少を考えると，一定の場所に人が集まって暮らすような街づくりが望ましいと考え，市街地を集約し，遠方から通学や通勤をしている人，仕事や観光で訪れた人のために交通網を整えようとしています。またこのプランでは，⑥エネルギーに関し再生エネルギーの活用を地域再生計画の一つとして位置付けています。現在，夕張を次の世代につなぐための街づくり案が，⑦住民の意向を重視したモデルとして，発信されています。

問１　下線①以外で，都道府県市町村ごとに，住む人々が意思を表し，意思決定ができるしくみを何と言いますか。

問２　下線②について，次の問いに答えなさい。

⑴　この選挙に立候補できるのは，何歳《さい》からですか。

⑵　この選挙で立候補の受け付けを行う機関を書きなさい。

⑶　地方の政治において，下線②と同じ任期の役職は何ですか。

問３　下線③について，次の問いに答えなさい。

⑴　この対策の一つとして，自分の暮らしていない市町村に寄付する制度があります。2008年に導入されたこの制度を何と言いますか。

⑵　⑴を行うと，その人が暮らしている市町村などに納める税金が減額されます。その税金は何ですか。

問4　下線④に関して，右のグラフは，北海道全体と札幌市，函館市，夕張市の1920年以降の人口の変化を表しています。(1920年の人口をそれぞれ100としています)

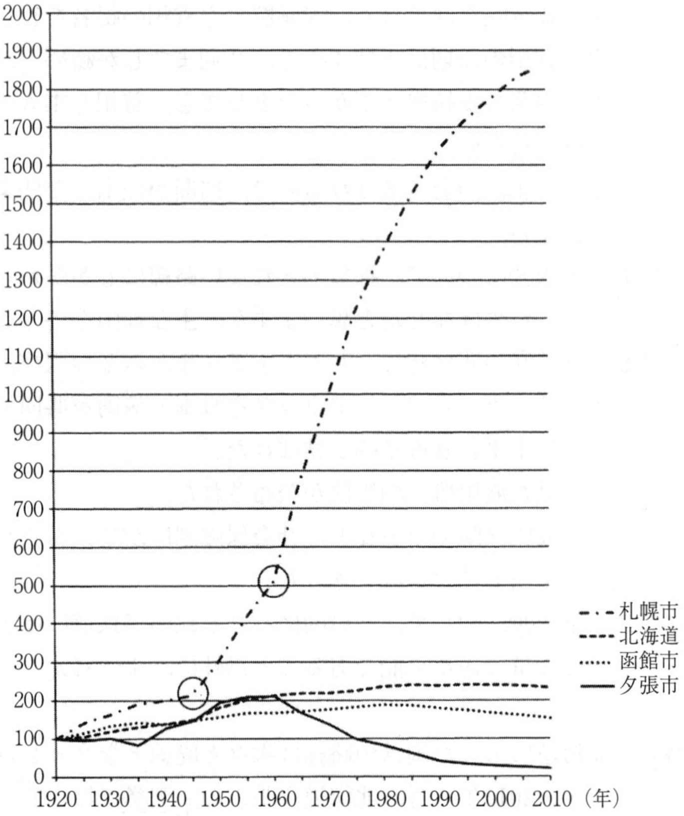

(北海道および各市の資料より作成)

(1)　グラフを読み取り，その上で考えられることとして，まちがっているものをア～オから1つ選び，記号で答えなさい。

ア　夕張市の人口は一番多かった時に比べ，4分の1以下に減少した。

イ　1980年代後半以降の人口の減少率は，北海道全体に比べて函館市の方が大きい。

ウ　1960年から1990年にかけて，札幌市の人口は4倍以上に増加した。

エ　札幌市の折れ線グラフの○印の変化は，市町村合併《がっぺい》が大きな要因である。

オ　北海道では，札幌市への一極集中が進んでいる。

(2)　グラフ上の夕張市の人口増減は，何の生産が関係していますか。

(3)　(2)を現在日本が輸入している国のうち，上位3位に入っていない国はどこですか。ア～エから1つ選び，記号で答えなさい。

ア　オーストラリア　　イ　中国　　ウ　インドネシア　　エ　ロシア

問5　下線⑤は財政難の対策としては有効ですが，この政策に対して住民からはどのような批判が出ると考えられますか。1つ書きなさい。

問6　下線⑥に関することを担当している省庁はどこですか。省略せずに書きなさい。

問7　下線⑦は，地方自治の民主主義的な原則です。地方自治にはもう一つどのような原則が必要ですか。それを表しているものとして，もっともふさわしいものをア～オから1つ選び，記号で答えなさい。

ア　地方間の格差をなくすため，国が地方を指導すること

イ　地方が国の要請《せい》の下《もと》，国の仕事を引き受けること

ウ　地方が国の指導の下，国から多くの財政支援《えん》を得ること

エ　地方が国の承認の下，地方の予算を決定すること

オ　地方が国の要求に対して不服申し立てができること

【理　科】（40分）〈満点：100点〉

Ⅰ　1　2014年9月に起こった御嶽《おんたけ》山の噴《ふん》火は「水蒸気爆《ばく》発」と呼ばれる。水蒸気爆発とは，地下のマグマからの熱により地下水が熱せられて起こる爆発的な噴火である。

(1)「水蒸気爆発」とは，水のどのような性質によって起こる噴火か，説明しなさい。

(2)　右図中のA～Mは，日本にあるいくつかの火山の位置を示したものである。御嶽山（①）および次の②～④の文章で説明した火山の位置をA～Mからそれぞれ選びなさい。

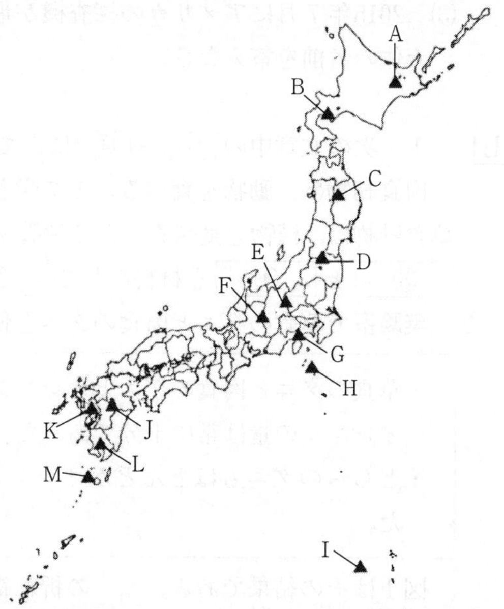

②　2015年5月に噴火し，噴煙《えん》は火口から約10kmの高さまで達した。この噴火で，気象庁は噴火警戒《かい》レベルを最高レベルの5に引き上げ，全島避《ひ》難となった。

③　2015年6月に，ごく小規模な噴火が確認され，気象庁は噴火警戒レベルを3に引き上げ，火口周辺への入山規制をしいた。道路や登山道の通行が禁止となり，主要な産業である観光産業に影響《えいきょう》が出た。

④　2013年11月，約40年ぶりの噴火とともに新しい島が出現し，大きな話題となった。噴火とともにこの新島は成長し，12月にはとなりの島と一体化した。今なお，噴火活動が続いている。

(3)　火山が噴火すると，さまざまなものが噴出する。次の文章中の ① ～ ③ にあてはまることばを答えなさい。

おだやかな噴火の場合，マグマは主に火口からあふれ出るように流れていく ① となる。爆発的な噴火の場合，マグマは引きちぎられ大小さまざまな破片となり噴《ふ》き上げられる。このようなもののうち，気泡《ほう》を多く含《ふく》むマグマの破片が気泡を含んだまま固まったものを ② という。また，激しく発生した気泡のためにマグマが粉々に破壊《かい》されて噴出したものは ③ という。

(4)　激しい噴火によって噴き上げられた破片が降り積もり，地層ができることがある。①「火山のはたらきによってできた地層中のれき」は②「河川など水のはたらきによってできた地層中のれき」とその形に違《ちが》いがある。②の形と比べたときの①の形の特ちょうを答えなさい。

2　人工衛星は，月のように地球をまわる。右図の人工衛星は，矢印の向きにおよそ2時間で地球を1周する。また，太陽光を反射して明るく輝《かがや》き，地上から肉眼で飛行していく様子が見えるときもある。

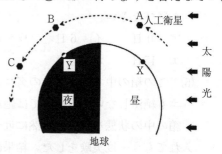

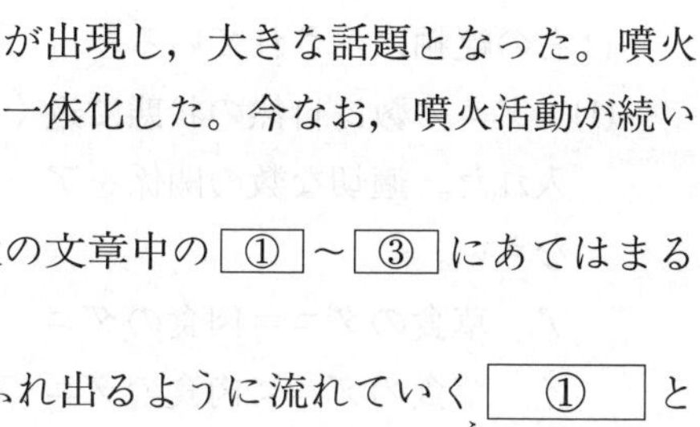

(1)　地球上のXに立っている人からは，この人工衛星を見ることができなかった。人工衛星がA，Bの位置にあるときに見ることができなかった理由をそれぞれ答えなさい。

(2) 地球上のYに立っている人からは，Bの位置にある人工衛星を見ることができたのに，人工衛星がCの位置に移動する途《と》中で見えなくなってしまった。見えなくなってしまった理由を答えなさい。

(3) 2015年7月にアメリカの探査機が最接近し，はじめてその表面の様子が詳《しょう》細に観測された天体の名前を答えなさい。

II　1　次の文章中の ① ～ ④ にあてはまることばを答えなさい。

肉食動物は，動物を食べることで栄養素として主に ① と脂肪《しぼう》をからだに取り入れる。草食動物は，植物を食べることで栄養素として主に ② をからだに取り入れる。植物は， ③ と ④ を材料にして ② をつくる。

2　実験室で草食のダニと肉食のダニを使って次のような実験を行った。

・草食のダニと肉食のダニとオレンジを箱に入れる。オレンジは草食のダニの餌《えさ》であり，オレンジの量は常に十分であった。
・どちらのダニもほとんどがオレンジの上にいたので，オレンジの上のダニの数を調べた。

図1はその結果である。-----の折れ線グラフの値《あたい》は左の縦軸《じく》，——の折れ線グラフの値は右の縦軸に示されている。

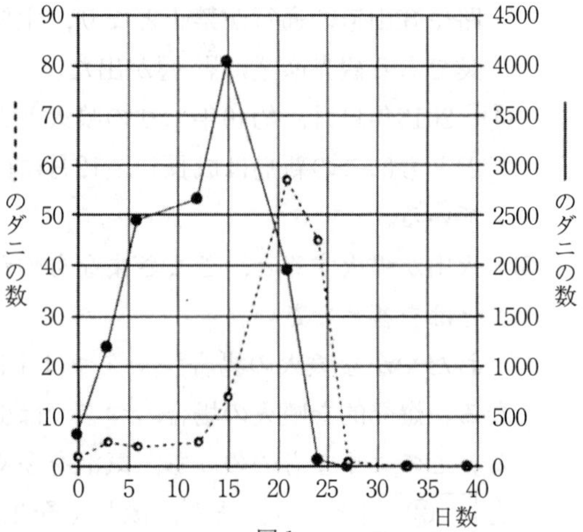

図1

(1) ダニの数は自然の状態に近くなるように入れた。適切な数の関係をア～エから選びなさい。
　ア　草食のダニ＝肉食のダニ
　イ　草食のダニ＜肉食のダニ
　ウ　草食のダニ＞肉食のダニ
　エ　様々な数の関係があるので，適当で良い。

(2) -----の折れ線グラフは草食のダニと肉食のダニのどちらの結果を表しているか答えなさい。

(3) 草食のダニ，肉食のダニ，オレンジの間にある関係を何と言いますか。

(4) 草食のダニが肉食のダニに食われ始めるのは実験開始何日後か，最も近い日数をア～オから選びなさい。
　ア　0日　　イ　6日　　ウ　12日
　エ　15日　　オ　21日

(5) この箱の中ではどちらのダニも33日後には絶滅《めつ》していた。しかし，自然界ではどちらのダニも絶滅しない。自然界では絶滅しない理由として考えられることを2つ答えなさい。

箱の中の状態を，より自然に近くなるよう工夫して，草食のダニと肉食のダニとオレンジを入れてもう一度実験をした。結果は，図2のようになり，どちらのダニでも増減が大きく3回くり返された。

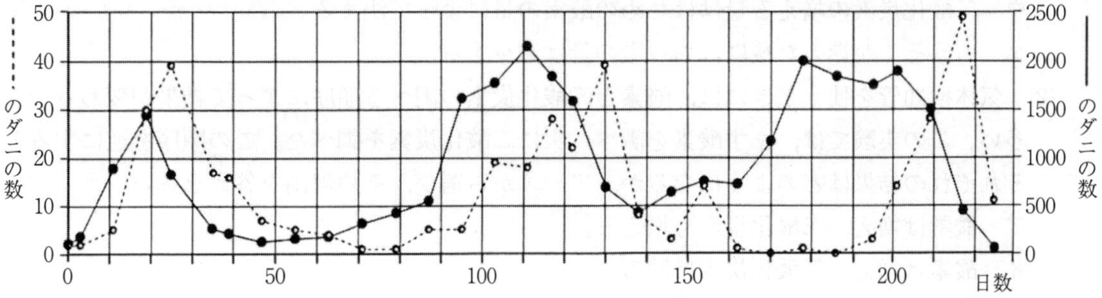

(Huffaker 1958より作成)

図2

(6) 図2のグラフについて正しく述べた文をア～カから選びなさい。

ア -----のダニの数は常に——のダニの数より少なかった。

イ -----のダニの数は——のダニの数より多くなったり少なくなったりした。

ウ -----のダニは増減をくり返しながら，だんだん数を増やしていった。

エ 大きな増減について考えると，-----のダニが減り始めたのは，——のダニが減り始めた後であった。

オ 最も数が増えたとき，どちらのダニの数も図1の最も数が増えたときよりも少なかった。

カ 20日後に生存していた——のダニの産んだ卵がかえったので，112日後に生存する——のダニの数が多かった。

(7) 近年，ダニが農薬代わりに利用され始めている。あるイチゴ農家でも，農薬を使う代わりに，あるダニをビニールハウスに放すことにした。どのようにして農薬代わりにダニを使うべきか，下のア～オから選びなさい。また，そのようにすると効果がある理由を「草食のダニ」「肉食のダニ」「イチゴ」ということばを使って30字以内で説明しなさい。

ア 草食のダニのみ使う。

イ 肉食のダニのみ使う。

ウ 肉食のダニ，草食のダニを同数使う。

エ 肉食のダニ，草食のダニともに使い，肉食の数を草食の数より多くする。

オ 肉食のダニ，草食のダニともに使い，草食の数を肉食の数より多くする。

Ⅲ

1 表のA～Cのように集気びんに気体を集め，その中に火のついたろうそくを入れた。火が消えた後に気体検知管を使って，集気びんの中に含まれる酸素と二酸化炭素の割合を調べた。Aの集気びんでろうそくが消えるまでの時間は10秒であった。

集めた気体		ろうそくを燃やした後の気体の割合	
		酸素	二酸化炭素
A	酸素20% ちっ素80%	16%	4％
B	酸素20% ちっ素75% 二酸化炭素5％	18%	7％
C	酸素10% ちっ素90%	10%	検出されず

二酸化炭素は0.5～8％用の検知管を使用して測定した

(1) 表の結果から考えて，正しい文をア～エから選びなさい。

ア はじめの酸素の割合が同じものは火が消えた後の酸素の割合も同じである。

イ Cの集気びんではろうそくの火はすぐ消えた。

ウ　二酸化炭素の増える量ははじめの酸素の量によって決まる。

エ　ろうそくが燃えた後にはちっ素の量は減少する。

(2)　気体検知管を使うときには，酸素と二酸化炭素の調べる順序によって結果が変わることが多い。この実験では，まず酸素を調べ，次に二酸化炭素を調べた。この順序を逆にすると，それぞれの結果はどのようになるか。ア～エから選び，その理由を答えなさい。

ア　酸素は増え，二酸化炭素も増える。

イ　酸素は増え，二酸化炭素は減る。

ウ　酸素は減り，二酸化炭素は増える。

エ　酸素は減り，二酸化炭素も減る。

2　直径6cm，長さ70cmの円柱形の筒《つつ》に移動ができる栓《せん》をして，図のようにこの中でろうそくを燃やした。栓の高さを変えてろうそくを燃やし，火が消えるまでの時間を測定すると右のグラフのようになった。

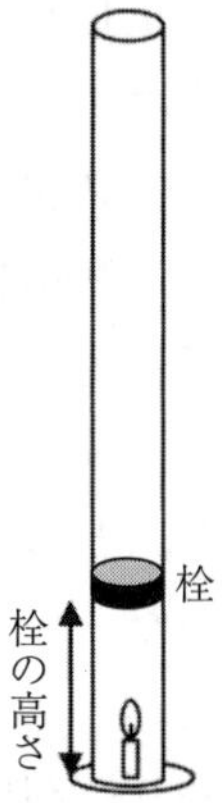

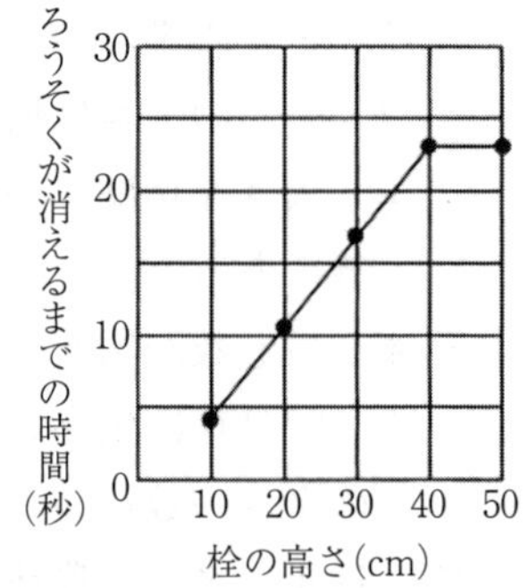

(1)　栓の高さを小さくすると実験ができなくなる。その理由を書きなさい。

(2)　グラフから考えて正しいものに○，間違っているものに×を書きなさい。

①　栓の高さが10～40cmでは，栓の高さが2倍になるとろうそくが消えるまでの時間も2倍になる。

②　栓の高さが60cmでは反応しないで残る酸素の量は，栓の高さが50cmのときよりも多いと予想できる。

(3)　筒の栓をとってろうそくを燃やしても途中で火は消えた。ところが，右の①，②のように細い管をろうそくの近くまで入れると火は消えなかった。このとき，細い管の中では空気はア，イのどちらの向きに動いているか，それぞれ選びなさい。

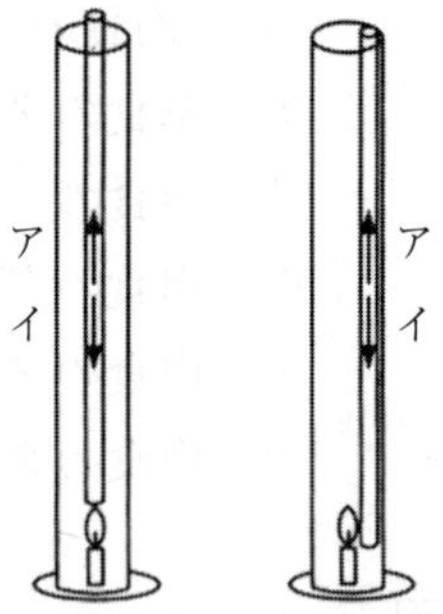

①　②

3　いくつかのものをある基準で2つに分けてみた。下の例では，空気中で火をつけたときに，燃えるか燃えないかで分けたと考えることができる。

(例)
ろう・紙・木炭・スチールウール
ガラス・食塩・石灰石

(1)　次のア～オを水への溶《と》けやすさを基準として分けるとき，水100gに50g以上溶けるものをすべて選びなさい。

ア　さとう　　イ　チョーク　　ウ　食塩　　エ　エタノール　　オ　でんぷん

(2)　次の①～⑤の分け方の基準はどのようなものか，ア～キから選びなさい。

①
コルク栓・発ぽうポリスチレン・氷
ゴム栓・ガラス・ペットボトルの切れ端《はし》

②
アルミニウム・鉄くぎ・スチールウール
ガラス・銅

③ チョーク・石灰石・貝殻《がら》
　 ガラス・銅・スチールウール

④ ろう・サラダ油・バター
　 さとう・食塩・空気

⑤ 5円玉・塩酸・空気
　 1円玉・蒸留水・二酸化炭素

ア　100℃のとき液体か

イ　0℃のとき液体か

ウ　水に入れたときに浮《う》くか

エ　2種類以上の物質が混ざっているか

オ　うすい塩酸を加えたとき，水に溶ける気体が出るか

カ　うすい塩酸を加えたとき，水に溶けない気体が出るか

キ　うすい水酸化ナトリウム水溶液を加えたとき，気体が出るか

(3)　次の①，②はどのような基準で分けたと考えられるか。その基準を書きなさい。

① セッケン・アンモニア・重そう
　 ミョウバン・二酸化炭素・食塩

② 鉄・銅・えんぴつの芯《しん》
　 ガラス・紙・ペットボトルの切れ端

Ⅳ　同じ材質，太さで，長さが2.5cm，5cm，7.5cmの3つの電熱線ア，イ，ウがある。これらに，図1のように電源装置と電流計をつなぎ，電源装置の電圧を1.5V，3V，4.5Vにしたときの電流の強さを調べた。その結果をまとめたものが表1である。

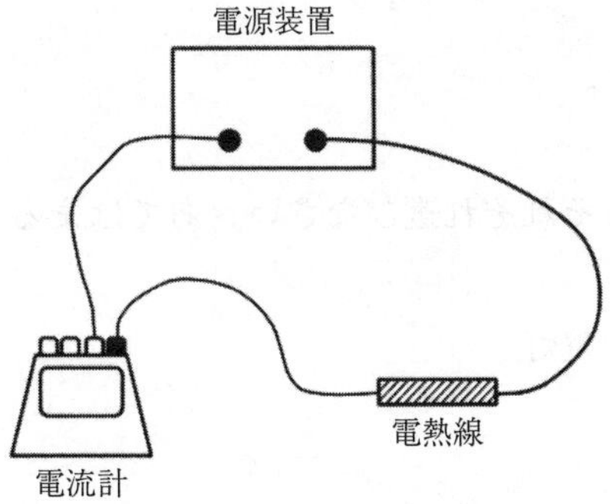

図1

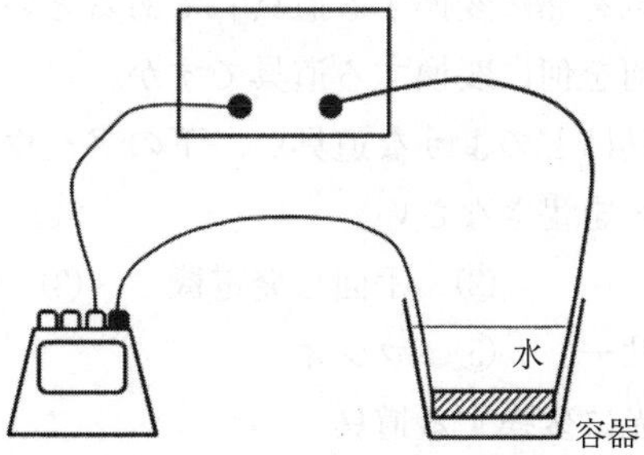

図2

電圧		1.5V	3V	4.5V
電流の強さ	ア	0.6A	1.2A	1.8A
	イ	0.3A	0.6A	0.9A
	ウ	0.2A	0.4A	0.6A

表1

次に，図2のように発ぽうポリスチレンの容器に水を入れ，図1の回路の電熱線の部分を水の中に入れた。5分間電流を流し，よくかき混ぜた後，水の温度変化を調べた。水はどの実験でも同じ量にしている。

電源装置の電圧を３Ｖにして，電熱線ア，イ，ウでそれぞれ実験を行った結果が表２である。

電熱線	ア	イ	ウ
上昇《しょう》した水の温度	6 ℃	3 ℃	2 ℃

表２

電熱線ウで，電源装置の電圧を1.5V，３Ｖ，4.5Vにして実験を行った結果が表３である。

電圧	1.5V	3 V	4.5V
上昇した水の温度	0.5℃	2 ℃	4.5℃

表３

1　電熱線の長さを変えずに，電源装置の電圧を２倍にすると，回路を流れる電流の強さは何倍になりますか。

2　電源装置の電圧が同じとき，電熱線の長さを２倍にすると，回路を流れる電流の強さは何倍になりますか。

3　電源装置の電圧が同じとき，電熱線の長さを２倍にすると，上昇した水の温度は何倍になりますか。

4　電熱線の長さを変えずに，電源装置の電圧を２倍にすると，上昇した水の温度は何倍になりますか。

5　図２の装置を用いて①～③の条件で実験を行うと，水の温度は何℃上昇すると考えられますか。

①　電熱線イで，電源装置の電圧が1.5V

②　電熱線アで，電源装置の電圧が4.5V

③　長さ10cmの電熱線で，電源装置の電圧が６Ｖ

6　電熱線は「電気を熱に変換《かん》する道具」であるといえる。

(1)　マイクは，何を何に変換する道具ですか。

(2)　①～⑤の道具はどのような道具か，下のア～ウからそれぞれ選びなさい。あてはまるものがないときは×を書きなさい。

①　洗濯《たく》機　　②　手回し発電機　　③　懐《かい》中電灯

④　コンデンサー　　⑤　ラジオ

ア　電気を光に変換する道具

イ　電気を音に変換する道具

ウ　電気を運動に変換する道具

ウ　夢や空想の世界を軽《かろ》んじて、現実的なことばかりに目を向けているということ。

エ　子どもの気持ちをくみ取ろうとせず、大人の判断でしか物事を捉《とら》えようとしないということ。

問六　――⑥「しっかり支えている」とありますが、具体的には何をしていると言えますか。本文から探し、最初と最後の五字を答えなさい。

問七　――⑦とありますが、筆者の考える「子どもの文学の力」とはどういうものですか。文章全体から探して、最初と最後の五字を答えなさい。

問八　――⑧「何か買ってもらったことと、どこかに連れていってもらったこと」に置きかえられる語句を、本文から十字以内で抜《ぬ》き出しなさい。

問九　――⑨「日常にあるそういう幸せ」とはどういう幸せですか。最も適切なものを次から選びなさい。

ア　不安を抱《いだ》いている時に、自分という個人に向けられた愛情から、他者とのつながりを感じた幸せ。

イ　甘《あま》えることを許してくれるという、ある一定の時期にしか得ることのできない、特別な幸せ。

ウ　自分がしてほしいと望んでいたことを、言葉にしないでも分かってかなえてくれたという幸せ。

エ　身近な人との直接の触《ふ》れあいを通し、自分が受け入れられていることを実感したという幸せ。

オ　自分も大切に思っている相手から、自分だけが大切にされているという安心感を得られた幸せ。

問十　(1)　――⑩とありますが、「毛穴から空気が入ってくる」とは、どんな様子をたとえていますか。次から選びなさい。

ア　当たり前に習慣として行われている様子。

イ　人間本来の生き方に即《そく》している様子。

ウ　知らぬ間に外からの影響《えいきょう》を受けている様子。

エ　体全体が敏《びん》感にとぎすまされている様子。

(2)　「そういう意識」とはどういう意識か、答えなさい。

問十一　――⑪とありますが、「物語を手許《もと》に手繰《たぐ》り寄せる」とはどういうことですか。自分の言葉でわかりやすく説明しなさい。

問十二　――⑫とありますが、「歴史とつながっていく」とはどういうことですか。最も適切なものを次から選びなさい。

ア　昔の人の感じ方考え方に共感し、その存在を身近に感じられるようになるということ。

イ　自分の生まれる前にあった出来事が、今の自分を作っていると理解するということ。

ウ　それまで知識として知っていた過去に、実感が伴《ともな》うようになってくるということ。

エ　日常の幸福の物語は、先祖から代々受け継《つ》がれてきたものだと気づくということ。

問十三　――⑬「私は勉強はできたほうが絶対いいと思っています」とありますが、筆者がそのように考える理由を、二点答えなさい。

三　次のカタカナを漢字に直しなさい。

1　水分がジョウハツした。

2　原因をキュウメイする。

3　遠足が一日ノびる。

4　子犬をアズかる。

(※孤立、分離《り》)つまりバラバラに孤立していく、誰《だれ》とも関係なく立っている状態は、人間としてあまりに寂《さび》しいことだと思います。

いまのように、文字を読む力、書く力、さらには他人《ひと》の話を聴《き》く力が衰えていきますと、一人ひとりがバラバラになっていく危険がある。ここにいらっしゃる方はみなさんご経験があると思いますが、何十年もかけてやっと思いついたら、そのことはとっくの昔に先人たちがちゃんと書いてくれていた。そうか、こういうことは、もうとっくに書かれていたんだな。すごいなあと思う。そのとき初めて私たちはその⑫歴史とつながっていきますよね。前に生きた人たちと、時間・空間をこえてつながっていく。そういう形でいろんな人とつながっていく。やっぱりそういう中で生きたいと思うんですね。

そのためにはどうしても、読み書きをしっかり学ぶ。そして、算数あるいは数学も。「勉強はできなくてもいい」という大人がいますけれど、⑬私は勉強はできたほうが絶対いいと思っています。物理でもなんでもできたほうがいい。それは、人を押《お》しのけるためではありません。他者とつながるためにです。誤解されることを承知で言うのですが、いろんなものができたほうが、やっぱりいいのです。楽しめるのです。今は、勉強はのしあがるため、とすぐ取られちゃいますけれど、本当はそうではない。できないものは仕方ありませんが。私もできないことばかりです。できることは、ほんとにわずかしかない。でも、できたほうがいいと思っています。コンピュータの操作もそう。反発しているわけではありません。そうやって人とつながって、もっともっと世界を楽しんだり、いろいろなものを見極《きわ》めたりできたほうがいいと思うのです。

(『幸福に驚く力』清水眞砂子)

問一　――①「うまい言い方」とは、ここではどういう表現のことですか。次から選びなさい。

ア　普《ふ》通の人が全く予想もできない表現
イ　人を納得《なっ》させるようなたくみな表現
ウ　真実と思わせるもっともらしい表現
エ　人の心に強く残る味わいのある表現

問二　――②「そこなんじゃないか」とありますが、「そこ」の指し示している内容をわかりやすく説明しなさい。

問三　――③「一手に引き受ける」とありますが、

(1)「一手に」の意味を次から選びなさい。
ア　一回だけで
イ　休みなくひといきに
ウ　同時にそろって
エ　自分一人だけで

(2)　次の文には「手」を使った慣用句が含まれています。空欄《らん》にあてはまる言葉を書きなさい。
i　(　　)から手が出るほど欲しい。
ii　手(　　)にかけて育てた子ども。
iii　忙《いそが》しくて(　　)の手も借りたい。

問四　――④「中心にいる人たち」とは誰《だれ》のことか、あてはまるものをすべて選びなさい。

ア　子ども　　イ　老人　　ウ　壮《そう》年期の人
エ　親の世代の人　　オ　先人たち

問五　――⑤「ものわかりが悪い」とは、ここではどういうことですか。適切でないものを次から選びなさい。

ア　大人は正しくて、子どもは何も知らないと決めつけ、本気では相手にしていないということ。
イ　子どもが使う言葉を忘れてしまっており、繰《く》り返し説明しないと理解しないということ。

当に幸福なんだろうかと思いました。そのことを友人に話しましたところ、友人に「それは訊《き》き方が悪い」と即《そく》座に言われました。彼女《かの》は同じ質問を子どもたちにしてみたことがあるというのです。ほうっておけば、そういう答えしか出てこないのは当たり前、と私は彼女に言われました。では、どうしたらいいのか。彼女が教えてくれたことはこうでした。「何かを買ってもらったことと、どこかに連れていってもらったことを除いて、一番楽しかった思い出は何？　と聞いてみること」。それで昨年からは私も「何かを買ってもらったことと、どこかに連れていってもらったことを除いて、子ども時代の一番幸せな思い出は何？」と聞くようにしました。すると、出てくること、出てくること。それぞれ一冊の本ができるくらいすてきなものが出てくるんです。

今年、ある学生はこう言いました。幼稚《ち》園にいっていた頃、おばあさんが入院していた。そこでおじいさんと、ちょくちょく病院にお見舞《ま》いに行った。その時、電車に乗って行ったそうなんですが、その電車の中でおじいさんが隣《となり》に座《すわ》っている幼い彼女の膝《ひざ》をトントントントン叩《たた》き続けてくれた、というんです。それが彼女にとって子ども時代の一番幸福な思い出だと。なんてすてきなんでしょう。おじいさんにしてみれば、ただ不安だったのかもしれません。もしかしたらおばあさんを近いうちに亡《な》くすかもしれないという不安にさいなまれていたのかもしれません。でも、子どもにとって、電車に乗っている間おじいさんがずっと自分の膝をトントントントン叩き続けてくれたことは至福と言っていいことだったのです。

また、ある学生はこう言っています。まだ靴《くつ》下を自分で履《は》けないくらい小さかった頃のこと。母親はいつも靴下を履かせてくれた後に、足をくるっと撫《な》でてくれたというんです。これは、よくやることかもしれませんね。彼女は、あの撫でてもらった感触《しょく》が忘れられないと言うんです。それから、こう言った学生もいます。自分の母親は専業主婦でずっと家にいて、学校から帰ると「おかえり」と迎《むか》えてくれたけれど、それが「おかえり」だけじゃなかったというんです。「○○ちゃん、おかえり」と必ず自分の名前を呼んでくれた。そのことが嬉《うれ》しかったというんですね。

そういう、つまり⑨日常にあるそういう幸せをしっかりと受け取る力が子どもにはあるんですね。ちゃんとある。でも、子どもたちの、あるいは学生たちの、一人ひとりにあるにもかかわらず、それを放っておきますと、イベントや買い物のほうに目が行ってしまう。そういうものに邪魔《じゃま》されて見えなくなってしまうんです。そして、（中略）自分たちの日常なんてつまらないものと思い込《こ》まされていく。語るに値《あたい》しないものだと思い込まされていく。そういう力が今、私たちにいろんな形でのしかかってきている。それは幼い子どもにとっても同じです。⑩毛穴から空気が入ってくるように、そういう意識を持たされていく。自分たちの日常なんて話すに値しないことなんだと思い込まされていく。でも、そんななかで子どもの文学は、日常の中にある幸福に驚く力を私たちの中に培《つちか》ってくれるんですね。

ただ問題は、⑪そういう物語を手許《もと》に手繰《たぐ》り寄せる力が弱まっていることです。私は今、それがとても心配です。今は何をおいても、読み書きの力を学校でちゃんとつけてやってほしい。いつの時代でも、読み書きはちゃんとしてほしい。読む力が衰《おとろ》えてきますと、私たちの先人が残していってくれたすてきな日常の物語、幸福の物語が、子どもたちに手繰り寄せられないということになります。数々のそういう物語がすぐ傍《かたわ》らで手が伸《の》ばされてくるのを待っているというのに。そうなっていきますと、一人ひとりがただ孤《こ》立していきます。バラバラに切り離《はな》されていく。私は、solitude（※一人ぼっち、孤独）は人が人として生きていくためには欠かせないものだと思いますが、isolation

問十二　⑫・⑬にあてはまる言葉を漢字一字で答えなさい。

問十三　筆者の考えや感じ方に合っているものを、次から二つ選びなさい。

ア　街で出会ったものは、写真に収めておくといずれ役立つ。

イ　いつかなくなってしまうものに意味を認めたい。

ウ　自分の感性で見つけたものをいつも人に評価されたい。

エ　人が生み出した芸術も自然も、平等の価値がある。

オ　自然には、その瞬《しゅん》間にしかない美しさがある。

二

次の文章を読んで問いに答えなさい。（本文中の※は注として付記したものです。）

子どもの本の中では、老人と子どもが相性《しょう》が良いものとして描《えが》かれることが多い。河合隼雄《かわいはやお》さん（※心理学者）は、それをいつかこんなふうに説明しておられました。「どちらもあの世に近いからね」と。あの世からきて間もない人と、間もなくあの世にいく人と、という意味なんです。私はその時はなるほどと思い、①うまい言い方だなと感心したんですが、やがてどうもあやしいと思うようになりました。

私はある頃《ころ》から日常生活のちょっとした小さいことがすごく楽しくなってきて、その話をある女たちのグループでしましたら、そこにいらしたほとんど同年輩《ぱい》の方に、「それは歳《とし》をとったってことですよ」と言われたんです。日常の些《さ》細なことに喜びを感じるようになったら、それは歳をとったということだと。私は②そこなんじゃないかという気がします。幸福に驚《おどろ》く力は子どもにある。老人にもある。それでは壮《そう》年期の人はどうか。これはもう大変です。子どもと老人、両方の世代を支えるために現実のくらしの部分を③一手に引き受けなければなりませんから、そんなゆとりはないかもしれません。だいたい世界の外れにいるほうが、ものはよく見えるもので、④中心にいる人たちにはなかなかものは見えないわけです。壮年期の人たちは家族を食べさせること、着せること、住まわせることを引き受けなくちゃならない。年齢《れい》がいってやがて少し外れていけば、幸福に驚く時間もゆったりともつことができるでしょうけれど。フィリパ・ピアス（※イギリスの児童文学者）は実はそういう壮年期の人々まで作品の中で見事に書き分けていますね。

私は若いころ、フィリパ・ピアスの作品を読んでいて、ピアスの作品に登場する子どもの親の世代、つまり壮年期の人たちはどうしてこんなに⑤ものわかりが悪いんだろうと思いました。子どもの問いにちゃんと答えていないし、どうして、もう少し子どもの方を向いて答えてくれないんだろうと思ったのです。なぜこんなにぶっきらぼうなのかと思い、なぜファンタスティックな（※空想的な）世界がこんなにわからないの、と思いました。でも、このごろになって、そうだよな、そこの世代が⑥しっかり支えているから、子どもは思う存分、子どもとしていられるし、年寄りもまたそうしていられるのかもしれない。そう思うようになりました。そう思って、あらためて読みなおしますと、ピアスの世代の書きわけ方は見事というほかない。

今や情報化社会はどんどん進展していっていますが、こういう時代だからこそ子どもの文学は力を持ち得《う》るのではないかと、このごろはますます⑦子どもの文学の力を考えるようになりました。（中略）

私は一昨年から、勤務先の短大の新入生に聞き始めました。「子ども時代の一番幸福な思い出は？」と。ところが最初の年に出てきたのは、⑧何か買ってもらったことと、どこかに連れていってもらったことばかりでした。私は、ちょっと違《ちが》うのではないか、そんなものが本あらゆるものに対して平等だからである。

（『本の夢 小さな夢の本』田中淑恵）

問一 ——①とありますが、「目が釘付けになる」とはどうなることですか。解答欄《らん》にあわせて八字以内で答えなさい。

問二 ——②の「画布」は、絵を描くための布のことですが、「画布」とは、ここでは何を表していますか。文中の語で答えなさい。

問三 ——③「縦横」の読みを答えなさい。

問四 ——④「遠からず消えてゆく」の意味を、次から選びなさい。

ア 遠くへ消えてゆく
イ かならず消えてゆく
ウ いつか消えてゆく
エ 間もなく消えてゆく

問五 ——⑤「もとよりなく」の意味を、次から選びなさい。

ア けっしてなく
イ はじめからなく
ウ もちろんなく
エ まよいなく

問六 ——⑥は、どのようなことを表しているのか。次の中からふさわしいものを選びなさい。

ア 他の人に自分のしたことが見つからないように、自分の世界を大切にして楽しんでいる。
イ いつか誰かに気づいてもらえると信じて、今できることを熱心に行っている。
ウ 他の人にどう思われるかなど考えず、自分の気持ちのままに行動している。
エ 誰に何と言われようが、自分が満足することを優先して自由にふるまっている。

問七 ——⑦とはどういうことですか。わかりやすく説明しなさい。

問八 ——⑧「仕事」とありますが、作者はどのような仕事をしている人ですか。次から選びなさい。

ア 物語を考えて文章を書く人
イ 本の表紙などをデザインする人
ウ 子どもの絵を撮影《さつえい》する人
エ 絵や写真を収集する人

問九 ——⑨「著作権所有者」とは誰ですか。十二字以内で答えなさい。

問十 ——⑩「世間の評価や価値観を超えた共鳴を覚えてしまう」とはどういうことですか。最も適切なものを次から選びなさい。

ア 一般的には理解されていないことに価値をおき、共感する。
イ 一般的には認められていない無名の場合にのみ、共感する。
ウ 一般的な想像を上まわる自分なりの判断基準で、共感する。
エ 一般的な評価を得られているかには関わりなく、共感する。

問十一 ——⑪「後者のほうが、私には限りなくいとしい」のはなぜですか。次から選びなさい。

ア 世間の評価がまだないものに自分が価値を見いだせたことで、喜びを感じるから。
イ 高い評価を受けているということは、自分の価値観が正しかったと安心できるから。
ウ はかなく消えてゆくものを愛することで、他者と異なる自分の個性に気づき満足するから。
エ それまで無名であったということは、自分こそが発見者であると、ほこらしく思えるから。
オ 自然や季節のゆるぎない彩りは、新しい感動を呼び、自分の手で守りたくなるから。

平成二十八年度 女子学院中学校

【国　語】（四〇分）〈満点：一〇〇点〉

一　次の文章を読んで問いに答えなさい。（本文中の※は注として付記したものです。）

中央が少し膨《ふく》らんだコンクリートの道。何かしらいつもとは違《ちが》うものを感じて、近づいてそれが何なのかがわかったところで、①私の目はそのまま釘《くぎ》付けになってしまった。②あたかも画布ででもあるかのように、愛らしい子どもたちと花や家などが③縦横に描《えが》かれてあった。あきらかに幼児のものとわかる描《びょう》線は、イエロー、ピンク、ブルー、グリーン、ホワイトの五色のチョークで、道のなかほどまでも広がっている。子どもたちは実に楽しげに、またのびのびと、道の上で遊び戯《たわむ》れていたのだった。私は急いでカメラを取りに戻《もど》り、アングル（※角度）を変えては次々にシャッターを押《お》し続けた。

絵は、濃《こ》いグレーのコンクリートにしっくりと調和したパステルトーン（※淡《あわ》い色づかい）で、四角い胴《どう》体、三角のスカートなど、幼児の絵の特徴《ちょう》を示しながらも、どこか心に沁《し》み入るような哀《あい》感があった。これが④遠からず消えてゆくもの、ほんの一雨であとかたもなくなるものだと直感したからかもしれない。幼児は誰《だれ》かに見せるために描いたのでは⑤もとよりなく、ただこの戸外の道に無心のインスピレーション（※ひらめき）を得て、描きはじめたら、道は黒板よりもひろびろとして、さぞ楽しかったことだろう。深い山奥《おく》の湖のほとりに、咲《さ》いては花を散らす野草たちが、⑥誰かに見られるためではなく、まさしく自分自身のために咲いているように。

予感のとおり、その夜は雨になった。⑦路上の子どもたちは、のびやかな手足を流されはじめているだろう。何やら落ち着かぬ夜を過ごして、翌朝戸外に出てみると、あの生き生きとした絵は、もうこの世のどこにも存在してはいなかった。

それは遠い日の情景だったが、写真は今も私の手元に残っている。⑧仕事に使えないかと思ったりもしたが、装《よそお》われるにふさわしい本には、いまだ巡《めぐ》り会えないままである。⑨著作権所有者も描いたことすら忘れ果てているはずだから、捜《さが》す手立てはもはやない。

このうたかたの（※水にうかぶあわのような）人の世で、一生もまさに路上の絵のようなものではないだろうか。どれほど優《すぐ》れた仕事をしたとしても、不滅《めつ》のいのちはついに宿らず、もともといなかった人のように消えてゆく。そのあとにまた絵が描かれ、ふたたび流されてゆく。しかし、いのちがはかないものだからこそ人は何かを残そうとし、はかなさの意味を思いめぐらすのだろう。その思いに「いのちの香《かお》り」があったなら、⑩私は世間の評価や価値観を超《こ》えた共鳴を覚えてしまう。すでに定まった評価というものは、長いこと私自身には何の意味も持っていなかった。それは他者が与《あた》えた価値観だからである。自分の眼《め》と手で見つけたものを、自分の流儀《ぎ》で愛してきた。それらがもう高い評価を受けている場合もあるし、まったく無名なときもある。そして、⑪後者のほうが、私には限りなくいとしい。

どこにでもあるのに、いつも新しい感動を呼ぶもの、それは一日の終りに［⑫］が焼けて、移ろってゆく朱《しゅ》の色、暮れてゆく菫《すみれ》色、深い陰《いん》影《えい》に彩《いろど》られた雲の流れや、微《び》少な皺《しわ》をうねらせている海のさざなみ、渚《なぎさ》の風紋《もん》、燃え立つような紅葉、さまざまな六華《りっか》のヴァリエーション（※種類）を見せてくれる［⑬］の結晶《しょう》などである。自然や季節のゆるぎない彩りの前にあっては、無上の芸術もたちまち色を失ってゆく。自然の造形は、ただ美しく豊かであるばかりでなく、思い切りがよく、

平成28年度

女子学院中学校 ▶解説と解答

算　数　(40分)＜満点：100点＞

解　答

[1] (1) $\frac{3}{10}$　(2) **87★13**…96, D…29, 58, 116　(3) 分速75m, 分速112.5m　(4) **角**㋐…86度, **角**㋑…49度　(5) 128cm　(6) ㋐ 6cm^2　㋑ 6cm^2　㋒ 3cm^2　㋓ 1.5cm^2　[2] 1978.2m^2　[3] 20時間9分36秒, 48分48秒だけ短い　[4] 432cm^3, 2cm　[5] 2026年8月, 3月と10月, 2027年1月1日は月曜日, 2028年3月1日は天曜日, 9月37日　[6] 20人, 52分20秒

解　説

[1] 逆算, 整数の性質, 速さ, 角度, 長さ, 面積

(1) $3-3\div1\frac{1}{3}=3-3\div\frac{4}{3}=3-3\times\frac{3}{4}=3-\frac{9}{4}=\frac{12}{4}-\frac{9}{4}=\frac{3}{4}$より, あたえられた式は, $\left(1\frac{1}{8}-\square\times1.25\right)\times1.5-\frac{3}{4}=\frac{3}{8}$となる。これより, $\left(1\frac{1}{8}-\square\times1.25\right)\times1.5=\frac{3}{8}+\frac{3}{4}=\frac{3}{8}+\frac{6}{8}=\frac{9}{8}$, $1\frac{1}{8}-\square\times1.25=\frac{9}{8}\div1.5=\frac{9}{8}\div\frac{3}{2}=\frac{9}{8}\times\frac{2}{3}=\frac{3}{4}$, $\square\times1.25=1\frac{1}{8}-\frac{3}{4}=\frac{9}{8}-\frac{6}{8}=\frac{3}{8}$　よって, $\square=\frac{3}{8}\div1.25=\frac{3}{8}\div\frac{5}{4}=\frac{3}{8}\times\frac{4}{5}=\frac{3}{10}$

(2) まず, 87÷13＝6余り9より, 87★13＝87＋9＝96である。次に, 121★D＝Pとすると, 96とPの最小公倍数が2016である。右の計算で, 96とPの最小公倍数を考えると, 96÷ア＝イ, P÷ア＝ウ(イとウは1以外の公約数をもたない)で, 最小公倍数は, ア×イ×ウで求められる。よって, ア×イ＝96, ア×イ×ウ＝2016だから, ウは, 2016÷96＝21となる。また, ア×イ＝96＝2×2×2×2×2×3と表せるが, イとウは1以外に公約数をもたないので, ウ＝21＝3×7より, イは3の倍数ではない。これより, アは, 3を1個と2を0個以上5個以下かけ合わせた数となるから, P＝ア×ウより, Pとして考えられる数は, 3×21＝63, (3×2)×21＝126, (3×2×2)×21＝252, …となる。ところが, Pは121と, 121をDで割った余りの和であり, 121をDで割った余りが121より大きくなることはないので, Pは121以上, 121＋121＝242以下の数である。よって, Pは126に決まるから, 121をDで割った余りは, 126－121＝5と分かる。したがって, Dは, 121－5＝116の約数で, 5より大きい数だから, あてはまる数をすべてあげると, 29, 58, 116となる。

ア) 96　P
　　イ　ウ

(3) 待ち合わせの時刻の1分前に着くには, 15－1＝14(分)で家から駅まで行く必要があるので, 歩く速さは, 分速, 1050÷14＝75(m)と求められる。よって, 4分後に忘れ物に気づくまでに進んだ道のりは, 75×4＝300(m)だから, 忘れ物に気づいてから家に帰り, 駅に着くまでに走った道のりは, 300＋1050＝1350(m)となる。また, 2分遅刻《ちこく》したので, Jさんが駅に着いたのは最初に家を出てから, 15＋2＝17(分後)であり, 忘れ物に気づくまでに4分, 忘れ物をとるのに1分かか

ったので，忘れ物に気づいてから駅に着くまでに走った時間の合計は，17－4－1＝12(分)と分かる。したがって，忘れ物に気づいてからの速さは，分速，1350÷12＝112.5(m)と求められる。

(4)　下の図1で，角㋒は，180－(65＋67)＝48(度)で，三角形ABCは二等辺三角形だから，角㋓＝角㋒＝48度となる。また，三角形CDEは二等辺三角形なので，角㋔は，180－67×2＝46(度)となる。よって，角㋐は，180－(48＋46)＝86(度)と求められる。次に，三角形CBDは二等辺三角形だから，角㋕は，(180－86)÷2＝47(度)となる。また，角㋖は，180－48×2＝84(度)である。よって，角㋑は，180－(47＋84)＝49(度)と求められる。

図1

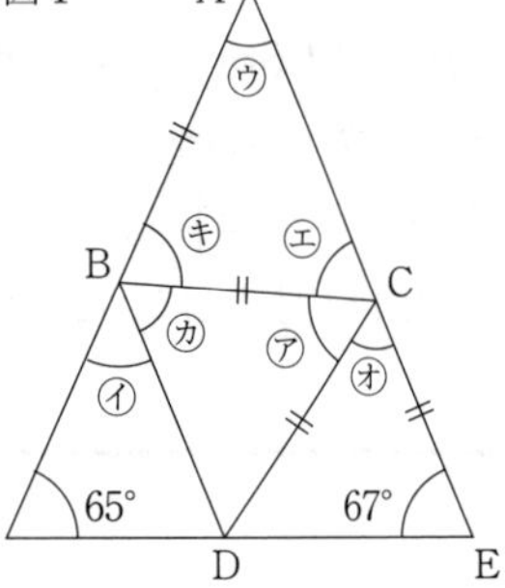

図2

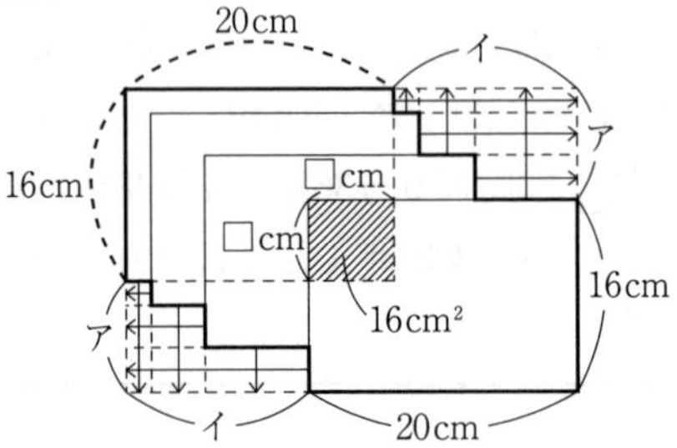

図3

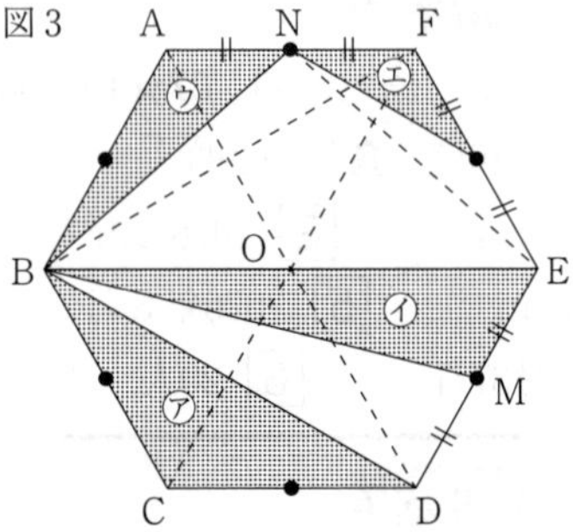

(5)　4枚とも重なる部分は上の図2の斜線《しゃせん》部分で，この正方形の1辺の長さを□cmとすると，□×□＝16より，□＝4cmとなる。また，太線部分の一部を矢印のように移動すると，太線部分の長さの合計は，縦(16＋ア)cm，横(20＋イ)cmの長方形の周の長さと等しくなる。アは，16－4＝12(cm)より，縦の長さは，16＋12＝28(cm)で，イは，20－4＝16(cm)より，横の長さは，20＋16＝36(cm)だから，太線で示された周の長さは，(28＋36)×2＝128(cm)と求められる。

(6)　上の図3のように，正六角形ABCDEFを6個の合同な正三角形に分けると，ひし形BCDOの面積は正三角形2個分で，㋐はその半分だから，正三角形，2÷2＝1(個分)の面積となる。よって，㋐の面積は，36÷6＝6(cm²)と求められる。次に，台形BCDEの面積は正三角形3個分で，㋐の面積は正三角形1個分だから，三角形BDEの面積は正三角形，3－1＝2(個分)となる。また，DM＝MEより，㋑の面積は三角形BDEの半分になるので，正三角形，2÷2＝1(個分)となる。よって，㋑の面積は6cm²である。さらに，三角形ABFの面積は㋐の面積と等しく6cm²で，㋒の面積はその半分だから，6÷2＝3(cm²)と求められる。そして，三角形NEFの面積は㋒の面積と等しく3cm²で，㋓の面積はその半分だから，3÷2＝1.5(cm²)と求められる。

2　平面図形―面積

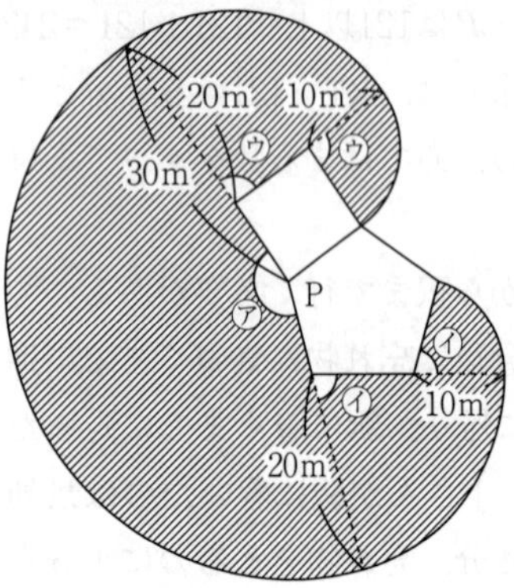

犬が動ける範囲は左の図の斜線部分で，5つのおうぎ形に分けられる。また，正方形の1つの内角は90度で，正五角形の1つの内角は，180×(5－2)÷5＝108(度)だから，㋐の角は，360－(90＋108)＝162(度)，㋑の角は，180－108＝72(度)，㋒の角は90度となる。よって，動ける範囲の面積は，$30\times30\times3.14\times\frac{162}{360}+20\times20\times3.14\times\frac{72}{360}+10\times10\times3.14\times\frac{72}{360}+20\times20\times3.14\times\frac{90}{360}+10\times10\times3.14\times\frac{90}{360}=405\times3.14+80\times3.14+20\times3.14+100\times3.14+25\times3.14=630\times3.14=1978.2(m^2)$と求められる。

3 仕事算

Aだけでは1個作るのに0.6分かかるので，2016個作るのに，0.6×2016＝1209.6(分)かかる。1209.6÷60＝20余り9.6より，1209.6分は20時間9.6分で，0.6分は，0.6×60＝36(秒)だから，Aだけで作る場合にかかる時間は20時間9分36秒である。また，BとCの2台で作るとき，1.2×13＝1.3×12＝15.6(分)より，Bが13個作るのにかかる時間とCが12個作るのにかかる時間はどちらも15.6分なので，作り始めてから15.6分ごとに合わせて，13＋12＝25(個)ずつ作っていくことになる。よって，2016÷25＝80余り16より，作り始めてから，15.6×80＝1248(分後)までに，25×80＝2000(個)作り，残りは，2016－2000＝16(個)となる。このあと，残りの16個を作るようすは右の図のように表せるので，この16個を作るのにかかる時間は10.4分とわかる。したがって，BとCの2台で2016個を作るのにかかる時間は，1248＋10.4＝1258.4(分)となり，1258.4÷60＝20余り58.4，0.4×60＝24より，1258.4分は20時間58分24秒だから，Aだけで作る場合にかかる時間はBとCの2台で作る場合に比べて，20時間58分24秒－20時間9分36秒＝48分48秒だけ短い。

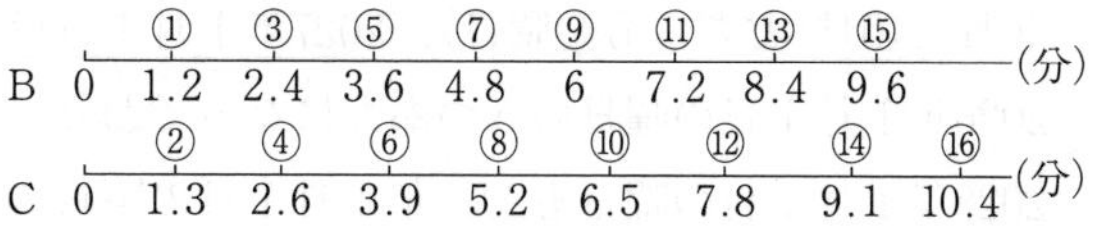

4 立体図形—水の深さと体積

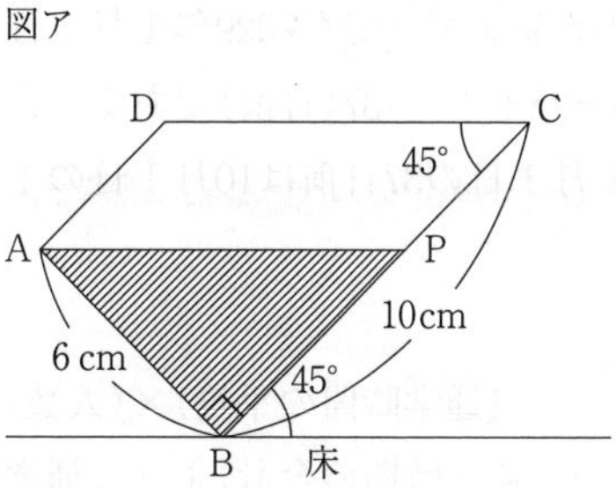

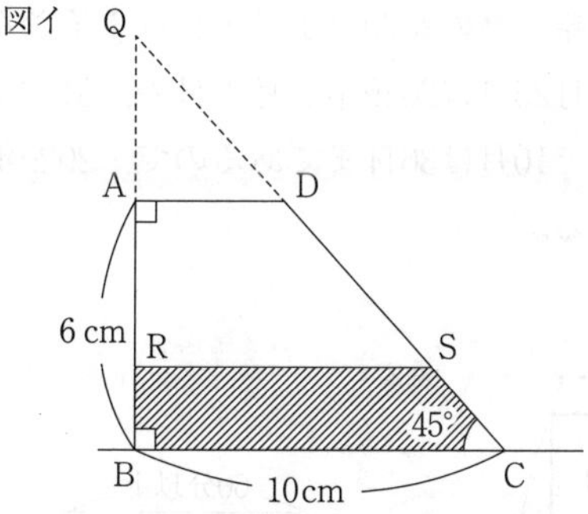

左の図アは容器を傾《かたむ》けたようすを正面から見た図で，斜線部分(三角形ABP)は水が残っている部分を，斜線以外の部分(四角形DAPC)は水の入っていない部分を表しているので，こぼれた水の体積は，四角形DAPCを底面とする高さが18cmの角柱の体積になる。また，APは床と平行なので，角APBは45度となり，三角形ABPは直角二等辺三角形だから，BP＝AB＝6cmとなる。これより，PC＝10－6＝4(cm)となり，角DCP＝角APB＝45度より，DCとAPは平行だから，四角形DAPCは平行四辺形とわかる。よって，その面積は，4×6＝24(cm^2)なので，こぼれた水の体積は，24×18＝432(cm^3)と求められる。次に，容器をもとにもどすと，正面から見た図は左上の図イのようになる。辺BAと辺CDをのばした直線が交わる点をQとすると，三角形QAD，QRS，QBCはすべて直角二等辺三角形になるので，QB＝BC＝10cm，QA＝10－6＝4(cm)，AD＝QA＝4cmと分かる。いま，図イの台形ARSDの面積は図アの四角形DAPCの面積と等しく24cm^{2}で，三角形QADの面積は，4×4÷2＝8(cm^2)だから，三角形QRSの面積は，24＋8＝32(cm^2)となる。よって，QRの長さを□cmとすると，□×□÷2＝32より，□×□＝32×2＝64，□＝8cmとなるので，BRの長さ，つまり，水面の高さは，10－8＝2(cm)と求められる。

5 周期算

J子さんのカレンダーで，2026年2月1日は2026年1月1日の37日後だから，37÷8＝4余り5より，2026年2月1日の曜日は2026年1月1日の曜日の5つあとになり，月曜日である。また，2026年3月1日は2026年2月1日の36日後だから，36÷8＝4余り4より，2026年3月1日の曜日は2026年２月１日の曜日の４つあとになり，金曜日とわかる。このように，偶数《ぐうすう》月の１日の曜日は前月の１日の曜日の５つあとになり，奇数《きすう》月の１日の曜日は前月の１日の曜日の４つあとになる。よって，2026年の１月から2027年１月までの各月の１日の曜日を調べると，下の図のようになるの

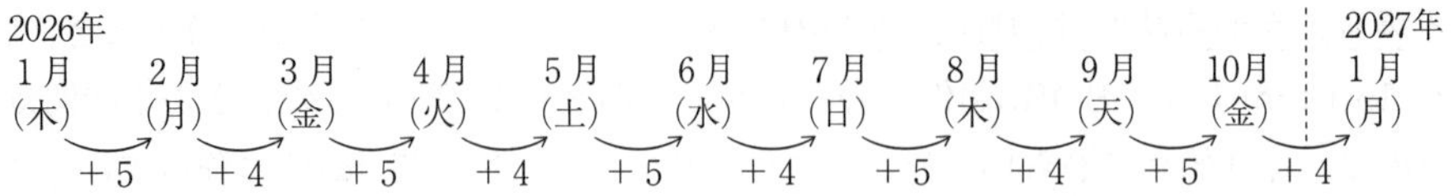

で，木曜日から始まる月は一番早くて2026年８月，2026年で木曜日以外の同じ曜日から始まる月は３月と10月(どちらも金曜日)，2027年１月１日は月曜日と分かる。次に，2027年１月１日の曜日は2026年１月１日の曜日の５つあとになっており，2026年と2027年はどちらも２月が36日までだから，2028年１月１日の曜日も2027年１月１日の曜日の５つあとになり，土曜日と分かる。また，2028年は２月が37日まであるので，2028年３月１日の曜日は，2028年１月１日の曜日の，５＋５＝10(個)あとになり，10÷８＝１余り２より，10個あとの曜日は２個あとの曜日と同じだから，2028年３月１日は天曜日になる。さらに，Ｊ子さんのカレンダーの１年の日数は，２月が36日まである年が，(37＋36)×５＝365(日)，２月が37日まである年が，365＋１＝366(日)なので，実際の暦《こよみ》での１年の日数と同じであることが分かる。また，実際の暦の2016年１月１日がＪ子さんのカレンダーでも2016年１月１日だから，実際の暦の2029年１月１日はＪ子さんのカレンダーでも2029年１月１日となる。実際の暦の2028年11月25日は2029年１月１日の，31＋(30－25＋１)＝37(日前)である。よって，Ｊ子さんのカレンダーで10月は36日まであるので，2029年１月１日の37日前は10月１日の１日前，つまり，９月37日である。

6 平均とのべ

図１

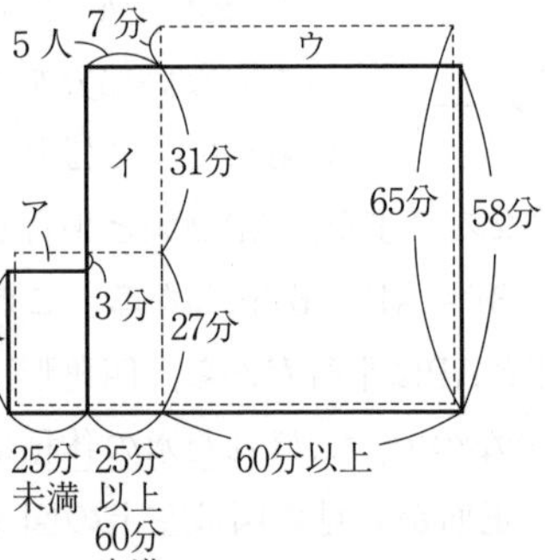

図２

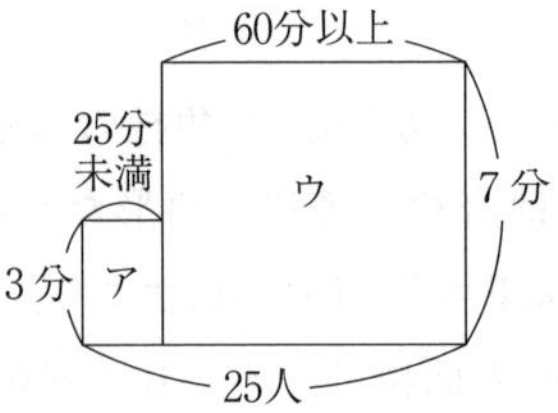

(通学時間の平均)×(人数)＝(通学時間の合計)より，通学時間の平均を縦の長さ，人数を横の長さ，通学時間の合計を面積として図をかくと，25分以上と25分未満の生徒については左の図１の太線部分のように，60分以上と60分未満の生徒については点線部分のように表すことができる。図１で，太線の長方形２つと点線の長方形２つはどちらもクラス全員の通学時間の合計を表しており，同じ面積だから，ア，ウの面積の和とイの面積は等しくなり，その面積は，31×５＝155(分)となる。また，25分未満と60分以上の生徒の人数の和は，30－５＝25(人)なので，図１のアとウの部分だけを取り出して上の図２のように表すことができる。よって，60分以上の生徒の人数は，(155－３×25)÷(７－３)＝20(人)と求められる。さらに，60分未満の生徒の人数は，30－20＝10(人)と分かるから，クラス全員の通学時間の合計は，27×10＋65×20＝1570(分)となる。したがって，その平均は，1570÷30＝52$\frac{1}{3}$(分)と求められ，$\frac{1}{3}$分は，$\frac{1}{3}$×60＝20(秒)より，52分20秒である。

※　学校より，6の問題に誤りがあったという発表がありました。本誌では学校の了解のもと，修正して掲載しております。

社　会　(40分)＜満点：100点＞

解　答

Ⅰ　**問1**　(1)　(例)　川の増水によって信濃川河口付近で洪水が起こることを防ぐため。　(2)　(例)　船で物資を運ぶ運河として利用するため。　(3)　イ　(4)　北陸(工業地域)　**問2**　(1)　ウ　(2)　イ，ウ，オ　**問3**　(1)　ア　(2)　熊本県　(3)　イ　(4)　イ，ウ　**問4**　ウ→エ→ア→イ　**問5**　唐　**問6**　ア→エ→ウ→イ　**問7**　イ→ア→エ→ウ　**問8**　イ　**問9**　刀　**問10**　ニシン　**問11**　(1)　ウ，エ　(2)　(例)　東北・上越新幹線が開通したから。　Ⅱ　**問1**　エ　**問2**　オランダ，清(中国)　**問3**　エ　**問4**　(1)　イ　(2)　ア　**問5**　ア　**問6**　アメリカ　**問7**　(1)　(例)　八幡製鉄所が操業したから。　(2)　イ　**問8**　(例)　気象条件に影響されない点。　**問9**　ア　**問10**　(1)　(例)　石油　(2)　(例)　補給路が断たれ，戦地へ物資を届けられなくなったから。　(3)　イ，ウ，オ　**問11**　**A**　カ　**B**　ウ　**C**　ア　**D**　オ　**E**　イ　**問12**　ウ→イ→ア→エ　Ⅲ　**問1**　ア，エ　**問2**　(1)　**久慈**…ウ，**根室**…イ　(2)　(例)　久慈市は夏に「やませ」とよばれる北東風が吹くから。　**問3**　北上高地　**問4**　国土交通省　**問5**　(1)　民営化　(2)　イ，ウ　(3)　ア，イ　**問6**　地方公共団体(地方自治体)　**問7**　イ，オ　**問8**　(例)　地域の交通機関を維持するため。　**問9**　ウ，オ　**問10**　(例)　時間通りに運行できる点。　Ⅳ　**問1**　住民投票　**問2**　(1)　25(歳)　(2)　選挙管理委員会　(3)　都道府県知事(地方議会議員)　**問3**　(1)　ふるさと納税　(2)　住民税　**問4**　(1)　ウ　(2)　石炭　(3)　イ　**問5**　(例)　長年住み慣れた土地をすてさせるのかという批判。　**問6**　経済産業省　**問7**　オ

解　説

Ⅰ　磐越西線《ばんえつさいせん》を題材にした地理の問題

問1　(1)　信濃《しなの》川の河口付近に阿賀野《あがの》川が合流すると，２つの川の増水などで洪水が起こりやすい。そこで，江戸時代のなかごろ，阿賀野川の河口を直接日本海に注ぐように改修工事が行われた。

(2)　X川は阿賀野川の水量調整のほか，２つの川をつなぐ運河としても利用できるので，船による物資の輸送を行ったと考えられる。なお，このことからX川は通船川といい，中流部には貯木場が設けられている。　(3)　茨城県南東部に位置する鹿島港は人工の掘《ほ》り込《こ》み港となっており，大型のタンカーや原料船の入港が可能で，周囲に鹿島臨海工業地域が形成されている。なお，アの神戸港は兵庫県，ウの函館港は北海道，エの清水港は静岡県にある港。　(4)　新潟県の日本海側から富山県・石川県・福井県にかけて北陸工業地域が形成されており，石油化学工業や金属工業，繊《せん》維《い》工業などのほか，和紙や漆器《しっき》などをつくる伝統工業もさかんである。

問2　(1)　日本は消費する石油(原油)のほとんどを輸入に頼《たよ》っており，その輸入先は西アジア諸国(中東地域)が大部分を占《し》め，特にサウジアラビアからの輸入が最も多く，以下，アラブ首長国連邦，

カタール，クウェート，ロシア連邦の順となっている。統計資料は『日本国勢図会』2014／15年版による。　(2)　瓦《かわら》は粘土《ねんど》，ガラスは珪砂《けいさ》，紙は木材を原料としている。なお，石油製品にはペットボトルやタイヤのほか，化学肥料《ひりょう》や合成洗剤，接着剤などがある。

問３　(1)　阿賀野川の上流は日本有数の豪雪地帯となっているため，春になると雪解け水によって増水する。よって，アがあてはまる。　(2)　阿賀野川流域で発生した公害病を第二（新潟）水俣《みなまた》病といい，化学工場の排水《はいすい》により汚染《おせん》された魚を，河口付近の住民が食べたことで起こった。熊本県水俣市で発生した水俣病と同じ有機水銀を原因としている。水俣病と第二（新潟）水俣病は，三重県四日市市で発生した四日市ぜんそく，富山県神通《じんずう》川流域で発生したイタイイタイ病とともに「四大公害病」に数えられる。　(3)　図３を見ると，工場のすぐそばに変電所・発電所（⚙）があることが分かる。阿賀野川は年間流水量が非常に多く，古くから上流に水力発電所が設置されていたため，この付近では電力を得やすいという利点があった。　(4)　鉄道の線路のすぐ近くに小中学校（文）があり，鉄道の車窓から見ることができる。また，「黒崎山」は「鹿瀬《かのせ》大橋」の北北東にあり，その間に高い建物や山などもないので，橋の上から山頂を見ることができる。

問４　アの古墳がつくられ始めるのは３世紀後半，イの仏教が正式に伝来したのは６世紀，ウの貝塚は縄文時代の遺跡，エの吉野ヶ里のむらができたのは弥生時代のことである。よって，時期の古い順に，ウ→エ→ア→イとなる。

問５　日本が奈良時代（710～784年）であったころの中国は唐王朝（618～907年）の時代で，日本からは唐の進んだ政治制度や文化などを取り入れるため，遣唐使が派遣されていた。

問６　アの『万葉集』は奈良時代に成立した日本最古の歌集，イの「おとぎ草子」は室町時代につくられ始めた短編の物語，ウの『平家物語』は鎌倉時代初期の軍記物語，エの『源氏物語』は平安時代に紫式部が著した長編小説である。よって，時代の古い順に，ア→エ→ウ→イとなる。

問７　アの貴族や天皇による熊野《くまの》もうでが行われ，阿弥陀《あみだ》堂が建設されるようになったのは平安時代，イの寺院の建立や仏像の造立が始まったのは飛鳥時代，ウの墨絵《すみえ》や石庭が流行したのは室町時代，エの武士の世となって多くの仏教の宗派が生まれたのは鎌倉時代のことである。よって，時代の古い順に，イ→ア→エ→ウとなる。

問８　応仁の乱（1467～77年）は，室町幕府の第８代将軍足利義政のあとつぎ争いに，有力守護大名の細川氏と山名氏の対立などがからんで起こった戦乱なので，一向宗（浄土真宗）とは無関係である。よって，イがまちがっている。なお，戦国時代の1488年，加賀（石川県）で一向宗の信者らが守護を滅《ほろ》ぼし，以後，約100年にわたって自治を行った（加賀の一向一揆《いっき》）。また，一向宗の本山は現在の大阪城本丸の場所にあった石山本願寺であるが，1580年に焼失した。

問９　明治時代になると，かつての武士は士族とされたが，徴兵制の導入で戦士というその存在意義をうばわれ，1876年には身分的特権であった帯刀（刀を身に着けること）も廃刀令によって禁じられた。

問10　江戸時代，蝦夷《えぞ》地（北海道）で大量に獲《と》れたニシンは，北前船で関西にもたらされ，身欠きニシンや昆布《こぶ》巻きなどの加工品，塩漬《しおづ》けの卵は数の子として京料理にも取り入れられた。

問11　(1)　1995年の時点でも，東京から本州内の県庁所在地で，４時間以内に行けるところは限られている。また，青森・新潟間や福岡・鹿児島間など，都市間の所要時間が大幅に短縮されたとはいえない場所もある。よって，ウ，エがまちがっている。　(2)　1982年に東北・上越新幹線が開業し，1988年には本州と北海道を結ぶ青函《せいかん》トンネルが開通した。この結果，東京から北方面への所要時間が短縮された。

Ⅱ 江戸時代以降の物資輸送の歩みを題材にした問題

問1　江戸時代，輪島(石川県)では「輪島塗《ぬり》」，会津地方(福島県)では「会津塗」，飛騨《ひだ》地方(岐阜県)では「飛騨春慶《しゅんけい》塗」といった漆器《しっき》の生産がさかんで，現在でも伝統工芸品としてつくられている。

問2　江戸幕府は1639年にポルトガル船の来航を禁止して鎖国を完成させると，それ以後は長崎を唯一《ゆいいつ》の貿易港として，キリスト教の布教に関係のないオランダと清(中国)に限り幕府と貿易することを許したが，オランダ人は出島(長崎港内につくられた扇形《おうぎがた》の埋《う》め立て地)，中国人は長崎郊外《こうがい》の唐人屋敷《やしき》に居住が制限された。

問3　アの第1回衆議院議員総選挙が行われたのは1890年，イの西南戦争が終結したのは1877年(開始も同年)，ウの鹿鳴館《ろくめいかん》が建設されたのは1883年，エの富岡製糸場が開業したのは1872年のことである。新橋・横浜間に鉄道が開通したのは1872年のことなので，エがあてはまる。

問4　(1)　1873年，明治政府によって地租改正が実施され，土地の所有者が豊作・不作にかかわらず，地租として地価の3％を現金で納めることになった。この政策によって国の財政は安定したが，その後，地租が2.5％に下げられ，また，産業の発達や近代的な税制の整備により地租以外の収入も大きくなったため，財政に占める地租収入の割合は減少した。　(2)　産業の発達にともない貿易もさかんになったことで，財政に占める関税収入の割合は増えたと考えられる。なお，地租改正実施後の1875年の関税収入の割合は約2.9％，日露戦争(1904～05年)のころの1905年の割合は約14.6％となっている。統計資料は『数字でみる日本の100年』第3版による。

問5　銅は古くから日本の輸出品で，明治時代になっても輸出された。また，銅の輸出は室町時代ごろにはさかんに行われるようになっていた。なお，イの毛織物，ウの綿花，エの鉄は日清戦争のころに主な輸入品となっていたもの。

問6　日露戦争は朝鮮や満州(中国東北部)をめぐる日本とロシアの対立が原因で起こったが，アメリカ合衆国のセオドア＝ルーズベルト大統領の仲介《ちゅうかい》により，同国の軍港ポーツマスで講和条約(ポーツマス条約)が結ばれた。

問7　(1)　八幡製鉄所は日清戦争(1894～95年)で日本が清(中国)から得た賠償《ばいしょう》金の一部をもとに，多額の政府資金をつぎ込んで建設された官営の製鉄所で，鉄鋼の自給をめざして1901年に操業を開始した。　(2)　夏目漱石《そうせき》は明治・大正時代に活躍《かつやく》した小説家で，1905年に『吾輩《わがはい》は猫である』を発表すると，その翌年には『草枕《くさまくら》』『坊《ぼ》っちゃん』を発表した。なお，アの北里柴三郎《しばさぶろう》は明治・大正時代の細菌学者，ウの平塚らいてうは大正・昭和時代の女性解放運動家，エの川端康成《かわばたやすなり》は大正・昭和時代の小説家。

問8　橋を渡る鉄道の場合，暴風や積雪などの気象条件により運休・遅延《ちえん》することがある。しかし，海底鉄道トンネルでは，こうした気象条件に影響されることがないため，比較的時間通りに運行できる。

問9　国際連盟は第一次世界大戦(1914～18年)後，アメリカ合衆国大統領ウィルソンの提唱で1920年に発足した国際平和機関で，日本は理事国として最初から参加した。しかし，日本軍が満州事変(1931年)を起こして満州各地を占領《せんりょう》し，翌年に満州国を建国すると，中国(中華民国)はこれを日本軍の侵略《しんりゃく》行為であると国際連盟に訴《うった》えた。連盟がリットン調査団を派遣して調査した結果，日本軍の満州撤退《てったい》を勧告《かんこく》したため，日本はこれを不服として1933年に連盟を脱退した。よって，アがふさわしい。

問10 (1) 東南アジアは石油(原油)や天然ゴムの産地であったため，ヨーロッパで第二次世界大戦(1939～45年)が始まると，日本はこうした資源を求めて東南アジアに進出した。 (2) 太平洋戦争(1941～45年)が始まると，当初，日本は戦争を優位に進めたが，戦場が南太平洋地域一帯に拡大するなかで，連合国の反撃を受けて補給路を断たれるようになった。これにより戦地へ食糧や医薬品などの物資が十分に届かなくなり，多くの兵士が飢《う》えや病気で亡くなった。 (3) 泰緬《たいめん》鉄道はタイとビルマ(ミャンマー)を結ぶ鉄道として太平洋戦争中に日本軍が建設したが，この鉄道建設には現地人のほか連合国の捕虜《ほりょ》が投入された。イのドイツとウのイタリアは日本の同盟国で，そのほかは連合国であるが，オのソ連はこのとき日本と交戦状態にない。よって，イ，ウ，オがあてはまらない。なお，泰緬鉄道の工事は難航を極め，劣悪《れつあく》な労働環境のなかで動員された捕虜1万人以上が亡くなった。このようすはのちにアメリカ合衆国で「戦場にかける橋」というタイトルで映画化され，高い評価を受けた。

問11 **A** 大阪で日本万国博覧会が開催されたのは1970年のことなので，東海道新幹線が開業した1964年の後のカの時期にあてはまる。 **B** 中華民国の首都ナンキンを占領したのは日中戦争初期の1937年のことなので，ウの時期となる。 **C** 日露戦争の開始は1904年のことで，南満州鉄道株式会社は日露戦争の講和条約であるポーツマス条約で譲渡《じょうと》された利権にもとづき設立されたものだから，アの時期がふさわしい。 **D** 朝鮮戦争の開始は1950年のことなので，太平洋戦争で日本本土が空襲《くうしゅう》を受けた後のオの時期が正しい。 **E** 第一次世界大戦の開始は1914年のことなので，日中戦争前のイの時期にあてはまる。

問12 アの第一回原水爆禁止世界大会が開催されたのは1955年，イの全国水平社が創立されたのは1922年，ウの米騒動が起こったのは1918年，エの四大公害裁判で住民側の勝訴《しょうそ》が確定したのは1970年代初めのことである。よって，年代の古い順に，ウ→イ→ア→エとなる。

Ⅲ 三陸鉄道を題材にした問題

問1 青森県から宮城県にかけて伸びる三陸海岸は，山地が沈《しず》み込み，谷であったところに海水が浸入《しんにゅう》してできた出入りの複雑なリアス海岸になっている。入り江が陸地の奥まで入り込み，水深が深く波もおだやかなため天然の良港にめぐまれていることや，周囲の山々から入り江に栄養分の豊富な水が流れ込むことなどから，養殖《ようしょく》地に適している。よって，ア，エがふさわしい。

問2 (1)，(2) 久慈市は岩手県北東部に位置し，夏は「やませ」とよばれる冷たくしめった北東風が吹《ふ》く。やませは雨や霧をともなうことが多く，日光をさえぎるので太平洋側にありながら気温が上がらない。よって，夏に北東の風向きになっている表のウがあてはまる。 根室市は北海道東部に位置し，夏は濃霧が発生するため日照時間が少なく，ここも太平洋側にありながら気温が上がらない。よって，夏の日照時間が少ない表のイがあてはまる。 なお，アは札幌市(北海道)，エは秋田市。

問3 久慈市は太平洋に面しており，ここより西に位置する盛岡市や雫石《しずくいし》町に行くには，北上高地を越《こ》えることになる。

問4 鉄道などの交通機関を担当する国の機関は，国土交通省である。

問5　(1)　民営化とは，国や公企業の事業を民間の経営に移すことで，日本国有鉄道(国鉄)は1987年に民営化されJRとなった。　(2)　国鉄の民営化は，国の財政赤字を増やさないこと，合理化による経費削減，民間企業としてのサービス向上などが主な理由であった。よって，イとウがふさわしくない。　(3)　アの日本道路公団が2005年，イの日本郵政公社が2007年に民営化されている。なお，ウの日本銀行は日本の中央銀行，エの日本生活協同組合連合会(生協)は一般消費者を組合員とする連合会，オの日本放送協会(NHK)は日本の公共放送を担当する特殊《とくしゅ》法人。

問6　都道府県や市町村など，地方自治を行う単位を「地方公共団体(地方自治体)」という。

問7　日本の首相(内閣総理大臣)は国会議員のなかから国会の指名で選ばれ，天皇が任命する。首相の指名は衆議院と参議院で行うが，両院で指名が異なり両院協議会を開いても意見が一致《いっち》しない場合，衆議院の指名が国会の指名となる(衆議院の優越)。また，首相はふつう国会内の最大会派(政党)の代表者が就任するので，内閣が提出した議案が否決されることはほとんどない。よって，イ，オが正しい。

問8　過疎地の鉄道は，一般に利用者が少なく採算がとれない。それでも税金を投じて存続させるのは，その地域に住んでいる人々の交通手段を確保・維持するためである。

問9　第三セクターの三陸鉄道が全線開通したのは1984年で，その後10年間は黒字が続いたとある。アのサッカーワールドカップが日韓共同で開催されたのは2002年，イの日中平和友好条約が結ばれたのは1978年，ウの男女雇用機会均等法が制定されたのは1985年，エの健康保険や年金などの社会保障制度が整えられたのは1950〜60年代，オの東西ドイツが統一されたのは1990年のことである。よって，ウ，オがこの時期にあてはまる。

問10　バスは道路を走るため，交通渋滞《じゅうたい》が起こると時間通りに走れず大きく遅れることがある。しかし，鉄道は専用の線路を走るので，交通渋滞に巻き込まれることなく，比較的時間通りに運行できるという利点がある。

Ⅳ　北海道夕張《ゆうばり》市の新しい町づくりを題材にした問題

問1　地方公共団体において地域住民には直接請求権が認められており，条例の制定・改廃の請求，監査請求，首長(市町村長や都道府県知事)・地方議会議員などの解職請求(リコール)，議会の解散請求などがあり，有権者の一定の署名を集めて請求される。請求後，首長・議員の解職と議会の解散については住民投票が行われ，解職か解散かの住民の意思決定がなされる。このほか，原子力発電所やゴミ処理施設の建設など，地域の重要問題に対して問う住民投票も実施されることがあるが，これには法的な拘束力《こうそくりょく》がなく，住民の意思が反映されない場合がある。

問2　(1)　市町村長に立候補できるのは，満25歳以上である。なお，都道府県知事は満30歳以上となっている。　(2)　選挙における手続きは，選挙管理委員会が担当する。　(3)　首長も地方議会議員も，任期は4年である。

問3　(1)　「ふるさと納税」は自分が住んでいる地域以外の地方公共団体に寄付する制度で，寄付した金額のほぼ全額を税控除《こうじょ》される個人住民税のしくみである(ただし，一定の制限や限度がある)。2008年から導入され，ふるさと納税をすると特産品などを寄付のお礼として送ってくれる自治体があり，話題となっている。　(2)　住民税は，その人が住む都道府県や市町村に納める税金のこと。

問4　(1)　札幌市の1960年の数値はおよそ500で，1990年の数値は1650ほどなので，4倍にはなっていない。よって，ウがまちがっている。　(2)　夕張市は「炭鉱《たんこう》の町」とよばれ，石炭産業の発展とともに歩んできた。しかし，1960年代になると，燃料の主役が石炭から石油へと急激に変化するエネルギー革命により炭鉱の閉山が相次ぎ，市の人口が大きく減少した。　(3)　日本の石炭の最大の輸入先はオーストラリアで，以下，インドネシア，ロシア連邦，カナダの順となっている。統計資料は『日本国勢図会』2015／16年版による。

問５　夕張市が進める「コンパクトシティー」構想では，市街地を集約することを目的としている。その場合，ある程度人々が集まっている地域は問題ないが，過疎により著しく人口が減少している地域の住民は市街地へ移住させられることになり，長年住み慣れた土地をはなれなければならないのかという批判《ひはん》が出ることが考えられる。

問６　エネルギー行政を担当する国の機関は，経済産業省である。

問７　地方自治は，「住民自治」と「団体自治」の２つを原則とする。「住民自治」とは住民の意思にもとづいて地方の政治が行われるという考え方，「団体自治」とは国から独立して地方の実情に合わせて政治が行われるという考え方である。よって，オの国の要求に不服申し立てをすることは，「団体自治」の考え方にあてはまる。

※　学校より，問題の一部表記を修正するとのコメントがありました。本誌では学校の了解のもと，修正して掲載しております。

理　科　(40分)＜満点：100点＞

解　答

Ⅰ　**1**　(1)　(例)　水が水蒸気に変化するときに，体積が大きくなる性質。　(2)　①　F　②　M　③　G　④　I　(3)　①　溶岩　②　軽石　③　火山灰　(4)　(例)　岩石をつくるつぶが角ばっている。　**2**　(1)　**A**　(例)　太陽の光が強いから。　**B**　(例)　人工衛星が地平線の下にあるから。　(2)　(例)　人工衛星が地球の影に入り，人工衛星に太陽光があたらなくなったから。　(3)　冥王星　Ⅱ　**1**　①　タンパク質　②　でんぷん　③　二酸化炭素　④　水　**2**　(1)　ウ　(2)　肉食のダニ　(3)　食物連鎖　(4)　ア　(5)　(例)　肉食のダニは草食のダニ以外のものも餌としているから。／ダニの生活範囲は広く，たえず移動しているから。　(6)　ア，エ，オ　(7)　イ／(例)　肉食のダニが，イチゴに寄生する草食のダニを食べるから。　Ⅲ　**1**　(1)　イ　(2)　ア／理由…(例)　気体検知管ですいこんだ分，新しい空気が入ってくるから。　**2**　(1)　(例)　ろうそくの炎や芯が栓にあたってしまうから。　(2)　①　×　②　○　(3)　①　ア　②　イ　**3**　(1)　ア，エ　(2)　①　ウ　②　カ　③　オ　④　ア　⑤　エ　(3)　①　(例)　水に溶かしたときに水溶液がアルカリ性を示すか。　②　(例)　電気を通すか。　Ⅳ　**1**　２倍　**2**　0.5倍　**3**　0.5倍　**4**　４倍　**5**　①　0.75℃　②　13.5℃　③　６℃　**6**　(1)　音(を)電気(に)　(2)　①　ウ　②　×　③　ア　④　×　⑤　イ

解　説

Ⅰ　火山の噴火《ふんか》と人工衛星の見え方についての問題

1　(1)　水は液体から気体に変化するときに，体積が非常に大きくなる。水蒸気爆発《ばくはつ》は，火山内部でマグマの熱によって地下水が水蒸気になったことなどで圧力が高まり，山体を吹《ふ》き飛ばすような爆発的な噴火となる現象である。　(2)　①　御嶽《おんたけ》山は長野県と岐阜県の県境のFにあり，2014年9月に水蒸気爆発が起きて多数のぎせい者を出した。　②　口永良部《くちのえらぶ》島は屋久島の西のMにあり，2015年5月に噴火した。火砕流《かさいりゅう》も発生して，噴火警戒《けいかい》レベルが5(避難《ひなん》)に引き上げられ，すべての島民が避難する事態となった。　③　神奈川県と静岡県の県境付近のGにある箱根山は，2015年4月ごろから火山性地震が増加し，6月にはごく小規模な噴火が起こって，噴火警戒レベルが3(入山規制)に引き上げられた。このことで主要な産業である観光業に大きな影響《えいきょう》がもたらされた。④　Iにある西之島《にしのしま》は東京都の小笠原《おがさわら》諸島をなす島の1つである。2013年11月，西之島の南東沖に，海底火山から噴出した溶岩《ようがん》により新たな島が誕生《たんじょう》し，12月には西之島と一体化して1つの島となった。　(3)　①　マグマのねばり気が弱いと，噴火は比較《ひかく》的おだやかで，マグマは火口からあふれるように流れ出る。マグマが火口から流れ出たものを溶岩という。　②　火山噴出物のうち軽石は，地上に噴出したときにマグマ内部からガスがぬけて穴があいていたり，気泡《きほう》が内部に閉じこめられていたりする。　③　火山灰は火山噴出物のうち直径2mm以下のもので，マグマが発泡して粉々になったものや，噴火口の岩石が粉々になったものが含《ふく》まれている。　(4)　流れる水のはたらきを受けてできたれきの岩石をつくるつぶは，角がとれて丸みを帯びているが，火山のはたらきによってできたれきの岩石をつくるつぶは角ばっている。

2　(1)　**A**　地点Xは昼間で太陽の光が強く明るいため，Aの位置の人工衛星が光っていても見ることができない。　**B**　地点Xから見ると，Bの位置の人工衛星は地平線の下にあるため見えない。　(2)　人工衛星にあたった太陽の光が反射して地球に届くことで，人工衛星を見ることができる。Cの位置では，人工衛星は地球の影《かげ》に入って太陽光があたらなくなってしまい，見えなくなってしまう。　(3)　2015年7月にアメリカの探査機「ニューホライズンズ」は冥王星《めいおうせい》に最接近し，はじめてその表面の様子を詳細《しょうさい》な画像でとらえた。

Ⅱ　食物連鎖《れんさ》についての問題

1　植物は，光合成によって二酸化炭素と水を材料にしてでんぷんをつくり出している。草食動物は，植物から栄養を得るので，取り入れる栄養素は主にでんぷんである。また，動物を食べる肉食動物は，動物から栄養素として主にタンパク質と脂肪《しぼう》を取り入れている。

2　(1)　草食のダニは肉食のダニの餌《えさ》となる。食べられるものは食べるものよりも数が多くなければその数のバランスが保てないため，草食のダニの数の方が肉食のダニの数より圧倒的に多い。
(2)　点線のグラフの値は左の縦軸《たてじく》から読み取り，実線のグラフの値は右の縦軸から読み取る。点線のグラフは，実線のグラフに比べて圧倒的に数が少ないことから，肉食のダニの結果である。
(3)　オレンジ→草食のダニ→肉食のダニのように，食う・食われるの関係でくさりのようにつながっている関係を食物連鎖という。　(4)　草食のダニも肉食のダニも，実験開始直後から餌を食べて生きている。つまり，実験開始0日後から草食のダニは肉食のダニに食われ始めている。　(5)　オレンジが十分あったのに箱の中のどちらのダニも絶滅《ぜつめつ》したのは，草食のダニが肉食のダニに食べつくされ，肉食のダニの餌もなくなったからである。自然界では，食物連鎖はあみの目のようにつながっており，肉食のダニの餌は草食のダニ以外にもいるので，肉食のダニの餌がなくなったり，草食のダニが根こそぎ食べられたりするようなことはない。また，それぞれのダニは生活する範囲が広く，たえず移動することができる。そのため，特に草食のダニの一部は逃げのびて生き残るので絶滅しない。　(6)　ア，イ　図２では，草食のダニの数は右の縦軸，肉食のダニの数は左の縦軸の値を読み取るので，肉食のダニの数は常に草食のダニの数より少ない。　ウ，エ　草食のダニが大きく減り始めた後，肉食のダニが大きく減り始め，どちらのダニも大きな増減をくり返している。　オ　最も数が増えたときの数は，草食のダニが図２で約2200匹，図１で約4100匹，肉食のダニが図２で約49匹，図１で約57匹である。よって，どちらのダニの数も図２の方が図１より少ない。　カ　ここでは，ダニの産んだ卵がかえるまでの日数はわからない。一般にダニの卵は１〜２週間ほどでふ化するといわれる。　(7)　イチゴを餌とする草食のダニを駆除《くじょ》すればよいので，草食のダニを餌とする肉食のダニのみを放てばよい。ハダニは草食のダニで，散布した農薬がかかりにくいイチゴの葉の裏に寄生して栄養を吸ってイチゴの生育をじゃまする。近年，ハダニを捕食する肉食のカブリダニを放つことにより，ハダニを駆除する方法が成果をあげている。

Ⅲ　燃焼による気体の割合の変化と物質の分類についての問題

1　(1)　Ｃの集気びんでは二酸化炭素が検出されず，酸素の割合も変化していない。このことから，ろうそくの燃焼はほとんど起こらず，火がすぐ消えたと考えられる。　(2)　一般に実験で用いられる気体検知管では，１回の測定ごとに集気びんから50mLの気体を採取する。集気びんの気体を１回測定すると，気体検知管がすいこんだ気体の体積分の空気が集気びんの外から中へ入ってくる。そのため，後に調べる気体の割合は実際の割合から変化することになる。ここで酸素を調べてから二酸化炭素を調べた場合，外から入ってくる空気に含まれる二酸化炭素の割合は非常に小さいので，二酸化炭素は実際より少ない結果になっているはずである。この順序を逆にして，まず二酸化炭素を測定すると，はじめよりその割合は増える。そして，酸素の割合は，外から入ってきた空気(約20％の酸素を含む)により，はじめより増える。

2　(1)　栓《せん》の高さを小さくすると，ろうそくの芯《しん》に栓がふれてしまい，火をつけることができなくなる。また，火がついたときでも，炎《ほのお》が栓にふれて栓が燃えたり変形したりする場合がある。

(2)　①　栓の高さが10〜40cmでは，グラフが右上がりの直線になっているが，このグラフは延長しても原点(０のところ)を通らないので，比例にはなっていない。　②　栓の高さが40cm以上になると，ろうそくが消えるまでの時間は約23秒のまま変わらないため，ろうそくの燃焼に使われる酸素の量も一定になっていると考えられる。よって，栓の高さが高いほど，はじめに入っている空気の量は多くなるので，使われずに残る酸素の量も多くなる。　(3)　ろうそくが燃え続けられるのは，筒《つつ》の中の空気が入れかわれるようにしたときである。①では，ろうそくの燃焼に使われた後のあたたまった空気が細い管の中を上向きに動き，細い管のまわりでは下向きの空気の流れができる。②では，筒の中でろうそくの燃焼に使われてあたたまった空気が上向きに動き，その結果，細い管の中では下向きの空気の流れができる。

3　(1)　さとうは水100ｇに０℃のときには179ｇ，100℃のときには485ｇほど溶《と》ける。また，水に溶ける液体のエタノールは，水とどんな割合に混ぜても溶ける。なお，チョークとでんぷんは水に溶けず，食塩は100℃の水100ｇでも39ｇほどしか溶けない。　(2)　①　氷のほか，内部のすき間の多いコルク栓や発ぽうポリスチレンは水に入れたときに浮《う》く。一方，ゴム栓やガラス，ペットボトルの切れ端《はし》は水に沈《しず》む。　②　うすい塩酸を加えたとき，アルミニウムや鉄くぎ，スチールウールは水に溶けにくい気体である水素を発生させながら溶けるが，ガラスと銅は反応しない。
③　チョークや石灰石，貝殻《かいがら》は炭酸カルシウムからできている。これらにうすい塩酸を加えると水に溶ける気体である二酸化炭素を発生させる。なお，ガラス，銅，スチールウールにうすい塩酸を加えても気体は発生しない。　④　100℃にしたとき，多くのろうやサラダ油，バターは液体であるが，さとうと食塩は固体，空気は気体である。　⑤　5円玉は銅とあえん，塩酸は塩化水素と水，空気はちっ素と酸素などの物質が混ざってできている。一方，1円玉(アルミニウム)，蒸留水，二酸化炭素は1種類の物質からなる。　⑶　①　セッケン，アンモニア，重そうはいずれも水に溶かした水溶液がアルカリ性を示す。一方，ミョウバンや二酸化炭素を溶かした水溶液は酸性，食塩の水溶液は中性である。　②　えんぴつの芯や鉄，銅は電気を通すが，ガラスや紙，ペットボトルの切れ端は電気を通さない。電気を通すものを導体，電気を通さないものを絶縁体《ぜつえんたい》(不導体)という。

Ⅳ　電熱線の長さと発熱の関係についての問題

1　表1の電熱線アの結果より，電熱線の長さを変えずに，電源装置の電圧を1.5Vから2倍の3V，3倍の4.5Aにすると，回路を流れる電流の強さは，1.2÷0.6＝2(倍)，1.8÷0.6＝3(倍)になり，比例している。

2　表1で，電源装置の電圧が同じ1.5Vのとき，電熱線の長さを，5÷2.5＝2(倍)，7.5÷2.5＝3(倍)にすると，回路を流れる電流の強さは，0.3÷0.6＝0.5(倍)，0.2÷0.6＝$\frac{1}{3}$(倍)になる。よって，電熱線の長さと回路を流れる電流の強さは反比例の関係である。

3　表2より，電源装置の電圧が同じとき，電熱線の長さを2倍，3倍にすると，上昇《じょうしょう》した水の温度は，3÷6＝0.5(倍)，2÷6＝$\frac{1}{3}$(倍)になり，反比例している。

4　表3で，電熱線の長さを変えずに，電源装置の電圧を1.5Vから2倍，3倍にすると，上昇した水の温度は，2÷0.5＝4(倍)，4.5÷0.5＝9(倍)になっている。

5　①　表2より，電源装置の電圧が3Vのとき，電熱線イの水温は5分間に3℃上昇する。電源装置の電圧を3Vから0.5倍の1.5Vにすると，水温の上昇は，0.5×0.5＝0.25(倍)になり，上昇した水の温度は，3×0.25＝0.75(℃)と求められる。　②　電源装置の電圧が3Vのとき，電熱線アの水温は5分間に6℃上昇している。電源装置の電圧を3Vから1.5倍の4.5Vにすると，上昇した水の温度は，6×1.5×1.5＝13.5(℃)となる。　③　電熱線の長さが5cm，電源装置の電圧が3Vのとき，5分間に水温は3℃上昇する。表1と表2より，回路に流れる電流の強さと上昇した水の温度は比例していることがわかるので，電源装置の電圧を変えず，電熱線の長さを2倍の10cmにすると，回路を流れる電流の強さは0.5倍になり，水の上昇温度は，3×0.5＝1.5(℃)となる。ここでは，電源装置の電圧を2倍の6Vにするため，回路を流れる電流の強さは4倍になり，水の温度は，1.5×4＝6(℃)上昇する。

6　⑴　音は，ものが振動《しんどう》することにより発生し，空気を振動させて耳に伝わる。マイクは音(空気の振動)を電気の信号に変換《へんかん》する装置である。　⑵　①　洗濯《せんたく》機は，電気でモーターを回して洗濯したり脱水《だっすい》したりしている。したがって，電気を運動に変換する道具といえる。　②　手回し発電機は，発電機のハンドルを回して電気をつくり出しているので，運動を電気に変換する道具である。　③　懐中《かいちゅう》電灯は，乾《かん》電池などにためてある電気のエネルギーを光に変換して光っている。　④　コンデンサーは，電気をためることのできる道具である。　⑤　ラジオは，電気信号で送られた電波をアンテナで受信し，スピーカーの振動(運動)に変換することで音を聞くことができる。

国　語　(40分)＜満点：100点＞

解　答

一　**問1**　(例)　(目が)動かせなくなる(こと)　**問2**　コンクリートの道　**問3**　じゅうおう　**問4**　エ　**問5**　ウ　**問6**　ウ　**問7**　(例)　コンクリートの道の上にチョークでのびのびと描かれた子どもたちの絵が，雨に降られて消えはじめているという(こと)　**問8**　イ　**問9**　(例)　路上に絵を描いた幼児　**問10**　エ　**問11**　ア　**問12**　⑫　空　⑬　雪　**問13**　イ，オ　二　**問1**　イ　**問2**　(例)　老人と子どもの相性が良いのは，どちらの世代も日常の些細なことに喜びを感じる「幸福に驚く力」を持つからだという(こと)　**問3**　(1)　エ　(2)　i　のど　ii　塩　iii　ねこ　**問4**　ウ，エ　**問5**　イ　**問6**　家族を食べ～わせること　**問7**　日常の中に～ってくれる(もの)　**問8**　イベントや買い物　**問9**　エ　**問10**　(1)　ウ　(2)　(例)　自分たちの日常など語るに値しないつまらないものだという意識。　**問11**　(例)　日常の幸福を描いた物語を手に取り，自分自身に関わるものとして読みこなすこと。　**問12**　ア　**問13**　(例)　他者とつながるため。／もっと世界を楽しみ，いろいろなものを見極めるため。　三　下記を参照のこと。

●漢字の書き取り

三　1　蒸発　2　究明　3　延(びる)　4　預(かる)

解　説

一　**出典は田中淑恵《たなかよしえ》の『本の夢　小さな夢の本』による。**世間的には無名でも「いのちの香《かお》り」があり，自分の感性にふれるものや，自然の造形の豊かな美しさに筆者はひかれると語っている。

問1　「釘付《くぎづ》け」は，その場から動けなくなることをいうので，「目が釘付けになる」は，“目が動かせなくなる”といった意味になる。

問2　幼児がチョークで描《えが》いたらしい，「子どもたちと花や家など」の絵がその上に広がっているものを「画布」にたとえているのだから，「コンクリートの道」が抜《ぬ》き出せる。

問3　「縦横」は，たてとよこ。

問4　「遠からず」は，“近いうちに”という意味なので，エが選べる。

問5　「もとより」は，“いうまでもなく”という意味なので，ウが合う。

問6　幼児が道に絵を描いたときの気持ちを筆者は想像し，ぼう線⑥のようにたとえている。幼児は誰《だれ》かに見せたいと思ってではなく，気のおもむくままに楽しんで描いたのだろうと前に書かれているので，ウがよい。エは“他人に迷惑《めいわく》をかけても気にせず，自分勝手にふるまう”といった意味合いなので，ふさわしくない。

問7　「路上の子どもたち」とは，道の上にチョークでのびのびと描かれた「子どもたち」の絵を指す。直前の文のとおり，雨が降ったため，絵が雨に洗われて消えはじめていることをいっている。

問８　すぐ続けて，「装《よそお》われるにふさわしい本には，いまだ巡《めぐ》り会えない」とある。そのため，路上の絵の写真が「仕事」に使えないのだから，筆者は本のデザインに関わる仕事をしているものと推測できる。

問９　「著作権」は，本・絵・音楽・写真などの作者が持つ権利。ここでは筆者が写真に撮った路上の絵が話題になっているので，「著作権所有者」は路上に絵を描いた幼児を指す。

問10　ここでの「超《こ》えた」は，“超越《ちょうえつ》した”という意味。一般《いっぱん》的な評価がどうであろうと関係なく，共感するというのだから，エがあてはまる。

問11　「他者が与《あた》えた価値観」である，すでに定まった評価に筆者は意味を見いださず，自分の感性にふれたものを「愛してきた」と前に書かれている。ぼう線⑪の「後者」とは世間的に「無名」なものを指すが，自分だけが価値を認めたからこそいっそう親しみを覚えるものと推測できるので，アがよい。

問12　⑫　「一日の終り」に「朱《しゅ》の色」が「移ろってゆく」とは，夕焼けの描写《びょうしゃ》にあたる。夕焼けのときに「焼けて」見えるのは「空」である。　⑬　「自然」が作った，「季節」を代表する「結晶」でさまざまな種類があるものといえば，「雪」の結晶になる。

問13　ア　筆者は幼児が路上に描いた絵にひかれて写真を撮ったが，「仕事」で使う機会にはまだめぐまれていない。　ウ　自分の感性で見つけたものが世間的に評価されていないときに，限りなくいとしく感じると語っている。　エ　自然の前にあっては「無上の芸術」も色を失うと書かれている。「無上」は，このうえなく優《すぐ》れていること。

二　出典は清水眞砂子《しみずまさこ》の『幸福に驚《おどろ》く力』による。一人ひとりが孤立《こりつ》しないよう，子どもは読み書きをしっかり学び，日常の中にある幸福に驚く力を培《つちか》う子どもの文学を読むべきだとのべている。

問１　河合隼雄《かわいはやお》さんの説明に筆者は「なるほど」と納得し，「うまい」説明だと「感心した」のだから，イがよい。

問２　老人と子どもの相性が良いのは「どちらもあの世に近いから」だという河合隼雄さんの説明に疑問を感じるようになった筆者は，ある女性の言葉のほうが，真実をより的確に言いあてていると感じている。ぼう線②の後に，老人にも子どもにも「幸福に驚く力」があると続くことにも注意すると，「そこ」の指す内容は，「老人と子どもの相性が良いのは，どちらの世代も日常の些細《ささい》なことに喜びを感じる『幸福に驚く力』を持つからだということ」のようにまとめられる。

問３　(1)「一手に」は，自分一人ですること。　(2)　i　「のどから手が出る」は，欲しくてたまらないことのたとえ。　ii　「手塩にかける」は，自らいろいろと気を配って世話をすること。iii　「ねこの手も借りたい」は，とても忙《いそが》しい様子のたとえ。

問４　前後の部分から，「中心にいる人たち」とは，くらしを成り立たせる上で「中心にいる」，「壮年期《そうねんき》の人たち」を指すとわかる。次の段落では，「壮年期の人たち」は「親の世代」を言いかえた表現になっているので，ウとエが選べる。

問５　続く部分から，ぼう線⑤は，子どもときちんと向き合っていないこと，「ぶっきらぼう」で，空想的な世界に目を向けていないことを指すとわかるので，ア，ウ，エは合う。子どもが使う言葉を忘れているという内容は書かれていないので，イが適切でない。

問６　しっかりと支えている「そこの世代」とは，直前で取り上げられている「壮年期の人たち」

を指す。支えられているのは子どもと老人で，壮年期の人たちは「家族を食べさせること，着せること，住まわせること」を引き受けていると直前の段落にある。

問７　最後から四つ目の段落で，子どもの文学は「日常の中にある幸福に驚く力を私たちの中に培ってくれる」ものだと説明されている。

問８　ぼう線⑧を除く「子ども時代の一番幸せな思い出」として，学生たちは日常にある幸せをいろいろあげたが，ともすれば「イベントや買い物」に邪魔《じゃま》され，そういった幸せは見えなくなってしまうと三つ後の段落にのべられている。

問９　ぼう線⑨の具体例として，おじいさんがずっと膝《ひざ》を叩《たた》き続けてくれたこと，母親が足を撫《な》でてくれたこと，家に帰ると母親が自分の名前を呼んで「おかえり」を言ってくれたことが前にあげられている。いずれも，身近な人と直接触《ふ》れあい，自分が受け入れられていると感じた体験といえる。

問10　(1)　ある意識を植えつけるような力がのしかかる様子をたとえた表現である。「毛穴」は皮《ひ》膚《ふ》の表面にあるとても小さな穴で，「空気」がそこから入っても気づかないことから，ウが選べる。
(2)　知らぬ間に持たされる「意識」を指すので，前後に「思い込《こ》まされていく」とある，自分たちの日常など語るに値しないつまらないものだという「意識」のことになる。

問11　「読み書き」の学習が不十分で「読む力」がたよりないと，傍《かたわ》らで手が伸《の》ばされてくるのを待っている「日常の物語，幸福の物語」が手繰《たぐ》り寄せられなくなるというのである。「読む力」との関連を考えると，「そういう物語を手許に手繰り寄せる」とは，日常の幸福を描いた物語を手に取り，自分自身に関わるものとして読みこなすことを指すものと読み取れる。

問12　前後に注意する。自分の考えと同じことを昔の人がすでに書いていたときに心を動かされ，昔の人と「時間・空間をこえて」つながることを「歴史とつながっていく」と筆者は表現している。

問13　続く部分から読み取る。一点めは「他者とつながるため」であり，二点めはもっと世界を楽しみ，「いろいろなものを見極《みきわ》め」るためである。

三　漢字の書き取り

1　液体が気体になること。　**2**　道理や真実を深く調べて明らかにすること。　**3**　音読みは「エン」で，「延長」などの熟語がある。　**4**　音読みは「ヨ」で，「預金」などの熟語がある。

平成27年度　女子学院中学校

〔電　話〕　(03) 3263－1711
〔所在地〕　〒102－0082　東京都千代田区一番町22－10
〔交　通〕　JR中央線・東京メトロ南北線・都営新宿線－「市ケ谷駅」より徒歩８分
東京メトロ有楽町線－「麴町駅」より徒歩３分

【算　数】　（40分）〈満点：100点〉

1　次の□にあてはまる数を入れなさい。

(1)　$5\frac{1}{4}-3.875-4\times\left(\frac{9}{8}-0.15\times1\frac{2}{3}\right)\div4\frac{2}{3}=$ □

(2)　容器Aに250g，容器Bに300gの食塩水が入っています。Aの食塩水の濃度《のう》はBの食塩水の濃度の1.7倍です。Aの食塩水に溶《と》けている食塩の量は，Bの食塩水に溶けている食塩の量の□倍です。ただし，割り切れないときは小数第３位を四捨五入しなさい。

(3)　図１のように，直径10cmの円と，縦８cm，横６cmの長方形が２つあります。影《かげ》をつけた部分の面積は□cm^2です。

ただし，円周率は3.14とします。

図１

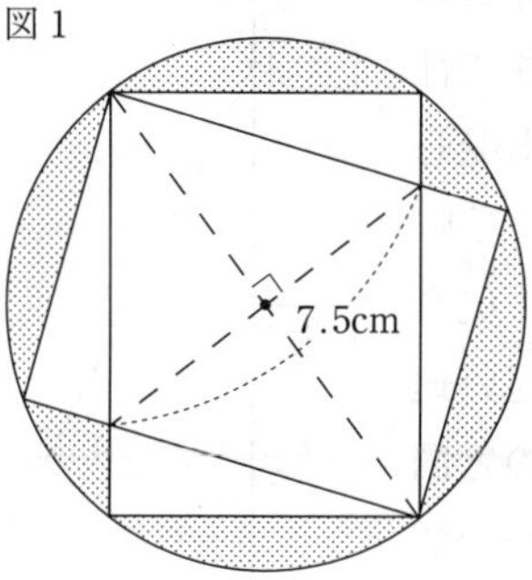

図２

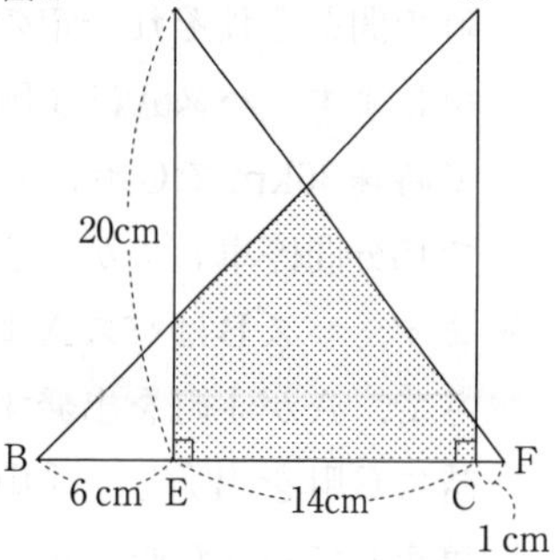

(4)　図２のように，直角二等辺三角形ABCと直角三角形DEFがあります。影をつけた部分の面積は□cm^2です。

(5)　図３のように，円の中に正十二角形があります。

角㋐は□度
角㋑は□度
角㋒は□度
角㋓は□度

図３

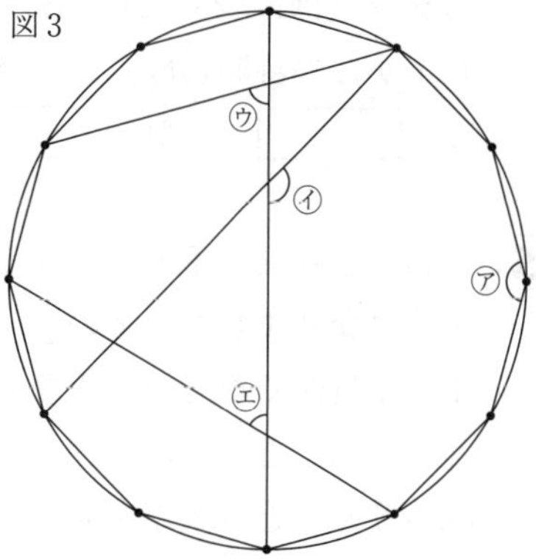

(6)　７をたすと19の倍数になり，19をたすと７の倍数になるような整数の中で，もっとも小さい整数は□です。また，このような整数は１から2000までに□個あります。

2，**3**，**4**の各問いについて□にあてはまる数を入れなさい。

2　勝つと点数が４点増え，負けると２点減るゲームがあります。AさんとBさんは最初に30点ずつ持っていて，このゲームを何回か行ったところ，AさんはBさんよりも４回多く勝ち，AさんとBさんの点数の比は７：４となりました。２人の点数の差は□点で，Aさんの点数は□点，ゲームは□回行いました。

3　広く平らな土地に，縦と横の長さが3 m，高さ 2 mの直方体の形をした倉庫があり，倉庫から1 m離《はな》れたところに高さ 4 mの街灯が立っています。街灯によってできる倉庫の影の面積は［　　　］m^2 です。

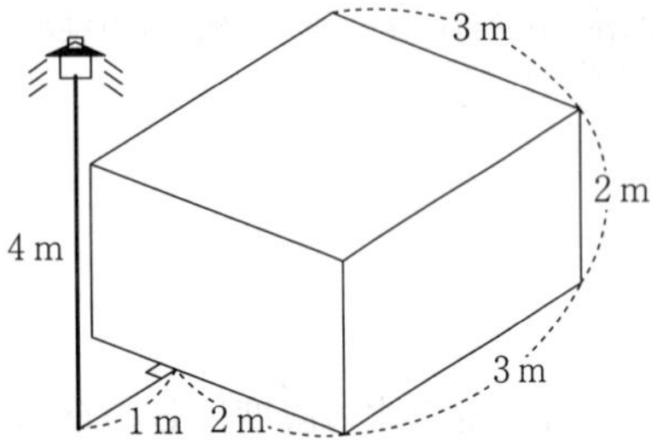

4　2台のバスA，Bが，J町とG町の間をそれぞれ一定の速さで往復します。バスAはJ町を出発して時速36kmでG町に行き，G町で15分間停車してからJ町に戻《もど》ります。バスBはバスAより遅《おそ》い速さで，AがJ町を出発するのと同時にG町を出発し，J町で15分間停車してからG町に戻ります。右のグラフは，「バスA，Bが出発してからの時間(分)」と「バスA，Bの距離《きょり》(km)」の関係を表したものです。

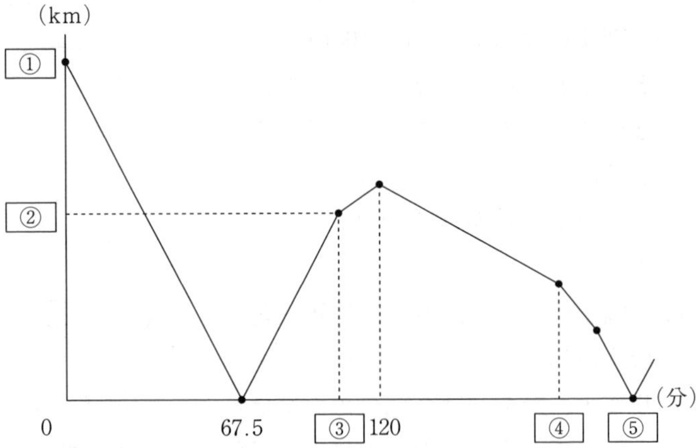

①［　　　］　②［　　　］　③［　　　］　④［　　　］　⑤［　　　］

5　お楽しみ会で子どもにりんご，みかん，かきの3種類のくだものを配ったら，次の①～⑧のようになりました。下の［　　］にあてはまる数を入れなさい。

① 全員がくだものを少なくとも1種類はもらいました。
② りんごとみかんだけをもらった人は9人います。
③ りんごとみかんをもらった人は16人います。
④ みかんとかきをもらった人は11人います。
⑤ くだものをちょうど2種類もらった人は21人います。
⑥ りんごだけをもらった人の数は，かきだけをもらった人の数の2倍です。
⑦ りんごをもらわなかった人の数は，かきをもらわなかった人の数の半分です。
⑧ みかんをもらわなかった人の数と，かきをもらわなかった人の数は同じです。

3種類のくだものをもらった人は［　　　］人，みかんをもらった人は［　　　］人，子どもは全部で［　　　］人います。

6　図1のような直方体の積み木20個をはり合わせて図2のような立体を作り，図3のような水を入れた水そうに沈《しず》めます。

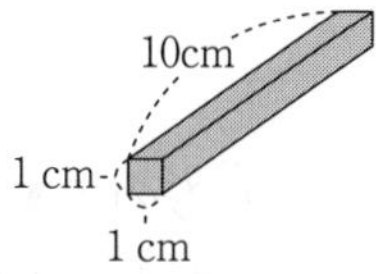

図1

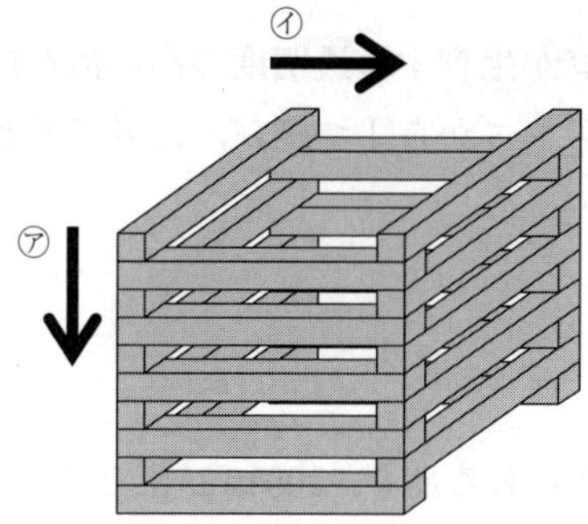

図2

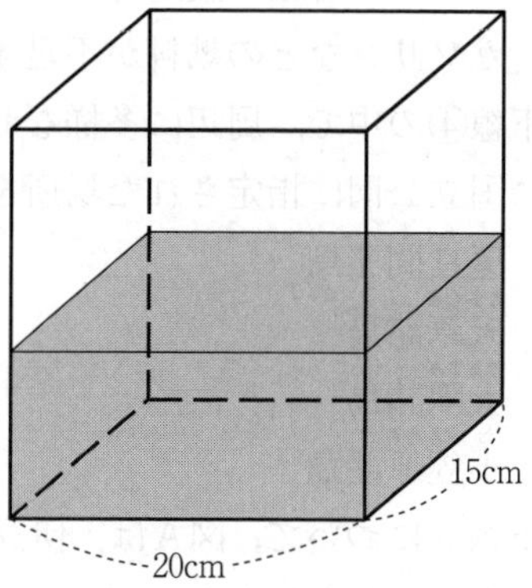

図3

立体を㋐の向きに水そうの底面につくまでまっすぐ沈めると，水面の高さは9.4cmになります。

(1)　水そうに入っている水の体積を求めなさい。求め方も書きなさい。

(2)　次の□にあてはまる数を入れなさい。

立体を㋑の向きに水そうの底面につくまでまっすぐ沈めると，水面の高さは□cmになります。

【社　会】（40分）〈満点：100点〉

（語句はできるだけ漢字で書きなさい。）

Ⅰ　日本列島は，北から南に連なる本土と①離《り》島，②大小多数の島々からなっています。島は周りを海に囲まれ，その気候や暮らしは海と密接な関わりがあります。③離島では，天候が悪い日が続くと何日も不便な生活が続く場合があります。そのような不便さから開発が進みにくい一方，④豊かな自然を残す魅《み》力的な観光地ともなっています。⑤伊豆諸島の⑥八丈島《はちじょうじま》では，温暖な気候や（ X ）発電で発生する温水を活用した植物の生産もさかんです。

島の成り立ちや様子はさまざまです。2013年11月に⑦約40年ぶりに噴《ふん》火活動が活発になった西之《の》島，九州の⑧桜島など，噴火活動が活発な場所がいくつもあります。また，埋《う》め立てにより人工的につくられた島，周辺に⑨サンゴ礁《しょう》が発達する島もみられます。日本は世界有数の長い⑩海岸線を持つ国で，海岸の様子も変化に富んでいます。

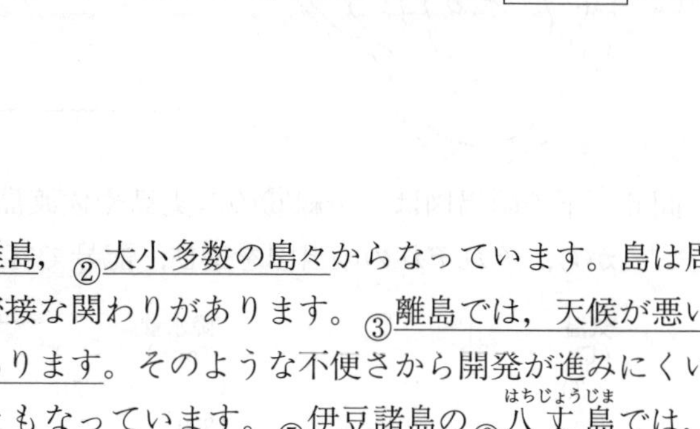

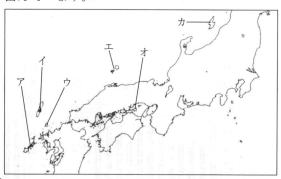

問1　下線①について，対馬《つしま》・佐渡《さど》島・隠岐《おき》を右の図のア～カからそれぞれ選び，記号で答えなさい。

問2　下線②に関して，日本の最東端《たん》に位置する島の名前を答えなさい。

問3　下線③の例として，ふさわしくないものをア～エから1つ選び，記号で答えなさい。

ア　雑誌が店頭に並ぶのが，発売日より遅《おく》れる。

イ　野菜などの生鮮《せん》食品や日用品が不足する。

ウ　ニュース番組の放送時間が，本土より遅れる。

エ　ガソリンなどの燃料が不足する。

問4　下線④の中で，周辺に多様なサンゴが生育する透明度の高い海が広がることから，昨年3月に国立公園に指定された場所を，ア～エから1つ選び，記号で答えなさい。

ア　慶良間《けらま》諸島

イ　天草《あまくさ》諸島

ウ　大隅《おおすみ》諸島

エ　小笠原《おがさわら》諸島

問5　下線⑤について，図Aは，伊豆諸島のある島を，100mごとの等高線で表したものです。この島を，西から見たら，どのような形に見えますか。ア～エから最も近いものを1つ選び，記号で答えなさい。（この図Aは上が北になっています。）

図A

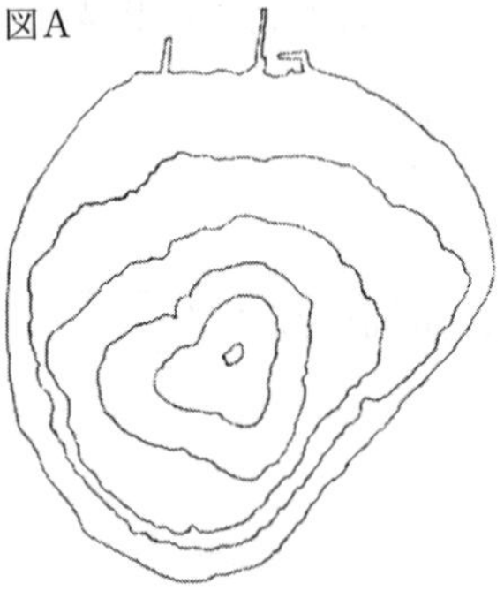

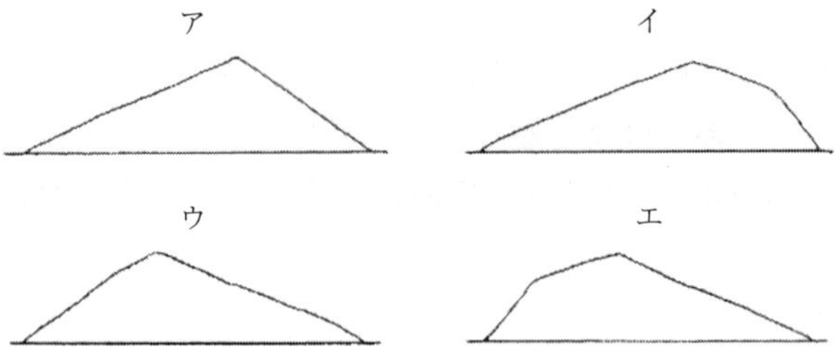

問6　下の雨温図は，下線⑥の八丈島や佐渡島・西表《いりおもて》島・小豆《しょうど》島についてのものです。ア～エから，それぞれの雨温図を選び，記号で答えなさい。

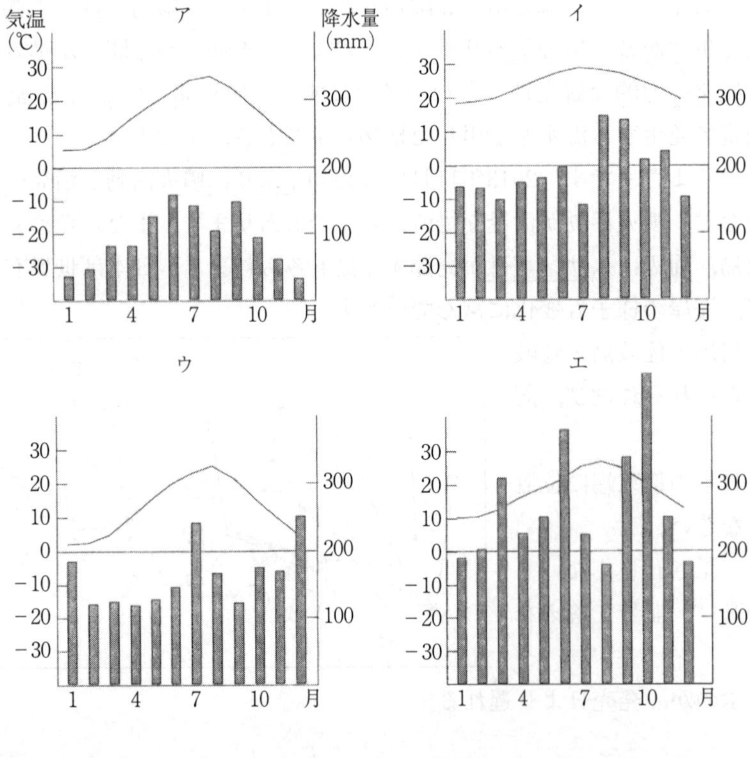

（気象庁資料より作成）

問7　(X)にあてはまる発電方法を答えなさい。

問8　下線⑦の位置を図Bのア～オから1つ選び，記号で答えなさい。

問9　下線⑧の位置を図Cのカ～コから1つ選び，記号で答えなさい。

問10　下線⑨が発達している海を，国が埋め立てる計画が現在あります。その島の名前を答えなさい。

問11　下線⑩について，以下のア～エの都府県を，海岸線の長さの合計が大きい順に左から記号で並べなさい。

ア　東京都　　イ　大阪府

ウ　長崎県　　エ　三重県

図B

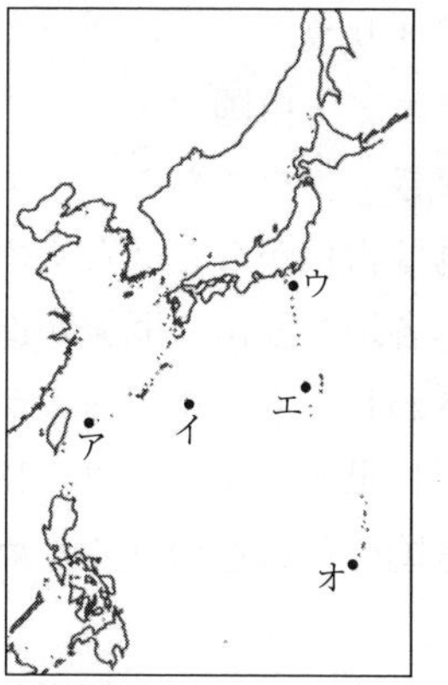

図C

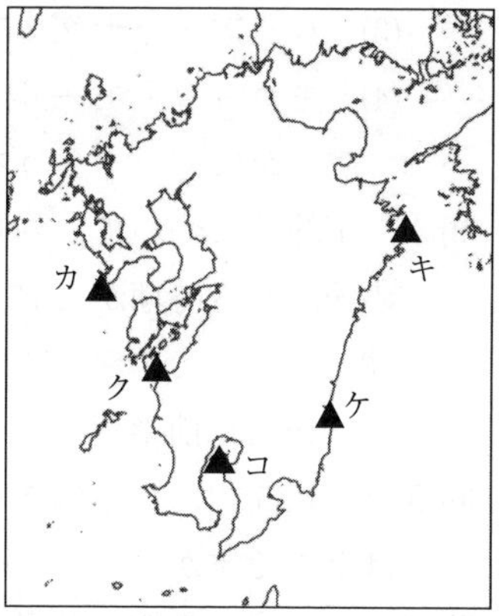

II　①対馬は，古くから大陸や朝鮮半島と日本をつなぐ交流の拠《きょ》点でした。島内の②弥生《やよい》時代の遺跡《せき》からは，中国の貨幣《へい》や鏡，朝鮮の土器や鉄剣が出土し，『魏志《ぎし》』倭人伝《わじんでん》には③漁業と交易を営む様子が記されています。対馬では天武《てんむ》天皇《のう》に銀を献《けん》上して以来，④銀の生産が行われました。また対馬は，たびたび，戦争の舞台や前線基地になってきました。663年の⑤白村江《はくすきのえ》の戦いの敗北後には山城《やまじろ》が築かれ，防衛拠点とされました。⑥平安時代には沿海州《えんかいしゅう》の勢力による対馬攻撃があり，それを大宰府《だざいふ》の責任者⑦藤原隆家《たかいえ》が撃《げき》退しました。文永《ぶんえい》・弘安《こうあん》の役《えき》でもモンゴル軍が上陸しました。

15世紀に対馬の支配権を握《にぎ》った宗氏《そうし》は，朝鮮貿易を主導することとなりました。島内の有力者は，朝鮮に加えて，⑧琉球《りゅうきゅう》王国とも貿易をしていました。九州を平定した豊臣秀吉に服属して⑨朝鮮出兵に協力した宗氏は，その後和平に努め，江戸時代には朝鮮貿易を独占しました。⑩幕末の1861年，土地の借用権などを要求してロシア軍艦《かん》が対馬を占領する事件が起こりました。イギリス軍艦の威嚇《いかく》により占領は終わり，その後⑪廃藩置県《はいはんちけん》を経て，対馬は長崎県に入りました。

問1　下線①の周辺では現在，漁業がさかんに行われています。

(1)　この海域で主に獲《と》れる魚をア～オから2つ選び，記号で答えなさい。

ア　さけ　　イ　あじ　　ウ　たら

エ　にしん　　オ　さば

(2)　この海域では，魚の群れを探し，大きな網《あみ》で囲い込んで魚を獲る漁がさかんに行われています。この漁の方法を何といいますか。ひらがなで答えなさい。

問2　下線②の食生活で人々が口にしていたものとして，ふさわしくないものをア～クから2つ選び，記号で答えなさい。

ア　酒　　イ　米　　ウ　塩　　エ　栗《くり》

オ　砂糖　　カ　胡椒《こしょう》　　キ　大豆　　ク　鮎《あゆ》

問3　下線③に関して，現在，次の国々から主に輸入される水産物を，ア～オからそれぞれ選び，記号で答えなさい。

(1)　チリ・ノルウェー・ロシア

(2)　タイ・インドネシア・ベトナム・インド

(3)　ロシア・カナダ・アメリカ

(4)　モロッコ・モーリタニア・中国

　ア　かに　　イ　うなぎ　　ウ　たこ　　エ　さけ・ます　　オ　えび

問4　下線④について，対馬は古代からしばらくの間，日本でほぼ唯一《ゆいいつ》の銀の生産地でした。その後，ある時期から日本各地で鉱山の開発が進み，銀の生産量が急激に増えました。ある時期とはいつですか。ふさわしいものをア～エから1つ選び，記号で答えなさい。

ア　16世紀前半　　イ　17世紀前半　　ウ　18世紀前半　　エ　19世紀前半

問5　下線⑤で，日本はある国の復興を助けるために，軍隊を朝鮮半島に送りました。ある国とはどこですか。

問6　下線⑥の貴族は移動の手段として何を使用していましたか。ふさわしいものを，ア～オから1つ選び，記号で答えなさい。

ア　人力車　　イ　馬車　　ウ　牛車《ぎっしゃ》　　エ　山車《だし》　　オ　駕籠《かご》

問7　下線⑦の叔父《おじ》にあたる人物は，次々に娘を天皇の后《きさき》にし，他の貴族を圧倒《とう》して藤原氏の栄えの頂点を築きました。叔父にあたる人物を答えなさい。

問8　下線⑧の18世紀の様子を述べた文として，ふさわしくないものをア～エから1つ選び，記号で答えなさい。

ア　薩摩藩《さつまはん》に政治を監督《かんとく》されていた。

イ　将軍の代替《が》わりごとに，江戸に使節を送っていた。

ウ　中国とつながりを持ち，貿易をしていた。

エ　土地を幕府が直接治めた。

問9　下線⑨で朝鮮側に援軍を送った国はどこですか。

問10　下線⑩の前後のア～エのできごとを，古い順に記号で並べかえなさい。

ア　薩長《さっちょう》同盟が結ばれる

イ　大塩平八郎《おおしおへいはちろう》の乱が起こる

ウ　薩摩藩が幕府を倒すために挙兵する

エ　日米修好通商条約が結ばれる

問11　下線⑪について述べた文として，ふさわしくないものをア～エから1つ選び，記号で答えなさい。

ア　新たに置かれた各府県には，政府から役人を送った。

イ　藩が消滅《めつ》して，大名による藩の支配が終わった。

ウ　大名は貴族とともに，華《か》族とされた。

エ　廃藩置県に先立って，徴《ちょう》兵令が出された。

III　離島は隔《かく》離場所でもありました。大宝律令《たいほうりつりょう》では，①死刑《けい》に次ぐ重い刑罰《ばつ》は，罪人を都から遠く離れた所に移す「流《る》刑」でした。流刑は，後に武士にも受けつがれ，政治的な争いに敗《やぶ》れたり，②権力者から憎《にく》まれたりした人が刑罰として流されることがありました。その土地は，③伊豆，安房《あわ》，④常陸《ひたち》，佐渡，隠岐，皇族の場合には淡路《あわじ》などでした。隠岐に流された人物として，13世紀前半の⑤承久《じょうきゅう》の乱に敗れた後鳥羽《ごとば》上皇《こう》や，後醍醐《ごだいご》天皇（上皇）が，また佐渡に流された人物として日蓮《にちれん》や⑥世阿弥《ぜあみ》が知られています。江戸時代に編さんされた「公事方《くじかた》御定《おさだめ》書《がき》」では政治的刑罰であった流刑が庶《しょ》民の刑罰になり，その結果，流刑者の数は増大しました。また明治時代には，自由民権運動の指導者たちの中で北海道へ送られた者もいました。その後，刑法および監獄《ごく》法の施《し》行により流刑は廃止されました。

しかし，島への隔離の歴史は続きました。国立の⑦ハンセン病療《りょう》養所第１号は，⑧瀬《せ》戸内海の長島に開園された長島愛生園《ながしまあいせいえん》です。1988年に島と本土を結ぶ橋がかかるまで，この療養所は日本のハンセン病政策の象徴的な場所でした。

2001年，熊本地方裁判所は⑨裁判を提訴《そ》したハンセン病の元患《かん》者の主張をほぼ全面的に認め，⑩らい予防法は日本国憲法に明らかに違《い》反すると判決を下しました。2009年には，従来のあり方を見直し，療養所を地域社会に開かれた施設にすることを盛り込んだハンセン病問題基本法が施行されました。長島愛生園では，入所者と地域住民の意向を中心に療養所の将来構想をすすめる会が発足しました。隔離の島を人権学習の場として活用するために，⑪世界遺産登録に向けた準備会も動き始めました。

一方，島は外からの新しい文化が入ってくる場所でもあります。古代では，対馬や壱岐《いき》が，大陸や朝鮮半島との中継《けい》地としての役割を果たしていました。時代が下ると，（ X ）が有名です。16世紀中ごろ，ポルトガル商人によって（ X ）にもたらされた⑫鉄砲《ぽう》は，その後の日本の歴史を変えるものとなりました。

問１　下線①についての説明として，まちがっているものをア～エから１つ選び，記号で答えなさい。

ア　現在，世界で半数以上の国々では死刑を実際に行っていない。

イ　最終的に死刑に確定した判決が，やり直しの裁判でくつがえされたことはない。

ウ　現在，日本の法律における最高刑は死刑である。

エ　裁判員裁判において，死刑判決が出たことがある。

問２　下線②に関して，現在でも，このような人々が投獄されることがあります。そのような人々の解放のために活動している代表的なNGOを，ア～オから１つ選び，記号で答えなさい。

ア　グリーンピース　　イ　国境なき医師団　　ウ　国際赤十字

エ　国際ペンクラブ　　オ　アムネスティ・インターナショナル

問３　下線③に関する次の問いに答えなさい。

⑴　伊豆半島の西側に広がる湾《わん》の名前をひらがなで書きなさい。

⑵　伊豆に流され，1180年に兵を挙げた人物の名前を書きなさい。

問４　下線④は現在の茨城県にほぼ相当します。江戸時代のこの地域にあった親藩《しんぱん》を答えなさい。

問５　下線⑤が終わったころの政治や社会について述べた文として，ふさわしいものをア～エから２つ選び，記号で答えなさい。

ア　朝廷《てい》をしのぐ力を持った幕府は，法律や制度を整えた。

イ　幕府は有力な御《ご》家人を初めて守護や地頭に任命した。

ウ　農民たちが団結し，土一揆《き》を起こすようになった。

エ　各地に荘《しょう》園があり，領主のもとへ産物が送られていた。

問6　下線⑥の人物は，ある芸能を大成させたことで知られています。何とよばれる芸能ですか。

問7　下線⑦についての説明として，正しいものをア～オから2つ選び，記号で答えなさい。

ア　日本国憲法が施行されて数年のうちに，ハンセン病患者を隔離する法律はなくなった。

イ　WHOは熊本地方裁判所の判決以前に，ハンセン病患者への隔離の必要がないと勧《かん》告していた。

ウ　戦後，らい予防法は，隔離ではなくワクチン注射で予防するように改正された。

エ　らい予防法のように，少数者の人権尊重よりも公共の福祉《し》の観点から多数派《は》の人権を守ることを日本国憲法は認めている。

オ　患者を隔離する政策について裁判所が人権侵《しん》害を認めたのち，政府と元患者の間に和解が成立した。

問8　下線⑧の周辺地域で作られる主要な農作物にあてはまらないものをア～オから1つ選び，記号で答えなさい。

ア　オリーブ　　イ　たまねぎ　　ウ　レモン　　エ　ぶどう　　オ　さくらんぼ

問9　下線⑨に関して，次の問いに答えなさい。

(1)　裁判の中で有罪を立証する役目の公務員を何といいますか。

(2)　裁判員制度について，（ａ）～（ｄ）にあてはまる語句を書きなさい。

裁判員制度は，（　ａ　）裁判所で行われ，殺人や放火などを扱《あつか》う（　ｂ　）裁判で用いられ，裁判では（　ｃ　）と一緒に判決を下します。日本国憲法の三大原理にも規定されているように，国民が（　ｄ　）として裁判に参加することをうながすとともに，国民の感覚や視点を裁判に生かすことを目的としています。

(3)　裁判員制度について述べた文として，正しいものをア～エから1つ選び，記号で答えなさい。

ア　裁判員は18歳以上の国民の中から選ばれる。

イ　裁判員は国民の中からくじで選ばれる。

ウ　裁判員裁判が実施されてから，５年は経《た》っていない。

エ　裁判員は国民の義務なので，一切断ることはできない。

(4)　裁判員裁判で判断することについての説明として，正しいものをア～エから1つ選び，記号で答えなさい。

ア　裁判員は，訴えられた人が有罪か無罪かだけを判断する。

イ　裁判員は，どのような刑罰にするかだけを判断する。

ウ　裁判員は，有罪か無罪かということと，有罪であればどのような刑罰にするかを判断する。

エ　裁判員裁判の判決は，評議に参加する者全員の一致で決定する。

問10　下線⑩に関する次の問いに答えなさい。

(1)　裁判所には国会に対してこのような権限があります。一方，国会は裁判所に対してどのような権限を持っていますか。簡単に説明しなさい。

(2)　下線⑩に関係の深い日本国憲法第98条について，（　）にあてはまる語句を入れなさい。

第98条　第１項　この憲法は，国の（　　）であって，その条規に反する法律，命令，詔《しょう》勅《ちょく》及び国務に関するその他の行為《い》の全部又《また》は一部は，その効力を有しない。

問11　昨年6月，下線⑪に登録された近代産業遺産があります。その施設についての説明として，正しいものをア～キからすべて選び，記号で答えなさい。

ア　ドイツ人の指導によって技術が教えられた。

イ　明治政府によって設立された。

ウ　繊維《せんい》産業が盛んな栃木《とち》県に設立された。

エ　ここで作られたものは，やがて主要な輸出品となった。

オ　県内だけでなく，全国から集まった女性が生産にあたった。

カ　日本の綿織物業の中核《かく》となる工場だった。

キ　日清戦争後に，清《しん》から得た賠償《ばいしょう》金の一部を用いて建てられた。

問12　(X)にあてはまる地名を書きなさい。

問13　下線⑫が伝わったことで，戦いの様子はどう変わったと考えられますか。ふさわしいものをア～エから2つ選び，記号で答えなさい。

ア　見晴らしの良い山の上に城が築かれるようになった。

イ　歩兵の役割が大きくなった。

ウ　鉄を用いたよろいやかぶとが作られるようになった。

エ　厚い城壁《へき》をもつ城が築かれるようになった。

Ⅳ

19世紀半ばに①ペリーの黒船によって②開港させられ，鎖《さ》国が崩《くず》れた日本は，先に工業化した欧《おう》米諸国に対抗して資源や市場を確保することを目指すようになりました。③明治以降の近代の歴史は，本土の人々と離島の人々の生活に大きな差をもたらしました。というのも，明治以降，④それまで国内の物資流通を支えた輸送網《もう》とは別に，⑤新たな輸送網が整備され，島は取り残されてしまったからです。

日本の⑥国家領域拡大は，大陸進出を目指す一方，海域では，政府だけでなく，資源などの利益獲得を目指す民間人の活動や島への入植などをともないながら行われました。こうして，⑦最果ての島々にいたるまで，有人・無人を問わず領土として確定していきました。⑧経済水域が国際的に認められると，解決の難しい国家間の領有をめぐる対立が起こるようになりました。

2012年5月，日本が3年に一度開催《さい》している「太平洋・島(X)」が沖縄で開かれました。この(X)に参加しているのは，メラネシア，ミクロネシア，ポリネシアの国と地域で，このとき，アメリカも初めて参加しました。⑨パラオ，ミクロネシア連邦《れんぽう》，⑩マーシャル諸島は，1920年から1945年まで国際連盟の下で日本が委任統治していたこともあり，日本の言葉や文化が現地に残っています。これらの国々は，第二次世界大戦後に⑪独立していきました。共通課題の一つに，自然災害や⑫気候変動などの環《かん》境変化に弱いことが挙げられ，国際社会に迅《じん》速な取り組みと協力が求められています。

問1　下線①に関する文について，次の問いに答えなさい。

下線①を浦《うら》賀沖に差し向けた国は，油を得るために，北太平洋上で(a)を捕《ほ》獲していました。1854年の(b)条約を締《てい》結した目的の一つは，(a)を捕獲する船の保護でした。

(1)　(a)は日本でも江戸時代，紀伊半島沖や房《ぼう》総半島沖でとられていました。(a)にあてはまるものを書きなさい。

(2)　(b)の条約名を書きなさい。

問2　下線②のことを経験した日本が，同様のことを強制し，1876年に条約を結ばせた相手国の名前を書きなさい。

問3　下線③について，ア～エの事がらを，古い順に記号で並べかえなさい。

ア　日英同盟の締結　　　イ　韓《かん》国併《へい》合

ウ　国際連盟から脱《だっ》退　　　エ　満州事変の勃《ぼっ》発

問4　下線④のうち，日本海側から大阪に米などを運んでいた航路を何といいますか。

問5　下線⑤は何をさしますか。

問6　下線⑥に関して，その国の領域をあらわす言葉を，領土のほかに2つ答えなさい。

問7　下線⑦に関連して，領有をめぐる国家間の対立が起こっている，日本海の島の名前を答えなさい。

問8　下線⑧に関する次の問いに答えなさい。

(1)　沿岸からどの範囲までをいいますか。最も近いものをア～エから1つ選び，記号で答えなさい。

ア　12km　　イ　200km　　ウ　370km　　エ　540km

(2)　下線⑧を説明する文として，正しいものをア～エから2つ選び，記号で答えなさい。

ア　この水域では外国の船は通航することはできない。

イ　この水域で外国の漁船が操《そう》業する際，沿岸国に入漁料を払う必要はない。

ウ　この水域の海底にある天然ガスを，外国は勝手に採取できない。

エ　この水域が設定され，1970年代後半から日本の遠洋漁業の漁獲高が減少した。

(3)　下線⑧などについて定めた，「世界の海の憲法」ともよばれる条約名を書きなさい。

問9　(X)には，複数の国の首脳による直接対話や交渉の場を示すカタカナの言葉が入ります。ふさわしい語句を入れなさい。

問10　下線⑨の国々では核兵器を禁止することを憲法で定めています。日本は非核三原則を定めていますが，それについて次の問いに答えなさい。

(1)　非核三原則を国会で決議したのは，どの時期ですか。最も近い時期の事がらを，ア～エから1つ選び，記号で答えなさい。

ア　沖縄の返還《かん》　　　　　　　　イ　冷戦の終結

ウ　第一回アジア・アフリカ会議の開催　　エ　新日米安全保障条約の成立

(2)　非核三原則のうち，2010年の政府発表によって，当初から事実上，原則としては機能していなかったことが明らかになったのは3つのうち，どの部分ですか。

問11　下線⑩の島々の周辺の海で核兵器の実験が繰《く》り返し行われ，こうした核兵器の開発の禁止を求める運動が日本で起こりました。この運動が起こったきっかけとなったできごとは何ですか。簡単に説明しなさい。

問12　下線⑪に関して，次の問いに答えなさい。

(1)　アジアで最も新しく誕生した国の独立に際して，自衛隊が派遣《けん》されました。この国を答えなさい。

(2)　(1)で自衛隊は国連のある活動に参加する形で派遣されました。この活動を答えなさい。アルファベットの略《りゃく》称でも構《かま》いません。

問13　下線⑫について，次の問いに答えなさい。

(1)　どのような気候変動が地球規模で問題になっていますか。

(2)　(1)の影響《きょう》で存続の危機が迫《せま》っているといわれる国がある場所を，右の図のア～オから１つ選び，記号で答えなさい。

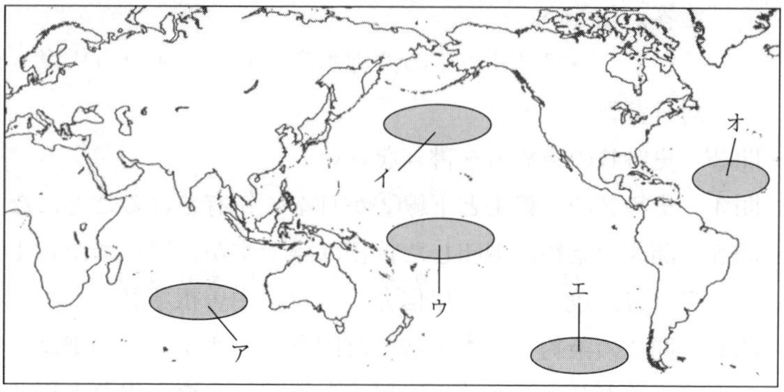

問14　大陸に領土を持たない国を「島国」とした場合，「島国」について述べた文としてふさわしいものをア～クから３つ選び，記号で答えなさい。

ア　日本はずっと島国であった。

イ　同じ緯《い》度の大陸の内陸部の国に比べ，気温の寒暖の差が小さい。

ウ　比較《かく》的小さな軍事力で領土を守ることができる。

エ　外国との貿易が立地上不利なので，制限を設けている国が多い。

オ　いずれも一つの民族だけで構成され，多様性がない。

カ　現在，アジアでは日本以外にも島国がある。

キ　現在，ヨーロッパには島国はない。

ク　国がまとまりやすく，いずれも君主がおかれている。

Ⅴ　日本の領土問題に関する史料A，Bについて，以下の問いに答えなさい。

史料A

> 6条　軍国主義，戦争指導者を永久にのぞく。
> 7条　連合軍が日本を占《せん》領する。
> 8条　日本の領土を，本州，北海道，九州，四国と連合国側の決定する小島に制限する。
> 9条　日本軍を完全武装解除する。
> 10条　戦争犯罪人を処罰する。
> 12条　責任ある政府ができた後，占領軍は撤《てっ》退する。

史料B

> 日本は朝鮮の独立を認める。日本は旧日本の領土のうち，①台湾《わん》，澎《ほう》湖諸島，②南樺太《からふと》，千島《ちしま》列島・南洋諸島などに対するすべての権利を放棄《き》する。琉球(沖縄)，小笠原諸島などはアメリカ合衆国の信託《たく》統治下におく。

問１　史料Aを，何とよびますか。

問２　史料Aを日本が受け入れた時期はア～エのうち，いつですか。ア～エから１つ選び，記号で答えなさい。

（ ア ）→アメリカ軍の沖縄本島上陸→（ イ ）→広島への原子爆弾《ばくだん》投下→（ ウ ）→ソ連軍の対日参戦→（ エ ）

問３　史料Ｂの条約名を書きなさい。

問４　史料Ｂの下線①と下線②が日本に領有されることになった条約名をそれぞれ書きなさい。

問５　問３の条約に調印した首相は誰ですか。ア～エから１人選び，記号で答えなさい。

ア　吉田茂《しげる》　イ　岸信介《のぶすけ》　ウ　中《なか》曽《そ》根《ね》康弘《やすひろ》　エ　田中角栄《かくえい》

問６　問３の条約を日本と結んだ国をア～オから２つ選び，記号で答えなさい。

ア　イギリス　イ　ソビエト連邦　ウ　中華人民共和国

エ　アメリカ　オ　インド

問７　史料Ａの発表から，史料Ｂの調印にいたる間に起こったできごとを，ア～カからすべて選び，記号で答えなさい。

ア　朝鮮戦争が始まった。　イ　日本国憲法が公布された。

ウ　自衛隊が発足した。　エ　中華人民共和国が成立した。

オ　日本が国際連合に加盟した。　カ　日中平和友好条約が調印された。

【理　科】（40分）〈満点：100点〉

Ⅰ　１　日本には「落葉する種類の木」と「落葉しない種類の木」とがある。

(1)　次のア～エの４種類の木のうち「落葉しない種類の木」を２つ選びなさい。

ア　サクラ　イ　ツバキ　ウ　ミカン　エ　イチョウ

(2)　(1)の「落葉する２種類の木の葉」と「落葉しない２種類の木の葉」を比べたとき，「落葉しない２種類の木の葉」だけにあてはまるものを次のア～ウから選びなさい。

ア　より厚くてかたい

イ　より表《ひょう》面につやがある

ウ　葉の表《おもて》に比べて裏の色がよりうすい

(3)　落葉する季節は植物がでんぷんを作る活動に適さない。適さない理由の１つは「気温が低い季節だから」である。他に２つ理由を答えなさい。

２　ある土地にどのような植物が生育できるかは，主にその土地の年平均気温と年間降水量によって決まる。図１はその関係を示したものである。図中のは森林を表し，Ａ～Ｅの５種類に分けた。

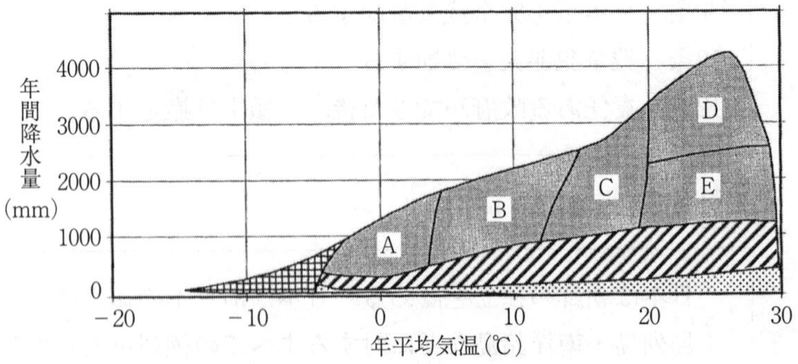

図１

(1)　図１の，，は「草原」「砂漠《ばく》」「ツンドラ」のいずれかである。，にあたるものを次のア～ウからそれぞれ選びなさい。

ア　草原　イ　砂漠　ウ　ツンドラ

(2)　東京の年平均気温は約16℃，年間降水量は約1500mmである。東京の本来の様子を次のア～エから選びなさい。

ア　草原　　イ　砂漠　　ウ　ツンドラ　　エ　森林

(3)　森林について次の問いに答えなさい。

①　現在，伐《ばっ》採による減少が問題となっているのはどの種類の森林か。図1のA～Eから選びなさい。

②　①の森林がある場所を図2のア～ケから選びなさい。

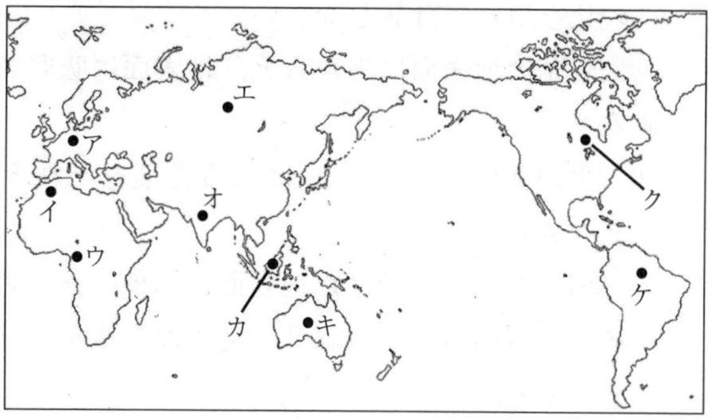

図2

(4)　次の文章中の ① ～ ③ にあてはまる言葉を答えなさい。

水は，固体，液体，気体とすがたを変えながら地球をめぐっている。現在，地球温暖化によって地球上の氷は溶《と》け，海水面が高くなってきていることが知られている。今から約1万8000年前は，地球の気温は現在よりも約8℃低かったと推《すい》定されている。このとき，地球の水の多くは ① せず，空気中の ② は少なくなり，地球全体の ③ 量は現在より少なかったと考えられる。

(5)　もしも地球全体の気温が今より約8℃低くなったら，現在「年平均気温13℃，年間降水量1000mm」の場所では，どのような変化が起こるか，次のア～オから考えられるものを選びなさい。

ア　Aの森林になる

イ　Bの森林になる

ウ　Eの森林になる

エ　になる

オ　になる

II

1　日本では，夏の日差しは冬の日差しよりも ①（ア　強　　イ　弱） い。太陽からの光(太陽光)の強さは一年中ほぼ一定であるのにどうしてこのような差が生じるのだろうか。

下図は，太陽の高度(地表面と太陽光とがつくる角度)が(A)60°と(B)30°のときの地表面1m²に入射する光の様子を示したものである。

太陽の高度が高い方が，地表面において同じ面積に入射する光の量が ②（ア　多く　イ　少なく） なる。すなわち，太陽の高度がより ③（ア　高い　　イ　低い） 日本の夏は日差しが ① くなるのである。

(A)　60°のとき

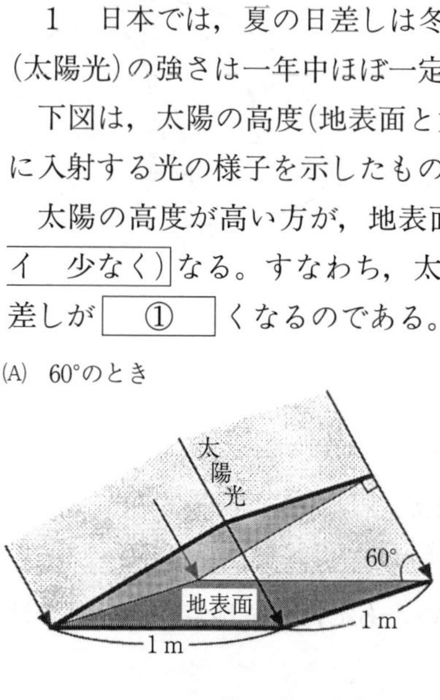

(B)　30°のとき

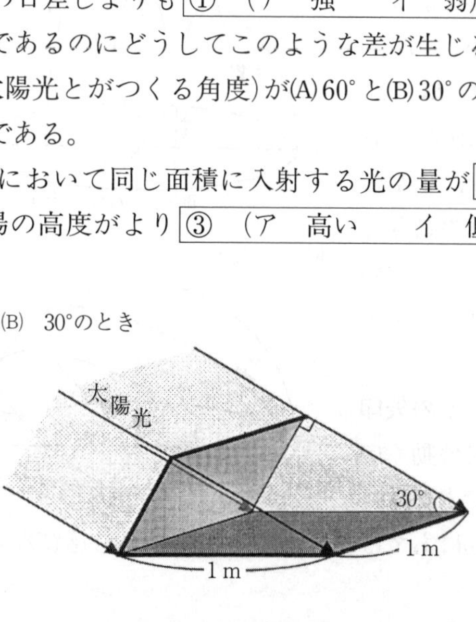

(1)　前ページの文章の ① ～ ③ に入る言葉をそれぞれ(　)のア，イから選んで答えなさい。

(2)　Aのときの地表面1 m^{2}が受ける太陽光の量はBのときの何倍か。1つの角が60°である直角三角形の辺の長さの比が右図のようであるとして，その比を用いて計算しなさい。

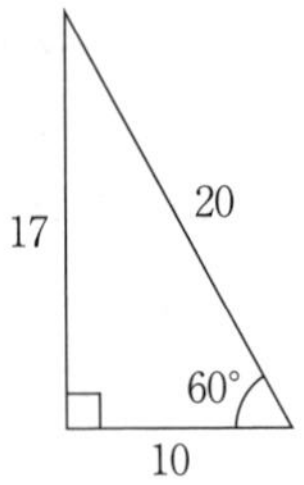

太陽光は地表面に当たると，地表面に吸収されたり，地表面で反射したりする。

(3)　次の文の ① ， ② に入る言葉をそれぞれ(　)のア，イから選んで答えなさい。

同じ光の量を受けた地表面の面積を比べると，AのときはBのときより ①（ア　大きい　イ　小さい）。その結果，地表面の温度がより高くなるのは ②（ア　A　　イ　B）のときである。

(4)　地表面に当たる太陽光のうち，吸収されず反射する光の割合をアルベドという。右の表のようにアルベドは地表面の状態などによって異なる。次の文は，地球温暖化で南極や北極の雪や氷が減少することによって起こる影響《えいきょう》について述べたものである。 ① ～ ③ に入る言葉をそれぞれ(　)のア，イから選んで答えなさい。

地表面の状態	アルベド(%)
裸《ら》地（土）	10～25
砂地，砂漠	25～40
草地（草原）	15～25
森林	10～20
新雪	79～95
旧雪	25～75

雪のアルベドは ①（ア　大きい　　イ　小さい）ので，その面積が減少し裸地などになると，地表面が吸収する太陽光の量が ②（ア　増加　　イ　減少）する。そのため，地球温暖化の進行は ③（ア　速くなる　　イ　遅《おそ》くなる）と考えられる。

(5)　地球の大気の成分のうち，太陽からの紫《し》外線をよく吸収する気体の名前を答えなさい。

(6)　(5)の気体が著《いちじる》しく減少すると，地表まで達する紫外線量が増加し人類へ悪影響をもたらすと考えられている。どのような影響があるか1つ答えなさい。

2　太陽からの日差しの強さは緯《い》度や季節によっても変化する。右図は，(A)赤道，(B)北緯23.4°，(C)北緯60°の各地点における夏至，春分，冬至の日の太陽の1日の動きを示したものである。図のように観測者は常に半球の中心にいる。

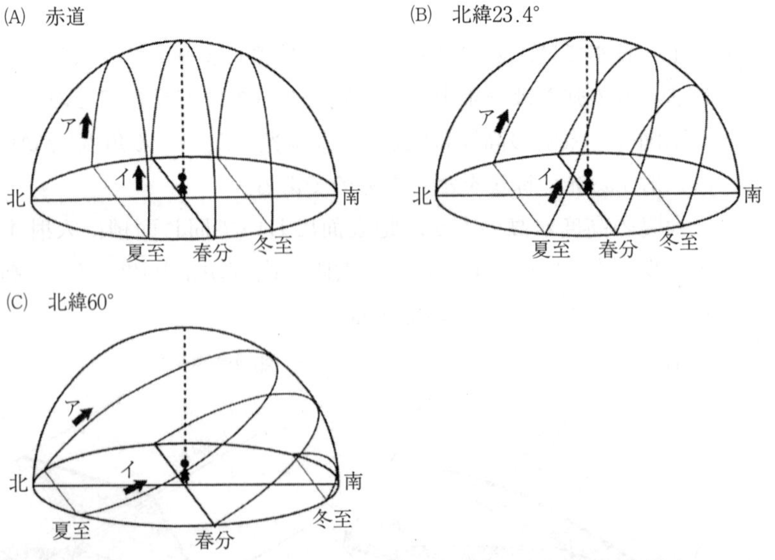

(1)　図中のア，イの矢印のうち，太陽の動く向きはどちらですか。

(2)　次の①～⑤にあてはまる地点をA～Cから選びなさい。あてはまる地点がない場合はDと答えなさい。

① 夏至の日の正午を比べたとき，日差しが最も強くなる。

② 春分の日の正午を比べたとき，日差しが最も強くなる。

③ 夏至の日を比べたとき，昼の長さが最も長くなる。

④ 日差しが最も強い日が１年に２回ある。

⑤ 日差しが最も強い日が１年に３回ある。

[III] 1 実験中の手順や注意について，次の問いに答えなさい。

(1) 実験中，手にうすい塩酸がついてしまったときにどうすればよいか。正しいものをア～オから選びなさい。

ア 乾《かわ》いたタオルですぐに拭《ふ》く

イ 気体が水に溶けたものなので，うすいものならば，そのまま放っておいてよい

ウ アンモニア水につけて洗う

エ うすい水酸化ナトリウム水溶《よう》液につけて洗い，そのあと水でよく流す

オ 水道の水でよく流す

(2) ガスバーナーに火をつけるときの操作の手順について，次の問いに答えなさい。

① 元栓《せん》を開ける前に，二つのねじが自由に回ることを確認したあとにすることをア～エから選びなさい。ねじを回す向きは上から見た向きとする。

ア 両方のねじを反時計回りに回りきるところまで回しておく

イ 両方のねじを時計回りに回りきるところまで回しておく

ウ 上のねじを時計回りに，下のねじを反時計回りに回りきるところまで回しておく

エ 上のねじを反時計回りに，下のねじを時計回りに回りきるところまで回しておく

② ①のあと，元栓を開けてから青い炎《ほのお》にするまでの手順を三段階で示すとき，その順番になるようにア～エの記号を書きなさい。

ア 上のねじを押さえ，下のねじだけを回す

イ 下のねじを押さえ上のねじだけを回す

ウ 下のねじを回す

エ マッチに火をつけて筒《つつ》の上に位置させる

(3) リトマス紙で試験管に入った液体の性質を調べるときの方法をア～エから選びなさい。

ア リトマス紙をピンセットではさみ，液につける

イ ガラス棒の先を液にひたし，リトマス紙につける

ウ 液体の少量をペトリ皿に移し，小さく切ったリトマス紙を上に落とす

エ 小さく切ったリトマス紙をペトリ皿に置き，上からスポイトで液を一滴《てき》たらす

2 水溶液について，次の問いに答えなさい。計算問題で割り切れないときには，小数第２位を四捨五入して求めなさい。

(1) 次の文章の[①]～[⑤]にあてはまる言葉を答えなさい。

水溶液は溶けている物質によって様々な性質を示す。例えば，塩酸は，紫《むらさき》キャベツ液を加えると[①]色になり，スチールウールを入れると，気体として[②]が発生する。また，大理石に加えれば[③]が発生する。アンモニア水は[④]性で，紫キャベツ液を加えると[⑤]色となり，紫キャベツ液を加えることによって塩酸とアンモニア水

を区別することができる。一方，食塩水とさとう水は紫キャベツ液を加えたときの色が全く同じため，区別するには別の方法が必要になる。

(2) 食塩水とさとう水を区別したい。どのような実験をすればよいか結果もあわせて文章で書きなさい。ただし，溶液の量は十分にあり，器具は自由に使えるものとする。

食塩は水100gに30℃で38.0g，80℃で40.0gまで溶かすことができる。

(3) 30℃で，溶けきれなくなるまで食塩を溶かした食塩水がある。

① この食塩水の濃《のう》度は何%になりますか。

② この食塩水100gを蒸発皿に入れ，加熱して水を完全に蒸発させたときに出てくる食塩は何gですか。

(4) 80℃で，溶けきれなくなるまで食塩を溶かした食塩水が50gある。

① 80℃のまま水を5g蒸発させたとき，出てくる食塩は何gですか。

② 水を蒸発させないで30℃まで温度を下げたとき，何gの食塩が出てきますか。

(5) 日本では海水から水を蒸発させて塩を作ってきた。海水からの塩作りには「塩田」を使った方法がある。

① 17世紀半ばに開発された「入浜《いりはま》式塩田」では，まず，潮の干満を利用して砂を海水で湿《しめ》らせて放置し，水を蒸発させ，次に，塩の粒《つぶ》が付着した砂を一ヶ所に集め，その上から海水をかけて砂についた塩を海水に溶かし濃《こ》い塩水を作り，最後にそれを煮詰《につ》めて塩を取り出していた。海水を煮詰めるだけで食塩を得られるのに，当時，このような方法で食塩を得ていたのはなぜか。あなたの考えを書きなさい。

② 昭和20年代から使用された「流下《りゅうか》式塩田」では入浜式塩田と異なり，砂の運搬《ぱん》の必要がなく，狭《せま》い土地で塩が得られるようになった。この方法では，竹を庭ほうきのように何本も束ね，図のように多くの束をつるし，ポンプでくみ上げた海水を最も上の段から少しずつ流し，ゆっくり流れ落ちてきた液体を煮詰めて塩を作っていた。流下式塩田がすぐれている点を一つ書きなさい。

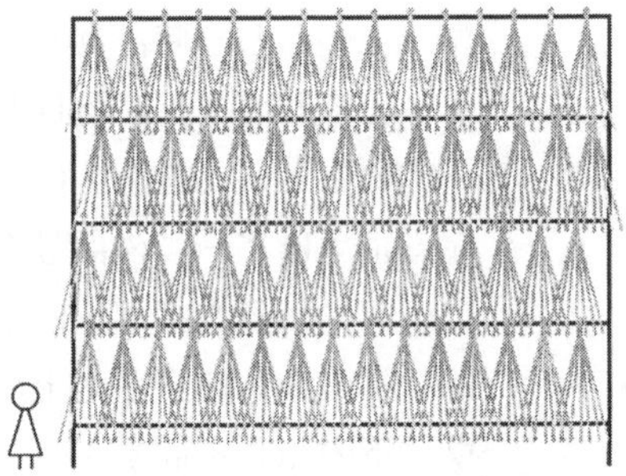

Ⅳ 船の始まりは，流れ着いた流木などに人が直接乗っていたものであるといわれている。中がくぼんだ形の船で古いものは，紀元前8000年頃《ごろ》に作られたと考えられている。その後，船は様々な工夫がなされ，大型化し，世界中で利用されてきた。現在，大きな船は木材ではなく鉄で造られており，大量の荷物を一度に運搬できる輸送手段として広く利用されている。

船はなぜ水に浮《う》くのか，また浮くだけでなく重い荷物を積むことができるのか，以下の実験によって調べた。

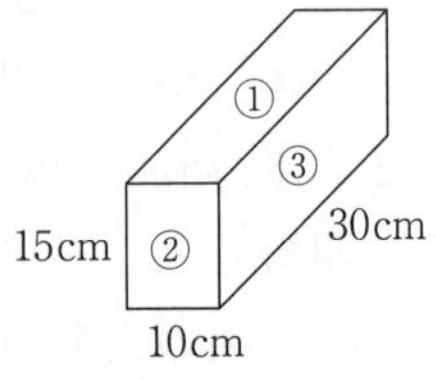

図1 木片の形と大きさ

【実験1】 直方体の木片A，B，C，D，Eを用意し水に入れると，どの面を上にしてもA，B，Eは浮かんだが，C，Dは沈《しず》んだ。A～Eは木の種類は異なるが，

木片	A	B	C	D	E
重さ（g）	4050	3150	5850	4950	3825

表1

形と大きさは同じである(図1)。また木片の重さは表1に示されている。

1　様々な物の1 cm^3 あたりの重さを「**密度**」という。木片A～Eと水の密度を大きい順に並べたとき，水は何番目になりますか。ただし，水の1 cm^3 あたりの重さは1gである。

2　この実験結果から考えて，木片が水に浮かぶのはどのようなときか。解答欄《らん》の文を完成させなさい。

【実験2】　水に浮かんだ木片A，Bをいろいろな面(図1の①，②，③)を上にして水に浮かべ，水面より下の部分の長さを調べたところ，表2のようになった。ただし，水に浮いた木片は傾《かたむ》かず，上下の面は水面に平行になった。

3　表2のアの長さを求めなさい。

木片	A			B		
上になる面	①	②	③	①	②	③
水面より下の部分の長さ（cm）	13.5	27.0	9.0	ア	21.0	7.0

表2

4　【実験2】の結果から考えて，次の文のうち正しいものには○を，間違《ちが》っているものには×を書きなさい。

(1)　同じ木片の場合，上になる面が小さいほど，水面より上の部分の長さが短い。

(2)　同じ木片の場合，どの面を上にして沈めても，水に沈んでいる部分の体積は等しい。

(3)「水に沈んでいる部分の体積と同じ体積の水の重さ」は「木片全体の重さ」と等しい。

5　木片Eが面①を上にして浮かんでいるとき，水面より下の部分の長さを求めなさい。

【実験3】　木片Cと同じ種類の直方体の木をくりぬいて図2のような船を作り，水に入れたところ浮かんだ。このとき水面より下の部分の長さは9cmとなった。またこの船の重さは4050gだった。

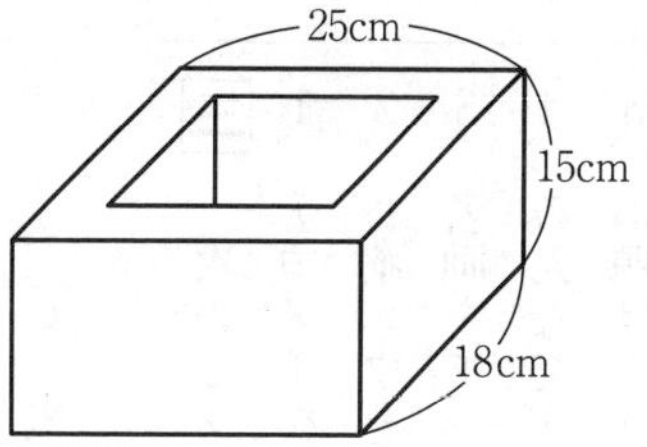

図2

6　この船が押しのけた水の体積を求めなさい。

7　この船に200gのおもりを積んでいくと少しずつ船は沈み始めた。おもりを何個積んだらこの船は完全に水に沈むか，おもりの個数を求めなさい。

【実験4】　鉄で図3のような三角柱の形をした船を作り，上面が水面に平行になるように静かに水に入れたところ，水面より下の部分の長さが6cmになり，船は沈まなかった。

8　この鉄の船の重さを求めなさい。

9　この鉄の船と同じ重さで図4のような四角柱の形をした鉄の船を作りたい。水に入れても沈まないようにするためには，船の高さは何cm以上であればよいか，求めなさい。

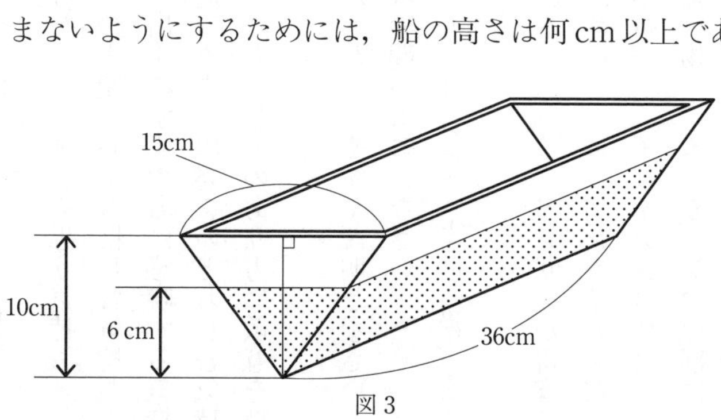

図3

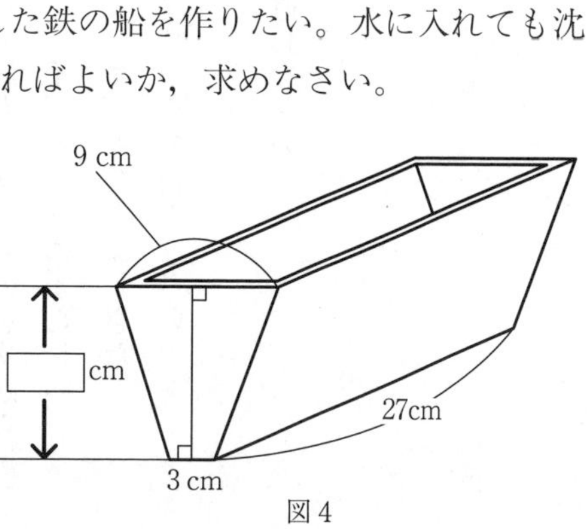

図4

イ、雪の降る音に耳をすませて聞きもらさない集中力がある
ウ、雪の姿を借りて自分の気持ちを詩にする表現力がある
エ、雪の様子から悲しみをわかってあげる理解力がある
オ、雪のさまざまなあり方に思いをはせる想像力がある

問七　——⑦「見えぬけれどもあるんだよ」とありますが、「つもった雪」の詩で、「見えぬけれどもある」のは何ですか。

問八　——⑧に表現されている気持ちとして、最も適切なものを次から選びなさい。
ア、自分だけが神さまの居場所を見つけられたというほこらしさ
イ、どんなに小さなものでも神さまは大切にしてくれるというよろこび
ウ、神さまが世界中にいていつでも助けてくれるというやすらぎ
エ、世界を包む神さまが実は小さいものに過ぎないというおどろき

問九　——⑨「素朴な世界観」とありますが、ここでの「素朴」の意味を次から選びなさい。
ア、昔からある、親しみやすいさま
イ、新しく、意外性のあるさま
ウ、飾《かざ》り気がなく、自然体であるさま
エ、単純で、だれにでもわかるさま

問十　[A]～[C]にあてはまる言葉を次から選びなさい。同じ語を二度使ってはいけません。
ア、さらに　イ、そのおかげで
ウ、ですから　エ、けれども

問十一　——⑩「生きる意味」とありますが、金子みすずにとって「生きる」とはどういうことだったといえますか。文中から七字で抜《ぬ》き出しなさい。

問十二　——⑪には筆者のどのような気持ちが表現されていますか。あてはまらないものを次から一つ選びなさい。
ア、みすずの文学的な生き方をうらやましく思う気持ち
イ、尽《つ》きることのないみすずの才能を心から惜《お》しむ気持ち
ウ、美しい詩をたくさん生み出すみすずの力に感嘆《たん》する気持ち
エ、エネルギーを詩に注ぎ込《こ》むみすずの姿をいとおしむ気持ち
オ、みすずの生まれながらの詩人としてのあり方に敬意を持つ気持ち

問十三　——⑫「それ」とは何か、わかりやすく説明しなさい。

問十四　＝＝a～cについて、次の問いに答えなさい。
1、a「アンショウ」の i アン ii ショウ と同じ漢字をふくむ熟語を下から選びなさい。
i　ア、アンシンして眠《ねむ》れる　イ、アンザンが得意です
ウ、アンナイしてください　エ、アンガイ元気だね
ii　ア、ショウメイできない　イ、インショウに残る
ウ、ショウカに悪い食べ物　エ、ガッショウ部に入る
2、b「絶妙」の意味として最も適切なものを次から選びなさい。
ア、とてもすばらしい　イ、とてもめずらしい
ウ、とてもおもしろい　エ、とてもふしぎだ
3、c「後世」の読みをひらがなで書きなさい。

三　次のカタカナを漢字に直しなさい。
1、チョメイな作家
2、ハイユウをめざす
3、名画をモシャする
4、みんなでダンショウする
5、宿題はもうスんだ

時代が違《ちが》えば、おそらく死ぬ必要はなかったでしょう。いまの時代だったらもっと大いばりでどんどん自分を表現できるし、仕事をしながら子どもを育てることだってできたでしょう。

憧《あこが》れていた西条八十に認められた時点で彼女の創作の未来は輝《かがや》かしいものでした。それを周囲の環《かん》境がつぶしてしまったということが、残念でなりません。

その後、児童文学者の矢崎節夫さんが、金子みすずの童謡を残すことに尽《じん》力されました。大学時代に出合った『大漁』という童謡に心を打たれた矢崎さんが、そのほかの作品を探し続けたそうです。金子みすずの弟さんから三冊の手帳を預かることができ、その中に童謡が五一二編残っていたということです。

⑪泉が湧《わ》き出るように、詩が出てきたのでしょう。

次から次から、いろいろなものが見え、いろいろな音が聞こえ、それらがすべて童謡になってあふれでて、手帳に書き残しておいた。それをきちんとc後世に残してくれる人がいた。金子みすずの人生は決して幸福とはいえなかったかもしれませんが、彼女の詩は救い出されたのです。私たち読者にとって何より⑫それが幸せなことです。

(『心と響き合う読書案内』小川洋子)

問一 ――①とありますが、この詩にある「すず」「小鳥」「わたし」のいいところを、それぞれ五字以上十字以内で一つずつ書きなさい。

問二 ――②とはどういうことですか。最も適切なものを次から選びなさい。

ア、いつも心の中にあって忘れることはない
イ、つねに温かい気持ちを与えてくれる
ウ、年齢《れい》と共に心の中で成長し進化していく
エ、ずっと変わることなく真実を語りかける
オ、人生のいろいろな場面で支えとなる

問三 ――③とはどんな気持ちですか。最も適切なものを次から選びなさい。

ア、科学を知らない古代の人々が、自然をおそれうやまう気持ち
イ、なにかが誕生した時に感じる、心がゆさぶられる気持ち
ウ、人間が本来もっている、つつしみ深いかしこまった気持ち
エ、最初になにかを発見した時の、新鮮《せん》なおどろきの気持ち
オ、昔も今も同じように、人間が幸福をひたすら願う気持ち

問四 ――④とはどういうことですか。最も適切なものを次から選びなさい。

ア、だれか特定の人の感情に限らず、人間に共通した感情であること
イ、長い歴史を経て、人類が築いてきた感情であること
ウ、一人だけではたえられないほど、大きく深い感情であること
エ、人間という存在を超《こ》えた、なにものかが持っている感情であること
オ、大勢の人が集まって、ようやく感じられる感情であること

問五 ――⑤とはどういうことですか。最も適切なものを次から選びなさい。

ア、すべてのものごとを思いやりの目でみる
イ、いつも庶《しょ》民的な発想を失わずにいる
ウ、孤独《こどく》を感じて自分の身をかがめる
エ、どんなことに対しても謙虚《けんきょ》な態度をもつ
オ、足元に注目して小さなものを見のがさない

問六 ――⑥とはどういうことですか。最も適切なものを次から選びなさい。

ア、雪の気持ちを正しく感じることのできる直観力がある

中の雪
さみしかろな。
空も地面《じべた》もみえないで。

上と下と中の雪を、それぞれを見分けています。上の雪も、下の雪も、中の雪も、いろいろな我慢《まん》をして苦しさを耐《た》えている。目のつけどころがユニークです。姿勢が低いからこそ⑥雪の声がよく聞こえるのです。

「星とたんぽぽ」という詩の中に、

⑦見えぬけれどもあるんだよ、
見えぬものでもあるんだよ。

という有名な一節があります。これこそが金子みすずの詩を貫《つらぬ》くテーマでしょう。

「はちと神さま」

はちはお花のなかに、
お花はお庭のなかに、
お庭は土べいのなかに、
土べいは町のなかに、
町は日本のなかに、
日本は世界のなかに、
世界は神さまのなかに。
⑧そうして、そうして、神さまは、
小ちゃなはちのなかに。

金子みすずの目には、世界はこのように映っているのです。神さまは空の高いところから私たちを見張っているのではなく、小さな蜂《はち》の中にいる。小さな小さな、みんなが見過ごしてしまうところに神さまはいるという、彼女の⑨素朴《ぼく》な世界観が私はとても好きです。

金子みすずは、明治三十六(一九〇三)年に山口県の仙崎《せんざき》村(現長門《ながと》市仙崎)という日本海に面した漁師町で生まれています。[A]、『大漁』などの海や魚にまつわる童謡を数多く残しています。

金子みすずが二歳《さい》の時にお父さんが亡くなり、お母さんは仙崎でたった一軒《けん》の本屋をはじめました。[B]、金子みすずも本が大好きになったと伝えられています。

[C]下関《しものせき》で本屋を営んでいた親せきのおばさんが亡くなったために、おばさんのご主人とお母さんが再婚《こん》して、やがてみすずも本屋の店番をするようになりました。そこで童謡と出合います。詩が載《の》っている雑誌にはすべて目を通し、特に西条八十《さいじょうやそ》の童謡に心を躍《おど》らせたそうです。

いつも本と言葉に囲まれて、その中で自分を表現する方法として童謡に出合ったのでしょう。そして童謡を雑誌に投稿《こう》し、その作品が西条八十に絶賛され、世の中に知られるようになります。

ところが、結婚されてから、不幸がはじまります。ご主人が詩の投稿を禁じたのです。これは⑩生きる意味を奪《うば》われるようなものです。ついに離《り》婚となりますが、娘の親権を要求するご主人に抵抗《ていこう》する意志をあらわすため、昭和五(一九三〇)年二十六歳の時に自ら命を絶ってしまうのです。

二 次の文章を読んで問いに答えなさい。

金子みすずは、大正から昭和にかけて作品を発表した童謡《よう》詩人です。「わたしと小鳥とすずと」のほか、「星とたんぽぽ」「ふしぎ」など、その作品の一部は小学校の国語の教科書にも掲載《けいさい》されています。

「わたしと小鳥とすずと」

わたしが両手をひろげても、
お空はちっともとべないが、
とべる小鳥はわたしのように、
地面《じべた》をはやくは走れない。

わたしがからだをゆすっても、
きれいな音はでないけど、
あの鳴るすずはわたしのように、
たくさんなうたは知らないよ。

①すずと、小鳥と、それからわたし、
みんなちがって、みんないい。

子ども時代に優《すぐ》れた詩をaアンショウするのはとても大事なことです。小さい頃《ころ》に覚えたフレーズは一生忘れません。深い意味を説明できなくても、頭の中にまるごと覚えておけば、繰《く》り返し取り出して思い出して味わえます。十年後か二十年後か、それまで気づかなかった感動を、ふっと覚えることもあるかもしれません。彼女の詩は、②長い年月に渡《わた》って一人の人間の心に寄り添《そ》い続けてくれる力を、持っていると思います。

この詩では、「小鳥」と「すず」と「わたし」の組み合わせがb絶妙《みょう》です。世の中にあるさまざまなものから、「小鳥」と「すず」と「わたし」を選び出している。その選択《たく》に愛らしさを感じます。「小鳥」と「すず」がコロコロたわむれているような、笑い合っているような、そんなイメージが湧《わ》いてきます。

すべての上質な文学の条件として、大人と子どもの区別なく誰《だれ》もが感動できることがあげられると思います。この童謡集を読み返していくと、一種③原始的な、不思議な気持ちになります。人類が誕生してまだ間もない時、目に見えない偉《い》大な何ものかに向かって祈《いの》ったような、私たちの遠い記憶を甦《よみがえ》らせてくれるのです。

どの詩にもどこか寂《さび》しさや切なさがあります。しかもそれは④一個人の感情を越《こ》えています。人間という存在が大地に跪《ひざまず》く時、大地から響《ひび》いてくる寂しさ、切なさなのです。高い場所からではなく、地べたに這《は》いつくばって世の中を見ている詩ばかりです。土や草をモチーフにした詩が多く、また海を歌うにしても海の底を歌っています。こうした作者の⑤姿勢の低さが、大勢の人の心を打つ要因ではないでしょうか。

「つもった雪」

上の雪
さむかろな。
つめたい月がさしていて。

下の雪
重かろな。
何百人ものせていて。

ように書きなさい。

問四　(③)にあてはまる、「天災」と対《つい》になる言葉を漢字で書きなさい。

問五　――④「相当」の意味として最も適切なものを次から選びなさい。

ア、多くの割合を占《し》めている

イ、希望したとおりである

ウ、ふつうの程度をこえている

エ、つりあいがとれている

問六　「⑤」にあてはまることわざを次から選びなさい。

ア、二度あることは三度ある

イ、喉《のど》元すぎれば熱さ忘れる

ウ、捨てる神あれば拾う神あり

エ、石橋をたたいて渡《わた》る

問七　――⑥「多層群落の森をつくる」について、次の問いに答えなさい。

1、文中では具体的に何をすることだといっていますか。十五字以内で書きなさい。

2、それはどのような災害の対策として有効なのですか。漢字二字で答えなさい。

問八　――⑦「ハード面での対策」の長所と短所をそれぞれ十字以内で二つずつ書きなさい。

問九　――⑧「人間の干渉に敏感なところ」とはどのような場所ですか。最も適切なものを次から選びなさい。

ア、人間の生活によって様子が変わってしまいやすい場所

イ、人間が守っていかなければすぐになくなってしまう場所

ウ、人間の影響《えいきょう》を受けて危険な地域になる可能性のある場所

エ、人間が暮らすために邪魔《じゃま》で消さなければならない場所

問十　――⑨とありますが、ではなぜ照葉樹ならよいのですか。その理由となる照葉樹の性質を二点答えなさい。

問十一　――⑩「柔よく剛を制す」とありますが、この文中で「柔」と「剛」はそれぞれ何を指していますか。文中から抜《ぬ》き出しなさい。

問十二　次の文について、本文の内容にあっているものには○、あっていないものには×を書きなさい。

ア、マスメディアは、予測可能な自然現象に対する官公庁の対応について、常に厳しい批判の目を持っている

イ、日本人は、何千年も前の昔から、土地本来の森をこわさないように大切に守って暮らしてきた

ウ、自然災害による犠牲者の数は、科学や技術が飛躍《やく》的に進歩しても、近年増加する一方である

エ、二宮尊徳は、苦学したからこそ先見の明を持ち、酒匂川の洪水に対して早めに植樹の対応ができた

オ、災害対策としての森づくりは、筆者が主張しはじめたことではなく、古くから日本にある考え方である

問十三　＝＝A・Bについて、次の問いに答えなさい。

1、A「密植」の「密」と最も近い意味で「密」を使っている熟語を次から選びなさい。

ア、厳密　イ、親密

ウ、密集　エ、密告

2、B「護岸」と同じ構成の熟語を次から選びなさい。

ア、観察　イ、人家

ウ、直接　エ、読書

災害防止のためには、ハード面の個別対応策を行っていくのと併《へい》行して、ソフト面として、土地本来の森の再生を進めていくべきです。日本人は何千年も前の昔から、新しい集落や町をつくる際には、屋敷《しき》林、集落林、鎮守《ちんじゅ》の森に代表されるような森をつくり、残してきました。海岸や河川には、砂防林、洪水対応林としての森づくりを行ってきました。また岬《みさき》や水源地など、⑧人間の干渉《しょう》に敏《びん》感なところにも森をつくり、弱い自然を守ってきたのです。丘陵《きゅうりょう》地、山のふもとなど地盤の安定した土地にある森は、災害時の避《ひ》難場所にもなりました。二宮尊徳も江戸時代に神奈川県酒匂《さかわ》川流域に木を植えています。

現在、日本人の九二％以上は照葉樹林域に暮らしています。そうした地域には、土地本来の樹種である高木のシイノキ、タブノキ、カシ類を中心に、防災機能を果たす森を積極的につくっていくべきです。高木を支える亜《あ》高木として、ヤブツバキ、モチノキ、シロダモ、ヤマモモ、カクレミノなどを、混植・A密植します。

なぜ、照葉樹林が災害対策に有効なのでしょうか。それは、大量の雨が降っても、多層群落の森ではそれぞれの層の葉で雨は弱められ、幹を伝って土中に浸透《しんとう》していくからです。地中には照葉樹の特徴《ちょう》である深根性・直根性の根が張り巡《めぐ》らされています。高木の根は地中深く入り込み、根の間にも、亜高木、低木の根群が重層して絡《から》み合っているため、浸透した水は、根と根の間の土壌《じょう》層によって保水され、浄《じょう》化され、ゆっくりと流れます。こうして、鉄砲《ぽう》水にならず、洪水を防ぎます。年間を通じて林内で保水、浄化された水がほぼ一定の量で流れ出るので、乾燥《かんそう》期には水源林としての機能も果たします。

⑨堤防に木は植えるべきではない、という考えが日本には定着しています。B護岸工事といえば、堤防をコンクリートで固める方法がほとんどです。なぜそうなってしまったのか。おそらく昔は、スギ、ヒノキ、マツなどの針葉樹が堤防に植えられていたせいだと思います。針葉樹は、根が浅く倒《たお》れやすいだけでなく、地上部が枯《か》れると根まで腐《くさ》って、そこに水が入ってしまいます。その結果、堤防を破壊してしまった例があったのかもしれません。

それに比べ、照葉樹は地上部が損傷を受けたり伐《き》られたりしても、新しく萌芽《ほうが》再生します。照葉樹を護岸林とすれば、鉄筋やコンクリート以上に、時間と共に、より確実に斜面や堤防を保全する役割を果たします。

植物の根は一見弱そうに見えますが、シイノキ、タブノキ、カシ類の並木道を舗装《ほそう》すると、根がコンクリートを持ち上げることがあるほど、底力があります。「⑩柔《じゅう》よく剛《ごう》を制す」といわれますが、強度においてはむしろ、コンクリートや鉄筋よりも木の根の方が強いでしょう。

本物の森づくりでは、深根性・直根性の樹種を混植・密植するため、たとえ一本の木が枯れても、根まで枯れて地盤がゆるむということはありません。樹種によって枝の張り方が違《ちが》うように、地下部の根のシステムも、同じ深根性であっても、それぞれ張り方、伸《の》び方が異なるからです。水質浄化、そして、保水などのほかに、土を押《お》さえ、岩を抱《だ》いて、斜面保全に役立ちます。

（『木を植えよ！』宮脇　昭）

問一　[a]～[c]にあてはまる語を次から選び、記号で答えなさい。

ア、複合的　イ、流動的　ウ、本格的
エ、記録的　オ、具体的　カ、総合的

問二　――①「犠牲者を守り切れないのはなぜでしょうか」とありますが、その理由を文中の言葉を使って二点挙げなさい。

問三　――②「自然は、いわば神のような存在で」とありますが、ここでは自然のどのような性質を表現していますか。解答欄《らん》に合う

平成二十七年度 女子学院中学校

【国　語】(四〇分)〈満点：一〇〇点〉

一　次の文章を読んで問いに答えなさい。

二〇〇五年暮れから〇六年にかけて、日本海側は[a]な大雪に見舞《ま》われました。雪かきが追いつかない状態で、お年寄りなど百五十人近い尊い命が失われました。これだけ科学や技術が進歩しながら、大雪や台風、洪《こう》水、地震《しん》、それに伴《ともな》って起きる津《つ》波、大火などによる①犠牲《ぎせい》者を守り切れないのはなぜでしょうか。

ユーラシア大陸と太平洋の深い海溝《こう》との間にはさまれている日本列島は、地質学的にも、気候的にも、定期的に自然災害に見舞われやすい位置にあります。台風は年に何度も襲《おそ》い、土砂崩《しゃくず》れや堤《てい》防決壊《かい》などを引き起こします。〇六年の梅雨は例年にないほどの犠牲者を出しました。また、地震については、多くの科学者が相当の研究費を使い、たいへんな努力をしているにもかかわらず、今のところほとんど正確な予知はできていません。

モンスーン(季節風)気候にはさからってもしょうがない。②自然は、いわば神のような存在で抗《あらが》えないと、昔から日本人は感じていたのだと思います。確かに、災害の発生自体を止めることは、現在の人間の力では不可能でしょう。しかし、台風や大雪などは予測が可能な自然現象です。にもかかわらず、対策が遅《おく》れたり不十分であったりして、大きな被《ひ》害を毎年のように出している現状は、(③)と言わざるを得ません。

人間が本当の知恵《え》をもっているとするならば、予知する努力を惜《お》しまないと同時に、日頃《ごろ》から防災への備えをし、わずかな前兆が現れたときにはすぐに対策をとるべきです。国土交通省では、過去の記録や統計などから、この程度の降水量であればこの堤防にはこういう対応が必要であるなど、個々に[b]な対応策を決めています。また、④相当の国家予算を使って河川《せん》改修、ダム建設、道路整備、斜《しゃ》面保全なども行っています。それにもかかわらず、時折大きな被害を出し、死者が出ればマスメディアで大きく報じられます。しかし、「⑤」。結局は、根本的な対応ができないまま、また、大きな災害が起きるまで現状が維《い》持されていくのです。

それでは、根本的な災害対策とは何でしょうか。それは、その土地に合った⑥多層群落の森をつくることなのです。

洪水に対しては、コンクリートの堤防を築く。地震に対しては、耐《たい》震計算をして、震度七、八でも耐《た》え得るような建物や橋梁《りょう》の建設を進める。火事に対しては、防火壁《へき》、防火扉《とびら》をつくる。消防車の数を増やす——。このように、個々の災害には、⑦ハード面での対策が手っ取り早く、しかも現在の技術をもってすれば、かなりの確率で効果が期待できます。

しかし、自然災害は[c]です。例えば、地震が発生すれば、津波も起こり、家屋の倒《とう》壊、火災も発生します。台風が来れば、家屋の倒壊の他、洪水や土石流、停電、断水などが起こる場合もあります。こうした[c]なケースに対して、もし、部分的、一面的なハード面の対策だけで対応しようとすれば、経済的負担が際限なく大きくなってしまいます。しかも鉄筋やコンクリートなど人工の材料でつくったものは、完成した直後が最高、最強で、時間と共に必ず劣《れっ》化していきます。おそらく百年も経《た》てばつくり直さなければならないでしょう。雨の多い日本では、鉄筋はさびやすく、コンクリート護岸などがされる地盤《ばん》も、海岸や川沿いの沖《ちゅう》積低地では完璧《ぺき》ではありません。

平成27年度

女子学院中学校 ▶解説と解答

算 数 (40分) ＜満点：100点＞

解 答

1 (1) $\frac{5}{8}$ (2) 1.42倍 (3) 20cm^2 (4) $107\frac{1}{3}$cm^2 (5) 角㋐…150度，角㋑…135度，角㋒…75度，角㋓…60度 (6) もっとも小さい整数…107，1から2000までに…15個
2 2人の点数の差…24点，Aさんの点数…56点，ゲーム…14回 3 31.5m^2 4 ① 63 ② 35 ③ 105 ④ 189 ⑤ 217.5 5 3種類のくだものをもらった人…7人，みかんをもらった人…21人，子ども…35人 6 (1) 2632cm^3 (2) 9.3cm

解 説

1 四則計算，濃度《のうど》，面積，相似，角度，倍数。

(1) $5\frac{1}{4}-3.875-4\times\left(\frac{9}{8}-0.15\times1\frac{2}{3}\right)\div4\frac{2}{3}=\frac{21}{4}-3\frac{7}{8}-4\times\left(\frac{9}{8}-\frac{3}{20}\times\frac{5}{3}\right)\div\frac{14}{3}=\frac{42}{8}-\frac{31}{8}-4\times\left(\frac{9}{8}-\frac{1}{4}\right)\div\frac{14}{3}=\frac{11}{8}-4\times\left(\frac{9}{8}-\frac{2}{8}\right)\div\frac{14}{3}=\frac{11}{8}-4\times\frac{7}{8}\times\frac{3}{14}=\frac{11}{8}-\frac{3}{4}=\frac{11}{8}-\frac{6}{8}=\frac{5}{8}$

(2) 容器Aと容器Bに入っている食塩水の重さの比は，250：300＝5：6，濃度の比は，1.7：1＝17：10である。(食塩の重さ)＝(食塩水の重さ)×(濃度)なので，容器Aと容器Bに入っている食塩の重さの比は，(5×17)：(6×10)＝17：12となる。よって，容器Aに入っている食塩の重さは容器Bに入っている食塩の重さの，17÷12＝1.416…(倍)となり，小数第3位を四捨五入すると，1.42倍である。

(3) 右の図1で，長方形が重なった部分はひし形で，対角線の長さは7.5cmと10cmだから，その面積は，7.5×10÷2＝37.5(cm^2)である。長方形1個の面積は，8×6＝48(cm^2)なので，影《かげ》のついていない部分の面積は，48×2－37.5＝58.5(cm^2)となる。よって，影をつけた部分の面積は，5×5×3.14－58.5＝78.5－58.5＝20(cm^2)と求められる。

図1
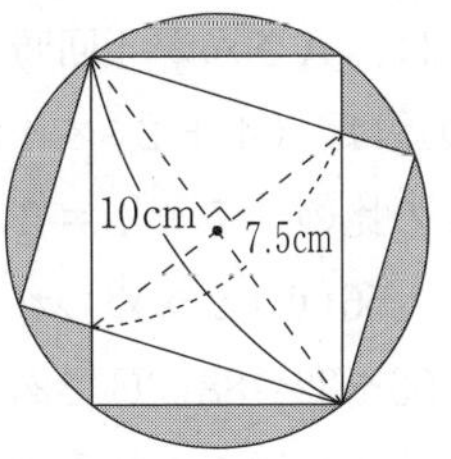

図2
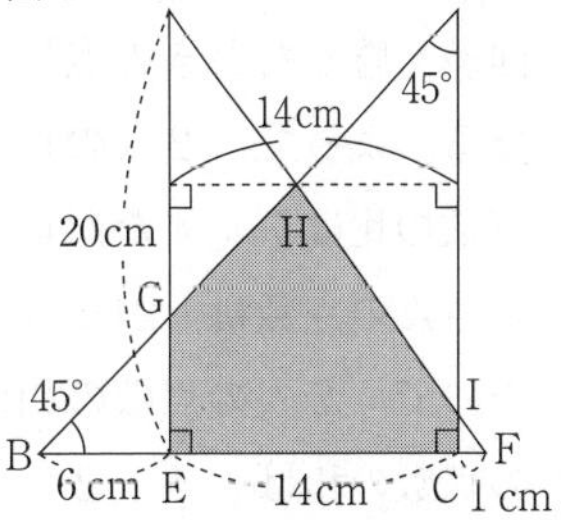

(4) 右上の図2で，三角形ABCと三角形GBEは直角二等辺三角形だから，AC＝BC＝6＋14＝20(cm)，GE＝BE＝6cmである。また，三角形DEFと三角形ICFは相似で，相似比は，(14＋1)：1＝15：1なので，IC＝20×$\frac{1}{15}$＝$\frac{4}{3}$(cm)である。よって，DG＝DE－GE＝20－6＝14(cm)，AI＝AC－IC＝20－$\frac{4}{3}$＝$\frac{56}{3}$(cm)となる。ここで，三角形HDGと三角形HIAも相似で，相似比は，14：$\frac{56}{3}$＝3：4となるから，三角形HDGと三角形HIAの高さの比は3：4，高さの和は14cmなので，

三角形HIAの高さは，$14\times\frac{4}{3+4}=8$(cm)とわかる。したがって，影をつけた部分の面積は，三角形ABCの面積から三角形GBEと三角形HIAの面積をひいて，$20\times20\div2-6\times6\div2-\frac{56}{3}\times8\div2=200-18-74\frac{2}{3}=107\frac{1}{3}$($cm^2$)と求められる。

図3

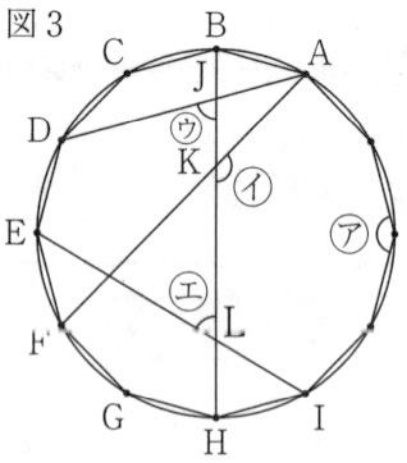

(5) 右の図3で，正十二角形の1つの角の大きさは，180×(12－2)÷12＝150(度)だから，角㋐は150度である。次に，角BAFと角EFAの大きさは等しく，六角形ABCDEFの内角の和は，180×(6－2)＝720(度)だから，角BAF＝(720－150×4)÷2＝60(度)となる。よって，角ABK＝角CBK＝150÷2＝75(度)だから，三角形ABKに注目すると，角㋑＝60＋75＝135(度)と求められる。また，角BADと角CDAの大きさは等しいので，角BAD＝(360－150×2)÷2＝30(度)となる。よって，三角形ABJで，角BJA＝180－(75＋30)＝75(度)となるから，角㋒は75度である。さらに，五角形EFGHIの内角の和は，180×(5－2)＝540(度)，角HIEと角FEIの大きさは等しいので，角HIE＝(540－150×3)÷2＝45(度)となる。角LHIは75度だから，三角形LHIで，角HLI＝180－(45＋75)＝60(度)とわかる。よって，角㋓は60度である。

図4

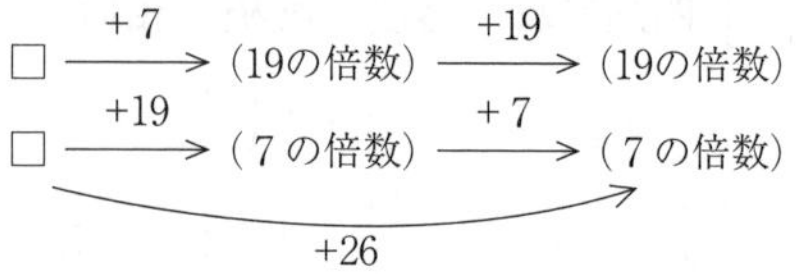

(6) 7をたすと19の倍数になり，19をたすと7の倍数になるような整数を□とすると，19の倍数に19をたすと19の倍数になり，7の倍数に7をたすと7の倍数になることから，右の図4のようになる。これより，□に，7＋19＝26をたすと，19と7の公倍数になることがわかる。19と7の最小公倍数は133なので，□にあてはまるもっとも小さい整数は，133－26＝107と求められる。また，このような整数は107のあと，133ずつ増えていくので，(2000－107)÷133＝14余り31，14＋1＝15より，1から2000までに15個ある。

2 比の性質。

Aさんと Bさんの勝った回数が同じとき，2人の点数に差はないので，AさんがBさんよりも4回多く勝ったときの点数の差は，Aさんが4回勝ってBさんが4回負けたときの点数の差と同じになる。よって，2人の点数の差は，(4＋2)×4＝24(点)と求められる。次に，AさんとBさんの点数の比は7：4だから，この比の，7－4＝3にあたる点数が24点ということになる。よって，Aさんの点数は，24÷3×7＝56(点)と求められる。また，Bさんの点数は，24÷3×4＝32(点)なので，2人の点数の和は，56＋32＝88(点)である。ゲームを1回行うと，どちらが勝っても2人の点数の和は，4－2＝2(点)ずつ増え，2人の点数の和は最初にくらべて，88－30×2＝28(点)増えているので，ゲームを行った回数は，28÷2＝14(回)と求められる。

3 立体図形—相似。

図1

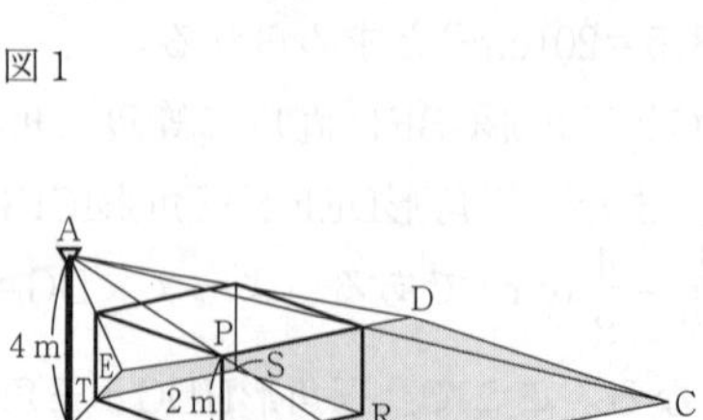

図2

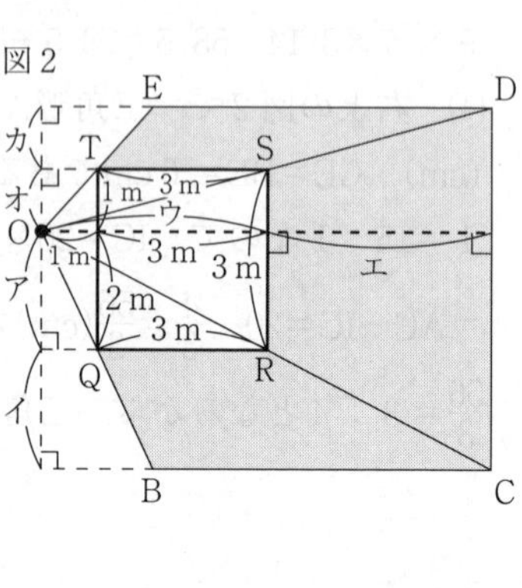

右の図1は，街灯Aから出る光が倉庫の屋根の頂点を通って，地面のB，C，D，Eに当たるようすを表

し，三角形PQBと三角形AOBの相似比が，２：４＝１：２だから，OQ＝QBとなる。上の図２は，真上から見たようすを表し，同様に考えると，OR＝RC，OS＝SD，OT＝TE，さらに，ア＝イ，ウ＝エ，オ＝カとなる。よって，台形QBCRで，BC＝QR×２＝３×２＝６(m)，イ＝ア＝２mより，台形QBCRの面積は，(３＋６)×２÷２＝９(m^2)とわかる。また，CD＝３×２＝６(m)，エ＝ウ＝１＋３＝４(m)より，台形RCDSの面積は，(３＋６)×４÷２＝18(m^2)，DE＝３×２＝６(m)，カ＝オ＝１mより，台形SDETの面積は，(３＋６)×１÷２＝4.5(m^2)となる。したがって，影の面積は，９＋18＋4.5＝31.5(m^2)と求められる。

4 グラフ―速さ，旅人算。

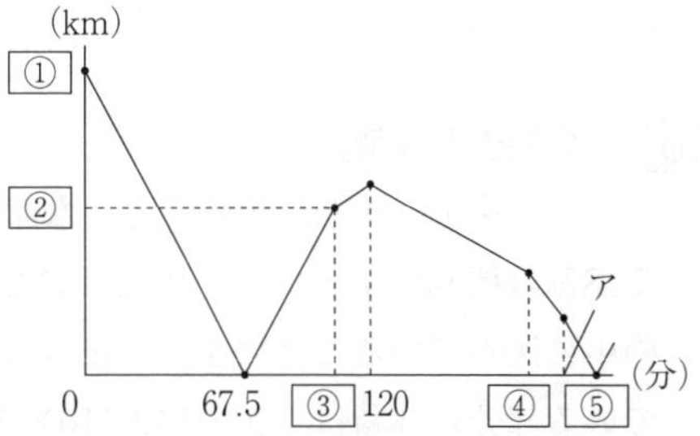

バスAはバスBより速いので，バスAがG町に着くほうが，バスBがJ町に着くよりも早い。よって，バスA，Bが出会った67.5分後からは，A，Bの距離《きょり》は一定の割合で増え続け，AがG町に着いたあと，A，Bの距離の増え方は小さくなる。これより，③はAがG町に着いた時間を表している。その後，Aが停車中にBがJ町に着くとすると，BがJ町に着いてからAがG町を出発するまで，グラフは水平になるはずだが，実際は，グラフが水平になっている部分はない。よって，③の次にグラフが折れ曲がっている120分後に，AがG町を出発したことになる。つまり，Aは③のときから120分後まで15分間停車していたから，③は，120－15＝105(分)と求められる。また，J町とG町の距離，つまり，①は，$36\times\frac{105}{60}$＝63(km)と求められる。次に，A，Bが初めて出会った地点をP地点とすると，P地点からG町までの距離を，Aは，105－67.5＝37.5(分)，Bは67.5分で進んでいるので，AとBの速さの比は，$\frac{1}{37.5}:\frac{1}{67.5}$＝67.5：37.5＝９：５となり，Bの速さは，時速，$36\times\frac{5}{9}$＝20(km)とわかる。②は，AとBが，105－67.5＝37.5(分間)に進んだ距離の和になるから，$(36+20)\times\frac{37.5}{60}$＝35(km)と求められる。さらに，120分後からはA，BどちらもJ町に向かって進む。120分後から④までの間にグラフが０になっていないので，BのほうがAより先にJ町に着いたことになる。よって，④はBがJ町に着いたときを表すから，63÷20×60＝189(分)と求められる。その後，BはJ町で15分間停車し，出発してG町に向かう途中にAと出会うことになり，その時間が⑤である。BがJ町を出発した時間(上のグラフのア)は，189＋15＝204(分後)で，そのとき，AはG町から，204－120＝84(分)進んでいるので，A，Bの距離は，$63-36\times\frac{84}{60}$＝12.6(km)である。したがって，A，Bが２回目に出会うのは，このときから，12.6÷(36＋20)×60＝13.5(分後)だから，⑤は，204＋13.5＝217.5(分)と求められる。

5 集まり。

①～⑧の条件からわかることをまとめると，下の図１のようになる。まず，②と③より，オの人数，つまり，３種類のくだものをもらった人数は，16－９＝７(人)と求められる。さらに，④より，カ＝11－７＝４(人)，⑤より，エ＝21－(９＋４)＝８(人)とわかる。ここで，⑥より，キの人数を[1]，アの人数を[2]とし，ここまでにわかったことをまとめると，下の図２のようになる。⑧より，(エ＋キ)と(イ＋ウ)が同じなので，８＋[1]＝９＋ウより，ウ＝[1]－１となる。よって，⑦より，([1]－１)＋４＋[1]＝[2]＋３が，[2]＋９＋[1]－１＝[3]＋８の半分だから，([2]＋３)×２＝[3]＋８とな

り，[4]＋6＝[3]＋8，[4]－[3]＝8－6より，[1]＝2(人)とわかる。したがって，ウ＝2－1＝1(人)より，みかんをもらった人数は，9＋7＋4＋1＝21(人)と求められる。また，ア＝キ×2＝2×2＝4(人)より，子どもは全部で，21＋4＋8＋2＝35(人)いる。

図1

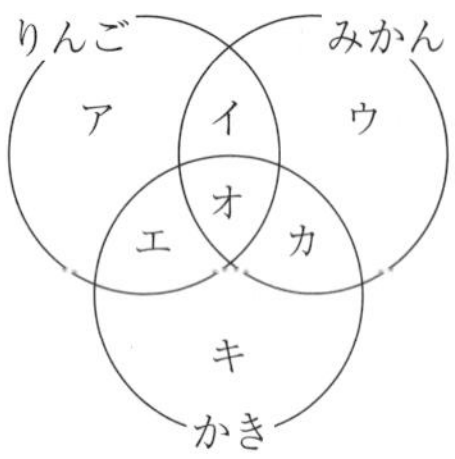

① ア～キの和が全員の人数
② イが9人
③ (イ＋オ)が16人
④ (オ＋カ)が11人
⑤ (イ＋エ＋カ)が21人
⑥ アはキの2倍
⑦ (ウ＋カ＋キ)は(ア＋イ＋ウ)の半分
⑧ (ア＋エ＋キ)と(ア＋イ＋ウ)は同じ

図2

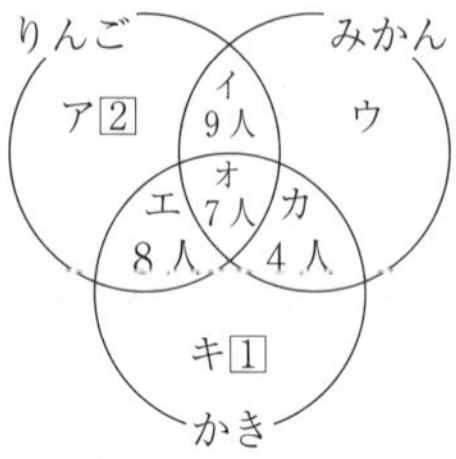

[6] 水の深さと体積。

(1) 立体を㋐の向きに沈《しず》めると，水面の高さが9.4cmになったので，立体の下から9段目までにある18個の積み木すべてと，10段目の2個の積み木の，下から，9.4－9＝0.4(cm)までの部分が水の中に沈んでいることになる。積み木1個の体積は，1×1×10＝10(cm^3)だから，水の中に沈んでいる部分の体積は，10×18＋(10×1×0.4)×2＝188(cm^3)とわかる。これと水そうに入っている水の体積の和が，15×20×9.4＝2820(cm^3)だから，水の体積は，2820－188＝2632(cm^3)と求められる。

(2) 立体の体積は，10×20＝200(cm^3)なので，立体と水の体積の合計は，200＋2632＝2832(cm^3)である。また，水そうの底面積は，15×20＝300(cm^2)なので，立体を㋑の方向に沈めたとき，下から9cmまでの立体と水を合わせた体積は，300×9＝2700(cm^3)である。よって，下から9cmより上側には合わせて，2832－2700＝132(cm^3)の立体と水があるとわかる。水そうを真上から見ると右の図のようになり，影のついていない部分が水の入っている部分となる。影のついている部分の面積は，10×1×5＋1×1×10＝60(cm^2)だから，下から9cmより上側にある立体の体積は，60×1＝60(cm^3)，水の体積は，132－60＝72(cm^3)である。したがって，このとき，水の高さは，9＋72÷(300－60)＝9＋0.3＝9.3(cm)と求められる。

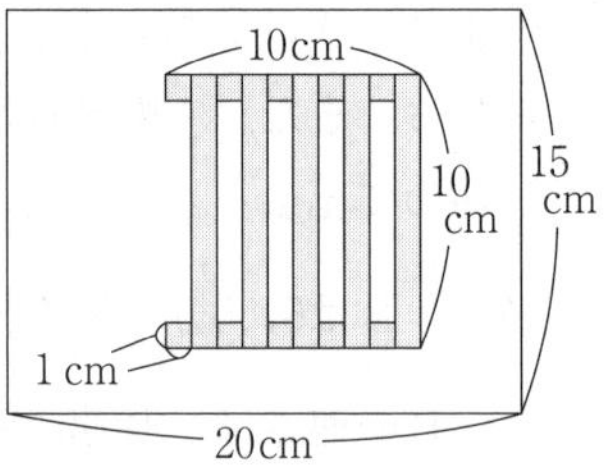

社 会 (40分) ＜満点：100点＞

解 答

[I] 問1 対馬…イ，佐渡島…カ，隠岐…エ　問2 南鳥島　問3 ウ　問4 ア　問5 イ　問6 八丈島…エ，佐渡島…ウ，西表島…イ，小豆島…ア　問7 地熱　問8 エ　問9 コ　問10 沖縄(島)　問11 ウ→エ→ア→イ　[II] 問1 (1) イ，オ (2) まきあみ(漁)　問2 オ，カ　問3 (1) エ (2) オ (3) ア (4) ウ　問4 ア　問5 百済　問6 ウ　問7 藤原道長　問8 エ　問9 明(中国)　問10 イ→エ→ア→ウ　問11 エ　[III] 問1 イ　問2 オ　問3 (1) するが(湾) (2) 源頼朝　問4 水戸(藩)　問5 ア，エ　問6 能(能楽)　問7 イ，オ　問8 オ

問9　(1)　検察官　(2)　a　地方　b　刑事　c　裁判官　d　主権者　(3)　イ　(4)　ウ　問10　(1)　(例)　弾劾裁判所を設置する権限。　(2)　最高法規　問11　イ，エ，オ　問12　種子島　問13　イ，エ　Ⅳ 問1　(1)　くじら　(2)　日米和親(条約)　問2　朝鮮(李氏朝鮮)　問3　ア→イ→エ→ウ　問4　西廻り(航路)　問5　鉄道　問6　領海，領空　問7　竹島　問8　(1)　ウ　(2)　ウ，エ　(3)　国連海洋法(条約)　問9　サミット　問10　(1)　ア　(2)　持ち込ませず　問11　(例)　第五福竜丸が被ばくしたこと。　問12　(1)　東ティモール　(2)　PKO(平和維持活動)　問13　(1)　(例)　地球の温暖化　(2)　ウ　問14　イ，ウ，カ　Ⅴ 問1　ポツダム宣言　問2　エ　問3　サンフランシスコ平和(条約)　問4　①　下関(条約)　②　ポーツマス(条約)　問5　ア　問6　ア，エ　問7　ア，イ，エ

解説

Ⅰ 日本の島々を題材とした問題。

問1　対馬(地図中イ)は長崎県に属する島で，九州と朝鮮半島の間に位置している。隠岐《おき》(地図中エ)はこの地域の旧国名で，現在は隠岐諸島とよばれる。島根県に属しており，島根半島の北に位置する。佐渡島《さどがしま》(地図中カ)は新潟県に属する島で，新潟市の沖合に位置する。なお，地図中アは五島列島(長崎県)，ウは壱岐《いき》(長崎県)，オは小豆《しょうど》島(香川県)の位置。

問2　日本の最東端《たん》は東経153度59分にある南鳥島で，東京都小笠原村に属する。なお，最西端は与那国《よなぐに》島(沖縄県)，最北端は択捉《えとろふ》島(北海道)，最南端は沖ノ鳥島(東京都)である。

問3　離島には船や飛行機で行くしかないため，天候が悪い日が続くと島に行くことができず，生活に必要なものが届けられなくなってしまう。一方，テレビやラジオなどのニュース番組は電波で伝えられるので，悪天候で本土より放送時間が遅くなるようなことは起こらない。

問4　2014年3月，沖縄県の慶良間《けらま》諸島が全国で31番目の国立公園に指定された。慶良間諸島は那覇市西方沖合の東シナ海上にあり，周辺近海の透明度の高さやサンゴ礁《しょう》を中心とした多様な生態系などが評価された。また，水鳥の生息地として重要な湿地を保護するためのラムサール条約の登録地ともなっている。なお，イの天草諸島は熊本県，ウの大隅諸島は鹿児島県，エの小笠原諸島は東京都に属し，いずれも国立公園の指定区域がある。

問5　図Aは伊豆諸島(東京都)に属する利島《としま》の地形図である。山頂の北側は等高線の間隔《かんかく》が広く，ゆるやかな斜面だとわかるが，南側の斜面は北側に比べると等高線の間隔がせまく急斜面になっており，また等高線のはばが一定でないことから，斜面のかたむきも一定でないとわかる。よって，イが選べる。

問6　アの雨温図は温暖で年間降水量が少ない瀬戸内の気候の特色を示しており，小豆島があてはまる。イは1月の平均気温がおよそ20℃と非常に温暖なことから，沖縄県南西部に位置する西表島の雨温図と判断できる。ウの雨温図は1月や12月の降水量が多く，冬に降雪の多い日本海側の気候の特色を示している。よって佐渡島があてはまる。エは比較的温暖で，梅雨や台風の時期に降水が多いことから，付近を暖流の日本海流(黒潮)が流れる八丈島の雨温図だとわかる。

問7　八丈島は火山島で，地下から噴出《ふんしゅつ》する熱水や水蒸気を利用した地熱発電で島の総発電量の2割以上の電力を供給している。

問８　西之島は小笠原諸島に属する無人島で(図Ｂのエ)，2013年11月に島の南東部で起こった海底火山の噴火で大量の溶岩《ようがん》が流出し，その後も活動を続けて西之島とつながった。なお，図Ｂのアは与那国島，イは南大東島(沖縄県)，ウは伊豆諸島の三宅島，オはマリアナ諸島のグアム島(アメリカ合衆国)をさす。

問９　桜島は錦江《きんこう》(鹿児島)湾にある火山島で(図Ｃのコ)，1914年の噴火で東側の大隅半島と陸続きとなった。なお，図Ｃのカは椛島《かばしま》(長崎県)，キは大入島(大分県)，クは長島(鹿児島県)，ケは青島(宮崎県)の位置を表す。

問10　沖縄島の名護《なご》市辺野古《へのこ》周辺の海にはサンゴ礁が広がり，絶滅危惧《ぜつめつきぐ》種に指定されているジュゴンの生息も確認されている。しかし，国はアメリカ軍の普天間《ふてんま》飛行場の移転先を辺野古と決定し，埋《う》め立てを計画しているため，議論が続いている。

問11　長崎県は島の数が全国一で，海岸線の長さも北海道(北方領土をふくむ)についで２番目に長い。三重県は志摩《しま》半島を中心にリアス海岸が続いており，海岸線の長さは全国で第７位である。東京都には伊豆諸島や小笠原諸島などの多くの島々が属しており，海岸線の長さは全国第15位となっている。大阪府の海岸はほぼ大阪湾岸だけで，海岸線は全国で６番目に短い。よって，海岸線は長い順にウ→エ→ア→イとなる。

Ⅱ　対馬を題材にした地理と歴史の問題。

問１　(1)　対馬近海は暖流の対馬海流が流れ，あじ(イ)，さば(オ)やいかの好漁場となっている。なお，アのさけ，ウのたら，エのにしんは，いずれも寒流で獲《と》れる魚である。　(2)　まきあみ漁は魚群を大きなあみで囲い込《こ》んで獲る漁法で，いわし，あじ，さばのほか，かつおやまぐろなど，主に群れで行動する魚を獲るのに用いられる。

問２　砂糖と胡椒《こしょう》は，奈良時代に薬の一つとして唐(中国)からもたらされたといわれる。よって，オ，カがふさわしくない。

問３　(1)　さけ・ますは寒流にすむ魚で，南米のチリや北欧《ほくおう》のノルウェーからの輸入が多い。(2)　えびはタイ・インドネシア・ベトナムなど温暖な東南アジア諸国でさかんに養殖され，輸出されている。　(3)　かには北海道北方のオホーツク海でさかんに獲られ，主にロシア連邦から輸入されている。　(4)　たこはモロッコ・モーリタニアなどの大西洋に面した北アフリカ諸国からの輸入が多い。　なお，イのうなぎは中国(中華人民共和国)や台湾から多く輸入している。

問４　16世紀には佐渡金山や石見《いわみ》銀山(島根県)，生野《いくの》銀山(兵庫県)などが開発され，17世紀の江戸時代には銀は日本の主要な輸出品となった。よって，アが正しい。

問５　白村江《はくすきのえ》の戦い(663年)は，日本の水軍が百済を復興するために朝鮮半島に出兵し，新羅《しらぎ》と唐の連合軍に大敗した戦いである。百済は当時の朝鮮半島にあった国の一つで，日本と友好関係にあったが，この敗戦で百済の復興はならず，日本は朝鮮半島における足場を失った。

問６　平安時代の貴族は，外出のとき牛車《ぎっしゃ》(牛に屋形をひかせる二輪車)や輿《こし》(人がかついで運ぶ屋形)を用いた。貴族の地位によって屋形の大きさや装飾，従者の数などが異なっていた。

問７　藤原道長は４人の娘を天皇の后《きさき》にし，その娘が生んだ幼い天皇の外祖父として力をふるい，子の頼通《よりみち》とともに藤原氏による摂関政治の全盛期を築いた。道長は隆家《たかいえ》の父道隆の弟。

問８　琉球王国は1429年に沖縄に成立し，明・清(中国)と日本，東南アジアを結ぶ中継貿易で栄えた。中国にも服属する姿勢で貿易を行っていたが，江戸時代になると薩摩藩(鹿児島県)の支配を受け，将軍の代替《が》わりごとに慶賀使《けいがし》が江戸に派遣された。幕府の直轄《ちょっかつ》領になったわけではないので，エがふさわしくない。

問9　豊臣秀吉が文禄の役（1592～96年）と慶長の役（1597～98年）の二度にわたって朝鮮出兵を行った際，朝鮮（李氏朝鮮）の隣国だった明が援軍を派遣している。

問10　アの薩長同盟の成立は1866年，イの大塩平八郎の乱は1837年のできごと。ウについて，薩摩藩が新政府軍となって倒幕のために挙兵したのは1868年，エの日米修好通商条約が結ばれたのは1858年のことである。よって年代の古い順にイ→エ→ア→ウとなる。

問11　廃藩置県が行われたのは1871年で，1873年に徴兵令が出されるよりも前のできごとである。

Ⅲ　離島を題材にした総合問題。

問1　裁判で死刑が確定しても，その後新たな事実が発見された場合などには再審請求を行うことができ，再び行われた裁判で死刑判決が無罪になった例もある。DNA鑑定などの捜査《そうさ》技術が向上したことにより，発生から時間の経った事件でもえん罪（罪がないのに罰せられること）が証明できるようになった。

問2　NGO（非政府組織）は国境を越えて活動する民間人の組織で，人権擁護《ようご》活動を行うNGOとして拷問《ごうもん》や死刑などに反対している「アムネスティ・インターナショナル」がよく知られる。

問3　(1)　駿河《するが》湾は静岡県東部の伊豆半島西部に広がる湾で，最深部が2500mに達する日本で最も深い湾である。　(2)　源頼朝は平治の乱（1159年）に敗れた義朝《よしとも》の子で，伊豆の蛭ヶ小島《ひるがこじま》に流されていたが，地元の豪族北条氏の支援を受けて1180年に挙兵し，弟の義経らを派遣して壇ノ浦《だんのうら》の戦い（1185年）で平氏を滅ぼした。そして，1192年に征夷大将軍になり，鎌倉幕府を開いて本格的な武家政治を始めた。

問4　常陸《ひたち》国はほぼ現在の茨城県にあたり，江戸時代には尾張（愛知県），紀伊（和歌山県）とならんで「徳川御三家」の一つであった水戸藩がおかれた。

問5　承久の乱（1221年）は後鳥羽《ごとば》上皇が政治の実権を朝廷に取りもどそうとして起こした反乱であるが，幕府軍に敗れて上皇は隠岐に流された。その後，幕府は勢力を拡大し，1232年には御成敗式目を制定して武家政権を確立した。一方，鎌倉時代以後も，豊臣秀吉が検地を行うまで荘園制度は存続していた。よって，アとエの2つが正しい。なお，イの守護や地頭が初めて設置されたのは1185年のこと。ウについて，最初の土一揆といわれる正長の土一揆が起きたのは1428年のことである。

問6　能（能楽）は，猿楽や田楽といった民間芸能を観阿弥《かんあみ》・世阿弥《ぜあみ》の父子が集大成し，芸術に高めたもので，室町幕府の第3代将軍足利義満があつく保護した。

問7　WHO（世界保健機関）は1960年にはすでにハンセン病患者に隔離の必要性がないことを勧告していた。日本ではその後も隔離が続けられたが，1996年に「らい予防法」は廃止され，2001年の熊本地方裁判所の判決を経て元患者らと国の間で和解が成立した。よって，イとオが正しい。

問8　さくらんぼ（おうとう）は全国の生産量の74.2％が山形県で生産されており，主に東日本で作られている。統計資料は『日本国勢図会』2014／15年版による。

問9　(1)　刑事裁判では，検察官が有罪と認めた被疑者を起訴《きそ》することで裁判が始まる。　(2)　a，b　裁判員制度の対象となる裁判は重大な刑事事件についての第1審で，地方裁判所で行われる。　c，d　裁判員制度は主権者である国民が裁判に参加することで，裁判に民意を反映させ，裁判に対する国民の理解を深めることを目的にしている。有権者（満20歳以上の国民）の中からくじで選ばれた裁判員6人が3人の裁判官とともに裁判を行う。　(3)　(2)の解説を参照のこと。なお，ウについて，裁判員制度は2009年に導入され，2015年で7年目となる。エについて，裁判員は特別の理由がない限り断れないが，国民の義務ではない。　(4)　裁判員は被告人が有罪か無罪かを判断するだけではなく，有罪の場合は刑の重さについても判断する。よって，ウが正しい。

問10　(1)，(2)　日本国憲法は第98条で憲法を「国の最高法規」と規定しており，この憲法に適合しない法律は無効となる。この憲法第98条にもとづき，裁判所には，国会が制定した法律が違憲か合憲かの判断を行う権利（違憲立法審査権）があたえられている。一方で国会には，裁判官として不適切な行いのあった裁判官を裁く弾劾《だんがい》裁判所を設置する権限があたえられている。

問11　2014年6月，群馬県の富岡製糸場が「富岡製糸場と絹産業遺産群」として，ユネスコ（国連教育科学文化機関）の世界文化遺産に登録された。富岡製糸場は明治政府の官営模範工場として1872年に設立され，フランス製機械とフランス人技師ブリューナの指導で，日本の主要輸出産業である製糸業の近代的熟練工を養成した。集められたのは主に全国の士族の娘たちで，「富岡工女」とよばれた。よって，イ，エ，オの3つが正しい。

問12　1543年，中国船が種子島に漂着し，乗っていたポルトガル人によって日本に初めて鉄砲が伝えられた。鉄砲はまたたく間に戦国大名の間に広がり，戦国時代の統一を早めることになった。

問13　鉄砲伝来により，戦法や築城法が変化した。身分の低い足軽による鉄砲隊が組織され，集団戦法のための重要な役割を果たした。また，城も山城から平地に建てられるようになり，高い石垣や厚い壁を持ち，天守閣を備えた大規模なものが築かれた。よって，イ，エの2つが正しい。

Ⅳ　開国後の日本の歩みと国際社会についての問題。

問1　(1)，(2)　1853年，アメリカ東インド艦隊司令長官だったペリーが，大統領の国書を持って江戸幕府に開国を求めてきた。これはアメリカが当時，油を得るために北太平洋でさかんに捕鯨《ほげい》を行っており，また，清と貿易を始めたことから，寄港地が必要になったためであった。幕府は翌54年，日米和親条約を結び，下田（静岡県）と蝦夷地《えぞち》（北海道）の箱館（函館）の2港を開港，アメリカ船への水や食料，燃料などの提供を約束した。

問2　1875年に起こった江華島事件をきっかけに翌76年，日本は朝鮮（李氏朝鮮）と日朝修好条規を結んだ。この条約は朝鮮に領事裁判権を認めさせ，関税自主権をあたえない不平等条約であった。

問3　アの日英同盟締結は1902年，イの韓国併合は1910年，ウの国際連盟からの脱退は1933年，エの満州事変の勃発《ぼっぱつ》は1931年のことである。よって，年代の古い順にア→イ→エ→ウとなる。

問4　江戸時代，江戸や大阪（大坂）に年貢米などを輸送するため，東北地方から大阪までを日本海経由で結ぶ西廻《まわ》り航路と，東北地方から江戸までを太平洋経由で結ぶ東廻り航路が，江戸の豪商河《かわ》村瑞賢《むらずいけん》によって整備された。

問5　明治時代初期の1872年，新橋—横浜間に鉄道が開通した。以降，製糸業のさかんな北関東と貿易港のあった横浜などが鉄道で結ばれるようになるなど，物流の中心は鉄道へと移行し，国内の水上交通はおとろえることになった。

問6　国の主権がおよぶ領域は領土のほかに，沿岸から12カイリまでの領海，領土と領海を合わせた範囲の上空の領空の3つがある。

問7　竹島（韓国名「独島《ドクト》」）は島根県隠岐諸島の北西の日本海上にあり，日本固有の領土であるが，韓国（大韓民国）が領有権を主張し，警備隊を派遣して事実上占拠《せんきょ》している。

問８　(1)　排他的経済水域は沿岸から200カイリ（約370km）の範囲の水産資源や海底の地下資源を沿岸国が独占的に管理できる水域のことで，日本の排他的経済水域は約405万km^2で，国土面積（約37.8万km^2）の10倍以上におよぶ。　(2)　この水域では，外国漁船が操業する場合，漁業協定にもとづく入漁料の支払いが必要となる。これが日本の遠洋漁業にとって大きな負担となり，おとろえた原因の一つとなった。ただし，貿易船や旅客船などの通常の航行は可能である。よって，ウ，エの２つが正しい。　(3)　国連海洋法条約は1994年に発効し，領海や排他的経済水域の設定，海洋環境の保護についての権利や義務などについて定めている。

問９　複数の国の首脳による直接対話や交渉の場は，英語で「頂上」を意味する「サミット」とよばれる。

問10　(1)　日本のかかげる非核三原則は1967年，佐藤栄作首相の国会答弁に始まり，1971年には，翌72年にアメリカからの返還が決まっていた沖縄にも非核三原則を適用することが衆議院で議決された。よって，アが選べる。なお，イの冷戦終結宣言は1989年，ウの第一回アジア・アフリカ会議は1955年，エの新日米安全保障条約の成立は1960年のできごと。　(2)　非核三原則は「核兵器を持たず，作らず，持ち込ませず」であるが，2010年に政府は核兵器持ち込みに関して日米政府間で「密約」があったことを発表し，当初から「持ち込ませず」の原則が守られていなかったことが明らかになった。

問11　1954年，アメリカ合衆国が南太平洋のビキニ環礁《かんしょう》で水爆実験を行った。その際，付近を操業していたまぐろ漁船「第五福竜丸」が放射能灰を浴びて被ばくし，乗組員の１人が死亡した。この第五福竜丸事件をきっかけに，広島市で第１回原水爆禁止世界大会が開かれ，核兵器廃絶の国際運動が広まった。

問12　(1), (2)　インドネシア南部のティモール島東部に位置する東ティモール（首都ディリ）は旧ポルトガル領だったが，1976年にインドネシアに併合された。1999年に住民投票で独立が決議されたがインドネシアは軍を派遣し，住民と激しく対立した。国連は多国籍軍を派遣，日本も国連のPKO（平和維持活動）協力法（1992年）にもとづいて自衛隊を東ティモールに派遣し，支援活動を行った。2002年に東ティモールは独立国となり，同年，191番目の国連加盟国となった。

問13　(1)　石油，石炭などの化石燃料が大量に消費されると，二酸化炭素などの温室効果ガスが増加する。温室効果ガスは地表の熱を大気中に閉じ込めてしまうため地球を温暖化させ，各地で異常気象を引き起こすとされている。　(2)　地球が温暖化すると北極や南極，高山地帯の氷雪が溶けて海面水位が上がり，標高の低い島々や低地が水没の危機にさらされる。太平洋上の島国であるキリバスやツバルはすでに国土が失われる危機に直面し，周辺各国に移民受け入れを要請している。よって，地図中ウがあてはまる。

問14　ア　日本はかつて朝鮮を併合し，中国にも植民地を持っていたことがある。　イ　島国は，寒暖の差が大きいことを特徴とする内陸性の気候に比べれば，寒暖差が小さいといえる。　ウ　島国は他国と陸続きでないため攻められにくく，比較的小さな軍事力で領土を守れる。　エ　シンガポールやかつての琉球王国のような島国は，立地を生かした中継貿易で栄えた。　オ　多島国家であるインドネシアには，さまざまな人種や言語，宗教の人が存在する。　カ　アジアには日本以外にフィリピンやインドネシア，スリランカなどの島国がある。　キ　ヨーロッパにはイギリスやアイスランドといった島国がある。　ク　フィリピンやインドネシアは選挙によって選ばれた大統領が政治を行っており，国王のような君主はいない。

Ⅴ 日本の領土問題を題材にした問題。

問１　史料Ａは，第二次世界大戦末期の1945年７月，ドイツ・ベルリン郊外のポツダムでアメリカ・イギリス・ソ連の首脳が会談し，日本の戦後処理・無条件降伏などについて話しあい採択されたポツダム宣言。アメリカ・イギリス・中国の名で出されたポツダム宣言を日本は８月14日に受諾《じゅだく》，８月15日に国民に発表した。

問２　ソ連は８月８日に日ソ中立条約をやぶって対日参戦するとともに，ポツダム宣言に参加した。

問３　史料Ｂは1951年，日本が連合国48か国と結んだサンフランシスコ平和条約で，これによって日本は独立を回復したが，南西諸島や小笠原諸島はアメリカの施政権下におかれることとなった。

問４　①の台湾は日清戦争(1894～95年)の下関条約で清(中国)から，②の南樺太(サハリン)は日露戦争(1904～05年)のポーツマス条約でロシアからゆずり受けた。

問５　サンフランシスコ平和条約では，吉田茂首相が日本の全権として出席し，調印を果たした。吉田茂は戦前は外交官として活躍し，戦後は政治家に転向して５次にわたり内閣を組織した。なお，イの岸信介《のぶすけ》は1957～60年，ウの中曽根康弘は1982～87年，エの田中角栄は1972～74年に，それぞれ内閣総理大臣となっている。

問６　サンフランシスコ講和会議にはソビエト連邦は出席したが調印を拒否，中華人民共和国は招かれず，インドは招きに応じなかった。よって，ア，エの２つが正しい。

問７　アの朝鮮戦争の始まりは1950年，イの日本国憲法の公布は1946年，ウの自衛隊の発足は1954年，エの中華人民共和国の成立は1949年，オの日本の国際連合加盟は1956年，カの日中平和友好条約の調印は1978年のできごとである。よって，ア，イ，エの３つがあてはまる。

理　科　(40分) ＜満点：100点＞

解　答

Ⅰ　１　(1)　イ，ウ　(2)　ア，イ　(3)　(例)　日差しが弱い(季節だから)／乾そうする(季節だから)　２　(1)　▦…ウ，▨…ア　(2)　エ　(3)　①　Ｄ　②　ウ，カ，ケ　(4)　①　蒸発　②　水蒸気　③　降水　(5)　イ，オ

Ⅱ　１　(1)　①　ア　②　ア　③　ア　(2)　1.7倍　(3)　①　イ　②　ア　(4)　①　ア　②　ア　③　ア　(5)　オゾン　(6)　(例)　皮ふガンの増加　２　(1)　ア　(2)　①　Ｂ　②　Ａ　③　Ｃ　④　Ａ　⑤　Ｄ

Ⅲ　１　(1)　オ　(2)　①　イ　②　エ→ウ→イ　(3)　イ　２　(1)　①　赤　②　水素　③　二酸化炭素　④　アルカリ　⑤　緑　(2)　(例)　実験　それぞれの溶液をガラス板にとり，ガスバーナーで加熱する。／結果　食塩水…白い固体が残る。さとう水…黒くこげる。　(3)　①　27.5％　②　27.5ｇ　(4)　①　２ｇ　②　0.7ｇ　(5)　①　(例)　濃い塩水を作ると，煮詰めるための燃料が節約できるから。　②　(例)　太陽や風による水の蒸発をうまく利用して，濃い塩水を効率よく得られる点。

Ⅳ　１　３番目　２　(木片の密度が)水の密度よりも小さい(とき)　３　10.5　４　(1)　×　(2)　○　(3)　○　５　12.75cm　６　4050cm^3　７　14個　８　972ｇ　９　６cm以上

解　説

I　植物と気候の関係についての問題。

1　(1)　1年中緑色の葉をつけていて，秋に落葉しない種類の木を常緑樹といい，ツバキやミカンがあてはまる。なお，サクラやイチョウなどのように，冬になる前に落葉する種類の木は落葉樹という。　(2)　(1)の常緑樹の葉は，(1)の落葉樹の葉に比べて，より厚くてかたく，表面につやがある。なお，葉の表より裏の緑色がうすいのは，葉緑体を持つ細胞《さいぼう》がすきまを多く空けて並んでいるためで，(1)のいずれの葉にも見られる。　(3)　でんぷんを作るはたらきである光合成は，葉にある葉緑体で，二酸化炭素と水を材料に日光のエネルギーを利用して行う。このとき十分な温度や光の強さが必要であるが，樹木が落葉する季節は，気温が低く，太陽高度が低いため日差しが弱く，日照時間も短いので，光合成を行うのに適さない。また，この季節は降水量が少なく，空気が乾《かん》そうしているため，葉から水分が抜け，根から吸収する水の量が少なくなり，光合成をさかんに行うことができない。

2　(1)　は年平均気温が－15～－5℃で，年間降水量が1000mmに満たないため，森林の生育できない寒冷な地域であるツンドラとなる。ツンドラは，シベリアやアラスカなどの地域にある。また，とは，年間降水量がおよそ1000mmより少ないところで，年平均気温は－5～30℃のところに広がっている。このような地域では森林は育たず，年間降水量のやや多いはたけの低い草が広がる草原，年間降水量がきわめて少ないは砂漠《さばく》となる。　(2)　図1より，年平均気温16℃，年間降水量1500mmの東京の場合，Cの森林が本来の様子であることがわかる。　(3)　①　森林は，住宅や家具，燃料，紙の原料などに用いる木材を得るため，また，農地などの土地開発のために伐採《ばっさい》される。これらの伐採が過度に進んで森林が著《いちじる》しく減少しているのは，年間降水量が多く，年平均気温が高いDの森林(熱帯雨林)である。　②　Dの熱帯雨林は主に赤道付近の地域に見られ，ここでは，ウ，カ，ケが選べる。　(4)　地球上の水が循環《じゅんかん》するエネルギーのもとは太陽のエネルギーである。気温が低いと，地球上の液体の水は蒸発しにくくなり，空気中の水蒸気量は少なくなる。すると，雲もできにくくなり，降水量も少なくなると考えられる。

(5)　現在，年平均気温13℃で年間降水量1000mmの場所は，Cの森林ができている。ここで，地球全体の気温が今より約8℃低くなると，この場所は年平均気温が，13－8＝5(℃)になる。さらに，(4)で述べたように，気温が低くなることで降水量も少なくなる。よって，図1で年平均気温5℃，年間降水量1000mm以下に見られる様子を調べると，この場所の様子としてイとオが選べる。

II　太陽高度と日差しの強さについての問題。

1　(1)　日本では，夏の日差しは冬の日差しよりも強い。その理由は，太陽からの光の強さはほぼ一定であるのに，地表面が同じ面積あたりに受ける太陽光の量が異なるためである。図のAとBのときを比べると，地表面$1\,m^2$に入射する光の量は，太陽高度の高いAのときの方が多くなっている。このことから，日本では太陽高度の高い夏の方が冬よりも日差しが強くなることが説明できる。

(2)　太陽光が直角に$1\,m^2$の面を通過する光の量を1とすると，AとBのときの地表面が受ける光の量はそれぞれ，$1\times\frac{17}{20}\times1=0.85$，$1\times\frac{10}{20}\times1=0.5$となる。よって，Aのときの地表面が受ける光の量はBのときの，0.85÷0.5＝1.7(倍)と求められる。　(3)　同じ面積に入射する光の量はAのときの方がBのときより多いため，同じ光の量を受けた地表面の面積は，Aのときの方がBのときよりも小さい。また，Aのときの方がせまい面積に太陽光がたくさん降り注ぐので，地表面の温度はより高くなる。　(4)　表より，アルベドが大きいのは新雪や旧雪，砂地，砂漠で，アルベドが小さいのは裸地《らち》(土)や草地(草原)，森林である。雪のアルベドは大きく，雪の面積が減少して裸地などに変わると，地表面が吸収する太陽光の量が増加し，その結果，気温が上がりやすくなって，地球温暖化の進行は速くなると考えられる。　(5)　地球の大気中にあるオゾンの多くは上空10～50kmに存在し，オゾンが多く集まっている層をオゾン層という。オゾンは太陽光線に含まれる紫外《しがい》線を吸収するはたらきがあり，地表面に届く紫外線の量をごくわずかにしている。なお，大気中の酸素も紫外線の一部を吸収する。　(6)　オゾンが著しく減少して，地表に届く紫外線量が増加すると，皮ふガンや目の病気などにかかりやすくなる。

2　(1)　地球が地軸《ちじく》を中心に西から東へ自転しているため，太陽は東からのぼり，西に沈《しず》んで見える。図で，左側が北となっているので，奥側が東，手前側が西である。　(2)　①　夏至の日の正午に太陽高度が最も高くなるのは，Ｂの北緯23.4度の地点である。天頂に太陽がきて，最も日差しが強い。　②　春分の日の正午に最も日差しが強いのは，天頂に太陽があって，太陽高度が最も高いＡの赤道の地点である。　③　図の実線で示されている部分は，太陽が地上に出ている昼間にあたる。よって，Ｃの北緯60度の地点での夏至の日が，最も昼の長さが長い。　④，⑤　Ａの赤道の地点では，天頂に太陽がきて南中したときに日差しが最も強くなるが，そのような日は春分の日と秋分の日の２回ある。なお，Ｂの北緯23.4度の地点とＣの北緯60度の地点では，日差しが最も強くなるのは夏至の日で，つまり１年に１回だけである。

Ⅲ　実験の手順や注意点，水溶液《すいようえき》の性質，食塩水の濃さについての問題。

1　(1)　塩酸は酸性が強く，手につくと危険なので，実験中に塩酸が手についた場合は，その濃《こ》さに関係なく，必ずすぐに(水道の)水でよく流す。　(2)　①　ガス調節ねじと空気調節ねじは，どちらも反時計回りに回すとねじを開くことができる。２つのねじが自由に回ることを確認した後は，元栓《もとせん》を開ける前に両方のねじを時計回りに回り切るところまで回して，ねじを閉めておく。
②　元栓を開けてから，マッチに火をつけて，その炎《ほのお》をガスバーナーの筒《つつ》の上に位置させる。次に，下のガス調節ねじを回してガスを出して点火し，下のねじを回して炎の大きさを調節する。その後，下のねじを押さえて，上の空気調節ねじを回して空気の量を調節し，炎の色を完全燃焼している青色にする。　(3)　リトマス紙を容器から取り出すときには，よごれないようにピンセットを用いる。調べたい液にガラス棒の先をひたし，リトマス紙につけて色の変化を見る。なお，ガラス棒は１回ごと水で洗う。

2　(1)　①　紫《むらさき》キャベツ液は濃い紫色をしていて，中性の液に加えたときは紫色のままであるが，塩酸のように強い酸性の液に加えると赤色になる。　②，③　塩酸は，スチールウール(鉄)を加えると水素が発生し，大理石や石灰石など炭酸カルシウムを含むものを加えると二酸化炭素が発生する。　④，⑤　アンモニア水はアルカリ性で，紫キャベツ液を加えると緑色になる(濃さによってはちがう色を示すこともある)。　(2)　食塩水とさとう水はどちらも中性なので，紫キャベツ液などの指示薬を用いて区別することはできない。そこで，ガラス板に少量をとってガスバーナーで加熱すると，食塩水では白い食塩の固体が残り，さとう水では黒くこげるので，区別することができる。また，電流が流れるかどうかを調べて，電流が流れれば食塩水，流れなければさとう水となる。しょう酸銀水溶液を加えた場合は，白色の沈《ちん》でんができれば食塩水で，何も変化が見られなければさとう水である。　(3)　①　水溶液の濃度は，(溶《と》けている物質の重さ)÷(水溶液全体の重さ)×100で求めることができる。よって，この食塩水の濃度は，38.0÷(100＋38.0)×100＝27.53…より，27.5％と求められる。　② この食塩水の濃度は27.5％なので，食塩水100ｇ中から出てくる食塩は，$100\times\frac{27.5}{100}=27.5$(ｇ)となる。　(4) ① 80℃で溶けきれなくなるまで食塩を溶かした食塩水140ｇのうち，水は100ｇ，溶けている食塩は40.0ｇである。よって，80℃のまま水を5ｇ蒸発させると，出てくる食塩は，$40.0\times\frac{5}{100}=2$(ｇ)となる。　② 80℃の水100ｇに溶けきれなくなるまで食塩を溶かした食塩水140ｇ(水100ｇ，食塩40.0ｇ)を30℃まで温度を下げると，40.0－38.0＝2.0(ｇ)の食塩が出てくる。そのため，同様の80℃の食塩水50ｇを30℃まで温度を下げた場合，$2.0\times\frac{50}{140}=0.71$…より，0.7ｇの食塩が出てくることがわかる。　(5) ① 海水に溶けている塩を取り出すのに，海水を煮詰《につ》めるにはたくさんのエネルギー(燃料)が必要である。入浜式塩田では，潮《しお》の干満を利用して塩田に海水を引きこみ，自然に水を蒸発させて濃い塩水を作り出すので，必要なエネルギー(燃料)が少なくてすむ。　② 流下式塩田では，束《たば》ねた竹により塩水がうすいまく状になるため，効率よく水分を蒸発させることができる。そのため，塩水の濃度を濃くするのに必要なエネルギーが，入浜式塩田よりもさらに少なくてすむ。また，日照時間が少ない地方や冬でも塩が作りやすくなり，砂を運ぶ労力もいらなくなる。

Ⅳ 浮力《ふりょく》とものの浮《う》き沈みについての問題。

1　木片Ａ～Ｅはすべて，15×10×30＝4500(cm^3)で同じ体積である。密度《みつど》は1cm^{3}あたりの重さであり，同じ体積あたりの重さが重いものほど密度が大きくなる。水4500cm^{3}の重さは，1×4500＝4500(ｇ)なので，表1より，水は木片Ｃ，木片Ｄについで3番目に密度が大きいとわかる。なお，木片Ａ，木片Ｂ，木片Ｅは水より密度が小さい。

2　水より密度が小さい木片Ａ，木片Ｂ，木片Ｅは水に浮かび，水より密度が大きい木片Ｃと木片Ｄが沈んだことから，木片が水に浮かぶのは，木片の密度が水の密度よりも小さいときである。

3　木片Ａについて調べると，どの面を上にした場合も，水面より下の部分の体積は，10×30×13.5＝4050(cm^3)となり，木片Ｂについて調べると，②と③のどちらの面を上にした場合も，水面より下の部分の体積は，10×15×21.0＝3150(cm^3)となる。このことから，「水に沈んでいる部分の体積と同じ体積の水の重さ」と「木片全体の重さ」は等しいことがわかる。よって，アは，3150÷(10×30)＝10.5(cm)となる。

4　(1) 同じ木片Ａの場合，上になる面が小さい順に②，①，③であるが，水面より上の部分の長さは短い順に③，①，②である。つまり，上になる面が小さいほど，水面より上の部分は長くなっている。　(2)，(3) 3の解説を参照のこと。

5　木片Ｅは重さが3825ｇなので，水に沈んでいる部分の体積は3825cm^{3}である。よって，面①を上にしたときの水面より下の部分の長さは，3825÷(10×30)＝12.75(cm)となる。

6　船はその重さと等しい4050ｇの水を押しのけて浮くため，押しのけた水の体積は4050cm^{3}である。

7　この船が最大で押しのけることのできる水の体積は，25×18×15＝6750(cm^3)なので，おもりと船の重さの合計が6750ｇより大きくなる，つまり，おもりの重さの合計が，6750－4050＝2700(ｇ)より大きくなると，船は沈む。それは，2700÷200＝13.5より，おもりを14個積んだときである。

8　鉄の船の水面より下の部分は，底辺が，$15\times\frac{6}{10}=9$(cm)，高さ6cmの三角形を底面とした，高さ36cmの三角柱である。その体積は，9 × 6 ÷ 2 ×36＝972(cm^3)なので，船の重さは972ｇとなる。

9　図４の船の最大で押しのけられる水の体積が972cm^3以上であれば，船は水に入れても沈まない。そのときの船の高さが□cm以上とすると，(9＋3)×□÷ 2 ×27＝972，□＝972÷162＝６と求められる。

国　語　(40分)＜満点：100点＞

解　答

一　問１　ａ　エ　ｂ　オ　ｃ　ア　問２　(例)　現時点で災害の発生自体を止めることや，地震の正確な予知はできないから。／対策の遅れや不十分さに根本的な対応ができないまま，現状が維持されているから。　問３　(例)　(自然は)人間がさからうことはできない，絶対的な力を持つ(存在であること)　問４　人災　問５　ウ　問６　イ　問７　１　(例)　照葉樹を植えて森を再生すること　２　洪水　問８　長所…(例)　手っ取り早い点。／効果が出やすい点。　短所…(例)　大きい経済的負担。／素材が劣化する点。　問９　ア　問10　(例)　深根性・直根性の根が地中深く入り込む。／地上部が失われても，新しく萌芽再生する。　問11　柔…木の根，剛…コンクリートや鉄筋　問12　ア　×　イ　×　ウ　×　エ　×　オ　○　問13　１　ウ　２　エ　二　問１　すず…(例)　きれいな音が出せる。／小鳥…(例)　空をとべる。／わたし…(例)　地面をはやく走れる。(歌を多く知っている。)　問２　ウ　問３　ウ　問４　ア　問５　オ　問６　オ　問７　(例)　上の雪，下の雪，中の雪それぞれが持つ苦しさやさみしさ。　問８　イ　問９　ウ　問10　Ａ　ウ　Ｂ　イ　Ｃ　ア　問11　自分を表現する　問12　ア　問13　(例)　金子みすずの詩が失われることなく，後世に残されたこと　問14　１　ⅰ　イ　ⅱ　エ　２　ア　３　こうせい

三　下記を参照のこと。

●漢字の書き取り

三　１　著名　２　俳優　３　模写　４　談笑　５　済(んだ)

解　説

一　**出典は宮脇　昭《みやわきあきら》の『木を植えよ！』による。**自然災害による犠牲《ぎせい》者があとをたたないが，根本的な災害対策とは，ハード面の個別対応策を行うのに併行《へいこう》して多層群落の森をつくることだとのべている。

問１　ａ　「雪かきが追いつかない」ほどの大雪で，「百五十人近い」人が犠牲になったのだから，「記録的」な大雪といえる。　ｂ　「過去の記録や統計」をもとに，「降水量」に応じて個々の堤防に必要な対応を決めているのだから，「具体的」な対応策といえる。「具体的」は，個々の事実によっている様子。　ｃ　「自然災害はｃ」であることの例として，地震《じしん》によって津波，家屋の倒《とう》壊《かい》，火災が発生すること，台風によって家屋の倒壊，洪水《こうずい》や土石流，停電などが起こることが挙げられている。よって，いくつかのことがらが合わさった状態を表す「複合的」が合う。

問２　続く三段落からまとめる。現在の人間の力では「災害の発生自体を止めること」も，地震の

「正確な予知」もできないという理由と,「対策が遅《おく》れたり不十分であったり」で「大きな被害」が出ているのに,「根本的な対応ができないまま」「現状が維持《いじ》されていく」という理由からである。

問3　「神のような存在」とは,人間の力がおよばない絶対的な力を持つ,偉大《いだい》な存在だということ。その存在に「抗《あらが》えない」とは,“人間がさからうことはできない”という意味になる。

問4　空らん③には,「対策が遅れたり不十分であったり」したために,「毎年のように」被害が出ている状態を指す言葉が入る。よって,人間の不注意やなまけ心が主な原因となって起こる災害をいう「人災」が合う。「人災」は,自然現象によって起こる災害を表す「天災」の対義語にあたる。

問5　ここでの「相当」は,かなりの程度である様子。

問6　災害対策を行っていても,時折大きな被害を出すと前にある。後には,「根本的な対応ができないまま」,次の大きな災害が起きるまで「現状が維持され」ると続く。後の結果を招くのは,「喉元《のどもと》すぎれば熱さ忘れる」からといえる。これは,苦しい経験も過ぎてしまえば忘れてしまうことのたとえ。なお,「二度あることは三度ある」は,二度あったことはまた起きるということ。「捨てる神あれば拾う神あり」は,世の中には,見捨てる人も助けてくれる人もいるものだということ。「石橋をたたいて渡《わた》る」は,用心に用心を重ねて慎重《しんちょう》に行動することのたとえ。

問7　1　ぼう線⑥は,「根本的な災害対策」として挙げられた内容。「森をつくる」とは「土地本来の森の再生を進めていく」ことであり,そのために照葉樹の森をつくることが必要だとしている。

2　六段落後に,多層群落の森では雨が弱められて土中に浸透《しんとう》するが,浸透した水は保水され,浄《じょう》化《か》され,ゆっくりと流れるとのべられている。その結果,「洪水」が防げるのである。

問8　同じ文中に,「ハード面での対策」について,手っ取り早いことと効果が期待できることが長所として挙げられている。また,次の段落では,「部分的,一面的なハード面の対策」では経済的負担が大きいことと,鉄筋やコンクリートなど人工の材料を使ったものは劣化《れっか》することが短所とされている。

問9　「干渉《かんしょう》」は他人のことに立ち入って自分の考えに従わせようとすること,「敏感《びんかん》」は感覚がするどいことをいうので,ぼう線⑧は,“人間が手を加えることで影響《えいきょう》が出やすい場所”といった意味になる。その場所の例には「岬《みさき》や水源地」が挙げられており,ダムの工事などの人間の都合で状態が変わりやすいことをいっていると推測できる。したがって,アが選べる。

問10　針葉樹は根が浅くて倒《たお》れやすく,地上部が枯《か》れると根まで腐《くさ》ってそこに水が入るので,堤防に植えるには不向きだと筆者は説明している。一方,照葉樹については,「深根性・直根性の根」が「地中深く入り込《こ》み」,地上部が失われても「新しく萌芽《ほうが》再生」するため,斜面《しゃめん》や堤防の保全に役立つとのべている。

問11　「柔《じゅう》よく剛《ごう》を制す」は,やわらかいものが,かえって強く固いものに勝つこと。一見弱そうな「木の根」がコンクリートを持ち上げるほど底力があるように,「木の根」の方が「コンクリートや鉄筋」より強度が強いとしてこの言葉を引用しているので,「柔」は「木の根」,「剛」は「コンクリートや鉄筋」のことになる。

問12　ア　このような内容はのべられていない。　イ　「土地本来の森」は再生されるべきものなので,こわされていたことが明らかである。　ウ　自然災害による犠牲者は,科学や技術が進歩した今日でもなくならないと最初の段落にあるが,「増加する一方」だとはのべられていない。

エ　二宮尊徳《にのみやそんとく》は酒匂《さかわ》川流域に植樹したと説明されているが,それは苦学して先見の明があったからだとはのべられていない。　オ　本文の中ほどに，日本人は「何千年も前の昔」から，新しい集落や町をつくる際に森をつくったり，海岸や河川に砂防林や洪水対策林としての森づくりをしたりしてきたなどと説明されている。

問13　1「密植」は，間かくを開けずに植物を植えること。ここでの「密」は“すき間がない”という意味なので，すき間なくぎっしりと集まることをいう「密集」が選べる。なお，アの「密」は細かい点まで行き届いていること，イの「密」は非常に親しいこと，エの「密」は秘密であることを表す。　2「護岸」は「岸を護《まも》る」と読め，上の漢字が動作を表し，下の漢字が動作の対象を表す組み立て。よって，「書を読む」と読めるエが同じ構成になる。なお，アは似た意味の漢字を重ねた組み立て，イ，ウは上の漢字が下の漢字を修飾《しゅうしょく》する組み立て。

二　出典は小川洋子《おがわようこ》の『心と響き合う読書案内』による。金子みすずの詩を紹介《しょうかい》してその魅力《みりょく》を解説した後，みすずの生涯《しょうがい》にもふれている。

問１　第一連では「わたし」と「小鳥」とが比べられ，小鳥は空をとべ，「わたし」は地面をはやく走れるとされている。第二連では「わたし」と「すず」とが比べられ，すずはきれいな音が出せ，「わたし」は多くの歌を知っているとされている。

問２　子ども時代に優《すぐ》れた詩をアンショウすれば，はるか後に当時は「気づかなかった感動」を覚えることもあるかもしれないと筆者はのべているが，これはみすずの詩にもあてはまる。年齢《ねんれい》と共にさまざまな経験を積んで成長する読者の中で，詩の意味合いもそれに応じて進化し，感動を呼び覚ますことを「心に寄り添《そ》い続けてくれる」と表現しているのである。詩の内容が理解できない期間もありうるのだから，つねに何かを与《あた》え続けたり，いろいろな場面で支えになったりするというア，イ，エ，オは誤り。

問３　ぼう線③を次の文では，太古の時代に正体の知れない偉大な存在に向かって祈《いの》ったときのような，人類がもともと持っている敬けんな気持ちにたとえているので，ウが選べる。

問４　直後の一文に注意する。すべての人間にとっての母である「大地」から響いてくる「寂《さび》しさや切なさ」とは，特定の一個人の持つ感情ではなく，人間が共通に持っている感情だといえる。そのため，みすずの童謡《どうよう》集を読み返すと「原始的」ともいえる気持ちになるのだと考えられるので，アがよい。

問５　作者の「姿勢の低さ」については，直前の二文で説明されている。地べたに這《は》いつくばり，土や草や海底に目を向けているのだから，どんな小さなものも見のがすまいとそのあり方をていねいにすくい取る姿勢を指していることになる。よって，オがふさわしい。

問６「雪の声」とは，「上の雪」の寒さ，「下の雪」の重さ，「中の雪」のさみしさといった，それぞれの雪が感じている気持ちを指す。姿勢の低いみすずだからこそそれぞれの雪の立場を見分け，その気持ちに思いをはせることができるのだから，オが合う。アの「直観力」は考えることなく直接に対象をとらえる力をいうが，この詩では「さむかろな」「重かろな」と推理しているので，誤り。

問７「つもった雪」の詩での，みすずの「目のつけどころ」は「ユニーク」だと筆者はのべている。ふつうの人では聞き逃してしまう「雪の声」を，みすずはこの詩で提示しているのであり，「上の雪」，「下の雪」，「中の雪」それぞれが持つ苦しさやさみしさが，「見えぬけれどもある」とみすずがいうものにあたる。

問8　土や草をモチーフにしたり，海の底を歌ったりするみすずは，小さな存在も見過ごすまいとしていた。「小さな蜂《はち》」の中に尊い「神さま」がいるというみすずの世界観は，小さな存在も大切に考えて目を向けようとする，生を尊び，賛美する姿勢に重なる。したがって，イがふさわしい。

問9　「みんなが見過ごしてしまうところ」に「神さま」がいるという世界観からは，非凡《ひぼん》な視点が感じられるので，昔からあって親しみやすいというアやだれにでもわかるというエは合わない。「素朴《そぼく》」にはイのような意味はないので，ウが答えになる。

問10　A，B　空らんAの前にはみすずが漁師町で生まれたこと，後にはみすずが海や魚にまつわる童謡を数多く残したことがのべられている。空らんBの前にはみすずの母が本屋をはじめたこと，後にはみすずが本好きになったことが紹介されている。いずれも前の内容が後の内容の理由・原因になっており，こういった場合に使うのはイかウである。ただし，イの「おかげ」は“助け”という意味であるため，ウを使ったとき以上にイの後には好ましい内容がくるのがふさわしいので，空らんBに「そのおかげで」，空らんAに「ですから」を入れるのがよい。　C　お母さんが本屋をはじめたために，みすずも本が大好きになったといわれていると前にある。後には，やがてみすずも本屋の店番をするようになったと続く。前の内容に後の内容が加わることで，本の世界はみすずにとってますます親しいものになったのだから，前のことがらを受けて，その程度を進ませるようなことがらを後につけ加えるときに用いる「さらに」があてはまる。

問11　幼少時から本に囲まれ，成長後は童謡に「心を躍《おど》らせた」みすずにとって，童謡は「自分を表現する」方法で，世に認められた理由でもあった。それゆえ，詩の投稿《とうこう》を禁じられたことは「自分を表現する」ことをあきらめること，ひいては「生きる意味」を奪《うば》われることを意味したといえる。

問12　「泉が湧《わ》き出るように，詩が出てきた」とは，次々と自然に詩が生まれた様子を表しており，詩人としてのみすずの力に筆者が感嘆《かんたん》し，その力を賞賛《しょうさん》していることがわかる。よって，イ，ウ，オはあてはまる。また，次々と詩を生み出したみすずの姿を思い浮《う》かべながら，みすずの短い生涯を惜《お》しみ，そのきらめきをいとおしむ気持ちもうかがえるので，エも合う。

問13　「それ」は，直前の一文にある「彼女の詩は救い出された」ことを指す。これは，同じ段落の前半から，金子みすずの詩が失われることなく，後世に残されたことといいかえられる。

問14　1　「暗唱」は，暗記していることを口に出して唱えること。　i　アは「安心」，イは「暗算」，ウは「案内」，エは「案外」と書く。　ii　アは「証明」，イは「印象」，ウは「消化」，エは「合唱」と書く。　2　「絶妙《ぜつみょう》」は，この上なく優れている様子。　3　「後世」は，後の時代。

三　漢字の書き取り。

1　名前が世間に知られていること。　2　映画や舞台《ぶたい》，テレビなどで演技することを職業とする人。　3　本物のとおりに写し取ること。　4　笑うなどして打ち解けて話し合うこと。
5　音読みは「サイ」で，「完済」などの熟語がある。

Memo

2025年度用
中学スーパー過去問

■編集人 声 の 教 育 社・編集部
■発行所 株式会社 声 の 教 育 社
〒162-0814 東京都新宿区新小川町8-15
☎03-5261-5061㈹ FAX03-5261-5062
https://www.koenokyoikusha.co.jp

※本書の内容についての一切の責任は当社にあります。内容・解説・解答・その他は当社ホームページよりお問い合わせ下さい。

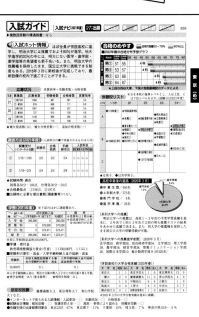

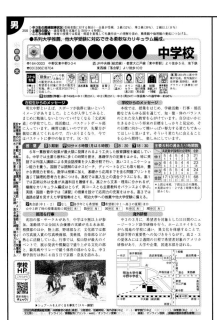

カコを追いかけ
ミライをつかめ

よくある解答用紙のご質問

01

実物のサイズにできない

拡大率にしたがってコピーすると，「解答欄」が実物大になります。配点などを含むため，用紙は実物よりも大きくなることがあります。

02

A3用紙に収まらない

拡大率164％以上の解答用紙は実物のサイズ（「出題傾向＆対策」をご覧ください）が大きいために，Ａ３に収まらない場合があります。

03

拡大率が書かれていない

複数ページにわたる解答用紙は，いずれかのページに拡大率を記載しています。どこにも表記がない場合は，正確な拡大率が不明です。

04

１ページに２つある

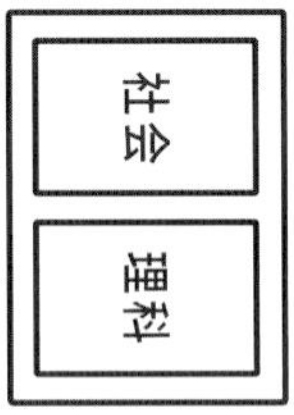

１ページに２つ解答用紙が掲載されている場合は，正確な拡大率が不明です。ほかの試験回の同じ教科をご参考になさってください。

女子学院中学校

つかいやすい書きこみ式
入試問題解答用紙編

最近10年間収録

＊解答用紙は本体と一緒にとじてありますから、ていねいに抜きとってご使用ください。

■注意

●一部の科目の解答用紙は小社で作成しましたので、無断で転載することを禁じます。

●収録のつごうにより、一部縮小したものもあります。

●設問ごとの配点は非公表です。採点しやすいように小社が推定して作成したものです。

※ 実際の解答欄の大きさで練習するには、指定の倍率で拡大コピーしてください。なお、ページの上下に小社作成の見出しや配点を記載しているため、コピー後の用紙サイズが実物の解答用紙と異なる場合があります。

声の教育社

２０２４年度　　女子学院中学校

算数解答用紙　No. 1

番号		氏名		評点	／100

＜注意＞計算は右のあいているところにしなさい。円周率は3.14として計算しなさい。

1　□にあてはまる数を入れなさい。

(1)　$18.7+\left\{13.4\times\left(\frac{1}{20}+\square\right)-2\frac{1}{3}\right\}\div 2\frac{6}{11}=20.24$

(2)　図のように，円周を10等分する点をとりました。
点Oは円の中心，三角形ABCは正三角形です。

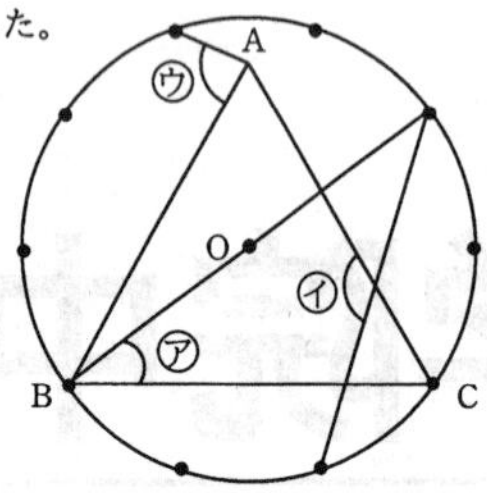

角㋐は□度

角㋑は□度

角㋒は□度

(3)　図のように，長方形の紙を対角線を折り目として折りました。

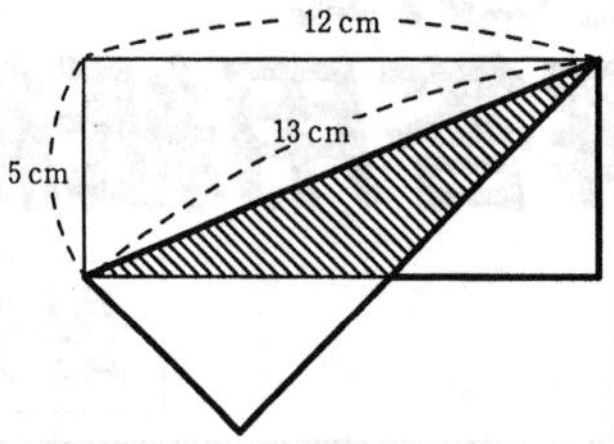

▨の部分の面積は□cm^2です。

(4)　図のように，棒を使って正三角形と正方形を作ります。

①　100個目の正方形を作り終えたとき，使った棒は□本です。

②　棒が1000本あるとき，正三角形は□個，正方形は□個まで作ることができます。

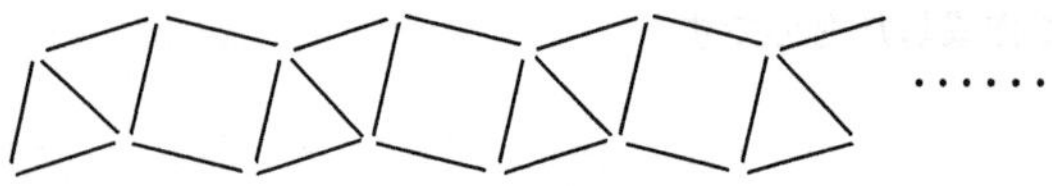

(5)　クラスの生徒に消しゴムを配ります。全員に10個ずつ配ると32個足りないので，先生と勝敗がつくまでじゃんけんをして，勝った人には11個，負けた人には7個配ることにしました。勝った人は負けた人よりも5人少なかったので，消しゴムは9個余りました。

クラスの人数は□人，消しゴムは全部で□個です。

2024年度　　女子学院中学校

算数解答用紙　No.2

2, 3について □ にあてはまる数を入れ，〔　〕内はいずれかを○で囲みなさい。

2　1個430円のケーキと1個180円のクッキーを買います。ケーキは必ず箱に入れ，箱は1箱20円で2個まで入れることができます。ケーキとクッキーを合わせて19個買ったとき，箱代を含めた代金の合計は6290円でした。買ったケーキの個数は

〔　偶数　，　奇数　〕で，□個です。

3　図のように，縦2 cm，横1 cmの長方形3個を合わせた図形を，直線ABのまわりに1回転させて立体を作ります。

この立体の体積は □ cm^3，表面積は □ cm^2 です。

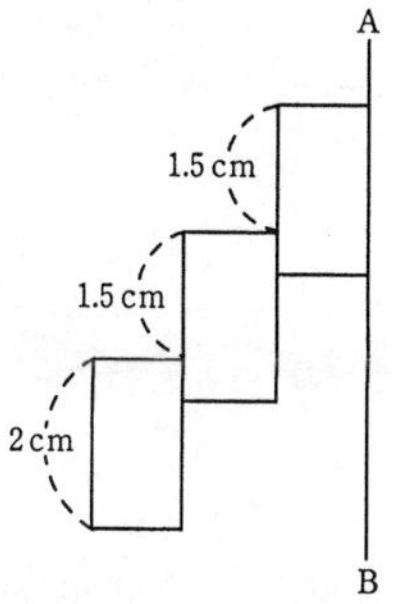

4　はじめさんがA駅から家まで帰る方法は2通りあります。

方法1：A駅から20 km先にあるB駅まで電車で行き，B駅から家までは自転車で行く
方法2：A駅から18 km先にあるC駅までバスで行き，C駅から家までは歩いて行く

電車は時速75 km，バスは時速40 kmで進み，はじめさんが自転車で進む速さは，歩く速さよりも毎分116 m速いです。方法1と方法2のかかる時間はどちらも同じで，はじめさんが電車に乗る時間と自転車に乗る時間も同じです。また，B駅から家までと，C駅から家までの道のりは合わせて3263 mです。

C駅から家までの道のりは何mですか。

（式）

答え＿＿＿＿＿＿＿＿m

2024年度　　女子学院中学校

算数解答用紙　No.3

5, 6, 7について □ にあてはまる数を入れなさい。

5　ある数を2倍する操作をA，ある数から1を引く操作をBとします。
はじめの数を1として，A，Bの操作を何回か行います。

(1) 操作をA→A→B→B→Aの順に行うと，数は □ になります。

(2) Aの操作だけを □ 回行うと，数は初めて2024より大きくなります。

(3) できるだけ少ない回数の操作で，数を2024にします。

このとき，操作の回数は □ 回で，初めてBの操作を行うのは □ 回目です。

6　大きさの異なる2種類の正方形と円を図のように組み合わせました。
小さい正方形1つの面積は8 cm^2，
大きい正方形1つの面積は25 cm^2 です。

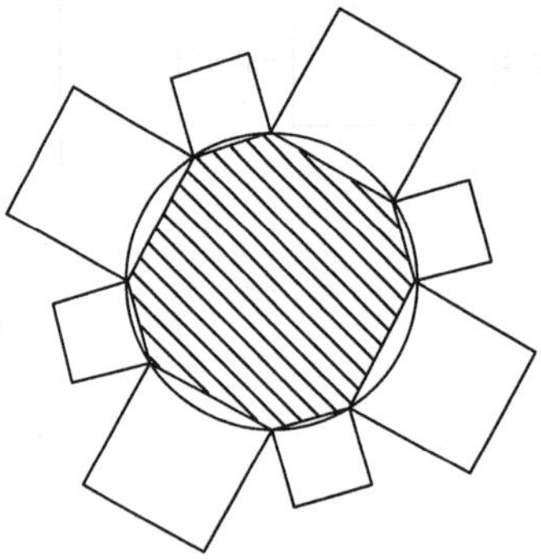

の八角形の面積は □ cm^2 です。

7　一定の速さで流れる川の上流にA地点，下流にB地点があり，2つの船J,Gが
A地点とB地点の間を往復するとき，次の①～③のことが分かっています。
ただし，流れのないところで2つの船の進む速さはそれぞれ一定で，どちらの船も
A地点，B地点に着くとすぐ折り返します。

① 2つの船が同時にA地点を出発し，Jが初めてB地点に着いたとき，
Gは B地点の1920 m手前にいます。

② 2つの船が同時にB地点を出発し，Jが初めてA地点に着いたとき，
GはA地点の2400 m手前にいます。

③ 2つの船が同時にA地点を出発すると，出発してから27分後に
B地点から960 m離《はな》れた地点で初めてすれ違《ちが》います。

(1) 船Jの下りと上りの速さの比を最も簡単な整数の比で表すと， □ : □ です。

(2) 船Gの下りの速さは分速 □ m，川の流れの速さは分速 □ mで，

A地点とB地点は □ m離れています。

(3) 船JがA地点，船GがB地点を同時に出発するとき，1回目にすれ違うのは

□ 分後，2回目にすれ違うのは □ 分後です。

（注）この解答用紙は実物を縮小してあります。B5→A3（163%）に拡大コピーすると，ほぼ実物大の解答欄になります。

〔算　数〕100点（推定配点）

1 各3点×10　2 偶数か奇数か…1点，個数…2点　3，4 各4点×3　5～7 各5点×11

２０２４年度　女子学院中学校

社会解答用紙

番号		氏名		評点	／100

Ⅰ

問1	(1)		(2)		問2	→ → →	問3			
問4	(1)		(2)							
問5	(1)			(2)		問6		問7	(1)	(2)① ②
問8	①		②							

Ⅱ

問1	(1)	→ → → →	(2)	→ → → →						
問2		問3	(1)		(2)		問4		問5	
問6		問7								

Ⅲ

問1	(1)	川	(2)	→ → →						
問2	→ → →	問3		問4		問5	A		B	
問6		問7		問8		問9	(1)			
問9	(2)	自然環境面								
		費用面								
問10										

Ⅳ

問1		問2		問3		問4		問5		
問6	記号		理由							
問7			問8							

(注)　この解答用紙は実物を縮小してあります。Ｂ５→Ａ３(163%)に拡大コピーすると、ほぼ実物大の解答欄になります。

〔社　会〕100点(推定配点)

Ⅰ　各２点×14＜問２，問３は完答，問５は各々完答＞　Ⅱ　問１　各３点×２＜各々完答＞　問２～問７　各２点×７＜問５，問７は完答＞　Ⅲ　各２点×14＜問１の(2)，問２，問４，問８，問10は完答＞　Ⅳ　各３点×８＜問２～問７はそれぞれ完答＞

２０２４年度　　女子学院中学校

理科解答用紙

番号		氏名		評点	／100

Ｉ

1 (1) (2) (3)
(4) ① ②

2 (1) 夏至 秋分
(2) A B 15 20 25
(3) km

II

1 (1) (2) A 10 B
(3) 切り方

●：種の大きさ

(4) (5)

2 (1)
(2) A B C
(3)

III

1 (1) ① ② ③
(2) (3)

2 (1) (2) (3) (4) (5) ①ア g イ g ② cm^3

IV

1 (1) (2) g

2 (1) ① gより大きく g未満 ②
(2) (3) ① ② ③

3 (1) (2) (3)

（注）この解答用紙は実物を縮小してあります。Ｂ５→Ａ３(163%)に拡大コピーすると、ほぼ実物大の解答欄になります。

〔理　科〕100点(推定配点)

Ｉ　1　各３点×５＜1の(2)は完答＞　2　(1)　各２点×２　(2)，(3)　各３点×２＜(2)は完答＞　II　1　(1)　２点＜完答＞　(2)，(3)　各３点×２＜各々完答＞　(4)，(5)　各２点×２　2　(1)　３点　(2)　各２点×３　(3)　３点　III　各２点×12　IV　各３点×９＜2の(1)の②，(3)は完答＞(選択肢の問題の答が複数ある場合は＜完答＞となる)

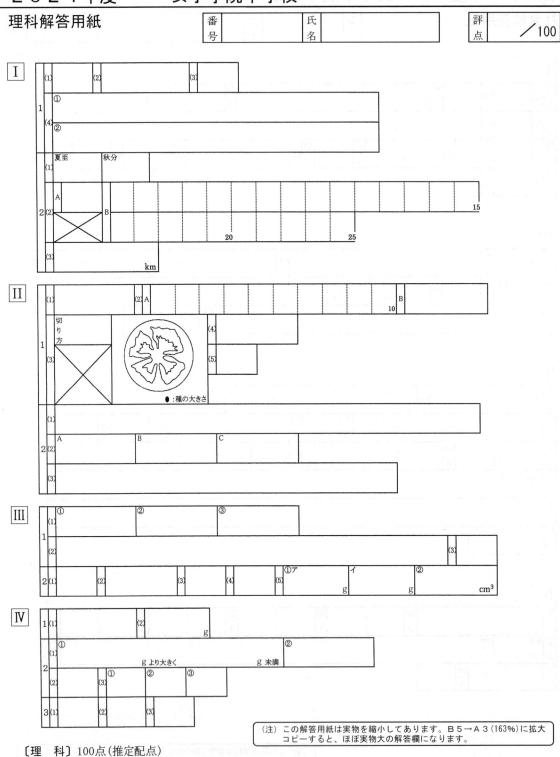

２０２４年度　女子学院中学校

国語解答用紙

番号		氏名		評点	/100

句読点は字数に入れること。

一

問一

問二　1　ー　2　ー　3　ー

問三

問四

問五　Ⅰ　Ⅱ

問六

問七

問八

問九

問十

問十一

二

問一

問二

問三　友達の絵は

自分の絵は

問四

問五

問六

問七

問八

問九

三

1	2	3	4	5	6

（注）この解答用紙は実物を縮小してあります。Ｂ５→Ａ３（163%）に拡大コピーすると、ほぼ実物大の解答欄になります。

〔国　語〕100点(推定配点)

一　問１　３点　問２　各２点×３　問３　７点　問４，問５　各３点×３　問６　７点　問７　３点　問８　２点　問９　３点　問10　４点　問11　９点　二　問１　３点　問２　２点　問３　各４点×２　問４，問５　各３点×２　問６　７点　問７　３点　問８　２点　問９　４点　三　各２点×６

２０２３年度　女子学院中学校

算数解答用紙　No.１

番号		氏名	

評点　／100

＜注意＞計算は右のあいているところにしなさい。

1　(1),(2),(4),(5)は□にあてはまる数を入れなさい。

(1)　$\left\{\left(4.5-\frac{1}{4}\right)\div 0.75-1\frac{2}{15}\right\}\times\left(40.375-35\frac{5}{12}\right)\div\left(\square-\frac{11}{45}\right)=2023$

(2)　□%の食塩水と□%の食塩水の重さの比を
3:2にして混ぜ合わせると，11.8%の食塩水になり，
1:3にして混ぜ合わせると，9%の食塩水になります。

(3)　下の□には数を，□には漢字を1文字ずつ入れなさい。

例：［4］［以］［下］

①小数第2位を四捨五入して5になる数の範《はん》囲は

□□□で□□□です。

②ある整数を0.4で割った商の一の位を四捨五入すると5000になり，
同じ整数を6で割った商の小数第1位を四捨五入すると334になります。

このような整数をすべてあげると□です。

(4)　図は正方形ABCDと正三角形AEDとひし形BFGCを組み合わせた図形です。

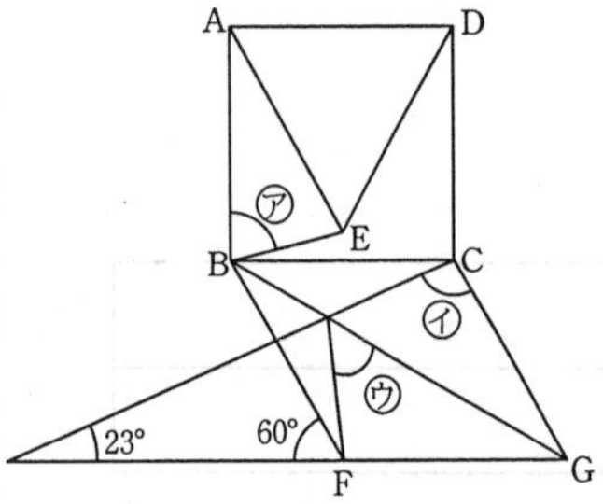

角㋐は□度

角㋑は□度

角㋒は□度

(5)　図のように，1辺の長さが1cmの立方体を積んで立体を作ります。

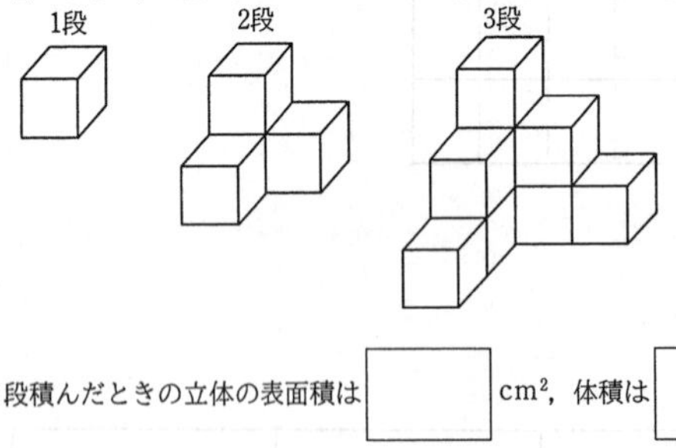

上から
1段目1個
2段目3個
3段目5個

3段積んだときの立体の表面積は□cm^2，体積は□cm^3です。

同じ方法で立方体を10段積んだときの表面積は□cm^2，

体積は□cm^3です。

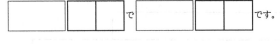

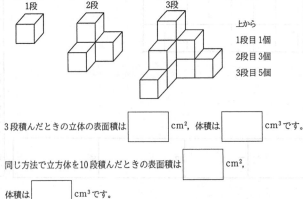

2023年度　　女子学院中学校

算数解答用紙　No. 2

2(1)，3，4について □ にあてはまるものを入れなさい。

2　大きさの異なる3つの正方形が図1のように置かれています。

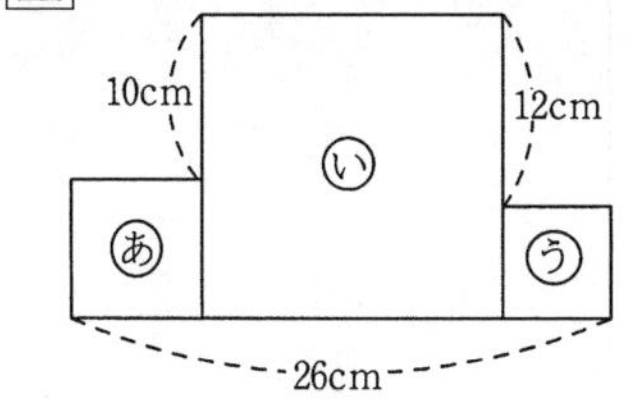

図1

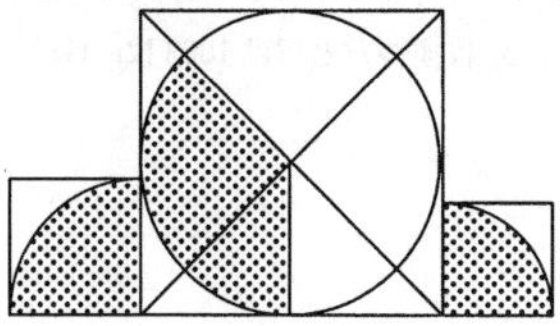

図2

(1)　正方形あ，い，うの1辺の長さは，それぞれ □ cm， □ cm， □ cmです。

(2)　図2のように，図1に直線や円をかき入れました。▒の部分の面積の和を求めなさい。
ただし，円周率は3.14として計算しなさい。
（式）

答え　　　　　　　　cm²

3　A，B，C，D，Eの5つのランプがあります。それぞれのランプにはスイッチがついていて，一度スイッチを押すとランプは点灯し，もう一度押すとランプは消えます。はじめ，すべてのランプは消えています。このスイッチをA→B→C→D→E→D→C→B→A→B→C→……の順に押します。例えば，10回目に押したスイッチはBで，そのときBとEのランプだけが点灯しています。

(1)　スイッチを □ 回押したとき，消えていたCのランプは10回目の点灯をします。

(2)　スイッチを150回押したとき，点灯しているランプをすべてあげると □ です。

(3)　スイッチを200回押すまでの間に，点灯しているランプがBとCだけになるのは全部で □ 回あります。

4　直角三角形と正方形が図のように直線上に置かれています。点Pは太線に沿ってBからGまで毎秒1cmの速さで進みます。このとき，AとP，BとPを結んで三角形ABPを作ります。下のグラフは点Pが進んだ時間（秒）と，三角形ABPの面積（cm²）の関係を表したものです。

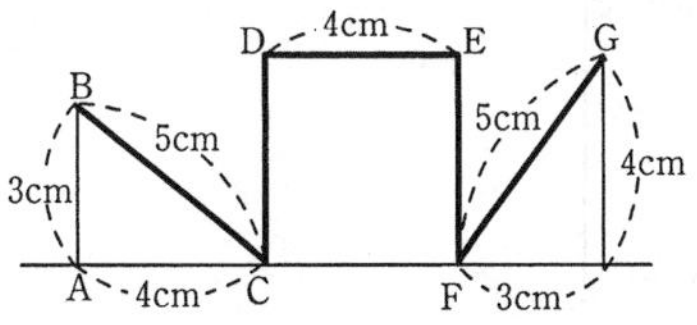

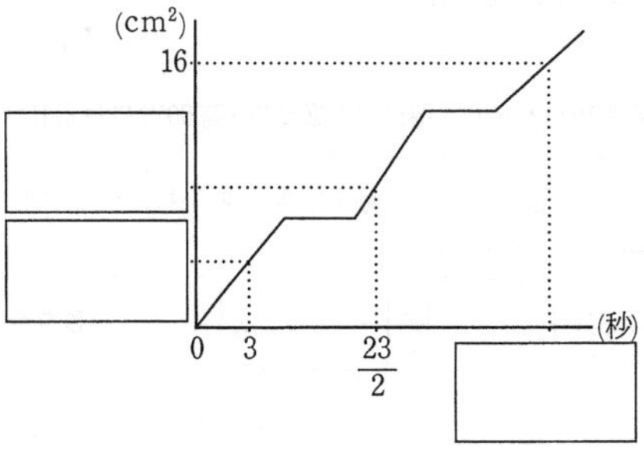

２０２３年度　　女子学院中学校

算数解答用紙　No.３

5, 6(1)(2), 7について□にあてはまる数を入れなさい。

5

2023枚の折り紙をJ, Gの２人で分けるのに，同じ枚数ずつJ, G, G, J, J, G, G, J, J…の順に取っていき，最後にその枚数が取れなかった場合も順番通りの人が残りをすべて取ることにします。例えば，20枚ずつだとJは1020枚，Gは1003枚で，30枚ずつだと Jは1003枚，Gは1020枚もらえます。

(1)　23枚ずつ取ると，Jは□枚もらえます。

(2)　□(あ)枚ずつだとJは1023枚もらえます。ただし あ は素数です。

6

図１のマス目のアの位置に，図２のようにさいころを置き，イの位置までマス目に沿って右または下に転がします。

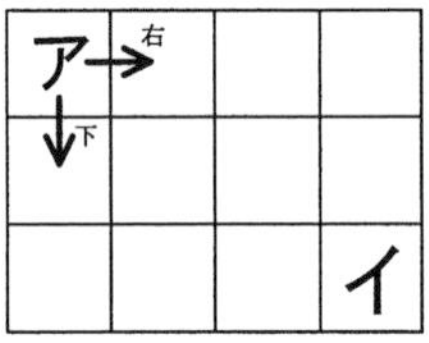

図１

図２

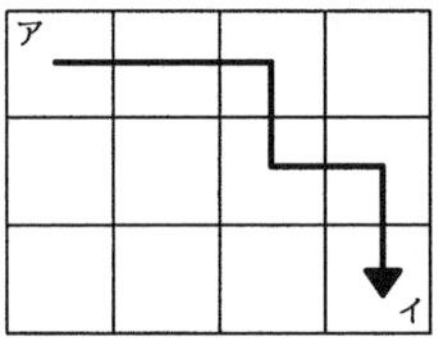

図３

(1)　さいころの転がし方は全部で□通りです。

(2)　図３のように転がすとき，さいころの上の面に現れる６つの目の和は□です。
ただし，さいころの向かい合う面の目の和は７です。

(3)　さいころの上の面に現れる目の和が，(2)と同じになる他の転がし方を１つ，右の図に図３のようにかきこみなさい。

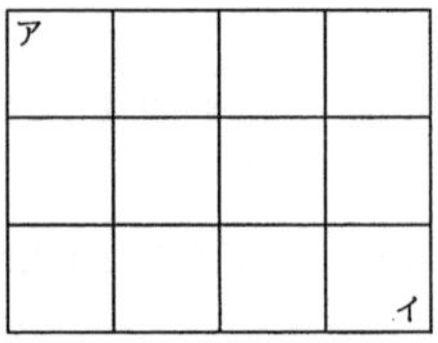

7

１日に６分０秒の割合で遅れる時計Aと，１日に一定の割合で速く進む時計Bがあります。

(1)　時計Aは月曜日の18時00分に□時□分□秒を示しましたが，同じ週の土曜日の10時40分に正しい時刻を示しました。

(2)　月曜日の18時00分に時計Aは18時10分を示し，翌日の火曜日の８時00分に時計Bは７時50分を示しました。時計Bは１日に□分□秒の割合で速く進むので，同じ週の水曜日の20時00分に２つの時計は同じ□時□分□秒を示しました。

(注)　この解答用紙は実物を縮小してあります。Ｂ５→Ａ３(163%)に拡大コピーすると，ほぼ実物大の解答欄になります。

〔算　数〕100点(推定配点)

1　各３点×11＜(2)は完答，(3)は各々完答＞　2～6　各４点×13＜2の(1)，3の(2)は完答＞　7　各５点×３

２０２３年度　　女子学院中学校

社会解答用紙

番号		氏名		評点	／100

Ⅰ

問1																					

問2	(1)	(2)	問3	
	→　→　→			

問4		問5		問6	→　→　→　→	問7	

問8	A	B	問9		問10		問11	

問12		問13	(1)	(2)	問14	

Ⅱ

問1		問2	(1)	(2)	問3	(1)

問3	(2)	(3) A	B	C	問4	(1)	(2)

問5	A	B	C	問6	A	B	C

問7	

問8	(1)	(2)	問9	

Ⅲ

問1		問2	

問3	(1)	(2)

問4		問5		問6	(1)		

問6	(2)

（注）この解答用紙は実物を縮小してあります。Ｂ５→Ａ３(163%)に拡大コピーすると、ほぼ実物大の解答欄になります。

〔社　会〕100点(推定配点)

Ⅰ 問1　3点　問2　(1)　3点＜完答＞　(2)　2点＜完答＞　問3〜問5　各2点×3＜問3，問5は完答＞　問6　3点＜完答＞　問7〜問14　各2点×10＜問10，問11，問14は完答＞　Ⅱ 問1〜問6　各2点×16＜問1は完答，問2は各々完答＞　問7　3点　問8，問9　各2点×3＜問9は完答＞　Ⅲ 問1，問2　各2点×2＜各々完答＞　問3　(1)　2点　(2)　3点　問4，問5　各2点×2＜問5は完答＞　問6　(1)　各2点×3　(2)　3点

2023年度　女子学院中学校

理科解答用紙

番号		氏名		評点	／100

I

1 (1)

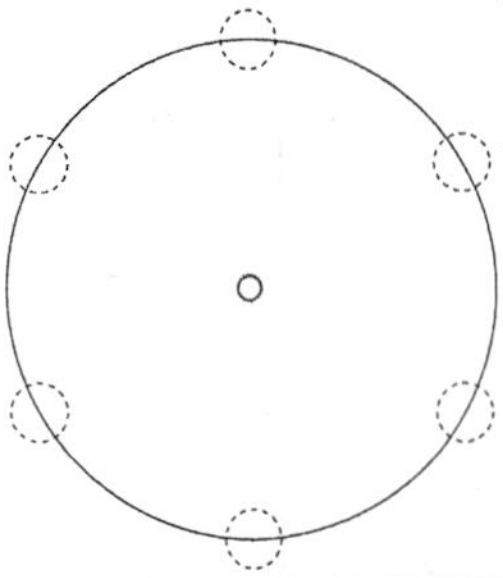

(2)

(3) 回

2 (1) 日　(2)

3 (1)

(2)

II

1 (1) 1　2

(2) ア　イ　ウ　(3)

(4)　(5)

2 (1)　(2)　(3)　(4)

(5)

III

1 (1)

(2) 固体　液体

(3)　(4)

2 (1) 1　2　3　(2) C　D　(3)　(4) %

IV

1 (1)　(2) ①向き　明るさ　② Aと1、2と□、□と□、□とBを導線でつなぐ

2 (1) と　と　(2) と　と

3 (1)　(2)　(3)

（注）この解答用紙は実物を縮小してあります。B５→A３(163%)に拡大コピーすると、ほぼ実物大の解答欄になります。

〔理　科〕100点(推定配点)

I　各３点×7＜１の(1)は完答＞　II　１　各２点×8＜(4)は完答＞　２　(1)～(4)　各２点×4　(5)　３点　III　１　各２点×5　２　(1)～(3)　各２点×6　(4)　３点　IV　各３点×9＜１の(1)，(2)の②は完答，２は各々完答＞(選択肢の問題の答が複数ある場合は＜完答＞となる)

二〇二三年度　女子学院中学校

国語解答用紙

番号		氏名		評点	/100

句読点は字数に入れること。

一

問一

問二

問三　A（5）　B（12）　C（10）

問四　日常的に（　　　　）を用いて（　　　　）な暮らしを送っていること。

問五　問六　問七

問八

二

問一

問二　A　B　C

問三

問四

問五

問六

問七

三

1	2　ねる	3	4	5	6　まる

（注）この解答用紙は実物を縮小してあります。B5→A3（163%）に拡大コピーすると、ほぼ実物大の解答欄になります。

〔国　語〕100点(推定配点)

一　問1　9点　問2　4点　問3　各3点×3　問4～問7　各4点×4　問8　7点　二　問1　4点　問2　各3点×3　問3　5点　問4　9点　問5　5点　問6　4点　問7　7点　三　各2点×6

２０２２年度　　女子学院中学校

算数解答用紙　No. 1

番号		氏名		評点	／100

＜注意＞計算は右のあいているところにしなさい。円周率は3.14として計算しなさい。

1　次の□にあてはまる数を入れなさい。

（1）$5\frac{2}{3} \div 0.85 \times \frac{37}{4} \times \frac{17}{25} - \left(\frac{13}{15} + 5.25\right) =$ □

（2）0.125の逆数は□で，2.25の逆数は□です。

（3）図のように，中心角90°のおうぎ形の中に正三角形ABCと点Oを中心とする半円があります。

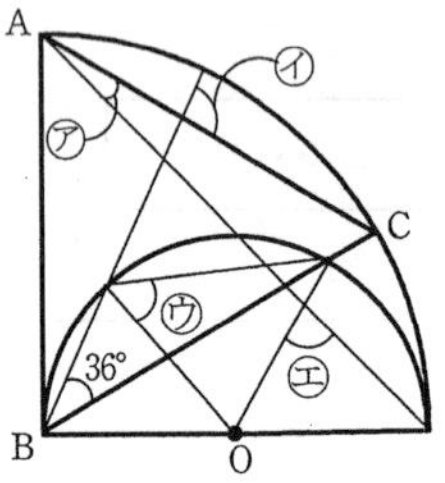

角㋐は□度

角㋑は□度

角㋒は□度

角㋓は□度

（4）図のように，点Oを中心とする円の中に，1辺の長さが5 cmの正方形が2つあります。影《かげ》をつけた部分の面積は□cm^2です。

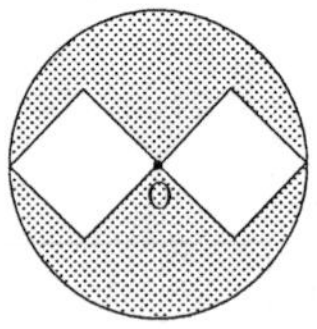

（5）図の四角形ABCDは正方形で，同じ印のついているところは同じ長さを表します。影をつけた部分の面積は□cm^2です。

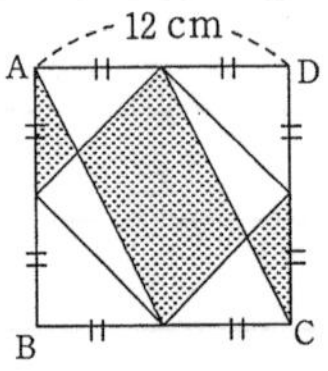

（6）J子さんの家から駅までは1995mあり，J子さんは家から駅に向かって，父は駅から家に向かって11時に同時に歩き始めました。J子さんは途《と》中の公園まで分速□mで4分間歩き，公園で5分間遊んでから，それまでより毎分7 m速い速さで駅に向かいました。父は途中の店まで分速80 mで□分間歩き，店に3分間立ち寄ってから，分速75 mで家に向かいました。2人は11時19分に出会い，その10分16秒後に父は家に着きました。

２０２２年度　　女子学院中学校

算数解答用紙　No.２

２，３，４の各問いについて□にあてはまるものを入れなさい。

２　A，B を整数として，A 以上 B 未満の素数の個数を A ★ B で表すとします。

（1）10 ★ 50 ＝ □

（2）(20 ★ A) ×（A ★ B）×（B ★ 50）＝9 となる A，B の組のうち A と B の和が

最も大きくなるのは A ＝ □，B ＝ □ のときです。

３　図のような的に矢を３回射って，そのうち高い２回の点数の平均を最終得点とするゲームがあります。J 子，G 子，K 子がこのゲームをしたところ，次のようになりました。

・的を外した人はいませんでした。
・３回のうち２回以上同じ点数を取った人はいませんでした。
・K 子の１回目の点数は１点でした。
・３人それぞれの最も低い点数は，すべて異なっていました。
・最終得点は，J 子の方が G 子よりも１点高くなりました。
・３人の最終得点の平均は４点でした。

J 子の最終得点は □ 点，K 子の３回の点数は<u>低い方から順に</u> １点，□ 点，□ 点でした。

４　J 子さんは正八角柱（底面が正八角形である角柱）を辺にそって切り開いて展開図を作ろうとしましたが，誤って右の図のように長方形Ⓐだけ切り離《はな》してしまいました。正しい展開図にするには長方形Ⓐの辺をどこにつけたらよいですか。辺「あ」～「ふ」の中からすべて答えると

□ です。

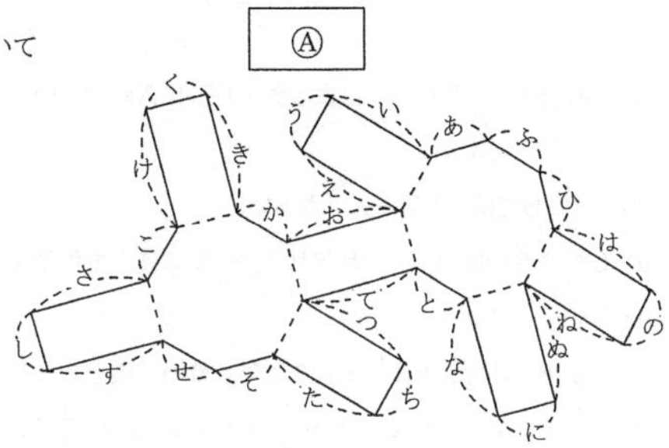

角柱を切り開いて展開図を作るとき，いくつの辺を切ればよいか，

まず，三角柱の場合について考えてみます。

図１のように面をすべて切り離すと，すべての面の辺の数の和は □ です。

そのうち □ 組の辺をつけると図２のような展開図ができます。

立体の１つの辺を切るごとに，他の面とついていない辺が２つできるので，

三角柱の場合は展開図を作るときに切る辺の数は □ です。

同じように考えると八角柱の場合は切る辺の数は □ で，

三十角柱の場合は切る辺の数は □ です。

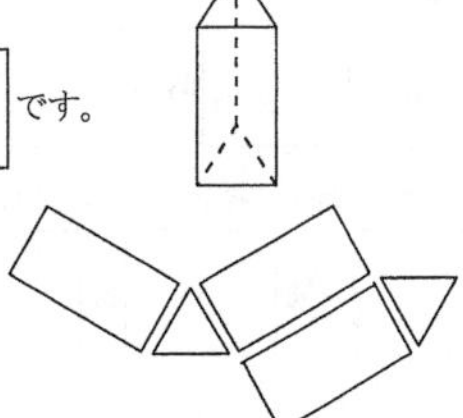

図１

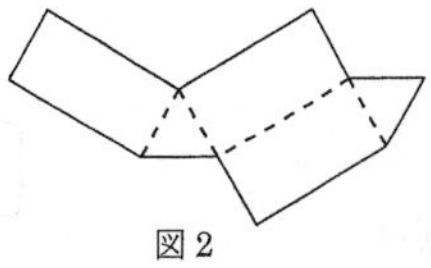

図２

２０２２年度　　女子学院中学校

算数解答用紙　No.３

5　正四角柱（底面が正方形である角柱）の形をしたふたのない容器３つを図１のように組み合わせた水そうがあります。この水そうを上から見ると図２のようになり，㋐の部分の真上から一定の割合で水を注ぎました。グラフは，水を注ぎ始めてからの時間（分）と㋐の部分の水面の高さ（cm）の関係を表しています。グラフのＤが表す時間の後は，水そうの底から毎分 0.8L の割合で排《はい》水しました。ただし，図２で同じ印のついているところは同じ長さを表し，３つの容器の厚みは考えません。

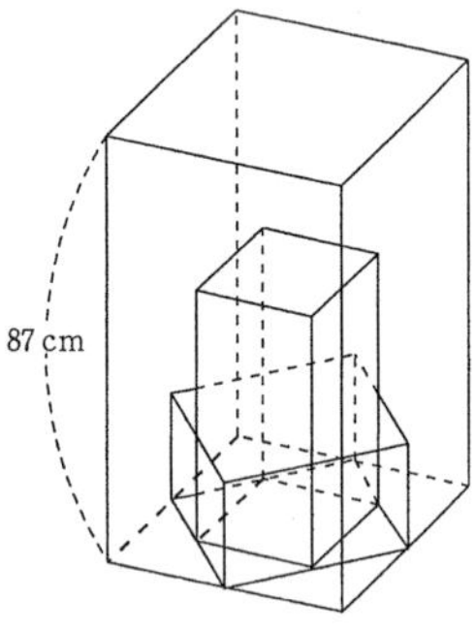

図１

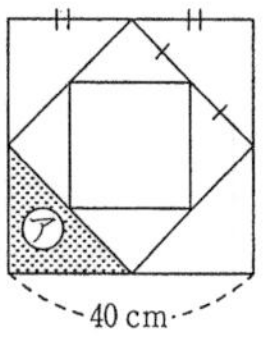

図２

B

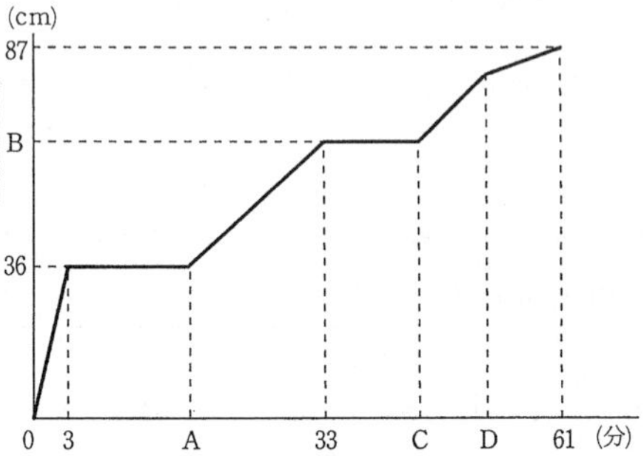

A　　C　　D

（1）水は毎分何Ｌの割合で注がれていたか求めなさい。

式：

答え　　　　　　L

（2）グラフのＡ，Ｂ，Ｃ，Ｄにあてはまる数を□に入れなさい。

6　次の□にあてはまる数を入れなさい。

Ａ，Ｂ，Ｃの３台の機械は，それぞれ常に一定の速さで作業をします。ＢとＣの作業の速さの比は５：４です。

ある日，Ａ，Ｂ，Ｃで別々に，それぞれ同じ量の作業をしました。３台同時に作業を始め，Ｂが $\frac{1}{4}$ を終えた６分後にＡが $\frac{1}{4}$ を終えて，Ａが $\frac{2}{3}$ を終えた12分後にＣが $\frac{2}{3}$ を終えました。作業にかかった時間は，

Ａが□時間□分，Ｂが□時間□分でした。

次の日，前日に３台で行ったすべての量の作業をＡ，Ｂの２台でしました。２台同時に作業を始めてから，□時間□分□秒ですべての作業が終わりました。

（注）この解答用紙は実物を縮小してあります。Ｂ５→Ａ３（163%）に拡大コピーすると，ほぼ実物大の解答欄になります。

〔算　数〕100点（推定配点）

1，**2**　各３点×13＜**2**の(2)は完答＞　**3**　Ｊ子の最終得点…３点，Ｋ子の３回の点数…３点＜完答＞
4　各３点×６　**5**　(1)　式…４点，答え…５点　(2)　各４点×４　**6**　各４点×３

2022年度　女子学院中学校

社会解答用紙

番号		氏名		評点	／100

Ⅰ

問1			問2		問3		

問4	(1) →　→　→	(2)		問5	→　→　→

問6			問7		問8				問9	(1)		(2)

Ⅱ

問1			問2		

問3	(1) 目的1
	目的2

問3	(2)	問4			問5			問6		問7	(1)		(2)	

Ⅲ

問1	→　→　→	問2			

問3	

問4		問5	

問6	(1)	(2)

問7		問8			問9	(1) ①	②	(2)	問10	

(注) この解答用紙は実物を縮小してあります。Ｂ５→Ａ３(163%)に拡大コピーすると、ほぼ実物大の解答欄になります。

〔社　会〕100点(推定配点)

Ⅰ 問1～問3　各1点×6　問4　(1)　3点＜完答＞　(2)　各2点×2　問5　3点＜完答＞　問6，問7　各2点×3　問8　各1点×3　問9　各2点×3　Ⅱ 問1，問2　各2点×4　問3　(1)　各3点×2　(2)　2点　問4～問6　各2点×5　問7　各3点×2　Ⅲ 問1，問2　各3点×2＜各々完答＞　問3　4点　問4～問8　各3点×6＜問8は完答＞　問9　各2点×3　問10　3点

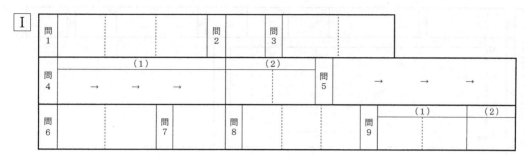

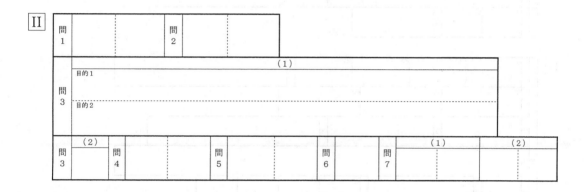

2022年度　女子学院中学校

理科解答用紙

番号		氏名		評点	／100

Ⅰ

1 (1) | (2) ° | (3) X | Y | Z | (4) ① | ② | ③ | (5)

(6)

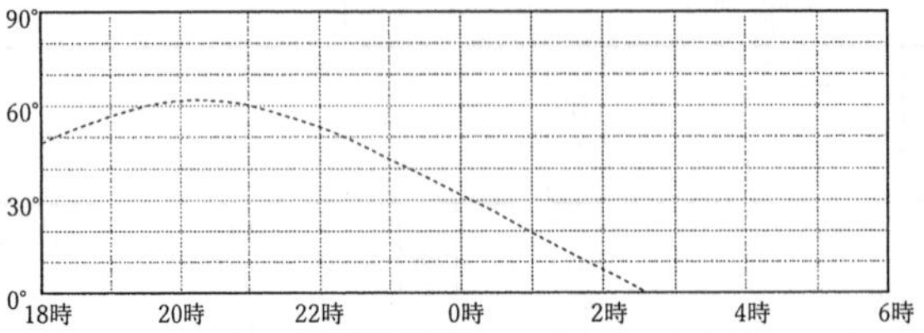

(7) 15 / 25 30

2 (1) ① | ② | (2)

Ⅱ

1 (1) ① | ② | ③ | ④ | (2)

(3) ① | ② | ③

2 (1) | (2) | (3)

(4)

(5) | (6) | (7) ① | ② | ③ | ④

Ⅲ

1 (1) | (2)

2 (1) | (2) | (3) ① | ② | ③ | ④

3 (1) ア | イ | ウ | エ | オ

(2) メタン L | 水蒸気 L | (3)

Ⅳ

1 (1) A | B | C | (2) ① | ② 秒

(3) ① | ② | (4) | 理由

2 (1) ① | ② | ③ | (2) | (3) | (4)

（注）この解答用紙は実物を縮小してあります。Ｂ５→Ａ３（163%）に拡大コピーすると、ほぼ実物大の解答欄になります。

〔理　科〕100点(推定配点)

Ⅰ　1　(1)～(5)　各３点×５＜(3)，(4)は完答＞　(6)，(7)　各４点×２　2　各３点×３　Ⅱ　各２点×10＜1の(1)，(3)，2の(7)は完答＞　Ⅲ　各２点×13＜2の(3)は完答＞　Ⅳ　各２点×11＜1の(1)，(3)の①，2の(1)，(3)は完答＞(選択肢の問題の答が複数ある場合は＜完答＞となる。)

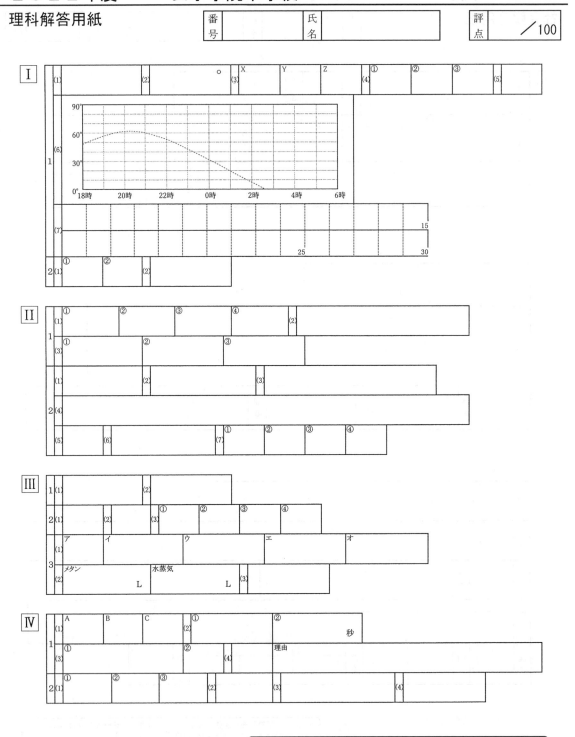

二〇二二年度　女子学院中学校

国語解答用紙

番号　　氏名　　評点　／100

句読点は字数に入れること。

一

問一　問二　問三　問四

問五　(1)　(2)

問六　問七 (1) (2) 、　問八 年

問九

問十

二

問一 (1) (2)　問二 (1)

問二 (2)

問三 A B C　問四

問五

問六 あ い　問七　問八　問九　問十

問十一

問十二

問十三 1 2 3 4　問十四 1 水を　2 水に

問十五 a b c

三

1 びる　2 く　3 える　4

（注）この解答用紙は実物を縮小してあります。B5→A3（163%）に拡大コピーすると、ほぼ実物大の解答欄になります。

〔国　語〕100点(推定配点)

一 問1～問4　各2点×4　問5 (1) 6点 (2) 9点　問6～問8　各2点×4　問9　4点　問10　2点　二 問1～問11　各2点×18＜問2の(2)は各2点×3＞　問12　5点　問13　各1点×4　問14, 問15　各2点×5　三 各2点×4

２０２１年度　　女子学院中学校

算数解答用紙

番号		氏名		評点	／100

1 （1）　　（2）

（3）角㋐は　　度，角㋑は　　度，角㋒は　　度　　（4）　　円

（5）[1]から，白い石は黒い石より　　個または　　個多いことが分かり，

[2]から，白い石の数は，黒い石の数から　　を引いた数の２倍であることが

分かります。これらのことから，白い石の数は　　個または　　個です。

（6）　　cm^2

2

3 ４人で作業をすると　　分でケーキがなくなります。

３人で作業を始めてから　　分後に４人に増やすとケーキは16分でなくなります。

4 （1）　　cm^2

（2）① 式：

答え　　cm^2

② 式：

答え　　cm

5

6 （1）正しいものはグラフ　　で，㋐にあてはまる数は　　です。

（2）　　秒　（3）　　秒後　（4）　　秒後

（注）実際の試験では，問題用紙の中に設けられた解答欄に書く形式です。
この解答用紙は使いやすいように小社で作成いたしました。

〔算　数〕100点(推定配点)

1　(1)～(4)　各４点×6　(5)　各３点×5　(6)　４点　2，3　各４点×3<2は完答>　4　(1)　４点　(2)　式…各４点×2，答え…各４点×2　5　５点<完答>　6　各４点×5

2021年度　女子学院中学校

社会解答用紙

番号		氏名		評点	／100

I

問1

問2　問3　問4　問5

問6　問7　問8　→　→　→　問9 (1) (2)

問10 (1) (2)　問11　問12　問13　問14

問15　→　→　→

II

問1 (1) (2)　問2　問3　問4

問5　問6　問7

III

問1 (1) (2) →　→　→　問2　問3 (1)

問3 (2) →　→　→　問4　問5　問6　問7

問8 (1) (2)

問9　問10　問11

IV

問1 (1) (2)　問2 (1) (2)　問3

問4 (1) (2)　問5　問6　制度

(注) この解答用紙は実物を縮小してあります。Ｂ５→Ａ３(163%)に拡大コピーすると、ほぼ実物大の解答欄になります。

〔社　会〕100点(推定配点)

I　問1　3点　問2〜問15　各2点×16＜問4，問7，問8，問15は完答＞　II　各2点×8＜問1の(2)，問2，問3，問4は完答＞　III　問1〜問7　各2点×9＜問1の(2)，問3の(2)，問7は完答＞　問8　(1)　2点＜完答＞　(2)　3点　問9〜問11　各2点×3＜問11は完答＞　IV　問1〜問4　各2点×7＜問1の(1)，問2の(1)，問3は完答，問4は各々完答＞　問5　各1点×4　問6　2点

2021年度　　女子学院中学校

理科解答用紙

番号		氏名	

評点	／100

I

1 (1)　(2)

(3)

(4)

2 (1)　極　(2) ①　②　(3)

(4)　(5) a　極　b　極　c　極　向き

II

1 (1)　(2)　(3) ③　④　周　⑤　日後　(4)

(5)

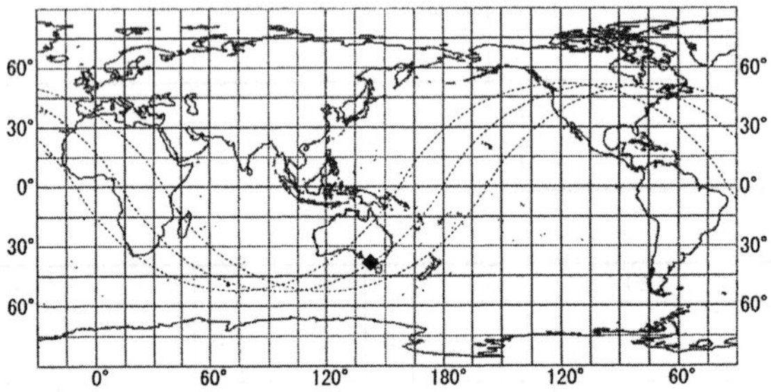

(6)　(7)

2 (1)

(2)　(3) ①　②　③

III

1　2　3　4　5

6 (1) ①　②　③　(2)

IV

1　2　3　g

4　5

6 ①　②　③　④　⑤

7 ①　②　8　cm^3

（注）この解答用紙は実物を縮小してあります。Ｂ５→Ｂ４（141%）に拡大コピーすると、ほぼ実物大の解答欄になります。

〔理　科〕100点（推定配点）

I～IV　各２点×50＜IIの１の(5)は各２点×２＞（選択肢の問題の答が複数ある場合は＜完答＞となる。）

二〇二二年度　女子学院中学校

国語解答用紙

番号		氏名		評点	/100

句読点は字数に入れること。

一

問一 (1)

問一 (2)

問二

問三

問四

問五 (1) (2)

問六

問七

問八

二

問一 このままでは、　　　　　　　　　　かもしれないという危機感。

問二

問三

問四

問五 実際には、人間は（　　　　）のに、「やさしい」という語を用いて（　　　　）という印象を与えること。

問六

問七

問八
　　　　　　　　　　という考え方。
　　　　　　　　　　という考え方。

三

1　　　う　2　　3　　4　　5

（注）この解答用紙は実物を縮小してあります。172%拡大コピーをすると、ほぼ実物大の解答欄になります。

〔国　語〕100点(推定配点)

一　問1　(1)　6点　(2)　4点　問2　4点　問3　5点　問4，問5　各4点×3　問6　6点　問7　4点　問8　8点　二　問1　5点　問2～問4　各4点×3　問5　各3点×2　問6　4点　問7　各2点×2　問8　各5点×2　三　各2点×5

２０２０年度　女子学院中学校

算数解答用紙

番号		氏名	

評点　／100

1

（1）

（2）　cm²

（3）　角㋐は　度，角㋑は　度

（4）　円

（5）　月　日

（6）

㋐	㋑	㋒	㋓	㋔

2

（1）　cm

（2）　式：

答え　cm

3

（1）

（2）　が

（3）　が

4

ア　イ　ウ

5

（1）①から③の作業をした後に○のついた数は全部で　個あり，

それらの数の和はいつでも　です。

（2）Aに入っている数は　，　Gに入っている数は　です。

（3）この表に入っている一番大きい数は　，一番小さい数は　です。

6

（1）静水でボートの進む速さは，姉は毎分　m，妹は毎分　mです。

（2）　2人が2回目に出会うのは　時　分のはずでしたが，

姉がA地点を出発してから　分　秒の間，ボートをこがずに

川の流れだけで進んだため，実際に2人が2回目に出会ったのは，

時　分で，A地点から1.2kmの地点でした。

（注）実際の試験では、問題用紙の中に設けられた解答欄に書く形式です。
この解答用紙は使いやすいように小社で作成いたしました。

〔算　数〕100点(推定配点)

1　各4点×7＜(6)は完答＞　2　(1)　4点　(2)　式…4点，答え…4点　3，4　各4点×6　5　各3点×6　6　(1)　各3点×2　(2)　各4点×3

２０２０年度　女子学院中学校

社会解答用紙

番号		氏名		評点	／100

I

問1	(1)	(2)	(3)

問1 (4)	問2 → → → →	問3 (1)	問3 (2)

問4	問5	問6 (1)	(2)	(3)

II

問1 (1)	(2)	(3) 北陸	九州・沖縄

問2	問3 (1) → → →	(2)	問4	問5

問6 (1)	(2)

問7	問8	問9 (1)

問9 (2)

問10 省	問11	問12 → → → →

III

問1	問2	問3	問4	問5

問6 費	問7	問8	問9

問10	問11

（注）この解答用紙は実物を縮小してあります。Ａ３用紙に156％拡大コピーすると、ほぼ実物大で使用できます。（タイトルと配点表は含みません）

〔社　会〕100点（推定配点）

I　各２点×15＜問２は完答＞　II　問１　(1)，(2)　各２点×３　(3)　各１点×２　問２〜問12　各２点×17＜問３の(1)，問12は完答＞　III　各２点×14

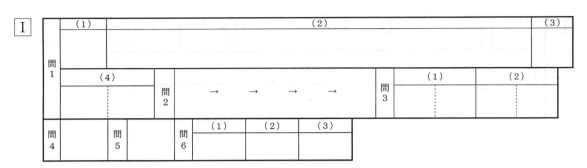

２０２０年度　　　女子学院中学校

理科解答用紙

番号		氏名		評点	／100

I

1		2		3		4	
5							
6		理由					
7							

II

1 (1)　(2) ①　②　(3)

(4) ①　②　③　④　⑤　⑥

(5)　(6) ①方角　向き

(6) ②　③

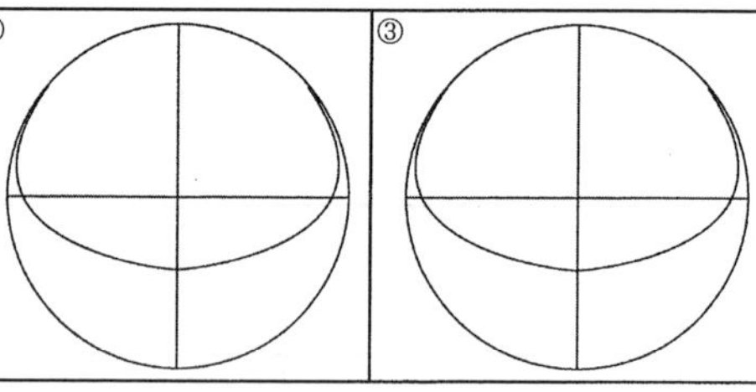

2 (1)

(2)　15　25　30

III

1 (1)　(2)

(3)

(4)　(5)　g　(6) ②　③　(7)

2 (1) 食塩　石灰石　ろう　(2)　(3)

IV

1 ①　cm　②　g　③　g　④　g

2 グラフ2 ア　イ　ウ　グラフ3 ア　イ　ウ

3　g　4

5 ①　cm　②　cm　③　cm　6　cm

7 (1) 長さ　cm　重さ　g　(2)　(3)　：　8 長さ　cm　重さ　g

（注）この解答用紙は実物を縮小してあります。Ａ３用紙に147％拡大コピーすると、ほぼ実物大で使用できます。（タイトルと配点表は含みません）

〔理　科〕100点（推定配点）

I　各２点×８　II　１　各２点×８＜(2)，(4)，(6)の①は完答＞　２　(1)　２点　(2)　４点　III，IV　各２点×31＜IVの２は各々完答，４は完答＞　（選択肢の問題の答が複数ある場合は＜完答＞となる。）

二〇二〇年度　女子学院中学校

国語解答用紙

番号		氏名		評点	／100

句読点は字数に入れること。

一

問一

問二

問三　問四

問五

問六　問七

問八　様子

問九　大人　子ども

問十

二

問一　問二　問三　A　て　B　て

問四

問五　問六　問七　問八　問九

問十

問十一　問十二　問十三

三

1　2　3　4　ける

(注)この解答用紙は実物を縮小してあります。Ａ３用紙に164%拡大コピーすると、ほぼ実物大で使用できます。(タイトルと配点表は含みません)

〔国　語〕100点(推定配点)

一　問1　3点　問2　4点　問3，問4　各3点×2　問5　各4点×2　問6，問7　各3点×2　問8，問9　各4点×3　問10　3点　二　問1〜問9　各3点×12　問10　5点　問11〜問13　各3点×3　三　各2点×4

2019年度　女子学院中学校

算数解答用紙

番号		氏名		評点	／100

1　(1)　　(2)　cm²　(3)　①　　②

(4)　角㋐は　度，角㋑は　度，角㋒は　度

(5)　cmまたは　cm

2　(1) 式：

答え　　cm

(2)

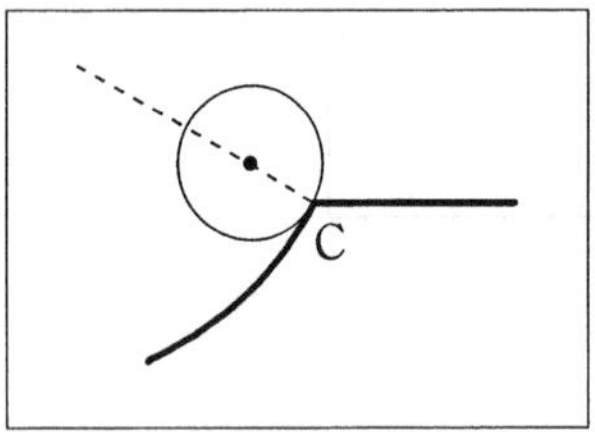

図2

3　(1)

通り

(2)

1	2	3	4
5	6	7	8
9	10	11	12

図2

4　今，長針と短針のつくる角は　度で，時刻は 午前　時　分です。

5　菓子は全部で　個あり，売り上げが最大になるのは，

12個入りを　箱と15個入りを　箱にして売ったときです。

6　バスケットボールとドッジボールの両方に出場する生徒は　人，

サッカーまたは卓球に出場する生徒は　人，このクラスの人数は　人です。

（注）実際の試験では、問題用紙の中に設けられた解答欄に書く形式です。
この解答用紙は使いやすいように小社で作成いたしました。

〔算　数〕100点(推定配点)

1～3　各5点×13　4　角…5点，時刻…5点　5　個数…5点，箱…5点　6　各5点×3

２０１９年度　　女子学院中学校

社会解答用紙

番号		氏名		評点	／100

I

問1		問2		問3		問4		問5	→　→　→

問6	→　→　→	問7		問8	

問9	記号		記号	
	記号		問10	問11

II

問1	(1)	(2)	(3)
		→　→　→	
	(4)		
	記号		

問2	→　→　→　→	問3		問4		問5	→　→　→

問6		問7	(1)	(2)

III

問1	(1)	(2)	問2		問3		問4		問5		問6	(1)	(2)

問6	(3)

問7		問8	(1)	(2)	(3)	問9		問10	→　→	問11	

IV

問1	X	Y	問2	

問3		問4		問5		問6		問7	

問8	大臣	問9	

(注) この解答用紙は実物を縮小してあります。Ａ３用紙に161％拡大コピーすると、ほぼ実物大で使用できます。(タイトルと配点表は含みません)

〔社　会〕100点(推定配点)

I　問1～問3　各2点×3　問4　各1点×2　問5～問11　各2点×9＜問5，問6は完答，問9は各々完答＞　II　問1～問6　各2点×9＜問1の(2)，(3)，(4)，問2，問5は完答＞　問7　(1)　2点　(2)　各1点×2　III　問1～問3　各2点×4　問4，問5　各1点×4　問6　(1)　各1点×2　(2)，(3)　各2点×2　問7～問11　各2点×7＜問10は完答＞　IV　各2点×10＜問5は完答＞

２０１９年度　女子学院中学校

理科解答用紙

番号		氏名		評点	／100

Ⅰ

1 (1) ｜ (2)
(3) ① ｜ ② ｜ ③
(4) 名前 ｜ 反応の様子
(5) ① ｜ ② ｜ ③ ｜ ④ ｜ (6)

2 ｜ 3

4

Ⅱ

1 ① ℃ ｜ ② ｜ ③
2 ④ ｜ ⑤ ｜ ⑥ ｜ ⑦ ｜ ⑧
3 ⑨ ｜ ⑩ ｜ ⑪
4 ⑫ (15)

Ⅲ

1 (1) ① 良い方 ｜ 理由 ｜ ② 良い方 ｜ 理由 ｜ ③ 良い方 ｜ 理由 ｜ (2) ｜ (3) ｜ (4) ｜ (5)
(6) ｜ (7)

2 (1) ① ｜ ② ｜ (2) mm ｜ (3) ｜ (4) 日後

Ⅳ

1 (1) 個 ｜ (2) ① cm ｜ ②

2 (1) ① ｜ ② ｜ ③ ｜ (2) ① g ｜ ② g
(3) ① ｜ ② ｜ (4) A ｜ B

3 ① ｜ ② ｜ ③

（注）この解答用紙は実物を縮小してあります。Ａ３用紙に149%拡大コピーすると、ほぼ実物大で使用できます。（タイトルと配点表は含みません）

〔理　科〕100点(推定配点)

Ⅰ　1　(1)～(4)　各２点×７　(5)　各１点×４　(6)　２点　2，3　各２点×２　4　４点　Ⅱ，Ⅲ　各２点×26＜Ⅲの１の(1)は各々完答＞　Ⅳ　各２点×10＜１の(2)の②は完答，２は各々完答＞　(選択肢の問題の答が複数ある場合は＜完答＞となる。)

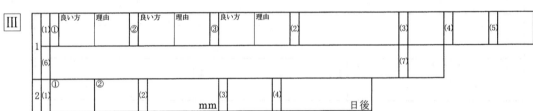

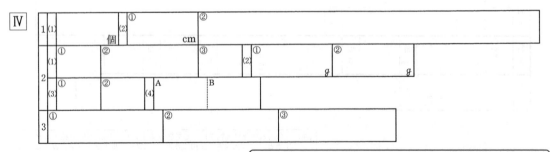

二〇一九年度　女子学院中学校

国語解答用紙

番号　　氏名　　評点 /100

句読点は字数に入れること。

一
問一
問二　問三　問四
問五　1　2
問六　1　2
問七　こと
問八　弱いメンバーが（　　　　）社会

二
問一　問二　問三
問四　問五　問六　問七 1
問七 2
問八　問九 1
問九 2
問十
問十一
問十二 1 ア　イ　2　問十三 1　2　3

三
1　2　3　4　5　う

（注）この解答用紙は実物を縮小してあります。175%拡大コピーすると、ほぼ実物大で使用できます。（タイトルと配点表は含みません）

〔国　語〕100点(推定配点)

一　問1　4点　問2～問4　各2点×3　問5　1　4点　2　各6点×2　問6　1　2点　2　4点　問7　5点　問8　4点　二　問1，問2　各2点×2　問3　6点　問4～問6　各2点×3　問7　1　2点　2　3点　問8　2点　問9　1　2点　2　6点　問10　2点　問11　4点　問12，問13　各2点×6　三　各2点×5

２０１８年度　女子学院中学校

算数解答用紙

番号		氏名		評点	／100

1

（1）

（2）角㋐は　度，角㋑は　度，角㋒は　度

（3）　円，　%引き

（4）泳ぎ始めてから　分　秒後，　流れの速さは毎分　m

（5）花だんの面積は　m^2，辺ABの長さは　m

2

（1）求め方：

答え　cm

（2）　cm^2

3

日以上　日以下

4

（1）赤には　，緑には　，青には

（2）全部で　枚，緑に1と書いてあるものは　枚

（3）　（4）

5

台，　人

6

全部で　本，少なくとも　本

7

（1）　g

（2）容器Aに水を　g，食塩水の重さを　g，6.8%の食塩水　g

（注）実際の試験では、問題用紙の中に設けられた解答欄に書く形式です。
この解答用紙は使いやすいように小社で作成いたしました。

〔算　数〕100点（推定配点）

1　(1)～(4)　各3点×8　(5)　各4点×2　2　(1)　求め方…4点，答え…4点　(2)　4点　3～7　各4点×14＜3，4の(1)，(4)は完答＞

２０１８年度　　女子学院中学校

社会解答用紙

番号		氏名		評点	／100

I

問1 (1)	問1 (2)	問2
→　→　→	川	→　→　→

問3 (1)	問3 (2)	問4

II

問1 (1)	問1 (2)	問1 (3)	問1 (4)	問2

問3

問4 (1)	問4 (2)	問4 (3)	問5
→　→			

III

問1	問2 (1)	問2 (2)	問2 (3)	問3	問4

問5 (1)	問5 (2)	問5 (3)	問5 (4)	問5 (5)	問6
	県				

IV

問1 (1)	問1 (2)	問1 (3)	問2

問3 図A	問3 図B

問4	問5

問6	問7

V

問1	問2

問3	問4	問5

問6	問7

(注) この解答用紙は実物を縮小してあります。Ａ３用紙に161％拡大コピーすると、ほぼ実物大で使用できます。(タイトルと配点表は含みません)

〔社　会〕100点(推定配点)

I　問1，問2　各3点×3＜問1の(1)，問2は完答＞　問3　各2点×2　問4　3点　II　問1，問2　各2点×5　問3　3点　問4，問5　各2点×4＜問4の(1)は完答＞　III　各2点×12＜問1，問2の(3)，問6は完答＞　IV　問1，問2　各2点×4＜問1の(3)は完答＞　問3　各3点×2　問4，問5　各2点×2＜問4は完答＞　問6　3点　問7　2点＜完答＞　V　問1　3点　問2〜問4　各2点×3＜問2，問4は完答＞　問5　3点　問6，問7　各2点×2＜問6は完答＞

２０１８年度　女子学院中学校

理科解答用紙

番号		氏名		評点	／100

Ⅰ

1 (1) A　(2)① B　C

(2)②

(3) D　20

(4) E　F

2 (1) ①　②　③　④　⑤　⑥　(2) が　分早い

Ⅱ

1 ①　②　③　④

2 (1)

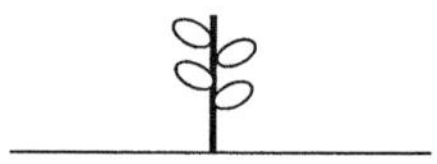

(2)

3 (1)　(2)　(3)　(4)

4　5

6 気温　降水量　環境

7

Ⅲ

1 (1) ①　②

(2)

(3) 重そう A B C　クエン酸 A B C

(4) ① ℃　② ℃

(5) ①

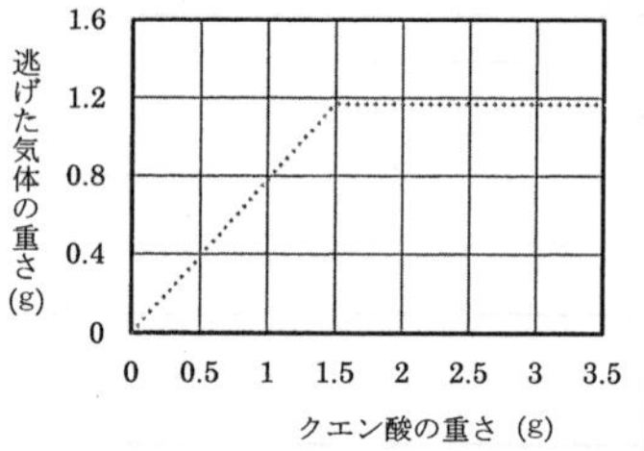

②前半　後半

2 (1) 重そう　クエン酸　(2)　(3)

Ⅳ

1 (1)

(2) ⓐ　ⓘ　(3)　(4)

2 (1) ①　②　③　④　(2)

(3) ①　②　③　④　(4)

3

（注）この解答用紙は実物を縮小してあります。Ａ３用紙に156％拡大コピーすると、ほぼ実物大で使用できます。（タイトルと配点表は含みません）

〔理　科〕100点(推定配点)

Ⅰ　1　各２点×7　2　(1)　各１点×6　(2)　２点＜完答＞　Ⅱ　各２点×16　Ⅲ　各２点×13＜1 の(3)は各々完答，(5)の②は完答＞　Ⅳ　各２点×10＜1 の(4)，２の(1)，(3)は完答＞　(選択肢の問題の答が複数ある場合は＜完答＞となる。)

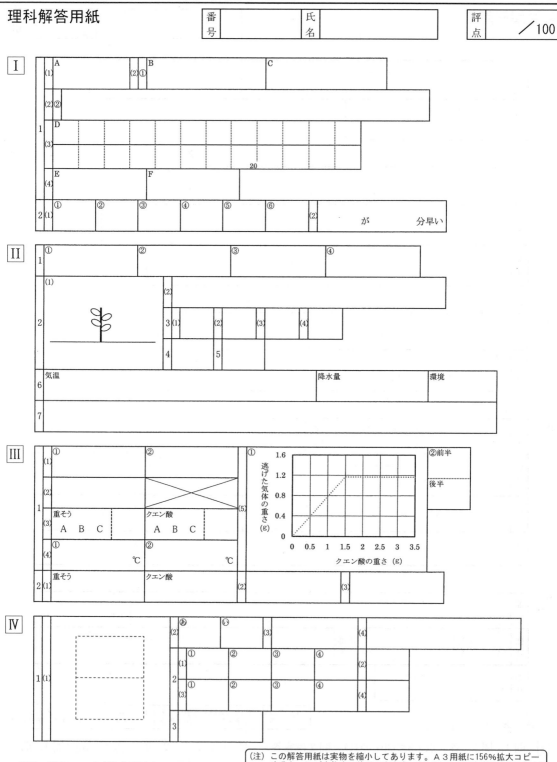

二〇一八年度　女子学院中学校

国語解答用紙

番号　　氏名　　評点　／100

句読点は字数に入れること。

一

問一　問二　問三　問四 1

問四 2

問五　15

問六

問七 1 お掃除　ゴミ箱

2 X　関係

Y

問八 a　b　ね　c

二

問一 1　する　2 i 心　ii 心　問二

問三

問四

問五

問六　で　問七

問八

問九　問十

問十一 a　b　く　c

(注) この解答用紙は実物を縮小してあります。169%拡大コピーすると、ほぼ実物大で使用できます。(タイトルと配点表は含みません)

〔国　語〕100点(推定配点)

一 問1～問3　各3点×3　問4　1　3点　2　6点　問5　4点　問6　3点　問7　1　各4点×2　2　X　4点　Y　5点　問8　各2点×3　二 問1, 問2　各3点×4　問3　5点　問4　3点　問5　4点　問6, 問7　各3点×2　問8　7点　問9, 問10　各3点×3　問11　各2点×3

平成29年度　女子学院中学校

算数解答用紙

番号		氏名	

評点	／100

1 （1）　　（2）　　cm^2

（3）㋐の面積は　　cm^2，㋑の面積は　　cm^2

（4）　　cm

（5）角㋐は　　度，角㋑は　　度，角㋒は　　度

（6）B１個の値段は　　円より高く　　円以下

2 （1）求め方：

答え　時速　　km

（2）求め方：

答え　　秒

3 　　と

4 （1）〔午前　，　午後〕　　時　　分

（2）午後１時　　分

5 （1）　　円　（2）　　個

6 （1）　　（2）底面積は　　cm^2，水の量は　　cm^3

（3）

（注）実際の試験では、問題用紙の中に設けられた解答欄に書く形式です。
この解答用紙は使いやすいように小社で作成いたしました。

〔算　数〕100点(推定配点)

1 各４点×10　2 求め方…各４点×2，答え…各４点×2　3 ４点　4～6 各５点×8

平成29年度　女子学院中学校

社会解答用紙

番号		氏名		評点	／100

I

問1							
問2							
問3	→　→　→	問4	→　→　→	問5			
問6							
問7	(1) A／B／C	(2)		問8		問9	

II

問1		問2		問3	(1)	(2)	問4	(1)	
問4	(2)	(3)		問5					
問6	(1) A／B／C	(2) D／E	(3)						
問6	(4)	(5)	(6)						

III

問1	→　→　→	問2							
問3		問4	(1) 県	(2)	問5				
問6		問7							
問8		問9		問10					

IV

問1		問2	B	C	問3		問4		問5	(1)	(2)
問6		問7		問8		問9	→　→　→				

(注) この解答用紙は実物を縮小してあります。A３用紙に161％拡大コピーすると、ほぼ実物大で使用できます。(タイトルと配点表は含みません)

〔社　会〕100点(推定配点)

I　問1, 問2　各3点×2　問3〜問5　各2点×3＜問3, 問4は完答＞　問6　3点　問7　(1)　2点＜完答＞　(2)　3点　問8, 問9　各2点×2　II　問1〜問3　各2点×4＜問1, 問2, 問3の(1)は完答＞　問4　(1), (2)　各2点×2＜(1)は完答＞　(3)　3点　問5, 問6　各2点×7＜問6の(1), (2), (3)は完答＞　III　問1　2点＜完答＞　問2　3点　問3〜問5　各2点×4＜問3, 問4の(2)は完答＞　問6　3点　問7　2点　問8　3点　問9, 問10　各2点×2　IV　各2点×11＜問3, 問5の(2), 問8, 問9は完答＞

平成29年度　女子学院中学校

理科解答用紙

番号		氏名		評点	／100

Ⅰ

1	(1)	A	B	C	D	E
1	(2)	①	②	③	(3)	
2	(1)	①	②	(2)		
2	(3)	①	②	③		

Ⅱ

1	①	②	③	④	2 A	B
3	①	②	4　地点	5 ①　℃	②	③
6	7	8				

Ⅲ

1	(1)　〜	(2)				
1	(3)					
2	(1)	(2)　℃	(3) ①	②	③	
2	(4)					
3	①	②	③			
3	④	⑤				
4	(1)	(2)	(3)	(4)	(5)　cm³	

Ⅳ

1	2 (1)	(2)	(3)	(4)	(5)	
3	4 (1)	(2)	(3)	(4)	5	

（注）この解答用紙は実物を縮小してあります。B4用紙に143%拡大コピーすると、ほぼ実物大で使用できます。（タイトルと配点表は含みません）

〔理　科〕100点(推定配点)

Ⅰ　1　(1)　各1点×5　(2)，(3)　各2点×4　2　各2点×6　Ⅱ　1　各1点×4　2〜8　各2点×11 ＜8は完答＞　Ⅲ　1　各1点×3　2　(1)〜(3)　各1点×5　(4)　2点　3　各1点×5　4　各2点×5 ＜(4)は完答＞　Ⅳ　各2点×12＜5は完答＞

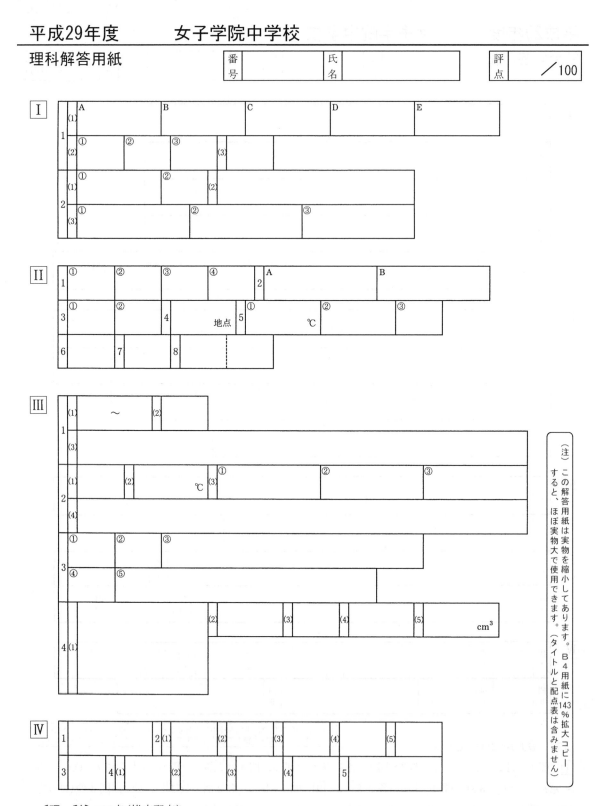

平成二十九年度　女子学院中学校

国語解答用紙

番号　　氏名　　評点　/100

句読点は字数に入れること。

一

問一　問二　問三 ③ ⑦　問四

問五 1 2 3

問六　から　から（20）

問七

問八　問九 ㋐ ㋑　問十

問十一

問十二　だれ　行い

問十三

問十四 a b c d み e

二

問一　問二　問三　問四　問五

問六

問七　問八　問九　問十

問十一 A B（10）

問十二　という問題

問十三 ア イ ウ エ　問十四 a b c d

（注）この解答用紙は実物を縮小してあります。A３用紙に159％拡大コピーすると、ほぼ実物大で使用できます。（タイトルと配点表は含みません）

〔国　語〕100点(推定配点)

一　問１～問５　各２点×８　問６　各３点×２　問７　５点　問８～問10　各２点×４　問11　３点　問12　だれ…２点，行い…３点　問13，問14　各２点×６　二　問１～問５　各２点×５　問６　４点　問７～問11　各２点×６　問12　３点　問13，問14　各２点×８

平成28年度　女子学院中学校

算数解答用紙

番号		氏名		評点	／100

1 (1) ［　　］

(2) 87★13=［　　］, Dにあてはまる数［　　］

(3) 分速［　　］m, 分速［　　］m

(4) 角㋐［　　］度, 角㋑［　　］度　(5)［　　］cm

(6) ㋐［　　］cm^2, ㋑［　　］cm^2, ㋒［　　］cm^2, ㋓［　　］cm^2

2 求め方：

答え＿＿＿＿＿＿＿＿m^2

3 Aだけで作る場合にかかる時間は［　　］時間［　　］分［　　］秒で,

BとCの2台で作る場合に比べて［　　］分［　　］秒だけ〔 長い　,　短い 〕

4 ［　　］cm^3,［　　］cm

5 J子さんのカレンダーでは, 2026年1月より後で, 木曜日から始まる月は, 一番

早くて［　　］年［　　］月です。2026年で, 木曜日以外の同じ曜日から

始まる月は［　　］月と［　　］月です。2027年1月1日は［　　］曜日で,

2028年3月1日は［　　］曜日です。

2028年11月25日は, J子さんのカレンダーでは［　　］月［　　］日になります。

6 ［　　］人,［　　］分［　　］秒

〔算　数〕100点(推定配点)

（注）実際の試験では、問題用紙の中に設けられた解答欄に書く形式です。
この解答用紙は使いやすいように小社で作成いたしました。

1 各4点×12＜(2)のDにあてはまる数は完答＞ **2** 求め方…4点, 答え…4点 **3** 各4点×2 **4** 各4点×2 **5** 各4点×5 **6** 各4点×2

平成28年度　　女子学院中学校

社会解答用紙

番号		氏名		評点	／100

Ⅰ

問1	(1)			
	(2)	(3)	(4) 工業地域	

問2	(1)	(2)	問3	(1)	(2)	(3)	(4)

問4	→　→　→	問5		問6	→　→　→

問7	→　→　→	問8		問9		問10	

問11	(1)	(2)

Ⅱ

問1	問2	問3	問4 (1)	問4 (2)	問5	問6

問7	(1)	(2)	問8

問9	問10	(1)	(2)	(3)

問11	A	B	C	D	E	問12	→　→　→

Ⅲ

問1	問2	(1) 久慈	根室	(2)

問3	問4

問5	(1)	(2)	(3)	問6	問7

問8	問9	問10

Ⅳ

問1	問2	(1) 歳	(2)	(3)

問3	(1)	(2)	問4	(1)	(2)	(3)

問5	問6	問7

（注）この解答用紙は実物を縮小してあります。172％拡大コピーすると、ほぼ実物大で使用できます。（タイトルと配点表は含みません）

〔社　会〕100点(推定配点)

Ⅰ　問1　(1)，(2)　各2点×2　(3)，(4)　各1点×2　問2　各1点×2＜(2)は完答＞　問3　各2点×4＜(4)は完答＞　問4～問10　各1点×7＜問4，問6，問7は完答＞　問11　各2点×2＜(1)は完答＞　Ⅱ　問1～問9　各1点×12　問10　各2点×3　問11，問12　各1点×6＜問12は完答＞　Ⅲ　各2点×13＜問1，問2の(1)，問5の(2)，(3)，問7，問9は完答＞　Ⅳ　問1～問6　各2点×11　問7　1点

平成28年度　女子学院中学校

理科解答用紙

番号		氏名		評点	／100

I

1 (1)
(2) ① ② ③ ④ (3) ① ② ③
(4)

2 (1) A B
(2) (3)

II

1 ① ② ③ ④

2 (1) (2) のダニ (3) (4)
(5) 理由1
理由2
(6)
(7) 記号

III

1 (1) (2) 理由

2 (1)
(2) ① ② (3) ① ②

3 (1) (2) ① ② ③ ④ ⑤
(3) ①
②

IV

1 倍 2 倍 3 倍 4 倍 5 ① ℃ ② ℃ ③ ℃

6 (1) を に (2) ① ② ③ ④ ⑤

（注）この解答用紙は実物を縮小してあります。Ａ３用紙に154%拡大コピーすると、ほぼ実物大で使用できます。（タイトルと配点表は含みません）

〔理　科〕100点(推定配点)

I, II　各２点×26　III　1, 2　各２点×８　３　(1)　２点<完答>　(2)　各１点×５　(3)　各２点×２

IV　1〜5　各２点×７　６　(1)　２点　(2)　各１点×５

平成二十八年度　女子学院中学校

国語解答用紙

番号　　氏名　　評点 ／100

句読点は字数に入れること。

（注）この解答用紙は実物を縮小してあります。Ａ３用紙に154%拡大コピーすると、ほぼ実物大で使用できます。（タイトルと配点表は含みません）

一

問一　目が　　こと
問二　問三
問四　問五　問六
問七　　こと
問八　問九
問十　問十一　問十二 ⑫ ⑬　問十三

二

問一
問二　　こと
問三 (1)　(2) i　ii　iii　問四　問五
問六　最初　最後
問七　最初　最後　もの
問八　問九　問十 (1)
問十 (2)
問十一
問十二
問十三 1　2

三

1　2　3　びる　4　かる

〔国　語〕100点（推定配点）

一　問1，問2　各3点×2　問3　2点　問4　3点　問5　2点　問6　3点　問7　4点　問8～問11　各3点×4　問12　各2点×2　問13　各3点×2　二　問1　3点　問2　4点　問3　各2点×4　問4～問9　各3点×6＜問4は完答＞　問10　(1)　2点　(2)　3点　問11～問13　各3点×4　三　各2点×4

平成27年度　女子学院中学校

算数解答用紙

番号		氏名	

評点	／100

1 (1) ＿＿＿　(2) ＿＿＿ 倍

(3) ＿＿＿ cm^2　(4) ＿＿＿ cm^2

(5) 角㋐は ＿＿＿ 度，角㋑は ＿＿＿ 度，

角㋒は ＿＿＿ 度，角㋓は ＿＿＿ 度，

(6) もっとも小さい整数は ＿＿＿ ，1から2000までに ＿＿＿ 個

2 点数の差は ＿＿＿ 点，Aさんの点数は ＿＿＿ 点，ゲームは ＿＿＿ 回

3 ＿＿＿ m^2

4 ① ＿＿＿ ② ＿＿＿ ③ ＿＿＿

④ ＿＿＿ ⑤ ＿＿＿

5 3種類のくだものをもらった人は ＿＿＿ 人，みかんをもらった人は ＿＿＿ 人，

子どもは全部で ＿＿＿ 人

6 (1)求め方：

答え＿＿＿＿＿＿＿＿ cm^3

(2) ＿＿＿ cm

（注）実際の試験では，問題用紙の中に設けられた解答欄に書く形式です。この解答用紙は使いやすいように小社で作成いたしました。

〔算　数〕100点(推定配点)

1～5　各4点×22　6　(1)　求め方…4点，答え…4点　(2)　4点

平成27年度　女子学院中学校

社会解答用紙

番号		氏名		評点	／100

Ⅰ

問1 対馬	佐渡島	隠岐	問2	問3	問4	問5	問6 八丈島	佐渡島	西表島	小豆島

問7	問8	問9	問10	問11
			島	→ → →

Ⅱ

問1 (1)	問1 (2)	問2	問3 (1)	(2)	(3)	(4)	問4
	漁						

問5	問6	問7	問8	問9	問10	問11
					→ → →	

Ⅲ

問1	問2	問3 (1)	問3 (2)	問4	問5
		湾		藩	

問6	問7	問8	問9 (1)	問9 (2)
				a　b

(2)	(3)	(4)	問10 (1)
c　d			

(2)	問11	問12	問13

Ⅳ

問1 (1)	問1 (2)	問2	問3
	条約		→ → →

問4	問5	問6	問7
航路			

問8 (1)	問8 (2)	問8 (3)	問9	問10 (1)
		条約		

(2)	問11	問12 (1)

(2)	問13 (1)	問13 (2)	問14

Ⅴ

問1	問2	問3
		条約

問4 ①	問4 ②	問5	問6	問7
条約	条約			

（注）この解答用紙は実物を縮小してあります。Ａ３用紙に154％拡大コピーすると、ほぼ実物大で使用できます。（タイトルと配点表は含みません）

〔社　会〕100点（推定配点）

Ⅰ　問1～問6　各1点×11　問7　2点　問8，問9　各1点×2　問10，問11　各2点×2＜問11は完答＞　Ⅱ　問1～問8　各1点×14　問9，問10　各2点×2＜問10は完答＞　問11　1点　Ⅲ，Ⅳ　各1点×48＜Ⅲの問11，Ⅳの問3は完答＞　Ⅴ　問1　2点　問2　1点　問3，問4　各2点×3　問5，問6　各1点×3　問7　2点＜完答＞

平成27年度　女子学院中学校

理科解答用紙

番号		氏名		評点	／100

I

1	(1)		(2)
	(3)	季節だから	季節だから
2	(1)		
	(2)		
	(3)	①	②
	(4)	①	②	③
	(5)		

II

1	(1)	①	②	③	
	(2)	倍			
	(3)	①	②		
	(4)	①	②	③	
	(5)				
	(6)				
2	(1)				
	(2)	①	②	③	④	⑤

III

1	(1)					
	(2)	①	② → →			
	(3)					
2	(1)	①	②	③	④	⑤
	(2)	実験				
		結果	食塩水	さとう水		
	(3)	① %	② g			
	(4)	① g	② g			
	(5)	①				
		②				

IV

1	番目	2	木片の密度が　とき
3	cm	4	(1)　(2)　(3)
5	cm	6	cm^3
7	個	8	g
9	cm以上		

（注）この解答用紙は実物を縮小してあります。B４用紙に133%拡大コピーすると、ほぼ実物大で使用できます。（タイトルと配点表は含みません）

〔理　科〕100点（推定配点）

I　各２点×13＜１の(1)は完答＞　II　１　(1)～(4)　各１点×９　(5)，(6)　各２点×２　２　各１点×６

III　各２点×18＜１の(2)の②は完答＞　IV　１～３　各２点×３　４　各１点×３　５～９　各２点×５

平成二十七年度　女子学院中学校

国語解答用紙

番号　　氏名　　評点 ／100

句読点は字数に入れること。

一

- 問一　a　b　c
- 問二
- 問三　自然は　　存在であること
- 問四　問五　問六
- 問七　1　2
- 問八　長所　短所
- 問九
- 問十
- 問十一　柔　剛
- 問十二　ア　イ　ウ　エ　オ　問十三　1　2

二

- 問一　すず　小鳥　わたし
- 問二　問三　問四　問五　問六
- 問七
- 問八　問九
- 問十　A　B　C　問十一
- 問十二　問十三
- 問十四　1　i　ii　2　3

三

1　2　3　4　5　んだ

(注) この解答用紙は実物を縮小してあります。A3用紙に167%拡大コピーすると、ほぼ実物大で使用できます。(タイトルと配点表は含みません)

〔国　語〕100点(推定配点)

一 問1～問7　各2点×11　問8　各1点×4　問9～問12　各2点×10　問13　各1点×2　二, 三　各2点×26

Memo